# LE TOTALITARISME ISLAMISTE

## à l'assaut des démocraties

Du même auteur

*Islamisme et États-Unis : une alliance contre l'Europe*, L'Âge d'Homme, 1997 ; nouvelle édition, 1999.

*Guerres contre l'Europe, Bosnie, Kosovo, Tchétchénie...*, Éditions des Syrtes, 2000 ; édition réactualisée, 2001.

Alexandre Del Valle

# LE TOTALITARISME ISLAMISTE

## à l'assaut des démocraties

*Préface de Rachid Kaci*

ÉDITIONS DES SYRTES
74, rue de Sèvres, 75007 Paris

## Remerciements

Je tiens tout particulièrement à remercier Thierry Lachkar, qui m'a si aimablement conseillé et associé à une série d'événements qui m'a beaucoup appris ; maître Gilles-William Goldnadel, à qui je dois tant et qui m'encourage depuis plusieurs années déjà ; Marc Knobel, Jacques Tarnero, Yves Kamami et René Kadouche, pour leur soutien moral autant que pour leurs suggestions et leur éclairage ; le courageux président de Democratia, Rachid Kaci, l'Anglo-Pakistanais Ibn Warraq, et Mohamed Guadi, repenti de l'enfer islamiste, dont les conseils et témoignages sont uniques ; Latifa Ben Mansour et Michel Renard, qui combattent le « fascisme islamiste », et l'imam romain Abdul Palazzi, personnalités musulmanes fort différentes mais unies dans le même courage intellectuel et l'attachement aux valeurs humanistes et républicaines ; Giorgio Mossa, Nico Malliracchi et Alfredo Janello pour les questions italiennes ; le géopolitologue Viatcheslav Avioutskii pour les questions russes et caucasiennes ; la spécialiste mondiale du *djihad* et de la « dhimmitude » Bat'Ye'Or ; le père catholique René Arbez et David Litmann en Suisse ; enfin, ceux qui m'ont aidé à relire les épreuves et m'ont donné d'ultimes et précieux conseils, notamment Geneviève Perrin et François Costantini. Sans oublier bien sûr les hauts fonctionnaires et employés de certains services qui, pour des raisons évidentes, ne peuvent révéler leur identité mais se reconnaîtront ici.

*Les paroles vraies ne sont pas agréables.*
*Les paroles agréables ne sont pas vraies.*

LAO-TSEU

*Si le fanatisme fut la maladie du catholicisme, si le nazisme fut la maladie de l'Allemagne, il est sûr que l'intégrisme est la maladie de l'islam.*

ABDELWAHAB MEDDEB

À Monica, au nom de ce qui nous unira toujours et qu'elle m'a (re)transmis.

# Préface

Une question cruciale pour nos démocraties est posée par Alexandre Del Valle dans ce travail de recherche et d'analyse : comment résister à la tentative de l'islamisme politique d'imposer ses lois et ses règles au monde, et en particulier au monde occidental ?

Depuis plusieurs décennies, certains mouvements, notamment celui des Frères musulmans, qui incarnent un islam rétrograde et sectaire, tentent de contrôler les musulmans dans le monde. Après avoir réussi à tisser leur toile dans les pays majoritairement islamiques, ils s'attaquent aujourd'hui aux démocraties « impies », avec la volonté d'y asseoir leur influence et d'y imposer, par tous les moyens, le retour à un ordre digne de l'époque moyenâgeuse.

De compromissions en calculs concertés et complices, nos pays se sont inconsciemment laissé submerger par cette idéologie surannée, les mises en garde et les appels au secours de musulmans éclairés n'ayant été ni entendus, ni même écoutés. Il aura malheureusement fallu un événement aussi dramatique que les attentats du 11 septembre 2001 pour ramener à la raison ceux qui voyaient dans les revendications des intégristes islamistes une lutte légitime pour le respect d'une culture et d'une pratique religieuse.

Au terme d'une enquête minutieuse, Alexandre Del Valle met en lumière la redoutable organisation et le projet insensé d'une « internationale islamiste intégriste » idéologiquement et financièrement dépendante de régimes qui érigent la religion musulmane au rang de dogme, de programme politique, de mode de vie immuables et figés, au mépris de la raison, et souvent du savoir. Il « décortique » efficacement un totalitarisme qui ne dit pas son nom mais se pose pourtant en « digne » héritier du communisme et du nazisme. Surtout, il fait preuve d'une extrême lucidité en ne jetant pas l'opprobre sur la religion musulmane. Son enquête, au contraire, est un appel au sursaut des musulmans, une bouée de sauvetage pour les croyants éclairés qui luttent pour faire émerger une nouvelle école de pensée dans l'islam. Rendons donc grâce ici à Alexandre Del Valle de s'être livré à une œuvre de salut public, à la clarification pragmatique d'une situation aux conséquences certainement dramatiques.

Cet ouvrage nous apporte, à nous les millions de musulmans réduits au silence et à l'isolement médiatique et politique, une contribution et un souffle essentiels à notre combat pour sortir l'islam des logiques d'enfermement et de sectarisme. Ce combat n'est pas aisé et toutes les voix, en ce sens, sont les bienvenues. Nous ne perdons pas de vue évidemment que le salut viendra d'abord des musulmans eux-mêmes. Notre devoir est d'ouvrir enfin un débat de fond sur l'interprétation du Coran, à la lumière de l'époque moderne, en d'autres termes de réactualiser le texte sacré. Comment, en effet, sortir l'islam et les musulmans de l'impasse sans lever les tabous maintenus artificiellement par quelques émirs, plus préoccupés par leur pouvoir personnel que par le bien-être de leurs « sujets » ? Ce nécessaire *aggiornamento* ne sera possible que si nous osons remettre en question les thèmes qui figent les sociétés musulmanes : l'égalité entre les sexes, la place de la science, la liberté individuelle, la laïcité, le respect et la tolérance absolue... En prendre conscience, c'est surtout se libérer des carcans prétendument religieux et des traditions ancestrales et rétrogrades qui visent à empêcher le développement de tout esprit critique.

La nouvelle école de pensée musulmane émergera à condition, comme le montre Alexandre Del Valle, que les Occidentaux cessent une bonne fois pour toutes de soutenir les tenants de l'islam politique. Les intérêts économiques immédiats ne peuvent pas masquer l'aversion viscérale des intégristes pour notre modèle de société et les valeurs que nous défendons. Les démocraties, et en particulier la France, doivent mettre de côté leur complexe vis-à-vis de l'islam qui leur fait accepter, sur leur propre sol, dérives et atteintes aux droits de l'homme : voile, polygamie, excision, antisémitisme... Nous ne pouvons en aucun cas tolérer que se développent chez nous des mouvements idéologiques faisant la part belle à la haine et à l'intolérance, des mouvements qui, en outre, sont financés par des dictatures ignorant la notion même de pluralisme.

L'intégrisme islamique a bénéficié de complicités considérables et d'un contexte géopolitique mondial exceptionnel. Sa grande force est d'avoir su « surfer » sur ces deux paramètres. Afin de mieux combattre sa progression, les responsables politiques doivent avoir le courage, comme le fait Alexandre Del Valle dans son essai, d'autopsier, d'analyser les composantes du courant islamiste mondial, ses financements, ses réseaux et ses stratégies de lutte.

Le résultat n'en sera que plus probant…

Rachid KACI

## CHAPITRE 1

# Les leçons de l'après-Manhattan

*Ce qui n'est pas supportable, c'est d'entendre partout répéter que [...] le terrorisme kamikaze serait le dernier recours des démunis et l'islamisme radical l'anti-impérialisme des Arabes, [c'est] de voir l'islam, au nom du non-amalgame, se refuser à l'examen de conscience puis à l'aggiornamento auxquels les autres grands monothéismes se sont astreints depuis des siècles [...], c'est qu'il se soit trouvé, depuis le 11 septembre [...] si peu d'intellectuels, d'autorités spirituelles, morales ou politique de l'islam, pour dire avec force que les talibans sont des fascistes verts, que le martyre des kamikazes n'est pas le chemin du paradis, [...], c'est qu'il se trouve, dans les banlieues, des hommes et des femmes pour voir en Ben Laden un saint ou un héros.*

Bernard-Henri Lévy[1]

« Évêque de Rome, au nom de tous les musulmans qui partagent avec nous ce devoir missionnaire, je Vous invite à abandonner la religion idolâtro-polythéiste catholique que vous professez et à prononcer la *chahada,* profession de foi des musulmans [...]. Dans peu de temps, vous rencontrerez le Dieu de l'Univers, de tout être, de toute chose. Sauvez votre âme. Lorsque vous serez en face du jugement d'Allah, vous ne pourrez plus dire que vous n'avez pas été invité à embrasser la vraie foi, l'islam. » Telle fut la déclaration prononcée le 4 novembre 2001 sur la RAI, au cours de l'émission *Porta a Porta*, par le président de l'Union des musulmans d'italie (UMI), Adel Smith. Il est vrai que l'islamisation de la capitale de la catholicité et de l'Italie constitue depuis longtemps l'une des priorités du programme de conquête des fanatiques d'Allah, lesquels se réfèrent à

1. *Le Point,* 12 octobre 2001.

un *hadith* de Mahomet qui affirme que les villes chrétiennes converties en premier à l'islam seraient « d'abord Constantinople, ensuite Rome ». Ainsi Omar Bakri Mohammed, l'un des représentants du Front international islamique de Ben Laden pour l'Europe, déclare-t-il : « Constantinople a été islamisée, aucun musulman ne met en doute que l'Italie le sera à son tour et que le drapeau de l'islam flottera sur Rome[2]. » Qu'il s'agisse du World Trade Center, considéré par les islamistes comme le temple de la « finance judéo-maçonnique internationale » autant que le cœur de l'économie des États-Unis, qu'il s'agisse du choix d'Al-Aqsa comme nom de la nouvelle Intifada – en référence à la mosquée de Jérusalem –, qu'il s'agisse de la synagogue de la Ghriba à Djerba, en Tunisie, attaquée par un commando suicide d'Al-Qaida le 11 avril 2002, comme celle de Strasbourg qui fut visée en décembre 2000, qu'il s'agisse des bouddhas de Bamiyan, ou encore de Rome, centre spirituel et culturel de « l'Occident croisé » *(al-Gharb al-salibi),* les islamistes s'attaquent systématiquement à des symboles forts. À la violence physique des bombes humaines s'ajoute celle des messages symboliques.

Celui de Ben Laden, tout comme celui des kamikazes du Hezbollah et du Hamas, est on ne peut plus clair depuis que le totalitarisme vert a déclaré la guerre à l'Occident, en 1979, avec la chute du chah et l'ascension de l'ayatollah Khomeyni : « Les guerriers d'Allah aiment plus encore la mort que les Occidentaux ne la redoutent. » À l'option « zéro mort » chère aux Américains depuis la guerre du Vietnam, les « islamikazes » opposent leurs noces mortuaires et barbares. « Nous croyons que, lorsque nous coupons vos têtes, déchiquetons vos corps et vous dispersons, nous faisons œuvre de dévotion qui nous rapproche de Dieu[3] », déclarait à la veille de Noël, en 1996, l'émir du GIA d'alors, Antar Zouabri, dans une missive envoyée au président Jacques Chirac, sommé de se convertir à l'islam s'il voulait « éviter un bain de sang ». Ce type de menace assortie d'une invitation expresse à embrasser la « vraie foi » avait également été adressé au président Vladimir Poutine et à toute la Russie par le Comité islamique mondial de Djemal Gueïdar, au Premier ministre britannique Tony Blair par le Londonien Omar Bakri Mohammed, ou au chef de l'État italien par l'Union des musulmans d'Italie d'Adel Smith.

2. « 14 septembre 1988 », *La Repubblica*, octobre 2001.
3. Allusion aux moines assassinés en Algérie, *in* Nasreddine Lebatelier, *Ibn Taymiyya, Le Statut des moines*, El-Safina Éditions, Beyrouth, 1997.

Convaincus que la colère islamo-terroriste n'est qu'une réaction face à « l'injustice » occidentalo-sioniste, à « l'impérialisme » ou au « néocolonialisme », de plus en plus d'intellectuels et de responsables occidentaux escomptent calmer la colère des « terroristes saints » en cessant de soutenir les « juntes militaires anti-islamiques » à Alger ou ailleurs, en laissant l'Irak tranquille, en lâchant Israël, ou en retirant les GI de la terre du Prophète. Ils oublient seulement que, lorsque les nouveaux cavaliers du djihad exhortent le pape et les chefs d'État « judéo-croisés » à devenir musulmans, le véritable message qu'ils veulent faire passer aux pusillanimes Occidentaux est le suivant : tant qu'il ne sera pas *définitivement* soumis à l'ordre d'Allah, l'Occident, comme d'ailleurs le reste du monde « non soumis », n'aura *jamais* la paix. Arrêté en Afghanistan par les forces américaines le 9 décembre 2001, le « taliban australien » David Hicks, alias Mohamed Dawood, résumait parfaitement, peu avant le 11 septembre, cet avertissement : « Entendez les guerriers rugir. Que cela atteigne toutes les oreilles des damnés ! Que votre sang suintant remplisse leurs bols ! Que leurs bouches affamées dévorent votre âme ! Vous devez vous nourrir de la nourriture de Mahomet ; si vous n'êtes pas d'accord, votre tête tombera. Le monde occidental avec sa technologie est contre le monde islamique avec sa mythologie. Le monde musulman sera le prochain à rester sur cette terre[4]. » Ce terrifiant message a été parfaitement transmis et reçu un certain 11 septembre 2001.

Pourtant, derrière une arrogance de façade, les démocraties occidentales dissimulent mal leur peur. Elles tremblent même. Ben Laden n'a fait qu'expliciter un peu plus clairement que ses prédécesseurs *le but de guerre* du totalitarisme vert : *l'islamisation totale du genre humain,* de gré ou de force. D'une certaine manière, le monde libre, puisque tel est bien le nom que l'on doit donner à l'ennemi du totalitarisme islamiste, s'est déjà avoué vaincu, ne serait-ce que psychologiquement et moralement. Nous verrons de quelle manière.

## LES EFFETS DE LA TERREUR ISLAMISTE, ENTRE PEUR ET FASCINATION

Un an après le 11 septembre, nonobstant la « défaite » des talibans et les accents guerriers de George Bush Jr, Ben Laden rem-

4. *Le Monde,* 29 décembre 2001. Recruté par Al-Qaida alors qu'il faisait son baptême du djihad au Kosovo, David Hicks, qui servit ensuite dans la guérilla islamiste du Cachemire, Lashkar-i-Taiba, a suivi le parcours classique du guerrier d'Allah.

porte une double victoire psychologique : bien qu'étant techniquement et militairement des millions de fois plus forts qu'Al-Qaida, les Occidentaux sont terrorisés par l'islamisme. Ils savent désormais que les fous d'Allah peuvent les frapper n'importe où et n'importe quand, et surtout sur leur propre sol. Ben Laden les a magistralement convaincus qu'à armes égales, les cavaliers d'Allah l'emportent à coup sûr, la peur de la mort et la détermination faisant toute la différence. Inversement, bien que les musulmans du monde entier aient en grande majorité condamné les moyens utilisés par Ben Laden et surtout l'assassinat d'innocents, beaucoup n'ont pu s'empêcher de déclarer avec fierté que « si l'islam n'a peur de rien, tout le monde a peur de l'islam ». Y compris la géante Chine, la Russie nationaliste et l'hyperpuissance américaine. Tandis que des millions d'Occidentaux ont été saisis de panique à l'idée de voir des Ben Laden à la tête d'États islamiques disposant d'armes de destruction de masse, des millions de musulmans, particulièrement ceux qui détestent le plus les États-Unis et Israël, ont été fiers de constater que « seul le David islamiste a eu la témérité d'attaquer le Goliath américain en plein cœur ». Formidable message de galvanisation des troupes, l'attentat du 11 septembre a encouragé d'autres kamikazes à en faire autant. Car, pour les *moudjahidines*, « le paradis d'Allah est à l'ombre des épées ». Partout, en effet, les islamistes ont redoublé d'agressivité : en Israël, d'abord, où les brutales répressions de Tsahal déclenchées par les attentats-suicides n'ont fait qu'inciter le Hamas à multiplier les bombes humaines ; au Cachemire et au Pakistan (attentats d'avril, mai et juillet 2002), où une partie du staff d'Al-Qaida et des talibans s'est repliée pour aller prêter main-forte aux rebelles islamistes, au risque d'attiser le conflit et même de déclencher un jour une guerre atomique entre l'Inde et le Pakistan ; en Macédoine, où d'autres talibans et séides de Ben Laden tentent à nouveau d'embraser les Balkans ; et même dans les « banlieues de l'islam » d'Italie, de France ou des États-Unis, où de jeunes musulmans ont exprimé leur admiration pour « Oussama, le justicier des Palestiniens qui ose défier les Américains et les Juifs sionistes », le nouveau Saladin les encourageant à poursuivre leur « intifada française » contre les synagogues, les églises, les écoles juives et les « Gaulois ». Autant d'incidents que l'on cherche à minimiser afin de ne pas provoquer encore plus les assaillants galvanisés par Ben Laden et de ne pas céder à l'amalgame et à la xénophobie. Ainsi, tandis que l'intelligentsia bien-pensante s'évertue à rassurer l'opinion occidentale en expliquant que les banlieues ne sont pas gagnées par l'islamisme, que « les islamistes ne sont pas tous des terroristes » et que « l'Occident aussi a connu le fanatisme », les porte-parole d'Al-Qaida en Europe et un Oussama Ben Laden à l'allure prophétique expliquaient calmement sur toutes les télévisions comment les martyrs d'Allah ont « vengé les morts palestiniens et irakiens », mobile qui n'a pas manqué de convaincre plus d'un Occidental sensible à la vulgate tiers-mondiste. Pendant les mois qui ont suivi le 11 septembre, les démocraties occidentales ont poussé la tolérance et la liberté d'expression jusqu'à donner la parole à des extrémistes ouvertement pro-Ben Laden et surtout à des champions de l'Audimat, comme Adel Smith, qui déclarera publiquement que « l'attaque des tours jumelles ne peut pas être définie comme un acte terroriste, à moins que l'on qualifie également comme terroriste Hiroshima, ou l'appui américain à l'État agresseur d'Israël[5] », et qui comparera Ben Laden au « résistant apache Géronimo ». Omar Bakri Mohammed, lui, expliquera que « pour la nation musulmane, le 11 septembre est un jour de fête, car seul le mouvement islamique du djihad a pu avoir le courage d'attaquer en plein cœur l'Amérique sioniste avec des martyrs ». Citons aussi des « personnalités » sportives, comme un des footballeurs de l'équipe de Bari, Rachid Neqrouz, lequel déclarera : « Moi, je me sens frère de Ben Laden, celui qui a osé à lui seul affronter l'Amérique », et qui recommandera même de « prier pour lui et pour l'Afghanistan » des talibans[6]... Loin d'être intimidés ou d'adopter un profil bas, les leaders islamistes européens ont redoublé d'arrogance et de détermination. Ainsi, Hamza Roberto Piccardo, secrétaire général de l'Union des communautés islamiques d'Italie, n'hésite pas à déclarer, quinze jours à peine après le 11 septembre : « Je ne me sens absolument pas américain, je suis italien et musulman. [En Palestine], l'occupant n'est pas innocent, les kamikazes frappent l'ennemi au prix de leurs vies [...]. Nous luttons encouragés par un *hadith* du Prophète qui dit que "le soleil viendra de l'Occident" ; ce hadith doit être interprété comme une renaissance du monde islamique à partir de l'Europe. Nous sommes douze millions, mais nous croîtrons toujours plus. Lorsque la *charia* est acceptée par la majorité du peuple, elle devient loi démocratique[7]... »

5. *Corriere della Sera,* 6 novembre 2001.
6. Rachid Neqrouz, *Corriere della Sera,* 15 octobre 2001.
7. Hamza Piccardo, *L'Espresso,* 27 septembre 2001.

## La plus grande opération de marketing islamiste depuis la révolution iranienne

Redoutable stratège et maître en guerre psychologique, Ben Laden a donc bel et bien atteint son objectif principal : la plus grande opération de marketing islamiste planétaire après la révolution iranienne et l'affaire des *Versets sataniques*. Car, en diffusant ses vidéos dans toute la planète, on a permis au nouveau Saladin de séduire autant d'anti-Occidentaux et autres interlocuteurs vulnérables qu'il en a choqués. En faisant une telle publicité à ce fanatique, n'a-t-on pas pris le risque de voir ses conceptions totalitaires gagner de nouveaux fidèles et sympathisants ? La démarche apocalyptique et barbare de Ben Laden ne pouvait que faire du tort à l'islam, a-t-on rétorqué. C'est oublier que le Carlos saoudien a tablé sur l'un des principes élémentaires de la communication et de la psychologie sociale : « Que l'on en parle en bien ou en mal, peu importe, pourvu qu'on en parle. » En exclusivité pour CNN et Al-Jazira, Ben Laden a ainsi proposé aux jeunes drogués d'images virtuelles ultraviolentes la première superproduction version *live* à côté de laquelle la retransmission en direct de la guerre du Golfe paraît ridicule. Et il en a fasciné plus d'un, en commençant par les jeunes musulmans déracinés des banlieues qui n'ont retenu de l'islam que la conversion de Tyson et la haine antijuive des kamikazes palestiniens. Il a subjugué aussi quantité de non-musulmans, essentiellement parmi trois catégories : les accrocs de violence virtuelle et autres jeunes sans repères attirés par tout ce qui ressemble à un rejet de l'ordre établi ; les nostalgiques du nazisme ou autres judéophobes et les anti-Américains d'extrême droite reconnaissant en Ben Laden une version bédouine et barbue d'Hitler ; et, plus généralement, les milieux idéologiques antisionistes et anti-impérialistes de gauche et d'extrême gauche qui, au lieu de reconnaître dans le terrorisme islamiste le nouveau « fascisme vert » contre lequel ils auraient dû être depuis longtemps les premiers à se battre – comme leurs homologues plus lucides du monde musulman –, n'ont voulu voir en lui qu'une réaction désespérée des masses déshéritées du monde arabe, humiliées par l'injustice en Israël et l'impérialisme américain. Ainsi, certains de nos « islamologues » sont-ils allés jusqu'à renvoyer dos à dos Ben Laden et Georges Bush Jr, « tous deux adeptes d'une vision dichotomique du monde » selon François Burgat, et à accuser l'Occident d'avoir « privé de liberté [...] les courants dits "islamistes" qui ne constituent pas forcément la menace obligée que l'on croit ». Résultat, « à la croisade contre les musulmans répond donc sans surprise le djihad contre les chrétiens[8] ». Pour d'autres encore, le milliardaire terroriste est apparu, bien qu'ayant commis un acte d'une barbarie innommable, comme une sorte de Robin des Bois, « un dandy d'Allah » ayant renoncé au confort matériel que lui assurait sa condition de nanti pour aller rejoindre les nobles moudjahidines afghans puis défendre les Palestiniens persécutés. Les sorties de Michel del Castillo accablant l'Amérique et défendant la « dignité humaine » des islamistes et de Ben Laden sont à ce titre éloquentes : « Ma tristesse et mon dégoût ne me rendent pas pour autant solidaire de l'Amérique [...], je ne deviendrai jamais un Américain. Je suis un Européen du Sud, pour moitié andalou, autant dire à demi musulman [...]. En semant la mort chez le Satan américain, Ben Laden ne poursuit aucun but politique. Il s'imagine livrer un combat spirituel avec fatalement des armes disproportionnées, parce que toute la puissance se trouve du côté de l'adversaire [...]. Nous devinons ce que Dostoïevski eût dit et pensé de Ben Laden, ce qu'il eût écrit des fous de Dieu : ce n'est pas une bête féroce. C'est un homme [...], mon semblable[9]. » Extraordinaire ruse de l'histoire, les Occidentaux n'ont jamais été si nombreux à se dire « musulmans », à manifester leur « solidarité » avec le monde islamique et les victimes de l'impérialisme « américano-sioniste », à relayer plus ou moins directement les revendications des islamistes, qu'il s'agisse de l'islamité de l'esplanade du Mont du Temple à Jérusalem, que l'on ne décrit plus que sous le nom d'« esplanade des Mosquées », des « insupportables provocations » de Georges Bush Jr qui aurait commis l'erreur « impardonnable » de comparer la lutte contre le totalitarisme islamiste à une « croisade contre le Mal », ou de Silvio Berlusconi qui considère l'universalisme démocratique occidental « supérieur » à l'obscurantisme d'une partie de l'islam. Ben Laden a bel et bien gagné son pari : depuis l'attentat du 11 septembre, jamais, en Europe et aux États-Unis, on n'aura autant acheté de corans et de traités de jurisprudence islamique, jamais on n'aura autant parlé de l'islam, de la meilleure façon comme de la pire. On le voit, « l'amalgame » tant redouté entre islam et islamisme a fonctionné, et ce ne sont pas les « islamophobes » qui l'ont établi, mais Ben Laden lui-même et tous ceux qui ont relayé ses mobiles et justifications ou qui ont été fascinés par le personnage.

Retournant habilement à leur profit les phénomènes, certes inac-

8. François Burgat, *La Médina,* 12 décembre 2001.
9. *Le Monde,* 18 janvier 2002.

ceptables, d'intolérance constatés aux États-Unis en réaction aux attentats à l'encontre de militants islamistes et même de simples citoyens musulmans américains, les leaders d'organisations islamistes sont parvenus, dans le même mouvement de « lutte contre l'amalgame », à transformer une manifestation de barbarie verte en une immense opération de publicité en faveur du « vrai islam », un islam forcément « tolérant » puisque les musulmans sont par essence « victimes » des autochtones judéo-chrétiens, justiciables de « racisme », coupables de colonialisme, complices du sionisme et remplis de préjugés négatifs à l'égard de l'islam. Aux termes de cette campagne de mobilisation déclenchée par les islamistes contre une supposée « islamophobie » des « impérialistes occidentaux », les conversions à l'islam en Occident, y compris aux États-Unis, n'ont jamais été aussi nombreuses que depuis le 11 septembre, tandis qu'en Europe les islamistes les plus fanatiques, condamnés dans leurs propres pays, pouvaient continuer à prêcher leur idéologie de haine presque aussi librement qu'auparavant, à la différence près que les déclarations ouvertement terroristes sont désormais déclarées illégales à Londres ! Car Ben Laden a rendu un service inestimable à tous les obscurantistes barbus en quête de respectabilité : si lui est un « intégriste musulman », il suffit de condamner le terrorisme aveugle et de se désolidariser d'Al-Qaida pour sortir du champ disqualificatoire de l'intégrisme islamiste et apparaître « modéré »...

## Du syndrome de Stockholm...

Capitulant avant même d'avoir livré bataille, les Européens semblent tentés, comme jadis les otages fascinés par leurs tortionnaires, de défendre les barbares d'Allah, d'où le relais dans nos médias des formules de propagande les plus perfides de Ben Laden lui-même visant à rendre le sionisme, le « fasciste » Sharon, l'impérialisme américain, responsables des attentats, alors que le sort des Palestiniens, pas plus que celui du régime baassiste irakien « impie » n'ont jamais préoccupé le milliardaire saoudien ainsi que l'ont pourtant rappelé Leïla Shahid et Yasser Arafat eux-mêmes. Terrorisé par la violence islamiste, culpabilisé par rapport aux croisades, à la colonisation et au sionisme, l'Occidental capitulard s'évertue à trouver des *excuses obliques* aux « fascistes verts » et à leur dynamique barbare. C'est dans le cadre de cette tentative suspecte que médias et autorités intellectuelles ont tout à coup réhabilité, depuis le 11 septembre, les thèses jadis iconoclastes qui dénonçaient les liaisons dangereuses entre la CIA et Ben Laden sous la guerre froide. Comme si l'on cherchait à trouver une porte de sortie aux monstres verdâtres qui ont ensanglanté Manhattan. Comme si l'instrumentalisation des thèses dénonçant le flirt entre la CIA et Ben Laden avait pour but d'accabler la victime et de trouver des excuses au bourreau islamiste, finalement « pas si coupable que cela puisque créé par les États-Unis ». Ayant été parmi ceux qui dénoncèrent avec le plus de vigueur la politique pro-islamiste des États-Unis[10], nous considérons toutefois fort suspecte la tendance actuelle qui vise à accuser les Américains d'avoir « fabriqué » le monstre islamiste, sans parler de ceux qui affirment que la CIA et le Mossad auraient monté de toutes pièces les attentats de Manhattan et du Pentagone pour justifier des projets d'oléoducs en Asie centrale et favoriser la répression en Palestine, relayant ainsi les thèses les plus délirantes du Hamas palestinien. Outre le fait qu'elles sont moralement inacceptables, ces thèses « révisionnistes en temps réel », selon les mots d'Alain Finkielkraut, diffusées en France par certains milieux d'extrême gauche, alimentent une pathologie propre aux groupes traumatisés, le « syndrome de Stockholm », en référence aux fameux otages de Stockholm qui étonnèrent leurs psychologues lorsqu'ils défendirent les mobiles de leurs anciens bourreaux dans l'espoir d'être à l'avenir épargnés par ceux-ci. Cette nouvelle perversion analytique aux relents antiaméricains et munichois doit être combattue vigoureusement parce que *rien* ne justifie la barbarie, en l'occurrence islamiste, laquelle trouve ses racines non dans la politique américaine ou dans l'injustice israélienne, mais dans une nouvelle forme pathologiquement antioccidentale de racisme et de xénophobie qui gagne peu à peu le tiers-monde arabo-islamique, une idéologie néototalitaire islamisée qui s'était déjà exprimée symboliquement durant la conférence « antiraciste » de Durban de l'été 2001. Bref, un nouvel obscurantisme islamiste multiplié par l'explosion démographique et la volonté de revanche du monde arabo-musulman « humilié » par l'Occident. Mais il est vrai que la thèse consistant à dire que la CIA a « créé l'islamisme » permet d'occulter le fait que les islamo-terroristes justifient leur soif de sang par la théorie classique du djihad, et que des non-Occidentaux peuvent eux aussi être intolérants, racistes et « fascistes ». Réalité que le postulat central du politiquement correct et du terrorisme intellectuel modernes ne peut que

10. Cf. du même auteur, *Islamisme et États-Unis, une alliance contre l'Europe*, préface de Pierre-Marie Gallois, L'Âge d'Homme, Lausanne, 1997.

nier violemment puisqu'il repose au contraire sur l'idée de la toute méchanceté et de l'intolérance intrinsèques des seuls judéo-chrétiens occidentaux, coupables de tout et éternellement redevables envers les « victimes définitives » que sont les masses ex-colonisées et humiliées du tiers-monde.

## ... À « L'ISLAMIQUEMENT CORRECT »

Si, depuis la catastrophe sans précédent du 11 septembre, l'islam et « l'islamisme » ont été au centre de nombreuses discussions, jamais la désinformation n'a été aussi manifeste sur la nature réelle de l'idéologie qui a motivé les kamikazes de Manhattan. Malgré cela, et conformément à ce que nous avons appelé « l'islamiquement correct », forme islamisée du traditionnel « politiquement correct » et de la pensée unique, les attentats de l'automne 2001 – comme d'ailleurs, avant eux, ceux qui ont terrorisé l'Occident depuis les années 1970 et surtout la révolution khomeyniste de 1979 – ont été une nouvelle occasion, sous prétexte d'éviter « l'amalgame », de vanter les qualités intrinsèques du Coran définitivement proclamé « texte de paix », de louer le monde islamique « majoritairement tolérant », et même de rappeler que l'islam orthodoxe, loin d'appeler à la violence, est une « religion d'amour ». En vertu de ce schéma de pensée, les islamo-terroristes auraient en quelque sorte « trahi » le « véritable » islam, un peu de la même manière que Staline, Pol Pot, Mao ou Enver Hodja auraient trahi le « véritable » communisme, jamais incriminable en tant que tel mais « dénaturé » par les révolutionnaires bellicistes s'en réclamant.

En réalité, si trahison il y a, indéniablement, celle-ci n'est que partielle. Car, de même que la violence stalinienne a incontestablement puisé dans la théorie de la lutte des classes et de la dictature du prolétariat, ce qui ne signifie pas que Marx ait souhaité les horreurs commises en son nom, de même les islamistes citent en permanence les sourates du djihad et les traités d'Ibn Taymiyya, figure de l'école hanbalite, l'une des quatre écoles juridiques reconnues de l'islam sunnite. Dire cela ne revient aucunement à affirmer que l'islam est réductible à l'islamisme. Soheib Bencheikh parle très justement d'une « tumeur née dans le corps de l'islam mais qui risque de tuer le corps ». Dans son remarquable essai, *La Nouvelle Judéophobie,* Pierre-André Taguieff a parfaitement mis en lumière non seulement la nature néototalitaire de l'islamisme, mais également la façon dont ses nouveaux compagnons de route ont corrompu la

« juste dénonciation de l'islamophobie [en la] réduisant à n'être qu'une ceinture de protection autour de toutes les dérives totalitaires et terroristes du fondamentalisme musulman [...]. D'où l'exercice devenu rituel, dans certains milieux dits "antiracistes", consistant à dénoncer "l'anti-islamisme" avec indignation, sous la présupposition de l'inexistence de toute menace islamiste. Pour être crédible, cette posture argumentative implique de remplacer subrepticement l'hostilité à l'islamisme par l'hostilité à l'islam. Donc d'assimiler positivement islam et islamisme [...]. La dénonciation litanique des amalgames polémiques (entre islam et islamisme, fondamentalisme islamique et terrorisme) peut fonctionner comme une rhétorique auto-protectrice [...], un dispositif immunitaire revenant à interdire toute critique de l'islam [...]. Tout ce qui se réfère à l'islam devient ainsi incriticable, intouchable. Terrorisme intellectuel[11]. » D'après cette nouvelle « *pravda* islamiquement correcte », la dénonciation du terrorisme islamiste, si contraire au « vrai islam », « religion de paix et de tolérance », a été en fin de compte l'occasion de perpétuer les lieux communs d'un monde islamique « majoritairement modéré » et de « l'âge d'or de l'Andalousie musulmane », où auraient cohabité en toute harmonie juifs, chrétiens et musulmans. Comme si le mythe de l'Andalousie « tolérante » était à la fois une réalité et une actualité...

Fort paradoxalement, plus l'Internationale islamiste frappe en Algérie, en Afghanistan, en Indonésie, en Égypte, en France ou en Amérique, plus les autorités morales et intellectuelles proclament « incorrectes » les thèses selon lesquelles la violence islamiste exprimerait également un choc entre deux visions du monde irréductibles, deux civilisations antagonistes au sens des valeurs et de la perception de l'Autre, le monde musulman étant lui-même peu à peu gagné par la fièvre obscurantiste et antioccidentale du totalitarisme islamiste dont le terrorisme n'est qu'une des formes. Les intellectuels égyptiens divorcés de force par les tribunaux civils pour avoir osé émettre une opinion critique sur le Coran, les femmes lapidées au Nigéria, au Soudan, en Iran ou en Arabie Saoudite, les chrétiens condamnés à mort pour blasphème au Pakistan, l'enseignement de la haine antijuive dans la quasi-totalité des programmes scolaires des pays arabo-islamiques, tout comme la persécution des chrétiens et des non-musulmans dans nombre de ces pays, sont autant de signatures, certes non terroristes au sens de Ben Laden,

11. Pierre-André Taguieff, *La Nouvelle Judéophobie,* Mille et Une Nuits, 2001, p. 45-118.

mais non moins révélatrices du totalitarisme islamiste. Car, avant de s'incarner dans un État ou de s'exprimer par les flammes des bombes humaines, le totalitarisme islamiste participe d'un mouvement général vers l'obscurantisme et la haine de l'Autre. Qu'on le veuille ou non, et même si l'on doit plus que jamais combattre les amalgames, le monde musulman en général – et pas seulement les talibans et les wahhabites, mais jusqu'aux rues de Djakarta, Lahore ou Riyad – est de plus en plus réceptif aux thèses xénophobes anti-occidentales, antichrétiennes et antijuives[12], bref progressivement gangrené par le même type d'idéologie totalitaire fondée sur la haine de l'Autre que celle qui anima le peuple allemand, au départ pacifique mais petit à petit fanatisé, et qui l'amena jusqu'à la terrifiante « solution finale ». Mais cette idée est insupportable aux Occidentaux de l'après-guerre froide, à qui Francis Fukuyama a annoncé la « fin de l'histoire », d'où la diabolisation des thèses, souvent mal interprétées, de Samuel Huntington qui annonce le commencement d'une nouvelle ère marquée par les affrontements civilisationnels, et surtout le choc frontal et de plus en plus violent entre le monde musulman en voie de réislamisation radicale et l'Occident « arrogant ». L'islamiquement correct et la vision idyllique d'un monde sans conflit, fondés sur les postulats des idéologies progressistes radicales qui combattent l'idée même de frontières nationales ou civilisationnelles comme celle des conflits (« nous n'avons plus d'ennemis »), fonctionnent en fin de compte comme des grilles de lecture déformantes et inhibitrices qui empêchent, en l'occurrence, de définir clairement la nouvelle menace totalitaire.

Le séisme du 11 septembre 2001 n'est pas un événement isolé. Il s'inscrit dans le contexte général d'une véritable guerre civilisationnelle déclarée par le totalitarisme islamiste depuis la décolonisation et la création de l'État d'Israël, perçu par les masses musulmanes comme le « nouvel État croisé » des envahisseurs occidentaux. D'où l'actualité corrélative de la figure libératrice de Saladin à laquelle s'identifient Saddam Hussein et Oussama Ben laden, conscients qu'ils sont de la prégnance de l'histoire et des symboles pour les peuples musulmans chez qui la mémoire n'a pas encore été détrônée par le culte de l'instant ou la fièvre moderne du « bougisme ».

Arrêtons-nous un moment sur le diagnostic inquiétant de l'islamologue Bernard Lewis : « Le christianisme s'est modifié, l'islam n'a pas pu ou n'a pas voulu le faire, au contraire [...]. Lorsque Ben

12. Voir Gilles-William Goldnadel, *Le Nouveau Bréviaire de la haine,* Ramsay, 2001.

Laden assène des faits historiques, son "audience" sait parfaitement de quoi il parle. Saladin est là avec elle. Les victoires et les défaites, les références au Coran font partie de la mémoire collective la plus commune. Les musulmans ne se voient pas comme une nation divisée en groupes religieux, mais comme une religion divisée en nations [...]. L'islam se sent renforcé par les références historiques [...] et la démographie. Tous nos efforts en vue d'affirmer les valeurs de multiculturalisme et de tolérance ont été perçus par les musulmans comme une peur [...]. Cela fait trois siècles que l'Occident domine le monde, mais l'Amérique peut perdre si l'on sent qu'elle a peur [...]. Les nazis, les Soviétiques, la guerre froide ont convaincu l'islam que l'Occident est capable de s'autodétruire [...]. Les inscriptions sur la mosquée du Rocher à Jérusalem exaltent la supériorité de l'islam. Les musulmans ont envahi trois fois l'Europe : les Maures en Espagne, les Tatares en Russie et les Turcs à Vienne. Ils se sont mesurés à Byzance, à l'Empire romain germanique et enfin aujourd'hui à l'Occident et aux États-Unis. L'islam n'a jamais cessé de rêver à une grande revanche sur un monde corrompu et pervers qui l'a dominé[13]. » La guerre des civilisations et des religions, ressort du III<sup>e</sup> totalitarisme, loin d'être une invention d'Huntington, n'est pas déclarée par l'Occident, qui ne la souhaite aucunement, mais par les islamistes qui tentent de profiter des drames palestinien, irakien ou tchétchène pour embraser tout le monde musulman. Leur discours trouve hélas de puissants échos au sein des masses du tiers-monde arabo-islamique qui espèrent venger l'humiliante parenthèse colonialiste et conquérir définitivement « l'Occident judéo-croisé », désormais affaibli de l'intérieur et, phénomène inédit – « signe d'Allah » –, réceptif au prosélytisme islamiste. Le rêve est fou ? Soit. Il serait toutefois tout aussi fou de ne pas prendre en compte cette pulsion vindicative et belligène bien réelle qui anime des millions d'individus. « Seuls ceux qui ne le veulent pas ne comprennent pas : c'est une croisade à l'envers qui est en marche, une guerre de religion qu'ils nomment djihad, [..] ils sont des millions et des millions, les extrémistes, les fanatiques pour qui Oussama Ben Laden est une légende égale à celle de Khomeyni [...]. Ceux qui croient que la guerre sainte a été stoppée en novembre 2001 avec la désagrégation du régime taliban ou qui se consolent avec les images de femmes afghanes qui ont osé quitter la burka se trompent, parce que l'affrontement entre eux et nous n'est pas militaire. Il est cultu-

13. Bernard Lewis, « L'Islam cerca la grande rivincita », *La Stampa,* 26 novembre 2001.

rel et religieux. Notre civilisation est trop précieuse pour que nous la laissions menacer et violer par quiconque », lance Oriana Fallaci[14], dont on a raison de dénoncer les excès verbaux mais qui, hélas, décrit crûment une réalité difficile à entendre.

## Plus qu'un simple intégrisme, le IIIe totalitarisme

Toujours est-il que, mis en demeure de ne pas dévoiler la nature réelle du totalitarisme islamiste au prétexte d'éviter de favoriser ainsi les thèses « islamophobes », analystes et autres « orientalistes » ont été incapables de prendre la mesure de la nouvelle menace qui plane sur les démocraties occidentales. Les uns ont refusé par principe d'assembler les termes d'islam et de terrorisme, préférant parler de « chaos » ou de « menace terroriste » et dénonçant une politisation de l'islam qui pervertirait l'essence de cette « religion d'amour ». D'autres ont pensé voir juste en définissant l'islamisme comme un « intégrisme » religieux. Mais ils se sont empressés de préciser qu'il fallait condamner au même titre « tous les intégrismes », juif (loubavitch, hassidim), protestant (quakers, presbytériens, etc.), catholique (traditionalistes et autres lefebvristes), et que le « monde islamique finira bien par évoluer comme nous ». Bref, « encore quelques attentats et ils se calmeront »... Est-il seulement nécessaire de relever l'incroyable mépris, voire le racisme sous-jacent de ce type de raisonnement qui trahit non seulement un fatalisme suicidaire, mais surtout l'inavouable conviction selon laquelle « les Lumières, c'est pas vraiment pour eux ». Aussi est-il de bon ton, lorsque l'on dresse le procès de l'islamisme après chaque nouvel attentat meurtrier, de faire à nouveau celui des autres monothéismes, juif et chrétien, au titre de la parenté entre les « trois religions du Livre ». Comme si un obscurantisme passé pouvait excuser ou justifier un obscurantisme présent ou futur.

De tels parallélismes procèdent d'une grave erreur analytique et empêchent de comprendre la nature profonde de l'islamisme, ceci pour au moins deux raisons. Tout d'abord, la notion d'*intégrisme* désigne originellement les courants catholiques non politiques opposés à la modernisation de l'Église, tandis que celle de *fondamentalisme* est inhérente aux Églises protestantes qui ont une lecture littérale de la Bible. Ensuite, comparer l'islamo-terrorisme

14. Oriana Fallaci, *La Rage et l'Orgueil*, Plon, 2002.

international à la Ben Laden aux « intégrismes » chrétiens ou juifs revient à faire croire que les adeptes de monseigneur Lefebvre ou de Rav Loubavitch seraient aussi meurtriers et barbares que les islamikazes du Hamas ou d'Al-Qaida qui font exploser discothèques, restaurants et Twin Towers, et seraient aussi sanguinaires que les égorgeurs du GIA qui vitriolent les jeunes femmes en mini jupes ou coupent les têtes des bébés devant leurs mamans violées... Le christianisme s'est réformé à plusieurs reprises, a accepté de soumettre les écritures saintes à l'étude scientifique et a renoncé à la conquête du monde par la violence depuis longtemps déjà. Le judaïsme est quant à lui structurellement incapable de produire l'équivalent de l'islamisme pour la bonne raison qu'il est réfractaire à toute forme de prosélytisme. Seul l'islam est à la fois universaliste et prosélyte, comme le christianisme, monothéiste et ritualiste, comme le judaïsme, tout en ayant conservé une théologie de la violence et de la conquête du monde. Qu'il soit chrétien, juif, bouddhiste ou même hindouiste, aucun autre « intégrisme religieux » n'est aussi universellement guerrier, planétairement fanatique et indéfiniment conquérant que l'islamisme. Le parallélisme entre les « trois religions abrahamiques » et les « trois intégrismes » ne tient pas, même si en Israël ou en Irlande quelques groupes extrémistes se revendiquent de la Bible, et même s'il est vrai que l'Église catholique fut violente de par le passé tout comme les conquérants israélites en leurs temps.

L'islamisme n'est donc ni exclusivement un « intégrisme religieux » ni une simple « politisation-instrumentalisation » de l'islam. Il est les deux à la fois : il politise la religion tout autant qu'il spiritualise le politique. Il ne trahit d'ailleurs en cela qu'à moitié la religion de Mahomet dont la scolastique a bel et bien posé la confusion du spirituel et du politique, théorisé le djihad puis ordonné la soumission de l'humanité à Allah. Lorsqu'ils rappellent aux fidèles musulmans du monde entier « d'ordonner ce qui est convenable et d'interdire ce qui est blâmable » (3, 104 ; 9, 71)[15], partout (y compris dans les pays « impies » où ils peuvent être amenés à vivre) et en toute circonstance, au moyen du prosélytisme *(da'wa)* ou de la force, les islamistes s'appuient hélas sur des textes qui n'ont jamais été dénoncés par les grandes autorités religieuses. Dire cela ne revient pas à assimiler islam à islamisme. Mais l'existence de « passerelles » entre les deux est indéniable, ce qui n'est pas

15. *Le Saint Coran,* complexe du roi Fahd, IFTA, au 1410 de l'Hégire, Arabie Saoudite.

la même chose, même si certains y voient un insupportable lèse-Mahomet.

En dépit de cette base théologico-spirituelle, l'islamisme radical n'est pas un intégrisme ou un fondamentalisme religieux. Il est beaucoup plus que cela. Il s'agit plutôt d'un *nouveau totalitarisme,* d'une *idéologie de destruction de masse* qui s'appuie sur l'obscurantisme religieux tout en étant, à certains égards, foncièrement contemporaine, dans son nihilisme suicidaire et ses hécatombes thanatocratiques. Bref, le fanatisme religieux exacerbé par Internet, la révolte des pays du tiers-monde, l'explosion démographique et la pulsion nihiliste moderne analysée par Glucksmann... Mélange hautement explosif et paradoxal.

## Le premier « totalitarisme exotique »

Nous avons donc affaire à un totalitarisme théocratique et antioccidental d'un genre nouveau. Le premier qui n'ait pas été accouché par les blancs « judéo-chrétiens » mais qui provienne du tiers-monde, le premier totalitarisme du Sud lancé à l'assaut du Nord. Pour la première fois également, le péril totalitaire n'est pas incarné par un État militarisé et tout-puissant disposant d'arsenaux terrifiants, de soldats casqués et en uniforme, comme le stalinisme et le nazisme, mais il se positionne du côté des faibles, des humbles, des « sans-États » et des « sans-uniformes », des immigrés, objets du « racisme » et de « l'islamophobie », et plus généralement des masses « déshéritées » du tiers-monde, anciennement colonisées – donc « humiliées » –, aujourd'hui victimes de « l'impérialisme occidental ». La différence, apparemment abyssale, est hautement trompeuse. Tout d'abord parce que le totalitarisme vert ne porte le masque touchant des minorités « opprimées » que lorsqu'il doit déjouer la méfiance de l'État en place dont il ne peut prendre le contrôle, en terre d'islam comme en Occident. Tout autre est son attitude lorsqu'il est au pouvoir. Réapparaissent en effet les uniformes pour les femmes comme pour les hommes (burqa, tchador, barbe, etc.), les dictatures d'État (Iran, Arabie Saoudite, Émirat des talibans, etc.), les persécutions et les génocides (Soudan). Ne nous laissons donc pas abuser par la subversion des termes et la confusion des rôles, domaines où les islamistes sont passés maîtres dans le cadre de leur « stratégie victimaire du faible au fort » : derrière une rhétorique apparemment « progressiste » de « persécutés » permanents et de victimes du « racisme blanc », le programme du totalitarisme islamiste n'en est pas moins celui d'une idéologie foncièrement réactionnaire et fascisante distillant un « néoracisme d'extermination de masse » dont l'aboutissement escompté n'est autre qu'une nouvelle solution finale de ces mêmes « blancs judéo-croisés » (Israël, les États-Unis et l'Europe), « principales figures supposées de résistance à son entreprise d'islamisation du genre humain[16] ». Nouvelle solution finale de l'Occident dans son ensemble, en vertu de ce syllogisme infernal : « L'Occident judéo-chrétien est coupable des croisades, de la colonisation, du sionisme et de l'impérialisme, donc responsable de tous les maux dont souffrent les nations arabo-musulmanes humiliées ; donc il doit disparaître ou se soumettre à l'ordre islamiste pour expier ses fautes... » Nouvelle solution finale des Juifs, qui trouve sa justification à travers la stigmatisation de l'État « fasciste » d'Israël et cet autre syllogisme : « Israël étant le Mal absolu doit disparaître, or les Juifs du monde entier en sont solidaires, donc ils doivent disparaître... » D'où les constantes références des islamistes de tous bords aux *Protocoles des Sages de Sion* et même à *Mein Kampf*. D'où aussi les nombreuses accointances, apparemment paradoxales, entre nazisme et islamisme, que nous développerons plus loin. Il n'empêche que le meilleur atout du « fascisme vert » est le sentiment symétrique de culpabilité suicidaire qu'il a su entretenir chez ce même Occident chromosomiquement mauvais. Culpabilité mortifère qu'un autre totalitarisme précurseur et complice à maints égards, le rouge, a su développer et instrumentaliser. Bref, le totalitarisme vert n'est pas seulement le troisième des totalitarismes, mais il est en de nombreux points l'héritier unificateur des deux précédents. Pas de surprise donc de voir converger autour de lui non seulement les adeptes des deux premiers, de Carlos, devenu « néo-wahhabite », aux vétérans nationaux-socialistes (Joannes Van Leers) et à leurs séides néonazis actuels qui considèrent Ben Laden, le Hezbollah ou le Hamas comme les plus efficaces formes de « résistance à l'impérialisme américano-sioniste et à la judéo-maçonnerie », équivalents des juifs et des croisés de Ben Laden *(al-yahoud wa'l-salibiyoun),* aux adeptes de la repentance éternelle et de « l'islamiquement correct », version xénophile (sélective) et antisioniste du traditionnel politiquement correct. Le totalitarisme vert poursuit d'une certaine manière les totalitarismes précédents, à la différence près que le vert

16. Pierre-André Taguieff, *op. cit.*, p. 74.

apporte aux haines totalitaires passées une justification théologique et une bénédiction divine.

Après le totalitarisme rouge, fondé sur la lutte des classes, et le brun, fondé sur la lutte des races, l'Occident doit affronter cette fois-ci le totalitarisme vert, fondé sur la lutte des religions et des civilisations. En apparence seulement, ce IIIe totalitarisme est plus faible que les deux premiers, car les néototalitaires d'Allah considèrent trois de leurs atouts comme de véritables signes d'élection divine : une démographie conquérante, les plus importantes réserves de pétrole du monde et une détermination sans limites qui pousse les « islamikazes » à « préférer la mort à la vie ». Leur quatrième atout réside dans le fait que le nouveau totalitarisme islamiste est paradoxal, c'est-à-dire apparemment « progressiste ». Que ce soit au sein des sociétés occidentales comme dans les relations Nord/Sud, le totalitarisme vert est, à cet égard, plus pernicieux encore que les deux précédents, car son programme raciste et génocidaire est masqué du voile de la révolte légitime des victimes, drapé du manteau de la misère des faibles, alors que ses chefs sont de cyniques milliardaires saoudiens ou de médecins égyptiens issus des classes privilégiées (Oussama Ben Laden, Ayman al-Zawahiri). Son racisme intrinsèque n'apparaît pas comme tel puisqu'il s'agit d'une forme spécifiquement religieuse de la haine de l'Autre qui n'est pas fondée sur la couleur de la peau mais sur l'appartenance spirituelle, même s'il s'avère que cet Autre est globalement « blanc judéo-chrétien occidental ».

Comme le nazisme, le totalitarisme islamiste puise l'essentiel de sa force dans la canalisation et l'exacerbation de toutes les rancunes, de tous les ressentiments antioccidentaux, de toutes les détestations antichrétiennes et antijuives (sous couvert d'antisionisme), bref des haines universelles et des rancœurs postcoloniales éternelles, de sorte qu'il est de plus en plus perçu comme le système antiaméricano-sioniste, anti-impérialiste, antioccidental et révolutionnaire par excellence, le système « anti » le plus total et le plus absolu. D'où le fait que les adeptes du totalitarisme rouge, vaincus à l'Est mais plus que jamais hégémoniques intellectuellement à l'Ouest, et en général les néo-tiers-mondistes et antiaméricains fanatiques de tous bords trouvent continuellement des circonstances atténuantes au « nouvel hitlérisme religieux » comme jadis les « pacifistes » et autres « hommes de gauche » trouvèrent des circonstances atténuantes aux appétits de puissance d'un certain Hitler...

## LE BIAIS COMMUNAUTAIRE ET MULTICULTURALISTE : CHEVAL DE TROIE DE L'OFFENSIVE ISLAMO-TOTALITAIRE CONTRE LES DÉMOCRATIES

Cette haine totale de l'Autre qui anime l'islamisme, et qui gagne peu à peu le tiers-monde, trouve sa justification morale et historique dans la dynamique « indigéniste » qui pousse le Sud décolonisé à rejeter en bloc les valeurs et les modèles hérités de l'ancien dominateur occidental, l'islamisme apparaissant comme « la solution indigène par excellence ». La seule véritablement légitime et non importée de l'étranger « judéo-croisé ». C'est cette légitimité « exotique » du nouveau totalitarisme vert et de son néoracisme antioccidental qui pousse les Occidentaux à accepter, depuis une trentaine d'années déjà, le développement sur leur sol pluraliste et démocratique des pires ennemis de la démocratie et du pluralisme. Les islamistes savent parfaitement masquer leur dessein totalitaire derrière l'innocence des revendications de liberté religieuse et de « droit à la différence » qui sont fondamentaux dans les démocraties. Tout se passe comme si le projet néototalitaire de conquête-islamisation de l'Occident était acceptable sous prétexte qu'il est « non politique » et non explicitement « militaire ». Comme si les islamistes radicaux étaient tous assez stupides pour menacer directement les sociétés d'accueil comme le font les plus incontrôlables d'entre eux...

Dans ce projet de conquête qui reçoit l'aval de maintes consciences occidentales culpabilisées autant que terrorisées, les grands pôles du totalitarisme islamiste que sont les Frères musulmans, le Tabligh, le Pakistan, le wahhabisme saoudien ou l'Iran, ont pour objectif géopolitique prioritaire d'empêcher le processus d'intégration des minorités musulmanes issues de l'immigration. Leur optique finale consiste à conquérir l'Occident à partir de ces minorités, puis d'œuvrer à l'islamisation progressive des sociétés ouvertes. D'où l'importance capitale de réussir la pleine intégration des immigrés et d'empêcher les islamistes de contrôler l'islam occidental. Pris en tenailles entre les desseins hégémoniques des pôles de l'islamisme et la compromission des sociétés démocratiques, les musulmans d'Europe et des États-Unis, majoritairement modérés et pacifiques, sont les premières victimes du totalitarisme islamiste qui les poursuit jusque sur la terre même qui a vu naître les démocraties. Pour eux, le communautarisme et le multiculturalisme dévoyé sont des pièges dans lesquels les islamistes escomptent les enfermer en suscitant un sentiment de persécution et de revanche destiné à les couper du monde infidèle environnant. L'apartheid volontaire. Pour les femmes et les démocrates musulmans, qui ont cru pouvoir échapper à l'obscurantisme en venant s'installer en Europe, les succès remportés par les islamistes aux termes de revendications communautaristes constituent une véritable trahison de la part des sociétés démocratiques, la manifestation d'une coupable démission.

Mais le suicide de l'Occident ne s'arrête pas là. La plupart des « terroristes saints » (Amir Taheri) qui ont ensanglanté Manhattan ou les rues de Paris ont été formés, accueillis, diplômés en Occident. Le père de la révolution islamiste planétaire, l'ayatollah Khomeyni, organisa la chute du chah et envoya ses appels au djihad depuis la France (Neuphle-le-Château). La quasi-totalité des leaders islamistes antioccidentaux dans le monde, du Soudanais Hassan al-Tourabbi au chef de la Gamaa égyptienne Adel Rahmane, commanditaire du premier attentat du World Trade Center en 1993 (qui bénéficiait d'une *green card* et prêchait ouvertement sa haine des États-Unis dans les mosquées de Brooklyn et de Jersey City tandis que les polices égyptiennes le recherchaient...), en passant par le chef de l'opposition islamiste tunisienne Rachid Ghannouchi, « réfugié politique » à Londres, ont trouvé asile dans les démocraties occidentales. Certains adeptes des talibans et de Ben Laden sont même des citoyens américains, comme John Walker, retrouvé dans les rangs d'Al-Qaida en octobre 2001 pendant l'opération Liberté immuable, José Padilla, l'ancien voyou d'origine portoricaine, enrôlé par Al-Qaida après avoir fréquenté les *black muslims,* ou français, comme Djamel Loiseau ou Zacarias Moussaoui, vingtième membre présumé du commando de Manhattan, ou comme les dix Français détenus actuellement à Guantanamo. La générosité et l'ouverture des sociétés ouvertes, qui accueillent leurs propres ennemis, est d'un certain point de vue la marque suprême de la tolérance et de l'humanisme. Mais les attentats de Manhattan, tout comme le retournement de l'ayatollah Khomeyni ou d'Oussama Ben Laden contre leurs anciens alliés français ou américains, auraient dû servir de leçon : avec le totalitarisme, qu'il soit rouge, brun ou vert, toute compromission, fût-ce au nom du pacifisme, constitue une irrésistible incitation à poursuivre la guerre.

Le totalitarisme méprise les valeurs de tolérance et d'humanisme dont il est certes le premier à se servir. Il ne respecte que la force. Hitler, Lénine et Staline, qui se moquaient des « idiots utiles », ont montré l'exemple. Car l'Occident ne le sait peut-être toujours pas, mais il est en guerre. Ou plutôt, le totalitarisme vert lui a déclaré la guerre et, à travers lui, une partie du tiers-monde arabo-musulman.

Nier cette terrible réalité, si proche du choc des civilisations de Samuel Huntington et conforme aux prévisions effrayantes de Bernard Lewis, ne changera rien. La négation d'une guerre, d'une réalité, n'a jamais supprimé cette réalité et cette guerre. Bien au contraire. La phrase historique de Churchill est désormais plus que banale. Elle est pourtant combattue chaque jour par de nouvelles compromissions déshonorantes et de nouveaux refus suicidaires de voir en face les réalités menaçantes. Faudra-t-il attendre d'autres 11 septembre pour que le monde libre comprenne qu'il ne doit pas accorder de liberté aux ennemis de la liberté ? Que la démocratie et la liberté sont des trésors d'une extrême fragilité à défendre chaque jour ? Tout comme le mot assassin de Churchill, le dilemme évoqué par Karl Popper dans *Les Sociétés ouvertes et ses ennemis* n'a jamais été aussi actuel qu'aujourd'hui. Une fois de plus, les démocraties ont oublié qu'elles peuvent avoir des ennemis et que, tout comme les civilisations chères à Paul Valéry, elles ne sont pas immortelles. Comme en 1938, elles peuvent faire deux choix. Celui de Munich, ou celui de la « résistance » au totalitarisme.

## CHAPITRE 2

# Les fondements théologiques et canoniques du totalitarisme islamiste

*Les intellectuels se réclamant de la confession musulmane répètent sans cesse que l'islam est fraternité, paix et tolérance. Ils ont certainement raison mais ils n'ont aucun soutien théologique qui permette d'appuyer la plupart de leurs affirmations. Seule la version archaïque du droit musulman demeure sur le terrain accessible à tous, cohérente avec elle-même. [...] Aujourd'hui, tout est sclérosé. Il est étonnant que Dieu, d'après les musulmans, ait modifié sa législation pendant vingt-trois ans et que cette législation reste ensuite éternellement la même pendant quatorze siècles. [...] La foi, sans l'éclairage de l'esprit, n'est que fanatisme et ritualisme.*

Soheib Bencheikh, grand mufti de Marseille[1]

## MAHOMET, PROPHÈTE ÉCLAIRÉ OU RÉFÉRENCE SUPRÊME DES ISLAMISTES ?

Né à La Mecque vers 570, issu du clan des Hachim de la tribu bédouine arabe des Kuraïch installée dans le Hedjaz (actuelle Arabie Saoudite), Mahomet est à la fois le fondateur de la troisième grande religion abrahamique et l'instigateur de l'unité sociopolitique, religieuse et militaire des Arabes. La tradition affirme qu'il reçut, à partir de 610 après J.-C., par le truchement de l'ange Gabriel, la révélation de la parole de Dieu sous forme de versets réunis en sourates qui forment aujourd'hui le Coran. À La Mecque, le nouveau prophète prêche dans un premier temps un monothéisme absolu, spirituel et caritatif, se référant à la Bible dont les

1. *Marianne,* 8-14 octobre 2001.

détenteurs, juifs et chrétiens hétérodoxes qu'il fréquente, lui ont expliqué la signification. Lançant des appels à la conversion, il tente en vain de persuader ses pairs de La Mecque, lesquels ne tardent pas à le traiter de fou et le rejettent. Encore trop faible pour user de la force, Mahomet se contente de condamner à la géhenne tous ceux qui « ont placé à côté d'Allah une autre divinité » (50, 24-26). Pour ne pas encourir la punition d'Allah, la seule voie possible est la conversion au vrai monothéisme qui, dans sa première phase, est fort proche de celui des juifs. En 619, le Prophète de l'islam perd son oncle et protecteur, Abou Taleb, ainsi que sa riche femme, Khadidja. Sa première mission échoue. En 622, accompagné d'une poignée d'adeptes, l'« Envoyé » *(el-Nabi)* doit se replier à Médine (Yathrib), où il contracte une alliance avec les tribus juives locales. Cette étape est nommée l'Hégire, en référence à l'« émigration » *(hijra)*, et marque le début du calendrier et de l'ère islamiques. À Médine, où les clans arabes en conflit cherchent un chef, Mahomet s'impose rapidement comme arbitre. Là, il rompt soudainement avec la modération de sa prédication mecquoise pour agir en chef politique théocrate et en guerrier, justifiant revirements et razzias au nom d'Allah. Il établit à Yathrib la première société islamique politique et armée qui lui permettra de reconquérir plus tard sa ville natale. Convaincu de perpétuer l'héritage monothéiste d'Abraham, Mahomet conçoit *Le Règlement de la communauté de Médine* selon lequel la communauté islamique *(oumma)*, composée de tous les habitants de Médine – juifs, chrétiens, musulmans acceptant de se soumettre –, est dirigée par le représentant d'Allah et est unie contre les « agresseurs » mecquois. À partir de ce moment, la violence à l'encontre des infidèles récalcitrants cesse d'être seulement spirituelle et symbolique, et devient une pratique temporelle légitimée par le Coran. Le but de la *oumma* est alors de répandre l'islam autour de Médine puis, une fois les forces militaires réunies, de reconquérir – en fait islamiser – La Mecque. La violence du djihad a pour vocation à venger l'honneur d'Allah et de son Envoyé, « humiliés » par les polythéistes et les gens du Livre.

L'Hégire est fondamentale, car elle permet de comprendre la nature conquérante de l'islam des origines. C'est d'ailleurs en référence à cet événement fondateur qu'un groupe islamiste égyptien ultraradical, dont les héritiers actuels sont des membres actifs d'Al-Qaida, a choisi de se nommer « Excommunication et Hégire » *(el-Takfir wa'l-Hijra)*. *Takfir*, le fait de dénoncer l'apostat, signifie la condamnation de la société non musulmane en place – anathémisation inaugurée par Mahomet dans sa lutte contre La Mecque païenne –, tandis que *hijra,* « qui évoque la migration du Prophète de La Mecque païenne pour fonder sa propre société islamique à Médine, veut dire que les vrais musulmans s'en vont de la société existante afin d'en créer une nouvelle qui soit vraiment islamique. Cette doctrine islamique de la révolution s'est montrée extraordinairement puissante[2] ». Loin d'être réduits à de simples extrémistes hérétiques trahissant le message coranique, les islamistes djihadistes modernes trouvent donc dans la vie de leur Prophète une formidable source de légitimation activiste. Lorsqu'ils sont persécutés dans leur pays, comme c'est le cas en Tunisie, en Égypte, en Algérie ou ailleurs, et qu'ils trouvent refuge dans les démocraties occidentales « impies », les islamistes sont convaincus de réaliser à leur tour l'*hijra* afin de reconquérir, depuis la terre infidèle accueillante – qui devra être islamisée à terme –, la terre d'origine promise à l'islam.

Dès que le Prophète est en mesure de reconquérir La Mecque sans avoir à recourir à la collaboration militaire des tribus païennes et judéo-chrétiennes, il cesse de respecter la liberté religieuse des différentes communautés qu'il avait voulu rallier. L'Envoyé d'Allah, qui avait longtemps misé sur l'islamisation des juifs médinois considérés au départ comme des monothéistes authentiques, accuse désormais ces derniers de trahir le message de la Thora et d'écarter de la voie d'Allah ceux qui croient (3, 99). Jadis loués par Mahomet, les fils d'Israël, qui refusaient de reconnaître la nouvelle révélation, sont tout à coup accusés d'hypocrisie, dépouillés de leurs biens (3, 9-17), assassinés par des commandos musulmans sur ordre de Mahomet, puis exilés. La rupture définitive sera matérialisée par le changement d'orientation *(qibla)* de la prière, tournée à l'origine vers Jérusalem, puis vers La Mecque (2, 142-152). Escomptant compenser la cuisante défaite militaire survenue lors de la seconde grande bataille d'Uhod, Mahomet et les siens attaquent en août 626 la tribu juive des Banou-Nadir, puis l'expatrient, invoquant comme prétexte une tentative d'assassinat du Prophète, alors que celle-ci avait simplement résisté au diktat du Beau Modèle qui leur avait enjoint de quitter la ville. Après avoir repoussé les assaillants mecquois à Médine en 627, Mahomet attaque la tribu juive des Banou-Kurayza, dont il tuera tous les hommes, confisquera les biens puis enlèvera les femmes et les enfants (33, 26-27). Après la prise de La Mecque en mars 628, Mahomet revient à Médine d'où il lance des assauts fulgurants contre les oasis de Khaïbar, Fadak,

2. Bernard Lewis, *Le Retour de l'islam,* Folio, 1985, p. 39.

Wadi al-Qirah et Taïma où vivent les tribus juives du nord du Hedjaz. La victoire sur les juifs de Khaïbar sera considérée comme une « récompense d'Allah » (48, 18-20) pour laquelle il rend grâce (61, 1). Le revirement de Mahomet vis-à-vis des juifs de Médine et du Hedjaz sert d'ailleurs de modèle aux islamistes sévissant en Occident et qui, après avoir bénéficié de la liberté d'expression et de l'hospitalité des pays d'accueil que leurs sociétés d'origine ne leur accordent pas, ou après avoir été soutenus par des pays occidentaux (Khomeyni, Ghannouchi, Omar Adel Rahmane, Ben Laden, etc.), redoublent de haine contre ce même Occident « infidèle » qui demeure pour eux la terre de l'« impiété » *(dar al-kafara),* du colonialisme et de la guerre *(dar al-harb).* C'est pour ces mêmes raisons que l'on a vu, en août 1998, puis après les attentats de Manhattan et du Pentagone en septembre 2001, les talibans afghans donner asile au pire ennemi des Américains, Oussama Ben Laden, et se retourner violemment contre Washington. Comme l'ayatollah Khomeyni vis-à-vis de ses anciens protecteurs français qu'il remerciera avec les attentats du Drakar, Ben Laden exprimera sa gratitude envers ceux qui furent ses anciens protecteurs américains, dès 1991, par des attaques terroristes contre « les citoyens, les soldats, les symboles ou tout intérêt américain dans le monde », parallèlement à l'appel général au djihad contre « les juifs et les croisés » *(al-yahoud wa'l-salibiyoun).*

Marchant sur La Mecque pour y accomplir un pèlerinage, Mahomet déclare la guerre totale obligatoire (4, 73-82) aux hypocrites *(mounafiqoun),* aux juifs, aux traîtres à l'islam (4, 105-115) et aux polythéistes (4, 116-120). C'est dans ce contexte médinois guerrier que descendent des sourates légitimant la violence et le pillage. Les croyants doivent l'obéissance et le butin à Allah et à son Prophète après la victoire (7, 20-29) et n'auront de repos qu'après avoir définitivement vaincu les polythéistes : « Combattez-les jusqu'à ce qu'il ne subsiste plus d'association, et que la religion soit entièrement à Allah » (8, 39). Dans le contexte de l'unification de l'Arabie autour de la conquête islamique, les chrétiens et les juifs qui avaient accepté de se soumettre sont relégués au statut inférieur de protégés *(dhimmis).*

La prise de La Mecque inaugure la seconde période médinoise du Prophète qui, depuis l'Hégire, applique fidèlement cette injonction divine : « Ô Prophète, mène la lutte contre les mécréants et les hypocrites et sois rude à leur égard. Leur refuge sera l'Enfer, et quelle mauvaise destination ! » (66, 9). Tout comme les juifs, les chrétiens figureront au palmarès des conquêtes du Prophète.

Remerciant Allah de lui avoir donné le fer (le sabre : *saïf*) comme instrument sacré pour la victoire (57, 25), Mahomet l'utilisera contre les chrétiens « impies » et « pervers » (57, 25-29), exceptés ceux qui reconnaissent que les Évangiles ont annoncé sa venue à travers le Paraclet. Le Beau Modèle et ses disciples lanceront des guerres contre les tribus arabes chrétiennes du Yémen, des régions frontalières de la Perse et de l'Empire byzantin. Mahomet mènera son dernier combat en 631 contre les chrétiens de Tabouk, hostilité fondamentale retranscrite dans la sourate 9, 29-30 : « Les chrétiens disent : le Christ est le fils d'Allah. Telle est leur parole provenant de leurs bouches. Ils imitent le dire des mécréants avant eux. Qu'Allah les anéantisse ! Comment s'écartent-ils [de la Vérité] ? » Le Prophète couronnera son ascension à Médine en détruisant une église et en excommuniant indistinctement les infidèles, les « associateurs », les juifs et les chrétiens. La violence et le bannissement politico-social dont ils étaient victimes n'étaient que le reflet de leur bannissement théologique (9, 29-35), le djihad contre eux étant œuvre de piété (69-74 ; 38-52 et 81-96). Quant aux païens qui refusèrent de se convertir, ils furent passés au sabre. Ainsi, entre 622 et 632, toute l'Arabie devint islamique.

Entre le message reçu à La Mecque, moral, miséricordieux, œcuménique, et celui révélé ensuite à Médine, obscurantiste, guerrier et « vengeur », d'où la formule chère aux islamistes et fort usitée dans les discours de tribunaux ou d'hommes politiques, en Iran, de « Dieu tyran et vengeur », la différence est radicale. De là vient la théorie des deux Coran ou des deux islams, qui incite les musulmans opposés au fanatisme et à la violence à se réclamer de l'islam de La Mecque afin de promouvoir un islam tolérant et spiritualiste, plutôt marginal, hélas, car souvent frappé de déviation ou d'« innovation » *(bid'a),* péché capital dans l'islam orthodoxe. La tradition et la scolastique islamiques sunnites établissent de surcroît que les sourates médinoises, souvent fort intolérantes, l'emportent sur celles de La Mecque, en vertu du principe de « l'abrogé et de l'abrogeant » et d'un commentaire du Prophète[3]. « De nos jours encore, les musulmans ont plutôt tendance à se réclamer de Médine [...]. Elle est leur suprême gloire parce que c'est de cette ville qu'ils étaient partis pour conquérir La Mecque, y rentrer glorieux, attaquer sa classe aristocratique et briser les idoles. La victoire a

3. « Dès que nous abrogeons un verset ou dès que nous le faisons oublier, nous le remplaçons par un autre meilleur ou semblable », aurait déclaré Mahomet (2, 106).

commencé dans cette ville, à laquelle revient l'honneur d'avoir appelé au djihad », précise l'islamologue libanais Joseph Azzi[4]. Plutôt que de périr sur la croix et de tendre la joue gauche comme Jésus, Mahomet a préféré, en tant qu'homme d'État et chef de guerre, prendre l'épée afin de bâtir sa cité terrestre et d'étendre l'ordre religieux islamique. L'histoire a certes montré que l'islam n'a pas toujours été aussi martial qu'à son origine, et que la chrétienté fut souvent nettement plus politique et guerrière que ce que le message du Christ et des Évangiles ne l'eût permis. Mais il est difficile de nier qu'un islamiste moderne qui tue les infidèles pour étendre le règne de l'islam est beaucoup plus en accord avec sa conscience de croyant et avec l'exemple mahométan que ne l'est le chrétien désireux de défendre la chrétienté par le glaive. En toute orthodoxie islamique et en toute *imitatio Muhammadis*, les quatre premiers successeurs, les califes « bien guidés » *(rachidoun)* de Mahomet, poursuivront donc l'œuvre de djihad et de conquête *(fath)* afin d'étendre le plus possible les frontières de l'empire islamique naissant.

À partir de 634, les premières guerres expansionnistes de l'islam ensanglanteront tout le Proche-Orient, à commencer par les régions araméenne (Syrie en 636), égyptienne (640) et berbère de l'Empire byzantin. Les Perses seront attaqués en Mésopotamie lors de la bataille de Nehavend en 642 et définitivement vaincus en 651. Surpris, les autochtones ne verront, dans les destructions du *fath* et du djihad, que les prédations habituelles des nomades, prélevant leur butin par les razzias. Ils se trompaient. Car « la doctrine du djihad emprunte les pratiques des razzias perpétrées par les nomades, mais en les adoucissant par des injonctions coraniques[5] ». Il faut garder présent à l'esprit qu'à l'époque de Mahomet, ce que l'on appelle la razzia *(ghazwa)* constitue un mode de vie et de subsistance « normal ». La Perse et Byzance seront alors régulièrement menacées par la péninsule arabique voisine, de sorte que la seule solution trouvée par les empereurs byzantin et perse contre ce fléau sera de recruter des tribus arabes christianisées tels les Ghassanides, chargés de protéger les frontières sud de l'Empire byzantin, ou les Lakhmides, qui défendront les frontières ouest de l'Empire perse. Les jurisconsultes musulmans entérineront par la suite, dans une dogmatique cora-

4. Joseph Azzi, *Le Prêtre et le Prophète, aux sources du Coran,* Maisonneuve et Larose, 2001, p. 270.
5. Bat Ye'Or, *Les Chrétientés d'Orient entre djihad et dhimmitude,* Le Cerf, 1991, p. 27-28.

nique, les procédés et les tactiques des opérations militaires au cours des conquêtes, le traitement des peuples vaincus, la fiscalité et le statut des terres conquises (dîme, *kharadj*, *fay*). Et c'est bien pour justifier le pillage des infidèles par les mahométans qu'Ibn Taymiyya, l'un des plus célèbres penseurs musulmans et figure principale de la quatrième école sunnite orthodoxe de l'islam, écrira dans son célèbre traité de politique juridique : « Le butin *(fay)* est enlevé aux infidèles de vive force [...], le Prophète a dit, d'après Jabir b'Abd-Allah : "J'ai triomphé par la terreur sur un parcours d'un mois, la terre a été faite pour moi, j'ai reçu la permission de faire du butin, j'ai été envoyé avec le sabre pour que les hommes servent Dieu seul, mes ressources ont été mises à l'ombre de ma lance. Dieu a enlevé les biens aux infidèles pour les restituer *(afa'a, rada'a)* aux musulmans"[6]. » Le fait que le djihad descende directement de la razzia explique pourquoi, dans la terminologie arabo-musulmane courante, le « guerrier de la foi » peut aussi bien être appelé moudjahid (combattant du djihad ; moudjahidines au pluriel) que *ghazi* (ou *razzi*, littéralement pilleur-guerrier). En ce qui concerne les modalités de répartition des fruits du butin, la tradition islamique investit l'imam du rôle de gérant du butin confisqué aux infidèles pendant le djihad, en vertu de plusieurs versets du Coran chargeant le Prophète de le gérer, au bénéfice de la *oumma* (59, 7-10 ; 49, 19 ; 48, 20 ; 8, 69). Telle est l'origine du *fay*, principe selon lequel le bien collectif et légitime de la *oumma* est constitué par les biens volés aux non-musulmans. « Du butin fait par les musulmans à la suite d'opérations de guerre, l'imam prélèvera le quint. On doit combattre l'ennemi sans chercher à savoir si l'on combattra sous les ordres d'un chef pieux ou dépravé[7] », écrit Abu Zayd el-Qayrawani, auteur de nombreux ouvrages de droit qui assurèrent le triomphe de l'école malikite.

## VIOLENCE ET DJIHAD : EXPRESSIONS DU TOTALITARISME ISLAMIQUE

Dans l'islam, la violence est plus que l'expression d'une force brutale. Elle est l'incarnation et la preuve de la force absolue, attri-

---

6. Ibn Taymiyya, *Traité de droit public* (Kitab el-Siyassa-Shariyy'a), *in* H. Laoust, Beyrouth, p. 27-28 et 34-35.

7. Ibn Abu Zayd el-Qayrawani, *La Risala*, « Épître sur les éléments du dogme et de la loi de l'islam selon le rite malikite », trad. L. Bercher, Alger, 1960 (5e éd), p. 163.

but d'Allah. Voué au péché et ingrat envers Dieu, l'homme doit continuellement se racheter. La violence purifiera les sociétés envahies par la perversité, châtiera les peuples infidèles et vengera l'honneur d'Allah souillé par les incrédules ou les apostats. « La nature totalitaire de l'islam n'est nulle part plus apparente que dans le concept de djihad, la guerre sainte, dont le but final est de conquérir le monde entier et de le soumettre à la seule vraie religion, à la loi d'Allah, estime Ibn Warraq. À l'islam, seule a été donnée la vérité. Hors de l'islam, point de salut[8] ! » C'est parce que le djihad est un dogme islamique traditionnel chargé d'une considérable légitimité historique et politico-religieuse que l'ensemble des islamistes contemporains (Mawdoudi, Al-Banna, Qutb, Kichk, Farag, etc.) en ont fait le centre de leur doctrine et de leur rhétorique. Les discours de l'ancien idéologue du FIS, Ali Belhadj, ou des leaders islamistes issus de la mouvance des Frères musulmans, sont à cet égard particulièrement révélateurs : « Le djihad s'impose jusqu'au jour du jugement et il représente ce qu'il y a de mieux dans l'islam. Il est en effet l'objectif stratégique, au service de la *da'wa* ; il assure l'installation de l'État, sa sécurité et sa stabilité, lui permettant ainsi d'accomplir sa mission supérieure pour le bien de l'humanité[9]. » En dépit de cette réalité historique, une certaine vision « islamiquement correcte » et romancée de l'islam a contribué à forger en Occident le lieu commun selon lequel le « grand » djihad *(jihad al-kébir),* qui signifie étymologiquement « effort », serait spirituel, tandis que la violence guerrière contre les apostats et les ennemis de l'islam, exclusivement défensive, serait le « petit » djihad *(djihad al-zghir).* Certes, des courants musulmans spiritualistes soufis ou modernistes ont défendu l'idée du « grand » djihad spirituel. Mais cette acception n'est confirmée par aucun hadith du Prophète, source de la charia avec le Coran. Les grands recueils de hadiths reconnus par les quatre écoles juridiques du sunnisme ne font référence qu'à sa signification militaire, guerrière et défensive. En revanche, deux hadiths « sûrs » expliquent que « le monachisme de cette communauté c'est le djihad », et que « le paradis est à l'ombre des épées ».

Aussi le djihad, au sens de guerre apparaît-il quarante-neuf fois dans le coran, et le verbe combattre *(qital)* cinquante et une. Le Coran et les diverses biographies de Mahomet rapportent que le

---

8. Ibn Warraq, *Pourquoi je ne suis pas musulman,* L'Âge d'Homme, 1999, p. 269.

9. Gilles Kepel, *Le Prophète et le Pharaon, aux sources des mouvements islamistes,* Le Seuil, 1993, p. 157.

prophète de l'islam aurait organisé et personnellement dirigé vingt-sept campagnes militaires, puis décidé trente-huit autres confiées à ses compagnons. Le combat armé est appelé le « sentier sur le chemin d'Allah » *(jihad fi sabill'Allah)* et « ceux qui sont tombés dans la guerre sainte » sont comparés à des martyrs de la foi. Le guerrier n'est que le bras de Dieu : « Ce n'est pas vous qui les avez tués, mais c'est Allah qui les a tués [...], et ce pour éprouver les croyants d'une belle épreuve de sa part », explique le Coran (8, 17). Si les quatre écoles juridiques de l'islam divergent sur de nombreuses questions non théologiques et juridiques, on observe en revanche une grande homogénéité de positions concernant deux grands sujets impliquant les non-musulmans : le traitement discriminatoire des infidèles et le djihad comme défense et expansion de l'islam. Les grandes figures savantes des quatre écoles sunnites lui accordent toutes une place privilégiée : chez les Malikites avec Malik, son fondateur, et Abu Zayd el-Qayrawani, dans sa *Risala ;* chez les Chaféites avec Nawawi, dans son *Minhadj ;* chez les Hanbalites avec Ibn Hanbal ou Ibn Taymiyya (*Kitab siyassa shari'a*) *;* chez les Hanafites avec Abou Youssouf Yacoub, dans son livre *L'Impôt foncier*. Sans oublier les deux grands compilateurs des hadiths, Bokhari et Muslim, dans leur *El-Sahih* (IX^e^ siècle), ou encore le grand savant Mawardi, avec ses *Statuts gouvernementaux*. Tous consacrent d'impressionnants chapitres à la théorie du djihad, la « prescription du quint » (tribut) ou la « capitation ». N'oublions pas que, jusque dans les enceintes de la prestigieuse et influente université Al-Azhar du Caire, le djihad a toujours été dépeint comme un devoir collectif des musulmans pour la défense et l'expansion de l'islam. Ainsi, en 1968, eut lieu dans cette université le plus grand colloque jamais consacré à la théorie du djihad, colloque où furent invités les principaux théologiens musulmans et qui fut l'objet d'une publication imposante de mille pages[10]. Reprenant tous les grands textes des principaux commentateurs et savants orthodoxes de l'islam sunnite, les intervenants démontrèrent l'actualité des théories de la guerre sur le chemin d'Allah et du butin. Aussi les actes du colloque concluaient-ils ainsi : « Le djihad ne terminera jamais, il durera jusqu'au jour de la Résurrection, quand ses buts seront atteints, par le rejet de l'agression et la reddition de l'ennemi [...]. Le djihad a renforcé la religion et augmenté le nombre de fidèles d'Allah [...]. Pour ceux qui sont loin, le djihad est un devoir par procuration. Les dif-

10. Al-Azhar, quatrième conférence de l'Académie des recherches islamiques, *Al-Jihad*, Rajab, 1968.

férents moyens de soutenir et consolider les combattants du djihad, tels l'apport financier, l'usage de la langue et de la plume, le recours aux tactiques politiques, font partie du combat. Le djihad a été légiféré pour devenir un moyen de propagation de l'islam. En conséquence, les non-musulmans doivent venir à l'islam soit de leur plein gré, soit par la force. La guerre est à la base des relations entre les musulmans et leurs adversaires, à moins qu'il y ait une raison valable pour faire la paix, par exemple l'adoption de l'islam par l'adversaire ou un traité de paix mutuel. Mais les musulmans sont libres de rompre leur pacte avec leurs ennemis s'ils suspectent ceux-ci de vouloir les trahir[11]. » Le nombre d'ouvrages et de commentaires sur les hadiths vantant les mérites du djihad est gigantesque. D'après l'orthodoxie islamique telle que codifiée dans les quatre écoles juridiques du sunnisme, et même dans le chiisme duodécimain, les « vrais croyants » doivent se battre et tuer au nom d'Allah : « Tuez les associateurs où que vous les trouviez, capturez-les, assiégez-les et guettez-les dans toute embuscade » (9, 5) ; « Combattez alors les chefs de la mécréance car ils ne tiennent aucun serment » (9, 12) ; « Les croyants combattent dans le sentier d'Allah et ceux qui ne croient pas combattent dans le sentier du Taghout. Combattez donc les suppôts de Satan... » (4, 76) ; « Je vais jeter l'effroi dans le cœur des mécréants. Frappez donc au-dessus des coups » (8,12) ; « Combattez-les jusqu'à ce qu'ils ne subissent plus d'association et que la religion soit entièrement à Allah » ; (8, 39) : « Combattez ceux qui ne croient ni en Allah ni au jour dernier, qui n'interdisent pas ce qu'Allah et son messager ont interdit et qui ne professent pas la religion de la vérité, parmi ceux qui ont reçu le Livre, jusqu'à ce qu'ils versent la capitation par leurs propres mains après s'être humiliés » (9, 29). Aussi, les juristes mahométans ont-ils été amenés à réglementer les modalités d'extermination des infidèles au cours du djihad : « La loi défend de tuer, dans la guerre contre les infidèles, des mineurs, des aliénés, des femmes et des hermaphrodites [...], mais on peut tuer légalement des moines, des mercenaires que les infidèles ont pris dans leur service, des vieillards et des personnes faibles, aveugles ou maladives, alors même qu'ils n'auraient ni pris part au combat, ni donné des renseignements à l'ennemi. Quand on ne les tue pas dans la guerre, il faut en tout cas les réduire à l'esclavage. Il est licite d'assiéger les infidèles dans leurs villes et forteresses, d'employer contre eux l'inondation, l'incendie ou les

11. *Op. cit.*, p. 49-55.

machines de guerre, et de les attaquer la nuit à l'improviste[12]. » On retrouve également cette terrible justification canonique de l'assassinat des moines non reclus dans l'œuvre du principal représentant de l'école sunnite hanbalite, Ibn Taymiyya, en particulier dans son *Statut des moines*. L'assassinat sauvage des sept moines cisterciens de la Trappe de Tibéhirine, le 21 mai 1996, par un commando du GIA, repose donc, à l'aune de cet enseignement, sur un fondement juridico-théologique légal. « Les hommes du GIA ne sont pas fous, confirme Soheib Bencheikh. Ils agissent de manière très canonique, c'est pourquoi on les voit aussi bien en train de prier que de violer [...], la femme fait partie du butin de guerre dans cette même logique canonique datant des temps ancestraux. Ce sont des criminels qui agissent selon un juridisme archaïque et un extrémisme dogmatique[13]. » Sait-on seulement en Europe que plus de quinze mille femmes devenues *jarya* (esclaves) ou « prises » de guerre données par les « émirs » aux moudjahidines ont été ainsi violées depuis 1989 en Algérie au terme de ce que l'on appelle pudiquement le « mariage momentané » *(za'ouaj al-mouta'a) ?*

## LE CORAN « PARFAIT ET INTOUCHABLE », FONDEMENT PREMIER DE LA LOI ISLAMIQUE

Dans la quasi-totalité des États musulmans du passé, le Coran demeure la principale source du droit musulman. Le Coran, composé de 114 sourates et 6236 versets, est censé être la « parole vivante de Dieu » révélée par l'archange Gabriel à Mahomet, lors d'états de transes, entre 610 et 632 de l'ère chrétienne, d'abord à La Mecque (3/4 des versets), puis à Médine. Les sourates du Coran seront dans un premier temps mémorisées par cœur par les compagnons du Prophète, réputé illettré, puis récitées (*qor'ân* signifie « récitation ») et transmises à d'autres. Après la mort de Mahomet, le calife Othman (644-656), son troisième successeur, aurait décidé de réunir les différents *corpus* établis par Abou Bakr et Omar, premier et deuxième califes, pour établir la version officielle du Saint Livre sous sa forme actuelle, nommée *mushaf 'Uthman* (le livre d'Othman). L'étude du Coran est indispensable pour qui veut com-

12. Nawawi, *Minhadj at-Talib'a*, III, trad. française de L. W. C. Van den Berg, Balavia, 1883, p. 261-264.
13. Soheib Bencheikh, « Le GIA a une logique canonique », *Le Matin*, Alger, 11 janvier 1998.

prendre l'islam, car le Livre des musulmans a beaucoup plus de valeur pour ces derniers que l'Évangile pour les chrétiens ou même la Torah pour les juifs. Copie conforme au prototype de la Révélation divine conservée au ciel – « la mère du Livre » *(oum al-kitab)* –, le Coran est la Vérité, non pas incarnée à la différence du christianisme, mais littéralement *calligraphiée,* de sorte que ce n'est pas Mahomet qui est l'équivalent de Jésus mais, toute proportion gardée, le Coran lui-même, texte divin, donc intouchable et parfait. Cela explique pourquoi les fidèles du Prophète rechignent tant à avancer dans la connaissance objective du Livre, plus encore que les chrétiens à admettre une opinion critique sur la vie du Fils de Dieu. C'est d'ailleurs sur cet obstacle de taille que buttent les réformateurs musulmans qui, comme Adel Raziq, Abou Zaid, Mohamed Charfi ou Soheib Bencheikh, veulent contextualiser le Coran, selon eux d'inspiration divine mais œuvre humaine, donc interprétable à la lumière des temps modernes grâce à l'utilisation de la raison. Cette idée, selon laquelle le Verbe est l'attribut d'Allah et ses manifestations écrites, le Coran, « créées » par les hommes, fut soutenue dès le VII^e^ siècle par le courant des mu'tazilites, pour qui la foi ne pouvait pas s'opposer à la raison et pour qui l'homme disposait du libre arbitre. Les mu'tazilites seront persécutés entre le IX^e^ et le XIII^e^ siècles de notre ère, notamment sous le dixième calife abbasside al-Mutawakkil (847-861). Il faudra attendre le XIX^e^ siècle pour qu'un courant néo-mu'tazilite, originaire du sous-continent indien et d'Égypte, développe et actualise ces thèses.

Cela dit, le Coran n'est pas uniquement un texte religieux. Les versets qui traitent des problèmes de société sont encore plus nombreux que ceux tournés vers la spiritualité. Ceci explique pourquoi le Saint Livre a toujours été considéré par les juristes musulmans comme le fondement premier de la législation islamique. Cependant, les *oulémas* s'aperçurent très vite que les sourates coraniques n'avaient pas prévu que l'évolution des sociétés provoquerait quantité de situations juridiques nouvelles, inconnues du temps de l'Arabie du Prophète. Les premiers juristes musulmans durent donc pallier les carences du Coran tout en en respectant l'esprit, ceci en reconstituant – au nom même du Prophète – toutes les règles et normes que Mahomet n'avait pas été en mesure de retranscrire de son vivant dans le Saint Livre. C'est ainsi que naquirent les hadiths, recueils de paroles ou de faits attribués au Prophète que l'on fera remonter jusqu'à lui par une série de témoignages réputés dignes de foi. Ceux-ci décrivent Mahomet en train de prier, faire des ablutions intimes, cajoler son épouse préférée, dormir, manger, etc. Les non-musulmans ignorent souvent à quel point les hadiths sont révérés, presque autant que le Coran lui-même. Mais outre ce que Mahomet est censé avoir fait et ordonné, la tradition islamique, source du droit *(fiqh)* et de la législation la charia, comprend également ce qui fut fait en sa présence, ce qu'il n'interdit pas, et même les faits et paroles des compagnons du Prophète qui faisaient autorité, l'ensemble de ces traditions étant inclus dans la catégorie générique de *sunna.* On entend donc par ce terme les us et coutumes en général, que Wensinck a défini à juste titre l'*imitatio Muhammadis.* De sunna vient l'origine du nom que se donnent les sunnites, *ahl al-kitab wa'l-sunna* ou *sunni.*

Mais les musulmans se sont toujours querellés entre eux sur la question de savoir quels sont les vrais et les faux hadiths attribués au Prophète. La solution trouvée par les savants musulmans classiques, notamment Al-Ghazali (1111), fut de distinguer les authentiques des douteux ou des faux, d'où la science de la sélection des hadiths. En fait, de nombreuses compilations existent. Six sont acceptées comme authentiques et sont agréées par les quatre écoles sunnites, à savoir : Al-Bukhari (870) ; Muslim Ibn al-Hajjaj (875) ; Ibn Maja (887) ; Abu Dawud (889) ; Al-Tirmidhi (892) ; Al-Nisai (915). À cette liste, on ajoute habituellement le nom d'Ahmed Ibn Hanbal (855), fondateur de l'école hanbalite dont est issu le wahhabisme saoudien et dont la grande encyclopédie des traditions, appelée *Musnad,* contient près de vingt-neuf mille traditions et fait l'objet d'une pieuse lecture. Suivant les différentes versions, on compte donc entre quarante et six cent quarante-cinq mille hadiths. Aussi des chercheurs musulmans ont-ils montré que la plupart de ces hadiths étaient faux, anachroniques et forgés bien après la mort du prophète. En Iran, on trouve même des hadiths qui, sous l'Empire safavide, dynastie qui régna en Iran de 1501 à 1736, prescrivent à l'empereur de conquérir Constantinople ! D'après ces mêmes études, il a été établi qu'il aurait fallu près de dix mille jours de la vie du Prophète à raison d'une production de plusieurs dizaines de hadiths par jour, sans rien faire d'autre, pour arriver au chiffre de six cent quarante-cinq mille hadiths ! Ceci permet aux intellectuels musulmans modernistes – en particulier Mohammed Arkoun –, qui s'inspirent souvent du courant mu'tazilite, d'affirmer que, si l'islam orthodoxe, tel qu'il existe à partir du Coran actuel déifié et des hadiths qui fondent la loi islamique (la charia), est certes l'islam officiel, il ne peut pas être le véritable islam originel tel qu'il aurait dû évoluer si les pouvoirs politiques ayant succédé à Mahomet n'avaient pas imposé puis figé à jamais, notamment sous les Abbassides, une scolastique ressortissant d'une mentalité bédouine et d'un contexte guerrier compréhensibles dans l'Arabie des VII et Xe siècles, mais totalement inadaptée aux temps modernes et aux mentalités citadines policées.

## Un système juridique théocratique et totalitaire

Le fiqh classique embrasse l'ensemble des obligations que la loi islamique impose au musulman en sa triple qualité de croyant, d'homme et de citoyen d'une théocratie – tout musulman appartient à la communauté politico-juridique et religieuse qu'est la *oumma*. La charia lui dicte le statut familial, le droit pénal, le droit public et international, les relations avec les non-musulmans, puis réglemente sa vie religieuse, politique et sociale. Aucun acte n'est indifférent. Ils sont obligatoires *(wadjib, fard)*, licites *(mobah, hallal, djaiz)*, interdits *(haram)*, ou simplement blâmables *(makrouh)*. Cette loi ne connaît pas de limites territoriales. Elle s'impose au croyant partout où se trouve la *oumma*, y compris en terre infidèle, car la seule nationalité que peut avoir le croyant est islamique. Aussi ce constat permet-il de comprendre pourquoi les musulmans orthodoxes et les islamistes revendiquent, où qu'ils se trouvent, non seulement le droit de pratiquer librement leur culte, ce qui est du reste parfaitement légitime, mais également de mettre en place des dérogations et exigences exorbitantes du droit commun en vigueur ainsi que des mesures dépassant le simple cadre d'exercice privé du culte, comme la condamnation d'auteurs jugés blasphémateurs ou apostats, le port obligatoire du foulard dans les lieux publics ou sur les photographies d'identité, etc. Le musulman qui veut suivre le Coran a pour devoir de « commander le bien et d'interdire le mal » (3, 104-110) et constitue « la meilleure communauté *(oumma)* suscitée parmi les hommes » (3, 110), de sorte qu'il n'est tenu d'obéir aux lois en place que dans la mesure où elles ne contredisent pas celles de l'islam. Droit révélé, le fiqh puise la vie dans le Coran et la sunna. En cas de mutisme des textes, le droit musulman est forcé de recourir aux autres sources que sont l'analogie *(qyas)*, puis le consensus de la communauté *(idjm'a)*, voire même, en l'absence de tout antécédent reconnu par l'*idjm'a*, le jugement humain *(ray)*, le champ de celui-ci excluant les domaines de foi révélés. C'est à partir de ces sources et techniques licites que les premiers juristes musulmans posèrent les bases des quatre écoles orthodoxes du sunnisme : *chafiisme, malikisme, hanafisme, hanbalisme.* Aussi les premiers siècles de l'islam furent-ils caractérisés par une créativité intellectuelle intense permise par l'utilisation de la raison humaine dans l'« effort » d'interprétation des textes sacrés *(ijtihad)*. Mais dès les IXe et Xe siècles, les autorités musulmanes en place, les Abbassides, décrétèrent que l'interprétation des textes sacrés était épuisée. C'est dans ce contexte de fixation définitive du dogme qu'Al-Ghazali, considéré comme l'un des plus grands musulmans après Mahomet, instaura la science de « l'abrogé et de l'abrogeant », arrêtant définitivement les « hadiths authentiques », puis rétablit la suprématie de l'intuition sur le raisonnement humain. Quant à la philosophie grecque, dont on prête à l'islam d'avoir été le meilleur défenseur et héritier, les grands savants musulmans orthodoxes El-Ashari (935) et Ghazali décidèrent qu'elle n'avait aucune utilité pour la compréhension de l'islam. Rappelons en passant que, dans l'islam, la philosophie restera toujours très théologique, Averroès, Farabi ou Avicenne l'ayant cantonnée à la science du *kallam,* le discours sur Dieu, puis ayant exclu les dogmes révélés du champ du jugement de la raison. Les droits privé et public continuèrent, certes, à jouir d'une certaine autonomie : les coutumes *(qanoun, idjma'a)* et subterfuges *(hiyal)* permettaient parfois de contourner la loi dans des conditions irréprochables sur le plan de la foi. Mais seule l'école mu'tazilite continua à reconnaître le fondement du libre arbitre et la suprématie de la raison humaine sur la foi.

## LA FERMETURE DES « PORTES DE L'*IJTIHAD* » OU LES ORIGINES LOINTAINES DE L'ISLAMISME

À partir de 935, on décida la fermeture des portes de l'interprétation *(al-bab al-ijtihad)*. Désormais, la conformité *(taqlid)* aux commentaires des maîtres devint la règle. L'islam étant désormais une religion finie, achevée, parfaite et totale *(islam dîn kamil wa chamil),* les autres formes d'interprétation, l'*ijtihad* et le *ray*, devinrent à la fois inutiles et illicites. Cette censure imposée à toute réflexion indépendante signifiait la soumission aux doctrines professées par les pouvoirs et les quatre écoles juridiques officielles. Depuis, ces écoles n'ont point connu d'évolution. Elles continuent d'enseigner dans les centres islamiques et dans les mosquées du monde entier des jurisprudences d'un autre âge. Bien que des courants rationalistes et modernistes continuent de se battre contre le fanatisme, en dépit des persécutions que cette attitude provoque, l'islam sunnite n'a connu ni conciles, ni réformes, ni innovations. Cet immobilisme est d'autant plus préjudiciable à l'évolution des sociétés musulmanes, premières victimes de l'obscurantisme, que les islamistes peuvent justifier en partie leur barbarie en puisant dans certains textes de cette scolastique figée, en particulier ceux de l'école hanbalite. Il faudra très certainement encore attendre de nombreuses années avant que les courants réformistes, qui n'ont aujourd'hui pratiquement pas de droit de cité, excepté en Tunisie et en Turquie, et qui sont violemment persécutés dans les pays musulmans, ne soient en mesure de faire évoluer les universités islamiques traditionnelles, les cheikhs, les États et les grandes organisations islamiques internationales (l'OCI, la Ligue islamique mondiale, etc.) contrôlées par des États islamo-fondamentalistes dont l'Arabie Saoudite et le Pakistan. Un tel aggiornamento ne sera envisageable que lorsque les « portes de l'*ijtihad* » seront réouvertes et quand les pouvoirs en place donneront des moyens réels aux réformateurs. Or ce climat propice au débat serein est loin d'exister.

« L'essentiel de la problématique régnant dans le monde musulman contemporain se résume dans le fait que, contrairement à saint Thomas d'Aquin, qui a concilié la foi chrétienne avec la philosophie rationnelle d'Aristote, la pensée d'Averroès, qui aurait pu jouer chez les musulmans le même rôle, a malheureusement été enterrée vivante dans un climat de conformisme, d'orthodoxie et d'intolérance », écrit l'universitaire égyptien Ihab El-Shérif[14]. On doit garder à l'esprit qu'à la différence de la civilisation occidentale moderne, qui s'est édifiée sur la remise en question de ses propres valeurs judéo-chrétiennes, le monde musulman ne s'est jamais remis en question. « Du côté musulman, rien ne s'est produit de comparable à la Réforme et encore moins à la libre-pensée occidentale. L'échec des tentatives d'ouverture dans les débuts de l'Empire ottoman devant l'impérieuse raison d'État, le renforcement constant de l'appareil clérical ou paraclérical comme organe de diffusion d'un conformisme orthodoxe des plus utiles à l'ordre établi, tout cela a conditionné la persistance de la foi des simples, de la fidélité, fût-elle hypocrite, des couches majoritaires de la société au vieux credo prêché à La Mecque et à Médine au début du VIIe siècle, tel que l'appareil idéologique l'avait mis au point vers le IXe siècle. Mais cette fidélité fut énormément renforcée, surtout à partir du XIXe siècle, par les attaques de l'étranger. Ainsi, alors que l'Occident

14. Ihab El-Sherif, *L'Islamisme militant en Égypte : ses origines, son évolution et sa radicalisation, 1970-1990,* thèse de doctorat, Centre de l'islam contemporain, Sorbonne, 1993, p. 324.

en position hégémonique se complaisait à un déluge d'autocritiques, le monde musulman se raidissait contre toute critique[15]. » Toute la problématique de l'échec du réformisme et de la victoire idéologique des islamistes réside dans le fait que la volonté de se défaire du joug occidental conduisit dans un même élan à rejeter également tout processus libéral, laïcisant ou moderniste.

## L'ÉCHEC DU RÉFORMISME ET LA VICTOIRE DES ISLAMISTES

À la fin du XIXe et au début du XXe siècle, d'éminents intellectuels et penseurs, Djamal ad-Din al-Afghani (1839-1897), Mohammed Abdou (1849-1905), Abderrahman Al-Kawakibi (1854-1902), défendront l'idée d'une réforme et proposeront de lutter contre les superstitions et scléroses qui paralysaient le monde islamique, ceci au nom de la doctrine salafiste *(salafiyya),* terme improprement traduit en français par réformisme alors qu'il signifie en réalité le retour aux sources, l'islam des « pieux ancêtres » *(as-salaf* ou *salafiyoun).* En proposant de revivifier et réformer l'islam par un « retour à la pureté des ancêtres », les salafistes, qui suscitèrent un immense espoir dans un monde islamique alors bien plus réceptif qu'aujourd'hui aux réformes, agissaient toutefois d'emblée à l'exact opposé des Églises chrétiennes ou du judaïsme libéral, qui procédaient à une modernisation pure et simple en s'éloignant de la pratique des ancêtres. D'emblée, la problématique fut posée, et ce fut face à la modernité occidentale que l'on parla de réforme. Ayant une grande influence sur tout le monde musulman, Djamal ad-Din al-Afghani, le plus libéral d'entre les salafistes, proposa d'adapter le droit musulman aux exigences nouvelles, réclamant la dissolution des quatre écoles juridiques sunnites et la refonte d'une partie de la charia. Avec Mohammed Abdou, qui deviendrait par la suite cheikh de l'université Al-Azhar, Al-Afghani représentait une première mouvance salafiste qui alliait le radicalisme politique à une forme de « réformisme » islamique dépassant les clivages traditionnels chiites-sunnites. Mais Afghani et Abdou n'allèrent jamais jusqu'à proposer un réel aggiornamento. Sur le plan politique, leur projet fondamental était d'édifier un vaste empire islamique capable de résister à l'hégémonie de l'Europe. Pour eux, l'affaiblissement de l'Empire ottoman était dû à la progression de la pensée occidentale

15. Maxime Rodinson, « Le monde musulman, défi à la géopolitique », *Géopolitique*, 1990, p. 48-49.

dans le monde musulman et à la supériorité technologique et scientifique de l'Occident. Le postulat du salafisme d'Afghani et Abdou était le suivant : « Seule une application de la loi islamique permettra le retour à la puissance des temps anciens et la résistance aux empiètements permanents des étrangers en pays d'islam. »

Aux antipodes des futurs modernistes occidentalisés et laïques comme Mustapha Kemal Atatürk, ou même du célèbre despote éclairé Méhémet-Ali (1769-1849) en Égypte, bêtes noires de tous les fondamentalistes, Afghani et Abdou concevaient la régénération de l'islam par l'utilisation du progrès scientifique et technique, mais surtout par la lutte contre la pénétration étrangère. Né en 1849 dans un village de Basse-Égypte, Mohammed Abdou, comme sa famille, loin d'adhérer aux idées libérales, avait combattu celles de Méhémet-Ali et de son successeur, Abbas Ier. D'emblée, une pierre d'achoppement avait opposé les salafistes à Méhémet-Ali, en fait le plus audacieux modernisateur de l'islam avant Mustapha Kemal. Abdou reçut d'ailleurs pendant toute sa jeunesse une formation coranique classique, aux antipodes des conceptions modernistes ou même mu'tazilites. Investissant la notion hautement symbolique et porteuse de légitimité qu'est le salafisme, Al-Afghani et Mohammed Abdou, tous deux liés à des sociétés maçonniques en Inde, en Afghanistan et en Europe, contribuèrent à donner un contenu « progressiste » à la mouvance salafiste, initialement associée au purisme fanatique des hanbalites dont Ibn Taymiyya (751) et Ibn Qayyam al-Djawziyya (1350). Mais l'ambiguïté et les passerelles demeureront toujours, chacun se référant aux mêmes « pieux ancêtres », les uns pour leur conduite exemplaire, les autres pour leur rigorisme extrême.

Anticolonialistes se limitant à imiter l'Occident dans les domaines scientifiques et politiques, c'est donc sur le terrain de la légitimité et de l'identité que les réformistes allaient rapidement être contrés par les islamistes de l'époque (ou panislamistes) qui se réclamaient comme eux du salafisme d'Afghani et d'Abdou, mais qui entendaient avant tout rétablir le califat, c'est-à-dire circonscrire la *salafiyya* au retour à l'islam théocratique des origines, seule manière de combattre le colonialisme. L'utilisation d'une même rhétorique due à l'ambivalence du terme permit aux panislamistes de récupérer le mouvement salafiste réformiste à leur profit. C'est sur ces critères que se fondent aujourd'hui certains propagandistes islamistes d'Occident, désireux d'apparaître, non comme des fondamentalistes qu'ils sont, mais comme des « réformistes », donc des progressistes. L'un des meilleurs exemples est l'une des figures de l'islamisme européen, le médiatique Tariq Ramadan, petit-fils et héritier d'Hassan al-Banna, créateur des Frères musulmans, qui se revendique du réformisme salafiste d'Afghani et d'Abdou. Ainsi « relookée », l'idéologie islamiste ne s'opposerait pas à la démocratie et à la modernité, mais uniquement à ses formes occidentales hégémoniques et « néocolonialistes ». Cette vision apaisante est également développée par de nombreux orientalistes et intellectuels occidentaux[16], qui dépeignent les islamistes comme des « réformateurs oppressés » par les gouvernements nationalistes postcoloniaux, ou comme de simples représentants d'un mouvement « indigéniste » proposant un légitime retour à des modèles politiques précoloniaux.

Toujours est-il qu'en toute cohérence intellectuelle, les salafistes fondamentalistes reprochèrent à Afghani ou à Abdou de se contredire, puisqu'ils combattaient la domination occidentale en adoptant ses catégories étrangères et impies. Résultat de cette incrimination assassine, dès le milieu du XXe siècle, toute forme de laïcisation réformiste fut assimilée à une occidentalisation de l'islam, donc à une trahison envers l'esprit de la « vraie » religion et l'identité des peuples colonisés qui aspiraient à s'affranchir politiquement et intellectuellement de l'Europe. Ceci permet de mieux comprendre la surprenante métamorphose idéologique du disciple de Mohammed Abdou, le Libano-Syrien Rachid Rida (mort en 1935), qui réorienta les théories salafistes dans un sens de plus en plus islamiste et antioccidental. Installé en Égypte, où il fut nommé par Abdou à la tête de la célèbre revue *Al-Manar*, Rida, fasciné par Ibn Saoud, devint l'avocat du wahhabisme – « véritable salafisme » en tant qu'islam purifié des anciens – en grande partie par réaction antieuropéenne et pour combattre tout processus de laïcisation, vécu comme la pire forme d'occidentalisation. Du réformisme plus ou moins libéral de ses pères, Rida et sa postérité évoluèrent ainsi vers un islamo-fondamentalisme radical et révolutionnaire, inspirant directement Hassan al-Banna, fondateur des Frères musulmans. Rappelons que, parmi les disciples d'Al-Afghani, l'un d'eux, Mirza Reza, assassina le chah de Perse d'alors, Naser al-Din, considéré comme un moderniste apostat. Aussi, les précurseurs de l'islamisme contemporain sont-ils paradoxalement tous issus de la mouvance « réformiste » du XIXe siècle : l'Indien Muhammad Iqbal (mort en 1938), théoricien de la sécession du Pakistan, un État islamique

16. Principalement François Burgat, Jocelyne Cesari et Michel Lelong en France ; Graham Fuller et John Esposito aux États-Unis.

destiné aux seuls musulmans, Rachid Rida, Hassan al-Banna, Mawdoudi, etc.

Ceci ne doit cependant pas nous empêcher de saluer le travail fort courageux, souvent même héroïque, d'intellectuels et de théologiens musulmans modernistes. En dépit de la victoire générale du conservatisme et du fondamentalisme islamiques, due non seulement à l'influence économico-théologique du wahhabisme saoudien qui contrôle les lieux saints de l'islam et la plupart des institutions internationales de représentation de l'islam mondial (OCI, Ligue islamique, banques islamiques, centres islamistes, grandes mosquées, organisations caritatives et humanitaires, aide au développement économique, etc.), mais aussi à l'extrême efficacité des organisations comme les Frères musulmans égyptiens ou le Tabligh, ces savants modérés continuent à défendre « une certaine idée de l'islam ». *A contrario* du lieu commun finalement fort méprisant selon lequel « l'islam est en retard de six siècles, donc finira par évoluer comme nous », rappelons que l'islam était bien plus sur le chemin de l'évolution à la fin du XIX^e^ siècle qu'aujourd'hui. Un siècle de « wahhabisation » et quarante ans de revanche postcoloniale ont été fatals et ont stoppé net la puissante vague libérale et sécularisatrice qui s'apprêtait à balayer le monde islamique à partir de l'expérience unique de Méhémet-Ali, fondateur de l'Égypte moderne et apôtre de la laïcisation, ou même du prince Sabahddin (mort en 1948) en Turquie. « On s'est plus battu dans le monde islamique au cours des cent dernières années pour défendre le libéralisme que la plupart des gens ne l'imaginent », confirme Ibn Warraq[17]. Hélas, en vertu de la spirale infernale du refoulé identitaire, de la demande d'islamisme comme solution antioccidentale et indigène par excellence, et de l'explosion démographique couplée avec le déséquilibre des richesses, les valeurs universelles (libéralisme, démocratie, droits de l'homme, laïcité, etc.) qui fondent toute société pluraliste ont progressivement été discréditées dans le monde islamique. Au sein des masses séduites par la rhétorique islamiste et des oppositions aux gouvernements musulmans en place, « complices des colonisateurs impérialistes », ces valeurs ont fini par être assimilées exclusivement à l'ancien colonisateur occidental ou à l'impérialisme « américano-sioniste », cœur du complot diabolique des « judéo-croisés » contre l'islam.

17. Ibn Warraq, *op. cit.*, p. 246.

## LE SORT TRAGIQUE DES MUSULMANS LIBÉRAUX ET MODERNISTES

C'est ainsi qu'un siècle après Afghani et Mustapha Kemal, les savants et intellectuels musulmans qui s'exprimaient jadis librement sont aujourd'hui jugés trop novateurs dans leur recherche d'un islam revisité à l'aune des temps modernes, ainsi que l'on s'en apercevra lorsque l'université d'Al-Azhar commencera à dénoncer les œuvres des réformistes libéraux, en particulier le cheikh égyptien Adel Raziq, accusé d'impiété et d'adhérer au rationalisme mu'tazilite. En 1925, Ali Adel Raziq écrivit un livre jugé scandaleux dans tout l'Islam, *Les Fondements du pouvoir en Islam,* qui prônait la séparation de la mosquée et de l'État. Dans son ouvrage, le vieux cheikh se réfère au courant rationaliste mu'tazilite et s'attaque à la fusion du temporel et du spirituel propre à l'islam orthodoxe, au nom même de la tradition mais surtout de la raison. Pour lui, le Coran doit être relativisé, car l'islam et le Coran ont été créés par et pour les hommes en milieu bédouin. Or ce qui fut valable dans ce contexte ne l'est plus en milieu citadin moderne. Pour Adel Raziq, non seulement on ne connaît pas réellement la société originelle de Médine, mais les successeurs de Mahomet qui ont créé l'islam orthodoxe n'avaient probablement rien à voir avec le Prophète. Après tout, le pouvoir des Omeyyades fut instauré par un coup d'État au détriment du gendre et cousin de Mahomet, Ali, quatrième calife, et le premier calife omeyyade, Mo'awiyya, nommait lui-même les dignitaires religieux. Le pouvoir politique ayant donc édifié de toutes pièces cet islam « classique », Raziq estime que tout ce qui est du statut personnel et du code de justice doit être remis en question et qu'il ne faut conserver du Coran que ce qui est marqué du sceau de l'universalité. Jugé par ses pairs, Adel Raziq sera radié d'Al-Azhar et interdit de toute fonction religieuse. Après Adel Raziq, deux auteurs tunisiens contemporains réclamèrent la « réouverture des portes de l'*ijtihad* ». Le plus connu est Mohamed Talbi, lauréat du prix Giovanni Agnelli pour le dialogue interculturel (4 juin 1997), auteur d'un *Plaidoyer pour un islam moderne* qui dénonce certaines pratiques et doctrines islamiques inacceptables, comme l'inégalité entre musulmans et non-musulmans. Talbi déclare à ce propos que « la dignité des oulémas ne va pas toujours de pair avec leur compétence... Le statut de la dhimmitude [...] est un statut de la honte, le verset coranique invoqué doit être contextualisé, relu dans l'éclairage du monde moderne et des droits de l'homme[18] ».

18. Émission consacrée à l'islam, France 2, 21 décembre 1997.

L'ancien ministre de l'Éducation de Tunisie (1989-1994) et président de la Ligue des droits de l'homme, Mohamed Charfi, milite quant à lui pour l'abolition pure et simple de la charia afin de « sortir la civilisation arabo-musulmane de l'obscurantisme ». Sous l'influence de l'ancien chef d'État Habib Bourguiba et de ces intellectuels musulmans libéraux, la volonté de se conformer aux valeurs universelles des droits de l'homme et de la liberté de conscience s'est traduite, en Tunisie, par une circulaire gouvernementale diffusée dans les écoles qui interdit l'enseignement des versets du Coran antichrétiens ou méprisants envers les non-musulmans. Dans son livre, *Islam et liberté, le malentendu historique*[19], Charfi s'attache à distinguer dans le Coran « l'éternel » du « circonstanciel ». Il y dénonce la discrimination des femmes et prône la liberté de conscience. Mohamed Charfi admet qu'il existe des « passerelles », des « zones de porosité » entre l'islam et l'islamisme. Aussi estime-t-il que la condition *sine qua non* pour combattre les racines de l'intégrisme islamique est l'adaptation des textes à la modernité, ce qui lui a valu d'être promis à la sanction suprême par les islamistes du monde entier et d'être dénoncé à Al-Azhar, comme Talbi.

À l'intérieur du courant musulman libéral, l'un des plus acharnés défenseurs de la laïcité et des libertés individuelles est sans conteste Fouad Zakariya, philosophe égyptien enseignant à l'université du Koweït. En 1989, dans le contexte polémique de l'affaire Rushdie, Zakariya s'éleva contre le fait que les dogmes religieux de l'islam ne puissent être examinés avec un esprit critique et déplora l'inexistence de publications consacrées à la pensée laïque en langue arabe. D'après lui, les valeurs de la laïcité (rationalisme, esprit critique, rigueur scientifique, indépendance intellectuelle) sont des valeurs universelles que les musulmans peuvent et doivent faire leurs, indépendamment du caractère originellement occidental de celles-ci. Il affirme que l'introduction de la laïcité est une priorité pour les sociétés arabo-islamiques menacées par le totalitarisme vert. En référence, il cite les penseurs musulmans qui se sont battus pour les mêmes principes, en particulier ceux issus de l'école mu'tazilite, al-Farabi, Averroès, ou encore Ibn al-Haytham. Comme les autres réformateurs, Zakariya sera rejeté par les oulémas officiels, accusé de « trahison » et d' « apostasie », et même menacé de mort.

On ne répétera jamais assez que les premières victimes de l'obscurantisme islamiste sont les musulmans eux-mêmes, en premier

19. Albin Michel, 1998.

lieu ceux qui osent émettre une opinion divergente en matière de théologie et de foi et, *a fortiori*, qui expriment ouvertement leur agnosticisme, leur athéisme ou leur refus du religieux – droit fondamental en démocratie pluraliste mais inexistant dans l'univers théocratique larvé de l'ensemble du monde islamique. Le sort de ces musulmans insoumis est généralement tragique, et au meilleur des cas inconfortable. Outre les affaires fort médiatisées concernant Salman Rushdie et Taslima Nasreen, condamnés à mort en Iran, au Bengladesh et au Pakistan, et abandonnés à la vindicte publique dans la plupart des pays musulmans, on mentionnera d'autres cas célèbres, notamment les avocats égyptiens libéraux qui ont déploré l'incapacité de l'islam classique à fournir la moindre solution aux problèmes du monde contemporain : Nour Farwaj, qui écrivit en 1986 un article controversé dans lequel il définissait la charia comme une « collection de lois tribales réactionnaires inadaptées aux sociétés contemporaines » ; puis Faraj Foda qui publia un pamphlet, sous le titre de *No to Charia,* dans l'optique de défendre la séparation de la religion et de l'État, l'islam ne pouvant fournir selon lui un cadre constitutionnel adapté à un État moderne. L'essai polémique de Foda eut un grand succès et rivalisa en popularité avec les écrits dogmatiques du cheikh fondamentaliste Kichk. Il fut traduit dans de nombreuses langues de l'islam, dont le turc, le persan et l'ourdou. Terrible rançon pour ce succès face à l'obscurantisme, Faraj Foda sera assassiné en 1992 par un groupe islamiste dissident des Frères musulmans, au nom de la loi islamique.

Les cas de Taha Hussein et de Mahmud Muhammad Hussein sont également édifiants. Théologien soudanais, Mahmud Muhammad tenta de minimiser le rôle du Coran comme source de la loi. Il pressentait que le moment était venu de concevoir de nouvelles lois mieux adaptées aux besoins de l'époque contemporaine. C'est ainsi que, pour diffuser ses principes, il fonda les Frères républicains, clin d'œil ironique prenant le contre-pied des Frères musulmans. Le régime de Khartoum, déjà influencé par l'idéologie de ces derniers, décida en 1968 de le faire taire, le déclarant coupable « d'apostasie », ce qui, d'après la loi islamique, est sanctionné par la peine de mort. Les écrits de Mahmud Muhammad furent brûlés. Après être parvenu pendant dix-sept ans à échapper à l'exécution, l'auteur « apostat » fut rejugé et finalement publiquement pendu à Khartoum en janvier 1985, à l'âge de soixante-seize ans. Taha Hussein est un autre homme de lettre égyptien diplômé d'Al-Azhar. Il suit une partie de ses études en France, où il acquiert un esprit cartésien. À son retour en Égypte, il soumet la tradition éculée à une critique impitoyable. Dans *On Pre-Islamic Poetry,* Taha Hussein ose écrire que le fait qu'Abraham et Ismaël apparaissent dans le Coran « n'est pas suffisant pour établir avec certitude la réalité historique de leur existence[20] ». Révolté par l'obscurantisme de la plus prestigieuse université musulmane du monde, il préconise la suppression pure et simple d'Al-Azhar. Ses vues seront jugées inacceptables par l'establishment religieux et il sera contraint de démissionner de ses fonctions officielles. Citons également le prix Nobel Naguib Mahfouz, le « Balzac arabe », qui échappera à plusieurs reprises à des attentats du groupe Gamaa al-islamiyya ; ou encore le professeur égyptien Naser Abou Zaid. Comme les Mu'tazilites, Abou Zaid réfute globalement le traditionalisme islamique qui pose comme postulat de base que rien ne peut être ajouté à ce que les « Anciens » ont décrété. Il oppose à cette fixité la « nécessaire élaboration d'une conscience scientifique du patrimoine islamique » par l'étude du Coran et des hadiths en tant que textes humains inhérents à un contexte sociologique précis. Abou Zaid rejette par là-même l'idée centrale de l'islam classique du Coran qui serait « incréé ». Or, tout musulman osant prétendre que le Coran n'a pas existé de toute éternité et qu'il est œuvre humaine bien que « d'inspiration divine », est *ipso facto* accusé de sacrilège et d'apostasie. Se référant aux grands réformateurs modernes néo-mu'tazilites (Abdou, Adel Raziq, etc.) ainsi qu'à la pensée de Shafii et du Franco-Algérien Mohammed Arkoun en France, connu pour son rationalisme, Naser Abou Zaid sera victime, comme ses prédécesseurs, de la censure religieuse. Mis à l'index par l'université Al-Azhar, il sera condamné en 1999 par les tribunaux civils égyptiens – pourtant censés ne pas appliquer la charia à la différence des tribunaux religieux – pour « offense envers la religion musulmane » et « apostasie ». En vertu de quoi son mariage avec son épouse musulmane sera dissous de force, un non-musulman ne pouvant être marié à une musulmane selon la loi islamique. Afin d'échapper aux menaces de mort émanant des milieux islamistes et de rester uni à son épouse, l'auteur devra quitter l'Égypte et trouvera refuge aux Pays-Bas, après avoir fait en vain appel puis avoir été débouté en cassation. Terminons, enfin, avec Nawal al-Saadawi, l'écrivain qui a le plus marqué le mouvement féministe dans le monde musulman. Le 18 juin 2001, elle comparaît elle aussi devant les tribunaux pénaux au Caire pour « hérésie », risquant la prison et le divorce

---

20. Cité *in* « The novel, the Ayatollah and the West », *The Rushdie Affair,* Daniel Pipes, New York, p. 75.

d'office. Un obscur avocat l'avait dénoncée pour « manque de respect envers les religions » après avoir manipulé ses déclarations dans la presse en faveur de l'égalité de succession et les avoir assimilées à des manifestations d'impiété.

Aussi longtemps que l'islam orthodoxe n'aura pas connu d'aggiornamento, que la charia n'aura pas été « désacralisée », comme le suggère Soheib Bencheikh, puis réactualisée, tant que le Coran et la tradition islamique seront considérés comme parfaits et intouchables, les islamistes pourront continuer à se référer à une certaine orthodoxie islamique, une *logique canonique* élaborée entre le VIIe et le Xe siècle. Bref, la lutte contre la barbarie et le totalitarisme islamiste, péril majeur du XXIe siècle, pour toutes les démocraties, demeurera incomplète, inefficace, biaisée.

## CHAPITRE 3

# Ordre islamique et sociétés ouvertes : deux systèmes irréductibles

*Notre problème majeur, le frein puissant qui empêche notre émancipation et notre développement, est que nous sommes enchaînés à notre passé. C'est notre prison collective. Pour les musulmans, il n'y aura pas de développement sans liberté et il n'y aura pas de liberté sans évasion de notre prison historique.*

Mohamed Charfi[1]

Si l'on compare les ordres juridiques des démocraties occidentales avec le droit de la charia, on s'aperçoit que ces deux systèmes sont fondamentalement opposés, irréductibles même. Comment en effet harmoniser le système pluraliste, sécularisé et individualiste issu du siècle des Lumières, de Montesquieu et de John Locke, avec un système théocratique et holiste se rattachant à une « législation divine » issue du Coran ? Alors que les démocraties pluralistes occidentales ont inscrit dans leurs constitutions le primat des droits de l'homme indépendamment de toute considération religieuse et raciale, les États musulmans, exceptées la Tunisie et la Turquie, sont tenus par les principes constitutionnels proclamant l'islam « religion d'État » et, surtout, la charia source principale du droit, spécialement en matière de statut personnel. Bien plus qu'un simple système juridique, la charia est une somme de valeurs et de normes qui puisent leurs sources dans les livres saints de l'islam. Fortes de ce caractère d'immutabilité, elles conditionnent la conduite des musulmans et commandent l'ordre socio-juridique de la communauté des croyants. Aussi est-ce au plan du droit des personnes et

1. *Islam et Liberté, le malentendu historique*, Albin Michel, 1998.

de la famille qu'apparaît le plus la différence entre les deux systèmes, chariatique et démocratico-libéral. Du fait même que ses sources relèvent de la révélation, le droit relatif au statut personnel n'a pas pu évoluer dans le monde islamique, à la différence des pays de tradition judéo-chrétienne. Les codes familiaux y maintiennent la polygamie et la répudiation, consacrent l'autorité maritale et patriarcale – réservant la tutelle des enfants au père – et accordent à l'homme une part d'héritage double de celle revenant à la femme. Dans ces pays, le droit interdit toujours aux non-musulmans d'épouser des musulmanes, d'hériter de musulmans ou d'exercer tout pouvoir de tutelle sur les vrais croyants, règle fondée sur le précepte coranique selon lequel « jamais Allah ne donnera une voie aux mécréants contre les croyants » (4, 141).

Ce type d'organisation basé sur le modèle coranique place les pays arabo-musulmans à l'écart des grands principes de la Déclaration universelle des droits de l'homme et de la Convention européenne. La charia est en effet un ensemble de lois d'origines divines s'appliquant à une communauté musulmane idéale qui doit être entièrement soumise à la volonté d'Allah. Aussi, la conséquence la plus directe de cet attachement à la charia est que l'État ne pourra jamais exercer pleinement et sans obstacles son pouvoir législatif, dès lors que les matières traitées dans la loi islamique lui échappent au regard du principe même de légitimité de la charia proclamé dans la Constitution. Autre conséquence découlant de l'impossibilité des États musulmans de rompre le cordon ombilical avec la loi d'Allah, c'est le risque de voir des tribunaux « civils », comme en Égypte (où l'article II de la Constitution stipule que la charia est la principale source de législation), refouler l'application de règles issues du droit séculier au profit de la loi islamique. Ainsi, en Égypte, au Koweït ou en Libye, États pourtant dotés de juridictions civiles autorisant le prêt à intérêt, des juges refusent de les appliquer au motif que la charia interdit l'usure. En Égypte, où la juridiction civile n'oblige pas la femme à obtenir l'autorisation de son mari pour se déplacer (obligatoire selon la charia), des tribunaux s'arrogent désormais le droit d'interdire à des femmes de voyager, interdiction qui fut par exemple appliquée à une ministre des Affaires sociales qui n'avait pas d'autorisation maritale ! C'est également ce conflit de juridiction, opposant dans leurs principes respectifs l'ordre des sociétés pluralistes et la charia, qui pousse, en Europe, nombre d'organisations musulmanes encadrées par des pôles islamiques étrangers à réclamer des exceptions, des dérogations juridiques et statutaires exorbitantes du droit commun, principalement en matière de statut personnel. Or ce conflit de juridiction, qui pose un réel problème géopolitique aux États occidentaux d'accueil, n'est pas le fait des seuls islamistes. C'est hélas dans l'obscurantisme de la charia, enseignée par les religieux orthodoxes dans toutes les mosquées d'Europe, que se trouve l'origine théologique des drames qui, en Suède, en France ou en Allemagne, ont vu des familles assassiner des jeunes filles désireuses d'épouser des jeunes non-musulmans.

Dans une brochure intitulée *La Foi correcte et ce qui s'y oppose,* le cheikh Bin Baz, ancien mufti suprême d'Arabie Saoudite, pouvait écrire : « Est mécréant quiconque croit que les règlements et les lois établis par les hommes sont meilleurs que la charia ou que l'application des règlements islamiques ne convient pas au XX^e^ siècle [...], quiconque croit que l'exécution du jugement de Dieu sur le voleur par la main coupée et la lapidation à mort du marié qui commet l'adultère ne conviennent pas aux temps modernes. Est mécréant celui qui croit que c'est admissible de pratiquer un jugement en dehors de la législation islamique pour juger les relations sociales et les droits[2]. » Largement diffusée en France dans les mosquées et les librairies musulmanes, cette brochure confirme non seulement l'opposition radicale entre les valeurs islamiques classiques et celles des sociétés démocratiques, mais elle « a pu contribuer à déformer le jugement de certains musulmans » en Europe, déplore Leila Babès[3]. L'hostilité de la scolastique musulmane envers les droits de l'individu et le caractère totalitaire de l'idéologie islamiste transparaissent également de façon manifeste dans la pensée d'Ali Brohi, ancien ministre de la Loi et des Affaires religieuses du Pakistan : « L'islam donne un caractère sacré à la collectivité. [Dans l'islam] on ne reconnaît pas à l'individu de droits de l'homme ni de liberté, au sens où l'esprit moderne les conçoit. Par essence, le croyant doit obligation et devoir à Dieu simplement parce qu'il est appelé à obéir à la loi divine, et ces droits de l'homme qu'on lui demande de reconnaître semblent le détourner de ses devoirs fondamentaux envers Dieu. En acceptant de vivre en esclave de cette loi divine, l'homme apprend à être libre[4] », formule qui n'est pas sans rappeler

2. Cheikh Bin Baz, *La Foi correcte et ce qui s'y oppose,* Présidence des Administrations des recherches scientifiques islamiques de l'*iftâ,* du prêche et de l'orientation, Riyad, Waqf, Donation pour la cause d'Allah, 1987, p. 65-66.

3. « Quelques remarques sur les textes d'Alain Billon et de Mustapha Yahyaoui », *Islam de France,* n° 8, 2000, p. 65-66.

4. Cité *in* A. E. Mayer, *Islam and Human Rights,* Boulder, 1991, p. 60-61.

la célèbre maxime d'Orwell résumant à elle seule l'esprit même du totalitarisme : « L'esclavage, c'est la liberté. »

Au sein des systèmes démocratiques occidentaux, l'émancipation des individus vis-à-vis des lois divines est considérée comme l'un des acquis fondamentaux de la modernité. Les droits inaliénables et supérieurs des personnes sont universels, c'est-à-dire indépendants de toute appartenance de groupe. Dans l'islam, en revanche, l'homme n'est pas reconnu comme un être humain égal à tout autre mais comme un *homo religiosus*, la notion même de droit de l'homme étant considérée comme un sacrilège, car « Dieu seul a des droits ». Il est vrai que si l'on compare la Déclaration universelle des droits de l'homme de 1948 ou la Convention européenne des droits de l'homme avec la loi et le droit islamiques, l'opposition entre les deux systèmes est fondamentale. Une décision de la Cour européenne des droits de l'homme du 31 juillet 2001 relative à l'interdiction du parti islamiste turc Refah Partisi (Fasilet) le montre de façon très nette : « La Cour reconnaît que la charia, reflétant fidèlement les dogmes et règles divines édictées par la religion, présente un caractère stable et invariable. Lui sont étrangers des principes tels que le pluralisme dans la participation politique ou l'évolution incessante des libertés publiques [...]. La charia se démarque nettement des valeurs de la Convention, notamment eu égard à ses règles de droit pénal et de procédure pénale, à la place qu'il réserve aux femmes dans l'ordre juridique et à son intervention dans tous les domaines de la vie privée et publique conformément aux normes religieuses[5]. »

## Les droits de l'homme subordonnés aux « droits d'Allah »

Certes, les États musulmans signataires de la Déclaration universelle des droits de l'homme de 1948 n'ont jamais formellement dénoncé ce texte. Mais une position a été élaborée à plusieurs reprises et de façon officielle par les États musulmans à l'égard des droits de l'homme. Conscients que les déclarations universelles et européennes sont en contradiction flagrante avec les fondements mêmes de l'islam orthodoxe, les États musulmans membres des Nations unies ont proclamé dans les locaux de l'UNESCO à Paris, en 1981, à l'instigation de l'Arabie Saoudite, du Pakistan et du

5. Cour européenne des droits de l'homme, 3e section, affaire Refah Partisi et autres contre Turquie, arrêt du 31 juillet 2001.

Maroc, une Déclaration islamique universelle des droits de l'homme subordonnant les droits de l'homme à ceux de Dieu et occultant toutes les libertés qui contredisent la charia et le fiqh. Dans un deuxième temps, en 1990, les ministres des Affaires étrangères de tous les pays membres de l'Organisation de la conférence islamique (OCI) ont adopté, au Caire, à l'occasion de la 19e session de l'OCI, une nouvelle « Déclaration islamique des droits de l'homme en Islam », dont le préambule et les vingt-cinq articles subordonnent expressément les droits de l'homme à la charia, ce qui revient à nier en bloc le principe philosophico-juridique d'autonomie des lois et droits humains vis-à-vis du religieux, ainsi que la liberté de conscience elle-même. Aussi, les articles 12 et 15 de cette déclaration islamique stipulent-ils que les droits sont reconnus et applicables selon des méthodes compatibles avec « les règles de la charia ». Le préambule précise d'emblée : « Les droits de l'homme, dans l'Islam, sont fortement enracinés dans la conviction que Dieu seul est l'Auteur de la Loi, et la Source de tous les droits de l'homme. Étant donné leur origine divine, aucun dirigeant, aucune assemblée ni autorité ne peuvent restreindre, abroger, ni violer en aucune manière les droits de l'homme conférés par Dieu... Tout musulman a le droit et le devoir de refuser d'obéir à tout ordre contraire à la Loi, quelle que soit l'origine de cet ordre. » Le conflit philosophique qui oppose l'esprit de ces déclarations islamiques à la Déclaration universelle des droits de l'homme de 1948 est manifeste : « Tous les êtres humains naissent libres et égaux en dignité et en droits. Ils sont doués de raison et de conscience et doivent agir les uns envers les autres dans un esprit de fraternité » (article 1) ; « Chacun peut se prévaloir de tous les droits et de toutes les libertés proclamés dans la présente Déclaration, sans distinction aucune, notamment de race, de couleur, de sexe, de langue, de religion, d'opinion politique ou de toute autre opinion, d'origine nationale ou sociale, de fortune, de naissance ou de toute autre situation » (article 2) ; « Tout individu a droit à la vie, à la liberté et à la sûreté de sa personne » (article 4).

La ligne de rupture existe donc non seulement avec les valeurs totalitaires qui animent les islamistes, mais également avec celles défendues à l'échelle diplomatique (ONU, UNESCO, OCI) par les grands pôles de l'islam mondial, dont les principales pierres d'achoppement sont la laïcité, la démocratie, l'égalité entre les religions et les sexes, ainsi que la souveraineté de la loi issue de la volonté populaire, rejetés globalement par la quasi-totalité des États musulmans reconnus internationalement. « Il sera sans doute difficile aux peuples musulmans de pouvoir adhérer à ces valeurs tant qu'ils demeureront attachés à des principes à caractère religieux qui leur sont totalement opposés », lance Sélim Jahel[6]. On peut dire qu'en signant les deux types de déclarations, les pays musulmans de l'OCI ont bel et bien souscrit à deux textes antinomiques, à deux convictions contradictoires. « En dehors des États qui appliquent la charia, les autres États musulmans signataires de la Déclaration de l'OCI, [...] ont une attitude totalement incohérente puisque plusieurs d'entre eux ont en même temps adhéré aux instruments internationaux. Quant aux intégristes, ils entretiennent la même confusion. Mais dès qu'on les pousse dans leurs derniers retranchements, ils avouent l'incompatibilité entre certaines règles de la charia et certaines des droits de l'homme, tout en marquant leur préférence pour la charia et en motivant leur attitude par l'opposition universalité/spécificité », explique Mohamed Charfi[7]. Ainsi est-ce en conformité avec la déclaration islamique précitée que le secrétaire général du Conseil de coopération du Golfe (CCG), Jamil al-Houjailan, exigea, au nom des monarchies pétrolières, le 20 mai 2001, lors d'une réunion avec l'Union européenne à Bruxelles, que « la question des droits de l'homme ne soit plus posée à toutes les rencontres avec l'UE ». En fait, dans un rapport du 28 mars 2001, Amnesty International avait dénoncé le « régime de terreur et d'injustice » et les « nombreuses violations des droits de l'homme » en Arabie Saoudite, favorisés par le « silence complice des pays dépendants du pétrole ».

## LES TROIS INÉGALITÉS FONDATRICES DU TOTALITARISME ISLAMISTE : FEMMES/HOMMES, NON-MUSULMANS/MUSULMANS, ESCLAVES/MAÎTRES

Le fait que la plupart des pays musulmans appliquent partiellement la charia, notamment en matière de statut personnel et familial, ou pleinement (Arabie Saoudite, Afghanistan, Koweït, Mauritanie, onze États nigérians, Pakistan, Iran, etc.), n'est pas anodin et ne peut être considéré comme un simple choix de code juridique que toute société démocratique pourrait accepter dès lors qu'elle est peuplée majoritairement de musulmans. Dans ses différentes

6. Sélim Jahel, « Charia et ordre juridique européen », *Islam et Europe,* Actes du Colloque des démocraties, Paris, novembre 2000, p. 17-18 et p. 89.
7. Mohamed Charfi, *idem.*

études, l'islamologue Bernard Lewis a bien montré que l'islam orthodoxe perpétue trois grandes inégalités : entre hommes et femmes, entre musulmans et non-musulmans, entre maîtres et esclaves.

La loi islamique affirme que les femmes sont des êtres inférieurs et que le Coran permet explicitement aux hommes de battre leurs femmes : « Les hommes ont autorité sur les femmes en raison des faveurs qu'Allah accorde à ceux-là sur celles-ci, et aussi à cause des dépenses qu'ils font de leurs biens [...]. Les femmes vertueuses sont obéissantes à leurs maris [...]. Quant à celles dont vous craignez la désobéissance, exhortez-les, éloignez-vous d'elles dans leurs lits et frappez-les » (4, 34). Dans *Le Licite et l'Illicite,* un essai paru en France en 1992 et un temps interdit par le ministère de l'Intérieur, l'un des chefs de file mondiaux des Frères musulmans, Youssef Qaradhawi, écrit à l'attention des jeunes musulmans européens : « L'homme est le seigneur de la maison et le maître de la famille [...]. La femme ne doit pas désobéir à son mari, ni se rebeller contre son autorité [...]. Quand le mari voit chez sa femme des signes de fierté ou d'insubordination [...], il doit la bouder au lit [...], si cela s'avère inutile, il essaie de la corriger avec la main[8]. » En contradiction totale avec l'article 16 de la Déclaration universelle des droits de l'homme au sujet des droits du mariage, les codes juridiques des pays musulmans qui se réfèrent à la charia n'accordent pas aux femmes les mêmes garanties qu'aux hommes en cas de divorce, la répudiation pouvant être prononcée à n'importe quel moment par le mari devant témoins. Ils empêchent souvent celles-ci de se déplacer et de choisir leur époux sans accord marital ou paternel, et accordent au témoignage des femmes la moitié du crédit de celui d'un homme, tout comme sa part d'héritage. Souvent ignoré en Occident, le sort tragique des femmes en terre d'islam ne se limite pas aux Afghanes à qui les talibans interdisaient de se faire soigner et d'étudier. En octobre 2001, la médiatisation de l'affaire Safiya Husseini, Nigériane condamnée à mort par lapidation par un tribunal islamique pour « adultère », en réalité pour avoir conçu un enfant en dehors du mariage, illustre parfaitement comment les droits de l'homme reculent à mesure qu'est réintroduite la charia dans les législations des pays musulmans, comme c'est le cas au Nigéria depuis quelques années dans onze États du Nord où elle est imposée également aux non-musulmans. Mais d'autres Safiya sont

8. Youssef Qaradhawi, *Le Licite et l'Illicite (al-hallal wal-haram),* El Qalam, 1992, réédition 2000, p. 207.

condamnées à mort chaque année sans qu'une médiatisation internationale oblige le gouvernement obscurantiste à les épargner de justesse. Ainsi en est-il allé du sort de la jeune Abok Alfa Akok, chrétienne du Sud-Soudan installée à Khartoum où la loi islamique est imposée à tous, qui fut condamnée à mort pour avoir conçu un enfant hors noces après avoir été violée. Le témoignage du violeur, qui a affirmé devant les tribunaux que la jeune fille était consentante, vaut deux fois celui de la victime...

## LE VOILE ISLAMIQUE : SYMBOLE DE SOUMISSION DE LA FEMME

L'islam strict est une religion légale et séculière, dont la pratique réside dans la soumission à des coutumes et à des règles très précises. Dès lors, le port du voile n'est point le cheval de bataille des seuls intégristes, et l'orthodoxie musulmane ne s'oppose pas sur ce point aux islamistes. Le *hijab* est imposé par diverses sourates (33, 53, 59). Citons également celle-ci : « Dis aux croyantes de baisser leurs regards, de garder leur chasteté et de ne montrer de leurs atours que ce qui en paraît ; et qu'elles rabattent leur voile sur leurs poitrines ; et qu'elles ne montrent leurs atours qu'à leur époux ou à leur père, ou au père de leur mari, ou à leurs fils ou aux fils de leurs maris, ou à leurs frères ou aux fils de leurs frères, ou aux fils de leurs sœurs, ou aux femmes musulmanes ou à leurs esclaves, ou aux domestiques mâles impuissants, ou aux garçons impubères » (24, 31). Le foulard n'est en réalité que la manifestation de la différence entre les musulmanes, « vertueuses », et les femmes infidèles, « impures » et « fornicatrices ». Le voile islamique constitue la barrière entre la croyance (islam) et la mécréance *(kufru)*. « La femme musulmane doit baisser le regard ; [...] ; éviter toute promiscuité avec les hommes ; [...] ; ses vêtements doivent couvrir tout le corps sauf ce que le Coran a autorisé [...]. Ce vêtement ne doit pas ressembler à ce que portent les mécréantes, les juives, les chrétiennes et les idolâtres. L'intention d'imiter ces femmes est interdite en Islam qui tient à ce que les musulmans se distinguent et soient indépendants dans le fond et dans la forme. C'est pourquoi il a ordonné de faire le contraire de ce que font les mécréants », précise Youssef Qaradhawi[9]. En s'habillant comme une Occidentale, la musulmane cesse littéralement de l'être, car « qui imite une communauté en

9. Youssef Qaradhawi, *op. cit.*, p. 170-171.

devient partie prenante », rappelle la Tradition. Le port du *hijab* revêt donc une importance stratégique lorsque l'islam est minoritaire, car « l'islam domine et ne saurait être dominé » (hadith). Dans la loi islamique, c'est par l'homme que passe la domination. Le fait qu'une musulmane puisse attirer des non-musulmans par des vêtements ne cachant point ses formes constitue un risque de la voir passer sous « domination infidèle ». C'est pour cette raison que le Coran interdit aux musulmanes d'épouser des non-musulmans (2, 221), et même de sortir de chez elles (33, 33).

Dans le combat pour la libération de la femme musulmane, le voile était pourtant devenu, jusqu'à ce que l'islamisme gagne les consciences à partir des années 1980, le symbole de sa servitude. En 1923, la présidente de l'Union féministe égyptienne Houda Chaaraoui et ses camarades avaient jeté en signe de défi leur voile à la mer. En 1927, une campagne de « déhijabisation » traversa le Turkestan communiste. Près de quatre-vingt-dix mille femmes ouzbeks jetèrent aux orties leur capuche noire après que trois cents de leurs sœurs eurent été tuées par des chefs de famille pour « trahison » à l'islam. En 1928, pendant les cérémonies de l'indépendance, le chah d'Afghanistan ordonna à sa femme de se dévoiler en public. Devant l'ampleur du scandale, l'Atatürk afghan fut obligé de faire marche arrière et de geler ses projets d'émancipation des femmes. Il fut lui-même obligé d'abdiquer. En 1936, le chah d'Iran Reza décréta l'interdiction du *tchador*. Face aux protestations religieuses et populaires, lui aussi dut abroger son décret en 1941. Confrontés à l'évolution des mœurs et à la modernité, beaucoup d'hommes musulmans ne supportent pas de voir leur pouvoir sur les femmes leur échapper à mesure que les habitudes occidentales pénètrent chez les musulmanes désireuses de s'émanciper. Les responsables de l'islam officiel et les islamistes ont donc eu beau jeu de tabler sur cette inévitable frustration masculine, en particulier lors des affaires du voile, pour réhabiliter la charia et fustiger les coutumes occidentales « décadentes ».

Plus qu'une simple coutume dont l'interdiction serait assimilée à du racisme « laïcard », le port du voile est en réalité une marque visible de la barrière politico-culturelle qui sépare inexorablement la *oumma* universelle et extraterritoriale du monde non musulman. Certains tenants du laïcisme se fourvoient donc totalement lorsqu'ils défendent, au nom de la laïcité et de la tolérance religieuse, le port du voile dans les lycées et les lieux publics. En tant que républicains favorables à l'intégration, ils devraient être les premiers à combattre ce qui constitue les bases d'un communautarisme ethnoreligieux, étranger à la tradition républicaine. Apparemment religieuse, l'affaire du foulard revêt en définitive « une signification politique, voire géopolitique », explique le géopolitologue Yves Lacoste, « car à travers le comportement des jeunes filles, leur affirmation d'une identité islamique, symbolisée par le voile, c'est la question du pouvoir qui est posée, du pouvoir au sein du monde musulman français mais aussi, peut-être, d'un pouvoir spécifiquement musulman sur certains quartiers urbains soustraits au pouvoir civil français[10] ».

## L'INÉGAL ACCÈS AU TRAVAIL, À L'HÉRITAGE ET AU TÉMOIGNAGE

L'article 23.1 de la Déclaration universelle des droits de l'homme stipule que « toute personne a droit au travail, au libre choix de son travail, à des conditions équitables et satisfaisantes de travail et à la protection contre le chômage ». Or, en terre d'islam, excepté en Tunisie et en Turquie, les femmes musulmanes et les non-musulmans ne sont pas libres de choisir leur travail, et certains emplois leur sont interdits. Pour justifier pareille inégalité, la charia s'appuie sur les sourates 4, 141 et 73, 8 : « Dieu ne permettra pas aux incrédules de l'emporter sur les croyants » ; « La puissance appartient à Dieu, à son Prophète et aux croyants, mais les hypocrites ne savent pas ». Quant à l'article 26 de la Déclaration universelle, elle s'oppose à la loi islamique qui interdit aux femmes d'accéder à certains enseignements, notamment les cours de gymnastique et d'autres matières traitant de la sexualité et de la biologie.

« L'instruction d'un procès selon les règles de la charia peut difficilement être qualifiée d'impartiale et d'équitable dans la mesure où la valeur accordée aux témoignages est en elle-même une cause d'injustice », explique Ibn Warraq[11]. Alors que les articles 7 à 11 de la Déclaration universelle des droits de l'homme accordent à l'accusé un jugement impartial, les femmes et les non-musulmans sont rarement admis à témoigner, leur témoignage valant de toute façon la moitié de celui des hommes musulmans. La charia met par ailleurs au second plan les considérations de bonne foi, de justice ou même de vérité, la notion de culpabilité criminelle étant absente. À titre d'exemple, s'il est interdit de venger un meurtre, il est en revanche permis d'offrir une récompense à un tiers pour qu'il assassine le

10. Yves Lacoste, « La stratégie du voile », *Valeurs actuelles,* 26 novembre 1994.
11. Ibn Warraq, *op. cit.,* p. 219.

meurtrier. Enfin, le droit islamique en matière d'héritage illustre parfaitement la double injustice perpétrée à l'égard des femmes et des non-musulmans. Jurisconsulte de renom réputé libéral, Saïd Ashmawy écrit à ce propos : « Les femmes non-musulmanes ne peuvent pas hériter de leurs maris musulmans, mais leurs enfants, considérés comme musulmans, le peuvent[12]. » Par contre, un mari musulman peut hériter de sa femme non musulmane conformément à ce hadith rapporté par Mouath : « L'islam augmente et ne diminue pas. Puisque nous nous marions avec les femmes des non-musulmans et qu'ils ne peuvent pas se marier avec les nôtres, nous héritons d'eux et ils n'héritent pas de nous. »

## La justification de l'esclavage et des châtiments corporels

« Nul ne sera tenu en esclavage ni en servitude ; l'esclavage et la traite des esclaves sont interdits sous toutes leurs formes », est-il écrit dans l'article 3 de la Déclaration universelle des droits de l'homme de 1948. Le Coran et la charia, quant à eux, reconnaissent l'esclavage, les musulmans ayant le droit d'épouser leurs esclaves femelles (4, 3). Il leur est permis de satisfaire leurs désirs avec leurs esclaves, même si elles sont mariées (4, 24). C'est cette permission coranique de l'esclavage qui fonde des États régis par la loi islamique, comme l'Arabie Saoudite, le Koweït ou Bahreïn, à pratiquer de nos jours cette tradition d'un autre âge et à importer chaque année d'Afrique noire ou d'Asie des milliers d'esclaves plus ou moins déguisés en « employés de maison ». En France et en Europe, des livres à succès, dont notamment *Le Licite et l'Illicite* de Youssef Qaradhawi, sont diffusés par les Frères musulmans et les associations qui s'en réclament (UOIF, UCOII), et enseignent la licéité de l'esclavage aux musulmans. Quant aux châtiments corporels, on trouve dans le Coran au moins sept cents occurrences désignant la sanction, la torture ou l'anéantissement punitif. Le Coran explique que la main du croyant peut appliquer le châtiment voulu par Allah : « Vous n'avez pas tué ces ennemis, mais c'est Dieu qui les a tués » (8, 17). Loin de culpabiliser ceux qui perpétuent des atrocités contre les incroyants, le Coran accorde la gloire à ceux qui accomplissent la volonté d'Allah en punissant les insoumis. C'est ainsi qu'une autre sourate précise : « Nous les brûlerons bientôt dans le

12. Cité dans l'hebdomadaire francophone cairote *Ahram Hebdo* du 26 octobre 1993.

feu. Chaque fois que leurs peaux auront été consumées, nous leur donnerons d'autres peaux en échange afin qu'ils goûtent au châtiment » (4, 56). Les châtiments corporels *(hudud)* prévus par la charia sont la lapidation pour l'adultère, une centaine de coups de fouet pour la fornication, la peine capitale, généralement par décapitation, pour l'apostasie, quatre-vingts coups de fouet pour la consommation d'alcool, l'amputation de la main droite pour le vol, celle des mains et des pieds pour le vol sur les routes. Enfin, la mise à mort par crucifixion ou par le sabre pour le vol avec meurtre. L'article 5 de la Déclaration universelle des droits de l'homme stipule quant à elle que « nul ne sera soumis à la torture, ni à des peines ou traitements cruels, inhumains ou dégradants ».

## L'infériorité des non-musulmans et des mécréants

Pour ce qui est de l'égalité entre les religions, la charia enseigne que les non-musulmans qui vivent dans un pays musulman ont un statut d'inférieurs, de « protégés » *(ahl al-dhimma),* et doivent se soumettre à l'ordre islamique et payer un impôt spécial *(jizya).* En Arabie Saoudite, où le Prophète aurait dit que « deux religions ne peuvent pas exister en Arabie », il est interdit aux non-musulmans de pratiquer une autre religion que l'islam, de construire des églises, de posséder une bible, etc. Concernant le sort des juifs et des chrétiens, Mahomet dénonça et corrigea leurs dogmes à Médine (3, 33-63), accusa les juifs de « falsification » et de « mensonges », les chrétiens, « ceux qui sont impies » (5, 72), d'associationnisme, le mystère de la Trinité étant assimilé à un polythéisme (4, 170-175 ; 3, 55 ; 61, 14 ; 5, 82). Quant aux non-croyants et aux athées, ils n'ont en principe même pas le droit de vivre. La charia ne prévoit que leur exécution ou leur conversion. D'après le Coran, qui classe les polythéistes et les idolâtres parmi ceux qui « associent » d'autres divinités à Dieu ou qui vénèrent plusieurs faux dieux, « l'associationnisme est une injustice immense » ; elle est ainsi dénoncée continuellement (2, 221 ; 10, 28 ; 21, 98). Dans les représentations des islamistes, les idolâtres sont, à l'intérieur du front anti-islamique, « les ennemis les plus acharnés des croyants » (5, 82). Plus que jamais, disent-ils, il est nécessaire de réactiver l'épopée des conquêtes et du djihad, car « le monde de l'impiété est uni contre l'islam ». Les sourates qui assimilent les chrétiens aux polythéistes (9, 29, 30 ; 31, 13 ; 4, 48 ; 15, 94) apparaissent, pour eux, plus adaptées à notre époque que celles qui soulignent l'ascendance mosaïque et abrahamique commune. La révélation coranique entend d'ailleurs par incroyant ou infidèle *(kafir)* tous les non-musulmans non soumis à l'ordre islamique, qu'ils soient polythéistes ou détenteurs de l'Écriture (juifs et chrétiens). Tous sans exception « iront au feu de l'Enfer, pour y demeurer éternellement. De toute la création, ce sont les pires » (98, 6). Quant au matérialisme ou à l'athéisme, ils sont les équivalents du paganisme, les pires formes d'impiété. Parmi les dix-sept grands péchés, l'incroyance est le plus honni, plus que le meurtre, le vol ou l'adultère.

Les contacts noués ces dernières années entre le président russe Vladimir Poutine et ses homologues indien, américain et israélien apportent la preuve, d'après les islamistes, qu'il existe bien un « complot mondial antimusulman » rassemblant scripturaires judéo-chrétiens, athées et polythéistes. Réputé musulman tolérant, l'écrivain Tahar Ben Jelloun, fort attaché à l'idée de fraternité entre les trois grandes religions abrahamiques, résume par ces propos significatifs la façon dont sont perçus les polythéistes et les non-monothéistes en général : « Il ne peut pas y avoir d'espaces de dialogues, parce que l'islam rejette le polythéisme de la manière la plus absolue. Le fait que l'Inde soit un état laïque a constitué jusqu'à aujourd'hui la bouée de sauvetage d'une situation qui reste potentiellement explosive. Si une religion venait à en dominer une autre en Inde, ce serait un désastre[13]. »

## Le rejet de la liberté de conscience et d'expression

Concernant la liberté de conscience, l'article 18 de la Déclaration universelle des droits de l'homme stipule que « toute personne a droit à la liberté de pensée, de conscience et de religion ; ce droit implique la liberté de changer de religion ainsi que la liberté de manifester sa religion ou sa conviction, seule ou en commun, tant en public qu'en privé, par l'enseignement, les pratiques, le culte et l'accomplissement des rites ». Dans l'article 10 de la Déclaration islamique des droits de l'homme, il est précisé que la liberté de conscience est limitée à la « liberté d'être musulman », les articles 22 et 24 cantonnant la liberté d'expression et les libertés et droits fondamentaux dans le cadre restreint des principes de la charia. Celle-ci considère en revanche les musulmans qui quittent l'islam comme des apostats coupables de trahison *(ridda),* crime suprême

13. Tahar Ben Jelloun, entretien accordé à *Il Giornale,* 21 novembre 2001.

passible de sanctions pénales pouvant aller jusqu'à la mort dans les États islamiques où la loi est pleinement appliquée[14]. Outre le hadith rapporté par Ibn Abbas, « celui qui change de religion, tuez-le », ainsi que le verset du Coran, « il n'y aura pas de changement aux paroles d'Allah » (10, 64), c'est toute la scolastique musulmane classique, enseignée dans les universités islamiques du monde entier, qui rejette le droit de changer de religion. L'un des grands commentateurs du Coran, Baydawi, écrivait en 1291 : « Emparez-vous de quiconque s'est ouvertement ou secrètement détourné de sa foi et tuez-le, là où vous le trouverez, comme n'importe quel autre infidèle. Rompez tout lien avec lui. N'écoutez aucune intercession faite en sa faveur. » Cédant à ce que nous avons appelé « l'islamiquement correct », les Nations unies ont révisé en novembre 1981, sous la pression des États islamiques, Arabie Saoudite en tête, l'article 18 de la Déclaration universelle des droits de l'homme reconnaissant la liberté de conscience, ceci au moment même où les pays islamiques adoptaient leur propre déclaration. Dans sa nouvelle version, l'article sur la liberté de foi et le droit de changer de religion a été supprimé au profit du simple droit d'avoir une religion. Pour illustrer le fait que l'interdiction de changer de religion et le rejet de liberté de conscience sont des fondamentaux pour tout musulman orthodoxe, citons les propos inquiétants d'un intellectuel et homme politique marocain de premier plan, Abdelhadi Boutaleb, réputé être opposé à l'islamisme radical : « En Occident, les acquis dans le domaine de la liberté n'ont de limites que le respect dû à la liberté d'autrui, alors que la liberté en Islam est demeurée maîtrisée par les valeurs et les principes conformes au texte du Message. Pour cela, il n'est pas permis à un musulman, sous prétexte de liberté, d'afficher l'apostasie ou de pousser les musulmans à la déviation, ou de modifier, dans un sens ou dans un autre, les préceptes fondamentaux de l'islam. Il ne peut pas non plus suivre des sectes dévoyées, nier un fondement de la législation divine, croire à une doctrine qui rejette la religion [...], proposer ou réclamer la modification du Coran en tant que parole de Dieu. [...]. Le système islamique met, lui aussi, l'accent sur la liberté. Celle-ci couvre la liberté de confession (point de contrainte en religion dans le Coran) à condition qu'elle ne signifie pas l'apostasie ou la déviation[15]. »

14. Sami Abu Sahlieh, *Islamocristiana,* « Le délit d'apostasie aujourd'hui et ses conséquences en droit arabe et musulman », n° 20, p. 93-116.

15. Abdelhadi Boutaleb, *Le Monde islamique et le projet de nouvel ordre mondial,* PUF, 1995, p. 117.

Si l'on examine la situation des hétérodoxies musulmanes et des religions non musulmanes en terre d'islam, on s'aperçoit que les droits inscrits dans les articles 18 et 19 de la Déclaration universelle des droits de l'homme de 1948 sont violés dans de nombreux pays musulmans, principalement en Iran, au Pakistan, au Koweït, au Soudan, au Nigéria, en Mauritanie et en Arabie Saoudite. Dans ces pays, les droits des communautés animiste, chrétienne, hindouiste, bouddhiste, baha'i, qhmadiyyah et chiite sont bafoués, tandis que dans l'ensemble de l'Arabie Saoudite, chrétiens, juifs et non-musulmans en général n'ont aucun droit de pratiquer leur culte. En Saoudie comme au Pakistan, des chrétiens sont régulièrement arrêtés et accusés de blasphème. Ainsi, en juillet 2001, un chrétien pakistanais a été condamné à mort pour avoir dit à son voisin : « Si tu veux connaître la vérité sur l'islam, lis Salman Rushdie. » En novembre 2001, lors des premières semaines de bombardement en Afghanistan dans le cadre de l'opération Liberté immuable, dix-sept chrétiens du Pendjab sont sauvagement égorgés pour le simple fait d'être chrétiens, donc « complices des croisés » *(salibiyoun)*. Pour la seule Arabie, Amnesty International rapporte que « des centaines de chrétiens, dont des femmes et des enfants, ont été arrêtés et emprisonnés, pour la plupart sans avoir été jugés, seulement pour avoir exprimé pacifiquement leurs convictions religieuses. Nombre d'entre eux ont été torturés durant leurs détentions, certains par flagellation. La possession d'objets religieux non islamiques tels qu'une bible, un chapelet, une croix ou une image pieuse est interdite, et ces objets peuvent être confisqués[16] ». De nombreux musulmans chiites sont également victimes de persécutions, parfois de tortures, ou même décapités. Ainsi, le 3 septembre 1992, un chiite saoudien, Sadiq Abdul Karim Malallah, fut décapité en public à Al-Qatif après avoir été reconnu coupable « d'apostasie » et de « blasphème ». Arrêté en 1988, torturé dans sa cellule, il avait été accusé de « contrebande de bibles chrétiennes ». L'intolérance islamique, pour reprendre l'expression de Bernard Lewis, est perceptible à peu près partout dans le monde musulman avec des degrés différents qui oscillent entre de légères inégalités en matière de statut personnel ou politique aux brimades quotidiennes et aux persécutions pures et simples, voire aux assassinats et aux entreprises génocidaires. En Haute-Égypte, l'organisation islamo-terroriste Gamaa al-islamiyya a restauré à son propre bénéfice l'impôt sur les *dhimmis*

16. AINO 62, juillet/août 1993 (rapport d'Amnesty International).

prévu par la charia *(jiziya),* pratiquant sur la communauté chrétienne une politique de terreur : extorsions, viols, pillages, assassinats au vitriol ou par égorgement, cependant que l'administration égyptienne écarte peu à peu les coptes des hautes fonctions de l'État et de certaines professions. En Indonésie, le plus grand pays islamique en nombre d'habitants (190 millions), des milliers de chrétiens ont été victimes ces dernières années de tentatives d'extermination et de massacres. Dans la province majoritairement chrétienne du Timor oriental (700 000 habitants), annexée par l'Indonésie, les forces paramilitaires et islamistes, téléguidées par le gouvernement, font assassiner régulièrement les militants indépendantistes chrétiens et détruisent des villages entiers. Les églises sont brûlées par des musulmans rebelles. Entre 1995 et 1999, cent trente-deux églises ont été attaquées et trente-huit rasées[17]. Au Soudan, un génocide contre les chrétiens noirs et animistes du Sud est perpétré par les musulmans du Nord depuis plus de dix ans. Le bilan est estimé à deux millions de morts, majoritairement des civils. Mais la persécution antichrétienne n'est pas toujours physique. Aussi, certains sont-ils tentés de mettre en évidence, en contre-exemple, la Turquie ou le Maroc, où l'on serait respectueux des minorités juives et chrétiennes. En fait, la loi marocaine dénie le statut de sujet marocain à tout autochtone converti au christianisme ; la Turquie, théoriquement laïque, et qui a renvoyé de Thrace et d'Anatolie, dans les années 1920, deux millions de Grecs chrétiens, refuse toujours de reconnaître le génocide des Arméniens.

## Le refus de la laïcité et de la démocratie libérale

L'islam, sous ses formes révolutionnaires aussi bien que conservatrices ou fondamentalistes, prétend fonder le droit sur la révélation et les exigences sociales et morales du Coran – puis des hadiths de la sunna qui complètent ce dernier –, considéré comme un tout. « L'islam est [non] pas une religion au sens restrictif où l'entend l'Occident, explique Bernard Lewis, mais une communauté, une allégeance et un mode de vie [...]. L'islam est politique ou n'est rien. [Car] dans l'Islam, la religion n'est pas, comme dans le christianisme, un secteur ou une province de la vie réglementant certains domaines tandis que d'autres échappent à son emprise ; la religion

17. Bilan du Forum indonésien de la communication chrétienne, Jakarta, 1999.

islamique intéresse la vie tout entière – exerçant une juridiction non point limitée mais globale[18]. » Par essence, la séparation du temporel et du spirituel n'est donc pas concevable. Seule l'application des préceptes coraniques à travers la jurisprudence du temps du Prophète et des premiers califes est admissible. Car « l'islam est venu sous forme d'un système universel parachever les messages qui l'ont précédé, explique Abdelhadi Boutaleb. [...] À la base de sa philosophie originelle, il y a cette innovation qui a consisté à rattacher au ciel, et non plus à la terre, la réalité de la puissance. [...] Les penseurs musulmans sont demeurés constamment attachés à la globalité de l'islam en tant que soumission au Créateur et vicariat sur terre, donc spiritualité et sécularité en même temps. Tout système qui ne tiendrait pas compte de ces deux dimensions perdrait sa légitimité originelle qui est d'appliquer sur terre les lois divines. C'est à ce titre que les régimes politiques en Islam se fixent toujours des objectifs inspirés du Coran et de la sunna en tant que fondements du cadre destiné à organiser la société[19] ». En Islam, et *a fortiori* pour les islamistes, dont le leitmotiv est la fusion de la société *(dunya)* et de l'État *(dawla)* avec la religion *(din),* la sécularisation du pouvoir est la pire des « injustices » et le pire des dangers, car elle constitue une entreprise de « désislamisation » de la société. « Pour les islamistes qui la combattent, explique François Burgat, la laïcité n'a jamais été vécue en effet comme la garantie de libertés ou de droits nouveaux. Parce que son arrivée a coïncidé avec le triomphe des armées de l'Occident. [...] La laïcité a surtout sonné la fin de l'hégémonie du système symbolique musulman. Elle a exprimé une forme de défiance à l'encontre de la civilisation musulmane. [...] Cette laïcité aux allures de cheval de Troie est donc perçue comme la plus pernicieuse des armes idéologiques de l'Occident : celle qui – à l'apogée de l'aventure coloniale – a donné son assise juridique et sa respectabilité à l'opération de mise à mort du système normatif musulman[20]. » Historiquement, c'est pour combattre les tentatives de sécularisation au sein de l'Empire ottoman, que l'islamisme est apparu, vers la fin du XIX$^{e}$ siècle. La politique de réformes entreprise à partir de 1839 par les derniers souverains turcs-ottomans ayant déclenché l'ire des religieux conservateurs. Les islamistes, que l'on nommait alors les panislamistes, reprochaient au sultan, de plus en plus inféodé aux puissances occidentales, de

18. Bernard Lewis, *op. cit.*, p. 446-496.
19. Abdelhadi Boutaleb, *op. cit.*, p. 97.
20. François Burgat, *L'Islamisme en face,* La Découverte poche, 2002, p. 70-71.

remettre en question l'essence même de l'islam – la soumission de la société politique aux lois coraniques – en introduisant des réformes libérales et égalitaires *(tanzimat)* qui accordaient aux juifs et aux chrétiens l'égalité des droits politiques et juridiques, et qui désolidarisaient définitivement le système juridico-politique de la référence coranique. La chute de l'Empire ottoman et l'abolition du califat par Atatürk, en 1924, seront le point de départ d'une nouvelle orientation du mouvement panislamiste, presque entièrement fondée sur la diabolisation de tout ce qui ressemble, de près ou de loin, à la civilisation occidentale. Aussi, l'idéologie nationaliste, laïciste et progressiste qui inspirait Atatürk et les kémalistes, fut considérée par les premiers islamistes comme un simple avatar du colonialisme occidental et des « idéologies impies ». Mustapha Kemal sera d'ailleurs accusé d'être un « agent du sionisme et de la maçonnerie européenne », complot qui aurait expliqué, selon les islamistes, la décision de supprimer le califat, l'alphabet arabe, puis d'interdire toute référence à l'islam en politique, ou encore le voile islamique et le *keffieh*. Inversement, l'actuel mouvement de « réislamisation », entrepris par les grands pôles de l'islamisme aussi bien que par les adeptes du djihad, œuvre à la réconciliation des pouvoirs temporel et spirituel au moyen de la violence, lorsque cela est jugé nécessaire, contre les gouvernants désislamisés *(taghout), de facto* assimilés à des infidèles *(kofar)* entravant l'islamité de la société et des gouvernés. De la même manière, dans la vision islamiste du monde, l'opposition au système démocratico-libéral, qui est considéré comme étranger et anti-islamique, est motivée par cette même assimilation de la démocratie libérale avec les valeurs et l'impérialisme occidentaux allogènes, à l'origine du poison de la laïcité. « La démocratie est un système particulier qui s'est développé dans le cadre des valeurs reconnues valides par la société occidentale et non pas à partir des valeurs spirituelles comme c'est le cas du système de la *choura* islamique », explique Abdehadi Boutaleb[21]. Le roi Fahd d'Arabie Saoudite a déclaré sans ambiguïté au journal *El-Siyassah*, le 28 mars 1992 : « Une démocratie à l'occidentale [...] ne peut être adoptée par l'Arabie Saoudite. Le système démocratique prévalant dans le monde ne convient pas à notre religion. [...] En ayant la garde des Lieux saints, l'Arabie Saoudite représente le monde musulman. [...] Nous avons notre foi islamique, où le système électoral n'a pas le droit de cité. »

21. Abdelhadi Boutaleb, *op. cit.*, p. 116.

## LE CHOC DE DEUX CIVILISATIONS UNIVERSALISTES

L'Occident moderne et hégémonique est une entité géocivilisationnelle composite réunissant des sociétés d'origine européenne et judéo-chrétienne autour des mêmes valeurs fondamentales, qui proviennent principalement de deux matrices : la matrice antique, gréco-hellénique et latine, fondatrice de la démocratie, de la philosophie et du droit, et la matrice judéo-chrétienne, à l'origine de la place unique de l'individu et du principe de laïcité. Or, s'il est une spécificité de la culture euro-occidentale, même « laïcisée », qui la différencie irréductiblement de toutes les autres civilisations, c'est bien la place accordée à l'individu dans ces aspects les plus louables – respect de la liberté individuelle, liberté de conscience, sauvegarde des droits inaliénables –, comme dans ces dérives – individualisme anarchisant, déclin des valeurs civiques et familiales. Avec la laïcité, l'universalisme est également une spécificité occidentale que l'on retrouve à la fois dans la pensée grecque, les expériences impériales gréco-romaines et le christianisme. Dans les temps modernes, cette prétention universaliste de l'Occident, loin de s'estomper avec la déchristianisation et la régression des humanités gréco-latines, s'est même exacerbée à travers la colonisation, le messianisme internationaliste marxiste puis, enfin, leur avatar du XXe siècle : l'idéologie des Droits de l'homme, encouragée par la « globalisation » des sciences et des technologies et en laquelle certains voient l'avènement d'une « citoyenneté du monde ». L'aboutissement le plus récent de ce processus est l'apparition d'une sorte de gouvernement mondial et d'une ébauche de juridiction planétaire, incarnée par des tribunaux internationaux comme celui de La Haye, celui d'Aroucha, au Rwanda, ou encore la Cour criminelle internationale (CCI) créée à Rome en juin 1998.

Certains se réfèrent à l'émergence d'une communauté internationale pour avancer l'idée que l'universalisme moderne d'origine occidentale serait désormais susceptible d'emporter l'adhésion de tous les peuples dans l'optique ultime de supprimer les différences entre les nations et les civilisations, donc les guerres qui les opposent depuis toujours. Comme dans toutes les pensées utopistes, on retrouve ici le thème du paradis terrestre caractérisé par la paix et l'harmonie universelle, puis la suppression des frontières et barrières sociales, religieuses ou ethniques qui divisent l'humanité. Forts de ces certitudes, les défenseurs de ce cosmopolitisme utopique regardent d'un mauvais œil les thèses désabusées de Samuel Huntington qui a annoncé *a contrario* un choc des civilisations entre l'Occident sécularisé et l'islam théocratique, deux universalismes concurrents voués à s'affronter irréductiblement. Ils affirment que le choc des civilisations est improbable dans la mesure où les moyens de communication modernes créent une nouvelle forme d'appartenance planétaire, une fraternité universelle. Les attentats du 11 septembre 2001 ont apporté un démenti sanglant et dramatique à ce postulat. Après Manhattan, explique Huntington, on ne peut plus raisonner comme Francis Fukuyama – défenseur de l'idée de la « fin de l'histoire » – avec les schémas de pensée de la guerre froide ou du monde unipolaire caractérisé par la victoire de la super-puissance américaine qui unifie la planète autour du libéralisme triomphant et de la « communauté internationale ». Huntington a parfaitement démontré que, si la mondialisation, au sens technologique et commercial du terme, est bien un phénomène universel, les valeurs universalistes que sont le relativisme, la tolérance, l'individualisme, la démocratie libérale ou la laïcité, sont en revanche le fait d'une minorité de nantis occidentaux, Japon inclus, qu'il évalue à 10 % de l'humanité et classe dans le « club de Davos ».

D'après le professeur d'Harvard, la télématique et les satellites n'ont aucunement fait disparaître les civilisations et les identités des peuples. Ils ont au contraire permis aux cultures nationales de se libérer du cadre restreint et souvent historiquement artificiel de l'État national pour accéder à une conscience civilisationnelle plus large. Les conflits culturels, après avoir été momentanément éclipsés par le paradigme des affrontements idéologiques Est/Ouest, sont soudainement réapparus de façon exacerbée. Cette fois-ci avec, comme meilleure alliée, « une mondialisation qui fait d'autant plus exploser les passions identitaires qu'elle provoque leur crispation tout en élargissant un champ d'action désormais non limité par des frontières étatiques », comme l'explique le sociologue américain Benjamin Barber[22]. Les revendications d'Oussama Ben Laden relatives à l'établissement d'un califat mondial transcendant les barrières ethnonationales illustre parfaitement cette paradoxale réalité. Loin de constituer une garantie contre les débordements particularistes ou identitaires, la mondialisation a plutôt tendance à renforcer les frustrations dans les sociétés où le niveau de vie ne permet pas aux masses de consommer les alléchants produits du très hédoniste système McWorld[23], particulièrement au sein des peuples anciennement colonisés, dont une partie du monde musulman, et

22. Benjamin Barber, *Jihad versus McWord,* Desclée de Brouwer, 1996.
23. Nom donné par Barber à la mondialisation marchande américano-occidentale.

qui assimilent tout ce qui vient des Occidentaux à de nouvelles formes de domination de « l'Ouest croisé » *(al-Gharb al-salibi).* Pour les islamistes en particulier, l'universalisme occidental démocratique et libéral est la pure réincarnation du prosélytisme chrétien et de l'esprit des croisades. Tel est le principe légitimatoire et mobilisateur central du totalitarisme vert. En dépit du fait que l'universalisme occidental, largement déchristianisé, a renoncé au thème de la conquête chrétienne du monde, il n'en demeure pas moins dynamique et présomptueux dans sa métamorphose laïcisée et libérale. Seul l'islam lui oppose une autre forme d'universalisme, au moins aussi conquérant. Nous avons donc affaire à un conflit de civilisations doublé d'un conflit idéologico-messianique opposant radicalement deux idéologies internationalistes, dont la prétention respective au leadership mondial garantit la pérennité de l'antagonisme, tant que l'un des deux prétendants à la magistrature de la planète n'aura pas capitulé devant l'autre. À la mondialisation marchande, allogène et « infidèle » de McWorld, les islamistes opposent l'universalisme holiste et théocratique de la *oumma*, la communauté planétaire des croyants rebaptisée « djihad » par Benjamin Barber, McWorld et djihad étant complémentaires autant que rivaux, des concurrents ennemis sur le même marché de la mondialisation.

Tous ceux qui voient dans l'islamisme une idéologie nationaliste et antimoderne, une solution radicale face à la mondialisation McWorld, n'ont point saisi l'essence de cette idéologie mutante et subversive qui combat la modernité avec les armes de la modernité islamisée, et le mondialisme occidental par la mondialisation du djihad. Car le but ultime du totalitarisme islamiste est à terme de conquérir et unifier le genre humain sous la bannière d'Allah. Bien plus encore que dans le christianisme – qui différencie la patrie spirituelle et universelle (royaume des Cieux) de la patrie temporelle concrète (nation) –, l'islamisme ne connaît qu'une unique appartenance : la *oumma al-islamiyya,* patrie universelle et intemporelle. Théocratie conquérante, le message de la *oumma* « transcende les frontières nationales, les barrières culturelles, les clivages de classe et les limites spatio-temporelles, et s'affirme dans l'unité islamique qui signifie unité des nobles idéaux et de la morale supérieure révélés par l'islam. L'universalité [...] du projet islamique confère à la *oumma* sa spécificité culturelle et [...] en fait la meilleure communauté surgie pour les hommes », explique Boutaleb[24]. L'islam étant l'ultime religion envoyée aux hommes, parachevant les révélations

24. Abdelhadi Boutaleb, *op. cit.,* p. 78.

précédentes perverties à cause de la « falsification » des textes bibliques par les juifs et les chrétiens, la loi islamique devra coûte que coûte régner un jour sur l'humanité tout entière, enfin unifiée autour du Coran. À l'unité de Dieu et de la Loi révélée *(tawhid)*, doit correspondre l'unité d'une communauté entièrement soumise à Dieu (2, 127). L'universalisme radical de l'islamisme est exprimé jusque dans les œuvres diffusées en Europe par les Frères musulmans et les salafistes. « L'illicite, en Islam, se caractérise par la généralité et la continuité [...], écrit Youssef Qadharawi. Car Dieu est le Seigneur de tous et la loi coranique s'impose à tous. Tout ce que Dieu a permis dans sa législation est permis à tout le monde et tout ce qu'Il a interdit est interdit à tous jusqu'au jour de la Résurrection[25]. » L'islamisme est une forme théocratique de totalitarisme particulièrement redoutable dans la mesure où son dessein de conquête planétaire s'appuie sur un patrimoine historique et théologique – Coran, califat, geste du prophète, etc. – qui a façonné le monde islamique de 632 jusqu'à la colonisation et qui suscite toujours l'adhésion morale de millions de croyants dans le monde. Développant certes une lecture littérale et réductrice de l'islam, les islamistes s'appuient sur le Coran et la scolastique islamique lorsqu'ils affirment que l'islam doit soumettre les infidèles, ordonner partout le bien et prohiber le mal. Avant d'avoir les moyens de soumettre le monde entier, leur but est de déclencher – ou de réveiller ? – le conflit de civilisation séculaire qui a opposé presque sans interruption l'Occident au monde islamique entre l'année 632 et le XIXe siècle, et qui avait paru s'estomper avec la victoire militaire, politique, technologique et économique écrasante de l'Occident initiée avec la colonisation.

25. Youssef Qaradhawi, *op. cit.*, p. 32-33.

## CHAPITRE 4

# Le III^e totalitarisme

*L'islamisme est une idéologie de destruction de masse [...]. Là où d'autres idéologies – le nazisme, le fascisme, le communisme – ont échoué, l'islamisme peut réussir. Certes ce nouveau totalitarisme n'est pas encore à son apogée, mais il est à notre porte. Il nous assiège. Son objectif immédiat : la conquête du monde musulman. Son objectif à plus long terme : la soumission du monde non musulman. D'ailleurs, il ne fait aucun mystère de ses buts ni de ses méthodes pour parvenir à ses fins.*

Amir Jahanchahi[1]

L'idée majeure de cet essai est que l'islamisme n'est pas un simple intégrisme mais un totalitarisme s'appuyant sur le fondamentalisme religieux. La première objection formulée contre l'emploi du terme totalitarisme consiste à rappeler que cette notion est apparue en fonction des réalités circonstanciées et isolées qu'étaient le national-socialisme ou le stalinisme. L'autre objection, plus courante et liée à la première, consiste à rappeler que le totalitarisme est nécessairement incarné dans un État. Rappelons que ce concept a été employé pour la première fois par Benito Mussolini et l'idéologue fasciste Giovanni Gentile dans *L'Encyclopédie italienne* pour définir le système dans lequel l'État est tout, donc total(itaire), au sens littéral du terme. Le simple bon sens permet d'invalider ces objections par le fait qu'un système totalitaire, même défini à l'aune du critère étatique, a forcément existé préalablement à l'état idéologique et abstrait avant de s'incarner dans un État. On peut ainsi, comme le suggère Pierre-André Taguieff[2], considérer le totalitarisme sous trois

1. *Vaincre le III^e totalitarisme,* Ramsay, 2001.
2. Entretien avec l'auteur.

formes et acceptions, plus complémentaires qu'antinomiques, en reprenant la classification que Renzo De Felice a entreprise concernant le fascisme : le fascisme comme *mouvement,* le fascisme comme *régime* et le fascisme comme *idéologie.* Si l'on applique cette triple classification à l'objet de notre étude, on peut distinguer le totalitarisme comme *mouvement,* avec la généalogie des fascismes et du marxisme et leur incubation totalitaire aux XIXe et XXe siècles, le totalitarisme comme *régime* avec les régimes nazi, soviétique, maoïste, khmer rouge, saoudien, taliban, khomeyniste ou soudanais, enfin le totalitarisme comme *idéologie* avec le marxisme-léninisme, le stalinisme, le national-socialisme ou l'islamisme. L'idéologie islamiste transparaît dans la doctrine totalitaire des Frères musulmans, du Jamiat-i-islami pakistanais, de la révolution chiite-iranienne ou du wahhabisme saoudien – dont le néo-wahhabisme révolutionnaire de Ben Laden – ou, plus généralement, dans le salafisme sunnite, sous ses formes fondamentalistes et djihadistes. La définition générique du totalitarisme comme « prétention doctrinale, idéologico-politique à englober la totalité de la vie dans un monisme du pouvoir et de la vision du monde, en usant notamment de l'arme de la terreur et de la violence », est d'après nous la plus adéquate à définir l'islamisme, principal représentant aujourd'hui de la réalité totalitaire.

Après avoir été initialement formulé dans son contexte fasciste, le concept de totalitarisme a été dans un second temps « dépraxisé » et étudié par tout un courant sociologique et politologique d'inspiration libérale représenté notamment par Friedrich von Hayek, qui y voit une réalité dépassant largement le fascisme italien et désignant de façon encore plus exacte le national-socialisme allemand et les socialismes (marxisme-léninisme, stalinisme, étatisme, etc.). Pour les libéraux, le totalitarisme est donc à la fois une idéologie et une praxis qui s'opposent irréductiblement au système libéral. Ici, le totalitarisme a vocation à s'incarner dans un État omnipotent, mais il est surtout caractérisé, ainsi que l'explique Friedrich von Hayek dans *La Route de la servitude* (1945), par son « constructivisme » dont les socialismes et les systèmes d'États hypertrophiés en général offrent les meilleurs exemples. Or, si l'on considère l'idéologie islamiste, le fait qu'elle ne soit pas encore incarnée dans des États islamiques, sinon marginalement comme en Arabie Saoudite, au Pakistan, au Soudan, dans onze États du Nigéria, en Mauritanie ou en Afghanistan, n'empêche aucunement de l'affilier au phénomène totalitaire dans la mesure où elle appelle à l'édification d'un État islamique *(dawla islamiyya)* fondé sur le Coran et la charia, régissant puis contrôlant tous les aspects de la vie publique, sociale et privée, caractéristiques mêmes de l'État totalitaire. Certaines variantes du projet islamiste prévoient, en réponse pertinente et spécifiquement islamique à la mondialisation occidentale, la suppression des États-nations traditionnels qui sont contraires au principe d'universalité de l'islam, puis l'édification, à terme, d'un État califal transnational regroupant tous les membres de l'*oumma* islamique, la communauté des croyants. Tel est par exemple le projet d'Oussama Ben Laden et des organisations salafistes issues des Frères musulmans (Gamaa, Djihad, Takfir, etc.), et même des opposants saoudiens néo-wahhabites, partisans d'un retour à l'islam califal et conquérant de Mahomet.

Le troisième moment de la conceptualisation du totalitarisme a été incarné en particulier par Raymond Aron et Hannah Arendt, qui l'ont défini comme l'exact opposé des démocraties libérales qu'Aron a nommées « systèmes pluralistes-constitutionnels », et que Karl Popper a baptisées « sociétés ouvertes ». En ce sens, et ne serait-ce que par opposition à ces systèmes qu'elle rejette radicalement, l'idéologie islamiste, loin d'être un simple intégrisme, appartient d'emblée à l'univers totalitaire. Pour Aron comme pour Arendt, ou même d'autres grands politologues[3], plusieurs critères généraux permettent de définir le totalitarisme :

— **L'indistinction entre les domaines de la politique et de la société civile** – comme de l'économie et de la politique – qui se décline, en Islam, dans la confusion entre le temporel et le spirituel. L'État y est total, absorbant. D'après nous, bien qu'il n'ait pas donné lieu à un examen particulier chez Aron ou Arendt, le refus total de toute forme de laïcité, propre au système islamiste, doit être considéré comme l'un des critères du totalitarisme dans la mesure où, comme l'a montré le politologue italien Giovanni Sartori[4], la sécularisation est l'une des conditions essentielles des régimes démocratiques et libéraux.

— **La mobilisation totale et permanente, la fuite en avant dans l'extrémisme**, d'où l'idée de révolution permanente chez les penseurs postjacobins et marxistes comme chez les adeptes du khomeynisme ou des mouvances salafistes-djihadistes centrées sur l'impératif de conquête du monde par le djihad permanent, imposé par le

3. Hannah Arendt, *Le Système totalitaire,* Seuil, 1969 ; Enzo Traverso *Le Totalitarisme,* Seuil, 1978 ; Jean-Pierre Faye, *Les Langages totalitaires,* Hermann, 1973.

4. Giovanni Sartori, *Pluralisme, multiculturalisme et étrangers, essai sur les sociétés multiculturelles,* Rizzoli, 2000.

message prophétique jusqu'à soumission totale de l'humanité au lois d'Allah. Ce critère est central pour Sigmund Neumann qui explique, dans *Permanent Revolution* (1940), que le but premier du totalitarisme est de « perpétuer et d'institutionnaliser la révolution ».

— **La militarisation non soumise aux normes de l'État de droit et la disparition de la distinction guerrier/soldat.** Là aussi, comme les corps francs ou autres ordres du type SA et SS, l'islamisme invite tout croyant à remplir son devoir « d'effort de guerre sur le sentier d'Allah » *(*djihad *fi sabil'Illah)* contre les ennemis de l'ordre islamiste, la récompense étant le paradis d'Allah, l'équivalent du Wallalah des nazis néopaïens. Impératif que les mouvances djihadistes plus ou moins issues des Frères musulmans ou du Jamiat-i-Islami pakistanais (Takfir, Gamaa, Djihad, Hamas, GIA, GSPC, Lashkar-i-Taiba, Jeish-i-Muhammad) ont poussé jusque dans ses plus terribles retranchements en appelant les musulmans du monde entier à « tuer les juifs et les croisés partout où ils se trouvent ». Ceci explique pourquoi des terroristes kamikazes s'improvisent parfois en dehors de toute structure organisée, ainsi qu'on l'a vu en France fin août 2001 avec l'affaire de l'islamiste de Béziers, Safir Bghouia.

— **Le rejet de l'individualisme.** Louis Dumont a défini les totalitarismes comme des systèmes « holistes », c'est-à-dire des systèmes où l'individu n'a aucune liberté de conscience, d'expression et d'action. Totalement étouffé et englobé par la collectivité, sa vie et sa dignité humaines n'ont aucune valeur, puisque seul le groupe compte. Cet aspect est encore plus présent dans l'islamisme que dans les fascismes ou le communisme, le leitmotiv des islamistes étant : « Nous aimons plus la mort que vous la vie[5]. »

— **La terreur et la peur généralisée.** Dans son essai *Démocratie et Totalitarisme*, Raymond Aron explique que le régime totalitaire repose sur un parti monopolistique armé d'une idéologie révolutionnaire et sur un Chef, qui imposent leur foi au moyen de la terreur. Même si le système du parti politique, fondamental dans l'islamisme chiite (*hezbollah* veut dire « parti de Dieu »), est peu prégnant dans l'univers islamiste sunnite, on retrouve le couple foi/terreur, indépendamment du fait qu'il s'exprime dans un parti totalitaire classique comme en Iran, dans une junte comme au Soudan ou dans une structure tribalo-monarchique comme en Arabie Saoudite.

— **La fin justifie les moyens et le mensonge est un devoir.** Raymond Aron et Robert Conquest ont montré que le fanatisme doc-

5. Alexandre Del Valle, « L'Intifada Al-Aqsa, la guerre des pierres a-t-elle des fondements religieux ? », *Politique internationale,* juin 2001.

trinal et la terreur se combinent fort aisément et avec une extrême flexibilité dans la tactique et dans la pratique pour conquérir le pouvoir, d'où le recours permanent au mensonge et à la subversion. « Les fanatiques acceptent non seulement la terreur mais aussi le mensonge, les deux caractéristiques de l'idée absolutiste », explique Conquest[6], car à la différence d'un intégrisme religieux classique, le totalitarisme n'est pas une morale à respecter mais un système de pouvoir absolu au service du triomphe, où tous les moyens peuvent être utilisés, y compris les plus bas et les plus immoraux. Seul le but ultime est moral, « la fin justifie les moyens ». On se souvient de la façon dont les nazis parvinrent au pouvoir après avoir utilisé des techniques subversives comme l'incendie du Reichtag ou l'instrumentalisation du christianisme, qu'ils détestaient pourtant, ou encore de la façon dont les communistes soviétiques distinguaient la vérité supérieure *(pravda),* idéologique, de la vérité factuelle *(istina),* sacrifiable à merci. Pouchkine écrivit d'ailleurs : « Le mensonge qui nous élève m'est plus cher que la masse des petites *istina...* » Aussi, plusieurs grands penseurs et juristes de l'islam classique auxquels se réfèrent les islamistes ont-ils eux aussi théorisé le « mensonge pieux », ou « ralliement des cœurs » *(taalib al-qulub),* et l'ont essentiellement destiné à ceux que Lénine nommait les « idiots utiles » : « Les mensonges sont des péchés, sauf quand ils sont dits pour le bien-être d'un musulman » (Al-Tabarani) ; « le mensonge verbal est autorisé dans la guerre » (Ibn Al-Arabi)[7]. Dans le chiisme, on retrouve le principe de la *taqiyya,* qui autorise le croyant à renier publiquement sa foi en contexte hostile, tandis que le salafisme sunnite se réfère au mensonge de circonstance : « Il est permis de mentir pour repousser un mal plus grand [...]. Le mensonge est laid mais il peut s'utiliser pour le bien. On peut mentir à un kafir (infidèle) en dehors de la guerre [...] pour s'assurer un intérêt matériel », explique-t-on aux jeunes militants islamistes, le mensonge étant ici assimilé à une œuvre de piété autant qu'à un djihad, car « le djihad doit être mené en utilisant la ruse et la tromperie contre les chefs kafirs, ceux qui attaquent ce que Dieu a révélé [...]. Ibn Taymiyya a dit qu'il est permis, que c'est même un devoir pour un musulman, dans certains cas, de ressembler aux « associateurs » dans les choses extérieures telles que la tenue vestimentaire et autres apparences[8] ».

6. Robert Conquest, *Le Féroce XX^e siècle,* Éditions des Syrtes, 2001, p. 23.
7. Quatrième conférence de l'Académie des études islamiques, Al-Azhar, 1968.
8. *Vade-mecum du musulman, djihad islamique, in* Alain Chevaliéras, *La Guerre infernale,* Le Rocher, 2002, p. 215-216.

Puisque seule l'expansion de l'islam importe, tout moyen doit être employé pour atteindre ce but, y compris des manquements à certains préceptes islamiques et l'adoption de tenues « décadentes ». Ce qui explique pourquoi une partie des kamikazes recrutés en Europe consomment de l'alcool ou ont des cheveux longs.

— **L'idéocratie ou le fanatisme idéologique**. Raymond Aron, Karl Popper et Hannah Arendt ont accordé une attention toute particulière au rôle fondateur de l'Idée, comprise comme idéologie et idéocratie, ou principe du pouvoir totalitaire fondé sur une vision unique et absolue du monde. C'est ainsi que Robert Conquest définit le totalitarisme comme un « subjectivisme idéologique poussé à l'extrême, dans lequel la machinerie de l'État sert avant tout à imposer l'idée du dirigeant ou du groupe à une société récalcitrante ou réfractaire[9] ». Comme l'ont montré Karl Popper ou Raymond Aron, ce qui caractérise le plus profondément le totalitarisme, ce n'est pas uniquement la violence et l'hypertrophie d'un État liberticide mais l'idéologie elle-même, entendue au sens étymologique du terme comme *la logique d'une idée totale*, le fait d'expliquer le mouvement de l'histoire comme un processus unique et cohérent déduit à partir d'une idée centrale : la loi de la nature et de la race pour le nazisme, de l'histoire ou de la lutte des classes pour le marxisme, ou encore de la soumission de l'humanité à Allah, et donc la lutte des religions et des civilisations pour l'islamisme. Dans *La Société ouverte et ses ennemis* et *Misère de l'historicisme*, Karl Popper a expliqué que l'idée absolutisée et « l'historicisme » – doctrine selon laquelle des lois générales infaillibles rendraient le cours de l'histoire inévitable et prévisible – sont les principales matrices du totalitarisme. Aussi, Popper a-t-il vu en Platon, Hegel et Marx, les trois grands idéalistes et « historicistes », les pères philosophiques du totalitarisme, Platon, en tant que philosophe de l'Idée créatrice suprême, ayant imposé le postulat d'une Idée-Vérité fondée sur Dieu *(theos)* à laquelle les hommes doivent se soumettre. Le célèbre philosophe grec partait du fait que, pour être heureux dans la cité, les hommes devaient obéir totalement à Dieu et aux coutumes régentant tous leurs comportements. Ce postulat philosophique « ontothéologique » de base de la pensée totalitaire (Heidegger), décelé par Popper, trouve un écho saisissant au sein du totalitarisme islamiste où l'idée de Dieu est également tout : « Allah est le plus grand » *(Allah ou Akbar)*. « Il ordonne aux

9. Robert Conquest, *op.cit.*, p. 97.

hommes, à travers le Coran et la charia, tout ce qu'ils doivent faire pour vivre en conformité totale avec les lois de l'Univers. » Du monisme idéocratique découle, selon Popper, l'impératif de constitution d'un « homme nouveau », que l'on retrouve aussi bien chez Marx, Lénine, Staline, Mao, Pol Pot, que chez l'ayatollah Khomeyni et dans l'islamisme en général, à travers l'idée centrale d'unicité absolue *(tawhid),* particulièrement présente dans le hanbalisme, le wahhabisme et le salafisme, références privilégiées des islamistes sunnites.

## La *oumma* ou le *Lebensraum* planétaire des islamistes

La doctrine nationale-socialiste avait défini le concept de *Lebensraum* comme étant « l'espace vital » nécessaire à la survie et au déploiement du peuple aryen, avec ses surplus démographiques et ses minorités installées en Europe de l'Est et ailleurs qu'il s'agissait de réunir au moyen d'un *Anschluss* en un seul Reich allemand impérial (Autriche, Sudètes, Pologne) en plus des conquêtes des contrées slaves de Russie et d'Ukraine peuplées d'ethnies esclaves. Le totalitarisme vert a une vision encore plus large de l'espace vital, puisqu'il ambitionne d'élargir l'entité totalisante qu'est la *oumma,* le *Lebensraum* islamique, à toute la planète, de conquérir et soumettre le monde entier. Admirateur d'Hitler et de Mussolini, l'idéologue pakistanais Mawdoudi, dont la doctrine continue également d'être l'une des sources d'inspiration majeures des islamistes contemporains, a parfaitement mis en lumière la nature universaliste et néototalitaire du projet islamiste, véritable impérialisme théocratique à prétention planétaire : « L'islam veut et requiert la Terre afin que toute la race humaine puisse jouir du concept et du programme pour le bonheur humain. Afin de réaliser ce désir, l'islam veut utiliser tous les moyens et toutes les forces utilisables pour faire advenir une révolution universelle globale. Cette lutte à long terme qui, en permanence, mobilise et puise toutes les forces et cette utilisation de tous les moyens possibles s'appelle le djihad[10]. » L'universalisme radical du totalitarisme islamiste transparaît aussi de façon éclatante dans la pensée du fondateur des Frères musulmans, Hassan al-Banna : « De même que l'islam est une foi et un culte, il est une patrie et une citoyenneté qui annule les différences d'appartenance

10. Abou Al-Mawdoudi, *Al-jihad fi sabîl'Allah,* Dar al-Chourouq, Beyrouth, 1977.

des hommes entre eux [...]. Ainsi, l'islam ne connaît pas de frontières géographiques, ni de différence raciale, ni civique. Il considère que tous les musulmans sont une unique communauté-nation, et que la patrie musulmane est une patrie unique, aussi éloignées que soient ses diverses provinces[11]. » Foncièrement transnational, l'islamisme est un « totalitarisme paradoxal », porté par ce que Pierre-André Taguieff nomme une « mauvaise mondialisation ». Bref, si le premier totalitarisme « brun » (national-socialisme et fascisme) était statolâtre, nationaliste et raciste, si le « rouge » était antireligieux et internationaliste, le totalitarisme « vert » est à la fois raciste (racisme religieux et civilisationnel), internationaliste, impérialiste et théocratique.

## « L'UR-FASCISME » OU « FASCISME VERT » : LE TOTALITARISME RÉACTIONNAIRE PAR EXCELLENCE

Dans un cours donné à l'université de Columbia, Umberto Eco a défini treize points qui, selon lui, sont constitutifs du totalitarisme de type réactionnaire ou religieux, et qu'il nomme « Ur-fascisme », ou le « fascisme des origines :

1. L'affirmation selon laquelle « la vérité a été proférée une fois pour toute et l'on ne ferait qu'interpréter son message obscur ». Point qui décrit parfaitement le dogme du Coran « incréé », parole même d'Allah ayant tout expliqué avec les hadiths, en vertu duquel toute innovation *(bida'a)* n'est que déviation. Les points suivants semblent avoir été spécialement conçus pour Ben Laden, les talibans et les wahhabites en général, dont le vénéré chef suprême Bin Baz déclarait, peu avant sa mort, en 1999, que « la Terre est plate, celui qui déclare qu'elle est sphérique est athée et mérite une punition[12] ».

2. « Le traditionalisme implique le rejet du modernisme. L'ère des Lumières et de la Raison est perçue comme le début de la dépravation moderne. »

3. « L'irrationalisme s'appuie sur le culte de l'action pour l'action [...]. Penser est une forme d'émasculation. »

4-5. « Pour l'Ur-fascisme, la désapprobation est une trahison ;

11. Hassan al-Banna, « Lettres au 5e Congrès », Beyrouth, janvier 1939, *in* Olivier Carré et Gérard Michaud, *Les Frères musulmans,* L'Harmattan, 2002, p. 42 et p. 236.

12. Fatwa d'Abdel Aziz El-Baz, *in* Youssef M. Ibrahim, *Herald Tribune,* 13 février 1995.

désapprouver est un signe de diversité. Or l'Ur-fascisme cherche à réunir un consensus en exploitant et en exacerbant l'inquiétude naturellement éprouvée à l'égard de la différence. » D'où l'intolérance envers les non-musulmans et la punition de mort pour l'apostasie *(ridda)*.

6. « L'Ur-fascisme découle d'une frustration individuelle et sociale. » Ce qu'a magistralement expliqué un « repenti » du mouvement salafiste égyptien Gamaa islamiyya, Khaled al-Berry, dans son livre-témoignage *La terre est plus belle que le paradis*[13].

7. « À la racine de la psychologie Ur-fasciste se trouve l'obsession du complot [...]. Le moyen le plus facile de déjouer cette conspiration est de faire appel à la xénophobie [...]. Les juifs constituent la cible idéale parce qu'ils ont l'avantage d'être à la fois intégrés dans la communauté et situés hors de celle-ci. » L'appel général de Ben Laden, du Hamas ou du Hezbollah à « tuer les juifs et les croisés partout où vous les trouverez » obéit directement à cet impératif.

8-9. « Pour l'Ur-fascisme, on ne lutte pas pour vivre mais on vit plutôt pour lutter [...]. La vie est un effort de guerre permanent. » D'où le djihad qui signifie littéralement « effort de guerre ».

10. « Chaque citoyen appartient au meilleur peuple du monde. » Ce que confirme le Coran : « Vous êtes la meilleure communauté qu'on ait fait surgir pour les hommes » (3-110).

11. « Le culte de l'héroïsme est étroitement lié au culte de la mort. [...] L'Ur-fascisme aspire à la mort proclamée comme la récompense sublime pour une vie héroïque. Le héros Ur-fasciste est impatient de mourir. » Peut-on mieux définir la psychologie du martyr *(shahid)* islamique et du kamikaze d'Al-Qaida ou du Hamas à qui le Coran promet le paradis d'Allah (9-111) ruisselant de miel et rempli de belles houris aux yeux noirs ?

12. « L'Ur-fasciste étend sa volonté de domination aux questions sexuelles. D'où le machisme qui implique à la fois le mépris de la femme, l'intolérance et la condamnation des habitudes sexuelles dérogeant de la normalité, depuis la chasteté jusqu'à l'homosexualité. » C'est ainsi qu'en Malaisie, les autorités ont doté les couples, depuis janvier 1999, d'un système de carte à puce prouvant leur statut matrimonial, afin de lutter contre l'adultère... Scénario digne de *1984* de George Orwell. Nous avons vu aussi comment Ibn Taymiyya autorise l'assassinat des moines, ce que met en pratique le

13. Jean-Claude Lattès, 2001.

GIA, et comment, pour les islamistes, les femmes sont inférieures aux hommes et considérées comme véhicules privilégiés du diable.

13. « Pour les Ur-fascistes, les individus en tant que tels n'ont pas de droits... »

Le terme de « fascisme » a été utilisé pour la première fois pour définir l'islamisme par l'Algérien Rachid Boudjedra qui, dans son essai pamphlétaire, *Les FIS de la haine*[14], voulut dénoncer l'idéologie réactionnaire et barbare « Ur-fasciste » du Front islamique du salut. Boudjedra explique comment l'islamisme a peu à peu défiguré l'Algérie moderne aux termes d'une action subversive menée de longue haleine par des professeurs issus des rangs des Frères musulmans égyptiens. Pour lui l'islamisme, dans sa version terroriste comme dans ses apparitions électoralistes plus respectables, est une idéologie antidémocratique, raciste, judéophobe, machiste, et foncièrement fascisante, l'intellectuel algérien comparant le FIS au parti nazi des années 1930, et ses complices aux nouveaux collaborateurs. Une fatwa sera lancée contre lui en 1983. Il est vrai que l'un des fondateurs du FIS et ancien cadre du FLN, Mohammed Saïd, commanditaire du fameux massacre de Belouza, fut un fervent nazi pendant la Seconde Guerre mondiale.

Les ressemblances entre l'islamisme et le national-socialisme sont frappantes. Tout deux éprouvent la même haine absolue envers les démocraties, le libéralisme et les « ploutocraties ». En matière de barbarie, d'antisémitisme absolu, de légitimation de la violence, le totalitarisme islamiste emprunte incontestablement au nazisme ses références, à commencer par ses lectures, comme *Mein Kampf*, et surtout les *Protocoles des Sages de Sion* qui sont diffusés et cités par les islamistes, notamment sur des sites Internet (*Moujahideen.com*, *qoqaz.faire*, *radioislam.net*, *stcom.net*, etc.). Citant les travaux de Manfred Halpern, l'islamologue Montgomery Watt avait déjà mis en lumière les proximités idéologiques et psychologiques qui unissent le fanatisme islamiste et les idéologies fascisantes. Il n'hésita pas à présenter les Frères musulmans – ainsi que les mouvements comme Fida'iyan-i-Islam en Perse et Khaksars et Jamiat-i-islam au Pakistan – comme les manifestations d'un « totalitarisme néo-islamique [qui] montre leurs ressemblances avec le fascisme, y compris le national-socialisme d'Adolf Hitler. [...] Il est vrai que ces mouvements se concentrent sur la mobilisation des passions et de la violence pour accroître le pouvoir de leurs leaders charismatiques et la

14. Rachid Boudjedra, *Les FIS de la haine*, Denoël, 1992.

solidarité du mouvement [...] et qu'ils se font les champions des valeurs et des sentiments d'un passé héroïque, tout en réprimant toute analyse critique de leurs origines passées ou de leurs problèmes actuels[15] ». Autre analogie entre les mouvements islamistes et les fascismes, le culte du chef, le rôle central du guide (Führer, Duce, etc.), terme que l'on retrouve d'ailleurs chez les Frères musulmans à travers le « Guide suprême » de l'organisation, ou encore en Iran avec le « Guide suprême de la révolution » (Khomeyni).

## VERT-BRUN-ROUGE, SIMILITUDES OU CONVERGENCES TOTALITAIRES ?

À maints égards, l'islamisme est le digne successeur du nazisme. Les convergences sont proprement frappantes : même embrigadement de la jeunesse, même idéologie de guerre permanente et exterminatrice, mêmes méthodes de manipulation des foules, même complexe « d'humiliation », même mariage entre les élites scientifiques fanatisées et les marginaux désœuvrés ou autres exclus du système, séduits puis recrutés, même culte de la mort, mêmes conceptions paranoïaques du monde et même judéophobie obsessionnelle. Les discours violemment antijuifs et antioccidentaux de la conférence de Durban retentissent comme un lointain écho recyclé de ceux de Nuremberg, à la différence près que le nouveau « peuple supérieur » est la *oumma* islamique du tiers-monde, tandis que les nouvelles « races inférieures » et méprisables sont les « Blancs-judéo-croisés ». Bref, le Sud islamisé contre le Nord mécréant. Il ne s'agit point là d'une énième récupération de la rhétorique antifasciste. Pétain et Hitler étaient très populaires dans le monde musulman. Le Coran était l'un des livres de chevet préférés de Himmler, tandis que l'ancêtre des fascismes, Édouard Drumont, encensait dès 1870 la résistance islamique à la « République maçonnique » qu'il vomissait.

L'histoire de la Seconde Guerre mondiale témoigne d'une réelle collaboration entre les précurseurs du totalitarisme vert et les forces de l'Axe. Ainsi, le grand mufti de Jérusalem de l'époque, Al-Hadj al-Husseini, l'une des références de l'islamisme des Frères musulmans palestiniens, fut l'un des piliers de la mise en œuvre de la solution finale dans les Balkans. Les fatwas d'Husseini justifièrent le

15. Montgomery Watt, « Religion and Antireligion », *in* Ibn Warraq, *op. cit.*, p 51.

djihad contre les juifs, les alliés, les Serbes et les communistes yougoslaves. C'est en effet le grand mufti qui présida aux destinées des divisions SS musulmanes, constituées dans les Balkans sous le dictateur croate pronazi Ante Pavelic : 13e légion Waffen-SS Handschar, division SS Skandebeg en milieu albanais, division musulmane SS Kama, milices de Nasid Topcic et Hajji Effendic appelés Cadres verts en Bosnie orientale, Légion islamique d'Huska Milikovic, etc. « La seule voie pour la jeunesse musulmane est celle d'Hitler et de Pavelic », expliquait en 1943 l'un des plus grands chefs religieux musulman de Bosnie, Muhammad Pacha[16]. En novembre 1944, al-Husseini annonça avec enthousiasme au micro de Radio-Berlin la création d'une autre entité combattante, la Légion arabe, destinée à permettre la poursuite de la guerre contre les juifs installés en Palestine aux côtés de l'Axe. Parallèlement, le grand mufti s'assurait du soutien d'autres grands responsables pronazis en terre d'islam, de l'Égypte, avec les « chemises vertes » de Mustapha al-Ouakil, alias Kurt Hoffman, à la Tunisie, en passant par le Caucase, notamment avec Ali Khan, le « Pétain du Caucase du Nord », la Pologne, avec le mufti Szymkowicz, et les territoires soviétiques encore occupés, avec Mohammed el-Gazani, chef de file des musulmans antisoviétiques pronazis, Mikhaïl Dudanginsky, bientôt chef de la Légion SS azerbaïdjanaise, sans oublier les volontaires pronazis tchétchènes, ou encore l'Obersturmfürher Olzcha, lequel rêvait de créer une légion pronazie antibolchevique composée de volontaires turco-tatares.

Si le grand mufti de Jérusalem se fit national-socialiste, la réciproque s'est également vérifiée : deux protagonistes d'envergure du nazisme embrasseront l'islam pour les mêmes raisons qu'Husseini le nazisme : la haine des juifs. Il s'agit d'abord du Suisse François Genoud, le célèbre banquier du nazisme et héritier testamentaire d'Hitler et de Goebbels, devenu le financier des terroristes palestiniens et du FLN algérien avant d'embrasser lui aussi l'islam et de rejoindre les options islamistes, se liant d'amitié, à Genève, avec le pionnier des Frères musulmans en Europe et propre gendre d'Hassan al-Banna, Saïd Ramadan. N'oublions pas que, dans les camps palestiniens du Liban (Tall al-Zaatar, Bir Hassan), l'OLP n'hésitera pas à recruter des militants néonazis allemands comme par exemple ceux du groupe Wehrsportsgruppe (groupe sportif militaire) de Karl-Heinz Hoffman. Après la conférence pronazie de Barcelone organisée par Léon Degrelle en avril 1969, des instructeurs mili-

16. Jean-Christophe Buisson, *Héros trahi par les alliés, le général Mihaïlovic (1893-1946),* Perrin, 1999, p. 108.

taires nazis comme Erich Altern, alias Ali Bella, ancien dirigeant régional des Affaires juives de la Gestapo pour la région de la Galicie, furent chargés d'aller former les Palestiniens au Proche-Orient. Des camps d'entraînement palestiniens furent organisés par cette internationale néonazie proarabe dans les Pyrénées espagnoles et dans le Haut-Adige italien où le camp de Malta Croun, destiné à « forger la jeunesse palestinienne », fut confié au groupe fasciste Avanguardia nazionale. Ainsi, aux côtés des nazis et des terroristes d'extrême gauche propalestiniens (Action directe, Brigades rouges, bande à Baader, Fraction armée rouge japonaise, groupe Carlos, etc.), marqués par un antisémitisme marxiste, la nébuleuse révolutionnaire propalestinienne rouge-brun-vert sera l'un des plus efficaces vecteurs de la judéophobie moderne, le biais islamo-arabe exotique redonnant une virginité à une idéologie qui semblait avoir été définitivement vaincue en 1945. En 1935, déjà, lors d'un voyage en Iran en compagnie de Jean Bauverd, le très islamophile chef du pronazi Front national suisse Genoud expliquait : « L'Iran est une nation musulmane et l'islam, au contraire de la chrétienté, a toujours été imperméable aux influences dissolvantes et matérialistes[17]. »

Continuons avec le dignitaire nazi Johannes von Leers, ancien adjoint de Goebbels, responsable de la propagande antijuive sous Nasser. Devenu musulman sous le nom d'Omar Amine, von Leers reste jusqu'aujourd'hui, avec Genoud et le grand mufti, l'une des références absolues de nombreux militants d'extrême droite convertis à l'islam, dont certains ont emprunté le nom d'Omar Amine, notamment Claudio Mutti en Italie, idéologue néofasciste et éditeur des *Protocoles des Sages de Sion*. C'est von Leers qui inspira, dans les années 1950, les premiers révisionnistes. On peut citer également l'ex-journaliste socialiste Ahmad (Albert) Huber, devenu musulman dans les années 1960 dans le cadre de la lutte en faveur de l'Algérie indépendante et de l'Égypte nassérienne où il s'emballa pour la cause révisionniste et néonazie après avoir rencontré au Caire, en 1962, Johannes von Leers et le grand mufti, avant de se ranger du côté de l'ayatollah Khomeyni dès 1979. Huber appelle aujourd'hui à voter en faveur du Front national de Jean-Marie Le Pen. En Turquie, l'alliance entre le croissant et la croix gammée se manifestera autour de la nébuleuse ultranationaliste panturquiste des Loups gris dont le chef, Alparslan Türkes, sera arrêté en 1944

17. François Genoud, cité *in L'Extrémiste – François Genoud d'Hitler à Carlos*, Fayard, 1996, p. 219.

pour activités pronazies. Laïque au départ, le mouvement des Loups gris évolua progressivement vers l'islamisme, comme en a témoigné le terroriste Ali Agça, un de leurs membres actifs, qui tenta d'assassiner le pape Jean-Paul II en mai 1983, obéissant ainsi au devoir de « tuer le chef de la nouvelle croisade chrétienne contre l'islam ». Aujourd'hui encore, c'est en mémoire de la geste islamo-nazie du grand mufti de Jérusalem ou des rencontres entre Khomeyni et des officiers SS durant la Seconde Guerre mondiale – les Iraniens étant considérés comme des « frères aryens » par nombre de nazis – que de nombreux groupes néonazis européens ou américains saluent la geste antijuive du Hezbollah ou du Hamas, la force guerrière de Ben Laden ou de la révolution khomeyniste. Au sein de la « nouvelle droite », on salue même le fait que l'islam est une « religion virile ». On oublie trop souvent que l'islamisme et le nazisme – qui se réfère au paganisme germain – communient dans une même détestation de l'héritage judéo-chrétien de l'Occident. Ceci explique les étranges accointances unissant aujourd'hui encore les islamistes et les représentants d'une certaine extrême droite néo-païenne tout aussi radicalement antichrétienne qu'antijuive, appelant de ses vœux, comme les islamistes, la destruction des sociétés judéo-maçonniques et chrétiennes : « Europe et Islam ont en commun l'ennemi principal [...], la finance usurocratique. Si elle veut retrouver son autonomie [...], l'Europe doit chercher son inspiration et son guide dans la Loi divine, telle que conservée dans le livre d'Allah », écrit Claudio Mutti[18], admirateur de la Garde de fer et de l'Axe. « Le jour prochain où les islamistes prendront le pouvoir, ils deviendront [...] le vecteur universel de résistance à la mondialisation occidentalo-américaine. Et tous les hommes enracinés spirituellement et culturellement devront alors s'y associer », poursuit Arnaud Guyot-Jeannin[19], l'une des figures de la « nouvelle droite » française. « La Nouvelle Droite (ND) approuve le ressourcement culturel et spirituel de tous les peuples. Elle appelle la civilisation européenne à se replonger dans ses plus anciennes racines (dont elle a été éloignée non pas par l'islamisation mais par la christianisation) [...], les Européens et les Arabes partagent la même *Mare Nostrum* », précise un autre représentant de cette mouvance, Georges Feltin-Tracol[20], admirateur de Hassan al-Tourabbi. « Nous assistons à la progression constante de la seule force capable de

18. *Il musulmano,* janvier-février 1994.
19. *Cartouches,* n° 5, été 1998.
20. Georges Feltin-Tracol, *Cartouches,* n° 5, été 1998, p. 14.

résister à l'hégémonie occidentaliste : l'islamisme radical. Deux visions du monde *(Weltanschaung)* s'affrontent. [...]. D'un côté, une vision libérale-consumériste. De l'autre, une vision religieuse, identitaire et holiste : l'islam, récapitulation définitive de la tradition primordiale [...]. C'est donc à un véritable djihad qu'Européens et musulmans sont conviés. Europe-Islam, même combat », affirme le guénonien Arnaud Galtieri[21]. « Nos ennemis [...] sont la coalition impérialiste américano-sioniste [...]. Il est donc juste que nous soutenions ceux qui ont les mêmes ennemis que nous, c'est-à-dire les Palestiniens [...], les gouvernements libyen, irakien [...]. Les islamistes représentent une force multiforme qui peut [...] être une alliée contre l'impérialisme américano-sioniste », écrit Christian Bouchet[22], dirigeant du mouvement d'extrême droite prolibyen et pro-iranien Jeune Résistance et rédacteur en chef de *Lutte du peuple*, qui exprime sa solidarité avec les martyrs du III^e Reich, du Djihad islamique et du Hamas sur le site internet du groupuscule « national-révolutionnaire » Unité radicale (proche du GUD) qu'il anime. En Suède, enfin, l'alliance de la croix gammée et du croissant est incarnée par l'organisation de l'opposant islamiste marocain Ahmed Rami, à l'origine d'une synthèse « islamo-néonazie-révisionniste » dont le principal vecteur est le site internet *radioislam* et dont les contacts officieux en France sont les milieux révisionnistes (Librairie roumaine antitotalitaire, Vieille Taupe de Pierre Guillaume, revue *Faits et Documents* et site internet d'Emmanuel Ratier) et les sites Internet *Nationalbolchevik* et *AAARGH* (Association des anciens amateurs de récits de guerre et d'holocauste). Le révisionniste Serge Thion y fait notamment l'éloge du groupe terroriste Djihad islamique ; Faurisson y tient des tribunes aux côtés de Rami. Mieux, Ahmed Rami et son porte-parole Kamal Khan appellent régulièrement à voter pour le Front national en affirmant que Le Pen et sa femme seraient les « vrais amis » des Arabes et de l'Irak, et le Front national le seul parti réellement « antisioniste ». En fait, les disciples et nostalgiques d'Hitler n'ont jamais fait que suivre les indications du maître suprême, qui déclare dans son *Testament* préfacé par François Genoud : « Tout l'Islam vibrait à l'annonce de nos victoires. Les Égyptiens, les Irakiens et le Proche-Orient tout entiers étaient prêts à se soulever. Que pouvions-nous faire pour les aider [...],

---

21. *Cartouches, idem.* Galtieri fait l'éloge de l'islamiste soudanais H. al-Tourabbi in *Vouloir,* Bruxelles, juillet 1992.

22. Christian Bouchet, « Pourquoi avoir créé Unité radicale », site Internet Unité radicale, 2001.

comme c'eût été notre intérêt et notre devoir ? La présence à nos côtés des Italiens [...] créait un malaise chez nos amis de l'Islam. [Elle nous] a donc empêchés de jouer l'une de nos meilleures cartes : soulever les pays opprimés par les Britanniques. Cette politique aurait suscité l'enthousiasme dans tout l'Islam. C'est en effet une particularité du monde musulman que ce qui touche les uns, en bien ou en mal, y est ressenti par tous les autres, des rives de l'Atlantique à celles du Pacifique. [...] Les peuples régis par l'islam seront toujours plus proches de nous que la France, en dépit de la parenté du sang. [...]. La France et l'Italie [ont empêché] l'Europe de faire une audacieuse politique d'amitié à l'égard de l'Islam[23]. »

D'autres politologues, comme Bertrand Russell ou Jules Monnerot, ont établi un parallélisme entre l'islamisme et le communisme, systèmes qui partagent selon eux un même universalisme conquérant et un même « messianisme des pauvres » : « Le bolchevisme combine les caractéristiques de la Révolution française avec celles de l'essor de l'islam. Marx a enseigné que le communisme était fatalement prédestiné à prendre le pouvoir ; cela engendre un état d'esprit peu différent de celui des premiers successeurs de Mohamet. Le bolchevisme doit être comparé à l'islam plutôt qu'au christianisme ou au bouddhisme [qui] sont avant tout des religions personnelles, avec des doctrines mystiques et un amour de la contemplation. L'islam et le bolchevisme ont une finalité pratique, sociale, matérielle, dont le seul but est d'étendre leur domination sur le monde », explique Bertrand Russell[24]. Le flirt rouge-vert fut en effet une réalité, notamment au début de la révolution chiite iranienne : l'imam Ali Shariati, traducteur des *Damnés de la terre* de l'idéologue révolutionnaire Frantz Fanon, proche de Jean-Paul Sartre, apportera à Khomeyni la synthèse socialo-islamiste (conciliant Mahomet, Che Guevara, Mao et Fanon) qui assurera la victoire de l'ayatollah. C'est d'ailleurs à Shariati que l'on doit l'islamisation de la notion fanonienne « d'opprimés », devenus *mustadhafines* (« déshérités »). Les *fedayines* du peuple, d'inspiration guévariste, comme les moudjahidines du peuple, lui devront beaucoup. Les étudiants révolutionnaires qui prirent en otage cinquante-trois diplomates américains étaient à la révolution khomeyniste ce que les gardes rouges avaient été pendant la révolution culturelle chinoise de Mao. Ces conver-

23. *Le Testament d'Hitler,* notes recueillies par Martin Bormann, Samidzat, février-avril 1945.

24. Bertrand Russell, *Unpopular Essays,* New York, 1950, Londres, 1979, p. 5, 29 et 114.

gences rouge-vert expliquent pourquoi des intellectuels de renom comme les philosophes Michel Foucault, Simone de Beauvoir ou Jean-Paul Sartre salueront la révolution islamique de Khomeyni comme une « divine surprise », « des événements qui rappelaient quelque chose que l'Occident avait oublié, c'est-à-dire la possibilité d'une spiritualité politique[25] ». Jacques Malaude verra pour sa part, dans la révolution islamiste, « une clameur venue du fond des temps, celle d'un peuple qui refuse une fois de plus la servitude, les chaînes que lui apporte l'étranger[26] ». Ibn Warraq compare l'attitude de Foucault vis-à-vis des atrocités de Khomeyni à celle de Sartre envers les camps de travail de Staline, Sartre qui estimait que les preuves des camps devaient être occultées, afin de pas démoraliser le « prolétariat français », et lançait que « tout anticommuniste est un chien »... Avec George Orwell, Arthur Koestler avait déjà dénoncé en son temps les contrevérités que les intellectuels « progressistes » avaient reçues et développées au sujet de Lénine, de Staline et du communisme, dans le but de « ne pas faire le jeu des forces réactionnaires ». «Toute parole critique était considérée par les adorateurs comme un blasphème et un crime[27]. » On constatait, pour paraphraser Russell, « une conspiration de la dissimulation[28] ».

De la conversion de l'ex-marxiste Roger Garaudy ou de la petite-fille du « fils du peuple », Catherine-Latifa Thorez aux ralliements khomeynistes de Vincent Monteil, les passerelles islamo-communistes seront pléthores avec l'antisionisme et l'antiaméricanisme comme traits d'union. La collaboration terroriste entre les néo-Brigades rouges et Al-Qaida ou les récents appels du terroriste Carlos – également converti à l'islam – aux antisionistes du monde entier à rejoindre le djihad de Ben Laden sont symptomatiques : « L'agression impérialiste vise à [...] ralentir l'expansion de l'islam [...] en s'attaquant à Oussama Ben Laden, à décapiter le renouveau wahhabite qui se prépare à balayer les usurpateurs du Nejd et du Hedjaz, à libérer les Lieux saints [...] et la Palestine [...]. Les attentats [d'Al-Qaida] sont dans la continuité historique des nôtres, commencés il y a un quart de siècle sur terre, mer et dans les airs contre les sionistes[29]. » Enfin, d'autres analystes insistent sur la nature singulière

25. Michel Foucault, *Corriere della Sera,* octobre 1978.
26. Jacques Malaude, *Le Monde,* cité *in* Ibn Warraq, *op. cit.,* p. 58-59.
27. Arthur Koestler, *The Yogi and the Commissar,* New York, 1946, p. 125.
28. Bertrand Russell, *op. cit.,* p. 165.
29. Carlos, « Les Américains, Ben Laden et moi », *Jeune Afrique,* 15-21 septembre 1998.

et incomparablement dévastatrice du totalitarisme vert. Ainsi, pour le polémologue français André Glucksmann, si l'islamisme est comparable aux deux précédents, il pousse encore plus loin l'exaltation de la violence et de la haine et, de ce fait, ne cherche même pas à dissimuler sa barbarie, permise théologiquement d'après les islamistes, justification n'existant dans aucun autre système totalitaire : « Depuis dix ans bientôt s'exhibe outre-Méditerranée une cruauté politique inédite, s'indigne Glucksmann. Staline dissimulait ses forfaits, il n'a pas assumé Katyn. Hitler couvrait la solution finale d'un minimum de *Nacht und Nebel.* Les islamistes, par contre, signent et revendiquent le dépeçage de civils comme une "offrande à Dieu". Aucune autorité religieuse n'a sur place condamné dans son principe pareil massacre des innocents [...]. L'invocation de Dieu justifie-t-elle l'impensable[30] ? »

## LA JUDÉOPHOBIE : THÈME CENTRAL DE L'ISLAMISME ET POINT DE CONVERGENCE DES TOTALITARISMES

Dans les représentations islamistes, une place prépondérante est réservée aux juifs, boucs émissaires et ennemis symboliques privilégiés. Les différents vecteurs de judéophobie radicale sont l'islamisme, le nazisme, le gauchisme antisioniste, le révisionnisme. Les islamistes expliquent que les juifs haïssent naturellement les musulmans et l'islam, et que c'est la raison pour laquelle les plus « perfides » d'entre eux ont été transformés « en singes et en porcs » (5, 60). Les islamo-fondamentalistes trouvent ainsi dans les sourates du Coran les plus sévères à l'égard des juifs une redoutable source de légitimation théologique de la nouvelle judéophobie islamisée : « Ô vous qui croyez ! Ne prenez pas pour amis les juifs et les chrétiens ; ils sont amis les uns des autres... » (5, 51) ; « Combattez-les [...] jusqu'à ce qu'ils versent la capitation de leurs propres mains après s'être humiliés. Les juifs ont dit : Uzaïr est fils de Dieu ! [...] que Dieu les anéantisse ! Ils sont tellement stupides ! » (9, 29-30) ; « L'avilissement et la misère s'abattirent sur eux ; ils encoururent la colère d'Allah. Cela est parce qu'ils reniaient les révélations d'Allah et qu'ils tuaient sans droit les prophètes, parce qu'ils désobéissaient et transgressaient » (2, 61) ; « C'est à cause des iniquités des juifs que Nous leur avons rendu illicites les bonnes nourritures qui leur

30. André Glucksmann, *Le Figaro,* 2 janvier 1999.

étaient licites, et aussi à cause de ce qu'ils obstruent le sentier d'Allah à eux-mêmes et à beaucoup de monde et à cause de ce qu'ils prennent des intérêts usuraires qui leur étaient pourtant interdits et parce qu'ils mangent illégalement les biens des gens. À ceux d'entre eux qui sont mécréants, nous avons préparé un châtiment douloureux » (4, 160) ; « Ils falsifièrent sciemment [...] après l'avoir entendue et comprise, la parole d'Allah » (2, 75) ; « Parmi les juifs qui aiment bien écouter le mensonge [...] et déforment le sens des mots une fois bien établis, [...] sera réservée une ignominie... » (5, 41-42). Pour justifier l'assassinat des juifs, les islamistes rappellent le sort que Mahomet leur réserva après avoir rompu avec eux : extermination des Banu Kurayza (entre six cents et neuf cents hommes), expulsion puis massacre des Nadir ; attaque de l'oasis de Khaïbar en 628 (un des chefs juifs sera torturé, coupable d'avoir su où se trouvaient les trésors de la tribu). Lorsque les juifs se rendent, Mahomet leur permet de continuer à cultiver leur oasis en échange d'un butin équivalent à la moitié de leurs récoltes. « L'attitude que les musulmans doivent avoir envers les juifs ne peut être qualifiée que d'antisémite, estime Ibn Warraq, et elle n'incite certainement pas à la compréhension réciproque, ni à la tolérance et encore moins à une coexistence pacifique[31]. » Certes, l'antisémitisme arabo-musulman, indépendamment de ses justifications et précédents coraniques, n'a jamais égalé en intensité et en horreur la tradition judéophobe européenne dont le nazisme fut l'ultime et effroyable conséquence nihiliste. Par ailleurs, lorsqu'ils furent chassés d'Espagne aux XVe et XVIe siècles, les juifs furent accueillis massivement au Maghreb et dans l'Empire ottoman. D'où la naissance du mythe de l'Andalousie musulmane tolérante et de la coexistence des trois religions monothéistes. La réalité est pourtant bien plus nuancée : les juifs, dont on affirme qu'ils auraient toujours bien été traités sous l'Espagne musulmane, furent régulièrement massacrés et persécutés par l'islam : en 1013 à Cordoue, en 1066 et en 1070 à Grenade, en 1135 à Lucena. Même au Maroc, en Turquie ou en Tunisie, pays réputés les plus « tolérants » envers les juifs depuis des siècles, les israélites subirent toujours des humiliations inhérentes à leur condition de *dhimmis* : port de vêtements distinctifs, exclusions de nombreuses fonctions, brimades et même pogroms et persécutions récurrentes, notamment sous les dynasties fatimides, almohades ou almoravides. Entre 1770 et 1786, les juifs furent expulsés de

31. Ibn Warraq, *op. cit.*, p. 268.

Djedda, en Saoudie, trouvant refuge au Yémen. En 1790, à Tétouan, dans le nord du Maroc, ils subirent un terrible pogrom. En 1828, d'autres pogroms eurent lieu à Bagdad, tandis qu'en 1834 une vague de violence et de pillage s'étendit sur Safed. En 1839, des massacres de juifs furent perpétrés à Meshed, en Iran, les survivants étant contraints d'embrasser la foi de Mahomet. En 1840, les israélites de Damas furent les premières victimes d'une longue série d'épisodes sanglants.

Dans les années 1930, alors que l'État d'Israël n'existait pas encore et que les sionistes cherchaient à vivre en harmonie avec les Palestiniens, des pogroms étaient perpétrés (massacres de Nabi Moussa, de Hébron) par les groupes nationalistes arabes et les chefs islamistes dont le grand mufti de Jérusalem fut le fer de lance. L'organisation des Frères musulmans déclara le djihad total contre les juifs, djihad ne pouvant prendre fin qu'avec le rétablissement d'un État islamique palestinien où ils soient soumis au statut humiliant de *dhimmis*. Une nouvelle judéophobie radicale et à prétention exterminatrice commença à se développer dans tout le monde arabo-musulman, alors en plein processus de « libération nationale », conjointement fanatisé par la propagande islamiste des Frères musulmans et des wahhabites saoudiens, par la gauche révolutionnaire antisioniste occidentale, puis par la propagande antisémite des anciens dignitaires et cadres nazis recyclés dans le monde arabe (Aloïs Bruner, Johannes von Leers, etc.). Parallèlement, d'autres vagues de terreur judéophobe ont déferlé sur la quasi-totalité des pays arabes et islamiques où ils sont aujourd'hui presque universellement indésirables ou persécutés, puisque assimilés à l'ennemi sioniste : Irak, Syrie, Algérie, où les juifs et les pieds-noirs européens furent chassés définitivement en 1962, Égypte dès 1956, Libye, etc. Bien qu'elle fût longtemps le fait de mouvements nationalistes marxisants ayant de nombreux chrétiens arabes à leur tête (Georges Habbache, Ibrahim Souss), la nouvelle judéophobie arabo-musulmane commença à subir une influence directement islamiste dès les années 1970, époque des chocs pétroliers, du retour des Frères musulmans en Égypte après la mort de Nasser, de la révolution khomeyniste, mais aussi de « l'humiliation » consécutive à la victoire militaire israélienne de 1967. Parallèlement, les ancêtres des mouvements islamistes actuels comme le Hezbollah (Amal) ou le Hamas naquirent dans les camps de l'OLP et du FPLP au Liban. Mélange monstrueux, la propagande antijuive islamiste emprunta à la fois à l'orthodoxie musulmane et aux thèses antisémites classiques importées d'Europe et recyclées dans l'islam, comme le montre la charte du Hamas palestinien : « Israël, parce qu'il est juif et a une population juive, défie l'islam et les musulmans, car la conspiration sioniste n'a pas de limites, après la Palestine elle voudra s'étendre du Nil jusqu'à l'Euphrate. Leur projet a été énoncé dans les *Protocoles des Sages de Sion* [...], les ennemis juifs complotent depuis longtemps [...], ils ont été à l'origine de la Révolution française, de la révolution communiste et de la plupart des révolutions [...], de la Première Guerre mondiale et de la Seconde, au cours de laquelle ils ont réalisé d'immenses bénéfices [...]. Ils ont fait usage de leur argent pour créer des organisations secrètes qui se répandent partout dans le monde afin de détruire les sociétés et de satisfaire les intérêts sionistes. Parmi ces organisations : les francs-maçons, les clubs Rotary, les clubs Lions, le B'nai B'rith, etc.[32] » Tel est le type de propagande auquel s'abreuvent les fedayines palestiniens et des millions de jeunes dans les pays arabes depuis plusieurs décennies. Au cours des années 1990, après vingt ans de « wahhabisation » de l'islam sunnite, de répercussions de la révolution khomeyniste, et surtout le retour dans le monde arabe des vétérans d'Afghanistan, galvanisés par leur « victoire » contre l'URSS, quatre événements majeurs achèvent d'islamiser le nationalisme et la judéophobie arabes : la chute de l'URSS et le remplacement de l'appui extérieur soviétique « athée » du nationalisme arabo-palestinien par de nouveaux parrains islamistes (Iran, Koweït, Arabie, Soudan, etc.) ; le séisme de la guerre du Golfe, qui conduira à la réislamisation du régime de Saddam Hussein, devenu soudain le nouveau Saladin proclamant le djihad contre les « Américano-croisés » et appelant à « libérer Jérusalem » ; puis à la vague de protestation néo-wahhabite incarnée par Oussama Ben Laden exigeant le départ des « croisés » judéo-américains de l'Arabie (l'armada américaine de cinq cent mille soldats qui débarqua en 1990 comprenait six mille israélites et quarante rabbins aumôniers militaires) ; l'islamisation de l'*intifada* nommée *Al-Aqsa*, et déclenchée durant l'automne 2000 ; les attentats du World Trade Center du 11 septembre 2001 qui radicaliseront encore plus les mouvances islamistes palestiniennes.

L'islamisation de l'*intifada* et du nationalisme arabe ne fut en fait que la conséquence d'un long travail de fanatisation imputable non seulement aux milieux islamistes mais également aux instances officielles de l'islam mondial, à commencer par Al-Azhar. Ainsi, en

32. Charte d'Allah, plate-forme du Mouvement de la résistance islamique (Hamas), Gaza, 18 août 1988.

1968 déjà, la célèbre université du Caire, référence suprême de l'islam sunnite « modéré », diffusait, à l'occasion du plus grand colloque mondial jamais organisé sur le djihad, ce message de guerre totale sans lequel on ne peut comprendre l'échec des accords de paix en Israël : « La cause de la Palestine est une cause musulmane par excellence et le sionisme n'est que le rejeton de l'impérialisme lui-même, forme déguisée des croisades lancées par l'Occident chrétien contre l'Orient musulman [...]. La Palestine appartient à tous les musulmans, du fait que l'ennemi s'est emparé de la Terre sainte qui est une partie intégrante du territoire musulman [...] dont la perte d'une partie est considérée comme une dépossession du tout. Le combat pour repousser cette agression est devenu une *fard aïn*, un devoir que doit remplir chaque musulman, [...] quel que soit le pays auquel il appartient. [...]. Tous les musulmans doivent se lever en armes comme un seul homme pour délivrer la Terre sainte, souillée par les ennemis jurés de l'humanité, et sauver de la profanation la mosquée Al-Aqsa, et du massacre gratuit les faibles enfants et des femmes sans défense dont la chasteté est outragée [...]. Il n'y a pas d'autre chemin pour reprendre nos anciens territoires que d'offrir nos vies au combat. N'hésitons pas devant le sacrifice[33]. » Ben Laden et cheikh Yassine n'ont finalement rien inventé en matière de haine antijuive et de terrorisme kamikaze. Parallèlement aux justifications théologiques d'Al-Azhar, l'Arabie Saoudite s'emploie depuis des décennies à publier dans tout le monde musulman des milliers de versions de *Mein Kampf* et des *Protocoles des Sages de Sion*. Aussi pouvait-on lire, le 30 avril 1987, dans le journal saoudien *Okaz*, cette profession de foi judéophobe : « L'influence des juifs n'a cessé de grandir dans l'Europe moderne, jusqu'à ce qu'ils soient en mesure d'écraser les innocents. Cette situation provoqua par réaction, en Allemagne, l'essor du parti du III^e^ Reich, dirigé par Hitler. Ce dernier prit la tête du mouvement antisémite et tenta de liquider les juifs. Finalement, il échoua [...]. Mais Dieu lui-même combattra les juifs et tiendra Sa promesse de les détruire et de les broyer[34]. »

Convergence hautement sismique, la courbe de l'antisionisme radical arabo-palestinien et gauchiste a désormais rejoint celle de la judéophobie du « nazisme vert ». Une nouvelle synthèse totalitaire

33. Quatrième conférence de l'Académie des études islamiques, Al-Azhar, *op. cit.*, p. 50.
34. Cité *in* Michel Gurfinkiel, *Israël, Géopolitique d'une paix*, Michalon, 1996, p. 19.

« national-islamiste » est née qui gagne progressivement les consciences arabo-musulmanes, de plus en plus tentées par l'idéologie de la haine totale de l'Autre, par un antijudaïsme et un antioccidentalisme absolus (l'Occident sioniste étant une sorte de « Juif global ») censés expliquer tous leurs malheurs. Aux termes d'une longue campagne de diabolisation d'Israël et du sionisme – et à travers eux des juifs en général –, relayée en Occident par la surmédiatisation du conflit proche-oriental par rapport à d'autres pourtant plus meurtriers, les islamistes sont parvenus à déclencher une vaste offensive antijuive planétaire, et même à légitimer théologiquement l'idée terrifiante d'une « nouvelle solution finale », Ben Laden et les islamistes du monde entier étant on ne peut plus explicites lorsqu'ils appellent à « tuer les juifs et les croisés américains partout où ils se trouvent ».

Signe de la progression polymorphe de ce nazisme du XXI$^{e}$ siècle, la nouvelle xénophobie islamiste universelle trouve désormais de puissants échos dans les « banlieues de l'islam » d'Occident, d'où les incroyables manifestations de joie et de solidarité envers Ben Laden constatées peu après le 11 septembre dans de nombreux quartiers musulmans de Belgique, de France, de Grande-Bretagne et même... d'Amérique. Des banlieues inconsidérément données en pâture par les dirigeants occidentaux aux prédicateurs de la haine islamiste, où juifs et chrétiens ne peuvent plus vivre en sécurité. Qu'il s'agisse du Bronx à New York où la communauté juive est régulièrement prise pour cible (synagogues brûlées, agressions de rabbins, etc.), de Toronto ou de Washington où les *blacks muslims* de la Nation of Islam appellent au lynchage des juifs, de la Norvège et de Kiev où des synagogues ont été saccagées, ou encore de Londres où les salafistes appellent les musulmans anglais à « venger » les talibans et les frères palestiniens en s'en prenant aux « sionistes », c'est l'Occident dans son ensemble qui est touché par le phénomène. En France également, les prédicateurs salafistes des territoires palestiniens, d'Arabie Saoudite ou d'ailleurs viennent enflammer les banlieues et inciter à la haine antijuive. Les cassettes du prédicateur salafiste anglo-jamaïcain Abdullah al-Fayçal, issu d'une banlieue londonienne, connaissent un succès considérable dans les ghettos musulmans. Étroitement surveillé par les services anglais et français, le cheikh explique dans l'une de ses cassettes que « la paix est impossible » et que les juifs sont « des traîtres par nature, portant en eux une souillure éternelle sachant qu'ils ont le mal chevillé à l'âme ». Aussi n'y aurait-il pas d'autre choix pour un musulman que de « haïr les juifs, les combattre pour en tuer le plus possible[35] ». Analysant ce phénomène, Raphaël Israëli, professeur à l'université hébraïque de Jérusalem, explique que « les nouveaux immigrés musulmans [...], les réfugiés des pays islamiques, importent dans leurs pays d'accueil leur haine d'Israël et des juifs, tandis que la globalisation de l'information a entraîné l'universalisation d'une solidarité arabe et islamique [...]. Tout ce qui se passe sur le terrain à Gaza ou à Naplouse a ainsi des répercussions immédiates par l'intermédiaire des antennes paraboliques et des relais câblés, dans les rues de Melbourne, Londres, Kuala Lumpur et Sao Paolo[36] ». C'est ainsi qu'en toute liberté d'expression, les milieux musulmans et propalestiniens radicaux diffusent leur vision judéophobe et antioccidentale d'un sionisme planétaire diabolique qui « persécute » les musulmans du monde entier, qu'il s'agisse de l'Union des organisations islamiques de France (UOIF) qui fanatise les milliers de jeunes contre « l'État raciste d'Israël », du Secours islamique (Islamic Relief), qui lance des appels à « la solidarité » avec les martyrs palestiniens, de Radio-Méditerranée qui, le 3 juin 2001, s'en prenait violemment aux journalistes, artistes, politiques et écrivains juifs (Élizabeth Schemla, Bernard-Henri Lévy, Alain Finkielkraut, Enrico Macias, Arthur et Jack Lang), ou encore de Radio-Orient, qui diffuse des prêches antisémites de La Mecque en appelant à la « disparition des juifs de la surface du globe », sans oublier les sites Internet islamiques *aslim-taslam*, *stcom.net*, *oumma.com*, ou *centre islamique de Genève*, où l'on s'étend longuement sur la « corruption de la parole divine du Coran par les juifs et les chrétiens ». Aussi les musulmans fanatisés contre Israël crient-ils désormais publiquement « mort aux juifs » lors de manifestations, souvent aux côtés d'organisations propalestiniennes d'extrême gauche, voire même « antiracistes » (place de la République en octobre 2001, aux côtés du MRAP et des « antifascistes » trotskistes, voire aux côtés de militants du Hezbollah venus crier leur haine antijuive à l'appel du Parti des musulmans de France en mai 2002), ce qui permet à certains de dire que la colère islamiste est « progressiste ». Parallèlement, la vague d'actes judéophobes enregistrée dans toutes les capitales occidentales contre les biens, intérêts, personnes, synagogues ou écoles juives, est sans précédent depuis la Seconde Guerre mondiale. Il serait peu raisonnable de prendre à la légère ces

35. Cité *in* Ugo Rankle, « L'antisémitisme dans les banlieues », *Le Point*, 5 avril 2002.

36. Raphaël Israëli, « Le conflit du Moyen-Orient s'exporte vers les démocraties occidentales », *Observatoire du monde juif*, décembre 2000.

incidents sous prétexte qu'il y a rarement mort d'hommes et que les nouveaux antijuifs sont des immigrés « opprimés ». Car ces banales manifestations de haine verbale constatées en France aux cris d'« Israël aux Arabes, les Juifs sont des connards », « mort aux sionistes », « vive la Gestapo, vive Auschwitz, à mort les youpins »[37], ont franchi le seuil de « tolérance ». Elles sont l'étape préalable vers un passage prochain à des actes meurtriers, d'où le fait que de nombreux Juifs ont aujourd'hui peur de sortir avec leur *kippa*, craignent pour leur intégrité physique et songent même à émigrer vers Israël en dépit de la violence qui frappe également ce pays.

## DE L'INHUMANITÉ DES NON-MUSULMANS À LA NOUVELLE SOLUTION FINALE DES INSOUMIS

Reprenant les différentes sourates assimilant les non-croyants à des animaux ou à des êtres inférieurs, les islamistes, comme les nationaux-socialistes, rangent ceux qui n'adhèrent pas à leur système de croyance dans la catégorie des sous-hommes *(Untermenschen)*. On retrouve d'ailleurs dans le totalitarisme communiste cette propension à classer les non-soumis à la vérité totalitaire dans la catégorie des infra-humains : de même que les nazis retiraient aux Juifs, aux Tziganes, aux Noirs ou aux Slaves leur qualité d'hommes, Lénine et Staline assimilaient les koulaks à des « porcs », à du « bétail puant » et à des « ennemis du peuple » ne méritant aucune pitié. C'est en vertu de ce dénigrement du caractère humain des non-soumis que les islamistes justifient la barbarie et les massacres collectifs d'infidèles assimilés à « des porcs et des singes ». Ceci a ainsi permis à un imam wahhabite de La Mecque de déclarer, le 27 octobre 2000, lors d'un prêche diffusé en direct dans plusieurs pays du monde, notamment sur la radio arabo-musulmane francophone Radio-Orient : « Les juifs d'hier sont un mauvais héritage et [...] ceux d'aujourd'hui sont pires encore ; ingrats envers leurs bienfaiteurs, adorateurs du veau, tueurs de prophètes, [...] déchets de l'humanité. Ils sont honnis et bannis par Dieu qui a fait d'eux des singes, des porcs et des adorateurs d'idoles ayant dévié du droit chemin. Les temps sont proches où les musulmans combattront les juifs et les tueront, où le juif devra se cacher[38]. ». Référence des isla-

---

37. Cité *in* « Comment les jeunes beurs sont gagnés par la judéophobie », *Le Monde*, 12 avril 2001.

38. Cité *in L'Observatoire du monde juif*, bulletin n° 1, novembre 2001, p. 49-50.

mistes du monde entier, le Pakistanais Al-Mawdoudi, admirateur d'Hitler, écrivait déjà à propos des infidèles en général : « L'intégralité de l'être de l'infidèle (kafir) est "impure", chaque organe de son corps – son cerveau même, ses yeux, son nez, ses mains, ses pieds – se plaindra de l'injustice et de la cruauté qu'il lui impose. Chaque partie de son être le dénoncera devant Dieu qui, étant la source de la justice, le récompensera avec le plus grand châtiment qu'il mérite. Cela est la conséquence misérable du *kufr* (l'infidèle)[39]. » « Onze choses sont impures, confirmait l'ayatollah Khomeyni, l'urine, l'excrément, le sperme, les ossements, le sang, le chien, le porc, l'homme et la femme non musulmans, le vin, la bière, la sueur du chameau mangeur d'ordures [...]. Tout le corps d'un individu non musulman est impur, même ses cheveux, ses poils, ses ongles, et toutes les sécrétions de son corps[40]. » C'est d'ailleurs cette impureté intrinsèque des non-musulmans qui fonde l'interdiction par le Coran (9, 28) de leur présence sur le territoire sacré de La Mecque, interdiction sur laquelle Oussama Ben Laden fonde toute la légitimité de la guerre sainte qu'il a déclenchée contre l'Amérique qui « souille » le territoire sacré *(haram)* d'Arabie.

S'appuyant une fois de plus sur le saint Coran, les islamistes justifient leur racisme religieux en expliquant que les non-musulmans forment une catégorie hétérogène dont le dénominateur commun est le refus du message coranique, véritable déclaration de guerre puisque l'infidèle récalcitrant bloque ainsi la nécessaire expansion de la « vraie religion ». Les non-musulmans sont désignés dans le Coran par quantité de termes infamants et dévalorisants[41] : *moufsidoun* (corrupteurs), *mounafiqoun* (hypocrites), *fasidoun* (pervers), *zalimoun* (injustes), *moukazziboun* (menteurs), *soufahaa* (fous), *jahiloun* (ignares), *moujrimoum* (meurtriers), *saghiroun* (humiliés), *asfaloun* (abaissés), *khainoun* (traîtres), *baghoun* (prostitués), *mountadoun* (agresseurs), *malounoun* (maudits), etc. Quant aux croyants *(mouminine),* ils ont l'honneur d'être des *mouslimin* (soumis, musulmans), *abidoun* (adorateurs), *ibad* (fidèles), *salihoun* (bons), *oulou al-albab* (intelligents de cœur), *oulou-aalim* (savants, sages), *dahiroun* et *faizoun* (vainqueurs), *aaloun* (élevés), *sabiroun* (patients),

39. Abou Al-Mawdoudi (1903-1981), *in* Bat Ye'Or, *Juifs et chrétiens sous l'islam, Les Dhimmis face au défi intégriste*, Berg International, 1994, p. 291.

40. Ruhollah Khomeyni, *Principes politiques, philosophiques, sociaux et religieux,* trad. du persan par J.-M. Xavière, Fayolle, 1980, p. 59-62.

41. Jean Sleiman, « Violence et sacré dans le Coran », *in* Annie Laurent, *Vivre avec l'islam,* Saint-Paul, 1996.

*saïdoun* (maîtres), etc. Les rapports entre ces deux catégories irréductibles d'êtres humains doivent être faits de séparation, de distance et de refus (3, 30), car les non-musulmans ont conclu un pacte avec le diable (7, 27). Les infidèles menacent donc en permanence les vrais croyants qui sont contraints de se défendre et même d'anticiper leurs attaques. Par deux fois dans le Coran, rappellent les islamistes, les musulmans sont désignés comme membres supérieurs du « parti de Dieu » *(Hezb Allah)*, tandis que les non-musulmans sont classés dans la catégorie infamante des « ennemis de Dieu » (41, 19 ; 41, 28).

Aux termes de cette perception foncièrement hostile et raciste de l'Autre, qui est reconnu uniquement comme un inférieur que l'on doit humilier (Coran, 9, 29), l'islamisme justifie une sorte de « solution finale » de l'altérité inscrite dans le contexte même de l'apparition de l'islam, militairement victorieux des autres religions. Les scripturaires juifs ou chrétiens sont d'abord tués symboliquement, puisque privés de leur identité propre, lorsqu'on les accuse d'avoir « falsifié » la Bible et occulté la nature « islamique » de leurs propres prophètes (Abraham, Moïse, Jésus). L'islam apparaissant comme l'unique religion de la vérité (9, 33 ; 5, 3), elle annonce la caducité des autres, et Mahomet est le « sceau des prophètes ». L'identité même des religions abrahamiques qui résistent à l'aboutissement qu'a prévu pour eux le Coran est comme un reproche vivant à détruire. Quant aux polythéistes et aux athées, la mort leur est promise s'ils ne viennent point à la « vraie foi ». La croyance islamique selon laquelle il n'y aurait rien eu avant l'islam, si ce n'est une période d'ignorance et de barbarie *(jahiliyya)*, invite à combattre violemment tout ce qui pourrait attester du contraire, d'où l'acharnement des islamistes à détruire toute trace de passé préislamique démontrant que des civilisations bien plus avancées que celle des Arabes bédouins ont existé. C'est dans ce contexte visant à faire du passé table rase que s'expliquent les folles entreprises de certains régimes ou groupes islamistes, notamment en Égypte, en Algérie, en Iran, en Arabie Saoudite, et surtout au Pakistan et en Afghanistan, qui détruisent des statues de Bouddha, des vestiges de temples païens, réclament la destruction des Pyramides et lancent des djihads contre les touristes venus les contempler. Moins connue que les tristes réalités afghanes, la destruction de sites historiques par les islamistes algériens a été effective à Annaba, cependant que les islamistes et les régimes en place au Maghreb s'emploient à réprimer l'identité berbère et kabyle. Au nom des luttes de « libération nationale » ou de la réislamisation, la nouvelle solution finale des Occidentaux et des non-Arabo-Musulmans a déjà été largement entamée. En Turquie et dans le monde arabe, les populations chrétiennes (Arméniens, Grecs, pieds-noirs, chrétiens d'Orient assimilés à des « complices des croisés ») et juives (sépharades de la totalité du monde arabe excepté la Tunisie et le Maroc), des populations parfois installées avant même l'arrivée des conquérants musulmans, ont été massivement chassées ou sont en passe de l'être. Au Soudan, au Nigéria (deux mille personnes ont été tuées après l'imposition de la charia dans onze États du pays), en Indonésie (des milliers de chrétiens ont été massacrés aux Moluques) ou au Pakistan (où toute trace d'identité hindoue a été effacée et tous les hindous chassés), la solution finale, tantôt génocidaire, tantôt homéopathique, est en cours.

## LE RACISME PROGRESSISTE, TIERS-MONDISTE ET EXOTIQUE DU TOTALITARISME ISLAMISTE

Quoi qu'on en dise, depuis la décolonisation, c'est le monde islamique dans son ensemble, et pas seulement les islamistes, minoritaires, qui est peu à peu tenté par le même type d'idéologie totalitaire et xénophobe que le nazisme ou le stalinisme, pour lesquels la réalisation du bonheur futur passait par l'élimination du bouc émissaire : le juif, le sous-homme, le paysan, le bourgeois ou le réactionnaire capitaliste. Pour les islamistes, le nouveau « Juif global » à éliminer, le nouveau sous-homme à exterminer, le nouveau mal absolu responsable de tous les déboires des « purs » est « l'infidèle », l'Occident judéo-chrétien, même si les premières victimes du totalitarisme vert sont les musulmans libres qui refusent de voir l'univers à l'aune de cette couleur unique, comme jadis certains « aryens » refusèrent dignement de se proclamer supérieurs aux non-aryens. Depuis des années, la grille de lecture incontournable des islamistes et des masses musulmanes « déshéritées », et même des nombreux intellectuels « progressistes » ou autres chefs d'État les plus « anti-islamistes », d'Abdelaziz Bouteflika à Bachar Al-Assad, consiste à accuser l'Occident, Israël, les croisés, la CIA, le grand Satan américain, le Mossad ou encore les « juifs perfides », d'être responsables de tous les maux du monde arabo-musulman « humilié ». En Algérie, c'est sur un programme électoral d'une rare violence envers la France que le président Bouteflika a été élu. En Irak, en Iran, et jusqu'au Sud-Liban, où le Hezbollah est présenté comme une « force de résistance » contre « l'occupant israélien », la haine envers les sionistes et leurs « valets chrétiens » ex-colonisateurs est la raison d'être idéologique des pouvoirs en place.

Amnésique, l'Occident semble avoir oublié que la culture du ressentiment, particulièrement présente dans les représentations islamistes mais de plus en plus répandue dans le tiers-monde et en particulier au sein du monde arabe, ce mélange de revanche postcoloniale et de « complexe d'humiliation » fut l'un des moteurs essentiels de la propagation de l'idéologie nazie au sein de la société allemande. La volonté de revanche constitue le terrain névrotique privilégié des totalitarismes, le terrifiant principe de légitimation-justification de la haine totale de l'Autre, donc la phase de préparation psychologique conduisant aux solutions finales. Car l'autre, le Juif et le Slave d'hier, l'Occidental judéo-croisé aujourd'hui, à force d'être diabolisé, déshumanisé, rendu responsable de tous les maux, de toutes les injustices, devra être à un moment ou à un autre définitivement anéanti. À l'instar de l'Allemagne et de l'Europe des années 1930, c'est bien une idéologie de haine absolue, une *idéologie de destruction de masse*, qui fait de plus en plus office d'argumentaire politique. Une forme nouvelle, tiers-mondiste et exotique de racisme. Un racisme non pas fondé sur le sang mais sur l'appartenance culturelle et religieuse, donc paré d'une légitimité universaliste et théologique dont était dépourvue l'idéologie nationale-socialiste. Avec l'islamisme, on a donc affaire à un système néototalitaire, susceptible de succéder, voire même de surpasser les deux précédents, en ce sens que, s'il est également conquérant et violent, messianique et universaliste comme le communisme, antichrétien et surtout judéophobe comme le nazisme paganisant, il est avant tout théocratique et fonde son incroyable légitimité sur une puissante dynamique de réappropriation vindicative d'une identité « indigène » prétendument « humiliée » et spoliée par l'ancien colonisateur occidental. Forts des un milliard trois cent mille musulmans dans le monde, les islamistes se posent comme les défenseurs des « opprimés » du tiers-monde et surfent habilement sur la mauvaise conscience et la vulnérabilité psychologique de l'Occident. En instrumentalisant les thèmes hautement chargés affectivement et si mobilisateurs de l'anticolonialisme et même de « l'antiracisme » (Durban), ils sont parvenus à faire abaisser les gardes des Occidentaux, comme autoneutralisés par une rhétorique victimiste et progressiste détournée de ses fondements philosophiques originels, et subvertie au service du néoracisme islamiste. Autre point commun avec les fascismes et le communisme, l'islamisme a donc pour premières alliées objectives ces mêmes démocraties occidentales dont il veut la perte mais qui, au nom de leurs propres valeurs libérales et surtout de leur mauvaise conscience postcoloniale, lui permettent de se développer sur leur propre sol pluraliste. L'islamisme est sans conteste la principale menace néototalitaire à laquelle doivent faire face non seulement les démocraties mais toutes les sociétés non musulmanes que le totalitarisme vert projette d'anéantir ou de soumettre en vertu du postulat islamiste selon lequel « le monde de l'impiété ne fait qu'un » *(millatûn kufru wahida)*. Avec la défaite des forces de l'Axe en 1945, puis l'échec du communisme soviétique depuis le début des années 1990, on peut dire que l'idéologie islamiste, telle que formulée par les grands précurseurs que sont Adal-Wahhab, Muhammad Iqbal, Mawdoudi, le grand mufti de Jérusalem Al-Hadj al-Husseini, Hassan al-Banna, l'ayatollah Khomeyni, Sayyed Qutb, Hassan al Tourabbi, ou encore Oussama Ben Laden et ses parrains religieux wahhabites saoudiens, est *le troisième moment du totalitarisme*. À la différence près que ce dernier, intrinsèquement transnational et déterritorialisé, s'est adapté aux impératifs de la mondialisation et exprime, face à la modernité occidentale, une « réaction identitaire convulsive » typiquement postmoderne que Louis Dumont a nommée le « retour du refoulé identitaire » et du « holisme ».

# CHAPITRE 5

# Les grands pôles mondiaux du totalitarisme islamiste

*Les intégristes islamiques ont un projet de conquête mondiale. Comme Lénine, Hitler, Qutb ou Khomeyni, tous ces perturbateurs, tous ces dictateurs ont annoncé à l'avance leurs desseins. Comme toujours, nul ne veut y croire dans nos démocraties [...] où les islamophiles à la solde de l'Arabie Saoudite s'efforcent de ne mettre en lumière que l'aspect présentable de l'islam. L'idéologie existe, il ne manque qu'un chef musulman du calibre de Saladin, d'Hitler ou de Lénine, pour que nous soyons confrontés, dans une vingtaine d'années, à une menace militaire majeure.*

Général Jean Salvan[1]

## L'ORGANISATION DES FRÈRES MUSULMANS

L'organisation des Frères musulmans *(Ikwan al-Muslimin)* est fondée en Égypte en 1928 par un professeur de théologie, Hassan al-Banna, à la fois influencé par le wahhabisme saoudien, le soufisme et le « réformisme » islamiste d'Al-Afghani, d'Abdou et de Rida. Comme les premiers panislamistes de l'Empire ottoman, Al-Banna s'oppose violemment aux régimes politiques musulmans de son époque qui, sous l'influence ou la domination de l'Occident, s'engageaient sur la voie de la sécularisation. L'action du Guide suprême consiste, dans un premier temps, à envoyer des missionnaires un peu partout en Égypte. Ce n'est véritablement qu'en

1. « L'islam et la guerre », *Vigilance et Action* (bulletin de liaison du mouvement Initiative et Liberté), 1994.

1936, à la suite du traité anglo-égyptien, que les Frères *(Ikhwan)* amorcent leur action politique. Ils soutiennent tout d'abord la cause palestinienne, tissant dans ce contexte des liens étroits avec les puissances de l'Axe, et parviennent ainsi à élargir leur zone d'influence dans d'autres pays. En 1947, ils rejettent violemment la solution de partage de la Palestine adoptée par l'ONU et déclenchent un nouveau djihad armé contre « les Anglais et les Juifs ». C'est à ce moment que le jeune Yasser Arafat s'engage auprès des Frères musulmans égyptiens. Dès leur apparition, les Frères musulmans lancent une série d'attaques contre des cibles civiles. Cinémas, hôtels et restaurants sont incendiés, les femmes dont la tenue vestimentaire est jugée incorrecte sont attaquées au couteau ou au rasoir. Le FIS et le GIA ne font qu'appliquer aujourd'hui la recette que leur ont enseignée les professeurs égyptiens recrutés par le FLN en Algérie. Grâce à son organisation pyramidale – le Guide est assisté par un conseil consultatif *(majliss choura),* ils disposent de structures sociales, caritatives, universitaires, et même d'une branche armée –, la confrérie parvient à infiltrer assez rapidement le tissu social égyptien, investit tous les secteurs socio-professionnels et crée même au sein de l'organisation la section féminine des Sœurs musulmanes. Le 28 décembre 1948, l'organisation compte plus de un million d'adhérents, répartis en deux mille cellules. Elle parvient à faire assassiner le Premier ministre Nuqrachi Pacha, bien qu'elle continue de condamner publiquement la violence terroriste, assurant ne prôner le djihad qu'en Palestine. Ce double discours et cette capacité d'infiltration de la société annoncent une réalité aujourd'hui criante en Occident où l'organisation applique exactement la même stratégie. En 1949, la confrérie est dissoute. Hassan al-Banna, devenu trop puissant, est assassiné par des agents du roi mais l'organisation survit. En 1951, Hassan al-Houdaïbi est désigné nouveau Guide suprême.

Encore aujourd'hui, les Frères demeurent incontournables au sein de la vie politique égyptienne et dans le monde musulman. C'est ainsi qu'à ses débuts le jeune Gamal Adel Nasser, au départ membre de la confrérie islamiste, tente de l'instrumentaliser, sans succès, bien que les « Officiers libres » soient parvenus à recruter massivement parmi elle. Suit dès 1954 une période de répression impitoyable qui durera jusqu'en 1970. L'organisation continue malgré tout d'exister sous la forme d'une opposition clandestine en Égypte et dans de nombreux pays musulmans, poursuivant son but d'instaurer des États islamiques par les voies électorales, lorsque cela est possible, mais souvent aussi par le biais de la violence politique.

Le programme des Frères musulmans est le prototype même de l'idéologie totalitaire. Hassan al-Banna résume ainsi sa conception de l'islam : « L'islam est idéologie et foi, patrie et nationalité, religion et État, esprit et action, livre et épée[2]. » Le credo officiel des Frères musulmans est encore plus explicite : « Dieu est notre but *(Allahu ghayatuna)*. L'Envoyé est notre modèle *(Arrasulu qadwatuna)*. Le Coran est notre loi *(Al Qura'an chari'atuna)*. La guerre sainte est notre chemin *(Al* djihad*u sabiluna)*. Le martyre est notre désir *(Assahadatu amniyyatuna)*. » Ce credo montre que le culte du martyr, développé par les courants « djihadistes » comme le Hamas (branche palestinienne des Frères musulmans) ou Al-Qaida, est loin d'être étranger à l'idéologie des Frères, dont les responsables reconnus et « respectables », comme Youssef Qaradhawi, feignent de condamner les entreprises terroristes et les kamikazes.

Foncièrement totalitaire, l'organisation ressemble à s'y méprendre, dans son fanatisme doctrinal et son mode de fonctionnement interne, aux ordres nationaux-socialistes autant qu'aux sectes. En 1937, Al-Banna avait déjà pris conscience de l'importance capitale de l'embrigadement idéologique. Il mit ainsi en place une cellule de base composée de cinq à dix personnes, « la famille », dont les membres devaient passer ensemble au moins deux nuits par semaine et étudier scrupuleusement les écrits du Guide suprême, puis prier et réfléchir afin de se constituer une « personnalité totalement islamique ». Pour qu'elle puisse se développer, la spiritualité islamiste est censée s'appuyer sur des « organisations de jeunesse » comparables aux jeunesses hitlériennes ou communistes, les *Jawwala,* ou « pionniers ». Celles-ci totalisent en 1948 un effectif de quarante mille membres parfaitement entraînés et mobilisables. À côté de cette structure, l'organisation dispose d'un appareil encore plus secret et totalitaire, la « Section spéciale », forte d'un millier de membres entraînés au maniement d'armes et aux diverses techniques de terrorisme urbain. Ils doivent prêter un serment particulier d'obéissance et de silence devant un Coran et un revolver : « La mort est un art. Le Coran a ordonné d'aimer la mort plus que la vie[3]. » Ceci n'empêche point Tariq Ramadan, le petit-fils d'Hassan al-Banna, l'un des théoriciens préférés des Frères en Europe, de déclarer : « Hassan al-Banna refusait la violence et n'a admis l'usage des armes qu'en Palestine pour résister à la colonisation sioniste.

2. Cité par Rochdy Alili, *Qu'est-ce que l'islam ?,* Paris, La Découverte & Syros, 2000, p. 323.
3. Cf. Mitchell et Gilles Képel, « Les Frères musulmans », *Histoire,* n° 26.

[...] Le refus de la violence est resté un principe si fort que ceux qui y ont eu recours, dès les années 1960, ont dû quitter bon gré mal gré l'association[4]. »

Adressé aux autorités politiques de tout le monde musulman, aux universités islamiques et « à tous ceux qui ont le souci de défendre la religion dans le monde musulman », le programme des Frères musulmans, qui compte cinquante points, atteste de la nature totalitaire de l'idéologie d'Hassan al-Banna. Examinons les plus significatifs :

**Domaine politique et juridique**

« — Surmonter la division politique et orienter la force politique de la *oumma* vers un seul horizon [...] ;

— réformer les lois pour qu'elles se conforment à la législation islamique, et notamment les infractions et les sentences pénales ;

— fortifier l'armée et multiplier les phalanges de jeunes en les éduquant à la ferveur de la Guerre sainte [...] ;

— fortifier les liens entre tous les pays musulmans, et notamment les pays arabes, afin de préparer à une réflexion sincère et pratique concernant le califat perdu [...] ;

— contrôler le comportement personnel des fonctionnaires sans distinguer l'aspect privé de la responsabilité publique du fonctionnaire [...] ;

— [...] mettre un terme à l'oisiveté nocturne. »

**Domaine social et scientifique**

« — Montrer de la fermeté dans l'application des sanctions pénales relatives aux mœurs ;

— supprimer la prostitution dans ses deux aspects, discret et publique [...], supprimer toutes les sortes de jeux de hasard [...], lutter contre la consommation du vin et de la drogue ;

— interdire la mixité entre étudiants et étudiantes, [...] fermer les dancings, les jeux libertins et interdire la danse et tout contact gestuel entre homme et femme [...] ;

— encourager par tous les moyens le mariage et la procréation [...] ;

— exercer un contrôle sur le théâtre et sur le cinéma, et filtrer les pièces à jouer et les films à diffuser [...]. Effectuer avec rigueur un tri et un contrôle sur les chansons avant de les diffuser, [...].

4. Alain Gresh, Tariq Ramadan, *L'islam en questions,* Sindbad-Actes Sud, 2000, p. 29.

Bien choisir tout ce qu'on transmet à la radio en surveillant le contenu des conférences et des thèmes à débattre. Il s'agit d'utiliser la radio comme un moyen pour promouvoir une éducation civique et morale [...] ;

— Confisquer les romans d'excitation ainsi que les livres qui sèment le doute et pervertissent. Interdire également toute publication qui œuvre à la diffusion de la débauche et qui excite le désir de manière la plus grossière ;

— organiser les camps de vacances en mettant un terme à l'anarchie et au comportement licencieux [...] ;

— revivifier le rôle de la *hisba* (la police des mœurs) et réprimer tous ceux qui ne respectent pas les préceptes de l'islam ou ceux qui n'observent pas ses obligations, tels le jeûne du mois de ramadan, la prière, ou encore ceux qui insultent la religion [...] ;

— réfléchir au meilleur moyen d'unifier progressivement les uniformes vestimentaires dans toute la *oumma ;*

— mettre fin à l'esprit étranger [occidental] dans les foyers, notamment pour ce qui touche à la langue, aux habitudes, aux habits, au recrutement des éducatrices et des nourrices ;

— orienter la presse vers le bien et encourager les auteurs et écrivains à traiter des thèmes spécifiquement islamiques de l'Orient. »

**Domaine économique**

« — Prohiber l'usure et organiser l'activité bancaire [...], nationaliser les entreprises étrangères. »

On retrouve dans ce programme la plupart des caractéristiques du totalitarisme « classique » énumérées par Hannah Arendt ou Raymond Aron : refus de la liberté d'expression, contrôle des médias et de l'économie, confusion des domaines public et privé, de la société civile et du politique, instauration d'un régime de terreur, notamment au moyen de l'armée et de la police des mœurs qui est omniprésente dans les régimes totalitaires islamistes déjà existants, exaltation de la violence guerrière, projet de conquête mondiale à travers l'unification de la *oumma*, uniformisation et édification d'un homme nouveau, l'*homo islamicus*, rejet absolu de la laïcité et de la mixité, moralisme omniprésent et haine totale envers la civilisation occidentale.

Gardons à l'esprit que cette organisation, née dans la haine et la violence, est officiellement reconnue comme « interlocuteur légitime » par les pouvoirs publics partout en Europe, ainsi qu'aux États-Unis où elle contrôle la majorité des mosquées.

C'est pendant les années noires où l'organisation est interdite que Sayyed Qutb (1906-1966), l'un des principaux idéologues islamistes modernes issus des Frères, élabore la doctrine de la « souveraineté absolue de Dieu » *(hakimiyya)* qui influencera considérablement l'ayatollah Khomeyni et les terroristes actuels du Hamas ou d'Al-Qaida. Depuis sa prison, il forge sa « théorie de la rupture islamique avec l'ordre établi » dans son ouvrage *À l'ombre de Dieu*, l'équivalent islamiste du *Que faire ?* de Lénine. « Selon Qutb, l'islam est caractérisé par la souveraineté de Dieu seul : un chef d'État n'y exerce légitimement son pouvoir pour autant qu'il met en œuvre la volonté de Dieu, c'est-à-dire les injonctions de la charia, note Gilles Képel. [...] Poussée à son terme, la pensée de Qutb aboutit au renversement du pouvoir par la violence[5]. » (Assassinat de Mahmoud Nakrachi Bacha en 1948, de Sadate en 1981, etc.) Arrêté en 1954, Qutb est exécuté en 1966 par Nasser qui a déclaré une guerre impitoyable à l'organisation. Ainsi, en 1965, vingt mille Frères sont derrière les barreaux.

Mais en 1970, avec l'arrivée d'Anouar al-Sadate, lui-même ancien Frère musulman, et surtout à partir de 1979 dans un contexte de guerre froide, les choses évoluent : le nouveau *raïs*, qui a besoin de toutes les forces vives et conservatrices contre le nassérisme, proclame une amnistie générale. Mohamed Ahmed Aboul Nasr est le nouveau Guide suprême du mouvement. Les Frères redeviennent un groupe de pression toléré et fort puissant, capable de faire élire nombre de députés sous les étiquettes de partis politiques autorisés (néo-Wafd, Parti du Travail, Parti libéral, etc.). Sadate permet simultanément le retour de nombreux cadres du mouvement réfugiés en Arabie Saoudite et donne les coudées franches à la confrérie dans les universités, dont la mission principale est de contrer l'opposition nationaliste nassérienne et les marxistes. L'influence de l'organisation d'Al-Banna s'étend sur les différentes centrales syndicales. Ses membres parviennent même à se poser en médiateurs privilégiés entre les extrémistes dissidents qui leur reprochent leur « respectabilisation ». En 1981, Sadate ne sera pourtant pas récompensé pour sa magnanimité puisque c'est un membre d'une organisation issue des Frères, le Djihad islamique (structure « djihadiste-salafiste » fondée par Abboud al-Zomar, actuellement emprisonné), qui assassine le « nouveau pharaon ». L'inspirateur de l'assassinat, Abdessalam Faraj, est l'auteur d'un

5. Gilles Képel, *op. cit.*, p. 488.

célèbre ouvrage, *L'Impératif occulté,* qui pousse encore plus loin la théorie de rupture avec l'ordre établi de Qutb en prônant le djihad contre tout souverain non islamiste. De l'assassinat d'Anouar al-Sadate à la tuerie de Louxor en novembre 1997, c'est la postérité des Frères musulmans qui sera à l'origine des violences politiques, puisque la Gamaa al-islamiyya et le Djihad islamique, également présent dans les territoires occupés, puisent leur idéologie révolutionnaire dans les écrits de Qutb, Faraj et Moustapha Choukri, idéologue de la Société des musulmans et continuateur de Qutb. Quatre cents volontaires du djihad participeront à la guerre civile libanaise, trois mille à la guerre d'Afghanistan. D'autres militants ne cesseront de perpétrer des attentats en Haute-Égypte, au Caire et ailleurs par le biais de sa branche armée Tali'a al-Fatah (l'avant-garde de la conquête).

## Les ramifications des Frères musulmans dans le monde et en Occident

Relativement bien structurée, quoique très décentralisée et à l'origine de nombreuses scissions aujourd'hui totalement autonomes, l'organisation est implantée partout. En premier lieu en Égypte, en Jordanie, en Algérie, au Soudan et au Koweït, où elle est représentée au Parlement, puis dans le monde arabe en général, où elle agit à travers des sections bien définies, notamment en Syrie et au Yémen. Elle porte parfois une autre appellation, comme le Hamas en Palestine et en Algérie, le Front national islamique au Soudan, le Mouvement islamiste de Niazi et Rabbani en Afghanistan, le Mouvement de tendance islamique en Tunisie, ou encore le groupe Justice et Bienfaisance au Maroc.

Incontestablement, le Front national islamique d'Hassan al-Tourabbi au Soudan sera l'une des plus spectaculaires réussites politiques des Frères, avec le Hamas. Dirigeant historique des Frères musulmans soudanais, Tourabbi est actuellement l'un des principaux idéologues islamistes. Éminence grise du régime militaire du général Al-Bachir, au pouvoir depuis 1989 au Soudan, Al-Tourabbi a joui, jusqu'à sa mise à l'écart en 2000, d'une liberté d'action quasi totale. Dans la plus pure tradition des Frères musulmans, ses adeptes ont progressivement infiltré la plupart des postes-clefs de l'État qu'ils dirigeaient *de facto* par le biais du comité des Quarante personnalités. Entre 1989 et 2000, Khartoum deviendra l'un des grands pôles de l'islamisme international, ainsi qu'une des bases de refuge pour les mouvements intégristes des pays frontaliers dont l'Égypte, la Libye, l'Algérie et la Tunisie. En outre, les bureaux de la quasi-totalité des organisations islamistes et révolutionnaires palestiniennes (Hamas, Djihad islamique, FPLP, Fatah), et même chiites libanaises (Hezbollah), y ont été installés. Le Soudan abritera également la Conférence islamique des peuples arabes (CIPA), réunie à l'initiative d'Hassan al-Tourabbi en 1991. C'est sous le couvert de cette organisation que Ben Laden deviendra le trésorier de différents mouvements islamistes dans plus de cinquante pays, de l'Iran à l'Indonésie.

Les Frères musulmans sont également proches du mouvement islamiste turc de Necmettin Erbakan (Fasilet Partisi). Le Milli Görüs en est la branche européenne, notamment en Allemagne où elle quadrille une partie de la communauté turque. Les Frères œuvrent aussi de concert avec les organisations liées à l'Arabie Saoudite dans la gestion d'associations et de centres religieux. Ainsi, la Faculté européenne d'études islamiques de la Nièvre, basée à Saint-Léger-du-Fourgeret, forme les futurs imams européens à la lumière de la doctrine d'Al-Banna et du wahhabisme. L'Institut des sciences humaines, lui, est directement relié au Conseil mondial des mosquées d'Arabie Saoudite, dont le siège européen se trouve à Bruxelles, ainsi qu'à l'Institut islamique pour la formation des prédicateurs et imams en Europe qui siège également dans la capitale belge.

Les Frères musulmans sont représentés dans chaque pays européen et au niveau continental à travers de grandes organisations : Union des organisations islamiques de France (UOIF), Union des communautés et organisations islamiques d'Italie (UCOII), Union des organisations islamiques d'Europe (UOIE), etc. Mais la doctrine islamiste du tyrannicide héritée des Frères à travers Sayyed Qutb remporte également du succès dans des pays musulmans non arabes comme le Pakistan, ou non sunnites, principalement en Iran où la révolution chiite de l'ayatollah Khomeyni, qui déposera le chah en 1979 et contribuera à donner une image exagérément extrémiste du chiisme, sera le résultat de l'influence des Frères musulmans sur l'islamisme chiite.

### LE PÔLE CHIITE-IRANIEN OU LE RÔLE FONDATEUR DE LA RÉVOLUTION KHOMEYNISTE DE 1979

Mise en sommeil par l'arabisme laïque qui caractérisa la période nassérienne et baassiste jusqu'à la fin des années 1970, la mouvance islamiste ne connaîtra pas de réel succès politique – mis à part Zia ul-Haq au Pakistan – avant l'arrivée au pouvoir de Khomeyni en Iran. Bien que l'ayatollah iranien fût chiite, son ascension constituera un motif d'encouragement et d'espoir pour nombre de mouvements islamistes sunnites du monde entier. Aujourd'hui encore, le Hezbollah chiite du Liban est cité en exemple par les mouvements islamistes radicaux des territoires occupés comme le Hamas ou le Djihad islamique. Les théories des Frères musulmans connaîtront en fait un succès considérable au sein du monde chiite iranien, notamment grâce à l'action de la section locale des Frères, le Fida'iyan-i-Islam dont Khomeyni sera l'un des membres. L'imam Khomeyni bénéficiera d'ailleurs, entre 1975 et 1978, du précieux concours des moudjahidines palestiniens[6] issus des Frères musulmans pour l'organisation d'attentats spectaculaires visant à déstabiliser le pouvoir déjà chancelant du chah[7]. Déjà, en mars 1951, les contacts entre les Frères et une partie du clergé chiite proche de l'opposition avaient été mis en lumière lorsque le général Razmara fut assassiné par un terroriste membre de la section iranienne. L'attentat avait d'ailleurs été salué par l'un des parrains politiques de Khomeyni, l'ayatollah Kachani, à la fois proche de Fida'iyan-i-Islam et de l'opposition au chah. De plus, l'idéologie tyrannicide de rupture radicale avec le pouvoir « impie », développée par Sayyed Qutb, correspondait à une tradition typiquement chiite de révolte au nom de la légitimité islamique, d'ailleurs souvent contre des souverains sunnites jugés illégitimes. Khomeyni « entendait adresser [son message] au-delà de tout clivage sectaire à l'islam tout entier, du Maroc à l'Indonésie. C'est pour relancer la dynamique panislamique, après l'impasse de la guerre avec l'Irak, que le 14 février 1989 l'ayatollah mit à prix la tête de l'écrivain anglo-indien Salman Rushdie[8] », créant une vague d'effervescence islamiste sans précédent dans toute l'Europe. La force du message de l'ayatollah consistera à réhabiliter et à mener à la victoire ce courant islamiste tyrannicide et révolutionnaire au nom des déshérités, en dépit du fait qu'il échouera dans sa volonté de susciter des conversions mas-

6. Darioush Homayoun, *Hier et Demain,* 1981, p. 62 ; Houchang Nahavandi, *Iran, deux rêves brisés,* Albin Michel, 1981, p. 120-121.

7. Fereydoun Hoveyda, *La Chute du chah,* Buchet-Chastel, 1980 ; Houchang Nahavandi, *La Révolution iranienne, vérité et mensonge,* L'Âge d'Homme, 1999.

8. Michael Barry, « L'islam vu de Washington », *Politique internationale,* n° 82, premier trimestre 1999.

sives de sunnites au chiisme. Reste que Khomeyni demeure un exemple politique pour nombre d'islamistes dans le monde.

## Islamisme, services secrets et terrorisme

Bien qu'elle possède un certain nombre de structures, avec notamment les centres islamiques de Hambourg et de Bonn en Allemagne, le Muslim Institute en Angleterre, le centre Jamaleddin Kaplan en Espagne et aux Pays-Bas ou La Voix de l'Islam en France, l'action de l'Iran chiite en matière de prosélytisme et d'instrumentalisation des communautés immigrées musulmanes demeure assez modeste en Europe de l'Ouest. Téhéran a très faiblement contribué au financement des mosquées ces dernières années dans les capitales européennes et n'a que peu d'emprise sur un islam européen largement sunnite. En Europe de l'Est, en revanche, le régime des mollahs s'est fortement investi dans l'embrigadement, l'aide militaire et le soutien financier aux islamistes bosniaques et aux Albanais du Kosovo. Les buts réels des Iraniens sont multiples. Largement entravé par le fait que les musulmans des Balkans sont sunnites, le prosélytisme islamiste n'est souvent qu'un prétexte pour justifier une implantation géopolitique dans cette région. Les services secrets iraniens ont ainsi établi depuis 1997 une puissante infrastructure militaro-terroriste, et même une base opérationnelle, pour les différentes missions d'infiltration et d'espionnage vers l'Europe du Sud et l'Union européenne. L'axe d'implantation iranien part de l'Albanie, traverse la Macédoine, une partie du Monténégro, du Sanjak et de la Bosnie-Herzégovine où nombre de *pasdaran* ont combattu les Serbes, pour enfin rejoindre Brindisi.

Sur le plan international, la force de frappe islamiste iranienne et pro-iranienne demeure considérable. Malgré l'arrivée au pouvoir à Téhéran d'un président réputé modéré, Mohamed Khatami, qui déclare vouloir dialoguer avec l'Occident, le pays des *pasdaran* n'a aucunement cessé de financer les nombreuses structures islamo-terroristes qu'elle a mises en place aux quatre coins du monde, principalement au Liban, en Palestine, au Soudan, en Asie centrale, dans les Balkans et en Amérique du Sud. Les activités terroristes financées et contrôlées par Téhéran sont centralisées au sein du Conseil suprême des affaires du renseignement, la Vavak, héritière de la toute-puissante Savak. La plus importante des structures d'aide à la révolution islamique dans le monde, créée en 1980, est le Bureau d'aide à la révolution islamique, ou Cercle des mouvements de libération, ou encore Fondation des opprimés *(Mostadhafin)*. Détail apparemment étonnant, la première réunion des mouvements islamistes et de libération organisée par le Bureau eut lieu en février 1981 avec la participation de Yasser Arafat, de chiites irakiens et pakistanais, d'islamistes égyptiens, du mouvement fattani de Thaïlande, du mouvement moro des Philippines, lié à la Libye et à Al-Qaida, ainsi que de mouvements islamistes maghrébins qui deviendront le GIA et le FIS. Directement reliés à la République islamique iranienne, le GIA algérien, le Hamas palestinien, comme le Hezbollah libanais sont en lien permanent avec le Bureau des mouvements révolutionnaires qui assure depuis Téhéran le financement, l'assistance logistique et la coordination des différents groupes islamistes armés.

Parmi les organes de propagation de la révolution islamique iranienne, deux structures internationales ont joué un rôle considérable dans le monde : le Hezbollah et les commandos Al-Qods. Créés en 1987 et dirigés par Ahmad Wahidi, ces commandos, qui intègrent en un seul corps les forces iraniennes travaillant à l'étranger, sont répartis en huit sections : Irak, Palestine-Liban-Jordanie, Turquie, Afghanistan-Pakistan-Inde, Europe-Amériques, Afrique du Nord, pays du Golfe et Asie centrale. Ils disposent de leurs propres camps d'entraînement à Imam Ali, au nord de Téhéran. Quant au Hezbollah, la plus « belle » réussite de Téhéran en dehors de l'espace persan, il permet à l'Iran, et au pôle islamiste chiite en général, de disposer d'une puissante structure régionale et internationale de diffusion des idées révolutionnaires islamistes et d'appui logistique aux actions terroristes des différents groupes islamistes, d'ailleurs indifféremment chiites et sunnites, sans pour autant paraître officiellement impliqués.

## Le Hezbollah international

Pas moins d'une vingtaine d'organisations islamistes ultraradicales et terroristes revendiquent, dans le monde, leur affiliation au Hezbollah et sont représentées dans des pays arabes apparemment peu suspects d'amitiés chiites-iraniennes : l'Arabie Saoudite, l'Irak, le Koweït, sans parler des cellules du Hezbollah implantées en Amérique latine *(infra)* et en Afrique de l'Ouest. Mais le centre névralgique du Hezbollah demeure le Liban. Malgré son indépendance croissante, le Hezbollah continue depuis quelques années d'être contrôlé par Téhéran. L'ancien groupuscule extrémiste chiite créé dans les années 1980 par les services iraniens est devenu aujourd'hui une véritable force politique régionale qui dispose d'une légitimité de « résistance », y compris auprès des « laïques » ou non-musulmans.

Désigné à la tête du Hezbollah en 1992 à la mort de son prédécesseur Abbas Moussaoui, le cheikh Nasrallah est le principal artisan de la métamorphose du mouvement terroriste clandestin en parti politique respecté, de rayonnement international, d'ailleurs représenté au Parlement de Beyrouth par un puissant groupe politique. Généreusement financé par Téhéran, le Hezbollah a su mettre en place toute une politique sociale et économique clientéliste dans les territoires qu'il contrôle. Grâce à un budget annuel qui dépasse trente millions de dollars par an, le Hezbollah gère des banques, des biens immobiliers, des écoles et des hôpitaux, des organismes d'assistance sociale, des stades. Il possède journaux, radios et télévisions, émetteurs téléphoniques, un site Internet (www.hezbollah.org). Sa popularité au sein de la société palestinienne et dans tout le monde arabe est mesurable au succès croissant de sa chaîne de télévision Al-Manar (Le Flambeau), installée près de l'aéroport de Beyrouth, dont la diffusion par satellite a d'ailleurs coïncidé avec le début des violences israélo-palestiniennes de septembre 2000. En fait, la chaîne officielle du « Parti de Dieu » n'a pas eu de difficultés à étendre son audience au-delà des frontières du Sud-Liban, de l'Algérie, où elle est également devenue très populaire, à la Palestine, où les images de commandos suicides contre Tsahal ont galvanisé les masses. En plus d'autres nombreux organes de presse dont *Al-Sabil al-Bilad* qui est installée à Beyrouth, *Al-Ahed*, ou encore *Nour al-Islam*, le Hezbollah contrôle plusieurs radios, telles La Voix des pauvres, Al-Salam, La Voix de la Lumière, La Voix de la Foi. Outre cette force de frappe culturelle, les armes et les fonds ne manquent pas, et les liens avec Damas et Téhéran demeurent forts. L'Association de secours mutuel pour les blessés et les mutilés de guerre et la Fondation des martyrs sont jumelées avec les homonymes et richissimes associations iraniennes. Chaque année, le mouvement chiite pro-iranien organise un véritable défilé militaire à Baalbek. Plus impressionnant, l'arsenal du Parti de Dieu est composé de missiles antichar à haute précision (les *Tow* américains hérités de l'affaire Iran-Contras), de mortiers de cent vingt millimètres, de mines télécommandées à visées laser et à cellule photoélectrique, de blindés lourds, de missiles iraniens *Al-Fajr* 3 et 5, d'obusiers autotractés, de missiles antiaériens SAM 7, etc. Le Hezbollah dispose par ailleurs d'une école d'entraînement militaire pour ses jeunes recrues à Kabrikha, dans le Liban Sud. Depuis le retrait de Tsahal du Liban en mai 2000, le Hezbollah a redéployé ses trente mille hommes aguerris dans tout le sud du pays. De là, autour des fermes de Chebaa, il continue sa « guerre de libération » contre Israël avec l'aval de Beyrouth et de Damas.

### La « hezbollahisation » de l'islamisme palestinien

Depuis le déclenchement à l'automne 2000 de l'Intifada Al-Aqsa, au caractère nettement plus islamiste que celle de 1987 et largement influencée par le Hezbollah et sa stratégie de commandos suicides, l'organisation chiite libanaise est en pleine expansion. Il faut rappeler que, pour les islamistes et les Palestiniens en général, le retrait (volontaire) de Tsahal du Sud-Liban fut perçu comme une manifestation de « l'héroïsme » islamique chiite. Les forces islamistes radicales comme la Gamaa, le Hamas ou le Djihad islamique prirent alors comme référence suprême le Hezbollah libanais, dont la stratégie est considérée comme seule susceptible de vaincre les judéo-croisés. En fait, depuis le retrait de Tsahal, célébré dans tout le monde arabe comme « un premier pas vers la libération de la Palestine et des Lieux saints de Jérusalem », le prestige du Hezbollah n'a cessé de s'accroître dans tout le monde arabe. Le Hezbollah libanais est plus présent que jamais en Palestine, où ses drapeaux sont exhibés autour de la Coupole du Rocher et de la mosquée Al-Aqsa. Outre les *shebab*, nombre d'étudiants, d'intellectuels et de militants politiques, y compris ceux qui n'ont jamais eu de sympathie pour l'islamisme politique, exhortent désormais les dirigeants palestiniens à imiter le Hezbollah, vainqueur du « Goliath israélien ». Indépendamment des indéniables responsabilités israéliennes, la situation de chaos actuel en Palestine est largement due à ce phénomène de « hezbollahisation » de l'opposition palestinienne.

La nébuleuse chiite libanaise et iranienne est étroitement liée aux milieux palestiniens depuis les années 1970, avant même l'avènement de la révolution khomeyniste. Jadis incarnée par le groupe Amal de l'imam Sadr, cette connexion libano-irano-palestinienne est aujourd'hui chapeautée en grande partie par le réseau tentaculaire de l'Organisation de la justice révolutionnaire d'Imad Mughniyeh et le Djihad islamique de Hussein Moussaoui. Ces deux groupes contrôlent plusieurs groupuscules terroristes et radicaux comme le Mouvement indépendant pour la libération des personnes enlevées, l'Étendard de l'Islam ou encore l'Organisation de la Justice divine. Le Hamas, bien que sunnite, est financé et contrôlé par Téhéran depuis 1992, époque où il a reçu un budget de dix millions de dollars pour lancer une radio et une télévision pouvant émettre à partir de la Bekaa. Les recrues du Hamas sont entraînées dans le camp-école de l'imam Ali à Karandji, près de Qom, ainsi que dans le complexe de Beït al-Makder, également situé dans cette région.

## Les connexions paradoxales chiites-sunnites et arabo-iraniennes

Imad Mughniyeh est l'une des figures centrales du terrorisme libano-palestinien pro-iranien qui œuvre aujourd'hui avec la mouvance Al-Qaida, ainsi que l'a montré l'US Justice Department dans un rapport du 20 septembre 2001. Travaillant directement pour les services secrets iraniens, Mughniyeh est l'auteur des opérations de commandos-suicides qui ont attaqué l'ambassade américaine au Liban et les casernes de marines à Beyrouth en 1983. Il sera par ailleurs le cerveau dans l'affaire du détournement d'avion de la TWA à destination de Beyrouth en 1985 et d'enlèvements de ressortissants américains au Liban dans les années 1980. Ses liens avec Ben Laden s'établiront au Soudan au début des années 1990 dans le cadre des rencontres interislamistes organisées par Hassan al-Tourabbi.

On sait que les différentes actions spectaculaires perpétrées par Mughniyeh, notamment l'utilisation réussie de terroristes pour forcer les troupes américaines de maintien de la paix à quitter le Liban, impressionneront Ben Laden et ses alliés égyptiens de la Gamaa et du Djihad. La collaboration entre Ben Laden et le terroriste libanais sera scellée via l'association Usbat al-Ansar (la Ligue des supporters), un groupe islamiste néo-wahhabite palestinien du Liban dirigé par Abou Mahjen. Considérablement renforcé au contact de la mouvance Ben Laden, Usbat al-Ansar aurait bénéficié des camps d'entraînement d'Al-Qaida en Afghanistan, et reçu des fonds à la fois saoudiens et iraniens – en novembre 2000, un émissaire de Ben Laden aurait rencontré Mughniyeh au Liban et le milliardaire saoudien aurait confié à Abou Zoubeida, responsable des « relations extérieures » d'Al-Qaida, la tâche d'entraîner le groupe. Notons que le fondateur d'Usbat al-Ansar, Hisham Shreidi, est l'un des anciens leaders d'Al-Gamaa al-islamiyya et un proche collaborateur de Takfir wa'l-Hijra, donc des mouvances terroristes égyptiennes issues des

Frères musulmans qui, à la différence des wahhabites traditionnels, ont toujours entretenu des contacts avec les islamistes chiites. À l'actif du groupe de Mughniyeh, signalons entre autres la tentative d'assassinat contre le patriarche maronite Nasrallah Sfeir, l'attaque, le 3 janvier 2000, de l'ambassade de Russie à Beyrouth, sans oublier les régulières interpositions avec les forces de l'ordre libanaises, l'objectif final étant d'instaurer une république islamique au Liban.

Les liens d'Usbat al-Ansar avec les organisations les plus diverses vont du FPLP de Georges Habbache au Hezbollah, en passant par les réseaux du Fatah au Liban, sans oublier l'association wahhabite radicale libanaise Al-Tawahid Ahslami de Maher Hamud. Ses places fortes se trouvent dans plusieurs camps de réfugiés palestiniens du Liban, Badawi, Nahar al-Bared près de Tripoli, et Ayn al-Hilweh à Sidon. En Palestine et au Liban, des rencontres sont régulièrement organisées entre des *pasdaran* iraniens et les représentants de mouvements terroristes palestiniens islamistes ou même marxisants, notamment le FPLP-commandement général pour le Liban Sud, créé en 1968 par Ahmed Jibril dont le fils, Jihad, est aujourd'hui très lié au Hezbollah. Né à Ramallah en 1935, Ahmed Jibril, qui a été officier dans l'armée syrienne, est entré en 1967 au FPLP, lui-même dissident de l'OLP d'Arafat.

Le Hezbollah est également présent en Algérie, et même en Europe. Au début de l'année 1995, une enquête des services de police français révéla en effet qu'une centaine de jeunes Français musulmans d'origine maghrébine avaient participé à des stages de formation militaire dans les camps d'entraînement libanais de Baalbek, Chtaura et Tanayel. Détenteurs de la double nationalité franco-algérienne, ces jeunes moudjahidines transitaient par l'Algérie, au prétexte d'un séjour familial, puis gagnaient les plaines de la Bekaa via Damas qui n'exige pas de visas pour les ressortissants algériens et est directement reliée à Alger par des vols réguliers. On sait par exemple que Djamel Zitouni, ancien chef du GIA, et son groupe ont reçu un entraînement dans les camps de la Bekaa. Depuis 1991, plusieurs cadres islamistes algériens résident en quasi-permanence à Baalbek et assurent une coordination avec le Hezbollah. Des liens étroits existent également entre Téhéran et les milieux islamistes tunisiens, notamment avec Ennahdha de Rachid Ghannouchi. On a pu s'en apercevoir lors des attentats de 1986 à Paris, qui seront organisés par le terroriste tunisien converti au chiisme, Fouad Ali Saleh. Au Soudan, un accord conclu en décembre 1992 entre Téhéran et le Front islamique soudanais de Hassan al-Tourabbi prévoit, à raison d'un budget de trois milliards de dollars annuel, la formation d'officiers de renseignements soudanais, l'échange d'informations et de matériel, ainsi que l'envoi de spécialistes pour les camps du Congrès populaire arabe islamique. Enfin, de récentes enquêtes du FBI et des polices argentine et israélienne sur les liens entre les cellules américaines d'Al-Qaida et le Hezbollah en Amérique latine – qui abrite une minorité arabo-musulmane de près de dix millions d'âmes dont plus de un million de musulmans – ont permis d'identifier, dans la zone dite de la Triple Frontière *(Triple Frontera)* située autour du Paraguay et débordant sur une partie du Brésil et de l'Argentine, une base arrière de l'islamo-terrorisme international où coopèrent étroitement le Hezbollah, les Frères musulmans et la nébuleuse Ben Laden.

Les polices antiterroristes ont commencé à s'intéresser de près à cette Triple Frontière à l'occasion du premier attentat du World Trade center en 1993, mais aussi à la suite de ceux perpétrés à Buenos Aires en 1992 contre l'ambassade d'Israël, puis en juillet 1994 contre le centre communautaire juif AMIA (Argentine Israeli Mutual Association) qui a fait quatre-vingt-six morts et plus de deux cents blessés. D'autres attentats de moindre envergure avaient d'ailleurs déjà été perpétrés les années précédentes en Argentine où vit l'une des plus importantes communautés juives du continent américain. Dans cette « zone grise », un véritable sanctuaire islamiste international, à la fois logistique et financier, a été mis en place depuis une vingtaine d'années à la faveur du mouvement de réislamisation radicale observée au sein des milieux arabophones et persans, et surtout en raison des liens étroits qui unissent la diaspora arabo-musulmane du Paraguay et de l'Amérique latine en général avec le Liban et les territoires occupés. Les services secrets iraniens, le Hezbollah et plusieurs cellules de l'organisation d'Imad Mughniyeh et d'Al-Qaida ont élu domicile dans cette zone lointaine qu'est la Triple frontière, car elle est, plus encore que les Balkans ou la Bekaa, un sanctuaire criminel international quasiment inviolable pour le terrorisme et les mafias en tous genres : le nord du Paraguay est contrôlé par les trafiquants brésiliens et autres cartels de la drogue mexicains ou colombiens (Pedro Juan Caballero et Ponta Pora) ; Asunción est tenue par la « mafia gouvernementale », l'une des plus corrompues au monde et principal fournisseur de faux documents en tous genres ; le Sud abrite depuis la fin de la Seconde Guerre mondiale une importante colonie de vétérans du nazisme ainsi que leurs descendants ; quant à Ciudad del Este, c'est là que vivent les cent mille Arabo-Musulmans du pays, pour la plupart richissimes. Ciudad del Este est le point d'interconnexions entre les cartels de la drogue, les trafiquants d'armes ou d'organes humains, les mafias russe, albanaise, japonaise ou autres triades chinoises, ainsi que les guerilleros colombiens des FARC et les terroristes islamistes. Troisième place commerciale de la planète, la ville brasse plus de soixante millions de dollars par an, même si une grande partie échappe à toute légalité.

Quelques jours à peine après le 11 septembre, les polices des trois pays frontaliers ont interpellé, entre Iguazù et Ciudad del Este, une vingtaine de Libanais ainsi que des islamistes jordaniens et syriens liés à la nébuleuse d'Al-Qaida et au Hezbollah. Parmi eux, Mazen Ali Saleh, membre du groupe extrémiste local Al-Moqawama, Mounir Fadel, l'imam de la mosquée Mohamed à Ciudad del Este, proche du Hezbollah, puis Salman al-Reda-Reda, l'un des bras droits du milliardaire libanais Ahmed Barakat, propriétaire de la chaîne de galeries marchandes Page ainsi que d'une soixantaine d'autres boutiques spécialisées dans la contrefaçon. Lui-même est recherché par la police et a fui vers le Brésil où il possède, entre autres, 90 % de la distribution des disques CD et trois grands palais. Barakat figure parmi les accusés impliqués dans les attentats de 1992 et de 1994 à Buenos Aires.

La plupart des enquêtes antiterroristes conduisent à des richissimes financiers du Paraguay suspects, comme Barakat, lesquels investissent une partie de la *zakat* (l'aumône légale) dans le financement de groupes islamistes radicaux. Dans cette partie du monde, en effet, les disparités et les fortunes des milliardaires Syro-Libanais sont telles que nombre d'entres eux ne savent même plus quoi faire de leur argent ! Les motivations de ces riches donateurs sont assez semblables à celles des nombreux milliardaires saoudiens qui donnent, sous forme d'aumône, une partie de leurs surplus à des associations islamistes « humanitaires » ou à vocation officiellement religieuse, ceci dans l'intention de se faire pardonner leur opulence et surtout leur manque d'activisme en faveur de l'islam ou de la très symbolique cause palestinienne. On peut citer ainsi le Libanais Fayçal Ahmoud, financier du Hezbollah international et propriétaire du centre commercial Mona Liza. Largement repliée sur elle-même, la diaspora musulmane syro-libanaise reste en partie coupée du monde environnant. Elle se retrouve généralement dans les mosquées, les centres islamiques et les centres communautaires que la nébuleuse islamiste est parvenue à infiltrer : le Parana Country Club, dont est membre Fayçal Ahmoud, ou la section locale du Fe Arab (Federación americana-árabe), organisation implantée dans toute l'Amérique latine et qui a ses deux plus importants sièges à Sao Paulo et à Buenos Aires. Fort ancienne déjà, la Fe Arab était au départ marquée par une immigration arabo-libano-syrienne à majorité chrétienne. Mais depuis la guerre de 1967, et surtout depuis le début des années 1990, elle a connu un puissant phénomène de réislamisation radicale, phénomène parallèle à l'intensification de la mobilisation antisioniste consécutive à l'échec des accords de paix au Proche-Orient. On peut également mentionner l'Union Arabico Country Club de Foz, qui est interdit aux non-musulmans. Derrière une façade respectable, ce centre est en fait un lieu de convalescence et de formation pour les combattants du Hezbollah où séjournent en permanence une soixantaine de soldats de la guerilla chiite du Liban Sud. Disposant dans la zone de la Triple Frontière d'une base arrière idéale, les miliciens du Hezbollah, évalués à environ quatre cent soixante, sont parvenus à se fondre dans les flux migratoires des chiites libanais, qui se sont intensifiés depuis 1973. Non loin de Foz, au Paraguay, Ciudad del Este est de longue date un point de refuge pour les primo-migrants plus ou moins en règle et pour les terroristes de tous bords : des Palestiniens du Hamas, des combattants des brigades de l'OLP ou du FPLP, des Frères musulmans, des militants du groupe de Mughniyeh, qui a d'ailleurs été impliqué dans les attentats antijuifs et anti-israéliens de 1992 et 1994 en Argentine, et même des religieux chiites iraniens, d'où la présence de nombreuses mosquées et de nombreux instituts chiites libanais et iraniens. Du fait de la distance qui sépare ce continent du Proche-Orient, Al-Qaida a pu se développer facilement en milieu chiite libanais, les liens unissant Arabes chiites et sunnites dans cette partie du monde étant fort anciens, notamment au sein de la bourgeoisie arabe locale enrichie. D'après les services de renseignements américains et argentins, c'est à partir des cellules islamistes de la Triple Frontière que les attentats de Buenos Aires et du World Trade Center auraient été autofinancés et organisés, c'est-à-dire sans que les structures du Hezbollah ou même Téhéran aient eu à gérer directement l'opération. Téhéran en profite d'ailleurs pour démentir toute implication, même si de nombreux doutes planent sur le rôle des *pasdaran*. Mais il convient de ne pas surestimer la mouvance khomeyniste et chiito-libanaise au sein du vaste spectre composite qu'est l'islamisme mondial, la très grande majorité des organisations islamistes qui opère dans le monde étant sunnite et le plus souvent financée par le pôle saoudien wahhabite.

## L'Arabie Saoudite ou le premier État islamiste

Plus qu'un État au sens classique du terme, l'Arabie Saoudite est, dans son principe, une théocratie totalitaire née d'une alliance entre la dynastie bédouine des Saoud, assoiffée de conquête, et la secte religieuse wahhabite, ultrafondamentaliste. Cette école fondamentaliste d'inspiration hanbalite[9] – la plus rigoriste des quatre écoles de l'islam sunnite – est créée au XVIIIe siècle par Muhammad Ibn Abd al-Wahhab (1703-1787). Celui-ci proclame alors que l'islam est avant tout un rejet du polythéisme – rejet des « faux dieux » –, nommé par le Coran *chirk* (associationnisme). Le *chirk* peut aussi bien être un prophète, un arbre, une tombe, ou même la doctrine de la Trinité. Pour retrouver l'islam des « pieux précurseurs » (*al-Salaf al-Salih,* ou salafites), Al-Wahhab propose de remplacer les coutumes barbares et « impies » par l'application intégrale de la charia. Héritier et continuateur d'Ibn Hanbal et d'Ibn Taymiyya, références majeures des islamistes sunnites, Abd al-Wahhab renchérit sur la rigueur puritaine de ses maîtres en ne cessant de condamner les « innovations blâmables », du tabac au chapelet arabe en passant par la danse et la musique. Il repousse même tout ce qui est survenu après la Révélation islamique ; tout objet non mentionné par le Prophète devient illicite. Les autorités wahhabites se réfèrent d'ailleurs à cela pour condamner les télévisions satellites et le nationalisme *(kawmiyya),* une invention des « Occidentaux athées » qui risque de diviser la démocratie, autre « innovation occidentale ».

L'origine de la monarchie saoudienne remonte au XVIIIe siècle, lorsque son fondateur, Mohammad Ibn Saoud – Saoud Ier –, contracte une alliance avec Ibn Abd al-Wahhab pour remettre ses compatriotes sur « le chemin de l'islam authentique des pieux ancêtres ». Grâce à cette alliance entre les deux hommes et leurs descendants, le wahhabisme règnera sur le centre de la péninsule arabique entre 1743 et 1818, jusqu'à ce que le célèbre despote éclairé égyptien Méhémet-Ali, créateur de l'Égypte moderne, anéantisse les saoudo-wahhabites une première fois. Au début du XXe siècle, le descendant de Saoud Ier, Ibn Saoud, décide de recon-

9. L'école hanbalite, fondée par Ahmed Ibn Hanbal (mort en 855), considère que le Coran et la Tradition doivent être reçus à la lettre. Elle récuse toute interprétation rationaliste des textes et rejette toute innovation *(bidaa).* Violemment opposé aux mu'tazilites, le hanbalisme sera idéologisé au XIIIe siècle par Ibn Taymiyya (1263-1328), qui combattra les mystiques, le culte des saints, la vénération de leurs reliques et tombeaux, ou encore la croyance aux miracles.

quérir l'Arabie et lève une nouvelle armée de farouches combattants wahhabites, les *Ikhwan* (les Frères), référence des islamistes actuels se réclamant du néo-wahhabisme ou du « salafisme-djihadiste ». Ibn Saoud s'empare tour à tour du Nejd, du Hedjaz, du Asir et du Hasa, puis crée, en 1932, le royaume d'Arabie Saoudite. La prise de La Mecque et de Médine fera des Saoudiens les « Gardiens des deux Lieux saints », titre qu'ils conservent toujours. L'épicentre du séisme islamiste sunnite moderne est né, bientôt bénéficiaire d'un « miracle d'Allah », la manne de l'or noir.

S'il n'y a pas, en Islam, d'Église universelle hiérarchisée et pyramidale comme le Vatican, il existe bien, en Arabie Saoudite, un véritable pôle nodal doté de moyens financiers sans commune mesure avec ceux, somme toute limités, du Saint-Siège. Les wahhabites saoudiens contrôlent en effet les Lieux saints de l'islam, La Mecque et Médine, dont le pèlerinage *(hajj)* constitue l'un des cinq piliers de l'islam. Mais ils gèrent aussi une véritable Église universelle de l'islam, qu'Antoine Basbous surnomme le « Vatican wahhabite ». Ce Vatican s'est progressivement étoffé et organisé entre 1932 et les années 1960-1970, période de l'envol économique de la péninsule grâce au pétrole. Il est constitué en majorité d'oulémas issus du Najd, le fief historique du wahhabisme, et dirige plus de vingt-cinq institutions dont le budget annuel est évalué à plus de douze milliards de dollars. On estime qu'entre le premier choc pétrolier de 1974 et 1999 l'Arabie Saoudite dans son ensemble – État, organisations officielles ou officieuses, donateurs privés – aurait dépensé plus de trente-cinq milliards de dollars pour la construction de mosquées, centres culturels, associations islamiques ou autres « ONG d'Allah » dans le monde et en Occident.

Plusieurs organisations placées sous le contrôle direct du Vatican wahhabite saoudien disposent de cette considérable manne financière et remplissent le rôle du califat aboli par Mustapha Kemal en 1924. Il s'agit notamment du Congrès du monde musulman, créé en 1926 à l'initiative du Pakistan mais financé par Riyad, de la Ligue islamique mondiale *(Al Rabita al-alam al-islami),* fondée en 1962 à La Mecque par Fayçal Ibn Adel Aziz Saoud, de l'Organisation de la conférence islamique (OCI), fondée à Rabat en 1969 et siégeant actuellement à Djedda, de l'Organisation internationale d'aide islamique, de l'Assemblée mondiale de la jeunesse islamique, de l'Institut du roi Fahd et d'une multitude d'autres associations caritatives et religieuses. Grâce au contrôle de ces principaux instruments de propagation de l'islam, Riyad est parvenue, ces trente dernières années, à favoriser une véritable « wahhabisation » du monde musulman, de l'Afrique au nord de la Chine en passant par les mosquées de France, d'Italie ou des États-Unis, jusqu'à la prestigieuse université d'Al-Azhar au Caire ou même la Turquie (ex)-kémaliste. En Europe, la plupart de ces structures concentrent leurs efforts sur la réalisation de projets de mosquées et de centres islamiques imposants, notamment à Londres et à Rome. À leur tour, ces organisations alimentent les différentes associations nationales, régionales, culturelles ou humanitaires, elles financent des brochures, organisent des colloques et des conférences où se côtoient professeurs d'universités, responsables d'associations, imams, diplomates et émissaires wahhabites. Elles diffusent également de nombreux corans et opuscules destinés à la prédication *(da'áwa)*.

Organisme intergouvernemental à finalité politique, économique et culturelle, l'OCI est une sorte de « Nations unies » du monde islamique. Elle représente les États musulmans et tente de défendre leurs intérêts en exerçant des pressions sur la communauté internationale, spécialement lorsqu'il s'agit de conflits opposant musulmans et non-musulmans, comme on l'a vu au Liban, au Cachemire, et surtout en Bosnie et au Kosovo. À certains égards, cette organisation, qui a pour ambition politique et spirituelle « d'élargir » et de « défendre » la *oumma* dans le monde entier, est tout autant, sinon plus, productrice d'intégrisme que les mouvements islamistes à proprement parler, à la différence près que sa structure diplomatique et la puissance stratégique financière colossale de la pétromonarchie saoudienne lui confère une respectabilité, donc une capacité de pénétration bien plus efficace que tout mouvement islamiste. Rappelons en passant que l'expression chère à Ben Laden, « les juifs et les croisés » *(al-yahoud wa'l-salibiyoun),* fait simplement écho à l'expression « l'Ouest croisé » *(al-Gharb al-salibi),* forgée très officiellement par l'OCI et la Ligue islamique mondiale *(Rabita)* pour désigner l'ennemi occidental.

La Ligue islamique mondiale a quant à elle pour tâche de coordonner et de financer les activités des centres islamiques à travers le monde. Ses missions sont la défense des minorités islamiques dans les pays non musulmans et l'animation de multiples activités de prosélytisme. Le secrétariat général de la Rabita dispose *de facto* des pleins pouvoirs. Il désigne également les membres du Conseil mondial des mosquées, un conseil chargé de coordonner et de financer la construction des lieux de culte. Au niveau transnational européen, la Ligue dispose d'une filiale, le Conseil islamique d'Europe, dont le siège est à Bruxelles. C'est également dans la capitale belge que le Vatican wahhabite finance, depuis 1983, un centre de formation d'imams belges et européens, rattaché à la grande mosquée de Bruxelles. Dans chaque pays, le pôle wahhabite dispose d'une antenne de l'Organisation de la ligue islamique mondiale (BOLIM), présidée généralement par un converti : jusqu'à récemment en France Youssouf Leclerc, ou actuellement en Italie l'ancien ambassadeur italien d'Arabie Saoudite Mario Scialoja. La politique de la Rabita est redoutablement efficace puisqu'elle consiste à s'imposer auprès des États européens en finançant de luxueux centres islamiques reconnus par les pouvoirs occidentaux, ce qui permet au wahhabisme d'acquérir l'aura de l'islam officiel. C'est dans ce contexte géopolitique qu'ont été édifiés les divers centres islamiques saoudiens de Rome, Vienne, Madrid, Bruxelles, Londres, Sarajevo, Lyon et Genève. Aussi est-il utile de noter que nombre de mouvements islamistes radicaux, supposés en désaccord avec Riyad, œuvrent en fait de concert avec l'Arabie Saoudite ou le Koweït. L'université islamique de Saint-Léger-du-Fourgeret en est l'une des plus flagrantes démonstrations : chargée officiellement de former les imams européens en harmonie avec les valeurs des pays d'accueil, elle n'en est pas moins financée par le royaume saoudien et animée par les Frères musulmans.

La stratégie de pénétration des wahhabites est double. Il s'agit d'abord d'instrumentaliser les communautés musulmanes issues de l'immigration, et tenter ainsi d'empêcher leur intégration aux mœurs et coutumes des sociétés d'accueil afin d'éviter à tout prix leur « désislamisation ». Il s'agit ensuite d'utiliser ces minorités comme relais de propagation de l'islam, dont le but est d'élargir progressivement la *oumma* au gré des conversions. Citons ainsi quelques passages significatifs de la revue *L'Islam aujourd'hui*, émanation de l'OCI : « Chaque majorité musulmane est en danger permanent de devenir une minorité si elle se laisse soumettre à des effets de désintégration culturelle et politique [...] ; La *oumma* islamique, entière, a commencé comme une minorité réduite à une seule personne, le Prophète. Elle s'est ensuite élargie à quelques centaines de personnes [...]. Le succès d'une minorité musulmane est de devenir un jour une majorité. Ce phénomène se fait par un effet d'assimilation réciproque entre la majorité non islamique et la minorité islamique, la majorité acceptant petit à petit la morale et la religion islamiques et finissant par s'identifier à l'islam [...]. Le but est d'établir un plan commun des pays musulmans qui aiderait chaque minorité musulmane à établir les conditions nécessaires à lui donner une dynamique de minorité réussie. Plus ces communautés seront fortes et acceptées dans leur pays, plus elles défendront les intérêts du monde musulman ; puisque la *oumma* est une et indivisible, chaque fraction de cette *oumma* est d'une importance primordiale[10]. » Peut-on qualifier ce type de discours autrement qu'un plan de conquête politico-spirituelle du monde ?

Cependant, le nerf de la guerre de conquête islamique reste l'argent, et l'activité des milliardaires et des banques islamiques saoudiens est le véritable secret du prosélytisme wahhabite dans le monde. En 1981, lors du sommet islamique de Taëf, des financiers musulmans créent la DMI (Maison de l'Argent islamique – *Dar al-Mal al-islami*), une banque islamique privée, filiale de la Fayçal Islamic Bank Group, dont le siège se trouve à Genève. Le fondateur de cette banque, Muhammad Ibn Fayçal, n'est autre que le propre frère du prince Turki Ibn Fayçal, chef des services secrets saoudiens, celui-là même qui créera avec Ben Laden, peu de temps plus tard, la « Légion islamique » des moudjahidines arabes qui partiront guerroyer en Afghanistan contre les « infidèles » communistes. Dans l'esprit de son dirigeant d'alors, le prince Muhammad, la DMI avait vocation à s'étendre dans tous les pays occidentaux et à utiliser le système bancaire pour financer des actions internationales de prosélytisme islamique. La DMI deviendra en fait un véritable organisme de financement d'organisations islamistes, dont certaines seront créées en Suisse, comme la Sharia Investment Services, la Spacetronic SA ou le Al-Dir'yya Institute. En perte de vitesse aujourd'hui, la DMI a brassé depuis 1982 des milliards de dollars avec un capital initial de trois cent quinze millions de dollars. Immatriculée aux Bahamas, elle sera la première banque islamique, et ses actionnaires compteront des personnalités aussi importantes que le président pakistanais Zia ul-Haq, de nombreux princes saoudiens, ou encore le président soudanais Djafar al-Nimayri. Dotée d'un « conseil de surveillance religieux » et autorisée par une fatwa délivrée par le cheikh Bin Baz, alors chef suprême du conseil des oulémas d'Arabie, Dar al-Mal al-islami ouvrira en France et en Europe des dizaines de filiales de ces sociétés d'investissement appliquant les règles bancaires de la charia, ainsi que des compagnies d'assurances.

C'est grâce aux bénéfices accumulés par ces filiales que la DMI financera les différents projets de centres aérés et de colonies de

10. *L'Islam aujourd'hui* (revue franco-arabe-anglaise, publiée par l'Organisation islamique internationale pour l'éducation, émanation de l'OCI), n° 1, avril 1983, Djedda, p. 105. Une stratégie « agressive » (terme utilisé p. 111) est recommandée aux minorités islamiques dans leur effort de prosélytisme et d'élargissement de la *oumma*.

vacances islamiques à Roubaix, Hambourg, Cologne, ou en Grande-Bretagne à Dewsbury, non loin de Bradford, première ville islamique européenne. Dans la même période, le prince Muhammad financera à Londres un institut de réflexion, l'Islamic Council of Europe, qui servira de bailleur de fonds à une nébuleuse d'organisations de propagande islamique (Secrétariat pour la « libération des territoires musulmans », Fonds de solidarité islamique, Commission internationale pour les minorités musulmanes). D'autres satellites de la DMI développeront une intense activité religieuse et politique, souvent subversive, comme l'Association des travailleurs musulmans en Europe ou l'Organisation islamique des droits de l'homme, dont le président est l'ex-chef d'État algérien Ahmed Ben Bella, qui recevra plusieurs millions de dollars pour financer ses activités politiques.

En 1982, un an après la création de Dar al-Mal al-Islami, le roi Fahd monte sur le trône saoudien. Désireux de se refaire une virginité islamique après s'être « égaré » dans les casinos et palaces de la Côte d'Azur, le monarque charge son beau-frère, le cheikh Saleh Abdullah Kamel, de créer une deuxième banque islamique, la Dalla al-Baraka (la Bénédiction). Relayée de Bahreïn à Hongkong, Luxembourg ou Nassau, par quantités de filiales et d'ONG, cette nouvelle banque islamique sera l'un des axes du financement saoudien de l'islamisme international. Dalla al-Baraka travaillera étroitement avec la famille d'Oussama Ben Laden, qui détient le monopole des constructions de mosquées en Arabie Saoudite. La banque parviendra rapidement à s'implanter dans une douzaine de pays : Bahreïn, Tunisie, Mauritanie, Thaïlande, Algérie, Chine (Shangaï), Djibouti, Afrique du Sud et même États-Unis (Texas).

Plus discrète que la DMI, Dalla al-Baraka pourra se développer par la création de holdings comme l'Islamic Banking System International Holding. Grâce à cette stratégie, elle parviendra à contrôler à Copenhague la première banque islamique internationale, la IBI. Ouverte officiellement en 1984, l'IBI est rapidement, grâce à sa grande discrétion, la banque la plus courtisée des communautés islamiques d'Europe, achetant des espaces publicitaires dans de nombreuses revues musulmanes. En 1990, elle devient même la banque officielle de l'Arabie Saoudite ainsi qu'un précieux instrument de la politique étrangère du royaume.

À côté de ces deux banques, la manne saoudienne destinée au prosélytisme wahhabite transite également par la Banque islamique du développement (BID). Fondée en 1973 par l'OCI et siégeant à Djedda, la BID est dotée d'un capital de plus de trois milliards de dollars et se fixe comme vocation le « réveil de l'islam ». Aussi, les associations islamiques parrainées par la Ligue islamique mondiale ou en lien avec l'OCI peuvent-elles présenter leurs demandes auprès de la BID. En France, c'est l'association Islam et Occident qui la représente, organisant de prestigieux séminaires destinés à faire connaître l'islam et les mérites du système bancaire islamique, fondé non pas sur l'intérêt *(riba)*, interdit par le Coran, mais sur la solidarité. C'est, par exemple, la BID qui a financé le coûteux centre culturel islamique d'Évry, dans la banlieue sud de Paris. Moins connue que les précédentes, Al-Taqwa Bank est également l'un des centres de financement de l'islamisme international, comme l'ont révélé les différentes enquêtes lancées contre la nébuleuse Al-Qaida en Italie et en Suisse après le drame du 11 septembre. Opérant dans plus de trente pays, dont le Lichtenstein, officiellement basée aux Bahamas, Al-Taqwa, qui signifie « crainte de Dieu ou piété », gère essentiellement des fonds en provenance du Koweït, d'Arabie Saoudite et des Émirats arabes unis destinés à financer les mouvements islamistes en Europe ou même les candidats islamistes aux élections politiques dans différents pays musulmans, notamment en Égypte. Son fondateur et président, le milliardaire égyptien Youssef Nada, naturalisé italien, haut dignitaire des Frères musulmans au niveau international, dirige les affaires du groupe depuis Lugano, en Suisse, non loin de sa résidence de Campione d'Italia en Italie septentrionnale. D'autres membres du conseil d'administration sont également naturalisés italiens, notamment Ahmed Idris Nasreddin, co-fondateur du groupe et ancien consul du Koweït à Milan, qui sera d'ailleurs interpellé après le 11 septembre en raison de ses liens avec la nébuleuse islamo-terroriste. Parmi les actionnaires et créditeurs du groupe Al-Taqwa, rebaptisé récemment Nada Management, on découvre un assemblage particulièrement détonnant : Huda Mohammed Ben Laden et Iman Ben Laden, deux des frères de l'auteur des attentats de Manhattan ; le Centre culturel islamique milanais de viale Jenner, directement approvisionné par Al-Taqwa via Ahmed Idris Nasreddin et identifié par le ministre du Trésor américain comme une « base européenne du réseau d'Oussama Ben Laden » ; le leader néonazi suisse converti à l'islam, Ahmad Huber, membre du conseil d'administration mais aussi de la société nazie de Thulé et depuis toujours en lien avec l'islamisme international (khomeynistes et Frères musulmans) ; ou encore la branche grenobloise de l'Union islamique des étudiants de France (UIEF), rebaptisée depuis 1996 Étudiants musulmans de France (EMF).

## Le lobby islamique wahhabite mondial

Parallèlement aux aides publiques officielles et aux activités des banques islamiques, d'innombrables milliardaires saoudiens ou koweïtiens apportent leurs contributions personnelles à la cause islamiste dans le monde, de façon directe et consciente ou, à leur insu, à travers les ONG islamiques dont les donateurs ne contrôlent pas toujours les circuits d'acheminement des dons. À lui seul, le jeune prince Abdulaziz al-Saoud, dont la fortune est évaluée à douze milliards de dollars, consacrerait près de deux cents millions de dollars chaque année à la *zakat*, l'aumône légale. Quatre mille princes versent ainsi annuellement une aide privée au titre de la *zakat*, qui aboutit souvent dans les trésoreries des mouvances islamistes radicales.

Depuis le 11 septembre, la duplicité de la monarchie wahhabite en matière de financement de l'islamisme via les différentes donations « caritatives » ou au titre de la « coopération » semble avoir été désoccultée. Mais on mentionne moins souvent le « lobbying islamiste » de l'Arabie Saoudite exercé au niveau planétaire à travers des participations au sein des grands groupes industriels et financiers. Souvent sous-estimée comme puissance en raison de sa dépendance militaire vis-à-vis des États-Unis et de sa faible population, l'Arabie est pourtant, du point de vue financier et de son rôle au sein de l'économie mondiale, une superpuissance à l'échelle islamique : elle est le premier fournisseur énergétique des États-Unis, avec plus de 18 % de leurs approvisionnements ; elle détient 25 % des réserves pétrolières de la planète (quarante milliards de tonnes de réserves prouvées) ; elle est le troisième producteur et premier exportateur mondial de brut. Pour la seule année 2000, Riyad a produit plus de sept millions de barils par jour et exporté quatre cent douze millions de tonnes, soit plus d'un quart du flux mondial, encaissant le pactole de quarante milliards d'euros. On estime les investissements de l'Arabie à l'étranger à environ sept cent cinquante milliards de dollars dont 60 % aux États-Unis et 30 % en Europe, notamment dans les marchés financiers, les participations dans les grands groupes ou l'immobilier. À lui seul, le prince Al-Walid Ibn Talal, le plus médiatique des investisseurs saoudiens, dont la fortune est évaluée à vingt-trois milliards de dollars, est depuis 1991 le principal actionnaire du groupe bancaire américain Citicorp et détient trois cent cinquante millions de dollars en certificats américains de dépôts d'actions. Depuis, Al-Walid a investi dans Saatchi & Saatchi, Apple, NewsCorp, Planet Hollywood, Georges V, etc. Les investissements extérieurs saoudiens vont des groupes comme Disneyland International au trust américain Carlyle, qui est dirigé par d'anciens membres de l'administration Bush père. Carlyle attendra d'ailleurs le 26 octobre 2001 pour rompre ses liens avec la famille Ben Laden, celle-ci ayant placé en 1995 plus de deux millions de dollars auprès de Carlyle Partners 11 Funds, l'un des fonds d'investissement londonien de la holding. Rappelons que Carlyle est actionnaire de plusieurs groupes américains hautement stratégiques, en aéronautique ou en défense, comme Lockheed Martin ou General Dynamic, ce qui donne une idée du niveau de pénétration financière et lobbyiste du Vatican wahhabite en Occident. Quant au groupe familial des Ben Laden, le Saudi Ben Laden Group (SBG), dirigé aujourd'hui par Bakr M. Ben Laden, il est présent sur tous les continents à travers de multiples filiales. On peut citer aussi Khalil Ben Mahfouz, nanti d'une fortune estimée à 2,4 milliards de dollars, et dont la propre sœur a été mariée à Oussama Ben Laden. À la tête de l'une des premières banques de la famille royale saoudienne, Khalil Ben Mahfouz avait été nommé au Conseil suprême de la compagnie pétrolière Aramco par le roi Fahd. Aux États-Unis, la famillle Ben Mahfouz possède des participations considérables dans plusieurs sociétés, dont Metrowest, Isolyser, ou encore la firme pharmaceutique Hybridon Inc.

Conscients du poids stratégique de l'information et des médias en matière de prosélytisme religieux, les princes saoudiens ont également investi dans ce secteur. Les frères Adel et Walid al-Ibrahim, qui ont réalisé de considérables investissements immobiliers au Maghreb, en Afrique noire et aux États-Unis, ont acheté en 1993 le premier service de télévision arabe par satellite, Middle East Broadcasting Corp. (MBC), propriétaire entre autres de l'agence de presse américaine United Press International (UPI). Le prince Al-Walid est aussi à l'origine d'un joint-venture qui devrait aboutir à la constitution du premier réseau de télévision paneuropéen. Les princes saoudiens détiennent par ailleurs d'importantes parts au sein de la société Mediaset, holding dont dépendent plusieurs chaînes de télévision italiennes. Aussi existe-t-il un véritable « lobby audiovisuel islamique » international qui, d'United Press International à Radio-Monte-Carlo, MBC et la BBC, en passant par Radio-Orient *(Idaat al-Sharq)* – radio arabe francophone internationale siégeant à Paris et reliée à La Mecque –, œuvre à la diffusion de la pensée islamo-wahhabite et des intérêts saoudiens dans le monde.

Grâce à ses participations financières dans les grands groupes industriels et commerciaux, Riyad exerce des pressions sur les directions éditoriales afin que celles-ci diffusent des reportages complaisants sur l'Arabie et évitent de ne jamais trop entacher l'image « amicale » de cette « dictature protégée », au double jeu persistant et aux visées expansionnistes, dont l'unique raison d'être demeure la propagation de l'islam totalitaire du wahhabisme.

## Les « ONG d'Allah »

Au début des années 1980, les services secrets saoudiens, en la personne du prince Turki Ibn Fayçal, chef des services secrets saoudiens (GID) jusqu'à fin août 2001, ont mis sur pied, en coopération avec la Ligue islamique mondiale, et surtout grâce aux banques islamiques et aux dons des riches princes du Golfe, d'innombrables structures de financement de l'islamisme international, dont une vingtaine « d'ONG d'Allah » destinées à financer et à épauler logistiquement les guérillas islamistes opérant dans le monde, principalement en Afghanistan.

Après la chute du mur de Berlin, les ONG islamistes seront réactivées pour continuer la « révolution islamique », d'abord contre les régimes arabes « infidèles » (Tunisie, Algérie, Égypte), puis en ex-Yougoslavie, notamment en Bosnie, au Kosovo, en Tchétchénie, à nouveau en Afghanistan et au Cachemire, afin d'épauler partout les combattants de l'islam aux prises avec des « pouvoirs impies ». Après la guerre du Golfe, Riyad continuera à laisser agir ces structures et réseaux islamo-terroristes saoudiens un peu partout, principalement en Tchétchénie, dans les Balkans, en Afghanistan auprès des talibans à partir de 1996, dans l'espoir de voir partir une partie de l'opposition wahhabite radicale qui menaçait le régime « corrompu » depuis la prise de La Mecque en 1979 par un commando d'*Ikhwan*. C'est ainsi que les volontaires saoudiens au sein des rangs d'Al-Qaida en Afghanistan, plus d'un millier, constitueront le contingent étranger le plus important. Près de vingt-cinq mille jeunes islamistes saoudiens iront faire le djihad contre les infidèles russes, la résistance afghane du Nord, les Serbes ou le régime chrétien des Philippines entre le début des années 1980 et le 11 septembre 2001.

Basées à Londres, aux États-Unis ou au Pakistan, ces ONG d'Allah agiront de façon quasiment officielle jusqu'à une date fort récente, le plus souvent à la barbe des autorités occidentales prises dans leurs contradictions géopolitiques : ainsi, durant les guerres dans l'ex-Yougoslavie, sur pression du lobby islamiste saoudien, les États-Unis violeront l'embargo sur les armes en Bosnie au profit des légions de volontaires islamistes venus épauler l'armée bosno-musulmane d'Izetbegovic, puis feront de l'UCK albanaise un substitut de ses troupes au sol pendant l'opération Force alliée de 1999 (option « zéro mort » oblige). Ces décisions permettront aux ONG d'Allah (Islamic Relief Organization, Human Concern International, Al-Haramein), de recycler et financer, à deux pas de l'Union européenne, toute une armada de moudjahidines « afgans » aguerris.

C'est dans ce vivier que s'organisent les cellules d'Al-Qaida aux États-Unis et en Europe. Les deux plus importantes ONG islamistes proches d'Al-Qaida sont l'Organisation du secours islamique international (International Islamic Relief Organization, IIRO) et l'Islamic Relief Agency (ISRA). Fondée à Djedda en 1978, l'IIRO, élevée en 1995 au rang de membre invité de l'Organisation de la conférence islamique, reconnaît être financée par de généreux donateurs saoudiens via l'aumône légale. Le ministre de la Défense saoudien, le prince Sultan Ben Abdulaziz, verse à lui seul plus de trois cent mille euros à cette structure[11]. La branche européenne de l'IIRO siège à Londres depuis 1985. Dirigée par le Saoudien Abdullah Saleh al-Obaïd, elle contrôle plusieurs bureaux en Europe. Preuve des liens étroits tissés entre l'IIRO et Al-Qaida, c'est le propre beau-frère de Ben Laden, Mohammed Jamal al-Khalifa, qui constituera la branche philippine de l'IIRO en 1992. Abdallah Mohammed Ben Laden, l'un des frères de Ben Laden, a quant à lui reconnu que sa famille versait chaque année des dons importants à cette ONG d'Allah[12]. On peut mentionner également Global Relief, qui a son siège aux États-Unis, à Bridgeview, près de Chicago, et qui prétend « venir en aide aux souffrants, aux orphelins, et œuvrer à l'assistance médicale et à la construction d'écoles ». Fondée en 1992 par le Saoudien Mohammed Chehade, Global Relief vit officiellement des dons de deux cent trente mille généreux contributeurs. Véritable consortium humanitaro-islamiste, cette ONG est présente dans seize pays dont l'Afghanistan, la Somalie, l'Albanie, le Kosovo et la Tchétchénie. Pour son bilan 2000, l'ONG islamiste a déclaré 3 976 576 dollars. Depuis l'enquête antiterroriste internationale consécutive au 11 septembre, la plupart de ses avoirs ont été, depuis, gelés par le FBI.

---

11. *Aïn al-Yaqeen*, 21 janvier 1999.
12. Interview accordée à CNN le 8 octobre 2001.

Les attentats du World Trade Center ont permis aux Occidentaux de découvrir la vraie nature de cet « ami de l'Occident » qu'est l'Arabie Saoudite et de dévoiler son action fondamentalement subversive et ambiguë. Mais cela ne signifie pas pour autant la fin du « flirt occidentalo-wahhabite », les compagnies pétrolières occidentales expliquant que le coût du baril en Alaska ou dans la Caspienne est de cinq à vingt-cinq fois plus élevé que le brut saoudien, de surcroît de meilleur qualité et plus facile à exploiter et à acheminer. Seule la stratégie pétrolière des compagnies anglo-saxonnes et leur rôle dans le financement des campagnes électorales des candidats américains permettent d'expliquer pourquoi l'Arabie Saoudite ne figure toujours pas sur la liste des États terroristes ou complices d'Al-Qaida. Le 13 décembre 2001, pourtant, la projection d'une cassette vidéo diffusée par le Pentagone montrant Oussama Ben Laden dans son repère afghan avec des oulémas saoudiens, dévoila au grand jour l'implication directe des hautes autorités religieuses saoudiennes dans les attentats de Manhattan. Le pouvoir en Arabie Saoudite n'est pas détenu uniquement par les Saoud, prétendument « pro-occidentaux », mais également par les religieux wahhabites, lesquels ont la haute main sur plusieurs ministères et ont des relais dans les services secrets. On sait aujourd'hui que les vrais chefs d'Al-Qaida sont des dignitaires wahhabites qui acheminent l'argent donné par de généreux émirs du Golfe, sous couvert diplomatique ou des services secrets. On peut citer le cheikh Al-Gamdi, connu depuis des années pour son opposition à la présence américaine en Arabie Saoudite, le cheikh Salih al-Shwaybi, très influent en Saoudie, qui prononça une fatwa justifiant l'attentat de Manhattan, ou encore un autre mentor d'Al-Qaida, cheikh Ulwan, alias Al-Alwan, qui avait lui aussi autorisé par une fatwa les attentats-suicides contre les « infidèles » américains coupables de « souiller » la terre islamique d'Arabie. Étonnamment, les autorités saoudiennes attendront le 8 décembre 2001 pour placer le cheikh Salih al-Shuaybi en résidence surveillée. De la même manière, le chef des services secrets saoudiens, le prince Turki, sera limogé le 31 août 2001, presque au même moment que son homologue pakistanais, les deux hommes ayant maintenu des contacts avec les talibans et Ben Laden jusqu'à cette date. En dépit de ce jeu trouble, l'Arabie Saoudite est plus que jamais menacée de l'intérieur, non seulement par quelques organisations « djihadistes », mais surtout par un puissant renouveau wahhabite extrêmement populaire qui conteste l'alignement proaméricain des Saoud et désire revenir au wahhabisme des origines dont se réclament Ben Laden et nombre de chefs religieux.

Ces derniers expriment leur contestation politique à travers des organisations comme l'ARC (Advice Reformation Commitee), dont les représentants les plus radicaux sont en exil à Londres, mais qui compte en Arabie plusieurs dizaines de milliers de sympathisants. Riyad serait de toute manière incapable de réduire les mouvements islamistes radicaux qu'elle a contribué à créer, tant elle a lié son sort à celui des islamistes du monde entier depuis sa création et sous la guerre froide, notamment en Afghanistan, lieu d'incubation de la nouvelle mouvance islamo-terroriste sunnite internationale dite « salafiste ».

### Salafisme et wahhabisme : références et incarnations suprêmes du totalitarisme islamiste

À la fois héritière des Frères musulmans et du wahhabisme saoudien, la mouvance salafiste moderne *(salafiyya)* a pour but de revenir aux fondements mêmes de l'islam des « pieux ancêtres » (*as-salaf* ou *salafiyyoun*). La méthode salafiste repose sur deux principes essentiels que sont l'adhésion inconditionnelle au principe ultramonothéiste du *tawhid*, l'unicité absolue, et de la *tazkiya*, la purification par l'adhésion aux ordres d'Allah – adoration, soumission complète à Dieu et dévotion totale. Rejetant toute innovation *(bida'a)* et toute forme d'associationnisme *(chirk)*, la *salafiyya* considère que tout ce qui est apparu après les quatre premiers califes dits *rachidoun* (« bien guidés »), donc tout ce qui est advenu après le VIIIe siècle, est tenu pour faux et blâmable, la lettre du Coran et les hadiths étant les seules sources possibles de juridiction. Les salafistes veulent rétablir le califat, détruire les nations qui divisent artificiellement la *oumma*, et appliquer de gré ou de force la charia dans toutes les sociétés réislamisées ou islamisées, à commencer par les nations arabo-musulmanes, y compris l'Arabie Saoudite, « occupée » par des infidèles occidentaux depuis la guerre du Golfe. La rupture entre les salafistes radicaux et Riyad est d'ailleurs bien plus politique que doctrinale. La mouvance salafiste a été particulièrement diffusée dans l'histoire récente par deux autorités religieuses d'origine saoudienne, Mohamed Ibn Saleh al-Uthmaymine (1926-1999), et Adel Aziz Ibn Baz, ancien mufti suprême d'Arabie Saoudite décédé d'un cancer en mai 1999. Son centre de diffusion mondiale reste Médine où les jeunes salafistes du monde entier viennent suivre des sessions de formation.

Telle qu'on l'identifie à travers la nébuleuse d'Al-Qaida ou ses différentes composantes issues des Frères musulmans (Takfir wa'l-Hijra, Djihad islamique, GIA et PSPC algériens, Gamaa égyptienne, etc.), la *salafiyya* est un courant islamiste ultraradical qui transcende le clivage traditionnel opposant islamistes révolutionnaires et fondamentalistes, d'où sa profonde hétérogénéité. Elle est divisée entre les partisans d'une solution subversive d'expansion par étape et ceux qui prônent le djihad systématique contre les infidèles et les mauvais musulmans. Fondamentalement transnational, le salafisme traverse la plupart des pays musulmans, de l'Algérie à l'Afghanistan en passant par le Yémen et les territoires occupés. Plus qu'une organisation structurée, le salafisme est une nébuleuse reliant à travers tous les pays du monde, y compris les États-Unis, des réseaux et groupes de toute nature, violents ou non, partageant une même foi en « l'islam pur des origines » qu'ils veulent restaurer partout, dans l'optique finale de soumettre le genre humain aux lois d'Allah. Outre l'Arabie Saoudite, dont elle est originaire, la *salafiyya* est essentiellement active sous sa forme « pacifique » au Koweït, où elle dispose d'une dizaine de députés depuis 1996. Elle émerge au Liban (Uzbat al-Ansar) et agit sous ses deux formes, *soft* et djihadiste, dans tout le Maghreb (ex-FIS, GIA, Hamas, GSPC, Takfir, Front islamique tunisien qui publie à Londres le bulletin *Ar-Raja'a* etc.), en Libye, en ex-Yougoslavie, en Tchétchénie (mouvance Al-Khattab, Oudogov et Bessaïev), et bien sûr au Pakistan à travers l'armée des disciples du Prophète, Sepah-i-Sahaba (SSP). On retrouve également les salafistes en Russie (PRI-Comité islamique mondial Tawhid) et, bien sûr, en Europe de l'Ouest. En région parisienne comme à Londres, les deux tendances salafistes existent. La plus « modérée », dite « cheikhiste », liée aux prédicateurs saoudiens, est en pleine expansion en Europe. Elle recrute surtout auprès des tabligh et est représentée par le cheikh Aboubaker al-Djazaïri, savant de Médine qui se rend souvent en France[13]. Actuellement, plus de trois cents jeunes Européens étudieraient dans les universités de Médine. Plusieurs congrès salafistes d'envergure ont déjà été organisés en Europe, notamment celui de Leicester en Angleterre qui s'est tenu du 25 au 28 août 2000, ou encore le 4e séminaire d'études islamiques qui s'est déroulé à Roubaix du 4 au

13. Dans *La Voie du musulman,* éd. Ennour, 1999, Aboubaker al-Djazaïri explique aux jeunes musulmans européens qu'il est « du devoir des musulmans de se doter de toutes sortes d'armements défensifs, mais aussi offensifs, pour que le Verbe de Dieu soit le plus haut, de fabriquer tout genre d'armes, même au détriment de la nourriture, de l'habillement et du logement dont on peut se passer, alors le djihad sera accompli dans les conditions les plus satisfaisantes ».

19 juillet 2000. Quant à la tendance « djihadiste », ses membres sont souvent recrutés au sein du mouvement indo-pakistanais Tabligh et se retrouvent essentiellement dans les mouvances algérienne et égyptienne du Takfir, de la Gamaa, du Djihad islamique ou encore du Groupe salafiste de la prédication et du combat. L'un des leaders de cette mouvance est le Londonien Mustapha Kamel, dit Abou Hamza, lequel n'hésitait pas, jusqu'au 11 septembre, à recruter les nouveaux moudjahidines sur Internet et dans les mosquées de Londres, aux côtés d'Omar Bakri Mohammed et d'Abou Qotada.

## Le pôle indo-pakistanais

Avant le 11 septembre 2001 et le déclenchement de Liberté immuable, heure de vérité stratégique qui obligea le Pakistan à prendre des mesures contre ses anciens protégés talibans, peu d'observateurs occidentaux étaient réellement conscients du rôle central de cet État fondamentaliste – détenteur de la bombe atomique – dans l'expansion de l'islamisme mondial, et dans l'appui apporté à la nébuleuse terroriste salafiste internationale incarnée entre autres par Ben Laden, mais également par les rebellions islamo-terroristes du Cachemire ou de Tchétchénie. La place du Pakistan et du pôle indo-pakistanais est pourtant fondamentale, principalement parce que le conflit géopolitique qui oppose l'Inde pluraliste à l'État islamique du Pakistan depuis sa création est le prototype même du conflit géocivilisationnel et religieux dû au refus, typiquement islamique, du « pouvoir infidèle » *(taghout* ou *houkm al-jahili)*. Car l'État pakistanais a été édifié en 1947 *par* et *pour* les musulmans du continent indien qui refusaient de vivre dans une Inde certes laïque, mais majoritairement hindoue, donc païenne, ennemi suprême du monothéisme islamique. De ce principe clé proviennent la raison d'être et la genèse historico-idéologique des différentes mouvances de l'islamisme indo-pakistanais. Le Pakistan soutient de nombreuses organisations islamistes. Certaines jouent un rôle de premier plan dans le projet totalitaire de conquête politico-spirituelle de la planète. Citons le Tabligh et la Jamiat-i-islami, qui virent le jour à l'intérieur des communautés musulmanes des Indes britanniques dans la première moitié du XX^e^ siècle, dans le contexte de la disparition de l'État islamique en Inde et de la suprématie politico-démographique des infidèles anglais et des hindous.

## La Jamiat ou le pendant pakistanais des Frères musulmans

La Jamiat-i-islami a été fondée en 1941 par Abou al-Mawdoudi (1903-1979). Son objectif principal était de regrouper territorialement les croyants au sein d'un État islamique gouverné par la charia, le seul pouvoir légitime qui garantit une authentique pratique de l'islam, ce qui signifiait, à terme, la partition et donc la disparition de l'Union indienne. Financée en partie par l'Arabie Saoudite et bénéficiant d'importants relais au sein de l'État pakistanais, la Jamiat est particulièrement bien implantée au Canada, aux États-Unis et en Europe à travers la Fondation islamique. Fondée en 1973 à Leicester où se trouve son siège, celle-ci « entretient des liens étroits avec la direction supranationale des Frères musulmans, celle-ci aussi établie en Europe[14] » et sa doctrine a constitué une forte source d'inspiration. La Jamiat et Mawdoudi ont d'ailleurs inspiré en retour les Frères musulmans, en particulier la doctrine de Sayyed Qutb fondée sur la « rupture avec l'ordre établi » et sur l' « anathème ». Développant sa conception étroitement manichéenne du monde qui sépare les « vrais musulmans » des « mécréants » (infidèles et « mauvais » musulmans inclus), Al-Mawdoudi explique que tout gouvernement qui n'est pas islamique, c'est-à-dire qui n'applique pas la charia, est « *jahilite* » (de l'arabe *jahiliyya*). Concept également très présent chez Ibn Taymiyya – figure centrale du hanbalisme et du salafisme – et chez les wahhabites. La *jahiliyya* désigne au départ le « temps de la barbarie et de l'ignorance » qui aurait caractérisé la société arabe avant l'islam et contre laquelle le prophète Mahomet se serait révolté. Par extension, tout pouvoir, toute société et tout individu – même musulman – qui n'applique pas strictement la charia, est assimilé à la *jahiliyya*. Ainsi, pour Mawdoudi comme pour Qutb, l'objectif premier doit être de restaurer un État islamique qui appliquera la charia.

Pour Mawdoudi, la souveraineté *(hakimiyya)* ne peut être détenue que par Allah et non pas par le peuple. Aussi, le pouvoir n'est-il légitime que s'il légifère et gouverne selon les commandements de Dieu *(bima anzala Allah)*. Le seul État possible est l'État islamique, qui rassemble territorialement la population musulmane et applique la charia. Mais le concept clé de la pensée de Mawdoudi est le *takfir*, littéralement « dénonciation » ou « excommunication »

14. Xavier Raufer cité *in Atlas mondial de l'islam activiste*, Table Ronde, 1991, p. 167.

de l'incroyant. Le vocable *takfir* [15] (du mot *kufr* en arabe, « mécréance » ou « incroyance ») désigne, comme l'ont théorisé El-Ghazali et Ibn Taymiyya, la mise hors-la-loi de l'« incroyant ». Ce dernier est privé de tous ses droits juridiques, exclu de toute fonction religieuse et sa vie même ainsi que ses biens sont perdus. Cette idée est au cœur des doctrines des différentes organisations égyptiennes ou algériennes qui ont adopté le nom de Takfir wa'l-Hijra. Le fondateur de cette mouvance issue d'une dissidence des Frères musulmans égyptiens, Chukri Mustapha, pendu en 1978 sous Anouar al-Sadate, expliquait à ses militants que tout musulman qui n'appartient pas au groupe est un impie, donc l'ensemble de la société égyptienne mérite le *takfir*, l'excommunication. Cela signifie que tout assassinat de musulmans « takfirisés » est parfaitement légitime et que les institutions des pays qui ne suivent pas l'islam n'ont aucune légitimité. Aussi le vol des mécréants est-il licite, dès lors que le produit des vols et trafics est redistribué à la cause. Concernant le « pouvoir infidèle » hindou hérité de la décolonisation anglaise du sous-continent indien, les théories de Mawdoudi influenceront considérablement les séparatistes musulmans qui exigeaient la création d'un État pakistanais spécifiquement islamique pour les musulmans indiens désireux d'échapper à la *jahiliyya* hindoue et au *takfir*. Les vœux de Mawdoudi seront d'ailleurs en grande partie exaucés puisque les revendications de la Jamiat-i-islami seront défendues par la Ligue musulmane et déboucheront, en 1947, sur la sécession du Pakistan. Plus récemment, entre le début des années 1980 et la fin du XX^e^ siècle, la Jamiat-i-islami gagnera également l'Afghanistan et l'Indonésie et deviendra très rapidement l'une des composantes essentielles de l'islamisme sunnite international.

## Le Tabligh : les « Témoins de Jéhovah » de l'islamisme

Le second grand mouvement de réislamisation indo-pakistanais, la Société pour la propagation de l'islam (Jama'at al-Tabligh ou Tabligh), a été créé en 1927 par Maulana Muhammad Llyas Khandalawi. Il propose aux musulmans qui se retrouvent minoritaires

15. Le « mécréant » désigné par le *takfir* est, s'il est né musulman, un apostat, un membre « pourri » (coupable d'empêcher l'application de la charia en promouvant les valeurs impies) qui doit être éliminé pour le bien de la *oumma*.

dans l'État indien « impie » la voie du repli communautaire et de la pratique ultrarigoriste du Coran comme seule solution permettant de rester fidèle à l'islam. Bref, de recréer la cité musulmane idéale de Médine par une imitation scrupuleuse des actes quotidiens du Prophète. Grâce à un prosélytisme particulièrement efficace, le Tabligh est peu à peu devenu l'un des tout premiers mouvements de réislamisation dans le monde. Très influent dans tout le sous-continent, il inspire également l'Union culturelle musulmane du Sénégal, l'association Foi et Pratique en France ou la confrérie soufie Nourdjou en Turquie. Son épicentre mondial se situe en Inde et au Pakistan entre Lahore, Rawin et Peshawar, son centre européen est en Grande-Bretagne. Le Pakistan accueille d'ailleurs régulièrement des militants européens du Tabligh pour des stages de quarante jours.

Le Tabligh n'est habituellement pas classé parmi les mouvances islamistes ou fondamentalistes, mais plutôt dans la catégorie des organisations « piétistes », en raison de l'accent mis par les *tablighi* sur la pratique quotidienne de l'islam. Il n'empêche que l'islam proposé par le Tabligh est le même islam fondamentaliste que celui des talibans (école dite deobandie). Les valeurs partagées et inculquées par le mouvement sont directement tournées contre celles des sociétés d'accueil « impies », l'objectif numéro un étant d'empêcher, par la réislamisation et le repli communautaire, toute forme d'intégration des minorités musulmanes. Les méthodes du Tabligh, redoutablement efficaces, sont fondées sur le *khourouj* (sorties), qui consiste à faire du porte-à-porte dans les quartiers et les foyers, rappelant en cela celles des Témoins de Jéhovah. Les spécialistes des questions d'intégration et d'islamisme radical rechignent souvent à établir une frontière étanche entre les mouvements islamistes radicaux et le fondamentalisme piétiste de type *tablighi* ou propre à certaines confréries soufies fondamentalistes, car « une large majorité des leaders des mouvements islamistes dits révolutionnaires, en Égypte, au Maghreb et dans le monde arabe en général n'ont eu, avant de passer à l'action politique, que des ambitions piétistes ou sociales, que ce soit le Tabligh ou même le soufisme, toutes mobilisations non révolutionnaires sinon strictement apolitiques[16] ». En Europe, notamment en France ou en Grande-Bretagne, où il constitue le premier mouvement de réislamisation radicale, le Tabligh s'est assigné comme objectif principal d'empêcher, par le

16. François Burgat, *op. cit.*, 1995, p. 85.

repli communautaire, l'intégration des jeunes musulmans issus de l'immigration au sein de la « société infidèle ». L'activisme du Tabligh est particulièrement visible dans les « banlieues de l'islam », ainsi qu'on a pu le constater après les attentats survenus en France en 1995 et ceux aux États-Unis en septembre 2001. Nombre de militants islamistes – Khaled Kelkal, Zacarias Moussaoui, Djamel Loiseau – ont en effet été formés et recrutés par le Tabligh avant d'aller s'entraîner en Afghanistan, en Bosnie ou au Pakistan, et de passer ensuite à l'action terroriste. La connexion structurelle et idéologique avec la mouvance wahhabite afghane s'effectue dans ce contexte.

Après le Tabligh et la Jamiat, deux autres organisations fondamentalistes, moins connues mais fort actives dans le monde, sont parvenues à enrayer en partie le processus d'intégration de nombreux jeunes musulmans occidentaux, spécialement en Grande-Bretagne. La première est celle des Barelvis, mouvance soufie radicale apparue vers la fin du XIXe siècle sous l'influence d'Ahmad Riza Khan (1856-1921). L'idée maîtresse est l'affirmation de la nature surhumaine de Mahomet. Elle propose de construire une identité islamique nettement différenciée, une sorte « d'apartheid communautaire » volontaire, l'intercession des saints et du Prophète de l'islam permettant au fidèle de rester un bon musulman malgré le caractère « impur » de l'État et des mœurs non musulmans ambiants. Bien que combattus par l'orthodoxie sunnite, les Barelvis font front avec les autres mouvances fondamentalistes face à « l'impiété infidèle » et à tout ce qu'ils considèrent comme des manifestations d'irrespect à l'égard de Mahomet, d'où leurs très violentes réactions et prises de positions lors de l'affaire des *Versets sataniques*. La seconde est celle des Deobandis, mouvance issue de l'école juridique hanafite, et dont l'action grandissante en Europe, essentiellement en Grande-Bretagne et aux États-Unis, mérite d'être connue, d'autant que l'islam deobandi inspire également les talibans.

## Le Pakistan, parrain de l'école deobandie et du totalitarisme taliban

Fondé en 1867, le séminaire *(dar al'ulum)* de Deoband, du nom d'une ville située à cent cinquante kilomètres au nord-est de Dehli, prétendait au départ débarrasser l'islam des pratiques hindoues paganisantes et aider les musulmans à résister à l'occidentalisation. Prônant un mode de vie puritain, le mouvement deobandi a aujourd'hui pour objectif central de donner à ses élèves des ressources intellectuelles pour renforcer l'affirmation de leur identité islamique. Dans le sous-continent indien comme en Grande-Bretagne, où vit la plus importante communauté indo-pakistanaise d'Europe, les Deobandis s'emploient à mettre sur pied une élite autochtone et à organiser une communauté islamique séparée, imperméable aux mœurs et lois « impies » des infidèles. La solution aux problèmes de la vie quotidienne et de la coexistence avec des infidèles réside donc pour eux dans la stricte application des injonctions des textes sacrés de l'islam (Coran et hadiths, sources de la charia). Ceci explique pourquoi les oulémas deobandis[17] sont de grands producteurs de fatwas, des centaines de milliers depuis un siècle, celles-ci expliquant aux croyants comment se conduire selon la charia, en toute circonstance et en tous lieux, lorsque les normes majoritaires ou lois du « pouvoir infidèle » dominant *(houkoum jahili)* entrent en contradiction avec la pratique de l'islam. C'est en vertu de ces fatwas, fondées sur des coutumes du VIIIe siècle, que les femmes afghanes, sous le régime des talibans, ne pouvaient pas se faire soigner par des médecins ou chirurgiens masculins, ni étudier. Les hommes qui n'élevaient pas au moins un oiseau étaient passibles de prison et parfois de mort, tout comme ceux qui rechignaient à porter la barbe. En quelque sorte, « protégés » par leur rigorisme et leur repli communautaire, les Deobandis s'accommodaient fort bien de « l'État impie » non musulman indien dans lequel, espéraient-ils, une forme d'apartheid jurisprudentiel entre hindous et eux pourrait voir le jour. L'autonomie, par rapport à l'état que leur confère cette forme de repli communautaire, « les a particulièrement bien préparés à édicter les règles d'une identité communautaire close, lorsque s'est posée la question de l'émigration en Europe », explique Gilles Képel[18]. Cette réalité concerne au premier chef la Grande-Bretagne. Ainsi, à Bradford, Birmingham, Manchester et Londres, les imams deobandis instruisent les jeunes musulmans aux dogmes des talibans. Il existe même à Londres une vingtaine d'écoles qui enseignent les lois et jurisprudences de la secte deobandie. Ces « collèges », principalement implantés dans le nord de l'Angleterre, forment les étudiants pendant cinq ans durant lesquels ils apprennent les mathématiques, les sciences et la culture islamique. Dans certains cas, les musulmans britanniques partent à

17. En 1967, cent ans à peine après sa création, le séminaire Deoband comptait déjà 8 934 écoles.
18. Gilles Képel, *Le Prophète et le Pharaon,* Seuil, 1993, p. 123.

l'étranger pour étudier au sein des écoles deobandies pakistanaises, indiennes ou afghanes. L'une des plus importantes est une *madrasa* située au nord de l'Inde, où les étudiants reçoivent huit heures d'enseignement par jour pour devenir des cadres religieux, mollahs ou imams. Les musulmans britanniques qui suivent ces cours reviennent ensuite enseigner dans les écoles deobandies britanniques. « Aujourd'hui, on estime que 20 % de la population musulmane britannique suit les enseignements dispensés dans les nombreuses mosquées deobandies, par ailleurs soutenues financièrement par l'Arabie Saoudite[19]. » Parmi les plus importantes mosquées contrôlées par les Deobandis et financée par Islamabad et Riyad, on peut notamment citer celle de Walsall, dans le district des West Midlands.

Rappelons par ailleurs qu'au Pakistan, une madrasa et une mosquée sur quatre sont contrôlées par des mouvements islamistes directement liés aux Deobandis en général, ou même à leurs émules talibans, influencés de surcroît par le wahhabisme saoudien : Jamiat Ulema-i-Islami, madrasas de Sami ul-Haq, de Fazlur Rehman, du chah Ahmed Noorani, etc. Depuis 1995, ces madrasas ont formé plus de vingt mille étrangers venus du monde entier (Afrique, Asie centrale, Afghanistan, monde arabe), avec la bénédiction des services secrets pakistanais et l'argent saoudien ou koweïtien. Cela montre à quel point le Pakistan, coanimateur et fondateur avec l'Arabie Saoudite de la plupart des grandes structures mondiales de réislamisation fondamentaliste, dont le Congrès du monde musulman *(Mu'tamar al-Alam al-Islami)* représenté à Londres, à Genève et en Allemagne et qui exerce un rôle similaire à celui des Frères musulmans, a longtemps mené un double jeu vis-à-vis de l'Occident. La plupart des organisations islamistes sunnites antioccidentales de type terroriste ou révolutionnaire sont en effet liées aux structures islamistes pakistanaises internationales : talibans, groupes islamistes armés du Cachemire, « néo-wahhabites » du Caucase (Daguestan, Tchétchénie) et de la vallée de la Fergana (Asie centrale), réseaux islamistes algériens et égyptiens (GIA, Takfir, Gamaa, Djihad), rebelles islamistes turcophones du Xinjiang chinois, etc. Partout où ils évoluent, de l'Afghanistan au Kosovo, en passant par la Tchétchénie et le Daguestan, les membres de cette nouvelle « Internationale salafiste », les « Afghans », perpétuent dans le sang le « paradigme indo-pakistanais », c'est-à-dire une forme spécifique-

19. Ron Geaves, in *I.S.I.C. Bulletin,* revue de l'Institut d'études de l'islam et du christianisme, décembre 1997-janvier 1998.

ment islamique de résistance au pouvoir illégitime, ou « pouvoir infidèle ».

Allié des États-Unis pendant plusieurs décennies, surtout pendant la guerre froide, comme des pétromonarchies du Golfe, le Pakistan demeure, avec l'Arabie Saoudite, l'un des épicentres du séisme islamique à travers le monde, même si l'actuel chef d'État, le général Pervez Moucharraf, semble avoir été contraint par les États-Unis, depuis l'opération Liberté immuable, de « lâcher » ses anciens protégés talibans et de réprimer sévèrement un certain nombre d'organisations islamistes protalibans ou liées aux guérillas terroristes islamistes du Cachemire où se sont réfugiés et reconvertis nombre de talibans et de membres d'Al-Qaida. Toujours est-il que les analyses des services de renseignements occidentaux, russes, ou même indiens, convergent pour souligner le persistant double jeu d'Islamabad qui, après avoir mis en place les talibans, continue de soutenir au Cachemire le terrorisme islamiste contre l'Inde, comme l'ont révélé l'attentat kamikaze du 13 décembre 2001 au Parlement indien perpétré, avec la complicité de l'ISI, par deux organisations figurant sur la liste des groupes terroristes proches d'Al-Qaida dressée par Washington, le Lachkar-i-Taiba et le Jeish-i-Muhammad, ainsi que les événements de mai et juillet 2002 au cours desquels le Pakistan a menacé l'Inde d'un conflit nucléaire sur fond d'attentats terroristes anti hindous au Cachemire. Le président Moucharraf, même s'il combat l'islamisme radical dans son pays, a tenté de sauver son pouvoir et de se faire pardonner l'abandon des talibans, fort mal ressenti au sein de sa population. En laissant le champ libre aux islamistes dans le Cachemire et dans les zones tribales d'où ont été perpétrés les attentats de Karachi d'avril et de juin 2002, il a trouvé là un moyen de se débarrasser des encombrants talibans et partisans de Ben Laden massivement accueillis au Pakistan jusqu'en décembre 2001. Le conflit islamo-hindou a ainsi été relancé en Inde, pays qui compte cent trente millions de musulmans, à la suite des violentes émeutes de mars 2002 qui ont fait des centaines de morts lors de l'incendie, perpétré par des musulmans fondamentalistes, d'un train qui ramenait cinquante-huit fidèles hindous d'Ayodhya (État du Gujarat). Dans cette ville se trouvait un célèbre temple que les hindous voudraient reconstruire depuis qu'ils ont rasé, en 1992, la mosquée qui avait été établie sur ses décombres sous l'occupation islamique.

## LE « SYNDROME INDO-PAKISTANAIS » OU LE REFUS DU POUVOIR INFIDÈLE, DU CACHEMIRE À L'EUROPE

Raison d'être des régimes qui se succèdent à Islamabad depuis la création du Pakistan, le conflit du Cachemire – conflit géopolitique par excellence puisqu'il oppose deux pouvoirs, l'un hindou « infidèle » et l'autre islamo-pakistanais, autour d'un même territoire – constitue l'une des grandes causes sacrées des islamistes du monde entier et, avec l'Afghanistan, la Bosnie, le Kosovo, la Tchétchénie ou la Palestine, l'une des principales destinations des volontaires du djihad. Comme le Pakistan, créé par les musulmans refusant de vivre sous les lois « impies » laïques de l'État hindou pluraliste, l'État fédéré indien du Cachemire, majoritairement peuplé de musulmans et revendiqué par Islamabad, est au centre d'un conflit identitaire motivé par cette revendication typiquement théocratique et islamique qui consiste à exiger un pouvoir musulman et à rejeter tout gouvernement *jahilite* (barbare, impie). Ces musulmans ressentent le fait de vivre en minorité dans une société non musulmane comme une véritable blessure pour la pratique de leur foi que l'islam classique mêle consubstantiellement avec le politique. La charia ne reconnaît que la situation dans laquelle le musulman est naturellement le maître de la cité et y fait régner les lois d'Allah. Cette impossibilité pour les musulmans stricts – les libéraux, nous l'avons vu, l'acceptent en revanche fort bien – d'obéir à une autorité « impie » est une constante dans l'histoire et est à l'origine de maints conflits. Car l'islam « est un système complet qui jette les fondements et les principes de toutes les conduites de l'homme à l'égard de Dieu, du monde et des autres hommes. [...] Plus l'État est musulman, plus la communauté est musulmane, mieux elle protège sa religion en se soumettant au droit divin et à ses lois. Et vice versa. La question n'est pas en réalité une question de fanatisme... L'islam estime que sans le pouvoir, on ne peut mettre en pratique la doctrine[20] ». C'est au nom de ce principe que les musulmans indiens entrèrent en conflit avec leurs frères ethniques hindous et obtinrent, en août 1947, la création d'un Pakistan musulman. Et c'est également au nom d'un « pouvoir islamique » que les guérillas sécessionnistes de nombreux pays exigent aujourd'hui leur indépendance vis-à-vis du « pouvoir infidèle », ou son renversement, comme au Cachemire, aux Philippines (Mindanao), au Kosovo et

20. Hussein al-Kouatli, « El-Islam wa'l-Hukum » (L'islam et le pouvoir), *in El Qadiyya el-Lubnaniyya,* 1976-1977.

en Macédoine (UCK, ONA), en Bosnie, à Chypre, en Thrace (où vit une forte minorité musulmane turcophone), en Syrie (contre les Alaouites), en Tchétchénie, et même en Israël – où les islamistes combattent non pas « l'injustice israélienne » mais surtout l'idée même d'un État juif non soumis aux lois d'Allah. Les non-musulmans, eux, ne voient pas d'inconvénient en général à cohabiter avec des musulmans – Inde, Philippines, Liban, Bosnie, Macédoine, Syrie, Irak, Égypte (où six millions d'Égyptiens sont chrétiens), Soudan, Fédération de Russie, Kazakhstan, etc.

On comprend mieux pourquoi le Pakistan, via le Cachemire, revêt une très haute valeur symbolique et géopolitique dans l'imaginaire des musulmans du monde entier et des islamistes en particulier. Il constitue un exemple pour beaucoup d'idéologues islamistes, comme l'ex-président de Bosnie-Herzégovine Alija Izetbegovic qui écrit, dans sa fameuse *Déclaration islamique :* « Le Pakistan constitue la répétition générale quant à l'introduction de l'ordre islamique dans des conditions contemporaines et au niveau de développement actuel. C'est sur l'exemple pakistanais que les défenseurs de l'islam doivent et peuvent s'instruire sur la manière d'agir ou de ne pas agir[21]. » Pour mieux comprendre le « paradigme sécessionniste indo-pakistanais », il n'est pas inutile de revisiter la Tradition islamique et la façon dont y sont idéalement perçues les relations avec les sociétés impies, indifféremment judéo-chrétiennes, polythéistes ou mécréantes, auxquelles l'islam a toujours été confronté et semble l'être encore plus qu'auparavant avec l'installation définitive de millions de musulmans en Occident.

## Les sociétés pluralistes face à la géopolitique totalitaire de l'islam classique

Entre la « terre d'islam » *(dar-al-islam)* et les nations non musulmanes, appelées « demeures de la guerre » *(dar-al-harb),* il ne peut y avoir en principe que des relations d'hostilité, car dans la théocratie islamique l'altérité religieuse n'est appréhendée qu'en termes d'inimitié politique. L'Autre est un ennemi politique parce qu'il est spirituellement réfractaire à la vérité de l'islam. S'il est païen, il doit obligatoirement embrasser la vraie foi, sous peine de mort, de même pour les incroyants et les mécréants en général. S'il est juif

21. *Déclaration islamique,* p. 49.

ou chrétien, il doit se soumettre aux lois temporelles de l'islam et accepter le prosélytisme islamique pour pouvoir être toléré en vertu d'un statut spécial (*dhimma*, terme francisé par l'expression « dhimmitude »). Mais lorsqu'elles ne plient pas devant l'ordre islamique, les sociétés non musulmanes sont assimilées par principe à des territoires hostiles ou « maisons de la guerre ». Le Coran prévoit cependant une exception à cette règle : la « demeure de l'islam » peut contracter une trêve avec la « demeure de la guerre » si la conjoncture politique l'impose et si cette trêve permet aux musulmans de prêcher leur doctrine en territoire infidèle sans exiger en contrepartie le même droit de prédication *(da'wa)* non musulmane à l'intérieur du *dar-al-islam.* La trêve *(solh)*, ou conciliation *(ahd)*, est concevable si elle est destinée à assurer, à terme, la suprématie de l'islam. Essentiellement conjoncturelle et anormale, la « conciliation » est susceptible d'être dénoncée unilatéralement par l'imam d'après les textes classiques, et elle est limitée en général à dix ans.

D'après le théologien et juriste sunnite Abou Yousof, « il n'est pas permis au représentant de l'imam de consentir la paix à l'ennemi quand il a sur lui la supériorité des forces. [...] Il appartient donc à l'imam de faire la paix avec les polythéistes lorsque cela est avantageux à l'islam et à la religion et qu'il espère ainsi les amener par la douceur à se convertir[22] ». Cette trêve, d'essence unilatérale, permise en principe dans le seul but de conquérir par la suite le *dar-al-harb*, ou en tout cas de pouvoir y annoncer librement l'islam aux non-croyants, peut également être motivée par un rapport de force momentanément inégal en faveur de la partie non musulmane. « L'armistice n'est permis que lorsqu'il en résulte quelque avantage pour les musulmans, confirme An-Nawawi, jurisconsulte de l'école chaféite ; par exemple si nous sommes faibles en nombre, ou si l'argent ou les munitions de guerre nous font défaut, ou bien s'il y a espoir que les infidèles se convertiront ou qu'ils offriront de se soumettre et de payer la capitation. Il est parfaitement licite que le souverain, en accordant l'armistice, se réserve le droit de recommencer les hostilités quand bon lui semblera[23]. » Certes, il s'agit là de la jurisprudence de l'islam classique, lequel ne saurait représenter l'islam contemporain. Mais celle-ci continue d'être la référence suprême des organisations islamistes, majoritaires au sein du tissu associatif musulman européen, ainsi que de l'Arabie Saoudite et de

22. Bat Ye'Or, *Juifs et chrétiens sous l'islam, les Dhimmis face au défi intégriste,* Berg International, 1994, p. 357.
23. An-Nawawi, *op. cit.*, p. 288-289.

nombreux États islamiques (Pakistan, Soudan, Mauritanie, Koweït, Yémen, etc.). Elle est par ailleurs toujours enseignée à l'université Al-Azhar d'Égypte, la plus prestigieuse du monde musulman.

Problème géopolitique d'une acuité encore insoupçonnée, le « syndrome indo-pakistanais » et le rejet du pouvoir infidèle gagnent aujourd'hui les représentants, en Europe, des différents pôles islamistes mondiaux décrits précédemment, obsédés qu'ils sont de voir des millions de musulmans immigrés risquer d'échapper à leur contrôle en vivant sous des régimes « impies » au contact des juifs, des chrétiens, des mécréants et des apostats. D'où le repli communautariste, d'où aussi la crispation de nombreuses associations musulmanes autour de thèmes revendicatifs comme les affaires du foulard ou autres affaires Rushdie, l'exigence d'écoles coraniques, etc. Pour les islamistes et les musulmans stricts en général, l'enjeu n'est ni plus ni moins que la préservation de l'identité et de la foi islamiques menacées, à terme, si le processus d'intégration ou d'assimilation se poursuit en harmonie avec les us et coutumes des sociétés d'accueil. Inversement, l'installation en Europe de millions de musulmans apparaît, pour de nombreux islamistes – qui tablent sur l'ouverture et la tolérance des sociétés occidentales démocratiques, à condition que l'intégration soit contrecarrée par un repli communautaire propice à la réislamisation –, comme une chance inouïe, une occasion sans précédent de conquérir spirituellement et politiquement l'Europe à partir d'un noyau de fidèles réislamisés qui pourrait s'agrandir indéfiniment au gré des conversions d'autochtones.

## L'EXIL VOLONTAIRE DE MUSULMANS EN « TERRE INFIDÈLE »

Pour la première fois dans l'histoire de l'islam, des fidèles musulmans ont quitté massivement et volontairement des territoires musulmans du *dar-al-islam* sans en être chassés par la force, comme lors du précédent espagnol au XV^e^ siècle, pour venir vivre dans des pays non musulmans, les « territoires de la guerre ». Dans leur quasi-totalité, les juristes et oulémas musulmans ayant écrit sur le sujet se sont toujours opposés à la présence à long terme, dans le *dar-al-harb*, de musulmans en minorité politique, c'est-à-dire ne détenant pas de pouvoir d'injonction sur les non-croyants mais devant au contraire obéir à leurs lois « impies ». Dans leurs différents traités, les oulémas ont au contraire toujours valorisé le thème du *mohajir*, l'émigré, à commencer par le Prophète lui-même qui n'hésita pas à quitter La Mecque païenne pour gagner Médine où il édifia la première société monothéiste islamique. Or, dans l'islam classique, le Prophète est un modèle – l'expression arabe consacrée est *uswa hasana* – que les musulmans doivent impérativement suivre. L'obligation de quitter les sociétés impies pour celles régies par les lois de Dieu est en outre fondée sur un passage du Coran (4, 97-100) et est renforcée par plusieurs hadiths. L'un d'entre eux, fréquemment cité, affirme que le Prophète aurait rejeté tout musulman qui avait choisi de vivre en milieu infidèle. La tradition islamique incite donc plus les musulmans à quitter les territoires où l'islam ne règne pas plutôt qu'à y demeurer, à abandonner son propre pays s'il est gouverné par des non-musulmans, pour aller vivre en terre d'islam. C'est, nous l'avons vu, ce qu'encourageront les créateurs du Pakistan moderne, lesquels envisagaient leur nouvel État non pas à partir de critères ethnolinguistiques et géographiques, mais en tant que terre néomusulmane d'émigration *(hijra)* destinée à répondre à l'impératif islamique de quitter les territoires du *dar-al-harb*, d'où le nom de *mouhajiroun* (les « émigrés ») donné aux Pakistanais qui avaient quitté l'Inde pour le nouvel État. De la même manière, les musulmans d'Andalousie, qu'ils fussent arabes, berbères ou même autochtones, et cela avant que les derniers mahométans n'eussent été expulsés, quittèrent en leur quasi-totalité l'Espagne reconquise par les Rois Catholiques pour s'installer au Maroc, principalement à Fès. De même les Caucasiens qui se sont réfugiés en Turquie dès le début de la conquête russe au XIX^e siècle.

Lorsqu'ils ont eu le choix, les musulmans ont presque toujours agi en conformité avec cet idéal et n'ont, en tout cas jusqu'au milieu du XX^e siècle, jamais émigré volontairement vers les sociétés non musulmanes, sauf pour des raisons pratiques, professionnelles ou de survie, en vertu du principe de *darura* (nécessité). D'après l'école malikite, qui domine dans toute l'Afrique du Nord, le musulman ne peut visiter le *dar-al-harb* que dans le but précis de faire des captifs pour les échanger contre une rançon. Cette juridiction explique d'ailleurs pourquoi les rapports des ambassadeurs marocains adressés aux différentes cours européennes sont presque tous intitulés *Rapports de mission pour la rançon des captifs*. Le séjour temporaire de musulmans en terre infidèle est donc accepté, à condition que le musulman puisse jouir « des mêmes privilèges et accepter les mêmes devoirs que ceux qui sont accordés à un infidèle *musta'min* en pays musulman [...] et qu'il puisse ensuite manifester les signes de l'islam[24] ».

24. Bernard Lewis et Dominique Schnapper, *Musulmans en Europe,* Actes Sud, 1992, p. 23-27.

Dans l'école hanafite, plus modérée sur ces questions que les trois autres voies sunnites, la possibilité de vivre une vie musulmane en terre impie est admise pour autant que ce gouvernement satisfasse à certaines exigences incontournables : le musulman doit quitter le *dar-al-harb* s'il est soumis à des conversions forcées ou s'il ne lui est pas permis d'accomplir son devoir religieux, lequel peut être interprété de manière minimale ou extensive suivant le degré de fondamentalisme ou de modération. D'autres juristes permettent aux musulmans de rester, dans l'espoir qu'ils « guident les incroyants vers la vérité et les sauve de leurs erreurs », c'est-à-dire qu'ils compensent le fait de ne pas vivre en terre islamique en islamisant progressivement la société d'accueil. Dans certains cas, comme en Sicile sous Frédéric II de Hohenstaufen, la liberté de culte fut concédée aux musulmans. Mais il faut rappeler que la condition de pouvoir « pratiquer l'islam » exigée par les juristes musulmans signifie bien plus que le culte dans la conception islamique. « Elle concerne l'ensemble des manières de vivre, prescrites en détails par les textes sacrés [...] mais ce n'est pas tout, le premier devoir d'un musulman répété constamment dans le *Qur'an* est "d'exiger le bien et d'interdire le mal". Il ne suffit pas de décider soi-même de faire le bien et d'éviter le mal. Les musulmans doivent aussi exiger et interdire, c'est-à-dire exercer une autorité. Le même principe s'applique à la loi sacrée à laquelle on ne doit pas simplement obéir mais que l'on doit faire respecter[25]. » Difficilement compréhensibles pour des Occidentaux imprégnés par la pensée sécularisatrice des Lumières, les musulmans qui réclament l'interdiction d'auteurs jugés « blasphémateurs » tels Dante Alighieri ou Salman Rushdie, les diplomates saoudiens qui, lors de rencontres diplomatiques à Paris avec leurs homologues européens, interdisent l'alcool, ou encore les responsables de projets de construction de mosquées réclamant que le minaret dépasse en hauteur la cathédrale locale, agissent en conformité avec la loi islamique. « Dans tout affrontement, l'islam doit dominer. C'est pourquoi les mosquées doivent dépasser les lieux de culte non musulmans. C'est pourquoi aussi un homme musulman peut se marier avec une femme non musulmane mais un homme non musulman ne peut, sous peine de mort, se marier avec une musulmane [...]. Il existe une assymétrie similaire concernant le prosélytisme. Il est du devoir d'un musulman d'apporter la foi aux incroyants. Contrairement au christianisme, l'islam

25. Bernard Lewis, *op. cit.*, p. 27.

n'a pas de missionnaires professionnels. Cette tâche incombe à chaque musulman. Il est pourtant strictement interdit pour un *dhimmi* d'essayer de convertir un musulman à sa religion. Si jamais il réussissait, l'apostasie serait punie de mort[26]. » Cette intolérance et cette dissymétrie s'expliquent logiquement du point de vue de la religion islamique : l'islam est l'aboutissement final et parfait de la révélation abrahamique, le « sceau des Écritures ». Promouvoir la foi est un commandement divin. Accorder un traitement comparable aux non-musulmans équivaudrait à nier l'intrinsèque supériorité du message de l'islam et la nécessité de le répandre. Aussi, une vie authentiquement musulmane n'est-elle possible, idéalement, que sous un gouvernement islamique. Les sociétés impies qui refusent d'embrasser l'islam ne peuvent être qu'en état de guerre, sauf exceptions particulières.

Globalement, on peut dire que les organisations et États islamistes tentant de contrôler les communautés musulmanes en Europe considèrent l'installation de millions de leurs coreligionnaires en terre occidentale comme un fait accompli, une réalité incontournable, pas forcément bénéfique ni même souhaitable, mais qui doit être prise en compte. Conformément à cette même scolastique islamique à laquelle ils se réfèrent, les islamistes prennent acte du fait que l'Europe n'est plus une entité définissable par la seule chrétienté. Les nations d'Europe, et même d'Amérique, si elles sont perçues comme de culture et d'histoire chrétiennes, sont surtout considérées comme des entités politiques profondément sécularisées donc, finalement, « neutres » et moins hostiles à l'islam et à l'islamisme qu'un État chrétien ou juif. Non seulement les Européens sont majoritairement peu pratiquants, voire indifférents ou même agnostiques, mais les Églises chrétiennes, exceptées certaines mouvances fondamentalistes, ne développent pas de stratégie de prosélytisme en milieu musulman immigré. Or l'absence de prosélytisme auprès des musulmans et la déchristianisation des sociétés, la neutralité spirituelle des États et le relativisme religieux, ajoutés au fait que les sociétés démocratiques occidentales sont fondées sur la liberté d'opinion et de conscience, la lutte contre la discrimination envers les minorités et le pluralisme ethnoconfessionnel, poussent nombre de responsables musulmans – y compris les islamistes radicaux – à théoriser le fait que l'Europe n'est plus une « maison de la guerre », mais une « maison de la conciliation » *(dar-al-ahd)* ou

26. Bernard Lewis, *ibid.*

« du pacte » *(dar-al-solh)*. Et parce que l'installation massive en Occident de populations musulmanes et ses corollaires n'est pas conditionnée par l'octroi de droits et de libertés équivalents aux non-musulmans vivant dans le *dar-al-islam*, les islamistes considèrent qu'il s'agit donc d'une reconnaissance *de facto* de la supériorité de l'islam. La tolérance est bien à sens unique, condition principale pour que la présence musulmane en terre infidèle devienne licite.

Les organisations et États islamiques considèrent d'une manière générale que la progression pacifique de l'islam en Europe peut être la pire des choses si les quinze à vingt millions d'immigrés musulmans actuellement recensés s'intègrent aux sociétés d'accueil jugées immorales et « impies », donc se « désislamisent ». D'où la nécessité impérieuse de compromettre l'intégration via le repli communautaire. Mais ces États admettent également qu'elle pourrait être une chance inespérée, un nouveau « miracle d'Allah », le point de départ de la « troisième grande phase d'expansion de l'islam » décrite par Bernard Lewis, si les communautés musulmanes issues de l'immigration réussissaient à rester ou redevenir vraiment musulmanes, grâce à l'action en leur sein des pôles de l'islam mondial, voire même si les infidèles massivement déchristianisés, donc spirituellement plus vulnérables, pouvaient progressivement embrasser la « vraie religion ». Toujours est-il que pour nombre de juristes fondamentalistes ayant pris acte d'un phénomène qu'ils auraient plutôt rejeté au départ, « si la loi sacrée est maintenue et appliquée, même sous une autorité infidèle, ce pays peut être considéré comme faisant partie de la Maison de l'Islam. [...]. Les juristes sont particulièrement sensibles à la validation des actions et aux documents légaux ainsi qu'à la légitimité des *qadis* qui les valident. Ils accordent une importance toute particulière aux lois relatives au mariage et au divorce, aux droits de succession et à la propriété », explique Bernard Lewis[27]. Cette précision permet de comprendre combien est important l'enjeu des revendications communautaristes formulées par les organisations islamiques d'Europe en matière de statut personnel.

Dans plusieurs de ses ouvrages, Tariq Ramadan, figure emblématique de l'islamisme européen et petit-fils d'Hassan al-Banna, fondateur des Frères musulmans, a voulu répondre, à la lumière de la situation moderne et sans renier la doctrine islamique, à cette question cruciale qui consiste à se demander s'il est permis aux musul-

27. Bernard Lewis, *op. cit.*, p. 30.

mans de vivre en terre infidèle[28]. On peut certes noter que « les musulmans appartenant aux jeunes générations [...] n'ont pas attendu que les oulémas statuent sur leur sort, puisqu'ils sont de fait des citoyens européens », remarque Leïla Babès[29]. Toujours est-il que, pour Ramadan, on est proche, en Europe, d'une situation où le musulman peut vivre pleinement selon le droit islamique, ceci grâce au pluralisme religieux et à l'indifférence permise par la laïcité. Selon lui, il suffit pour cela de « vivre religieusement », ce que le droit laïque n'interdit pas. La laïcité des démocraties occidentales sécularisées n'est acceptable que parce qu'elle fonctionne comme un principe de neutralité et d'arbitrage garantissant la liberté religieuse de chacun et mettant l'islam au même niveau que les autres religions. Elle permet par conséquent aux musulmans de demeurer légitimement en terre infidèle et de faire rayonner la lumière de la « vraie religion » – devoir capital qui compense le caractère anormal de leur présence en terre impie – quand bien même ils auraient la possibilité matérielle de regagner le *dar-al-islam*. Tariq Ramadan déclare que la cohabitation est parfaitement possible selon la loi islamique : non seulement il n'y a plus d'état de guerre entre ex-chrétiens infidèles et musulmans, mais les premiers ont solennellement renoncé à toute forme de prosélytisme et à toute hostilité vis-à-vis des musulmans. Aussi Ramadan estime-t-il que la présence en Europe de millions de musulmans est fondée sur un « pacte implicite » ou « tacite », notion voisine du principe de « conciliation » (*ahd* ou *sulh*) mais à laquelle l'idéologue islamiste préfère le concept plus présentable de « terre du témoignage » *(dar-al-shahada)* après avoir rappelé que, d'après l'enseignement du Prophète, « le monde entier est une mosquée ». Dans sa démarche de légitimation de l'émigration *(hijra)* en terre impie, Tariq Ramadan s'appuie sur les grands oulémas salafistes ayant légiféré sur le statut des musulmans d'Europe, dont Youssef Qaradhawi, l'un des guides spirituels des Frères musulmans, mais aussi d'autres penseurs comme Al-Afghani, Mohammed Abdou, Muhammad Iqbal, et son grand-père Hassan al-Banna qu'il range dans la catégorie des « réformistes. »

Bien qu'affirmant ne pas être membre des Frères musulmans et se défendant d'être un fondamentaliste, Tariq Ramadan n'a jamais renié les idées de son grand-père, dont il assume l'héritage. Il a joué un rôle considérable dans le processus de réislamisation radicale des

28. Tariq Ramadan, *op. cit.*, p 267.
29. Leïla Babès, « L'identité islamique européenne d'après Tariq Ramadan », *Islam de France*, n° 8, p. 14, 2000.

communautés musulmanes d'Europe, en particulier les jeunes. Son message, perçu par certains comme subversif, est utilisé par les grandes organisations islamistes qui se réclament de la mouvance des Frères musulmans, ce qui a conduit les autorités françaises à interdire l'accès au territoire en novembre 1995. Pour faire passer son discours, Ramadan plaque des schémas d'analyse anticolonialistes et multiculuralistes en vogue – lesquels ont l'avantage d'emprunter à la vulgate progressiste tiers-mondiste autant qu'au fondamentalisme – sur sa dénonciation de « l'intolérance laïcarde » et de l'ethnocentrisme occidental islamophobe. Grâce à ces subterfuges sémantiques et conceptuels, le petit-fils d'Hassan al-Banna a réussi à présenter les revendications néo-obscurantistes de sa mouvance comme de simples propositions s'inscrivant dans la logique du multiculturalisme et du « droit à l'identité d'origine ». Pour lui, le communautarisme islamique serait l'équivalent en Europe du « droit des peuples à disposer d'eux-mêmes », et donc de la lutte contre le colonialisme. Inversement, faire obstacle à cette offensive obscurantiste sous couvert de lutte contre l'intégrisme constituerait une forme d'intolérance et de « racisme » d'essence néocolonialiste, d'où l'un de ses thèmes de propagande favori consistant à prôner aux jeunes musulmans le refus de la « colonisation intérieure ». Ramadan explique qu'adopter la laïcité républicaine sans exiger au préalable des adaptations au communautarisme islamique équivaudrait à une acculturation, une imitation servile de cet Occident excolonial qui nuirait par conséquent à la survie même de « l'identité islamique ». Dans son ouvrage *Être musulman européen,* Tariq Ramadan propose de revenir aux sources islamiques pour construire les bases de « l'identité musulmane européenne », une identité que les jeunes musulmans d'Europe issus de l'immigration construisent dans un « processus de réaction par rapport à l'Occident ». Champion du néo-tiers-mondisme à usage communautaire, l'islamiste suisse affirme malgré tout accepter pleinement la laïcité, tout comme les lois de la République, dans la mesure où celle-ci renonce au jacobinisme de jadis au profit d'une neutralité et d'une prise en compte de l'évolution des sociétés modernes vers le multiculturalisme, mais aux termes d'« aménagements » communautaires, notamment en ce qui concerne le voile islamique. Ces aménagements permettraient d'assurer le « respect de l'identité musulmane et de ses principes de pudeur ».

C'est en raison de ce rejet de la laïcité républicaine que Ramadan fustige les musulmans modernistes dont les « esprits colonisés » seraient « imprégnés par les prismes des difficultés sociales actuelles de l'Occident, de l'analyse sociologique moderne et des médias[30] ». Fort de cette stratégie communautariste, Ramadan définit le musulman comme « celui qui est d'origine musulmane, plus les convertis », l'objectif étant de « négocier sur cette base communautariste un statut avec l'État pour être reconnu comme groupe spécifique », ce qui permettrait aux nouvelles générations issues de l'immigration de continuer à se reconnaître musulmanes, puis de se réislamiser en profitant des espaces de liberté permis dans le cadre de la société multiculturelle. Cet angle d'attaque ethnocommunautariste, et non directement religieux, a l'avantage de sensibiliser les milieux progressistes et « de gauche » tout en jouant sur la fibre très sensible du phénomène d'appartenance néo-tribal et du multiculturalisme à l'américaine, donc de faire passer plus facilement un message, au départ fort suspect, que les spécialistes reconnus de l'islamisme comme Gilles Képel et Rémy Leveau n'ont pas manqué de classer parmi les discours « néofondamentalistes ».

Tout en prônant l'ouverture à la modernité, au pluralisme et à l'intégration, Ramadan ne transige sur aucun commandement du Prophète et demeure opposé à toute démarche critique et historique du texte coranique. Dans sa thèse sur Hassan al-Banna et le courant réformiste-salafiste, Tariq Ramadan fait l'éloge de la pensée de son grand-père, qui préconisait en son temps de « procéder par étapes ». Dans ses nombreuses conférences en milieu « jeunes », il développe quant à lui l'idée d'une « intelligence des étapes », notion plus que voisine qui témoigne de la même stratégie communautariste progressive de séduction et d'infiltration du système majoritaire « impie », qu'il convient de ménager verbalement et tactiquement en attendant d'avoir un jour le nombre en sa faveur.

---

30. Tariq Ramadan, *Être musulman européen, études des sources islamiques à la lumière du contexte européen*, Tawhid, 1999, p.186.

# CHAPITRE 6

# Les stratégies de conquête du totalitarisme islamiste

*Celui qui donne sa pitié au méchant fait tort au juste.*

Talmud

*En se drapant dans le vertueux manteau du droit à la différence et du respect des cultures, le communautarisme va-t-il réussir là où les dictatures du siècle précédent ont échoué ? Qu'il s'agisse des répercussions dans l'Hexagone des attentats du 11 septembre, du conflit du Proche-Orient, de la discrimination positive dans les grandes écoles [...], on voit partout fleurir ces solidarités inconditionnelles qui préparent autant de systèmes clos [...]. La palme de l'outrance revient sans doute au communautarisme musulman capable de relayer les discours les plus délirants pour asseoir la loi coranique. Ceux qui veulent appliquer la charia [...] bédouinisent la société puisque celle-ci a été conçue pour une société tribale qui n'existe plus.*

Joseph Macé-Scaron[1]

## LES REVENDICATIONS COMMUNAUTAIRES OU « LA STRATÉGIE DU FAIBLE AU FORT »

Afin de réussir la « réislamisation » ou le maintien dans l'islam orthodoxe des musulmans ayant quitté le *dar-al-islam*, les grands pôles de l'islamisme escomptent dans un premier temps encadrer et instrumentaliser les communautés musulmanes issues de l'immigration dont on doit empêcher à tout prix l'intégration aux mœurs

1. *La Tentation communautaire,* Flammarion, 2001.

impies du *dar-al-harb*. Pour mobiliser des troupes initialement fort peu motivées par l'obscurantisme religieux, puis justifier leur dessein communautariste, ces pôles islamistes ont élaboré, de manière plus ou moins concertée, une « stratégie générale de mobilisation », un « programme commun minimum » de revendications communautaires et confessionnelles qui, nous le verrons, s'expriment fort habilement au nom des mêmes valeurs pluralistes des sociétés d'accueil pourtant directement combattues par cette stratégie de repli et, surtout, par l'idéologie islamiste. Largement inspirées par les consignes des organisations contrôlées par l'Arabie Saoudite et par les pôles islamistes anglo-pakistanais et les Frères musulmans, ces revendications sont globalement les suivantes :

— L'État d'accueil et les employeurs devraient déclarer jours fériés les deux principales fêtes islamiques : le *Fitr*, qui marque la fin du jeûne du ramadan, l'*Ahda*, jour du sacrifice pendant le pèlerinage à La Mecque. Une demi-journée serait également chômée le vendredi.

— Les travailleurs musulmans devraient avoir la possibilité de faire les deux ou trois prières quotidiennes pendant les heures travaillées sans que ces interruptions impliquent des retenues de salaire.

— L'enseignement religieux pourrait être introduit dans le cadre de l'Éducation nationale ou d'écoles privées sous contrat. Parallèlement, les organisations islamiques réclament le droit de créer des écoles libres islamiques entièrement privées, ainsi qu'une généralisation des aumôneries et lieux de prière islamiques dans les lieux publics et les prisons. Parmi les revendications en matière scolaire : la lutte contre la mixité, la demande de dispense de certains cours pour les filles, l'exclusion d'ouvrages « offensant l'islam » et le droit de porter le voile dans les lieux publics.

— Introduction de quotas dans l'administration, les médias, les listes électorales, les embauches, etc.

— Reconnaissance des règles islamiques en matière de statut personnel : mariage musulman, répudiation, polygamie, héritage (inéquitable pour les femmes), garde des enfants (qui revient au mari en cas de séparation), cimetières ou carrés musulmans séparés. Aussi la loi française devrait-elle être modifiée ou mise ponctuellement en concurrence avec la charia « pour permettre à la communauté musulmane de régler de façon indépendante la vie de ses membres[2] ».

2. Roger Tébib, *La guerre d'Algérie n'est pas finie, immigration et défense nationale*, Ulysse Éditions, Bordeaux, 1992.

— Remise en question progressive de la laïcité des États puis exigence de statuts juridiques du droit commun, c'est-à-dire « d'immunités juridiques et territoriales ».

— Reconnaissance institutionnelle et fiscale de l'islam par les États d'accueil. En France, l'islam devrait être reconnue comme « seconde religion nationale ». Les organisations et associations religieuses charitables musulmanes devraient pouvoir recevoir des dons plafonnés, avec la possibilité pour le donateur d'en déduire une partie de ses impôts. Plus largement, il s'agirait d'introduire en France l'un des fondements de la loi islamique : l'aumône légale, la *zakat*.

— Création, à terme, de partis politiques islamiques visant à défendre les intérêts des communautés musulmanes.

Si certaines de ces revendications ne posent pas de problème majeur et apparaissent comme parfaitement légitimes en vertu des libertés et du droit élémentaire à pratiquer la religion musulmane dans toute société pluraliste, d'autres, propres à la nature totalitaire et théocratique de l'islamisme, sont en flagrante opposition avec les valeurs fondamentales des démocraties occidentales. Conscients que les valeurs qu'ils défendent sont foncièrement obscurantistes, intolérantes et même racistes (antioccidentalisme, judéophobie, antichristianisme, haine envers les incroyants, etc.), et que certaines d'entre elles, *a priori* inacceptables, sont vouées à susciter sinon une hostilité du moins une suspicion « naturelle » de la part des autochtones sécularisés et des pouvoirs publics, les grands pôles du totalitarisme islamiste ont opté pour une « stratégie du faible au fort », essentiellement subversive au sens étymologique du terme (*subvertere*, tourner, retourner). Donc ambivalente, parfois même machiavélique et d'un cynisme extrême, à l'instar des totalitarismes communistes ou nationaux-socialistes qui surent toujours manipuler l'opinion et « démoraliser l'autre[3] » avant de frapper violemment et de révéler leur vraie nature. Ainsi, en dépit du fait qu'ils sont viscéralement opposés aux valeurs de tolérance, de progressisme, de liberté de conscience et de pluralisme, les adeptes du totalitarisme islamiste sont parvenus, avec comme meilleures alliées la mauvaise conscience européenne et les douleurs de l'histoire qu'ils ont su instrumentaliser à leur profit, à déguiser leurs revendications totalitaires et liberticides en doléances progressistes, multiculturalistes, « politiquement correctes », voire « antiracistes » et « antifascistes », alors même que le totalitarisme islamiste est historiquement lié au

3. L'une des significations de la subversion selon Roger Muchielli.

national-socialisme et a comme meilleurs auxiliaires plus ou moins occultes les milieux antisémites, révisionnistes et néonazis eux-mêmes.

## Stratégie victimiste et « guerre des représentations »

Rien finalement n'empêche les islamistes d'utiliser une rhétorique « progressiste » opportunément empruntée aux mouvances idéologiques de gauche, d'extrême gauche et tiers-mondistes, comme l'a montré Pierre-André Taguieff[4]. Rhétorique de gauche fort précieuse quand on sait que l'objectif immédiat des islamistes consiste à délégitimer, démoniser même, les oppositions susceptibles, au sein des sociétés civiles d'accueil, de faire obstacle à cette offensive totalitaire et obscurantiste. Le stratagème utilisé consiste à faire naître un sentiment de culpabilité, mais également un véritable climat d'autocensure obtenu aux termes de campagnes d'intimidation et de revendications victimaires. Jouant à la fois sur le registre particulièrement porteur, à l'heure du « politiquement correct », de la figure minoritaire persécutée et brimée *a priori* par la majorité « intolérante », les islamistes misent essentiellement sur une stratégie de « pénétration oblique » et progressive, dont la première étape passe par le cloisonnement communautariste et confessionnel.

Pour parvenir à leurs fins et mobiliser le plus efficacement les musulmans – au départ naturellement réfractaires à l'idéologie islamiste et même à la pratique religieuse régulière – et les médias, les propagandistes de l'islamisme développent l'idée centrale selon laquelle les sociétés européennes, et la République laïque française en premier lieu, seraient « islamophobes », brimeraient les communautés musulmanes immigrées, développant une sorte de « racisme anti-islamique ». En vertu de cette stratégie victimiste, les islamistes expliquent que « l'islamophobie » quasi congénitale des sociétés d'accueil s'exprimerait principalement par le refus de reconnaître le culte islamique ou les signes extérieurs de liberté religieuse comme le voile. Ainsi, certains intellectuels de gauche ou d'extrême gauche, idéologiquement prédisposés à relayer une telle stratégie culpabilisante et en quête de nouveaux prolétaires « opprimés », incriminent l'« intégrisme » laïcard ou le « néocolonialisme » des sociétés d'ac-

4. Pierre-André Taguieff, *La Nouvelle Judéophobie,* Mille et Une Nuits, 2002.

cueil « intolérantes » qui imposeraient aux immigrés musulmans une forme de « colonisation intérieure », pour reprendre l'expression chère à Tariq Ramadan. Commentant les récurrentes affaires du voile et la particularité française qui consiste à voir dans cette coutume une atteinte à la laïcité, l'éditorialiste du *Monde diplomatique* Alain Gresh, proche de Ramadan, n'hésite pas à plaquer la rhétorique anticolonialiste traditionnelle sur la réalité française actuelle : « Il ne faut pas oublier que la colonisation s'est faite au nom de la civilisation et, parfois, de l'universalisme. Cet universalisme abstrait bien français qui rend invisible la mise à l'écart des femmes comme des immigrés. Il faut empêcher le port de ce symbole archaïque qu'est le foulard, comme il fallait civiliser les barbares[5]. » Plus explicite encore, Noël Mamère déclarait, trois mois seulement après le 11 septembre : « J'ai l'image d'une communauté musulmane qui tente légitimement de faire comprendre ses spécificités culturelles et cultuelles [...]. Il faut savoir renvoyer dos à dos les intégristes républicains et les intégristes islamistes[6]. » Comme si les défenseurs de la République pouvaient être comparés aux complices idéologiques de Ben Laden ou aux héritiers de Hassan al-Banna... Maxime Rodinson a parfaitement analysé ce type de discours victimiste : « La vogue en Europe, dans une zone assez étendue et en tout cas assez loquace de l'opinion, du courant anticolonialiste, antiethnocentriste, les tendances œcuméniques chez les chrétiens (avec un sentiment de culpabilité pour leurs torts anciens envers les musulmans) ont fait considérer toute critique des dogmes ou du rituel musulmans, voire des pratiques profanes de la société musulmane comme entachée de relents, pour le moins, de l'attitude hégémonique, colonialiste, méprisante d'autrefois[7]. »

D'après les islamistes, qui surfent sur le terreau propice de la délinquance et de l'exclusion, c'est cette « islamophobie » de l'Occidental, « raciste » par nature, néocolonialiste, qui expliquerait les problèmes d'intégration rencontrés par les minorités musulmanes issues de l'immigration, « rejetées » par les Français de souche donc « révoltées », excusables ainsi de sombrer dans la violence criminelle ou fondamentaliste. La violence, tel est en effet le ressort réel, non dit, mais recherché par les islamistes par-delà leur posture victimaire, comme jadis les enrôleurs fascistes ou nazis allaient recruter

5. Alain Gresh, Tariq Ramadan, *L'Islam en questions*, Sinbad-Actes Sud, 2000, p. 216.
6. Noël Mamère, *La Médina*, 12 décembre 2001.
7. Maxime Rodinson, *La Fascination de l'islam*, La Découverte, 1980, p. 121.

jusque dans la rue les désœuvrés afin de canaliser leur ressentiment au profit de l'idéologie de haine. La nouvelle version de ce couple explosif qui allie fanatisme vert et misère instrumentalisée passe aujourd'hui par le communautarisme et ses revendications, particulièrement mobilisatrices dans des États-providence sociaux-démocrates où les pouvoirs publics sont toujours débiteurs et les criminels pas plus coupables que la société. Responsable de l'association Democratia, consacrée à l'intégration, le Franco-Algérien Rachid Kaci confirme cette crainte de voir se développer dans les « banlieues de l'islam » une nouvelle forme de haine antioccidentale justifiée autant que suscitée par l'action de fanatisation des islamistes. Lui-même issu des banlieues à forte minorité musulmane, Kaci estime que l'exclusion et les problèmes d'intégration rencontrés par les jeunes musulmans ne sont pas seulement le fait du racisme, de la « xénophobie » supposée des Français de souche, mais doivent beaucoup à « l'action des organisations islamistes essentiellement tournées vers la lutte contre l'intégration, qui prônent le repli volontaire dont la rhétorique antioccidentale et victimiste potentiellement belligène n'est que favorisée par les associations d'extrême gauche dites « antiracistes »[8].

Grâce au biais communautaire perçu côté occidental comme une voie expiatoire censée racheter l'intolérance chrétienne, le colonialisme du passé et l'arrogance impérialiste du présent, les islamistes sont parvenus, alors qu'ils sont totalement réfractaires aux valeurs humanistes des sociétés démocratiques, à retourner contre leurs concepteurs occidentaux ces mêmes valeurs, détournées de leur finalité. Ils escomptent ainsi faire admettre leur propre intolérance islamiste à travers la reconnaissance institutionnelle de leurs structures associatives, pourtant directement liées aux grands pôles du totalitarisme islamiste et dont le but est d'empêcher à tout prix le processus d'intégration des jeunes issus de l'immigration islamique, menacés dans leur islamité par les coutumes « décadentes » et « impies » des sociétés d'accueil. Bref, une forme progressiste de racisme et d'intolérance revêtue de l'habit légitimateur du multiculturalisme ou du droit à la différence.

Nous sommes bien là en pleine « guerre des représentations », ainsi que l'a expliqué l'épistémologue et stratégiste français Arnaud-Aaron Upinsky : « Une guerre des mots, de langage, de logique, une guerre sémantique. Le défenseur doute du sens des mots. Il ne sait

8. Entretien de l'auteur avec Rachid Kaci.

plus ce qu'il pense vraiment, il n'est plus capable de reconnaître l'ennemi de son concitoyen. Ses systèmes immunitaires de défense sont annihilés par l'implant de virus logiques dans son propre langage, dans son cerveau. Dans cette guerre, nous ne nous battons pas contre des armées mais contre des mots[9]. » N'oublions pas que les guerres sont *d'abord* remportées sur le terrain des « représentations », donc des dissimulations. Certes, la chose n'est pas nouvelle en soi, les techniques de guerres symboliques et psychologiques ayant été analysées en détail plus de six siècles avant notre ère par le stratège chinois Sun Tsu. D'après le psychologue Roger Muchielli, spécialiste des questions de manipulation et de subversion, ce type de guerre non militaire « du faible au fort » consiste essentiellement à « démoraliser » l'autre, distordre son contact avec le réel en implantant chez lui des représentations fausses et culpabilisantes de la réalité. Il s'agit pour eux de détourner les mots de leur sens originel pour leur faire décrire des réalités opposées. La meilleure attaque contre les démocraties consiste à détourner sémantiquement les valeurs des sociétés ouvertes de leurs fondements philosophiques pluralistes et libéraux originels, puis d'utiliser ces mêmes valeurs, quasi sacrées pour les Occidentaux épris de liberté et de tolérance religieuse, comme leviers de pénétration de revendications obscurantistes. Ces démocraties sont ainsi déboussolées dans leurs propres représentations, littéralement kidnappées par leurs ennemis. À partir de là, les islamistes sont parvenus, aux termes de cette « stratégie logomachique » du faible au fort, à brouiller totalement le système de perception occidental des menaces, bref, à désorienter les démocraties libérales, comme vaincues avant même d'avoir livré bataille, une bataille que les islamistes ne peuvent pas se permettre de mener frontalement étant donné les rapports de force.

Comme le montre le linguiste français Maurice Pergnier dans son ouvrage *La Logomachie, la guerre des mots, les mots de la guerre*[10], le choix des mots est fondamental. Pour duper l'autre, pour lui « faire perdre le nord », la signification des concepts et des mots-clés – liberté, vérité, droits de l'homme, humanisme, démocratie, Shoah, racisme, intolérance, xénophobie – qui sont d'une très forte portée émotionnelle et idéologique, doit être « subvertie », détournée. Aussi, la caractéristique du discours propagandiste islamiste et du discours subversif en général consiste-t-il à donner un double

9. Arnaud-Aaron Upinsky, *Le Syndrome de l'ortolan,* François-Xavier de Guibert, 1997, p. 11.
10. Éditions du Rocher, 2002.

sens aux termes, à procéder à des *inversions sémantiques* destinées à réorienter les idées, les choix et les décisions des masses une fois leur système de défense intellectuelle et d'appréhension du réel altéré. Ulysse, créateur des stratagèmes, passé maître dans la ruse de guerre en situation de faible au fort, ne fit-il pas usage de la tromperie sémantique lorsqu'il déclara au monstre Polyphème qu'il se nommait Personne ? Déboussolé, le géant Polyphème implora en vain le secours de ses pairs lesquels, éloignés, demandèrent au géant quels ennemis l'attaquaient. Polyphème leur répondit « Personne », et les autres géants en conclurent que « personne » n'avait attaqué le cyclope dont Ulysse venait pourtant de crever l'unique œil. À la fois aveuglé visuellement et sémantiquement, le monstre fut totalement désorienté et défait par Ulysse, ennemi pourtant plus faible que lui au départ, mais qui parvint à s'échapper de la grotte en se cachant sous les moutons à la barbe du cyclope aveuglé et laissé seul par ses compagnons dupés sémantiquement par le héros grec.

Dans les « guerres des représentations », si le premier sens du mot-clé choisi est bien celui du dictionnaire, l'autre, le « sens doctrinal », a en général pour fonction de provoquer l'intériorisation d'interdits et d'impératifs idéologico-moraux, puis d'instaurer une « relation d'autosoumission » inconsciente à l'entité prédatrice qui en est l'origine. L'action principale des différentes formes de propagande consiste donc à légitimer et à justifier des entreprises coercitives et trompeuses en attribuant à celles-ci des qualificatifs et des noms porteurs de fortes charges symboliques, émotionnelles, voire idéalistes, susceptibles d'emporter l'adhésion des « publics cibles » pour qui ces valeurs sont fondamentales. Dupés par ce processus d'inversion sémantique, ceux-ci sont alors mobilisés à leur insu, prenant la chose pour son nom. L'exemple type de cette technique de manipulation est inscrit dans la fameuse phrase de Proudhon : « La propriété, c'est le vol », ou encore les trois grandes phrases du dictionnaire d'Orwell : « La guerre, c'est la paix ; la liberté, c'est l'esclavage ; l'ignorance, c'est la force. »

Parallèlement aux *détournements de légitimité* symboliques et sémantiques qui consistent à donner une image positive à des réalités susceptibles d'être perçues au départ comme négatives et menaçantes, l'élaboration de « stéréotypes disqualifiants » est le complément inévitable dans ce type de guerre représentative. Nous avons déjà évoqué les stéréotypes disqualifiants les plus couramment employés car dotés d'un pouvoir de démonisation quasi immédiat : fascisme, racisme, extrême droite, collabo, xénophobe, islamophobe, impérialiste, colonialiste, nationaliste, réactionnaire, sioniste, etc. Bien entendu, les stéréotypes jouent dans les deux sens, de sorte que ceux précédemment cités ont tous leur équivalent positif, porteur de légitimité et de respectabilité : antifasciste, antiraciste, gauche-progressiste, extrême gauche, résistant, xénophile, tiers-mondiste, islamophile, internationaliste, antisioniste, etc. Une attention toute particulière mérite d'être accordée au concept délégitimatoire le plus efficace et le plus sollicité au sein de cet arsenal : la *reductio ad hitlerum,* ou la nazification-hitlérisation-fascisation-diabolisation de l'Autre.

## *REDUCTIO AD HITLERUM* : CŒUR DE LA GUERRE DES REPRÉSENTATIONS

Dans son ouvrage *Droit naturel et Histoire* publié en 1953, le philosophe allemand Léo Strauss voulait désigner, par *reductio ad hitlerum*, l'outil sémantique central d'une forme particulière de terrorisme intellectuel et de guerre des représentations : « Qu'Hitler ait partagé une opinion ne suffit pas à la réfuter[11] », explique-t-il, condamnant par là ceux qui s'emploient systématiquement à disqualifier et démoniser leur interlocuteur en amalgamant de façon malhonnête et abusive les idées qu'ils réfutent, celles d'Adolphe Hitler étant invoquées comme épouvantail contre lequel il s'agit dès lors de se positionner héroïquement, comme jadis les résistants face à la Gestapo. En France, Pierre-André Taguieff, à qui l'on doit l'introduction de ce paradigme dans le langage des sciences politiques, entend caractériser un sophisme du type « Hitler aimait les chiens, X aime aussi les chiens, donc X est un disciple d'Hitler », précisant, « la vulgate antinationaliste contemporaine applique à l'objet de sa haine la *reductio ad hitlerum,* le réduisant à un inquiétant mélange d'irrationnel et de barbarie[12]. » Impitoyable analyste des totalitarismes, Robert Conquest s'était en son temps élevé contre l'emploi systématique de l'étiquette « fascisme », « non pour qualifier une forme d'État ou de théorie étatique, mais simplement pour contester n'importe quelle forme d'autorité ou de discipline[13] ». George Orwell, le célèbre auteur de *1984*, notait dès 1944, avant même que le fascisme réel fût définitivement vaincu, qu'il avait relevé

11. Léo Strauss, *Droit naturel et Histoire,* Plon, 1954, p. 58.
12. Pierre-André Taguieff, « L'antiracisme en crise, éléments d'une critique réformiste », *in* Michel Wieviorka, *Racisme et Modernité,* La Découverte, 1993, p. 367.
13. Robert Conquest, *op. cit.*, p. 128.

l'emploi abusif et diffamant du mot « fasciste » appliqué à une liste de cibles incluant des fermiers, des commerçants, le crédit social, le châtiment corporel, la chasse au renard, les corridas, Kipling, Gandhi, Tchang-Kai-Tchek, l'homosexualité, les auberges de jeunesse, l'astrologie, les chiens, sans oublier bien sûr la circonscription et l'armée de métier... Grâce aux armes de l'amalgame et du stéréotype démonisant fondé sur la *reductio ad hitlerum,* une certaine pensée unique, que Jean Sévillia a remarquablement bien analysée dans son essai *Le Terrorisme intellectuel* [14], est parvenue ces dernières années, à la faveur de la vague montante du « politiquement correct », à disqualifier tout discours rompant avec les conceptions multiculturalistes, ultrarelativistes ou communautaristes sous lesquelles s'abritent les islamistes et leurs divers « compagnons de route ». Aussi, les tenants mêmes de la laïcité républicaine et les plus farouches opposants au nouveau totalitarisme islamiste sont-ils aujourd'hui, comble de l'ironie historique, soumis à la *reductio ad hitlerum,* bref, directement ou indirectement assimilés à ceux qui perpétrèrent la Shoah du simple fait qu'ils défendent la République ou même les valeurs de la civilisation occidentale que les islamistes et leurs relais « progressistes » accusent définitivement « d'islamophobie », le musulman ayant endossé le statut de nouvelle victime essentielle de l'Occident colonial et raciste.

C'est ici que le discours subversif islamiste, pourtant violemment judéophobe et antisioniste, est le plus ambivalent, dans la mesure où il escompte s'attirer les grâces des milieux juifs ou de la gauche dite judéophile impliqués dans les organisations antiracistes, en forgeant une représentation qui assimile étroitement le sort des « victimes musulmanes » immigrées d'aujourd'hui à celui des juifs persécutés d'hier. Figure incontournable du paysage associatif islamiste italien, le converti italo-suisse Ali (Federico) Shutz explique ainsi que les musulmans italiens et européens sont « persécutés » et que leur sort s'apparente à « celui des juifs pendant des siècles ». En réponse aux propos du cardinal de Bologne Giacomo Biffi, qui avait assimilé l'islamisme à un « grave danger pour l'Europe », Ali Shutz déclarait, lors d'un colloque organisé à Milan auquel étaient invités journalistes et hommes politiques : « Les paroles de Biffi me préoccupent [...]. Dans le cadre du programme d'entente que nous avons présenté à l'État italien, toutes les questions peuvent être

---

14. Perrin, 2000.

résolues. Les juifs y sont parvenus, nous y parviendrons nous aussi. Ce qui me préoccupe, c'est que les racines des discriminations antisémites sont européennes [...]. Les musulmans, dans cette société, sont les plus pauvres des pauvres, nombre d'entre eux ne sont pas régularisés. Ils n'ont pas de droits, ni papiers, ni maison, ni travail, ni respect, ni famille. Rien. Nous ne voudrions pas qu'arrive aux musulmans ce qui est arrivé aux juifs. Fautes pour lesquelles l'Église a d'ailleurs récemment demandé pardon[15]. » Pour cet islamiste, dont les liens avec les Frères musulmans et les milieux révisionnistes européens sont notoires, le parallèle est plutôt culotté et laisse perplexe. Selon lui « l'islamophobie », qui caractérise les sociétés occidentales, serait l'exact équivalent anti-islamique et anti-immigrés du traditionnel antisémitisme. Les musulmans seraient autant « sémites » que les juifs du fait même de l'arabité de son prophète, et les communautés musulmanes d'Europe, en particulier les islamistes « privés de liberté » et injustement assimilés à des « terroristes » par les médias, seraient les « nouveaux Hébreux ». Ali Shutz avertit en outre les responsables politiques que « si l'État italien continue à laisser les musulmans d'Italie dans leur situation de citoyens de seconde zone, il est possible que ce groupe se radicalise, y compris sur le plan politique[16] ». On remarquera que le lien établi par Shutz entre le problème des « sans-papiers », euphémisme désignant en fait les clandestins, et le droit à la pratique de l'islam, constitue en soi un parallélisme douteux puisqu'un État qui applique la loi en vigueur à l'encontre de ceux qui sont en infraction n'est en aucun cas animé par une quelconque « islamophobie », d'autant que beaucoup de ces « sans-papiers » ne sont pas musulmans. Cela n'empêche pas Ali Shutz de laisser entendre que le fait d'être en situation irrégulière, de venir de pays pauvres ou de se laisser enrôler dans des partis islamistes serait « la faute » des États d'accueil, lesquels n'auraient en fin de compte que ce qu'ils méritent si des troubles violents survenaient. Menace à peine voilée, pareil message révèle la nature violente du communautarisme islamiste qui, drapé du manteau attendrissant des victimes et des faibles, n'en est pas moins le cheval de Troie du totalitarisme au sein même des démocraties.

Répondant à son tour à la lettre pastorale du cardinal de Bologne, Khaled Fouad Allam, professeur de sociologie du monde

15. Cité in *Il Giornale,* 14 septembre 2000.

16. Cité par Kati Juurus, « After Constantinople – Rome », *Europ Magazine,* n° 89, printemps 1998.

musulman à l'université de Trieste, utilise la même rhétorique victimaire fondée sur la *reductio ad hitlerum* : « Cher ami chrétien, je t'écris cette lettre dans un moment profond de tristesse et de désespoir. Il y a des mots qui blessent parce qu'ils ajoutent de la souffrance à la souffrance, de la douleur à la douleur [...]. Nous, les musulmans, nous serions en quelque sorte une menace pour l'identité de l'Europe et pour le christianisme. Je dois te dire que j'ai réellement peur parce que c'est de cette manière que, il y a un siècle, furent initiés les pogroms ; la suite de l'Histoire, nous la connaissons. Nous, les musulmans immigrés, étrangers, nous ne voulons pas devenir les Hébreux du XX^e^ siècle. La culture de la suspicion est toujours le premier pas vers l'anéantissement de l'Autre[17]. » Dans la même logique de *détournement de mémoire*, maître Coutant-Peyre, l'avocate de Carlos, adepte de la stratégie de « défense de rupture », déclarait lors d'une plaidoirie en défense de l'islamo-terroriste algérien Mohamed Chalabi : « J'accuse le procureur d'organiser des convois de musulmans vers les camps de la mort algériens. » L'avocate, proche de Roger Garaudy, accusait par là le juge antiterroriste Jean-Louis Bruguière de mener une « croisade au nom de l'Occident judéo-chrétien[18] ».

Réagissant face à ce type d'instrumentalisation des douleurs de la Seconde Guerre mondiale mises à toutes les sauces, souvent par ceux-là mêmes qui ont les mots les plus durs contre les Juifs solidaires d'Israël, nombre d'intellectuels juifs ont dénoncé ce *détournement de mémoire*, cette propension à passer inconsidérément tout événement au « prisme de la Seconde Guerre mondiale », selon l'expression d'Annie Kriegel. Certains dénoncent en effet une véritable stratégie de manipulation et d'instrumentalisation cynique des communautés juives et de leurs douleurs. En comparant le génocide des génocides, la catastrophe totalitaire la plus scientifiquement plannifiée du XX^e^ siècle, aux déboires, certes parfois réels, de minorités musulmanes dont les démocraties protègent les droits fondamentaux autant que la sécurité physique, c'est la spécificité et la singularité mêmes de la souffrance juive, la Shoah, que l'on banalise ainsi. Comment peut-on ne pas s'apercevoir « qu'à tout ramener au nazisme, on normalise totalement le nazisme, et qu'à instrumentaliser à des fins partisanes (ou narcissiques) la question juive, on ne cesse de donner du grain à moudre à l'antisémitisme », s'in-

17. Khaled Fouad Allam, « Lettre ouverte à Biffi », *La Stampa,* 28 septembre 2000.
18. *Le Monde,* 18 octobre 1998.

digne François Darras[19] ? Révolté par les abus de langage, le cinéaste Claude Lanzmann, réalisateur du film *Shoah*, s'était déjà livré durant la guerre du Kosovo à un violent réquisitoire contre l'utilisation systématique dans le débat des termes « génocide », « déportation » ou « révisionnisme » : « Je n'ai pas besoin de la Shoah pour dire que ce qui se passe en ex-Yougoslavie [ou ailleurs] est effrayant. [...]. Ceux qui nient l'unicité de la Shoah récupèrent cette unicité en lui comparant tout[20]. »

Le processus de culpabilisation-disqualification du discours d'autrui via la *reductio ad hitlerum* est une forme moderne de « guerre psychologique », l'un des rouages-clés de la désinformation et du terrorisme intellectuel. Mais ce détournement de mémoire dont se rendent coupables les intellectuels « antiracistes » de gauche ou d'extrême gauche lorsqu'ils instrumentalisent la « douleur juive et l'épouvantail fasciste », selon l'expression forte de Gilles-William Goldnadel[21], constitue surtout l'une des nouvelles formes mutantes les plus pernicieuses de l'antisémitisme, le principe central de relégitimation des motifs judéophobes qui, en banalisant la Shoah, participent en fin de compte du mouvement de relativisation des drames de la Seconde Guerre mondiale, objectif majeur du programme négationniste. Dans son ouvrage *Le Nouveau Bréviaire de la haine*, Goldnadel a montré que l'adoption par les plus féroces ennemis d'Israël de cette puissante rhétorique « antifasciste » et apparemment judéophile, centrée sur la sollicitation permanente de l'Holocauste, n'est contradictoire qu'en apparence et trouve ses racines dans les motifs fondateurs de la judéophobie d'extrême gauche ou islamo-tiers-mondiste qu'il estime être l'une des formes les plus insidieuses du virus antijuif : « L'antisémitisme condamné au renouvellement allait surfer sur la vague déferlante de la Shoah, sur le tout-Shoah, sur son universalisation, pour la retourner contre ses victimes, [...] instrumentaliser Tsahal et la Shoah tout à la fois, les pervertir et les renvoyer à la face du Juif diabolisé. » C'est ainsi que la gauche est devenue le « vecteur idéal du virus ayant muté, [...] la gauche et elle seule pouvait constituer l'agent passif de propagation du mal le plus adéquat [...]. La particulière réceptivité actuelle de la gauche à l'hostilité envers l'État juif réside dans son attitude, résolu-

19. François Darras, « Les Juifs de France pris en otage », *Marianne*, 17-23 juillet 2000.

20. Colloque sur le Kosovo, *Fondation Marc-Bloch*, 29 mai 1999, Assemblée nationale.

21. Président de la Ligue générale contre la désinformation.

ment plus hostile que celle de la droite, envers un pouvoir d'État, de surcroît occidental. Et ce, non seulement en raison du grand séisme (Shoah), mais encore en raison de sa culture marxiste, trotskiste, internationaliste et tiers-mondiste[22] ». Pour nombre d'intellectuels qui adhèrent à des doctrines internationalistes – marxisme, tiers-mondisme, gauchisme, etc. –, donc s'employent à délégitimer le fait national, les Juifs n'intéressent et ne sont « des bonnes victimes » que dans la mesure où ils continuent à revêtir docilement leur statut de diasporas passives et apatrides (« le Juif errant » universel), incapables de se défendre face aux pogroms. On évoque alors leur mémoire douloureuse dans le seul but idéologique de délégitimer toute idée nationale, patriotique et même sécuritaire, selon le syllogisme central du gauchisme internationaliste : « L'État-nation d'essence raciste et répressif conduit à la Shoah ; tout État-nation européen défendant ses frontières et sa sécurité peut perpétrer un jour de nouveaux génocides, donc les États-nations doivent disparaître et l'internationalisme triompher. » En toute logique, si les Juifs n'intéressent la gauche que lorsqu'ils sont des « sans-État », ils incarnent en revanche la figure du Mal et sont soumis à la *reductio ad hitlerum* dès lors qu'ils possèdent eux aussi un État souverain, portent l'uniforme *(Tsahal)* et assument leur attachement à l'État d'Israël. Pour des raisons structurelles et idéologiques, la gauche internationaliste et tiers-mondiste ne pourra jamais pardonner le « retour national » *(alyah)* du peuple juif sur sa terre originelle, les israélites ayant commis par là le péché inexpiable de faire en sorte que leur mémoire de souffrance, désormais « nationalisée » et conservée en Israël *(Yad Vashem)*, ne puisse plus être instrumentalisée par d'autres...

Au-delà des responsabilités et des excès indéniables d'Israël, les clercs d'une certaine idéologie néo-soixante-huitarde, tiers-mondiste ou plus généralement antinationale et réfractaire à toute forme d'ordre et d'autorité régalienne, reprochent en fin de compte à l'État hébreu ce qu'ils reprochent à tout autre État : pas seulement les « dérives sécuritaires », simple prétexte servant à justifier la haine envers Israël, mais l'existence même d'un État-nation doté d'une police et d'une armée, c'est-à-dire détenant ce que Max Weber a nommé la « violence légitime ». Car, comme l'explique Gilles-William Goldnadel, « toute vision de l'uniforme est considérée comme négative depuis le traumatisme de la Deuxième Guerre

22. Gilles-William Goldnadel, *Le Nouveau Bréviaire de la haine*, Ramsay, 2001, p. 83-129.

mondiale [...]. Ainsi, toute violence légale exercée par l'État est devenue inconsciemment moins légitime que la violence illégale exercée par des individus en colère ». Depuis 1968, l'idée même de répression d'État est perçue comme étant par essence « fasciste », sécuritaire, raciste, en définitive potentiellement génocidaire, donc de même nature que le nazisme, en vertu des deux adages-clés de cette pensée utopiste internationaliste : « Il est interdit d'interdire » et « CRS = SS », et du postulat formulé par le philosophe Michel Foucault selon lequel seule une différence de degré et non de nature distinguerait la nation du nazisme. Appliqué à l'État hébreux au terme d'un incroyable retournement de la mémoire de la Shoah contre ses victimes historiques, on peut démontrer du même coup que « les Juifs aussi peuvent être des SS » et d'horribles racistes, colonialistes, impérialistes, « néocroisés ». Par ce biais prétendument « antiraciste » et tactiquement « antifasciste », Israël et les Juifs eux-mêmes sont ainsi réduits *ad hitlerum*. D'où le fait que l'État juif est « l'État-nation le plus condamné parmi les nations. L'État le plus raciste, l'État le plus sexiste, l'État le plus dangereux pour l'environnement et l'archéologie, l'État le plus liberticide. L'État le plus dangereux pour la paix mondiale [...]. C'est l'État cible, l'État référence, l'État générique[23] ».

## SUBSTITUTION DE MÉMOIRE, ISLAMOPHILIE ET STRATÉGIE COMMUNAUTARISTE

Comme nous l'avons vu, le détournement de la mémoire juive et la *reductio ad hitlerum* fonctionnent essentiellement comme des postures antinationales et des principes subversifs tout à la fois destinés à démoniser l'État hébreux et à délégitimer l'État occidental judéo-chrétien d'après ce nouveau syllogisme : « L'Occident et l'État judéo-chrétien en général, de même nature que le nazisme et coupables de toutes les fautes passées et à venir, ne peuvent expier celles-ci qu'en disparaissant, notamment en abaissant la garde face à la déclaration de guerre du totalitarisme islamiste et de toutes les offensives antioccidentales et antidémocratiques en provenance d'un tiers-monde jamais coupable puisque détenant le statut de victime éternelle du colonialisme. » On relèvera que le message de la conférence « antiraciste » organisée par l'ONU durant l'été 2001

23. Gilles-William Goldnadel, *op. cit,* p. 115-117.

sur le thème de l'esclavage et du racisme participait pleinement de cet esprit, puisque seuls le sionisme et l'occidentalisme furent incriminés, passant sous silence la barbarie islamiste et l'esclavage islamo-asiatique et africain. On comprend alors le silence coupable des autorités politiques et médiatico-intellectuelles face à la nouvelle judéophobie que l'on constate partout dans les démocraties occidentales, notamment lors des attaques de synagogues ou des agressions contre des personnes juives. Les racistes antijuifs, dès lors qu'ils ne sont pas occidentalo-européens, ne peuvent pas entrer dans la catégorie des « mauvais », des bourreaux, des racistes, donc des antisémites, tout simplement parce que seuls les Occidentaux judéo-chrétiens, selon la grille de lecture démonisante et délirante commune aux islamistes et aux gauchistes, peuvent être coupables et mauvais. En effet, si Israël est bien le pire des États soutenu par les « croisés américains », bourreau nationaliste et impérialiste qui persécute les nouvelles victimes apatrides palestiniennes, le monde arabo-islamique, qui tend de plus en plus à se définir comme l'exact contraire et l'ennemi absolu de ce Mal en soi qu'est Israël et à s'identifier aux « martyrs d'Al-Aqsa », ne peut être en revanche que bon par nature. Par extension, les bourreaux israélo-juifs et leurs complices « croisés » ne sont plus seulement les persécuteurs des seuls Palestiniens mais de tous les arabo-musulmans en général et des islamistes en particulier – les plus redoutables « résistants » au « fascisme sioniste ». La vulgate explosive du tiers-mondisme islamo-gauchiste est ainsi parvenue, aux termes d'une incroyable substitution des rôles et d'une « guerre des représentations », à ancrer dans les consciences la représentation inversée et manichéenne du nouveau David arabo-islamisé défiant vaillamment le Goliath sioniste nazifié, comme si les « vrais Juifs », en tant que figures du peuple victime, étaient les arabo-musulmans eux-mêmes, et les « vrais nazis » les Israéliens... Du seul fait qu'il est solidaire des « frères palestiniens », l'arabo-musulman endosse *ipso facto* le statut valorisant de nouvelle victime, jamais coupable en soi, y compris lorsqu'il est lui-même raciste, agresse les juifs et les chrétiens dans les banlieues, incendie des synagogues ou perpètre des attentats-suicides contre des innocents. Toute la force de la rhétorique islamiste, comme d'ailleurs de la rhétorique révisionniste, se trouve dans cette inversion assassine. Le discours islamiste, comme ses équivalents gauchiste et tiers-mondiste radicaux, est donc nécessairement ambivalent. Le nouveau bouc émissaire arabo-musulman doit pouvoir tantôt lier son sort à celui des juifs afin de rallier à eux la charge affective et commisératoire qui s'attache aux victimes de la Shoah, tantôt prendre purement et simplement sa place, donc l'éliminer symboliquement, d'où le jeu de substitution des rôles analysé précédemment. Car le statut de victime essentielle ne peut, par nature, être partagé avec autrui, ainsi que l'explique Michèle Tribalat : « L'une des finalités de la pensée dite "politiquement correcte" consistant à limiter les bons, les victimes, il faut par conséquent réduire leur nombre, les "vrais", les "purs", d'où la tentative d'exclure les juifs dans le rôle de victime essentielle au profit de la nouvelle victime arabo-islamique[24]. »

On le voit, par le fait même qu'elle contribue à développer une perception victimaire, exonératrice et idéalisée des musulmans dans leur ensemble, y compris dans les dérives néobarbares et fascisantes de ces derniers, cette grille de lecture subversive constitue le ressort essentiel de toute la « stratégie du faible au fort » des propagateurs du totalitarisme islamiste en Occident. Nous verrons que c'est grâce à son emploi dans une logique de guerre psychologique que le communautarisme islamiste a remporté ses premières victoires. Et que c'est en vertu de cette même « guerre des représentations » fondée sur le « détournement de mémoire » permanent et la culpabilisation-démoralisation de l'Autre que les démocraties occidentales sont restées jusqu'à aujourd'hui aveuglées face au nouveau totalitarisme vert, tel Polyphème face à Ulysse, et, enfin, que leur système immunitaire de défense a été paralysé par des virus sémantiques subrepticement inoculés dans leur système de représentation d'elles-mêmes et de leurs ennemis.

Grâce à cette « stratégie du faible au fort » prétendument «antiraciste » et perçue comme « progressiste », les islamistes sont parvenus à faire admettre le communautarisme islamique – à travers les revendications de véritables « droits d'exception » mettant l'unité et l'intégrité de la République en danger – comme la seule alternative possible à l'intolérance et à « l'islamophobie » quasi congénitale des « judéo-croisés », comme une simple déclinaison verte du légitime « droit à la différence », prenant en quelque sorte acte de la mondialisation et de l'effacement de l'État national au profit d'un différentialisme néotribal. Les contacts apparemment contre-nature et les convergences de vues entre des groupes islamistes et certaines mouvances d'extrême droite, qui voient dans le communautarisme la couverture multiculturelle idéale d'un néoracisme *soft*, le « moindre mal » permis *de facto* par le cloisonnement identitaire – « je ne me

24. Michèle Tribalat, entretien accordé à l'auteur, 15 juin 2001.

mélange pas avec toi et tu ne te mélanges pas avec moi et tout va bien » –, permettent d'identifier la vraie nature du phénomène auquel les sociétés pluralistes se sont laissé piéger : le communautarisme multiculturel présenté comme une manifestation autant qu'une garantie d'antiracisme et de pluralisme est en réalité le terreau d'éclosion du *multiracisme*. Comme on le constate lors des émeutes « interethniques » qui secouent, hélas, désormais de façon récurrente, les grandes métropoles d'Angleterre, de France ou de Belgique, le multiculturalisme n'a non seulement pas supprimé le racisme, mais il l'a au contraire fait renaître et démultiplié.

La Grande-Bretagne offre un exemple significatif de ce que pourrait devenir dans un avenir proche la France et l'ensemble des sociétés européennes si la dérive communautariste se poursuivait. Un rapport du 12 décembre 2001, commandé par le gouvernement britannique à l'issue des émeutes interethniques de Bradford, Oldham et Burnley du mois d'août de la même année (rapport Cantle), dresse un bilan accablant du communautarisme : « Les communautés fonctionnent en parallèle, sans aucun contact ni échange significatif [...], les écoles publiques religieuses promues par le gouvernement Blair étant des sources majeures de division. » Certains établissements d'Oldham ou de Bradford affichent ainsi 99 % d'élèves « blancs » ou « asiato-musulmans », le taux de mariages mixtes étant inférieur à 1 %, cependant que des pratiques contraires aux valeurs des sociétés démocratiques, comme les mariages forcés ou l'autoségrégation et la dépréciation de l'Autre en général, réapparaissent, constate le rapport. En tant que puissant vecteur de cloisonnement communautaire et de rejet de l'Autre, le communautarisme islamique fonctionne ici comme un « néoracisme », une logique de « ghettos volontaires » et d'apartheid, ceci au nom d'un pluralisme dévoyé. Les islamistes, qui craignent que les masses musulmanes issues de l'immigration échappent progressivement à leur contrôle, ont pour principal objectif, à moyen terme, de compromettre le processus d'intégration en cours, un processus que l'on doit en grande partie aux femmes qui sont naturellement plus réfractaires à une « religion d'hommes » et souvent désireuses d'échapper aux lourdes contraintes morales et familiales traditionnelles qui reposent essentiellement sur elle en Islam. « Les islamistes l'ont bien compris. Voilà pourquoi ils s'attaquent avec tant de fureur aux concepts d'intégration et d'assimilation [...], soutenus par certains hommes politiques irresponsables ; ils prônent le “droit à la différence”, cherchent à subvertir l'intégration. Ils enferment tous ceux qui les suivent dans un système étanche, une véritable citadelle psychologique. Par des méthodes proches des pratiques de certaines sectes, ils les coupent de l'environnement [...]. Le plus démocratiquement du monde, ils souhaitent faire valoir ce qu'ils appellent "leur droits". En clair, obtenir des lois d'exception qui leur permettraient de pratiquer le système matrimonial islamique, dont la polygamie et le divorce, de répartir l'héritage selon les règles du Coran, de gérer leur propres banques, etc.[25]. » Cette récente dérive communautariste islamiste, présentée et acceptée dans les sociétés ouvertes occidentales comme une simple déclinaison du pluralisme démocratique et une conséquence du respect des minorités et de la liberté religieuse, orchestre tout bonnement un retour du système tribal – cloisonnements entre communautés cultivant leurs dissemblances et antagonismes – et de l'obscurantisme – retour du religieux dans la sphère publique, refus du relativisme et de la laïcité – en même temps qu'un recul des droits des individus. Elle bat en brèche les fondations philosophiques et juridiques des démocraties occidentales pluralistes fondées sur la sécularisation, la liberté, les droits individuels et le relativisme religieux.

## SCANDALES MÉDIATIQUES ET STRATÉGIES VICTIMISTES : LES REVENDICATIONS COMMUNAUTAIRES PAR LES ÉPREUVES DE FORCE

Contrairement à une opinion couramment répandue, les différentes « affaires du voile » ou autres scandales comme l'affaire des *Versets sataniques* menés simultanément dans plusieurs États européens ne sont pas nés à partir du mécontentement spontané d'immigrés musulmans soudainement réunis en véritables syndicats de l'indignation et s'improvisant dans le rôle de croyants zélés prêts à sacrifier leurs intérêts et leur image pour défendre une fatwa de l'ayatollah Khomeyni ou les consignes des Frères musulmans. La réalité est bien moins spontanée. Car il y a à peine vingt-cinq ans, avant que les grands pôles du totalitarisme islamiste n'aient réussi à prendre le contrôle des principales organisations islamiques d'Occident, et donc à instrumentaliser les minorités musulmanes, celles-ci étaient alors bien plus préoccupées par leur situation familiale et professionnelle que par les lointains *casus belli* fondamentalistes montés en épingle par les islamistes pour déclencher des épreuves

25. Alain Chevaliéras, « Islamisme et intégration » *La Nef*, n° 92, mars 1999.

de force et provoquer chez les musulmans un sentiment de persécution face à une supposée « islamophobie » occidentale.

Apparemment concurrents, parfois radicalement antagonistes, les pôles mondiaux du totalitarisme islamiste agissent toutefois de concert à l'occasion de campagnes de mobilisation (affaires du voile, affaires Salman Rushdie, Taslima Nasreen) et de scandales médiatiques destinés à impressionner l'opinion publique et les responsables politiques, puis à « retourner l'accusation d'intolérance », initialement formulable à l'endroit des islamistes, contre les sociétés démocratiques d'accueil. Bref, perpétrer de véritables coups d'État médiatiques afin de franchir de nouvelles étapes dans le programme de prise de contrôle des communautés musulmanes. Ces stratégies d'épreuves de force et de provocation remportent à chaque fois un succès immédiat : division et campagnes d'autoculpabilisation-repentance au sein des démocraties d'accueil qui redoublent de concessions, professions de foi islamophiles afin de tenter de calmer les troubles et de lever les accusations d'« islamophilie » ou de « racisme », puis mobilisation solidaire d'une partie des communautés musulmanes décidées à « réagir » face à ce que les islamistes ont désigné comme l'« islamophobie ambiante », le « complot contre l'islam », l'« atteinte à l'honneur des femmes musulmanes » ou la « persécution des musulmans ».

## LES RÉCURRENTES AFFAIRES DU VOILE

Ainsi, en France comme en Italie, en Grande-Bretagne, aux États-Unis ou en Belgique, les grands pôles de réislamisation ont coordonné leurs efforts pour appeler partout aux manifestations en faveur du port du voile dans les lieux publics, ou au boycott d'enseignements jugés « impies » – gymnastique, biologie, certains auteurs « blasphématoires » tels Albert Londres, Dante Alighieri, Victor Hugo ou Voltaire, ce dernier étant justiciable d'avoir conçu, sous forme de pièce, un pamphlet sacrilège intitulé *Mahomet ou le fanatisme* –, ou encore réclament de la part des pouvoirs publics une limitation de la liberté d'expression en matière de « blasphème », le cas le plus médiatisé étant l'affaire Rushdie. Exemple de stratégie de mobilisation déployée au moyen d'une rhétorique victimaire, la manifestation organisée à Turin, le 30 octobre 1999, en faveur du port du voile dans les lieux publics et sur les photos d'identité : « La préfecture n'accepte pas les photos d'identité des femmes portant le foulard, le *hijab* qui couvre les cheveux, fermé sous le menton. Pour nous, c'est une offense : nous ne pouvons pas renoncer à un symbole de notre foi. C'est pourquoi nous manifestons[26] », expliquait l'une des participantes voilées de la manifestation organisée par l'une des sept mosquées de Turin, celle que dirige l'imam Bouriki Bouchta, lequel n'hésita pas, d'ailleurs, à défendre publiquement Ben Laden après les attentats du 11 septembre 2001. Utilisant en plein la précieuse rhétorique victimiste, Bouchta argumentait que, face « aux insupportables preuves d'intolérance » qui consistent à refuser les papiers d'identité de femmes voilées sous prétexte qu'elles sont méconnaissables, il avait envoyé une missive à travers la Ligue mondiale islamique qui lui avait retourné une lettre d'encouragement. Avançant en fait que le problème du voile sur les photos donnerait « un prétexte aux autorités pour délivrer avec retard les permis de séjour », l'imam Bouchta profitait de l'occasion pour énoncer les principaux points de revendication des musulmans de Turin et d'Italie : accélération des procédures d'obtention de permis de séjour, cessation des violences commises par les forces de l'ordre pendant les contrôles, respect des droits des détenus musulmans dans les prisons dont le droit à l'assistance religieuse, aux fêtes, à la nourriture *hallal*.

Comme on le voit, les revendications concernent autant les sujets liés à l'immigration et aux prisons que la liberté de culte à proprement parler, l'allusion aux prisons traduisant seulement le fait que les geôles sont le lieu où les islamistes radicaux recrutent le plus. En Suisse, une campagne médiatique similaire accompagnée de scandales et de protestations a été menée ces cinq dernières années dans tous les cantons, sur fond de manifestations de soutien aux « jeunes filles musulmanes persécutées », alors que les autorités helvétiques, tout comme les forces de l'ordre italiennes, n'avaient fait qu'appliquer la loi destinée à tous, sans distinction de couleur ou de religion. Au terme d'une longue bataille juridique, un arrêté fédéral autorisa finalement les jeunes musulmanes voilées de Suisse à conserver leur uniforme sur la photo de leurs passeports, ce qui était jusque-là formellement interdit, comme en Italie. Plus « victimiste » encore que son homologue italien, Abdallah Ben Mansour, ancien président de l'Union des organisations islamiques de France, proche des Frères musulmans égyptiens, avait déclaré lors du rassemblement du 24 décembre 1994 au Parc des expositions du Bourget, à la suite de l'expulsion de la petite Nantua de son collège

26. Cité *in* « Sur la Grande Place pour défendre le voile », *La Repubblica,* 30 octobre 1999.

pour port du voile en classe : « Une petite fille de douze ans traitée comme Klaus Barbie ! On l'a présentée à la France entière comme l'ennemi public. Si c'est ça la laïcité, nous disons non à la laïcité ! [...] Quant à l'intégrisme, il faut arrêter de voir un terroriste derrière chaque musulman. » En fait, la médiatisation, parfois passionnelle, et la récupération politico-électorale des affaires de voile islamique par les milieux « antiracistes » expliquent en grande partie la clémence des tribunaux. Ainsi, en France, la première affaire du foulard, en octobre 1989, avait été immédiatement récupérée par SOS Racisme et le Mouvement contre le racisme, l'antisémitisme et pour la paix (MRAP), alors que le thème du racisme avait *a priori* peu à voir avec le problème éminemment politique et idéologique de la revendication du voile, leitmotiv des islamistes du monde entier et pierre d'achoppement dans les pays musulmans eux-mêmes. La plus importante victoire juridique des islamistes devant les tribunaux, aux termes de cette stratégie de revendication via les ondes de choc médiatiques, fut l'arrêt du Conseil d'État du 28 novembre 1989 stipulant que « le port d'insignes religieux par les élèves n'est pas incompatible avec la laïcité », donc reconnaissant officiellement le droit au port du voile dans les écoles et la liberté pour les élèves de manifester leur foi à l'intérieur même des établissements publics d'enseignement. On a trop souvent sous-estimé cet événement et occulté le fait que les islamistes l'avaient interprété comme la victoire du David islamiste face au Goliath républicain « infidèle », ce dernier ayant ainsi renoncé à défendre ses propres valeurs laïques et assimilationnistes fondatrices. Forts de cet arrêt qui, à l'occasion des différents procès en tribunal administratif, a bien plus de poids que la très frileuse circulaire Bayrou, les responsables des associations islamiques de France ont depuis multiplié les procès qu'ils ont pour la plupart gagnés.

Les « affaires du voile » ne se sont pas pour autant arrêtées. On peut citer l'une des plus connues, survenue fin 1998. Les enseignants du collège Jean-Monnet, à Flers, s'étaient en effet mis en grève pour protester contre l'obligation qui leur était faite d'accepter en classe une jeune fille turque avec son voile après que le tribunal administratif de Caen eut donné raison au père de la jeune fille, décision qui venait contredire la circulaire du proviseur interdisant le port du voile dans son établissement. Depuis 1992, de nombreuses juridictions administratives ont annulé les décisions d'exclusions prises par les proviseurs envers les élèves qui persistaient à n'accepter de suivre leurs cours qu'à la condition de garder leurs voiles. Exemple parmi tant d'autres, en septembre 1995, le tribunal administratif de Nancy condamna l'État à verser cinquante mille francs de dommages et intérêts au père de Salwa Aït Hamad, une collégienne exclue d'un collège de Vandœuvre parce qu'elle refusait de retirer son foulard avant d'entrer en cours. À l'époque, cette condamnation, motivée par le fait que « Salwa n'avait jamais eu un comportement prosélyte », était une première. La décision fut confirmée en appel en mars 1996. Dans un arrêt du 9 octobre 1996, le Conseil d'État donne à nouveau raison à une élève musulmane exclue d'un lycée de Strasbourg pour avoir porté le voile islamique. Plus récemment, fin mars 2002, les enseignants du lycée Léonard-de-Vinci de Tremblay, en Seine-Saint-Denis, se mettront en grève pour s'opposer à la réintégration d'une élève islamiste qui avait été exclue pour prosélytisme islamiste agressif et port du voile en classe.

L'attitude de la chaîne de télévision française La Cinq face aux intimidations est également révélatrice d'une intériorisation occidentale de l'*autocensure islamique* permise par les différentes campagnes islamistes d'intimidation. Plusieurs fois menacé de mort par téléphone, un collaborateur de l'émission culturelle *En juin, ça sera bien* dut se placer sous la protection de deux gardes du corps. Dans cette émission, un pédopsychiatre répond régulièrement aux questions que les jeunes téléspectateurs envoient par *email.* C'est ainsi que, le mercredi 7 février 2001, une jeune Maghrébine se plaignit d'être contrainte par son père de porter le voile. Le médecin l'incita à dialoguer avec son père ; il lui précisa que le Coran n'oblige pas forcément les femmes à porter le voile, citant à l'appui deux versets. Immédiatement, deux présumés « terroristes » exigèrent des excuses de la chaîne, sous la menace d'un attentat. Le président de La Cinq, Jean-Pierre Cottet, prévint le commissariat d'Issy-les-Moulineaux, qui prit l'affaire au sérieux. Et la chaîne, finalement, décida de présenter ses excuses officielles à l'antenne deux jours après l'émission : « Un participant à l'émission a donné une interprétation personnelle et, nous a-t-on dit, contestable des textes religieux. La chaîne tient à présenter ses excuses aux personnes qui ont pu être heurtées dans leurs convictions. » Certains observateurs dénonceront cette « victoire de l'obscurantisme sur la chaîne du savoir ». Jean-Pierre Cottet rétorquera : « J'ai pris cette décision en conscience, le psychologue a failli à son devoir de réserve. Nous étions à vingt-quatre heures de l'élection de Sharon en Israël. La vie d'êtres humains était en jeu. La jeune fille était identifiable. Elle pouvait être victime de représailles[27]. »

27. Emmanuel Berretta, « La Cinquième cède aux islamistes », *Le Point,* 23 février 2001.

## L'AFFAIRE RUSHDIE

En Europe, le coup d'envoi de l'affaire des *Versets sataniques* de Salman Rushdie fut donné en Grande-Bretagne sur les antennes par l'organisation islamiste indo-pakistanaise Jamiat-i-islami, via notamment l'UK Islamic Mission, et la Fondation islamique de Leicester qui sauta sur l'occasion pour faire une démonstration de force et augmenter son emprise sur les communautés musulmanes de Grande-Bretagne et d'Europe, parvenant à réunir la quasi-totalité des mouvances islamo-fondamentalistes en lice. Manifestation exemplaire de l'existence d'une véritable stratégie de conquête commune aux différents pôles plus ou moins concurrents du totalitarisme islamiste, toutes les mouvances coopéreront entre elles pour faire pression sur les opinions publiques et sur les gouvernements et renforceront, en vertu d'une stratégie victimaire hautement médiatisée, la cohésion des musulmans expatriés qu'elles escomptent réislamiser et radicaliser contre les gouvernements « impies ».

Ainsi, le 3 octobre 1988, la Fondation islamique de Leicester envoya une lettre-circulaire aux associations islamiques britanniques. La semaine d'après, le Centre culturel islamique de Londres, dirigé par le diplomate saoudien El-Ghamdi, organisa une réunion des responsables de neuf organisations qui allaient former l'UKACIA (Comité d'action des affaires islamiques du Royaume-Uni). Le Conseil islamique d'Europe, organisme prosaoudien implanté à Londres, envoya alors des télex aux gouvernements occidentaux et musulmans, leur demandant d'interdire le livre. Quelques semaines plus tard, le 5 novembre 1988, l'Organisation de la conférence islamique décida de prendre des mesures contre l'éditeur de l'auteur des *Versets sataniques* si ce livre n'était pas immédiatement retiré de la circulation en Europe. La campagne consista tout d'abord à recueillir des signatures afin d'obtenir le retrait du livre « blasphématoire », et à écrire au Premier ministre, Margaret Thatcher, pour lui demander expressément de modifier la loi britannique contre le blasphème.

En fait, l'affaire Rushdie sera, du point de vue de la stratégie de conquête des organisations islamistes, un succès éclatant dans la mesure où les protagonistes de cet événement hautement médiatisé parviendront à déclencher chez une forte proportion de musulmans anglais une réaction de solidarité face à « l'islamophobie » supposée des autochtones britanniques « chrétiens ». Ainsi en est-il par exemple du parcours personnel de l'un des organisateurs des toutes premières manifestations contre Salman Rushdie, Mirza Welayat Hussain. Membre du parti conservateur, cadre moyen dans une entreprise automobile, il apparaît comme le symbole parfait de l'intégration réussie d'un musulman, arrivé dans les années 1960 en Angleterre en provenance du Cachemire pour s'installer à Luton, cité industrielle de la banlieue nord de Londres. Interrogé le 8 novembre 1988, peu après les premières manifestations contre l'auteur des *Versets sataniques*, Welayat Hussain, pourtant peu pratiquant et réputé modéré, lança : « Dans sa situation actuelle, Rushdie est déjà un homme mort. C'est son plus grand châtiment[28]. » La déclaration pourrait paraître surprenante de la part d'un musulman anglais « intégré ». Mais c'est oublier que, pour la communauté musulmane de Grande-Bretagne, il y a eu un *avant* et un *après* Rushdie.

Conformément aux objectifs des organisations islamiques, les controverses et coups d'éclats fortement médiatisés déclenchés à l'occasion du scandale des *Versets sataniques* ont fait émerger des antinomies entre deux sociétés aux valeurs fondamentales profondément différentes. Nombre de musulmans britanniques se sont depuis retranchés dans leur forteresse communautaire, se sentant soudain plus profondément musulmans face à une « hostilité » des Occidentaux, « alliés » de l'écrivain blasphémateur et décidés à rejeter les fidèles d'Allah. Cette réaction correspondait exactement aux objectifs poursuivis par les pôles islamistes mondiaux instigateurs de l'affaire. Car c'est autant par réaction à cette supposée « islamophobie », en vertu d'un « réflexe de solidarité communautaire d'autodéfense » relativement naturel en situation minoritaire, que pour des raisons « théologiques », que les musulmans britanniques critiqueront violemment les *Versets sataniques*, la moitié d'entre eux allant jusqu'à soutenir la fatwa qui condamnait Salman Rushdie à mort[29]. Sans le savoir, les musulmans d'Angleterre venaient d'être pris en otage par les fondamentalistes. C'est également à la faveur de cet événement que la ville de Bradford, où 60 % des enfants musulmans quittent l'école sans diplôme, où 70 % de la population carcérale est « asiatique », et où 30 % des musulmans sont au chômage, deviendra l'un des principaux fiefs de l'islamisme britan-

---

28. *The Independant*, 8 novembre 1988.

29. Dans un sondage d'opinion effectué par l'institut Harris en juillet 1990, 42 % de musulmans anglais appuyèrent la fatwa appelant à tuer Rushdie, contre 37 % qui s'y opposèrent, le reste représentant les sans-opinions.

nique. Les islamistes profiteront de leur surmédiatisation pour engager une véritable OPA sur les communautés défavorisées et la misère des banlieues de l'islam.

Quelques années plus tard, en 1994, une nouvelle affaire Rushdie mit en cause cette fois-ci une femme originaire du Sri Lanka, Taslima Nasreen, écrivain elle aussi. Cette affaire fut également montée en épingle par les islamistes pour franchir une nouvelle étape dans la réislamisation radicale et le cloisonnement entre les communautés, le sentiment de persécution des musulmans anglais scandalisés par une « nouvelle preuve du racisme anti-islamique » s'étant renforcé. Cette fois-ci, les infidèles britanniques soutenaient et publiaient les livres d'une authentique écrivain musulmane blasphématrice qui avouait publiquement son athéisme, donc son apostasie. En réaction, la puissante association intégriste Mission islamique du Royaume-Uni organisa une vaste réunion, le 28 août 1994 à Sheffield, pour dénoncer Taslima Nasreen, coupable de blasphème et d'abjuration, devenant ainsi passible de la peine capitale. Elle fut d'ailleurs menacée en Europe après avoir été condamnée à mort par le Bengladesh et dut, comme Salman Rushdie, se déplacer avec des gardes du corps. S'exprimèrent à cette réunion la plupart des représentants des organisations islamistes britanniques, ainsi que des personnalités du monde islamique : l'opposant islamiste tunisien Rachid Ghannouchi, Ghulam Azam, chef de la Jamaat-i-islamiyya du Bangladesh, qui réitéra ses menaces de mort et qualifia sa compatriote de « Rushdie en jupons » ; sans oublier l'invité d'honneur, le président bosniaque Alija Izetbegovic, dont la présence aux côtés des représentants de l'islamisme le plus radical quelques jours à peine avant sa rencontre prévue avec des intellectuels français défenseurs de Rushdie fut pour le moins étonnante.

### Vers le rétablissement de la censure et de la pénalisation du blasphème ?

Aux Pays-Bas, l'affaire Rushdie eut une conséquence directe sur le recul de la liberté d'expression et le retour de l'obscurantisme. Pressé par toutes les organisations islamistes du pays liguées contre Salman Rushdie et prêtes à en découdre le cas échéant, le ministre de l'Intérieur crut bon de rappeler que le délit de blasphème s'applique tout autant dans le cas de l'islam. En d'autres termes, Salman Rushdie ou Taslima Nasreen sont potentiellement condamnables dans cet État. Déjà, en 1987, le Parlement néerlandais avait décidé, en vertu du droit à l'égalité de traitement entre les chrétiens et les membres d'autres confessions, que la loi ne saurait faire de distinction entre l'appel à la prière lancé à partir des mosquées et les cloches des églises.

En France, la première réaction significative à la publication du livre de Salman Rushdie fut la création, en mars 1989, d'un comité de coordination regroupant la Fédération nationale des musulmans de France (FNMF), l'Union des organisations islamiques de France (UOIF) et l'Association des étudiants islamiques de France (AEIF) – toutes deux proches des Frères musulmans –, ainsi que la Mosquée de Paris, pourtant « modérée ». Ce comité décida de saisir la justice française afin de faire interdire la publication de la traduction du roman jugé « blasphématoire et raciste » par le recteur d'alors de la mosquée de Paris, cheikh Abbas Bencheikh Lhoussin. Ce dernier exprima le 15 mars 1989 au ministère de l'Intérieur son indignation face à « l'insulte subie par les musulmans blessés dans leur foi ».

Mais l'affaire rebondit de façon récurrente, comme pour le voile, pendant plusieurs années. Ainsi, le 14 avril 1993, Dalil Boubakeur, le nouveau recteur de la grande mosquée, pourtant réputé « modéré », prit la tête d'une coordination anti-Rushdie regroupant toutes les tendances de l'islam de France qui réclama devant les tribunaux l'interdiction des *Versets sataniques*. Opposé à toute forme d'obscurantisme, le grand mufti de la mosquée de Marseille, Soheib Bencheikh, qualifia cette posture liberticide de « spectacle honteux[30] ». Cette intervention n'empêcha pourtant pas l'imam Boubakeur, peu avant l'invitation de Salman Rushdie à l'émission *Bouillon de culture* de Bernard Pivot, d'envoyer au journal *Le Monde* une lettre sommant purement et simplement l'animateur de déprogrammer l'émission sous prétexte que celle-ci « coïncidait avec la fin du ramadan », et que le choix de cette date pouvait provoquer « l'indignation des musulmans ». On peut imaginer les conséquences que pourraient avoir aujourd'hui de telles revendications si les Églises chrétiennes se mettaient, elles aussi, à exiger l'interdiction de tous les articles blasphématoires à l'encontre de la foi chrétienne ! Les instances de « représentation » de l'islam de France tentent donc, via le discours sur le racisme ou le droit des minorités, de rétablir une sorte de censure diffuse, une restriction de liberté d'expression en matière d'islam au nom d'une « exception communautaire »

30. Soheib Bencheikh, *op. cit.*, p. 209.

propre à leur confession, droit particulier qui viendrait en quelque sorte compenser les préjudices moraux subis par les victimes musulmanes de « l'islamophobie » larvée ou consciente des sociétés d'accueil ex-coloniales. Poussant jusqu'à l'extrême cette logique obscurantiste, certaines organisations islamistes françaises sont allées jusqu'à organiser, comme leurs homologues de Grande-Bretagne, des manifestations publiques de soutien à la fatwa ordonnant l'exécution de Rushdie. Ainsi, en février 1989, l'association La Voix de l'Islam, liée à l'Iran et dirigée par Farid Gabteni, un beur réfugié au Sénégal, organisa en toute liberté et aux côtés de plusieurs associations pakistanaises et algériennes proches du Tabligh une série de manifestations anti-Rushdie, dont celle de la place de la République à Paris le 19 février de la même année, aux cris de « *Allah ou Akbar*, nous voulons la mort de Rushdie », « mort aux apostats », ou encore « mort à ceux qui offensent l'islam ».

Les déboires encourus par Karl Lagerfeld, Claudia Schiffer et le P-DG de Chanel à propos d'un autre cas « d'offense à l'islam » méritent aussi d'être évoqués, car ils furent l'occasion pour la Mosquée de Paris, qui se targue d'être le pôle le plus modéré de l'islam français, de révéler l'ambivalence de ses orientations philosophiques. Rappelons brièvement les faits. Début janvier 1994, lors de la présentation de la collection Chanel, le top modèle Claudia Schiffer apparut avec des robes décorées de caractères arabes représentant des fragments de versets coraniques. Un ouléma d'Indonésie découvrit que le couturier Karl Lagerfeld avait fait dessiner sur les robes portées par Claudia Schiffer, non pas une simple strophe d'élégie arabe, mais un verset du Coran, blasphème suprême puisque porté par une « infidèle », de surcroît légèrement vêtue. Immédiatement, l'ensemble des organisations islamiques de France, influencées par plusieurs pays musulmans et certains pôles fondamentalistes qui internationaliseront l'affaire, crièrent au blasphème et appelèrent à boycotter les produits de la célèbre maison de couture dans tout le *dar-al-islam*. En France, le recteur de l'Institut musulman de la Mosquée de Paris, Dalil Boubaker, s'en émut, dénonça vivement le sacrilège, exigeant réparation immédiate de la part de Chanel. Karl Lagerfeld se précipita alors à la mosquée de Paris, accompagné par le P-DG du groupe, Claude Éliette. Dans une contrition publique, le directeur de Chanel, pris par la peur des représailles économiques ou d'autres, présenta au recteur « ses profondes excuses à l'ensemble de la communauté musulmane », assurant « qu'en aucun cas son respect de la religion musulmane ne l'aurait porté à commettre un sacrilège ou à offenser la communauté musulmane ». Il s'engagea alors à défaire les calligraphies en cause, à détruire par incinération les trois robes concernées, en invitant de surcroît « tous les photographes et cameramen de la presse mondiale à renvoyer les négatifs des photos ou à s'engager à les détruire et à ne les reproduire en aucun cas ». Le recteur accepta de transmettre les excuses de la maison Chanel à la communauté musulmane, en ajoutant toutefois que « seul Dieu pardonne les erreurs humaines[31] ».

Aux Pays-Bas, le magazine gratuit NRC Handelsblad eut lui aussi la malencontreuse idée d'illustrer sa couverture d'une photo d'un livre du Coran, ce qui poussa les porte-parole de la communauté musulmane du pays, largement encadrée par les fondamentalistes, à orchestrer une série de protestations, parfois violentes, tandis que les vendeurs musulmans du périodique refusèrent purement et simplement de distribuer le magazine au motif qu'il risquait de terminer dans une poubelle en raison de sa gratuité, et par conséquent de « profaner le saint Coran », « parole vivante » d'Allah. Confondue en excuses et professions de foi islamophiles, la Fédération néerlandaise des journalistes approuva cette réaction sans réserve. Les cas d'intimidation ou de pression de ce type sont de plus en plus fréquents. À chaque fois, les autorités « infidèles » cèdent, ce qui incite les nouveaux Torquemada islamistes à redoubler d'activisme et d'exigences. Ainsi, en Grande-Bretagne, la direction McDonald's a dû elle aussi céder à « l'islamiquement correct » afin de calmer la colère des imams et d'éviter un éventuel procès pour « racisme anti-islamique », nuisible à son image de marque *worldwide*. Sous la pression des puissants lobbies anglais, la compagnie accepta en effet de ne plus utiliser des emballages de couleur verte, lesquels évoquaient fâcheusement, d'après les censeurs islamistes, le drapeau du Prophète. De la même manière, afin de ne pas être boycottée dans le monde islamique suite aux déclarations antisionistes radicales du grand mufti de La Mecque Oussama Ben Abdallah Khayat[32], lequel avait mentionné plusieurs compagnies occidentales comme étant « sionistes », la direction de McDonald's avait jugé nécessaire, dès le déclenchement de la nouvelle Intifada Al-Aqsa dans les territoires occupés en septembre 2000, de faire savoir qu'elle allait consacrer un pourcentage sur chaque produit

31. *Politis,* n° 17, mars-avril 1994.
32. Voir Alexandre Del Valle, « Intifada ou guerre sainte ? », *Politique internationale,* juin 2001.

vendu au financement des hôpitaux et des associations islamiques caritatives palestiniennes.

En alliant stratégie victimiste, subversion des valeurs pluralistes et démonstrations de force, les islamistes ambitionnent à terme d'empêcher les médias de dépeindre l'islamisme tel qu'il est, c'est-à-dire totalitaire, obscurantiste et théocratique. Ils escomptent finalement rétablir indirectement une forme de droit de censure, via l'instrumentalisation, et à leur profit, des législations antiracistes condamnant les différentes formes d'intolérance alors que celles-ci devraient s'appliquer contre leurs propres discours de haine religieuse. Bref, empêcher quiconque de parler d'eux autrement que dans les termes qu'ils ont avalisés préalablement.

Si la religion chrétienne et le judaïsme ont renoncé depuis longtemps à exercer le droit de censure, même lorsque les législations peuvent le permettre comme en Grande-Bretagne, tel n'est pas le cas des islamistes et même de nombre de musulmans orthodoxes. Prétendant être victimes de l'intolérance, les islamistes sont pris en flagrant délit de détournement de valeurs et de double discours lorsqu'ils invoquent et subvertissent à la fois les valeurs de tolérance et réclament le retour de la censure religieuse. Citons un cas typique de discours subversif paru dans la revue pro-iranienne *Le Message de l'Islam,* qui dénonce continuellement « l'islamophobie » et le « racisme » des Occidentaux en invoquant le « respect des valeurs pluralistes » alors que l'idéologie qui l'anime est elle-même raciste et opposée à toute forme de démocratie pluraliste : « Les médias français présentent de l'islam une image trop simplificatrice et tellement totalisante, l'identifiant démesurément à la violence et à l'obscurantisme. [...] L'islam est devenu aujourd'hui synonyme de terrorisme, d'intégrisme conquérant, de fondamentalisme activiste et meurtrier. [...] Fatalement, une défiance arrogante et raciste se manifeste au quotidien contre ces étrangers[33]. » Des propos pour le moins étonnants de la part d'une revue se réclamant d'un régime islamiste qui persécute ses minorités religieuses juive, baha'ï et protestante, soutient le terrorisme international et a fait assassiner hors de ses frontières près de deux cents opposants à la révolution islamiste depuis 1978 ! Autre adepte de la stratégie victimaire et du double discours, l'islamiste marocain pronazi et révisionniste Ahmed Rami, qui déclare : « En fait, nous, les musulmans, [sommes] pour un islam résistant, éclairé, tolérant, de justice et de

33. *Le Message de l'Islam,* n° 134, janvier 1996.

liberté, résistons contre le racisme, la barbarie et l'injustice, [sommes pour] les sacrées valeurs de la justice, la liberté, la paix et les droits de l'homme[34]. » La profession de foi est plutôt louable. Mais un peu plus loin, il révèle la nature réelle de l'idéologie qui l'inspire et ce à quoi il impute en fin de compte « l'islamophobie » : « La propagande mensongère juive tente de faire voir que le monde islamique constitue un danger pour l'Occident [...]. Les juifs essaient de s'infiltrer et de dominer un peu partout et, telle une mafia maçonnique, s'emparent du pouvoir. Le monde entier, en fait, devient de plus en plus une grande Palestine dominée et terrorisée par la mafia juive [...]. L'occupation juive en Occident est chimique : un cancer ou un sida, mais il y a encore des groupes libres qui mènent un héroïque combat pour la liberté, la démocratie et la justice sociale [...], comme Roger Garaudy et Louis Farrakhan. » Dans le même esprit, « l'amie de l'Occident » qu'est l'Arabie Saoudite a fait quant à elle interdire les fameux Pokémon par une fatwa, ordonnant le boycott et la destruction de ces jeux « anti-islamiques et diaboliques, véritable attaque « judéo-maçonnique » contre l'islam et le Prophète qui diffuse des idées de Darwin contraires à la charia ». Le grand mufti saoudien Abdul Aziz ibn Abdullah al-Cheikh a même précisé que le succès de ces jeux servait en fait à « diffuser au sein de la jeunesse de la propagande juive ». Plusieurs pays réputés « modérés » dont le Qatar, Dubai, le Koweït, et même le Maroc, reprendront la fatwa du mufti saoudien.

## LA LUTTE CONTRE L'ISLAMOPHOBIE OU LA STRATÉGIE AUTOPROTECTRICE DES ISLAMISTES

Depuis l'affaire Rushdie, et dans le cadre du déploiement victorieux de la stratégie « du faible au fort » fondée sur le victimisme et la subversion des valeurs occidentales, ce sont de véritables lobbies, reçus jusque dans les plus hautes instances du pouvoir, qui ont réussi depuis dix ans à rétablir une forme de censure religieuse, la plupart du temps de façon bien plus habile que *radioislam* d'Ahmed Rami. Thème central : la lutte contre « l'islamophobie », version anti-islamique du racisme et de l'intolérance religieuse. C'est ainsi que l'un des principaux *think-thanks* « antiracistes » d'Angleterre, le Runnymede Trust, alerte le public et apostrophe les gouvernements

34. Site Internet *radioislam,* 2000.

et les médias quant à toute forme de « sentiments anti-islamiques » qui « doit être combattue avec urgence ». Sous le titre *Islamophobia – a Challenge for us,* le Runnymede Trust publia, en octobre 1997, un rapport alertant l'opinion publique britannique du danger de voir l'Angleterre se transformer progressivement en une « nation de gens qui détestent les musulmans[35] ». Le principal argument du rapport consistait, non pas à prouver que les Anglais de souche détestaient l'islam en tant que tel, mais que les musulmans étaient systématiquement brimés, assimilés aux fondamentalistes et aux terroristes musulmans. Le document montrait que « l'islamophobie » émergeait dès qu'un lien était fait entre les termes islamisme et terrorisme, alors que les islamistes, y compris les plus fondamentalistes, n'étaient pas forcément terroristes et que les terroristes n'étaient pas forcément musulmans. Ainsi, derrière cette lapalissade, ce sont les critiques formulables à l'endroit des islamistes qui sont criminalisées et assimilées à une forme de racisme. Présentée comme un fléau inhérant à l'intolérance occidentale ancrée depuis des siècles, l'islamophobie est supposée se décliner en plusieurs modalités qui méritent d'être mentionnées :

— affirmer que l'islam est une culture fondamentalement différente de la civilisation occidentale, fixiste ;

— dire que l'islam est violent, menaçant, enclin au terrorisme ;

— dire que les musulmans sont manipulateurs, qu'ils utilisent leur foi à des fins politiques ou militaires ;

— les critiques musulmanes à l'encontre de l'Occident sont automatiquement rejetées ;

— l'hostilité envers l'islam est utilisée pour justifier le racisme et les préjugés anti-immigrés.

Il est intéressant de constater que si les concepteurs du rapport assimilent à de l'islamophobie le seul fait de dénoncer les formes islamiques d'intolérance – supposées d'emblée inexistantes, la civilisation musulmane étant « bonne » et « tolérante par nature » –, ils s'arrogent le droit, en tant que victimes *a priori*, de fustiger « l'intolérance occidentale ». Mieux, le fait même d'oser dire que la violence existe dans l'islam classique, ce que nous avons démontré, ou que les civilisations occidentale et musulmane sont profondément différentes au regard des valeurs fondamementales, ce qui n'est d'ailleurs pas un jugement de valeur, est assimilé à une preuve de

35. Cité *in* « Islamophobia », *Europ Magazine,* printemps 1998. Un autre rapport annuel du même type, « L'islamophobie : ses caractéristiques et ses dangers », a été publié par Runnymede Trust en février 1998.

« racisme ». En termes clairs, toute entreprise intellectuelle analysant les fondements du totalitarisme islamiste, qui menace pourtant les valeurs et la sécurité collective des démocraties occidentales, participerait de l'« islamophobie ».

Masquant à peine les motifs liberticides qui les animent derrière un droit à la liberté de culte dévoyé, les auteurs du rapport, soutenus par les grands pôles de l'islamisme radical anglais (Parlement musulman de Grande-Bretagne, UKACIA), réclament « un changement radical dans les attitudes de la part des médias, des hommes politiques et des leaders de communautés, afin d'aider à lutter contre la discrimination, le harcèlement et la violence à l'encontre des musulmans britanniques[36] ». Ainsi, afin de lutter contre le « racisme institutionnel » et d'imposer la « paix sociale », un plan de la police britannique intitulé « Protéger et Respecter », datant d'avril 2001, prévoit que les policières musulmanes pourront porter le tchador. Des salles de prières et des cantines *hallal* seront également installées à Scotland Yard, et 25 % des gardiens de la paix devront obligatoirement être issus de l'immigration d'ici 2009.

Aux États-Unis, l'équivalent du Runnymede Trust est le CAIR (Council on American Islamic Relations). Grâce à des campagnes de protestations intensives auprès des médias et des décideurs, systématiquement accusés de racisme dès lors que l'islam est abordé autrement que du point de vue islamophile, ce très puissant lobby islamique est parvenu, depuis le début des années 1990, à faire taire ou à faire condamner nombre de sociétés, intellectuels, ou même hommes politiques américains. « En obtenant l'annulation d'un certain nombre de décisions [nous avons fait] savoir au public qu'un groupe musulman prend acte et informe de la façon dont les musulmans sont traités. [Les non-musulmans] sont dorénavant plus prudents dans leur façon de s'adresser aux musulmans », se félicite le porte-parole du CAIR, Mohamed Nimer[37]. Et pour cause. En décembre 1996, le rédacteur en chef de l'*US News and World Report,* Mortimer Zuckerman, avait eu le tort d'affirmer que c'était « une doctrine chez Mahomet que d'avoir conclu des traités avec l'ennemi lorsqu'il était faible, avant de les violer lorsqu'il est devenu fort ». Le CAIR réagit immédiatement et violemment, enjoignant tous les musulmans américains de protester auprès de l'*US News* et des autorités. La semaine suivante, le périodique publia un texte

36. *I.S.I.C. Bulletin,* revue de l'Institut d'études de l'islam et du christianisme, décembre 1997, janvier 1998.

37. Mohamed Nimer, entretien avec Jocelyne Cesari, *La Médina*, 8 juin 2001.

expliquant que la remarque avait été faite par Yasser Arafat lui-même ; Zuckerman, quant à lui, contacta le CAIR pour expliquer sa position. L'organisation islamique estima la réponse insuffisante et exigea des excuses immédiates. Une semaine plus tard, une note sera publiée : « Nous regrettons profondément toute ambiguïté dans le langage ; M. Zuckerman n'avait aucune intention d'insulter. Il se rapportait à la conférence que monsieur Arafat avait prononcée au sujet du Prophète et il n'avait pas l'intention d'indiquer que ceci était la doctrine du Prophète... Ce sont des Mecquois, et non pas le Prophète Mahomet, qui ont violé la paix de Hudaybiah de 628[38]. »

Au cours de la même période, une autre affaire fut saisie par les lobbies islamiques : le CAIR et le Conseil national sur les affaires islamiques (CNAI) dénoncèrent la publication d'une photographie dans le périodique *Life* montrant un musulman qui, apparemment, priait à côté d'une publicité Coca Cola. Suivirent immédiatement des plaintes de nombreux musulmans contre la société Coca Cola. Celle-ci, en retour, protesta auprès de *Life*. Le magazine envoya finalement une lettre d'excuses au CAIR et au CNAI, et la publicité fut retirée.

Avec moins de succès qu'en Europe, le CAIR a essayé également d'importer l'affaire des *Versets sataniques* aux États-Unis en intimidant les défenseurs de l'écrivain « blasphémateur », coupable de « crimes contre les musulmans ». Le motif était suffisant pour exiger le retrait du livre à la vente. D'autres affaires furent l'occasion de scandales à l'échelle nationale : le CAIR fit plier la brasserie Miller à propos d'une annonce publicitaire à la radio décrivant une personne du nom de Omar qui buvait une bière. La compagnie s'excusa et assura que l'annonce publicitaire serait remplacée par une autre qui n'évoquerait pas un musulman... L'organisation islamique admonesta également un fabriquant de disques au sujet de la couverture d'un CD, *Laura et le harem*, qui montrait une danseuse du ventre, une mosquée et un texte coranique. Le fabriquant dut stopper la production de cette couverture et faire disparaître les CD encore en rayon.

Les hommes politiques eux-mêmes doivent de plus en plus s'incliner devant les indignations régulières du CAIR. Ainsi, en février 1997, le démocrate Joseph Kennedy fut contraint de s'excuser auprès des musulmans des États-Unis pour avoir osé utiliser improprement le mot djihad dans sa description des républicains qu'il

38. Affaire rapportée *in* « L'islam et la presse américaine » par le *Bulletin de l'I.S.I.C*, n° 1, avril 1997.

jugeait trop zélés et réactionnaires. De même, le vice-président Gore fut repris publiquement par le CAIR pour avoir utilisé le mot djihad en octobre 1995 pour fustiger l'action des chefs républicains congressistes en matière de protection d'environnement. Nous verrons plus loin comment les présidents Bill Clinton et Georges Bush Jr, après les attentats perpétrés par l'organisation de Ben Laden, le premier contre les ambassades américaines en Afrique durant l'été 1998, le second contre le Pentagone et les Twin Towers le 11 septembre 2001, durent également s'excuser face aux protestations du CAIR et d'autres grands lobbies islamistes américains, pour avoir accolé l'épithète islamique ou islamiste à Ben Laden Network, le CAIR affirmant que cette formulation « insultait les musulmans américains ». De la part d'une organisation réellement modérée et condamnant toute forme d'intégrisme, on aurait pu effectivement comprendre la démarche. Mais lorsque l'on sait que le CAIR est structurellement lié aux Frères musulmans égyptiens et au Hamas palestinien, qu'il apporte régulièrement son soutien à des personnalités islamistes notoires, y compris certaines ayant été impliquées dans des actions terroristes, dont Moussa Abou Marzouk ou encore le cheikh Omar Adel Rahmane, commanditaire du premier attentat du World Trade Center en 1993, on imagine aisément d'où vient l'accusation de la supposée « islamophobie » américaine. Encore une fois, la rhétorique victimaire et la subversion des valeurs « antiracistes » ou de « respect des minorités » fonctionnent comme les « armes obliques » d'une *offensive néo-obscurantiste et liberticide* visant ni plus ni moins la soumission intellectuelle progressive de l'Occident à l'ordre islamique, intériorisation de l'autocensure que l'islamologue Bat Yé'Or a nommée la « *dhimmitude* volontaire ».

En Grande-Bretagne, le manque de vigilance des États démocratiques s'est parfois traduit par des situations frisant l'absurdité la plus absolue, lorsque par exemple le chef du parti islamiste ultraradical Hizb ut-Tahrir, Omar Bakri, admirateur d'Hitler et de Ben Laden, nommé « consultant pour les tribunaux anglais », est parvenu, grâce à ses relations avec le parti de la gauche travailliste, à être employé comme urbaniste par la municipalité d'Islington, l'un des bastions du mouvement de Tony Blair. Son conseil municipal, qui traquait la moindre entorse au *politically correct* et toute manifestation de « racisme anti-islamique », laissait Bakri appeler à la guerre sainte contre les impies et crier sa haine des chrétiens et des juifs, au nom du respect dû aux minorités : « La guerre est totale, menaçait-il en toute tranquillité. L'Amérique et l'Europe doivent mettre fin aux arrestations abusives de militants islamistes. Si les musulmans continuent à être maltraités, ils seront contraints de se révolter contre les gouvernements [non musulmans] eux-mêmes. Allah nous a ordonné de combattre celui qui nous opprime. Et si nous y sommes contraints, nous combattrons. Il y a vingt-six millions de musulmans en Europe, nous sommes une nation. 73 % des groupes islamiques du monde entier se sont officiellement et ouvertement rangés du côté de Ben Laden[39]. »

## De l'interdiction de Voltaire et de Dante à la nouvelle inquisition verte

Partout où se développent des communautés musulmanes qu'ils escompent instrumentaliser et sensibiliser au moyen de la stratégie victimaire, les grands pôles du totalitarisme islamiste multiplient les offensives. Nous avons abordé la question du voile, mais il faut garder à l'esprit que celle-ci n'était que la première phase d'un programme de revendications bien plus large, comme l'a rappelé à plusieurs reprises en France Hanifa Cherifi, membre du Haut Conseil de l'Intégration. Celle-ci déclarait, en mars 2002, à la suite d'une nouvelle affaire du voile à Tremblay : « Le port du voile renvoie toujours à un ensemble de référents culturels, contenu de l'enseignement, comportement des filles, refus de la mixité, diffusés par les prédicateurs islamistes, il serait dangereux de banaliser le port du voile[40]. » N'oublions pas que les mêmes fillettes qui font régulièrement parler d'elles lors des différentes affaires du foulard, que d'aucuns jugent sans importance, réclament en même temps le boycott des cours d'éducation sexuelle, de gymnastique ou de biologie, et refusent d'étudier certains auteurs comme Voltaire ou Dante Alighieri. Les lectures, œuvres d'art ou autres enseignements « anti-islamiques » en général sont de plus en plus les cibles des islamistes. Les démocraties ont cédé sur le foulard. Elles devront un jour céder à d'autres exigences communautaristes et confessionnelles. Aussi est-ce conformément à cette logique de spirale des revendications que, de l'autre côté des Alpes, la puissante Union des organisations islamiques d'Italie (UOII) a fait de la demande d'interdiction de *La Divine Comédie* de Dante dans les lycées et les universités l'un de ses principaux chevaux de bataille. Pourquoi ? Parce que la façon dont est traité Mahomet par Dante, qui consigne le prophète

39. Entretien accordé à *La Repubblica* le 23 août 1998.
40. AFP, 23 mars 2002.

musulman comme hérétique dans le septième enfer, constituerait un « blasphème » inacceptable, un véritable *casus belli*. Les plus radicaux parmi les islamistes d'Italie sont même allés jusqu'à menacer les autorités universitaires italiennes d'aller exhumer le poète Alighieri. Mieux, au centre d'une véritable polémique nationale, le très extrémiste président de l'Union des Italiens musulmans Adel Smith a exigé, au nom des musulmans d'Italie « offensés », que la fresque médiévale *Le Jugement dernier* de Giovanni da Modena – un Mahomet dénudé, représenté en Enfer avec un serpent autour de son corps et un démon à ses côtés, comme l'avait décrit Dante – soit retirée des murs de la cathédrale San Petronio. Dans une lettre envoyée au pape Jean Paul II et au cardinal de Bologne, le président de l'UMI déclarait : « L'offense envers l'islam est aussi grave que celle perpétrée par les *Versets sataniques* de Salman Rushdie. » Il s'indignait du fait que la peinture de la cathédrale était « inacceptable pour les musulmans du monde entier ». Don Oreste Leonardi, le sacristain de la cathédrale de Bologne, précisa pourtant que cette fresque gothique, réalisée en 1415, était presque invisible tant elle était minuscule, et qu'elle constituait « l'un des plus précieux trésors de Bologne, reproduisant tout simplement la vision que l'on avait de l'Enfer au Moyen Âge ». Devra-t-on un jour exclure des programmes scolaires et retirer du public toutes les œuvres d'art risquant « d'offenser l'islam » pour éviter les scandales et échapper aux foudres des organisations islamistes ? C'est en tout cas ce que pense Adel Smith, lequel n'a d'ailleurs pas hésité, lors de l'émission *Porta a Porta* de novembre 2002 sur la RAI, à réclamer « le retrait des crucifix de tous les lieux publics, symboles de la religion idolâtre polythéiste offensant les enfants musulmans dans les écoles ». Smith est d'ailleurs connu dans toute l'Italie, spécialement à Milan, pour les manifestations antichrétiennes qu'il organise contre « l'Eucharistie, rite anthropophage » aux cris de « l'islam toujours plus au-dessus, le christianisme toujours plus au-dessous ». Ainsi, dans ses prêches incendiaires, Smith a lancé une vaste campagne visant à interdire *La Rabia e l'Orgoglio*[41], le livre de la célèbre éditorialiste italienne Oriana Fallaci, qui a reçu depuis des menaces de mort. Dans un opuscule diffusé par le Parti des musulmans d'Italie dans toute la Péninsule, *L'islam punit Oriana Fallaci*, Smith avertit : « Prépare-toi ! Je vais t'infliger une punition, tu le mérites, et comment, femme ! [...] Ou vous faites comme nous, musulmans,

41. En France Oriana Fallaci, *La Rage et l'Orgueil*, Plon, 2002.

et arrêtez de boire de l'alcool ou vous préparez à mourir comme Fallaci[42]... » Il est vrai que la campagne de diabolisation de Fallaci en Italie et ailleurs, notamment en France où le MRAP a porté plainte contre l'auteur pour racisme et réclamé l'interdiction du livre, a considérablement encouragé les postures inquisitoriales des « maîtres censeurs » islamistes.

Au moment même où Adel Smith, Omar Bakri ou d'autres étaient défendus par une partie de l'intelligentsia progressiste lorsqu'ils criaient leur haine de l'Occident et menaçaient les infidèles, quatre autres personnalités occidentales fort différentes ont fait les frais de ce recul progressif de la liberté d'expression et de la « nouvelle inquisition verte » : le Premier ministre italien Silvio Berlusconi, le cardinal Giacomo Biffi, le président américain Georges Bush Jr et l'écrivain Michel Houellebecq. Quelques semaines à peine avant les attentats de New York et de Washington, l'iconoclaste Houellebecq avait déclaré, certes sur un ton fort provocateur, « que la religion la plus con, c'est quand même l'islam[43] », précisant qu'il avait été « consterné » par la lecture du Coran. Immédiatement, la quasi-totalité des représentants de l'intelligentsia médiatique et des autorités religieuses musulmanes et non musulmanes de France et d'Europe avait crié au « racisme », à la « xénophobie » et à l'« islamophobie ». L'auteur, accusé d'être « antiarabe », fut même assigné en justice par plusieurs organisations islamiques et reçut des menaces de mort suscitées par une fatwa. Houellebecq précisa peu après que sa démarche, loin d'être « raciste », procédait d'une tradition intellectuelle voltairienne, anticléricale et anticonformiste, opposée à toute forme de fanatisme religieux, certes particulièrement présent dans l'islam, mais découlant selon lui de l'essence même des religions monothéistes. Prenant la défense de l'auteur des *Particules élémentaires* et de *Plateforme,* le chroniqueur du *Nouvel Observateur* Dominique Noguez reprocha aux accusateurs de Houellebecq « d'opérer un glissement d'anti-islamique à antiarabe, c'est-à-dire d'une allergie idéologique, parfaitement légitime dans une république laïque où l'on a, en principe, le droit de penser ce que l'on veut des religions, au racisme pur et simple[44] ». Condamnant en réalité toute forme de racisme et d'intolérance, Houellebecq exprimait, de façon triviale et critiquable certes, son rejet total du fanatisme islamique dont l'origine se trouve, selon lui, dans les

42. Éditions Alethes, Carchitti, 2002, p. 18-123.
43. Entretien avec Michel Houellebecq, *Lire,* septembre 2001.
44. *Le Nouvel Observateur,* 13 septembre 2001.

textes mêmes du Coran. Le procès d'intention qui lui avait été fait et les réclamations de plusieurs responsables musulmans visant à faire interdire son livre s'inscrivaient dans le cadre d'une nouvelle offensive néo-obscurantiste visant à limiter la liberté d'expression dans la République au nom du « respect des minorités religieuses », bref au nom d'un communautarisme tribal et liberticide. Car, ainsi que l'a expliqué Maxime Rodinson, la « dénonciation fréquente d'une sorte de "racisme" à l'égard du fondateur de l'islam résulte d'une erreur d'optique fondée sur beaucoup d'ignorance. On pourrait l'appeler la nationalisation de la vérité. La notion de vérité s'efface par rapport à la revendication d'appartenance [...], on n'a pas le droit de douter d'une croyance de la communauté où le hasard vous a fait naître [...]. Quelle admirable évolution vers le tribal[45] ».

Avant Houellebecq, une personnalité d'un tout autre genre, le cardinal archevêque de Bologne, Mgr Giacomo Biffi, s'était attiré les foudres de toute la classe politico-médiatique italienne et des organisations islamiques, qui l'accusèrent de « racisme » et de « xénophobie » pour avoir tenu des propos iconoclastes sur les musulmans et l'immigration, tabou majeur du politiquement correct. Dans une lettre pastorale, Mgr Biffi, qui est l'un des grands prélats « papables » actuels, avait voulu souligner l'incompatibilité de certains aspects de la culture et de la religion musulmanes avec la culture catholique et les mœurs des sociétés démocratiques occidentales. Récidivant à maintes reprises dans le cadre d'une vaste polémique nationale sur l'immigration et l'islam, Mgr Biffi avait notamment osé dire : « Pas de concessions tant qu'ils n'accepteront pas le principe de réciprocité [...]. Les musulmans doivent respecter nos règles, surtout, l'État doit préserver la physionomie chrétienne de la nation[46]. »

Mais celui qui souleva le plus violent scandale fut Silvio Berlusconi, lequel reçut les foudres non seulement de la quasi-totalité des associations islamiques d'Europe, mais également des grandes organisations internationales arabo-musulmanes dont la Ligue arabe, l'OCI et la Ligue islamique mondiale. Le président du Conseil italien avait déclaré, le 26 septembre 2001, lors d'une conférence de presse à Berlin, réagissant à la catastrophe du 11 septembre : « On ne peut pas mettre sur le même plan toutes les civilisations. Nous devrions être conscients de la supériorité de notre civilisation, [...] faite de principes et de valeurs, qui a apporté à tous les pays qui

45. Maxime Rodinson, *op. cit.*, p. 25-27.
46. « Biffi insiste : "stoppons les islamistes" », *Il Giorno*, 1er octobre 2000.

l'ont adoptée une large prospérité et qui garantit le respect des droits de l'homme et des libertés religieuses. » Loin de toute forme de « racisme » ou de haine antimusulmane, le Cavaliere avait bien précisé que ces mêmes valeurs, d'essence universaliste et non raciale, s'adressaient à tous, qu'elles avaient déjà conquis « le monde communiste et une partie du monde islamique mais que, malheureusement, une partie de ce dernier est restée mille quatre cents ans en arrière ». En fait, Berlusconi, en affirmant sa foi envers la civilisation occidentale et sa solidarité totale avec Georges Bush Jr face à « l'Axe du Mal » islamiste, avait osé rompre le grand tabou de la culpabilité et de la repentance occidentale, d'autant qu'il s'était mis à dos les milieux de gauche en établissant un parallèle avec les terroristes islamistes qui avaient essayé de « stopper les influences corruptives de la civilisation occidentale sur le monde islamique » et « le mouvement antimondialiste qui critique de l'intérieur la manière de vivre occidentale, essayant par là même de la rendre coupable[47] ».

Profitant du manque de solidarité au sein du camp occidental, les pays arabo-musulmans, cherchant à se déculpabiliser vis-à-vis de leurs propres responsabilités dans la montée du totalitarisme islamiste dans le monde, accuseront Silvio Berlusconi de « racisme ». Le secrétaire général de la Ligue arabe Amir Moussa ira jusqu'à exiger des « excuses » auprès du monde arabe et musulman ! Réciproquement, a-t-on jamais, en Europe ou aux États-Unis, exigé de la Ligue arabe, de l'Organisation de la ligue islamique mondiale, qui définit officiellement l'Occident comme « l'Ouest croisé », des chefs d'État ou intellectuels musulmans qui fustigent la civilisation occidentale et judéo-chrétienne puis rappellent la gloire et la supériorité de la civilisation arabo-islamique passée, qu'ils s'excusent publiquement devant les Occidentaux ? La question mérite au moins d'être posée et la dissymétrie analysée.

Si « l'islamiquement correct » continue de progresser au détriment de la liberté d'expression et sous couvert de la lutte contre « l'islamophobie » et du « droit à la différence », on peut craindre, pour des raisons également géopolitiques et diplomatiques dues au poids démographique et économico-pétrolier considérable représenté par l'islam mondial, que cette tendance aille en s'accentuant à mesure que les organisations islamistes des pays d'accueil renforce-

47. Bush Jr sera quant à lui fustigé et assimilé à un « réactionnaire chrétien » antimusulman pour avoir employé l'expression « croisade » à propos de l'opération Liberté immuable. *(NdA)*

ront leur emprise sur les masses musulmanes données en pâture, par les démocraties pluralistes, aux grands pôles zélateurs du totalitarisme islamiste, Frères musulmans, Tabligh et Arabie Saoudite en tête. Ainsi, sous couvert de « respect des religions » et de « lutte contre le blasphème ou l'islamophobie », c'est maintenant au sein d'instances internationales comme les Nations unies que se développe la « censure verte ».

## Omerta islamique à l'ONU

C'est en effet à l'instigation de la monarchie saoudienne et d'autres États islamiques comme le Pakistan et le Soudan qu'une résolution inquiétante fut adoptée en 1997 par la sous-commission des droits de l'homme de l'ONU. Dans le cadre d'une enquête sur les différentes origines de l'antisémitisme, cette sous-commission, dirigée par Maurice Glélé-Aramzanzo, avait produit dans un premier temps un rapport intitulé *L'Antisémitisme arabe et islamique*. Ce rapport considérait que les références au Coran et à la charia pouvaient être des sources à la haine antijuive qui sévit dans la plupart des pays musulmans. Sa publication suscita une vague de protestations d'une extrême virulence de la part des pays membres de l'OCI qui exigèrent, par la voix de leur porte-parole indonésien Agus Tarmizidi, de « censurer le texte au nom de la sous-commission[48] », tandis que d'autres pays où règne un réel antisémitisme, comme l'Égypte, le Pakistan, l'Algérie ou le Bengladesh, rejoignirent le concert de protestations. Le président de la commission décida, sans passer par le vote, de protester contre une « telle offense envers l'islam et le saint Coran », qui aurait du être « exclue du rapport ». Il somma alors le rapporteur spécial de « réparer l'offense » faite aux musulmans. Trois mois plus tard, une nouvelle résolution (n°125) fut votée après maintes discussions et pressions diplomatiques, qui infirmait la résolution initiale et assimilait la référence au Coran et à la charia à un blasphème pur et simple, introduisant ainsi une forme d'autocensure. Ainsi, on ne mentionne pratiquement plus aux Nations unies l'antijudaïsme arabo-islamique, et on se limite aujourd'hui à dénoncer l'antisémitisme européen d'origine chrétienne. Cette *omerta* explique sans doute l'incroyable Conférence mondiale de l'ONU « contre le racisme, la

48. David Littman et René Waldow, sous-commission des droits de l'homme, *Blasphmy at the United Nations ?*, Document 85, décembre 1997.

xénophobie et l'esclavage » qui s'est tenue à Durban durant l'été 2001, au cours de laquelle seules les formes occidentales de « racisme » furent prises en compte. Sous la pression des mêmes pays de l'OCI, on transforma ainsi une conférence censée lutter contre le racisme en un véritable tribunal antioccidental où seuls le « racisme sioniste » et l'esclavagisme euro-américain furent réellement dénoncés, passant sous silence les autres formes d'intolérance religieuse, d'esclavagisme et d'antisémitisme pourtant plus répandues dans le tiers-monde et en terre d'islam qu'en Occident, où elles ne sont qu'un triste souvenir du passé.

### Droits d'exception communautaire et immunités territoriales, la mutation communautariste

Dans la même logique de capitulation face à la recrudescence de l'obscurantisme religieux, les pouvoirs publics français ont cédé, le 28 janvier 2000, dans le cadre de la « consultation » officielle avec les grandes associations musulmanes, aux incroyables revendications des islamistes qui refusaient catégoriquement d'inclure dans le document officiel signé avec le ministère de l'Intérieur, « Principes et fondements juridiques régissant les rapports entre les pouvoirs publics et le culte musulman en France », la mention qui précisait leur renonciation aux dispositions de la charia concernant la peine de mort pour les musulmans apostats. Le texte fut présenté à tort au public comme « non négociable », puisqu'il était supposé garantir solennellement l'attachement des musulmans à la République, à la séparation de l'Église et de l'État, et aux articles 10 et 11 de la Déclaration des droits de l'homme relatifs à la liberté de conscience et de pensée. Bien que cette mention, jugée utile au départ par le ministre de l'Intérieur de l'époque Jean-Pierre Chevènement, fût fondée sur le constat selon lequel le droit de changer de religion n'est reconnu dans aucun pays musulman et même puni de mort dans plusieurs États islamiques, elle fut considérée « discriminatoire » et « indignante » par nombre de musulmans et d'associations islamiques. Ainsi, la stratégie adoptée par les adeptes de l'obscurantisme vert fut essentiellement axée sur le discours victimaire. Afin de motiver la refonte du texte initial, Mustapha Yahyaoui, l'un des dirigeants de la Fédération nationale des musulmans de France (FNMF), s'indigna du fait que « cela revenait à mettre en doute la volonté des musulmans de s'inscrire dans le droit commun, à leur demander des engagements supplémentaires et quasi humiliants que l'on ne demande pas aux autres croyants, comme si les musulmans devaient toujours prouver leur bonne foi et signer sans discuter [...]. C'est la première fois que la puissance publique impériale ou républicaine demande expressément aux représentants d'une religion de signer un texte contraignant et non négociable en échange de la reconnaissance de leurs droits de croyants[49] ». De son côté, Dalil Boubaker déclara : « La signature préalable [du texte] à toute discussion [...] a été considérée comme un procédé pour le moins surprenant. En effet, de nombreuses voix se sont interrogées pour savoir si la qualité de musulman en France entraînait de ce seul fait une suspicion sur la connaissance des lois républicaines et par conséquent [de le considérer] comme un citoyen mentalement inadapté [craignant] d'éventuelles dérives qui se traduiraient par une ingérence, probablement par ignorance, dans le domaine sacro-saint des dogmes et de la religion[50]. » Finalement, au terme de plusieurs semaines de polémiques internes et de pressions exercées par les mouvances intégristes (Frères musulmans, Tabligh) qui composaient la majorité des membres de la consultation, les autorités ministérielles françaises durent retirer la mention *casus belli* et céder au diktat. « Cet incident augure mal du devenir de l'islam dans ce pays. [...] Si d'ores et déjà les représentants des organisations musulmanes considèrent le droit de changer de religion comme un acte d'apostasie, passible de la peine de mort, qu'arriverait-il concrètement si des musulmans de notre pays déclaraient leur sortie de la religion, ou simplement exprimaient une opinion différente ? », déplorèrent Leïla Babès et Michel Renard[51], animateurs de la revue *Islam de France*. La question mérite légitimement d'être posée, d'autant que l'appel à l'assassinat des apostats que prévoit la loi islamique à l'égard de ceux qui quittent l'islam a été mis en application en France et en Europe à plusieurs reprises ces dernières années, les victimes étant de jeunes filles coupables d'apostasie, car désireuses d'épouser des non-musulmans. Personne en France n'a oublié le martyr de la jeune turque Nazmiye, assassinée à Colmar par sa propre famille en 1993 (la décision fut prise à l'issue d'un conseil de famille et le crime exécuté par la mère, les frères et les oncles) parce qu'elle était amoureuse d'un chrétien, ou

49. Mustapha Yahyaoui, *Libération,* 2 août 2001.

50. Dalil Boubakeur, « L'islam en France, son actualité », discours du 2 mars 2000, cité *in Islam de France,* n° 8, 2000.

51. Leïla Babès et Michel Renard, « Liberté de conscience et apostasie », *Art Cité,* p. 51.

encore celui de l'étudiante franco-marocaine Latifa, assassinée de vingt-quatre coups de couteau le 5 novembre 2001 par son père, la veille de son départ pour Nice où elle allait épouser un « infidèle », son jeune fiancé corse Petru Maestracci. Interrogé dans sa prison de Bastia, le père, Mohamed Loulichki, un travailleur marocain musulman installé en Corse depuis vingt ans déclarait, fier de son acte barbare, qu'il « valait mieux une vie en prison que d'être libre mais déshonoré[52] ». Le 28 mars 2002, c'était au tour de Fadime, Suédoise d'origine kurde, d'être abattue par son père à Uppsala, parce qu'elle était tombée amoureuse d'un Suédois « infidèle » alors que sa famille l'avait promise en Turquie. Devant les menaces de mort de son père et de ses frères, elle avait brisé la loi du silence et porté plainte. Son courage avait suscité l'attention des médias et même du Parlement, où elle avait témoigné et dénoncé l'intégrisme islamique comme frein à l'intégration. Son assassinat stoppa tout net l'élan libérateur et progressiste qu'elle avait suscité au sein des milieux immigrés, désormais terrorisés par l'islamisme. Des dizaines de cas de ce type contribuent partout en Occident à enrayer le processus d'intégration en instaurant un climat dissuasif de terreur.

Résultat de la stratégie victimaire et des différentes épreuves de force provoquées par les grands pôles de l'islamisme, la plupart des États occidentaux ont fini par mettre à la disposition des organisations islamistes toute une série « d'aménagements », de droits d'exception, de véritables « immunités territoriales » allant de l'octroi, en apparence anodin, de statuts spéciaux pour les associations ou de nourritures conformes à la loi islamique dans les lieux publics à la mise en application partielle de certaines dispositions de la charia substituées officiellement ou officieusement aux lois nationales en vigueur, ou même à l'instauration de « discriminations positives ». Ainsi des organisations islamiques, notamment celles liées aux Frères musulmans et à l'UOIF en France, iront-elles jusqu'à exiger des quotas pour l'embauche de citoyens de confession musulmane, ou encore des quotas de logements pour les étudiants musulmans étrangers, cheval de bataille de l'Union nationale des étudiants marocains (UNEM) en régions parisienne et lyonnaise.

Dans les pays de tradition communautariste comme l'Angleterre, les États-Unis ou même les Pays-Bas, pareille mutation a semblé au départ correspondre à un mouvement naturel, l'État ne pouvant pas refuser aux musulmans ce qu'il avait jadis octroyé aux autres

52. « Tu n'épouseras pas un chrétien », *Corriere della Sera,* 16 novembre 2001.

confessions, même si, nous le verrons, ce sont les islamistes plus que les musulmans eux-mêmes qui profiteront du processus. Mais dans des États profondément marqués par la laïcité comme la France républicaine, il s'agit d'un bouleversement juridique et administratif autant que d'un choc idéologico-politique, ce qui explique pourquoi les affaires du voile y prennent des dimensions inconnues ailleurs en Europe ou aux États-Unis.

## LE FINANCEMENT PUBLIC DES ASSOCIATIONS ISLAMISTES : LE DÉTOURNEMENT DE LA LOI DE 1901

Voyons d'abord comment, sous couvert d'activités associatives et culturelles (organismes de lutte contre la délinquance et la toxicomanie, soutien scolaire, enseignement de l'arabe ou même clubs de sport) permises par le régime de la loi de 1901 – beaucoup plus libéral que le statut des organisations religieuses –, les islamistes sont parvenus à encadrer une grande partie de la jeunesse musulmane des quartiers dits « sensibles » et, par ce biais, à fanatiser nombre de jeunes beurs et parfois même des Français de souche.

Il s'agit bien en effet d'une dérogation exorbitante du droit commun. En France, depuis une loi votée en 1981 qui autorise l'application exceptionnelle du régime associatif de 1901 à l'islam, cette dernière est la seule religion qui a le droit de créer des associations sous le statut incontrôlable de la loi de 1901, les autres cultes devant suivre le régime bien plus sévère de la loi de 1905. C'est ainsi qu'en France, quatre mille associations islamiques – religieuses, sociales ou caritatives – ont été créées en l'absence de tout contrôle étatique, selon ce statut. En termes clairs, les associations « loi 1901 » servent aussi bien à régir des associations de pêcheurs à la ligne ou des clubs de bridge qu'à construire des mosquées, ce qui n'est pas sans poser des problèmes en matière de sécurité, d'autant que les phénomènes de terrorisme islamique sont inséparables des milieux associatifs islamistes qui leur servent de point d'appui et de cellules de recrutement. Parallèlement, dans un arrêt du 12 février 1988, le Conseil d'État a considéré que, bien qu'étant des structures religieuses, donc ne pouvant théoriquement pas être financées par l'État en vertu de la loi de 1905 de séparation de l'Église et de l'État, les associations islamiques créées sous le statut de la loi de 1901 peuvent être désormais subventionnées par l'administration publique depuis que ce droit a été accordé au centre culturel islamique de la ville de Rennes, officiellement « association culturelle » mais en réalité entité de prosélytisme religieux gérant une mosquée et une école coranique.

Ainsi, en vertu du statut spécial qui leur a été accordé, nombre d'associations islamiques – y compris parfois islamistes radicales et même solidaires de mouvances terroristes comme le Hezbollah ou le GIA – sont subventionnées par l'État, les collectivités locales ou d'autres organismes comme le Fonds d'action sociale (FAS). Créé en pleine guerre d'Algérie pour permettre aux travailleurs algériens de mieux s'installer en France, ce Fonds d'action sociale distribue chaque année un milliard de francs aux quatre mille associations qui ont vocation à aider les étrangers et les immigrés. Des concerts de raï aux cours d'alphabétisation ou d'arabe, voire de religion, en passant par les émissions de télévision sur l'islam, les voyages dans les pays d'origine jusqu'aux associations islamistes des banlieues, le FAS n'est pas trop regardant sur l'emploi des fonds publics. Voici quelques exemples particulièrement inquiétants : au début des années 1990, l'association islamiste radicale pro-iranienne La Voix de l'Islam, dirigée par Abdul Farid Gebteni, qui organisa en 1990 de nombreuses manifestations contre Salman Rushdie et en faveur du port du voile à l'école, reçoit une subvention de quatre cent mille francs du FAS. À Rillieux-la-Pape, en banlieue lyonnaise, le Groupement pour la jeunesse et l'entraide, d'obédience ouvertement islamiste, reçoit en 1992 une double dotation, douze mille francs de la préfecture et quatre-vingt mille francs du FAS. On peut citer également la Licep, structure islamiste turque basée à Strasbourg issue du Milli Görüs, qui est parvenue à obtenir des financements publics des collectivités locales et du FAS pour organiser des « colonies de vacances » ; l'association islamiste À Votre Service (AVS), officiellement vouée à la sacrification et à la commercialisation de la viande rituelle *hallal*, surveillée de près par les Renseignements généraux pour son rôle d'aide extérieure aux maquis terroristes algériens, qui bénéficie de l'aide significative du Centre national d'aménagement des structures et exploitations agricoles et de plusieurs collectivités locales ; ou encore l'ultraradicale Muslim Association dirigée par Mahamar Mekmati, qui fut créée grâce à des appels d'offre de fonds publics et est aujourd'hui à la tête d'une librairie islamiste à Argenteuil et d'un réseau de plomberies (SOS Service) spécialisé dans la surfacturation et l'embrigadement... Sans succès, la direction centrale des Renseignements généraux réclame depuis plusieurs années l'interdiction de cette association considérée comme extrémiste et dangereuse par les pôles islamistes eux-mêmes. D'après Rachid Kaci, président de l'association d'intégration Democratia, la lutte contre le prosélytisme islamiste et le combat pour l'intégration des jeunes des banlieues doivent nécessairement passer par une stricte application de la loi républicaine, trop souvent amendée selon lui au nom d'un communautarisme d'origine électoraliste et entretenu par le discours sur le multiculturalisme : « Il faudrait que l'État n'ait pas peur de faire respecter la loi, affirme-t-il. La plupart des associations devraient être sous le statut de la loi de 1905. Sous couvert de soutien scolaire, par exemple, on voit trop de jeunes être embrigadés. Il faudrait procéder à la dissolution de ces structures et démanteler les lieux de prière clandestins qui sont de véritables foyers de propagande [...]. La plupart de ces associations sont subventionnées. Pourquoi tolérer qu'elles ne répondent pas aux statuts dont elles sont dotées ? Il me semble qu'au nom des valeurs de la République, l'État devrait être beaucoup plus vigilant[53]. » Citons enfin un autre type d'aménagement instauré spécialement pour l'islam : alors qu'en France les cimetières confessionnels séparés sont interdits au nom de la laïcité et de l'égalité, les codes de l'administration communale sont de plus en plus transgressés afin de réserver des emplacements séparés pour les sépultures musulmanes, surtout depuis que la ville de Bobigny a accepté de modifier les dispositions en vigueur pour créer, à la demande des grandes organisations islamistes, un cimetière musulman distinct.

## L'ABATTAGE RITUEL ET LA NOURRITURE *HALLAL* : LA SPIRALE DES REVENDICATIONS

Un sujet souvent présenté à tort comme anodin témoigne de la poussée communautariste en France et en Europe : la question de l'abattage rituel. Alors même que les seuls réels interdits coraniques sont le porc et l'alcool, les organisations islamiques européennes revendiquent de plus en plus la nourriture *hallal* dans les lieux publics, les hôpitaux et les armées. D'après les législations européennes et françaises en vigueur, les animaux destinés à la consommation ne peuvent être abattus, en principe, que dans des établissements prévus à cet effet et doivent être obligatoirement immobilisés puis étourdis avant d'être mis à mort par un sacrificateur habilité par le ministère compétent. Des dérogations peuvent toutefois être accordées à des

53. Entretien avec Rachid Kaci, *Le Figaro,* 5 décembre 1996.

organismes religieux agréés par le ministère de l'Agriculture (sous-direction de l'Alimentation), sur proposition du ministère de l'Intérieur. Or 80 % des abattages rituels en France sont effectués de manière sauvage et en contradiction fondamentale avec ces décrets et les normes européennes. La quasi-totalité des sites dérogatoires existants, et que les préfets ne font pas fermer par tolérance et sur consigne du ministère de l'Intérieur, sont illégaux. Alors que les paysans français sont soumis à une législation extrêmement rigide, les chefs de famille musulmans égorgent chaque année des milliers de bêtes dans des conditions souvent horribles.

La question de l'abattage rituel s'avère être d'une actualité particulière lors de l'Aïd al-Kébir, la grande fête musulmane faisant mémoire de l'oblation d'Abraham. À cette occasion, des centaines de milliers de familles musulmanes veulent tuer leur propre mouton (entre deux cents et six cent mille ovins sont ainsi sacrifiés en France) alors que les abattoirs légaux ne sont pas capables de satisfaire à cette demande. Les réactions des différentes associations de protection des animaux face à ces coutumes d'abattage rituel sont vives dans toute l'Europe, et chaque année on assiste à une polémique, les organisations islamiques accusant celles-ci de masquer leur « islamophobie » derrière la défense des animaux. Les associations de protection des animaux s'appuient notamment sur deux textes émanant de Bruxelles, qui sont donc en principe au-dessus de la loi française et vont dans le sens d'un renforcement de l'interdiction initiale des abattages sans étourdissement, donc des abattages rituels. Il s'agit du décret 97903 du 1^er^ octobre 1997 relatif à la protection des animaux, ainsi que celui du 4 octobre 1997 concernant l'interdiction de toute ouverture de sites dérogatoires pour l'abattage rituel en dehors des abattoirs traditionnels et réglementaires. Au moment de sa promulgation, les organisations musulmanes de France et de toute l'Europe ont protesté. S'exprimant à ce sujet, Mohamed Bechari, le président de la FNMF, connu pour ses options fondamentalistes, déclara que le décret du 1^er^ octobre 1997 était « honteux » : « Brigitte Bardot a gagné en jetant le discrédit sur une coutume musulmane », l'imam se référant au fait que la célèbre actrice est à la tête de l'une des nombreuses associations de protection des animaux. En dépit de son caractère d'application immédiate, le texte communautaire n'a jamais été respecté dans la plupart des pays d'Europe, excepté en Grande-Bretagne où les sociétés de défense des animaux sont parvenus à faire appliquer la loi. Partout ailleurs, des statuts d'exception ont été accordés. « Le *hallal,* dans la France d'aujourd'hui, est une obligation sans fondement et une légitimation de pratiques dont le Coran a autorisé le rejet, explique le grand mufti de Marseille Soheib Bencheikh. Certains ont même demandé d'éliminer les fruits de mer de la nourriture des soldats musulmans, ce qui n'existe dans aucune coutume musulmane. Il faut savoir que les armes des pays musulmans suspendent le jeûne du ramadan et écartent l'observance du *hallal*, au nom de la *darura* [...]. Il est curieux de constater que la France, pays moderne et laïque, légitimise des visions radicales en l'islam au moment où elles sont combattues dans les pays musulmans[54] ! »

## RECUL DE LA CONSOMMATION DU PORC ET INTRODUCTION PROGRESSIVE DE LA CHARIA

Dans une étude réalisée pour la revue musulmane française *La Médina*, Christian Delorme, membre du Haut Comité à l'Intégration et spécialiste des questions islamiques, s'inquiète du radicalisme de certaines revendications formulées par les organisations islamiques en matière de nourriture *hallal* dans les lieux publics. « Jusqu'à ces dernières années, les musulmans de France ont seulement demandé que les collectivités (cantines scolaires, restaurants des universités ou des hôpitaux et prisons...) aient le souci de proposer des plats de substitution aux musulmans lorsque du porc était au menu, explique-t-il. Depuis dix-sept ans, [...] une revendication nouvelle apparaît, plus pressante : l'exigence que les viandes servies dans les collectivités soient des viandes *hallal*. Or, cela pose des questions d'importance quant à la place des religions dans la cité et quant aux possibilités, pour les collectivités locales, de s'adapter à une pareille revendication[55]. » Dans une première étape, explique Delorme, une mode très répandue chez les adolescents a consisté, plus par besoin de s'affirmer identitairement que par pure religiosité, à cesser de consommer des hamburgers et sandwichs de viande non *hallal* pour commander à la place du poisson – mode traduite par l'expression souvent employée entre jeunes musulmans : « T'es *fish* ou t'es pas *fish ?* »

Le rejet des viandes non *hallal* semble se généraliser. Directeurs d'école, proviseurs de lycée ou maires sont désormais sommés de

54. Soheib Bencheikh, *op. cit.*, p. 164.

55. Christian Delorme, « L'islam dans la République, la question de la viande *hallal* », *La Médina*, n° 5, novembre 2000.

servir des viandes rituelles. Souvent manipulés par les associations islamistes locales qui imposent leur ordre, les jeunes de culture musulmane ainsi que leurs parents protestent de plus en plus vivement lorsque ce nouvel interdit n'est pas respecté. Certains expliquent qu'il n'y a pas lieu de s'alarmer devant de telles revendications communautaires qui seraient plutôt à mettre sur le compte du « droit à la différence » et seraient inhérentes à la pratique de l'islam. Or, présenter des revendications exorbitantes comme un simple respect de la pratique de l'islam – ce qui laisserait supposer qu'un musulman qui ne bénéficierait pas de repas totalement *hallal* serait victime de « discrimination » et serait empêché d'exercer sa liberté de culte – est une démarche erronée et dangereuse. Il faut savoir que, dans les pays musulmans eux-mêmes, les impératifs de nourriture *hallal* ne sont pas aussi respectés et aussi stricts que les revendications des organisations islamistes en France qui, elles, ont intérêt à voir se développer les repas *hallal* dans la mesure où le commerce de ces viandes certifiées constitue l'une de leurs sources de financement principales. Certains défenseurs de la laïcité en France rappellent à juste titre que, comme les Témoins de Jéhovah qui refusent certaines interventions médicales ou les bouddhistes qui s'interdisent également certaines nourritures, les musulmans voulant appliquer à la lettre la loi islamique en matière d'interdits alimentaires sont parfaitement libres de ne pas manger dans les lieux publics, ceux-ci proposant déjà, depuis plusieurs années, des viandes non porcines pour les musulmans. Dans certaines villes de banlieues, des maires, pour avoir la paix, en viennent à commander de la viande *hallal* pour tout le monde dans leurs cantines scolaires ! Mieux, dans l'agglomération lyonnaise, un inspecteur d'académie a dû supprimer les goûters pour la totalité des enfants des écoles parce que des familles musulmanes travaillées par des islamistes avaient violemment protesté contre le fait que certains biscuits contenaient des graisses animales illicites[56].

Résultat, les pôles de l'islamisme ont réussi à faire reculer de façon significative l'un des piliers du patrimoine culinaire français et européen en général, la consommation de porc, dans la quasi-totalité des lieux publics (cantines scolaires, self-services, lignes aériennes) et surtout dans les zones urbaines à forte proportion d'immigrés musulmans, à la faveur des pressions communautaristes exercées continuellement par leurs militants manipulés, sous cou-

56. Christian Delorme, *La Médina*.

vert de défense de l'identité d'origine et de solidarité minoritaire. Dans certaines cités, des groupes islamistes et des jeunes beurs fanatisés veillent à présent à ce que le porc soit interdit dans tous les restaurants et les foyers, comme dans les cantines des lycées où l'élève, même non musulman, est désormais informé par cet écriteau : « Ce repas contient (ou ne contient pas) de porc. » Des lignes aériennes desservies par British Airways ou Air France proposent ainsi des repas « garantis *hallal* » et le client, souvent non musulman, découvre à sa plus grande surprise un prospectus sur son siège où il est mentionné par la compagnie que « le repas servi sur cette ligne ne contient pas de porc ».

Les universités sont également touchées par ces phénomènes depuis que des associations et des syndicats d'étudiants contrôlés par des islamistes (UNEM, Avenir, EMF, etc.) sont parvenus à enregistrer des percées lors des élections d'étudiants. Ainsi, à Lille, l'aile la plus radicale de l'association des Étudiants musulmans de France (EMF), issue de la mouvance des Frères musulmans, a interdit à tous ses membres de se restaurer dans les cafétérias universitaires non *hallal*, tandis que l'exigence de repas *halal* dans les restaurants universitaires est devenue l'une des principales revendications des associations islamiques communautaristes. On retrouve également ce phénomène aux États-Unis, à Deaborn, première ville « musulmane » du pays, où le porc a été totalement supprimé dans les écoles à majorité musulmane.

### POLYGAMIE ET STATUT PERSONNEL

Les tolérances de l'État français en matière « d'immunités islamiques » ne s'arrêtent pas aux associations ou au *hallal*. Le cas de la polygamie mérite d'être mentionné, même si cette pratique n'est pas inscrite au cœur des revendications des organisations islamistes compte tenu de sa perception populaire totalement négative. En France, on estime à environ cent cinquante mille le nombre de polygames. Il s'agit le plus souvent d'Africains, connus des services administratifs mais non inquiétés par les pouvoirs publics, et dont plusieurs centaines sont naturalisés français chaque année alors qu'ils sont en contradiction avec la loi républicaine qui interdit théoriquement la polygamie.

Une première entorse à cette interdiction fut consacrée par l'arrêt « Mondcho » du Conseil d'État du 11 juillet 1980, qui autorisait la polygamie même si, en 1993, cet arrêt fut annulé à l'initiative du ministre de l'Intérieur de l'époque, Charles Pasqua. Il n'en demeure pas moins que la sentence des sages, « la polygamie n'est pas contraire à l'ordre public », reste gravée dans les consciences islamiques comme un encouragement. Résultat, la tolérance est restée en place et ce régime théoriquement prohibé – la loi Pasqua-Debré déclarait la polygamie « contraire à l'ordre public » – demeure toléré *de facto* en vertu de dérogations et tolérances particulières. Les familles polygames continuent par ailleurs à percevoir des aides publiques qui s'élèvent parfois à des montants colossaux. Constatant l'ampleur du phénomène, le ministère de l'Intérieur a voulu sanctionner la polygamie et refuser de plus en plus les titres de séjour accordés aux travailleurs africains polygames et à leurs épouses supplémentaires. Il a émis dans ce sens la circulaire du 25 avril 2000 qui accordait à ces familles un délai d'un an pour « régulariser leur situation » et recommandait aux préfets de continuer à leur délivrer des cartes de séjour temporaire d'un an qui pourraient être renouvelées une fois « la situation de polygamie arrêtée ». Or, la « cessation de la situation de polygamie » se résume en une simple modification du régime matrimonial et en une justification de domiciles distincts ou nouveaux pour les épouses devenues « illégales ». Les femmes qui sont arrivées sur le territoire après avril 2000 n'ont en principe plus la possibilité d'obtenir leur carte de séjour au titre du regroupement familial. Dans les faits, la tolérance demeure. Afin de ne pas avoir l'air de cautionner directement la pratique de la polygamie, les pouvoirs publics créent « les conditions de la non-visibilité institutionnelle de la polygamie en fabriquant autant de familles monoparentales que nécessaire pour que deux épouses ne soient jamais dans le même logement, le tout sous accompagnement social spécifique, en attribuant une certaine priorité au relogement des épouses, et en veillant bien à ce que le papa ne soit pas trop éloigné de ses bouts de famille pour qu'il puisse exercer sa fonction paternelle. Peu d'écho a été donné dans la presse à ces solutions administratives qui contreviennent à l'égalité des hommes et des femmes, et reviennent à organiser et même encourager la polygamie au lieu de la faire disparaître », déplore Michèle Tribalat[57], chercheur à l'Institut national d'études démographiques (INED), qui a mené une enquête spécifique à ce sujet. En fait, les tolérances accordées par l'État aux familles polygames découlent directement du fait que, conformément à l'évolution des jurispru-

57. Michèle Tribalat, « Politique migratoire et droits de l'homme », *Géopolitique*, n° 7, juin 2001.

dences des pays européens et des décisions de la Cour européenne des droits de l'homme qui tranche de plus en plus contre les États en les contraignant à « garantir le droit de mener une vie familiale normale », le primat de l'intérêt individuel et communautaire, notamment des immigrés musulmans, tend à supplanter celui de l'État et de la loi nationale. D'un point de vue plus idéologique et psychologique, les cas de conflits de droits qui caractérisent le traitement ambivalent de la polygamie ou du foulard islamique, voire de l'excision, découlent de la logique de compassion et de l'influence croissante, depuis les années 1980, des organisations de défense des sans-papiers dont les revendications vont souvent bien plus loin que celles des organisations antiracistes traditionnelles (LICRA, MRAP, SOS Racisme, France Plus). Car il s'agit là, au nom de la lutte contre la ségrégation, de défendre les étrangers en situation irrégulière, pompeusement baptisés « sans-papiers », y compris ceux qui violent de façon flagrante les lois et les valeurs des pays d'accueil. Ainsi, au nom du droit définitivement acquis à demeurer en France et dans l'Union européenne une fois que l'on y a séjourné un certain temps, et en vertu d'une jurisprudence invalidant les reconduites aux frontières émises par le ministère de l'Intérieur, l'administration a mis au point de véritables subterfuges pour ne plus appliquer la loi de 1993 qui interdisait l'entrée et le séjour sur le territoire des étrangers polygames et permettait donc l'expulsion de ceux qui violaient cette loi.

En ce qui concerne la presse, nombre de dossiers concernant le sort des maris polygames menacés d'expulsion ou sommés de divorcer de l'une des femmes suscitent plutôt la compassion[58]. Ceci est somme toute assez logique puisque, ainsi que nous l'avons expliqué plus haut, les étrangers polygames, bien qu'étant en infraction, demeurent des « victimes musulmanes *a priori* », persécutées par les lois nationales, d'essence « intolérante » et d'origine néocoloniales. L'idéologie marxiste tiers-mondiste, foncièrement xénophile et islamophile, qui anime les défenseurs des sans-papiers, obéit à des représentations internationalistes si fortes que l'attachement à la condition de la femme, pourtant également fondamental dans les conceptions progressistes, semble en l'occurrence éclipsé par rapport au sacro-saint thème de la défense des étrangers, fussent-ils eux-mêmes obscurantistes, racistes ou oppressifs envers les femmes. « En somme, le tiers-mondisme éclipse le féminisme », explique

58. Voir « La situation difficile des polygames », *La Croix,* 14 février 2000 ; « Un an pour paraître monogame », *Libération,* 7 juillet 2000.

Michèle Tribalat, car « la condition féminine, bien que toujours fort porteuse, est devenue moins mobilisatrice et est considérée moins importante que l'exotisme et la défense des immigrés, quoi qu'ils fassent, puisqu'ils sont des victimes *a priori*[59] ». Dans la même logique de recul des droits des femmes via l'islamisation, le Conseil d'État a reconnu, le 3 décembre 2001, qu'une répudiation prononcée en Algérie est « conforme à la conception française de l'ordre public international » et qu'il est par conséquent valide sur l'ensemble du territoire de la République, alors que la charia ne reconnaît le droit de répudiation unilatérale qu'au seul mari.

Après la polygamie et la répudiation, le cas du statut personnel relatif aux ressortissants de certains États avec lesquels la France a passé des accords est également significatif d'une évolution du communautarisme vers l'application partielle de la loi islamique dans les sociétés démocratiques. Car, dans leurs revendications, les islamistes accordent une réelle priorité à l'introduction des principes de la charia en matière de statut personnel (mariage, divorce, héritage, cimetières), puisque celui-ci constitue la condition *sine qua non* de l'islamité ou de la réislamisation du descendant d'immigrés que les organisations et les États islamiques étrangers cherchent à encadrer et à instrumentaliser dans leur stratégie de conquête.

Concernant par exemple les quatre cent mille ressortissants marocains installés en France, une convention signée avec le Maroc en 1981 prévoit pour tous les Marocains l'application non pas du droit civil français mais du droit marocain islamique en matière de mariage, répudiation et filiation, ce qui n'est pas sans expliquer le rôle prépondérant des jeunes filles d'origine marocaine dans les différentes affaires du voile et permet de comprendre pourquoi l'intervention du roi du Maroc (*amir al-muminin*, ou commandeur des croyants) auprès des jeunes filles voilées en conflit avec des établissements a eu plus d'effet sur elles que les décisions des recteurs leur enjoignant de retirer leurs foulards en classe. Des dizaines de conventions plus ou moins tenues secrètes et violant les lois républicaines ont ainsi été signées avec des États musulmans désireux de contrôler sur le sol européen leurs (ex-)ressortissants et leurs descendants. En vertu de quoi, des milliers de corps de musulmans naturalisés français, anglais ou belges décédés et n'ayant jamais quitté les pays d'accueil, sont transférés chaque année dans leurs pays d'origine avec le concours d'entreprises de pompes funèbres.

59. Entretien de l'auteur avec Michèle Tribalat, 15 juin 2001.

## VERS L'APPLICATION DE LA CHARIA AU SEIN DES DÉMOCRATIES OCCIDENTALES ?

Forts de leurs percées médiatiques enregistrées à la faveur de l'affaire Rushdie et de la satisfaction de multiples revendications communautaristes comme le foulard ou le *hallal* dans les lieux publics, les islamistes se sont senti encouragés à pousser toujours plus loin leurs exigences, leur but étant l'application progressive de la charia. En 1979, l'Union des organisations musulmanes du Royaume-Uni et de la république d'Irlande (UMO) fut la première structure islamiste européenne qui défendit l'idée d'appliquer la loi islamique en Europe. Elle organisa à Birmingham un colloque portant sur le thème de la « reconnaissance par les autorités britanniques de la législation familiale de la charia ». L'argumentation, pour cette requête fondée sur la subversion des valeurs pluralistes, avait été formulée dès 1975 par un imam égyptien diplômé d'Al-Azhar, le cheikh Syed A. Darsh, responsable de la mosquée intégriste de Regent Park à Londres. Se référant aux dispositions de la charia en matière du droit de la famille, celui-ci écrivait : « Quand un musulman ne peut pas obéir à cette loi, il a conscience de ne pas remplir un devoir religieux. Il ne se sentira pas en paix avec la conscience et avec l'ambiance dans laquelle il vit [...]. Les musulmans croient fermement que la société britannique, avec sa riche expérience des cultures diverses, particulièrement du mode de vie islamique qu'elle était habituée à voir en Inde, en Malaisie, au Nigéria et dans tant d'autres nations, unie à son respect pour la liberté de l'individu et de la communauté, accordera aux immigrés musulmans la réalisation de leur essence dans le cadre de la liberté de la société britannique[60]. » Comme on le voit, les fondamentalistes n'hésitent pas à invoquer en Occident ce même droit à la liberté individuelle en matière de religion, qu'ils nient dans leurs propres conceptions théocratiques du monde et dans leurs pays d'origine, détournant ainsi les valeurs fondamentales des démocraties au profit d'un projet de conquête théocratique de la planète directement tourné contre ces mêmes valeurs pluralistes « impies ». Ainsi, en octobre 1997, le leader d'une école coranique à Manningham, située dans le district de Bradford, cheikh Ali Muhammad, expliquait aux auditeurs de Radio British comment il apprenait aux jeunes musulmans à réagir lorsque les impératifs islamiques étaient en opposition avec

60. Jorgen S. Nielsen, *I musulmani nelle società europea,* Fondazione Agnelli, p. 80.

les lois britanniques : « Je leur explique que les lois britanniques sont obligatoires pour nous tant qu'elles ne se heurtent pas à nos croyances de base[61]. » En France, le converti Daniel Youssouf Leclerc, fondateur de l'une des plus importantes organisations islamiques, la FNMF, et jusqu'à une date récente représentant officiel de la Ligue islamique mondiale, déclarait dans le même registre : « Si, demain, on avait une majorité dans ce pays, pourquoi n'imposerions-nous pas la charia progressivement ? Ça vous dérange ? Tant pis[62]. » Dans certaines villes « musulmanes » comme Nottingham et Bradford, la charia, essentiellement en matière de statut personnel, tend ainsi à être mise en concurrence avec la loi anglaise laquelle, en vertu d'un système jurisprudentiel et comparatif, contrairement aux systèmes français ou italien, permet plus facilement le glissement vers des codes juridiques étrangers. C'est ainsi que, depuis plusieurs années, en Grande-Bretagne, un « Conseil *chariatique* » chargé d'appliquer la loi islamique édicte des fatwas à la demande des fidèles musulmans, toutefois sans aucune possibilité de les imposer, et accepte le volontariat de la démarche, les fatwas bien qu'étant parfaitement orthodoxes, devenant une simple consultation juridique, un avis autorisé. En 1998, l'Institut musulman des sciences humaines de la Nièvre, qui forme les imams européens, ainsi que l'Union des organisations islamiques européenne, ont étendu cette pratique en France et dans toute l'Europe en mettant sur pied un Conseil européen de la fatwa, présidé par l'une des figures majeures des Frères musulmans au niveau mondial, cheikh Youssef al-Qaradhawi. Le but affiché de ce conseil est de permettre aux musulmans de vivre selon les règles de la charia en terre infidèle, sachant que les fatwas sont toujours présentées comme « consultatives » dont formellement compatibles avec les lois en vigueur. La chose peut paraître à certains normale, en vertu du sacro-saint « droit à la différence » et de l'évolution générale des mœurs en faveur du multiculturalisme. Mais c'est oublier, ainsi que l'a parfaitement expliqué Giovanni Sartori, que le fait de revendiquer en Islam des droits religieux revient à exiger des droits politiques et communautaires spécifiques inspirés par des valeurs fondamentales radicalement opposées à celles des démocraties occidentales. Droit d'échapper à la juridiction non islamique, droit de prêcher la supériorité de la « vraie religion » et de convertir les non-musulmans afin d'étendre

61. *I.S.I.C. Bulletin*, *ibid.*

62. Propos recueillis par Jean-Paul Mari, *Le Nouvel Observateur*, 12-18 novembre 1992.

le règne d'Allah à l'ensemble de la Terre. Parfois, la volonté de suivre les prescriptions de la charia de la part de musulmans désireux d'observer les règles religieuses peut prendre une tournure dramatique, comme cela s'est produit à Salerne en Italie en janvier 2002 lorsque Omar, un jeune musulman marocain coupable de vol, a été jugé par un conseil chariatique, c'est-à-dire condamné à l'amputation de la main, ainsi que le prévoit la loi islamique. Le garçon a été transporté d'urgence à l'hôpital avec trois doigts coupés... Autres phénomènes qui préoccupent de plus en plus la police locale, les cas de filles sauvées *in extremis* après avoir été condamnées à la lapidation pour avoir « forniqué » avec des infidèles ou « trompé » leurs maris, ou encore les règlements de compte qui se multiplient sous prétexte d'application de la charia, notamment dans les communautés du sud de l'Italie.

Sous couvert de multiculturalisme et de pluralisme, les revendications des organisations islamiques relatives à l'introduction, certes partielle, de la charia constituent, si elles sont satisfaites, une véritable offensive victorieuse de l'obscurantisme et du totalitarisme chariatiques contre les sociétés ouvertes et sécularisées, un retour insidieux de la théocratie sur la terre de naissance de la laïcité, bref, une remise en cause pure et simple de l'édifice philosophico-politique et constitutionnel qui est à l'origine des sociétés démocratiques européennes. Comme nous l'avons montré précédemment, l'objectif des grands pôles mondiaux du totalitarisme islamiste est servi par ce type d'avancée, car il s'agit pour eux de reconstituer, au sein d'enclaves incontrôlables et grâce à cette rupture identitaire avec l'environnement juridique européen, la *oumma* islamique, la création d'un *« millat »*, c'est-à-dire d'une communauté – pour ne pas dire une nation – autonome, possédant ses propres structures sociales, éducatives et culturelles. En définitive, les islamistes ambitionnent ni plus ni moins d'instaurer de véritables immunités territoriales, phénomène que le géopolitoloque Yves Lacoste qualifie de politique de « ghetto volontaire ».

## VERS DES PARTIS POLITIQUES ISLAMISTES EUROPÉENS ?

En France, en Angleterre comme en Belgique ou en Italie, une autre conséquence prévisible de cette logique de ghetto volontaire est – au nom de la « défense du droit des minorités » et de la nécessité de protéger l'individu des mœurs et lois « impies » – la constitution de partis politiques islamiques ou, si cela n'est pas encore applicable techniquement, des listes et programmes électoraux destinés à relayer les revendications communautaristes séparées. Là aussi, les Britanniques ont été les pionniers en la matière puisque, depuis la fin des années 1970 déjà, de nombreux élus du parti de gouvernement travailliste courtisent les suffrages des islamistes. Les élus travaillistes au Parlement, soucieux de s'attirer les grâces des électeurs musulmans fondamentalistes, ont ainsi parfois servi de relais aux thèses du FIS algérien, largement représenté en Angleterre. En France, on observe la même stratégie d'alliance entre certains milieux de gauche, en l'occurrence trotskistes, et les islamistes, depuis que le Mouvement de l'immigration et des banlieues (MIB) – à l'origine de l'opération « Convergence 84 » et de la célèbre « Marche des beurs » (1983) qui entendait « structurer les revendications et revendiquer le droit à une structure » selon la formule des dirigeants du MIB – incite les jeunes musulmans à s'engager en politique afin de défendre « leurs intérêts communautaires ». En fait, constatant que le discours communiste athée ne passe pas auprès des jeunes des banlieues, les mouvances trotskistes comme le MIB ou les Jeunesses révolutionnaires européennes (JRE), à la suite de SOS Racisme, voient dans le communautarisme et le radicalisme islamiste un formidable levier de déstabilisation de « l'État bourgeois », d'où la présence des jeunes du MIB aux côtés d'islamistes, de lycéennes voilées « persécutées » et de délinquants beurs victimes de la « violence policière » chez qui ils tentent de renforcer, via le sentiment de persécution, une conscience identitaire « musulmane », alternative en rupture avec l'ordre établi. C'est ainsi que des banderoles portant le slogan « Halte à la *hogra* » (humiliation) sont brandies démagogiquement par les agitateurs trotskistes dès qu'un beur ou un islamiste a des ennuis avec la police.

Les islamistes sont conscients que la communauté musulmane représente un enjeu électoral considérable pour les politiques, notamment les élus locaux. Ils ont donc entrepris un quadrillage de certaines banlieues, souvent avec l'aide de jeunes reconvertis, afin d'être progressivement en mesure de monnayer cette représentativité électorale auprès des élus, le plus souvent mais non exclusivement situés « à gauche ». Tel est l'objectif du premier parti politique islamique belge, Nour (la lumière), créé en novembre 1999. Nour a récemment présenté son programme, lequel a suscité une intense polémique. Citons ici les principaux points faisant litiges : le rétablissement de la peine de mort, la préconisation des mariages dès l'adolescence et de la sévérité pour les divorces, la révision de la mixité dans certains milieux publics (écoles, centres sportifs, notamment), la mise en garde contre l'homosexualité considérée comme aussi dangereuse que le racisme pour l'avenir de la société. Signalons également ce tract diffusé à la sortie des mosquées et par Internet dans toute la Belgique par le secrétariat général du mouvement, intitulé « Avis aux quelque cent quarante-cinq mille électeurs musulmans de Belgique » : « En réponse à un appel lancé par la communauté musulmane de Belgique qui représente plus de quatre cent mille membres, un mouvement islamique a été fondé en février 1999 [...]. Pour les élections communales et provinciales du 8 octobre 2000, Nour reporte sa participation électorale en attendant que notre mouvement islamique soit mieux compris et rejoint par l'ensemble des membres de la communauté musulmane. Nous conseillons à tous les électeurs de confession musulmane d'invalider leurs voix par un vote blanc. Ces votes blancs ne vont à aucun parti, et cela est en conformité avec les préceptes islamiques dans la mesure où les membres de la communauté musulmane ne peuvent soutenir les formations politiques d'inspiration laïque. »

En France, une tentative de constitution d'un parti islamique, le Parti des musulmans de France (PMF), a été entreprise en Alsace à la fin des années 1990, à l'initiative de l'ancien vice-président de la Fédération nationale des musulmans de France, le Tunisien Mohamed Ennacer Latrèche qui, désireux de « faire entendre la voix des musulmans », est candidat aux élections législatives et locales depuis 1997. Jusqu'à une date récente, le premier parti politique islamique de l'Hexagone était demeuré une coquille vide, mais il est parvenu à enregistrer une véritable percée médiatique depuis le déclenchement de la seconde *intifada*, notamment à l'occasion de manifestations qu'il organise en faveur de la Palestine, ou de communiqués de presse outranciers, comme celui du soir du premier tour de l'élection présidentielle d'avril 2002. Le PMF exprimait depuis Strasbourg « sa satisfaction devant la défaite électorale du plus sûr allié de l'État sioniste en France [Lionel Jospin] dont la carrière se clôt ce soir[63] ». Depuis les élections législatives de juin 2002, le PMF est représenté dans toute la France, où il entend capter politiquement le « réveil identitaire » des musulmans. Plus inquiétant encore, en mai 2002, le PMF était à l'origine d'une des plus violentes manifestations propalestiniennes, organisée à Paris, place de

63. *Le Figaro*, 22 avril 2002.

la République, au cours de laquelle des islamistes français ont crié, aux côtés de militants du Hezbollah, « mort aux Juifs », et appelé devant le magasin Tati au boycott des produits « sionistes ». Au même moment, le PMF publiait *Le Manifeste judéo-nazi d'Ariel Sharon,* pamphlet antijuif et antisioniste d'une violence inégalée, mais qui n'a pas été interdit en France bien qu'il tombe sous le coup des lois antiracistes Gayssot-Rocard. En Italie, l'initiative de constituer un parti islamiste dont le but explicite est l'islamisation de la société et la défense des intérêts des musulmans est revenue au très extrémiste Adel Smith, à l'origine du Parti de l'Islam (PI), lequel s'est fait connaître pour ses manifestations en faveur du voile dans les lieux publics, la lutte contre les œuvres de Dante puis le retrait des crucifix des lieux publics, sans oublier les appels à la conversion à l'islam de Jean-Paul II et de toute l'Italie... Le 26 mai 2002, le Parti de l'Islam, fort de cinq mille inscrits, a réuni son premier congrès national, Adel Smith ayant défini la « lutte contre l'islamophobie » comme l'objectif premier du parti. Répondant à une polémique concernant l'islamisation progressive de l'Italie, un autre représentant de l'islamisme des convertis italiens, Hamza Piccardo, membre de l'Union des communautés et organisations islamiques d'Italie (UCOII), avait lancé : « En 2025, nous, musulmans, nous serons cinq ou six millions. Ce sont les musulmans qui fabriqueront votre pain [...]. Nous aurons notre parti politique et nos parlementaires[64]. » Certes, pour l'heure, la constitution d'un parti politique spécifique aux musulmans d'Italie ne figure pas dans la plateforme de revendications de l'UCOII. Mais comme la plupart des organisations islamistes d'Europe, celle-ci étudie déjà la question dans la perspective de l'élargissement des communautés musulmanes installées en Italie. Les islamistes comptent beaucoup sur le temps qui, étant donné leur démographie active et l'augmentation du nombre de conversions, joue en leur faveur. Ainsi, l'ancien guide spirituel du Hezbollah libanais, Hussein Moussawi, déclarait, répondant à une question sur les perspectives d'islamisation de l'Europe : « Vous, Français, vous ne connaîtrez peut-être pas dans votre génération la république islamique de France. Mais, c'est sûr, vos petits-fils ou encore vos arrière-petits-fils la connaîtront. *Inch'Allah !* Car l'islam, c'est bon pour tout le monde[65]. » Tout aussi confiant, l'ex-président de l'exé-

64. Hamza Piccardo, « Le richieste dei musulmani, La nostra legge è il Corano », *La Gente,* 6 janvier 2001.

65. Cité par Philippe Aziz, *Le Paradoxe de Roubaix,* Plon, 1996, p. 91.

cutif des Musulmans de Belgique, le converti Yacine Beyens, proche des Frères musulmans, déclarait dans *L'Express* du 18 février 1999 : « Les musulmans doivent faire preuve du plus grand pragmatisme [...]. Le Coran dit qu'il faut procéder par étapes et tenir compte du contexte. »

## CHAPITRE 7

# État des lieux de la percée islamiste en Occident

*Pour les intégristes, réconcilier le musulman avec son identité « perdue », sa personnalité, ses valeurs et ses vertus signifie détruire l'Occident. [...] Cela n'empêche nullement les intégristes de profiter de l'espace démocratique ici en France, de la séparation du politique et du religieux, pour occuper le terrain. [...] L'intégrisme a touché toute la société algérienne. Ici, en Europe, nous avons peur pour nos enfants. [...] Le discours nazi n'a pas été entendu par tous en tant qu'annonciateur de catastrophes et de folie meurtrière. [...] Peut-être le drame qui s'est joué sous nos yeux aux États-Unis aurait pu être évité. Aux démocrates et aux amoureux de la liberté et de la paix de ne pas se tromper désormais d'analyse ni de cible.*

Latifa Ben Mansour[1]

## LA GRANDE-BRETAGNE : AVANT-GARDE DU TOTALITARISME ISLAMISTE EN EUROPE

Associations communautaires, construction de mosquées souvent financées en partie par l'État ou la commune, gestion de boucheries *hallal*, l'islam anglais, fort de plus de deux millions de fidèles, s'est développé très rapidement dès la fin des années 1950 et a commencé à devenir une réalité sociologique incontournable au milieu des années 1970. Outre Londres, les villes où s'est développé l'islam anglais sont essentiellement situées dans les zones industrielles importatrices de main-d'œuvre : Birmingham, Coventry, Preston, Lancashire, Keighley et Bradford. Cette dernière ville deviendra

1. *Frères musulmans, frères féroces*, Ramsay, 2002.

d'ailleurs l'un des grands centres du prosélytisme islamique en Grande-Bretagne et en Europe, à mesure que s'opérera la politique de réislamisation entreprise par les grands pôles de l'islamisme. D'après Jorgen Nielsen, directeur du Center for the Study of Islam and Christian Muslim Relations de Birmingham[2], environ 50 % des musulmans de Grande-Bretagne sont pratiquants et encadrés ou liés à l'une des cinq ou six principales structures de représentation de l'islam dans le royaume. Si l'on compare ce taux avec celui des musulmans de France, d'Italie ou de Belgique (entre 13 et 20 %), on constate que la pratique religieuse des musulmans britanniques est l'une des plus élevées d'Europe.

Quatre grandes mouvances islamo-fondamentalistes se partagent le champ de l'islamisme au Royaume-Uni : le Jama'at al-Tabligh, ou Tabligh, qui pousse à l'extrême la logique du repli communautaire ; la Jamiat-i-islami, qui milite depuis sa création pour l'édification d'un État islamique idéal et l'application de la charia partout où se développent des communautés islamiques dans le monde ; les Deobandis, école sunnite originaire des Indes dont sont issus les talibans ; les mouvances saoudiennes wahhabite et chiite-iranienne ; enfin, les soufis fondamentalistes barelvis, qui prônent un repli communautaire quasi total et un ultrarigorisme visant à introduire une sorte d'apartheid volontaire qui préserve les musulmans du contact nocif des infidèles.

Le siège européen du pôle Tabligh est en Grande-Bretagne, à Dervbury dans la banlieue de Leeds (Yorkshire). Il concentre l'essentiel de ses efforts sur la prédication, et constitue ainsi l'un des moteurs les plus efficaces de la réislamisation. Les membres du Tabligh appartiennent à des communautés diverses et entretiennent un réseau étendu et éclectique. Bien qu'il s'agisse d'une organisation s'abstenant de faire de la politique et condamnant toute forme de terrorisme, nous verrons qu'une quantité surprenante de terroristes européens arrêtés ces dernières années ont été initialement formés par le Tabligh et sont entrés en contact avec la mouvance salafiste lors de séjours organisés à Londres ou au Pakistan où il demeure très implanté. Aux côtés du Tabligh, on retrouve bien sûr les Frères musulmans, présents dans le paysage islamiste britannique depuis plusieurs décennies, puisqu'ils se sont implantés en Grande-Bretagne au début des années 1960, soit en même temps que les Pakistanais de la Jamiat-i-islami. Les Frères disposent d'un centre

2. Paul Vallely, Andrew Brown, *The Independent,* 23 février 1996.

d'information islamique à Londres, dirigé par l'Égyptien Younès Soulaymani, vieux militant de la confrérie, qui a connu les répressions nassériennes, la prison et l'exil. C'est d'ailleurs à partir de la Fédération des organisations islamiques en Europe, dont le siège est en Grande-Bretagne, que l'organisation d'Hassan al-Banna a structuré, parallèlement au siège genevois, ses représentations dans toute l'Europe de l'Ouest. Et c'est en Angleterre que se trouvent la plupart des organismes internationaux, caritatifs, « humanitaires », financiers et économiques de la confrérie : le Collège musulman de Londres, le Muslim Student Society (MSS) de Glasgow ou encore l'Organisation des étudiants islamiques dont une branche est représentée à Bonn, en marge du centre de Genève. D'autres mouvances, moins connues dans le reste de l'Europe, sont également très dynamiques et dotées de moyens considérables : la Jama'at Ahl-i-Hadith, ou « Association des gens des hadiths », terme qui souligne la nature orthodoxe et rigoriste du mouvement, lequel reconnaît comme seules références, à l'instar des salafistes en général, le Coran et les hadiths. Elle entretient ainsi des liens étroits avec les mouvements salafistes du monde entier, à commencer par le wahhabisme saoudien qui lui fournit une assistance financière. Citons également la très puissante Jamiat-i-islami indo-pakistanaise, créée par le célèbre idéologue Mawdoudi, qui est principalement représentée par l'UK Islamic Mission (Mission islamique du Royaume-Uni), fondée en 1962, et par l'imposant centre de recherches qui dépend d'elle, la Fondation islamique de Leicester. Cette dernière est particulièrement bien dotée financièrement, grâce à l'aide saoudienne, et se consacre entre autres à la traduction et à la publication d'ouvrages des grands penseurs et activistes islamistes. Cette « activité » n'a pas empêché les autorités britanniques d'accorder à la fondation, qui organise régulièrement des réunions de « soutien aux combattants de l'islam » en Palestine, en Bosnie, en Afghanistan ou en Algérie, un statut « d'organisation charitable », ce qui lui donne le droit de collecter des fonds, de créer des écoles, de faire de la propagande à la sortie des lieux de culte ou de publier des journaux. Fidèle aux enseignements de la Jamiat-i-islami, qui se propose de réislamiser les musulmans et d'édifier un État islamique, l'UK Islamic Mission « s'est employée, dès sa création à promouvoir "l'ordre social islamique au Royaume-Uni", sans préciser si cela ne concernait que la population d'origine musulmane ou, à terme, toute la société. La mission se targue de nombreuses conversions qu'elle a suscitées dans la population anglaise "indigène" et propage divers ouvrages qui rappellent que la conversion des non-musulmans est l'un des objectifs centraux de l'islam[3] ». C'est ainsi qu'un des anciens dirigeants de la Jamiat et de la Fondation islamique de Leicester, Khurram Murad, a publié aux Presses de la Fondation un manuel destiné à la conversion des non-musulmans à l'islam. La mission contrôle également deux autres organisations dont l'activité prosélytique et subversive est essentielle du point de vue de l'islam européen et anglais.

## PREMIÈRE GRANDE VICTOIRE : LES REVENDICATIONS EN MATIÈRE D'ÉDUCATION

Dans le cadre des revendications communautaristes relatives à l'enseignement et à l'éducation, un domaine stratégique pour les islamistes dont l'objectif premier est de compromettre le processus d'intégration à la « société impie », l'UK Islamic Mission créa en 1966 le Muslim Educational Trust (MET), un « cartel éducatif musulman » dont le cheval de bataille est l'introduction de l'enseignement de l'islam dans les écoles publiques à parité avec les autres religions. Seule cette solution permettra, selon de nombreux parents d'élèves et de responsables communautaires, de « sauvegarder et défendre l'identité musulmane séparée » chez les enfants exposés à la « société permissive ». S'appuyant sur le fait que ces enfants représentent parfois de 50 à 80 % des effectifs dans certaines écoles publiques des grandes villes anglaises, les parents d'élèves musulmans embrigadés dans les associations islamistes ont fait valoir leurs droits auprès des chefs d'établissement, qui disposent de pouvoirs considérables en Grande-Bretagne. À Birmingham, le Muslim Liaison Committee (MLC) sera créé pour négocier avec les autorités locales. Aujourd'hui, plusieurs municipalités ont élaboré des recommandations destinées aux proviseurs afin de satisfaire aux exigences spécifiques des élèves musulmans, Birmingham et Bradford en tête. Les parents d'élèves ont ensuite proposé aux chefs d'établissement les services d'un imam pour se charger de l'*assembly*. Quant aux cours d'éducation religieuse dispensés dans les écoles publiques, ils sont aujourd'hui œcuméniques. Le christianisme, le judaïsme, l'islam, le bouddhisme, l'hindouisme et le sikhisme sont enseignés sur le même plan.

L'étape suivante a consisté à exiger l'octroi d'un jour férié reli-

3. Gilles Képel, *À l'Ouest d'Allah,* Seuil, 1994, p. 180.

gieux ainsi qu'une salle pour la prière du vendredi. En général, les chefs d'établissement ont répondu favorablement à ces demandes, utilisant à cet effet leur pouvoir discrétionnaire dans le choix des *occasional holidays* dont ils disposent pour déclarer jours fériés les dates de l'Aïd el-Kebir. Bien que la plupart des exigences aient été satisfaites, les organisations islamo-fondamentalistes et nombre de musulmans de Grande-Bretagne ne sont globalement pas contents de l'enseignement religieux multiconfessionnel qui présente l'inconvénient, selon eux, de relativiser toutes les confessions, à commencer par l'islam qu'ils voudraient présenter comme la seule « vraie » religion à leurs enfants, les dernières revendications portant sur la création d'écoles pour les filles et même d'écoles islamiques financées par l'État.

En matière d'enseignement islamique, l'ancien chanteur pop Cat Stevens a joué un rôle considérable. Converti à l'islam sous le nom de Yusuf Islam, Stevens s'est lancé dès la fin des années 1980 dans la lutte pour l'obtention d'écoles islamiques indépendantes. C'est lui qui est à l'origine de l'*Islamia School* à Londres, première école islamique totalement privée. Né en 1947 sous le nom de Steve Dimitri Georgiou, de parents chypriotes installés à Londres, Cat Stevens devint célèbre en 1966 après avoir réalisé une tournée avec Jimmy Hendrix à travers la Grande-Bretagne. Depuis 1977, année de sa conversion à l'islam, Cat Stevens a cessé de jouer des musiques pop qu'il juge « diaboliques » et « néfastes pour la jeunesse ». Il dirige aujourd'hui un réseau de quatre écoles islamiques. En 1995, le chanteur a publié un album entièrement consacré à l'islam, *The Last life of the Prophet*, suivi en 1998 d'un autre consacré à la Bosnie, *I have no cannons to roar*, et enfin, en novembre 2000, *A is for Allah*. Depuis le jour de sa conversion, l'ancien chanteur pop est au centre de nombreuses polémiques, dénonçant tantôt « l'impiété des dirigeants occidentaux », tantôt « l'État fasciste d'Israël » et ses appuis occidentaux. Il choquera surtout l'opinion publique lorsqu'il appuiera la condamnation à mort de Salman Rushdie et saluera l'action des ayatollahs iraniens. Malgré cela, les quatre écoles islamiques qu'il dirige sont aujourd'hui reconnues et subventionnées par l'État anglais et reçoivent de nombreux étudiants britanniques convertis à l'islam, en plus de nombreux indo-pakistanais et arabes installés à Londres. Le 5 mai 2000, l'Islamia School a même reçu la visite officielle du prince Charles, tandis que Cat Stevens présentait son avant-dernier album consacré à la cause islamique bosniaque dans l'un des rares temples ultramondains de la Londres musulmane, les magasins Harrod's de l'Égyptien Mohammed al-

Fayed. Après Cat Stevens, une autre star de la pop a embrassé l'islam : Bob Geldof, devenu Abdullah. L'organisateur du légendaire concert *Live Aids* est aujourd'hui un dévoué disciple du maître Seyh Nazim, l'une des consciences islamiques les plus respectées de Grande-Bretagne.

### De l'affaire des *Versets sataniques* à l'« *Intifada* » des musulmans anglais

Parvenues dès le milieu des années 1980 à prendre le contrôle des principales instances de représentation de l'islam de Grande-Bretagne, les organisations islamistes verront dans l'affaire Rushdie une occasion inespérée de mettre au point leur première grande « démonstration de force » à l'échelle nationale et européenne, dans le but d'affermir leur emprise sur la communauté musulmane du Royaume-Uni. Cette campagne de provocation aura pour objectif, largement atteint d'ailleurs, de créer chez les musulmans britanniques instrumentalisés par les mouvances islamistes un sentiment de persécution et de rejet de la part des autorités britanniques « impies ». C'est en effet par réaction à ce supposé rejet anti-islamique de la part des autochtones, par réflexe de solidarité communautaire et d'autodéfense autant que pour des raisons théologiques, que la plupart des musulmans britanniques ont critiqué violemment les *Versets sataniques*, comme le montrent des sondages d'opinion effectués par l'institut Harris en juillet 1990. Forte des succès enregistrés en matière d'enseignement islamique, la mouvance de la Jamiat fut là aussi le principal maître d'œuvre de l'affaire des *Versets*. À l'initiative de l'UK Islamic Mission, de la Fondation de Leicester, de l'Institut musulman, du Conseil des mosquées de Bradford et d'une multitude d'autres organisations pilotées par la Jamiat et le Tabligh, des milliers de jeunes musulmans britanniques ont réclamé avec véhémence l'interdiction du livre qu'ils ont brûlé publiquement, intimidant ainsi les maires de plusieurs villes à fortes minorités musulmanes qui ont fait disparaître les ouvrages des bibliothèques municipales. Un sondage effectué le 20 octobre 1989 par la BBC a montré, un an après la publication du roman, que quatre musulmans britanniques sur cinq restaient favorables à cette campagne et à la fatwa condamnant à mort l'auteur. En fait, peu après les événements, « l'affaire Rushdie a creusé un fossé entre la société civile et les musulmans ; elle a aussi renforcé le contrôle des chefs religieux sur leurs ouailles. Quand les musulmans de Bradford ont brûlé des exemplaires des *Versets sataniques* et des effigies de l'auteur, les libéraux bien-pensants se sont faits très discrets ; lorsque le gouvernement a refusé d'interdire le livre pour blasphème, même les musulmans les plus modérés se sont senti insultés. Depuis, les jeunes musulmans ont délaissé les bars et les clubs pour les mosquées et les groupes d'études islamiques[4] ». Le paroxysme de la crise fut atteint lorsque, à la suite de la condamnation à mort de l'auteur et de la récupération de l'affaire par l'Iran, des islamistes de plusieurs tendances, en tout quarante associations, lancèrent, le 8 novembre 1991, à l'initiative d'un musulman anglais d'origine indienne, Kalim Saddiqui, ancien journaliste au quotidien de gauche *The Guardian* et militant islamiste de la mouvance de Mawdoudi devenu pro-iranien, le *Manifeste musulman* qui instaurait un « Parlement musulman » britannique, censé faire pièce à celui de Westminster, et affirmait élaborer une « stratégie de survie pour les musulmans d'Occident ». Décédé en 1996, Saddiqui avait entre autre fondé le Muslim Institute, une organisation financée et contrôlée directement par Téhéran. Doté de bureaux dans le monde entier et de moyens financiers considérables, cet institut inonde aujourd'hui l'Europe et la Grande-Bretagne de tracts, journaux, prêches, livres et cassettes vidéo en plusieurs langues, et organise à partir de Londres des voyages de propagande en Europe et dans le monde entier. Les idées de Saddiqui furent exposées au grand jour en mai 1990, lorsque le sexagénaire pakistanais prononça devant cinq cents islamistes, dans un amphithéâtre de Londres, un plaidoyer à la mémoire de l'ayatollah Khomeyni. Instauré en janvier 1992, le Parlement musulman était censé être représentatif et prévoyait une Chambre haute et une Chambre basse, cette dernière comprenant deux cents membres. Son principal but était « d'affermir la population musulmane de Grande-Bretagne en une communauté organisée poursuivant les buts de l'islam, lesquels priment sur les autres », expliquait Kalim Saddiqui. Aussi, l'acquisition de la nationalité britannique « ne dispense pas le musulman de son devoir de participer au djihad par la lutte armée à l'étranger ou le soutien matériel et moral à ceux qui sont engagés dans une telle lutte n'importe où dans le monde ».

La session inaugurale de ce Parlement eut lieu à Londres le 4 janvier 1992, en présence de cent cinquante-cinq membres du MMP (Member of Muslim Parliament), par analogie avec le MP officiel.

4. « Trouble in the mosque », *The Economist*, Londres, 26 janvier 1991.

« Nous nous sommes appelés Parlement, expliquera Kalim Saddiqui, car nous sommes avant tout un système politique. Nous voulons prendre notre place parmi les institutions de base de Grande-Bretagne. L'inauguration de ce Parlement transforme la communauté musulmane décriée en une communauté politique dotée d'une volonté et d'un objectif propres [...]. Qu'il soit bien clair que les musulmans contesteront et, si nécessaire, transgresseront toute politique publique ou législation que nous considérons comme hostile à nos intérêts[5]. » D'après Saddiqui, le respect des lois d'un pays non islamique est facultatif pour un musulman, lequel a le droit de les enfreindre « dès que cette obéissance entre en conflit avec son engagement envers l'islam ». Poussant la logique communautaire et sécessionniste jusqu'au bout, l'islamiste anglais ira jusqu'à revendiquer un « État islamique non territorial » et appliquant la charia pour les musulmans britanniques, tout en envoyant à la reine d'Angleterre une lettre d'allégeance. Pour l'islamiste pro-iranien, l'État islamique de Grande-Bretagne légaliserait la polygamie et la répudiation, abolirait la mixité dans les lieux de travail et les moyens de transport, et inciterait fortement la jeunesse musulmane d'Europe à « s'organiser en vue de participer à une période de changement révolutionnaire : le renouveau du monde islamique ».

D'autres « affaires » et événements pointant du doigt l'islam et certains pays musulmans furent autant d'occasions et de prétextes pour les islamistes britanniques de remettre en question leur loyauté envers la Couronne, ceci dans le même but de cloisonnement et de contrôle communautaire. On peut mentionner l'énorme retentissement qu'eut la guerre du Golfe en Angleterre, qui était partie prenante de l'opération Tempête du désert aux côtés des États-Unis. En dépit du fait que les immigrés irakiens sont peu nombreux en Grande-Bretagne et que le régime de Saddam Hussein, laïque et socialisant, est honni par les islamistes, la plupart des mosquées contrôlées par les structures islamistes condamnèrent avec virulence « l'agression anglo-américaine » des infidèles contre le régime de Bagdad. Les kiosques regorgèrent alors de journaux vitupérant contre « l'impérialisme américain » et les jeunes musulmans de toutes ethnies proclamèrent dans la rue leur soutien à Saddam Hussein. C'est aussi à la faveur de la guerre du Golfe que fut créé, en janvier 1991, un Conseil suprême des mosquées anglaises qui fut expressément chargé de mettre en œuvre une stratégie de

5. Gilles Képel, *op. cit.*, p. 196-198.

mobilisation des musulmans de Grande-Bretagne dans le cadre de la « guerre sainte » opportunément proclamée par Saddam Hussein. Sher Azam, organisateur de la réunion inaugurale du 21 janvier 1991 à Bradford et président du conseil des mosquées de Bradford, s'en prit ouvertement au gouvernement britannique qu'il accusa d'avoir fait preuve d'un « mépris total envers les musulmans britanniques » en décidant de participer à l'opération contre l'Irak. « Si le gouvernement persiste à nous ignorer et à nier notre présence dans le pays, de quel droit peut-il exiger de nous une loyauté totale ? », demanda-t-il publiquement[6].

Lors des affrontements israélo-palestiniens d'octobre et de novembre 2000 au cours desquels fut relancée une nouvelle *intifada* en Israël, on observa en Grande-Bretagne, de façon moins violente certes, la même stratégie d'intrumentalisation et de mobilisation des musulmans anglais par les islamistes, désireux de compromettre l'intégration des citoyens britanniques musulmans en les mettant en porte-à-faux avec les autorités anglaises « impies », accusées de soutenir « l'impérialisme américano-sioniste » au détriment des « frères musulmans palestiniens persécutés ». Déjà, en 1986, lors des raids aériens américains sur la Libye, les répercussions sur l'islam anglais avaient été immédiates et violentes. Le directeur de la grande mosquée centrale de Londres avait envoyé au *Times* une lettre ouverte destinée au Premier ministre, lui rappelant que « les quelque deux millions de citoyens musulmans du Royaume-Uni ne toléreraient pas indéfiniment une politique étrangère qui offense les sentiments panislamiques[7]. » Réagissant aux inquiétantes démonstrations de loyauté conditionnée d'une minorité grandissante de musulmans d'Angleterre fanatisés par les mouvances islamistes, l'intellectuel anglo-pakistanais Anwar Shaikh conclut sur un ton alarmiste : « La plupart des démocraties européennes ont maintenant 3 ou 4 % de leur population dont la loyauté est partagée entre ce qui est dû à l'État séculier dont ils sont citoyens, d'une part, et ce qui est dû à la *oumma* pan-islamique, d'autre part[8]. »

6. *The Economist,* 26 janvier 1991.
7. *The Times,* 24 avril 1986.
8. Anwar Shaikh, *Some to Mecca Turn to Pray, Theocrats In Secular Society,* I.P.C., 1995.

## L'INSTITUTIONNALISATION DE L'ISLAMISME RADICAL ANGLAIS

En dépit du caractère provocateur des différentes manifestations de force et d'intolérance que constituèrent les affaires que nous venons d'analyser, les pouvoirs publics anglais ont tendance à accorder toujours plus d'avantages et à faire encore plus de concessions aux forces islamo-fondamentalistes, reconnues et acceptées comme telles au nom d'un certain communautarisme confessionnel et d'une version islamique du « droit à la différence » et des valeurs pluralistes, habilement invoqués pour justifier le piège communautariste. Aussi, l'influence des organisations islamiques radicales et fondamentalistes au sein de la société civile et même des institutions britanniques ne se limite-t-elle désormais plus aux seuls domaines éducatifs et communautaires. La Fondation islamique, l'un des principaux vecteurs du radicalisme islamiste en Angleterre, organise aujourd'hui des séminaires payants destinés aux non-musulmans : enseignants, partenaires sociaux et, surtout, policiers, dans le cadre de la « formation permanente multiculturaliste » à laquelle ces fonctionnaires sont astreints, le but étant « de se défaire des préjugés véhiculés par les médias ». Ceci donne la mesure de la capacité des islamistes à s'immiscer, sous couvert du « droit à la différence » et de la « lutte contre les préjugés », dans les rouages des systèmes communautaristes, alors même que l'idéologie dont ils se réclament véhicule des idées et des préjugés encore plus intolérants et racistes ! Désormais, les femmes policières, lorsqu'elles sont musulmanes, sont autorisées à porter le voile islamique à la place du traditionnel casque, en vertu de la nouvelle politique de « discrimination positive » et de quotas qui rend obligatoire l'embauche de « non-Blancs ». Il est vrai qu'en matière de tenue vestimentaire, la situation en Grande-Bretagne est totalement différente de celle qui a prévalu en France lors des différentes affaires du foulard. Dans la plupart des cas, en effet, non seulement les élèves et les étudiantes musulmanes ont le droit de porter le voile en classe, mais elles sont aussi autorisées à porter un pantalon ou leur *shalwar* et *kamiz* traditionnels pourvu que ceux-ci respectent les couleurs de l'uniforme, alors que les non-musulmanes doivent obligatoirement porter l'uniforme. Nombre d'écoles s'efforcent par ailleurs d'organiser des cours de natation qui séparent les filles des garçons. Concernant les repas, des menus végétariens sont proposés dans la plupart des écoles à tous ceux qui ne veulent pas manger de porc, sauf à Bradford où la municipalité a également introduit la viande *hallal*. En vertu de cette institutionnalisation de l'islamisme anglais, la très radicale Mission islamique pakistanaise a été reconnue « d'utilité publique » au Royaume-Uni, ce qui lui permet de collecter en toute légalité des fonds, créer des écoles et publier des journaux, tout en multipliant les meetings radicaux justifiant et diffusant entre autres les thèses du FIS algérien ou celles des islamistes tunisiens d'Ennahdha. Mieux, d'après les services de New Dehli, des agents d'Islamabad recruteraient au sein de cette structure islamiste des apprentis terroristes inscrits dans diverses universités de Grande-Bretagne. La même reconnaissance officielle a été accordée à l'organisation non gouvernementale Muslim Welfare House, siégeant à la mosquée intégriste de Finsbury Park, alors que cette ONG finance les campagnes du GIA algérien, ou encore au Palestine and Lebanon Relief Fund, dont les services israéliens et même l'Autorité palestinienne réclament l'interdiction en raison de ses liens avec des terroristes. On sait, par exemple, que cette organisation reçoit près de soixante dix millions de dollars de divers « bienfaiteurs » londoniens. Bénéficiant d'une semblable magnanimité de la part des autorités britanniques, nombre de militants islamistes recherchés dans les pays arabes pour « activités terroristes », tel Abel el-Bari, soupçonné par Le Caire d'avoir participé à l'attentat contre le Grand Bazar, se sont vu accorder le statut de « réfugiés politiques » au nom des « droits de l'homme » et de la « liberté d'opinion », ici détournés de leurs fondements humanistes et retournés contre les valeurs démocratiques et pluralistes elles-mêmes.

## Londres, terre de refuge des islamistes du monde entier

Haut lieu de la liberté d'expression, le Speaker's Corner – littéralement le coin des orateurs – est désormais surveillé par des services de police spécialisés munis de magnétophones et de caméras, les islamistes ayant pris le relais des traditionnels excentriques qui haranguaient jadis les promeneurs de Hyde Park, lançant au nom de la « liberté d'expression » et de la « tolérance » leurs proclamations homicides et leurs appels à la guerre sainte. Jusqu'au 11 septembre 2001, Londres a servi, en effet, de véritable base arrière stratégique aux islamistes du monde entier qui non seulement s'y sont réfugiés, mais ont pu y récolter des fonds et y développer une intense activité propagandiste et médiatique.

Parallèlement, Londres demeure la capitale européenne de la presse arabo-musulmane. Le journal arabophone anglais *Al-Hayat,* possédé par le prince saoudien Khaled et qui est devenu, depuis 1992, une boîte aux lettres des communiqués du GIA algérien ou du Gamaa égyptien, étant l'exemple le plus notoire. Cette étonnante mansuétude britannique à l'égard des fanatiques d'Allah expliquerait pourquoi, dit-on dans les milieux diplomatiques, la Grande-Bretagne aurait été jusqu'alors épargnée par les islamistes qui considèrent Londres comme leur meilleure base arrière en Occident. Depuis le bombardement de l'Afghanistan des talibans par les forces anglo-américaines entre octobre et décembre 2001, cette relative « immunité » anglaise risque cependant de devenir caduque, les talibans et Al-Qaida étant fortement populaires parmi les islamistes anglais qui ont considéré l'opération Liberté immuable comme bien plus « anti-islamique » que l'opération Tempête du désert contre l'impie Saddam Hussein. En outre, certains événements survenus ces dernières années montrent que la politique britannique, si elle a effectivement permis à Londres d'échapper aux violentes vagues d'attentats islamistes qui ont secoué Paris en 1986 et en 1995, ou les États-Unis en 1993 et en 2001, n'équivaudra pas pour autant à une police d'assurance antiterroriste. C'est ainsi que, le 26 juillet 1994, au lendemain de la signature à Washington du traité israélo-jordanien marquant la fin des hostilités, deux voitures piégées explosaient dans la capitale britannique, à quelques heures d'intervalle, devant l'ambassade d'Israël et le siège d'une organisation sioniste. Bien qu'il n'y eût pas mort d'homme, les dégâts furent énormes. Quelques années plus tard, le 22 mai 1997, une coopération des polices britannique et française et du MI 5 permettait de démanteler de justesse un réseau terroriste franco-anglais pro-GIA en plein cœur de la capitale britannique, en possession de gaz sarin. Parmi les sept islamistes arrêtés figuraient deux Algériens, un Tunisien, trois beurs et un Français converti à l'islam surnommé Abdelmoumen. Là aussi, il n'y eut pas de mort, mais ces exemples sont là pour montrer que le terrorisme islamique n'épargne pas le Royaume-Uni.

Inquiets de voir des militants islamistes recherchés par les services de police se réfugier en Grande-Bretagne et échapper ainsi à leur justice, plusieurs chefs d'États arabes, tels le président tunisien Ben Ali, le président algérien Bouteflika, ou encore le raïs égyptien Moubarak, accusent régulièrement Londres d'alimenter, voire d'encourager les opposants islamistes du monde entier en accordant à ces derniers le droit d'asile et la liberté d'expression. « À héberger ainsi les criminels, Londres paiera un jour un prix très élevé pour cette générosité », avertissait déjà le président Moubarak en 1995[9].

La tradition d'asile politique anglaise a profité aux dirigeants et aux militants islamistes de tous les pays arabo-musulmans, de l'Égypte à la Jordanie en passant par la Libye et l'Arabie Saoudite : Muhammad Ma'sari, le plus important leader de l'opposition au régime en place à Riyad, les Égyptiens Yasser Tawfic al-Serri et Abou Hamza, le Jordanien Abou Qotada, le Palestinien Ramadan Sallah, chef du Djihad islamique, Omar Bakri Mohammed, leader du Hizb ut-Tahrir, ou encore le chef du parti islamiste tunisien Ennahdha, cheikh Rachid Ghannouchi, tous promis à la peine capitale dans leurs pays pour activisme islamiste ou terrorisme. Londres abrite également une communauté algérienne forte de vingt mille âmes, dont nombre de dirigeants ou de sympathisants et militants de l'ex-FIS, du GIA ou d'autres groupes salafistes proches d'Al-Qaida, comme le GSPC ou le Takfir. « Au Royaume-Uni, les islamistes algériens ont pu tisser leur toile dès 1991 avec Mohammed Dmili, directeur de la revue *El-Balagh,* Rachid Ramdane, devenu par la suite l'un des financiers du GIA, et Kamreddine Kherbane, surnommé l'Afghan », déplore la journaliste algérienne Salima Tlemçani[10]. Ainsi, en toute liberté, les militants algériens donnent chaque semaine des nouvelles du Djihad sous forme de communiqués des groupes autonomes d'Al-Baqoon ala l'Ahd (les Fidèles du Serment) revendiquant les actions contre l'armée et les milices d'autodéfense, ou encore de feuilles du GIA, tels *Al-Ansar* ou *Q-News*, logé dans le même immeuble que l'ambassade de Bosnie. Or, deux de ces journaux, *The Enlightenment* et *At-Tabsira,* sont dirigés par des membres de la très dynamique Algerian Community in Great Britain (ACB), qui dépend directement de la Fraternité algérienne de France (FAF). Sous couvert de l'ACB, les islamistes algériens ont fait de leur nouvelle terre d'accueil occidentale une véritable tribune antifrançaise dénonçant le « soutien de Paris à la junte d'Alger » et la politique française contre les ressortissants algériens de sensibilité islamiste, « persécutés par la France ». Abdallah Mohammed Messaï, le porte-parole de l'ACB, exprime régulièrement sa haine de la « France coloniale » et « anti-islamique », tandis que Nader Remli et Kamel Rbika organisent des collectes de fonds destinés aux maquis islamistes algériens à la

9. *Le Figaro,* 26 novembre 1995.

10. Salima Tlemçani, « L'Europe sans frontières des réseaux du GIA », *Al-Watan,* Alger, 28 janvier 2000.

grande mosquée de Regent's Park. L'ACB s'est avérée d'ailleurs très efficace pour récolter des fonds en grande quantité, créer des écoles et organiser des actions de propagande à la sortie des lycées. Dans la violente lettre publiée en toute légalité par l'ACB, *At-Tabsira*, attentats et autres actes de djihad sont régulièrement justifiés et revendiqués, notamment l'attentat antifrançais de l'aéroport d'Alger en 1995, ou encore l'assassinat des pères blancs à Tizi Ouzou, ou des moines de Tibéhirine quelques années plus tard. Intégrant parfaitement le système communautariste anglais, l'ACB agit de plus en plus comme un groupe de pression, ce qui lui a permis de trouver de solides appuis au sein de l'aile gauche du parti travailliste, notamment avec les députés Jeremy Corbyn et Sandra Tongue, lesquels se font l'écho, au Parlement, des thèses et des intérêts des islamistes algériens. Tissant des liens avec les islamistes britanniques d'origine indo-pakistanaise, les militants algériens sont parvenus à infiltrer la Mission islamique du Royaume-Uni, qui donne régulièrement la parole aux sympathisants de l'ex-FIS et du GIA. C'est également à Londres qu'est domicilié le compte bancaire le plus important du GIA. Expulsé de France à la suite de la vague d'attentats perpétrés en France en 1995, l'ex-président de la Fraternité algérienne en France, Djaffar al-Houari, membre de l'instance exécutive de l'ex-FIS, détenteur d'un statut de réfugié politique en Grande-Bretagne, ne tarit pas d'éloges à propos de son nouveau pays d'accueil : « Ici, la liberté est naturelle. Personne ne va essayer de vous empêcher de construire une mosquée avec un minaret. Les gens ne sont pas choqués, même s'ils ont une mauvaise image des islamistes[11]. »

## Le fief européen de la mouvance salafiste d'Oussama Ben Laden

Les représentants de la mouvance Ben Laden en Angleterre sont pléthore. Citons notamment le dissident égyptien Yasser Tawfik al-Siri, chef de « l'avant-garde de la conquête », satellite du Djihad islamique égyptien, condamné à mort par contumace dans son pays pour tentative d'assassinat contre le Premier ministre Atef Sidqi en 1993, aujourd'hui protégé par le statut de

11. « L'Algérie et le terrorisme, Londres, capitale des islamistes », *Le Figaro,* 28 janvier 1997.

réfugié politique. On sait, par exemple, que c'est grâce à des lettres d'introduction du Centre d'observation islamique (COI), dirigé à Londres par al-Siri, que les journalistes assassins du commandant Massoud purent approcher le lion du Panchir et commettre l'attentat mortel en septembre 2001. Comme Yasser al-Siri, des dizaines d'autres activistes terroristes sont toujours réfugiés à Londres, en dépit des demandes incessantes des gouvernements arabes (Égypte, Tunisie, Algérie) d'extrader ceux qui sont recherchés pour des attentats, dont sept des quatorze suspects impliqués dans le massacre de soixante-sept touristes occidentaux à Louxor en 1997. Au sein du Londonistan islamiste, trois grandes figures du salafisme pro-Al-Qaida, également impliquées dans des actions terroristes et dans le recrutement en Europe de moudjahidines pour le djihad mondial, bénéficient aussi de l'étonnante mansuétude des autorités britanniques. La première d'entre elles est Abou Qotada, alias Omar Abou Omar, un Palestinien de nationalité jordanienne, né à Bethléem en 1960. Arrivé en Grande-Bretagne en 1993 sous un faux passeport, il réussit malgré tout à obtenir l'asile politique. Il réside aujourd'hui dans la banlieue nord de la capitale, à Willesden, où il dirige une librairie islamique. Accusé par la Jordanie d'être l'un des chefs du réseau Al-Qaida et d'avoir commandité une série d'attentats au Moyen-Orient entre 1998 et 2000, et dont le procès s'est ouvert à Amman en août 2000, il est le fondateur de Jeish-i-Muhammad (armée de Mahomet). L'islamiste palestinien, qui dirigea longtemps la lettre du GIA à Londres, *Al-Ansar*, sera également interpellé dans le cadre d'une enquête menée conjointement par les polices française, britannique, allemande et italienne, à partir de l'arrestation à Frankfort, en décembre 2000, de quatre islamistes algériens suspectés de préparer des attaques terroristes contre des sites symboliques, notamment la cathédrale et la grande synagogue de Strasbourg. L'enquête internationale consécutive aux attentats du 11 septembre sera l'occasion de révéler l'appartenance d'Abou Qotada à l'organisation d'Oussama Ben Laden, ce qui poussera les autorités américaines à réclamer son extradition et l'interdiction de son mouvement.

La seconde figure du salafisme est l'Égyptien naturalisé anglais Abou Hamza al-Misri, imam des mosquées de Finsbury Park et de Sheperd's Bush à Londres, dont les liens avec Al-Qaida ont été dévoilés au grand jour après le 11 septembre, l'homme n'hésitant pas à déclarer que les kamikazes de Manhattan « étaient dans leur droit » et que l'attentat de Manhattan était « parfaitement justifié[12] ». En 1979, Abou Hamza, également appelé Mustapha Kamel, quitte l'Égypte pour suivre le Djihad en Afghanistan, où il rejoint plus de trois mille moudjahidines. Il perdra ses deux mains et un œil au combat. En 1985, il épouse une anglaise qui lui donnera sa citoyenneté britannique. Il est aujourd'hui à la tête des Supporters of Shari'a (les Partisans de la charia), qui militent pour l'instauration d'États islamiques dans tout le monde arabo-musulman, mais aussi en Angleterre, pays « impie ». Cette organisation recrute les moudjahidines européens volontaires pour le djihad dans le monde entier. Reconnu invalide de guerre en raison des blessures subies lors du conflit afghan, cheikh Abou Hamza continue de recevoir les allocations d'invalidité d'un gouvernement britannique qu'il voue aux gémonies... Il est par ailleurs considéré comme le premier propagandiste du GIA à Londres et l'un des responsables d'*Al-Ansar*. Profitant de la liberté d'expression dont il bénéficie en Angleterre, celui qui fut instructeur en maniement d'explosifs dans les camps islamistes de Zénica en Bosnie va jusqu'à justifier l'assassinat de touristes britanniques dans le golfe Arabo-Persique comme étant le « prix à payer de la politique de Tony Blair contre l'Irak ». Dans un tract distribué au printemps 2000 dans les rues de Londres, Hamza et ses militants n'hésiteront pas à condamner publiquement à mort la totalité des dirigeants arabes, y compris Muammar Kadhafi, qualifiés de « criminels apostats n'appliquant plus les lois de Dieu qu'ils ont remplacées par leurs propres mensonges ». Ne dédaignant pas les entretiens, Abou Hamza justifiera également publiquement l'assassinat des moines de Thibéhirine. Le Yémen, enfin, réclame l'extradition de l'imam de la mosquée de Finsbury, qu'il accuse d'être à l'origine de l'assassinat, en décembre 1998, de quatre otages occidentaux. On sait que le propre beau-fils d'Abou Hamza était à la tête du commando terroriste démantelé par la police yéménite, composé de cinq ressortissants britanniques formés aux actions terroristes dans des camps d'entraînement des Partisans de la charia. Les services américains accusent par ailleurs Abou Qotada d'être membre de l'Armée islamique d'Aden, le groupe qui a revendiqué l'attentat contre l'*USS Cole* au Yémen, en 2001.

La troisième figure du « salafisme djihadiste » en Grande-Bretagne – probablement la plus médiatique – est l'ancien porte-parole pour l'Europe du Front islamique international de Ben Laden, Omar Bakri Mohammed, lequel a qualifié les attentats du 11 sep-

12. Cité *in L'Humanité*, 3 octobre 2001.

tembre de « très excitants » et s'est félicité du fait que « pour la première fois, l'Amérique est à genoux, voilà pourquoi les musulmans du monde entier ne peuvent que se réjouir de cette leçon qui changera le cours de l'histoire[13] ». Né en 1958 à Alep, issu d'une riche famille syrienne de musulmans « orthodoxes », cheikh Bakri Mohammed, qui vit à Londres depuis qu'il a obtenu en 1986 l'asile politique, a milité depuis son plus jeune âge au sein des Frères musulmans, sévèrement réprimés par le pouvoir laïque baassiste des Assad alaouites, pour ensuite rejoindre une scission de la confrérie, partisane d'une ligne plus révolutionnaire. Après avoir vendu des ordinateurs pendant plusieurs années, Bakri est parvenu à trouver un emploi d'urbaniste à la municipalité d'Islington, au nord de Londres, l'un des bastions de la gauche blairiste. Particulièrement dynamique, Omar Bakri possède une maison d'édition, dispose de centres culturels, comme celui de Dagarawi où il officie dans Londres est, en face de la mosquée de Whitechapel, organise des sessions dans une cinquantaine de mosquées et a même fondé huit écoles islamiques abritant plus de deux mille étudiants. Détail proprement stupéfiant, celui qui avoue publiquement son admiration pour le mollah Omar, Ben Laden ou Hitler, est toujours officiellement « juge à la cour de la charia » pour la communauté musulmane, et consultant sur ces questions pour les tribunaux britanniques en vertu du système juridique anglais jurisprudentiel. Porte-parole du comité de soutien aux talibans, Bakri exhortait, en toute liberté d'action et peu avant la défaite des talibans, les foules d'islamistes réunies à Trafalgar Square et tous les musulmans anglais de soutenir cet « État islamique exemplaire persécuté par les Américano-Sionistes ».

### LE HIZB UT-TAHRIR OU LE « RÉTABLISSEMENT DU CALIFAT MONDIAL »

Omar Bakri est par ailleurs le haut dirigeant en Europe du Hizb ut-Tahrir al-islami (Parti de la libération islamique, PLI), organisation islamiste parmi les plus violentes et fanatiques qui soient. Le PLI a été fondé en 1952 à Jérusalem par le cheikh palestinien Takieddine Nahbani, un dissident des Frères musulmans jordaniens, disciple du grand mufti de Jérusalem Al-Hadj Amine al-Hus-

13. Omar Bakri Mohammed, « Tout l'islam s'est uni pour punir les Américains », *La Repubblica,* 12 septembre 2001.

seini, qui fut l'allié d'Hitler « contre les Anglais et les juifs » pendant la Seconde Guerre mondiale. Aussi le PLI se place-t-il lui même sous le patronage d'Adolf Hitler en raison de la « lutte totale et primordiale contre la juiverie internationale et le sionisme ». Depuis sa création, le PLI, qui est interdit dans tous les pays arabo-musulmans, agit plutôt dans le secret, usant de réseaux clandestins, infiltrant les milieux militaires et fomentant des attentats contre la plupart des chefs d'État arabes, tous jugés apostats. Depuis l'inauguration de sa section britannique en 1985, le Hizb ut-Tahrir a ouvert des locaux à Tottenham, Bruxelles, Birmingham, Paris et Turin, et demeure très présent dans plus de cinquante universités de Grande-Bretagne où il agit sous d'autres noms pour contourner les demandes d'interdiction formulées par le Syndicat national des étudiants, bien que le ministère de l'Intérieur ait toujours refusé d'interdire le PLI au nom de la liberté d'expression.

Première grande manifestation de force, le PLI organisa le 7 août 1995 un meeting géant dans la grande salle de douze mille places du Wembley Arena, sur le thème général du « rétablissement du califat islamique mondial » et la dénonciation des régimes islamiques « apostats » et de leurs « complices impérialistes ennemis de l'islam », à commencer par les États-Unis, Israël et la France. Outre les déclarations tonitruantes de cheikh Bakri sur les homosexuels, auxquels il conseille de « se jeter du Big Ben », le thème du « complot juif » sert de principale grille de lecture pour Bakri qui ambitionne de « faire flotter le drapeau de l'islam sur Downing Street et sur l'Élysée pour remédier à la judaïsation de l'Occident ». Ultraradical, son porte-parole britannique Farid Kassim, qui ne manque pas de rappeler dans ses conférences que « cent vingt-trois versets dans le Coran concernent le châtiment des infidèles, invitent à combattre et à tuer, et que notre religion n'a jamais prêché la clémence et l'inertie », mêle appels au meurtre et rhétorique de fin du monde afin de préparer les militants fanatisés au sacrifice suprême et au Djihad. Le Hizb ut-Tahrir somme par ailleurs régulièrement les dirigeants britanniques de se convertir à « la vraie foi » pour « éviter un bain de sang », et appelle ses membres à « exterminer les juifs partout », l'utilisation d'armes biologiques étant « permise pour l'islam en cas de défense », selon Omar Bakri[14]... Outre le Hizb ut-Tahrir, Omar Bakri dirige, avec Kalim Saddiqui, le groupuscule extrémiste Al-Mouhajiroun, qui se donne comme princi-

14. *Le Figaro,* 18 décembre 2001.

pale mission d'établir un État islamique dans le monde entier, à commencer par l'Occident, d'où l'appel à la conversion régulièrement lancé aux Premiers ministres John Major ou Tony Blair.

Au printemps 2000, Omar Bakri entama une campagne en faveur des rebelles islamistes tchétchènes et promulgua une fatwa contre le président russe Vladimir Poutine, appelant les musulmans du monde entier à tuer le nouveau président en raison des « atrocités commises par Poutine et le gouvernement fasciste russe sur le peuple de Tchétchénie[15] ». Plus récemment, lors de la visite du président pakistanais Moucharraf à Londres, en décembre 2001 au moment de l'opération Liberté immuable, Al-Mouhajiroun lança une fatwa spéciale contre le « traître au Pakistan et au régime taliban » qu'il aurait « lâchés » sur pression de la coalition « américano-sioniste », puis assiégea l'ambassade du Pakistan à Londres où une foule de militants islamistes appelèrent au djihad en faveur des frères afghans aux cris de « mort à l'Amérique ». « Si l'alliance du diable attaque les talibans, alors chaque musulman est en devoir de soutenir les Afghans, verbalement, financièrement et physiquement », menaça Zahir Khan[16] dès le déclenchement de l'opération contre l'Afghanistan. On sait que durant la seule période allant de septembre à décembre 2001, plusieurs centaines de militants islamistes du Royaume-Uni rejoingnirent les forces des talibans. Richard Reid, le terroriste anglais « aux baskets piégés » arrêté le 22 décembre 2001 juste avant qu'il tente de commettre son attentat dans l'avion de la Pan Am, n'est qu'un exemple parmi tant d'autres. Comme les Français Djamel Loiseau et Zacarias Moussaoui, Richard Reid, un Anglais d'origine jamaïcaine connu des milieux islamistes londoniens sous le nom d'Abdel Rahim, a suivi le parcours classique du terroriste d'Al-Qaida en Occident. Converti à l'islam radical à l'âge de vingt-huit ans puis recruté à Londres par les lieutenants d'Al-Qaida (Abou Qotada, Abou Hamza et Omar Bakri), il a fréquenté les mosquées de Finsbury Park et de Brixton après avoir été converti à l'islam en prison au contact des aumôniers du Tabligh, puis a suivi une formation religieuse et militaire à Peshawar. D'après les propres déclarations de leurs dirigeants, Al-Mouhajiroun et le Hizb ut-Tahrir auraient envoyé ces dernières années entre cent cinquante et deux cents jeunes islamistes britanniques par an dans des camps d'entraînement à l'étranger, les destinations les plus courantes étant l'Afghanistan, le Pakistan, la

15. « Londres, paradis d'Allah », *Le Nouvel Observateur,* 7-13 décembre 2000.
16. Cité *in L'Humanité,* 3 octobre 2001.

Turquie, la Syrie, le Daguestan (avant la reprise en main de la région par Moscou), et même l'Algérie, la Bosnie, le Kosovo et les États-Unis. Car « il n'y a rien d'illégal à s'entraîner. Aux États-Unis, les clubs de tir privés offrent une formation très efficace », assure cheikh Bakri Mohammed.

## Des cours de djihad à Londres...

Jusqu'à une date fort récente, l'organisation du cheikh Omar Bakri et d'Abou Hamza pouvait annoncer publiquement des « sessions d'entraînement au djihad » à la grande mosquée de Finsbury Park. Dans l'entrée même de l'édifice, les rayons d'un petit commerce étaient remplis de vidéocassettes sur le djihad, toutes en vente libre. Le 28 décembre 1999, un rapport du Foreign Office révélait l'existence en Grande-Bretagne de ces mêmes camps du djihad, organisés par les « partisans de la charia » dans des terrains légalement loués dans la campagne britannique pour des périodes de trois jours. Ces partisans étaient encadrés par d'anciens officiers musulmans de l'armée britannique, recrutés par des sociétés de sécurité, notamment la Sakina Security Services. Celle-ci sera finalement placée en observation après la catastrophe du 11 septembre. Le rapport précisait que le gouvernement britannique « était informé de l'existence de ces camps dans la banlieue nord de Londres et ailleurs dans le pays », mais qu'il n'a pas pu prendre de mesures pour les interdire étant donné que l'entraînement au djihad consiste essentiellement en la « pratique de sports de combat » ainsi que du « tir à armes légères », légalement autorisés dans le cadre de licences de sport. Toutefois, l'étude du tir avec pointage au laser et d'autres types d'entraînement masquent difficilement l'objectif réel des organisateurs : à la fin du troisième stage, les participants étaient censés être opérationnels pour aller combattre en Afghanistan, en Tchétchénie, en Éthiopie, en Somalie, en Érythrée, au Xinjiang chinois, dans les Balkans et surtout au Cachemire, destination privilégiée par les salafistes anglais étant donné l'importance de la communauté indo-pakistanaise et cachemirie en Grande-Bretagne. Le recrutement des moudjahidines anglais s'effectuait à la sortie des mosquées ou à l'issue de conférences sur les campus universitaires, dont celui de la prestigieuse université London School of Economics. Dans un entretien accordé au quotidien italien *La Repubblica* du 27 novembre 1998, Abou Hamza explique que « le djihad est un devoir islamique imposé par Allah. [...] Allah nous a commandé de combattre. Je ne comprends pas pourquoi nous, musulmans, devrions nous acquitter secrètement de ce devoir sacré alors qu'en Occident des groupes comme le Sinn Fein sont officiellement reconnus. Nous ne sommes pas des terroristes, nous sommes des moudjahidines, des combattants islamiques pour la juste cause de la défense des peuples musulmans opprimés dans le monde. Voilà pourquoi nous proclamons publiquement le djihad ». Ces centres d'instruction sont publics. Quelques jours à peine après le 11 septembre, c'est d'ailleurs un proche d'Abou Hamza, Lofti Raissi, un Algérien marié à une Française, pilote instructeur de quatre des dix-neuf pirates de l'air kamikazes, qui sera arrêté dans la banlieue londonienne. L'homme avait été surpris quelques semaines plu tôt à Londres en compagnie de Hani Hanjour, l'un des pilotes qui précipita l'appareil d'American Airlines sur le Pentagone...

Conséquence directe des attentats de Manhattan, qui ont mis en lumière le rôle crucial joué par Londres dans la formation, le financement et le recrutement des terroristes d'Al-Qaida en Occident, la Grande-Bretagne a finalement décidé d'interdire, sous la pression américaine, une vingtaine de groupes extrémistes liés au terrorisme international et présents à Londres. Ces mesures ont été rendues possibles par l'entrée en vigueur, le 19 février 2002, de la nouvelle loi antiterroriste adoptée le 14 décembre 2001. Renforçant considérablement les pouvoirs de la police et des services secrets, l'un des articles les plus controversés permet la détention sans jugement d'étrangers jugés dangereux pour la sécurité nationale, dans l'hypothèse où le terroriste pourrait être extradé vers un pays où il risque la peine de mort ou la torture. La loi réprime « l'incitation à des actes terroristes à l'étranger à partir du Royaume-Uni », ce qui n'avait jamais été concédé auparavant, au grand dam des polices européennes, car seuls les groupes para-militaires nord-irlandais étaient jusqu'alors considérés comme « terroristes », donc interdits. Pour la première fois aussi, Londres autorise l'extradition vers la France d'un terroriste qu'elle réclame depuis plus de cinq ans, Rachid Ramda, l'un des coordonnateurs des attentats revendiqués par le GIA à Paris en 1995, ainsi que celle de l'Algérien Kamel Daoudi, accusé d'être impliqué dans les attentats du 11 septembre et qui a réussi à gagner la Grande-Bretagne le 21 septembre lors de l'interpellation de sept terroristes qui préparaient une attaque contre l'ambassade américaine à Paris.

Parallèlement, une vague d'arrestations sans précédent est déclenchée en Grande-Bretagne, Scotland Yard arrêtant notamment quelques « gros bonnets » d'Al-Qaida résidant à Londres : l'Algérien

Lofti Raïssi, déjà cité, Mustapha Labsi, qui avait entraîné dix-neuf kamikazes dans les camps afghans, ou encore le Palestino-Saoudien Abou Zoubeida, responsable des relations extérieures d'Al-Qaida, arrêté dans la capitale anglaise le 2 octobre 2001. Quant à Omar Bakri Mohammed, à peine inquiété et immédiatement remis en liberté comme d'ailleurs Abou Hamza et Abou Qotada, il n'hésita pas à avertir les autorités britanniques quc lcs « moudjahidines persécutés en Europe ne resteraient pas sans réagir si le gouvernement continuait à interdire les groupes et associations islamistes installées à Londres[17] ».

## L'ISLAM DE FRANCE : LA LAÏCITÉ FACE AU COMMUNAUTARISME

Avec ses mille mosquées, la France est le premier État musulman de l'Union européenne (environ cinq millions de musulmans, principalement d'origine africaine) et le second d'Occident après les États-Unis (six millions cinq). Conformément à notre description initiale des grands pôles mondiaux de l'islamisme, on retrouve en France l'essentiel de l'éventail déjà étudié. Le plus important de ces pôles, l'Arabie Saoudite, ne parvenant pas en France, à la différence de la Belgique, de l'Espagne ou même de l'Italie, à remplir un rôle conforme à ses ambitions, se livre depuis quelques années à une véritable lutte d'influence avec les autres structures de représentation des communautés musulmanes.

Riyad est présent dans l'Hexagone à travers le bureau de l'Organisation de la ligue islamique mondiale (BOLIM), dirigé un temps par le français converti Youssouf (Didier) Leclerc, et aujourd'hui par le cheikh saoudien Saham. L'Arabie Saoudite est revenue en force depuis quelques années, principalement en région parisienne, notamment à travers la mosquée d'Évry mais surtout celle de Mantes-la-Jolie, toutes deux soutenues par le bureau de la Ligue islamique mondiale. En dehors de la région parisienne, l'Arabie Saoudite est à l'origine de la grande mosquée de Lyon, la plus grande de France avec une capacité de deux mille six cents places. Riyad a récemment proposé aux autorités françaises de très gros projets de mosquées dans la région parisienne et dans le sud de la France. La monarchie wahhabite est également présente à travers les mosquées d'Hérouville-Saint-Clair, dans le Calvados, Lille-Sud et

17. Cité *in L'Humanité,* 3 octobre 2001.

Al-Huda à Bordeaux. Elle est à l'origine de l'Institut européen des sciences humaines (IESH) de Saint-Léger-du-Fourgeret inauguré en octobre 1992, l'un des principaux centres de formation d'imams fondamentalistes en Europe. La plupart des professeurs de l'IESH sont issus de la mouvance des Frères musulmans, exemple typique de la collaboration entre le pôle saoudien et celui des Frères.

Dans sa tentative de contrôler les communautés musulmanes de France, l'Arabie Saoudite mène un jeu ambigu envers un État qui est tantôt son rival principal, tantôt son allié, le royaume du Maroc, cofondateur avec Riyad de l'Organisation de la conférence islamique et de la Ligue islamique mondiale. Certes, le Maroc dispose de moins de moyens, mais il a comme principal avantage d'avoir un lien avec ses sujets et anciens ressortissants installés en France. Exemple de ce partenariat-rivalité entre les deux royaumes, la mosquée d'Évry est financée conjointement, outre les fonds propres issus notamment des dons et de la viande *hallal*, par l'Arabie Saoudite et le Maroc. La mosquée de Mantes-la-Jolie, d'une capacité de mille places et au rayonnement également important, à l'origine financée par le Maroc, a été progressivement prise en charge par l'Arabie Saoudite qui a ainsi voulu en prendre le contrôle, et l'on s'est acheminé vers un financement mixte Saoudie-Maroc. Pour satisfaire les Marocains et contrebalancer l'influence algérienne, Jacques Chirac a par ailleurs promis une nouvelle mosquée « Hassan II », en projet actuellement.

Fondée en décembre 1985 sous les auspices de la Ligue islamique mondiale dans le but avoué de contrer le monopole de la mosquée de Paris, la Fédération nationale des musulmans de France (FNMF) est un autre exemple du partenariat entre l'Arabie Saoudite et le Maroc. La FNMF est l'une des deux plus grosses structures de représentation de l'islam en France. Dirigée essentiellement par des Marocains, elle regroupe une centaine d'associations et plus de cent imams. Elle finance le Centre européen de recherches et d'information sur l'islam (Cerisi), ainsi que l'Observatoire de l'Islam en France. De nombreux français convertis, comme Youssouf Leclerc qui fonda l'association en 1985 et la présida de 1989 à 1992, appartiennent à la FNMF. En 1993, l'imam Mohamed Béchari, franco-marocain, est nommé à sa tête. Le principal objectif affiché de Béchari est de faire émerger un « islam à la française, respectueux des lois de la République » et de la laïcité. Depuis, très friand de contacts avec les médias, Béchari ambitionne de devenir l'interlocuteur privilégié des autorités françaises. Mais d'après un rapport de la direction centrale des Renseignements généraux (DCRG), « la modération affichée par monsieur Béchari dans ses discours dissimule des options fondamentalistes. S'il admet, d'un côté, le concept de laïcité, il se montre très intransigeant quant au port du voile dans les établissements scolaires. Farouche adversaire de la circulaire Bayrou, monsieur Béchari encourage les lycéennes et les collégiennes ainsi que les parents d'élèves islamistes à ne pas céder et à s'adresser au tribunal administratif afin d'annuler les décisions des conseils d'administration des établissements[18] ».

L'action de l'Arabie Saoudite en matière de prosélytisme islamiste à travers le salafisme s'exerce également de façon plus souterraine, en dehors des grandes mosquées précitées – souvent relativement libres de diffuser des conceptions de l'islam plus consensuelles –, dans les banlieues musulmanes et les quartiers difficiles : mosquée As-Salam d'Argenteuil dans le Val-d'Oise, mosquées de La Duchère et Tariq Ibn Zyad aux Mureaux, groupes plus informels de Sartrouville, Mantes-la-Jolie et Nanterre, etc. C'est dans ces « banlieues de l'islam » que viennent prêcher les imams wahhabites de Médine, en particulier cheikh Aboubaker al-Djazaïri, qui séjourne régulièrement en région parisienne. Les prêches de ces cheikhs wahhabites sont à l'origine de la vocation de nombreux salafistes français qui vont parfaire leur formation wahhabite-salafiste à Médine, fief de cette mouvance où Mahomet fut victorieux. Le salafisme en général est en plein essor depuis quelques années, essentiellement dans les départements de Seine-Maritime, du Nord, de Moselle, du Rhône et de la Région Ile-de-France, sous ses deux grandes tendances opposées : la tendance officielle, « modérée », dite « cheikhiste » en référence aux grands cheikhs saoudiens, puis la tendance révolutionnaire et terroriste dite « djihadiste » (cellules algériennes du GSPC et du Takfir en Seine-Saint-Denis, Sartouville, etc.). C'est ainsi que du 17 au 22 mai 2000 s'est tenu à Argenteuil le troisième congrès salafiste auquel ont répondu deux mille fidèles. Le précédent avait été organisé sur la commune des Mureaux du 13 au 19 juillet 1999. D'après le rapport des Renseignements généraux précité, « l'implantation durable en France du salafisme risque fort de constituer une menace potentielle dans les années à venir tant sur le plan sécuritaire qu'en matière d'intégration ». Plusieurs rapports récents de la DST signalant l'embrigadement de centaines de jeunes dans la mouvance salafiste, à Aulnay, Bondy, Montreuil, Stains, Roubaix ou Marseille, confirment ces inquiétudes, l'imam

18. « Monsieur Mohamed Béchari et la Fédération nationale des musulmans de France », note de la direction centrale des Renseignements généraux, avril 1998.

du Val-Fourré déclarant au début de l'année 2002 que les salafistes étaient « un cancer » à stopper d'urgence afin d'éviter les dérives et les dérapages violents.

## LE LEADERSHIP CONTESTÉ DE LA MOSQUÉE DE PARIS

Face au tandem Ryad/Maroc, le rôle de l'Algérie n'en est pas moins prépondérant au sein de l'islam de France, notamment à travers la grande mosquée de Paris, même si celle-ci avait été initialement inaugurée le 15 juillet 1926, en présence de Lyautey, par le sultan du Maroc et le président de la République française, ce qui n'est pas sans accentuer les rivalités entre Rabat et Alger pour le contrôle de l'islam en France. L'Institut musulman de la mosquée de Paris dispose d'un budget annuel d'environ huit cent mille euros qui sont versés aux trois quarts par l'Algérie, et pour le reste par des subventions diverses, dont le produit de la sacrification des viandes *hallal*. Sur les deux cents imams algériens qui dépendent de la mosquée de Paris et qui officient en région parisienne et dans toute la France, une cinquantaine a le statut de fonctionnaire algérien et est payée par Alger.

La grande mosquée de Paris contrôle également une dizaine d'écoles coraniques disséminées en province. En fait, ce « pôle algérien » du paysage islamique français a tout fait pour devenir l'interlocuteur privilégié de l'État français au cours des années 1990, notamment lorsque l'imam Dalil Boubakeur misa sur les deux figures gaullistes que sont Charles Pasqua et Édouard Balladur. C'est dans ce contexte que fut créé le CORIF (Conseil représentatif des musulmans de France), et que fut signé entre le gouvernement et la mosquée de Paris, une convention consacrant la position hégémonique de l'institution islamique parisienne, avec en prime l'octroi du monopole – remis en question depuis lors – du marché très lucratif de la viande *hallal*. Dans le contexte de rivalités entre les différents pôles de l'islam de France et étant donné l'ampleur du marché des viandes rituelles, la quasi-totalité des autres organisations représentant l'islam de France s'est alors liguée contre la mosquée de Paris, ce qui fit échouer les différentes tentatives d'unification de l'islam de France, l'imam Boubakeur tentant toujours de se poser en leader incontesté.

Après la victoire de Jacques Chirac à la présidentielle de 1995, marquée par la rivalité entre ce dernier et Édouard Balladur, le nouveau Premier ministre, Alain Juppé, décide subitement de geler la convention qui octroyait à la mosquée de Paris non seulement un statut de leadership mais également le monopole de la viande *hallal*. Responsable des cultes en tant que ministre de l'Intérieur, Jean-Louis Debré donne son feu vert à la création d'un Haut Conseil des musulmans de France sous la houlette, cette fois-ci, d'Abderrahmane Dahman, président de la radio France Maghreb, lequel ne fait pas non plus l'unanimité. L'administration française décide alors de trouver un nouvel interlocuteur unique, représentatif des musulmans de France, se tournant cette fois-ci vers des représentants marocains. Mais le ministère de l'Intérieur fait marche arrière lorsqu'il s'aperçoit que tous les leaders marocains, parfois incontournables dans le paysage islamique français et en dépit de leur image de « modérés », sont de sensibilité « intégriste » ou non représentatifs. Il s'agit du Franco-Marocain Mohammed Béchari, ancien président de la FNMF, encore inexpérimenté à l'époque, de Khalil Merroun, président du Centre islamique d'Évry, fonctionnaire de l'État marocain mais jugé peu fiable, de Fouad Alaoui, président de la puissante Organisation de l'union islamique de France, apparemment trop inféodé aux Frères musulmans égyptiens, ou encore d'Ali Berka, imam de la mosquée de Mantes-la-Jolie, ouvrier aux usines Renault, mais manquant d'étoffe et lui aussi jugé intégriste. En outre, les deux grands centres de l'islam fondamentaliste en France que sont la mosquée de Mantes-la-Jolie et celle d'Évry seront les plus virulents opposants à la mosquée de Paris concernant le marché de la certification des viandes *hallal*.

### Concurrence autour du contrôle lucratif de la viande *hallal*

Le marché de la viande islamique rituelle est devenu ces dernières années un enjeu majeur pour les différente pôles de représentation de l'islam de France pour lesquels il est parfois l'une des principales sources de revenu. En grande partie contrôlé officieusement par les structures islamistes, ce marché est évalué annuellement à 1,5 milliard d'euros. Les boucheries islamiques *hallal* qui se multiplient à vue d'œil dans l'Hexagone dégagent des bénéfices colossaux, les viandes *hallal* étant vendues en France mais aussi à l'étranger. C'est ainsi que la France est devenue l'un des principaux exportateurs de viande *hallal* dans le monde islamique. Depuis 1995, les services des douanes françaises et de la DST estiment à cinq cent mille tonnes la quantité de viande *hallal* vendue en France et à l'étranger, dont environ cent cinquante mille exportées vers la Turquie, l'Arabie Saoudite, le Yémen, le Qatar, l'Égypte et l'Iran, une grande partie des bénéfices de ces exportations renflouant directement les caisses des Frères musulmans ou d'autres mouvances islamistes radicales. Quand elles ne sont pas directement contrôlées par les islamistes, les boucheries *hallal* sont souvent contraintes de verser une sorte « d'impôt islamique » aux différents réseaux intégristes installés en France.

La gestion des abattages rituels n'est pas nouvelle en soi. Concernant les juifs, pour qui l'équivalent des produits *hallal* est la *kashrout* (nourriture kasher ou « autorisée »), les choses sont plus faciles dans la mesure où il existe une commission intercommunautaire, le *Bethdin*, tribunal rabinique de Paris qui gère légalement cette activité sur l'ensemble du territoire. Certes, une instance unique de l'islam de France devait être élue le 26 mai 2002, mais les rivalités entre les différents pôles de l'Islam de France, puis l'opposition du recteur de la mosquée de Paris aux islamistes, ont convaincu le nouveau gouvernement de droite formé en juin de reconsidérer le projet de consultation. Officiellement, les seuls à être habilités à sacrifier sur l'ensemble de l'Hexagone par un décret du ministère de l'Agriculture sont les grandes mosquées de Paris et de Lyon, puis celle d'Évry, à la fois rivales entre elles et contestées par les grandes organisations islamiques de France. Chaque mosquée touche une part du gâteau : entre cinq et quinze centimes d'euro par kilogramme de viande *hallal* vont à ces trois mosquées.

L'enjeu financier du marché des viandes rituelles, aujourd'hui en pleine expansion, suscite les pires jalousies et rivalités. La grande mosquée de Paris, qui agrée cent vingt sacrificateurs dans pratiquement toutes les régions de France et qui demeure le principal organisme compétent, même si tous ses interlocuteurs ne s'acquittent pas de la taxe prévue, est principalement concurrencée par l'association de sacrificateurs À Votre Service (AVS), structure islamiste radicale proche de l'Union des organisations islamiques de France, représentant la tendance des Frères musulmans en France et basée en Seine-Saint-Denis. Depuis plusieurs années, l'UOIF, qui conteste violemment le monopole actuel des trois mosquées précitées (surtout Lyon et Paris), revendique le droit à devenir le quatrième sacrificateur habilité au nom de sa « représentativité », l'UOIF étant la plus populaire des organisations islamiques de France. Ainsi, les responsables de sociétés proches de l'UOIF, telles AVS et Isla Délice (installée à Gennevilliers), contactent directement des établissements comme Carrefour qui commercialisent par ailleurs des produits *hallal* agréés par la mosquée de Paris, chassant ainsi sur les terres en principe réservées.

L'association AVS, de plus en plus présente en région parisienne, déclare prélever un droit équivalant à cinq centimes d'euro par kilo de viande vendue (on estime le pourcentage supérieur). Elle réalise un chiffre d'affaires situé entre cent cinquante mille et trois cent cinq mille euros par an. Une quarantaine de boucheries islamiques de la région parisienne est désormais affiliée à AVS. Véritable foyer d'intégrisme islamique, l'association compte au moins deux cents membres, tous issus de structures proches des Frères musulmans ou même de mouvances islamistes radicales algériennes, tunisiennes (Ennahdha) et marocaines (Mouvement des jeunesses islamiques marocaines). Avec l'argent de la viande *hallal*, AVS a financé des groupes ultraradicaux, comme celui des terroristes de Marrakech, l'Infra, ou les maquis du GIA. On distingue aussi parmi les membres d'AVS un certain nombre de convertis français, en général les plus fanatiques et les plus actifs. Ce sont d'ailleurs souvent des repris de justice. Les méthodes violentes et menaçantes d'AVS pour le recouvrement des taxes de sacrification ont été dénoncées à plusieurs reprises et confirmées par le responsable du bureau Label et Certification à la direction générale de l'Alimentation du ministère de l'Agriculture, qui déplore que « des responsables de sociétés se sont plaints des méthodes d'AVS, dont certaines sont dénoncées comme de véritables pressions [...]. En vue d'obtenir le monopole du label de ce produit au niveau national, AVS n'hésite pas à utiliser des méthodes d'intimidation pour parvenir à ses fins [...]. AVS joue un rôle pivot dans le financement ou l'aide à des associations islamistes, en particulier chez les jeunes musulmans[19] ». En toute illégalité.

À la fin des années 1990, la « guerre de la viande *hallal* » et la concurrence pour le contrôle de l'islam de France ont pris une tournure plus dramatique, des règlements de compte ayant eu lieu entre les « hommes » de la mosquée de Paris et ceux des mouvances intégristes. Ainsi, le 28 mai 1998[20], le directeur de cabinet du recteur de la mosquée de Paris a été attaqué par des hommes de main d'associations islamistes qui le laissèrent quasi mort dans le parking de son immeuble après avoir tenté de lui arracher l'œil avec un cutter.

19. « Élements sur le marché de la viande *hallal* », source ministérielle.
20. Voir enquête du *Monde*, 16 septembre 1998.

## L'INTROUVABLE « CRIF MUSULMAN » DE FRANCE

Malgré ses échecs successifs pour obtenir une situation de monopole incontestée sur fond de guerre pour le contrôle du *hallal*, la grande mosquée de Paris a tenté de retrouver, sinon une situation hégémonique, du moins une place primordiale au sein de la consultation des musulmans de France, événement organisé en octobre 1999 par Jean-Pierre Chevènement et qui avait pour objectif de « rechercher les conditions dans lesquelles pourrait naître une instance centrale représentative du culte musulman en France[21] ». À cet effet, les principales organisations et « personnalités qualifiées » de l'islam de France réunies signèrent, le 28 janvier 2000, un texte intitulé *Principes et Fondements juridiques régissant les rapports entre les pouvoirs publics et le culte musulman en France,* document destiné à préparer la mise sur pied d'une instance représentative du culte musulman en France, le Conseil français du culte musulman, qui témoigne de la pleine adhésion des organisations islamiques signataires aux valeurs de la laïcité et de la République. Le document officiel reconnaît aux musulmans de France un certain nombre de droits et officialise la plupart des revendications des associations islamiques : droit de constituer des associations dans le cadre des lois de 1901 et de 1905, droit de créer des mosquées et lieux de prière, les règles de l'urbanisme étant la seule restriction possible, « aucune autre considération n'étant fondée à justifier une décision administrative de refus qui serait dans ces conditions irrégulières[22] », droit à la multiplication des aumôneries islamiques dans les prisons, les hôpitaux et autres lieux publics, droit à l'enseignement privé musulman (écoles sous contrat), droit à porter les emblèmes religieux vestimentaires que les fidèles d'un culte estiment légitimes – excepté pour les usagers de certains services publics – conformément à la jurisprudence du Conseil d'État qui reconnaît le port du foulard et a annulé plusieurs décisions de lycées l'interdisant dans les écoles, droit d'exiger des nourritures *hallal* dans les lieux publics « en faveur des usagers des établissements publics [...], les administrations gérant les établissements d'enseignement, pénitentiaires, hospitaliers et militaires pouvant offrir à leurs usagers qui le souhaitent des repas conformes aux prescriptions rituelles qu'ils estiment devoir respecter », droit de constituer dans les cimetières des concessions musulmanes séparées, autorisation d'absence lors des

21. *Al-Istichara,* ministère de l'Intérieur, n° 1, mars 2000.
22. *Al-Istichara,* n° 1, mars 2000.

fêtes musulmanes en vertu du fait que, « outre les fêtes légales, les agents publics peuvent bénéficier d'autorisation d'absence, sous réserve des nécessités du service, pour participer aux cérémonies célébrées à l'occasion des principales fêtes propres à leur confession. [...] Ces autorisations d'absence peuvent être accordées à l'occasion de trois fêtes : l'Aïd el-Zghir (Aïd el-Fitr), l'Aïd el-Kebir (Aïd el-Adha) et le Mouloud (Al-Mawlid Annabawi) » ; cnfin, gestion de l'émission de télévision dominicale consacrée à l'islam (et qui avait été l'objet de polémiques à l'intérieur de la communauté musulmane). Or, si l'on analyse de près les différents points ainsi que le contexte dans lequel a été élaboré le document de la déclaration, trois obstacles majeurs apparaissent qui compromettent sérieusement les buts et intentions affichés des concepteurs et protagonistes du document du 28 janvier 2000. Premièrement, quelques mois à peine après la remise du rapport sur l'islam du Haut Conseil de l'Intégration, en décembre 2000, lequel avait amorcé une « mutation communautariste » en cédant aux revendications des organisations islamistes comme l'UOIF ou le Tabligh, c'est cette fois-ci au niveau ministériel que fut entérinée cette « mutation communautariste » réclamée depuis des années par les grands pôles islamo-fondamentalistes. Une mutation certes progressive, conformément à la stratégie dite « d'intelligence des étapes » chère aux adeptes d'Hassan al-Banna, mais bien réelle (port du voile, application de la loi de 1905, exceptions alimentaires dans les lieux publics, etc.). En devenant officielle et en élisant en son sein des pôles, personnalités et associations dites « représentatives » de l'islam de France, et surtout en affirmant leur « pleine adhésion aux valeurs de la République et de la laïcité », les pouvoirs publics avalisèrent ainsi par le haut la mainmise des pôles islamistes notoires qui composent le noyau dur de la nouvelle instance centrale censée représenter l'islam de France, principalement les Frères musulmans et le Tabligh. Révolté, le grand mufti de Marseille, lui-même membre de la consultation, n'a pas hésité à dénoncer la démission de la République face au diktat de fait des intégristes : « Je constate qu'au sein de la consultation, on a arbitrairement attribué un nombre élevé de délégués à des associations qui n'ont jamais fait la preuve de leur représentativité. [...] à une idéologie comptable des malheurs de tous les musulmans dans le monde. Je me demande si le ministre de l'Intérieur est conscient du fait qu'on est en train de donner à l'islam la plus scandaleuse des représentations [...] pour offrir la parole à une secte religieuse comme le Tabligh dont l'obscurantisme fait des ravages dans la jeunesse. Aujourd'hui, la jeunesse musulmane est fragile. Elle est une proie facile pour les islamistes [...]. C'est bien la preuve que l'urgence pour les pouvoirs publics doit être de faire le nettoyage vis-à-vis de tous ceux qui sont en lien avec l'internationale islamiste[23]. »

Enfin, le troisième écueil, et pas l'un des moindres, est le véritable vice de forme et de fond qui rend caduc et inacceptable le document de la déclaration rédigé par le ministère et prétendument « non négociable », accepté « sans réserves » par les différents pôles représentatifs de l'islam de France en raison des conditions mêmes et du climat intégriste et liberticide qui a présidé à sa conception : entre la première élaboration du document et sa version finale, la phrase consacrant notamment « le droit de toute personne à changer de religion ou de conviction » – assimilée par les fondamentalistes à un encouragement pur et simple à l'apostasie – fut supprimée sur demande expresse des associations islamistes « représentatives » précitées, lesquelles exercèrent maintes pressions et menacèrent même de faire échouer la consultation si le ministère refusait de céder à leurs exigences. Les responsables du ministère de l'Intérieur obtempérèrent et retirèrent du texte définitif la clause qui évoquait ce fameux « droit à changer de religion ou de conviction ». Leïla Babès, intellectuelle musulmane fermement opposée à l'intégrisme, déplora le fait que les pouvoirs publics, en acceptant d'altérer un texte fallacieusement présenté comme non négociable, « introduisent un état d'exception qui pourrait s'avérer préjudiciable pour l'intégration de l'islam dans le cadre du droit [...]. Le consentement à la restriction sur l'apostasie confirme bien l'idée que l'État admet des ajustements au nom d'une sensibilité propre à ses interlocuteurs[24] ». D'après elle, comme d'après le professeur Michel Renard lui-même converti à l'islam, « le retrait de la phrase est lourd de conséquences. La modification laisse entendre que les musulmans déclarent adhérer au principe de la liberté de pensée et de conscience, alors qu'il n'en est rien puisque ce principe est amputé ; ou qu'ils y acquiescent pour les non-musulmans, mais pas pour eux-mêmes [...]. En introduisant des réticences à ce principe, ils rejettent clairement une composante fondamentale de la liberté de conscience, rappelant que des questions aussi cruciales que celles de l'apostasie sont loin d'être résolues par ceux qui affirment pourtant depuis des années la compatibilité de leurs convictions reli-

23. Soheib Bencheikh, « Le mufti de Marseille juge la consultation scandaleuse », *Libération,* 22 octobre 2001.

24. Leïla Babès et Michel Renard, *Islam de France,* n° 8, 2000.

gieuses avec les lois de la République ». Enfin, la nouvelle structure de représentation de l'islam au niveau national, le Conseil français du culte musulman qui devait être élu le 26 mai 2002 par les membres de la consultation et neuf cents délégués des lieux de culte musulmans français n'a pas encore vu le jour, l'élection ayant été annulée en raison de la présence en son sein de pôles islamistes fort actifs, comme l'ont déploré Dalil Boubakeur et Soheib Bencheikh. Plus lucide que ses prédécesseurs socialistes, le nouveau ministre de l'Intérieur responsable des cultes, Nicolas Sarkozy, s'est toutefois engagé à relancer la consultation, tout en avertissant les intégristes qu'il ne les « laissera pas s'asseoir à la table de la République[25] ».

## Le leadership grandissant des Frères musulmans

En dehors de Soheib Bencheikh, Michel Renard, Leïla Babès ou Dalil Boubakeur, les grandes figures de l'islam de France capables de faire accepter leur vues sont majoritairement d'obédience islamo-fondamentaliste. Parmi elles, on retrouve bien sûr les Frères musulmans, présents essentiellement dans les régions lyonnaise et parisienne à travers l'UOIF (Union des organisations islamiques de France), fondée en 1977 par Abdallah Ben Mansour et dirigée par Fouad Alaoui, son secrétaire général. Cette structure, qui est de loin le plus important regroupement associatif musulman de l'Hexagone, contrôle deux cents mosquées, de nombreuses écoles coraniques et une centaine d'imams. Elle a été longtemps financée à hauteur de 60 % par l'Arabie Saoudite et les autres États du Golfe. Depuis que l'Arabie a pris quelque distance avec elle, les sources de financement se sont diversifiées (Koweït, boucheries *hallal*, dons privés, subventions, etc.). À l'origine, l'UOIF considérait la France comme un sanctuaire et n'intervenait pas dans le débat politique. Aujourd'hui, elle estime que celle-ci est devenue « terre de prosélytisme » (*dar-al-da'wa*) ou du « témoignage » (*shahada*), selon la formule de Tariq Ramadan, l'un des idéologues favoris de l'UOIF.

Cette union insiste en permanence sur les thèmes de la citoyenneté et de la laïcité, qu'elle fait mine d'accepter « moyennant des aménagements » de type communautariste, et à condition de rejeter toute forme de « colonisation intérieure », c'est-à-dire l'assimilation à combattre à tout prix. Ces thèmes, qui enflamment toute une jeu-

25. « Islam, Sarkozy relance la consultation sans se hâter », *Le Figaro,* 19 juin 2002.

nesse musulmane, sont abordés chaque année lors du grand rassemblement annuel de l'UOIF au Bourget. Mise sur pied à partir de la branche française des Frères musulmans, l'union se réfère explicitement à la pensée du grand-père de Ramadan, Hassan al-Banna, le fondateur des Frères, tout en prétendant œuvrer à la construction d'un « islam européen », ouvert et « tolérant ». La place primordiale accordée à Hassan al-Banna transparaît autant dans les écrits de Tariq Ramadan que dans les conférences et brochures de l'UOIF ou les revues de l'association des Jeunes musulmans de France, proche de l'union ainsi qu'on a pu s'en apercevoir à la lecture d'un document intitulé *À la source du rappel*, publié par HAB productions (initiales d'Hassan al-Banna). L'auteur de ce texte, Farid Abdelkrim, faisait du fondateur des Frères musulmans un modèle de spiritualité. Dans son ouvrage *Aux sources du renouveau musulman*, Tariq Ramadan déplore lui aussi le fait que « la pensée d'Hassan al-Banna est très mal connue en Occident. Un peu à la façon d'al-Afghani, [Hassan al-Banna] appelle les gouvernants à prendre leurs responsabilités en revenant aux enseignements islamiques et en créant un front uni sous cette bannière. Au terme de son propos, il présente quelques étapes de la réforme concrète, connu sous l'intitulé *Les cinquante demandes* (al-matâlib al-khamsûn)[26] ». Or, quand on étudie ces cinquante demandes, le caractère ambivalent du discours des Frères éclate au grand jour. Ces demandes, auxquelles se réfèrent explicitement l'UOIF et de nombreuses associations islamiques d'Europe, se révèlent en effet liberticides et obscurantistes, d'essence totalitaire, alors que l'UOIF prétend promouvoir un « islam tolérant en harmonie avec les valeurs des sociétés d'accueil ».

Liée à l'UOIF, l'Union des jeunes musulmans (UJM), fondée à Lyon en juillet 1987, est un autre pôle islamiste inspiré par l'idéologie de Hassan al-Banna dans l'Hexagone. Son président, Ayman Makari, est à la tête d'une librairie très prisée à Lyon, Tawhid, qui diffuse amplement la pensée de Tariq Ramadan, par ailleurs représenté en France à travers une association sœur, Présence musulmane, basée à Saint-Denis et dirigée par Fouad Imaraïn. L'UJM regroupe plus de deux cents associations islamiques dans la région lyonnaise. Particulièrement active dans sa frange estudiantine, ce pôle est l'aboutissement par excellence du processus de réislamisation des jeunes beurs des banlieues. Les résultats de l'activisme islamiste de l'UJM sont particulièrement éclatants dans une cité

26. Tariq Ramadan, *Aux sources du renouveau musulman,* Bayard, 1998, p. 26 et 205.

comme celle des Minguettes où l'on dénombre, dès 1988, une demi-douzaine de mosquées officielles ainsi qu'une multitude de lieux de prière informels. Bien perçue en général par les médias et même par les hommes politiques en raison de son « engagement en faveur des banlieues et de la réinsertion », l'UJM reçoit régulièrement des fonds publics. Elle est pourtant suivie de près par les Renseignements généraux qui savent que les « formateurs » sont des islamistes radicaux. Elle regroupe surtout des jeunes Franco-Maghrébins, dont nombre de délinquants réislamisés en voie de réinsertion, ainsi que des Français de souche convertis. Afin de lutter contre les méfaits de la délinquance et de la drogue dans les banlieues, l'UJM met en exergue trois idées-clés : favoriser la restructuration de la famille en responsabilisant parents et enfants ; reconnaître le fait musulman en tant que citoyen ; prévenir la délinquance par « l'affirmation identitaire valorisante » en rappelant au jeune « son patrimoine culturel et civilisationnel » : celui-ci « trouvera les stimuli indispensables à sa valorisation et ressentira le besoin de réussir pour apporter, lui aussi, sa pierre pour la construction de l'histoire de l'humanité et surtout de sa propre vie[27] ». Discours fondateur type de la stratégie communautariste.

Également proche des Frères musulmans et essentiellement animée par des Tunisiens opposés au régime de Ben Ali (mouvance Ennahdha), l'Association des étudiants islamiques en France (AEIF) est tout aussi significative. Fondée en 1963 à Paris mais disposant de sections en province, en particulier à Nice, Strasbourg, Toulouse, Marseille et Nîmes, l'AEIF est violemment opposée au processus d'intégration à la française, l'organisation s'étant elle-même donné pour but de « détacher les intellectuels arabes de la pensée occidentale pour les ramener au Coran ». La mouvance islamiste tunisienne s'exprime par ailleurs au sein du Groupement islamique de France (GIF), créé en décembre 1981 à Paris, membre également de l'UOIF. Récemment, la nébuleuse des Frères musulmans a réussi à faire une nouvelle percée dans la région de Strasbourg où l'imam marocain Abdallah Boussouf, l'une des figures de l'organisation égyptienne en Alsace et proche des Frères musulmans allemands, est entre autre l'instigateur d'un des deux projets de grande mosquée à Strasbourg, projet qui a d'ailleurs suscité de vives polémiques puisque la mouvance algérienne lui oppose un plan de mosquée rival incarnant le pôle « anti-islamiste », plan soutenu par des asso-

27. A. Moustapha Diop, « Un aperçu sur l'Islam de France », *Les Cahiers rationalistes,* mai 1993, n° 477, p. 251.

ciations de « Français musulmans », dont les harkis. Dessinée par l'architecte italien Paolo Portoghesi, qui avait déjà conçu la grande mosquée de Rome, celle de Strasbourg devrait être construite en 2003 sur le bords de l'Ill, non loin du centre-ville, même si la municipalité de Strasbourg freine la mise en œuvre du projet. Dotée d'une coupole sphérique et d'un minaret hélicoïdal de vingt-huit mètres de hauteur, la future mosquée pourra accueillir deux mille cinq cents fidèles. Un complexe culturel est également prévu sur le site, comprenant une bibliothèque de cinquante mille volumes, consacrés en partie au « dialogue interreligieux », et un auditorium « ouvert à tous les habitants de Strasbourg ». Ce complexe sera dédié au philosophe andalou Averroès, une façon de donner une image modérée au projet intégriste. La mosquée devrait recevoir des dons de plusieurs États étrangers dont le Maroc, la Tunisie, le Qatar, les Émirats arabes unis et surtout l'Arabie Saoudite, chacun d'eux ne pouvant toutefois financer à lui seul plus de 15 % du coût total de l'édifice, « afin d'éviter les ingérences ».

La mouvance des Frères musulmans est également représentée au sein d'organisations islamistes plus cloisonnées ethniquement, comme c'est le cas dans les milieux islamistes turcs, tel le Milli Görüs dont la structure paneuropéenne reste étroitement liée au parti islamiste Fasilet Partisi (ex-Refah Partisi). Doté d'une forte capacité d'autofinancement obtenue par les prélèvements sur les communautés immigrées, notamment les commerçants, le Milli Görüs est très puissant en Allemagne, mais également dans le Rhône et dans l'est de la France où il contrôle, notamment à Strasbourg, la mosquée de la tour des Pêcheurs, d'une capacité de deux mille fidèles. Le Milli Görüs, qui est officiellement représenté par la Tendance nationale Union islamique en France (TNUIF), membre actif de la FNMF, étudie actuellement plusieurs grands projets dans la région lyonnaise, où il rencontre un écho favorable au sein des communautés turques immigrées, « travaillées » pour cela par les Frères musulmans.

Plus radicale encore que le Milli Görüs, une autre mouvance islamiste turque, la « tendance Kaplanci », dissidente de la première, s'exprime à travers l'Association islamique de France (AIF). Son fondateur est l'extrémiste turc Jamaleddin Hocaoglou, dit « Kaplan », ancien mufti de la ville d'Adana, dont le modèle est la révolution islamique iranienne. Kaplanci est représenté à Lyon, Montfermeil, en Franche-Comté et en Alsace, sans oublier la région parisienne et Paris où il contrôle l'Institut musulman de France situé rue du Faubourg-Poissonnière, ainsi que d'autres petits lieux de culte dont la mosquée de l'Association islamique de France dans le XIe arrondissement, connue pour son orientation pro-iranienne.

Récemment, la mouvance des Frères musulmans est parvenue à enregistrer une percée au sein des universités, notamment à travers le syndicat des Étudiants musulmans de France (EMF), organisation satellite de l'OUIF, qui a obtenu 8 % des suffrages lors des élections des Centres régionaux des œuvres universitaires (CROUS) d'avril 2002. Créé en 1989 et présidé par Khalid Ida Ali Ou Lahsen, étudiant en sociologie à Strasbourg, l'EMF, qui est la seule structure à présenter des listes explicitement confessionnelles, est désormais présente dans les académies de Besançon, Bordeaux, Grenoble, Lille, Limoges, Lyon, Montpellier, Nancy, Reims, Rouen et Toulouse. Avec les demandes de locaux pour les prières collectives, les mises en place de menus végétariens ou non porcins pour les étudiants musulmans, les demandes d'aumôniers et de prérogatives en matière de port du foulard, les revendications de l'EMF sont proches de celles de l'UOIF, son président adoptant la même stratégie des « étapes » : « Il faut mener un travail d'éducation populaire, accompagner l'évolution des mentalités », explique Ali Ou Lahsen[28]. Le phénomène de regroupement progressif de jeunes étudiants musulmans d'origine maghrébine dans les associations identitaires et religieuses n'a cessé de s'amplifier depuis 1997. Ainsi a-t-on également vu percer à l'université Paris-VIII de Villetaneuse l'association intégriste Avenir, également proche des Frères musulmans, qui a raflé 40 % des voix lors des élections de décembre 2001. L'association organise des conférences, des séjours de ski et divers voyages, mais ses revendications portent essentiellement sur la création d'un point d'accueil pour les étudiants étrangers (27 % des effectifs sans compter les Français fils d'étrangers musulmans). Citons également l'Union nationale des étudiants marocains (UNEM), qui est arrivée en tête au Conseil scientifique. Composé de représentants des étudiants de troisième cycle, elle s'appuie essentiellement sur la communauté marocaine qui compte aujourd'hui en France vingt-cinq mille étudiants. L'association, qui renforce son implantation à Saint-Denis, Jussieu, Orsay, Créteil et Nanterre, organise des réunions de soutien aux sans-papiers ou aux martyrs palestiniens aux cris d'*Allah ou Akbar*, son message étant de « rappeler à l'étudiant étranger son identité et ses traditions puis de développer une solidarité entre musulmans français et étrangers ».

---

28. *Le Monde,* 8 avril 2002.

Pour les dirigeants des syndicats étudiants majoritaires, UNI et UNEF, la percée de l'EMF comme d'autres associations islamistes en milieu universitaire témoigne d'un « inquiétant repli communautariste et d'une dérive confessionnelle qui pose avec acuité le problème du respect de la laïcité dans l'enseignement supérieur laïque[29] ». De plus en plus, la montée des organisations islamistes radicales, souvent marquée par un violent engagement antisioniste pro-palestinien, entraîne des heurts violents avec d'autres groupes d'étudiants identifiés comme antagonistes, en particulier les juifs. C'est ainsi que les membres d'Avenir ont insulté les militants de gauche de l'UNEF lors des élections d'avril 2002, « sous prétexte qu'ils avaient décidé de faire une liste commune avec nous », déplore Nelly Marciano, présidente de section à l'Union des étudiants juifs de France (UEJF). D'autres dérives sont régulièrement constatées un peu partout en France, en particulier dans les campus de Nanterre, Villetaneuse et Saint-Denis, où l'on entend crier « mort aux juifs » lors de réunions organisées autour du conflit israélo-palestinien.

## LE TRAVAIL DE TERRAIN DES « TÉMOINS DE JÉHOVAH DE L'ISLAM »

Bien qu'étant moins visible que les structures des Frères musulmans ou même la FNMF, le pôle indo-pakistanais incarné par le Tabligh a commencé à faire parler de lui depuis le 11 septembre 2001. Implanté en France dans les années 1960, fort de trois millions de fidèles dans le monde, le Tabligh a été créé dans le but de ramener les fidèles dans l'orthodoxie par l'imitation du Prophète et par le repli communautaire total. En envoyant un peu partout des missionnaires bien formés et actifs, il s'efforce de rallier à l'islam les musulmans du *dar-al-harb*, menacés par le relativisme religieux et « corrompus par le mode de vie occidental », luttant ainsi contre une intégration ressentie comme une désintégration de l'identité islamique. C'est d'ailleurs au nom de cette volonté de combattre la désislamisation qu'un imam de Roubaix, membre du Tabligh, tua en juillet 1994 une jeune musulmane, Louisa Ladjnoune, lors d'un « exorcisme » destiné à éradiquer les « démons occidentaux » qui habitaient la jeune fille.

Implanté en région parisienne, à Marseille, Lyon, Lille, Mul-

29. Ugo Rankle, « La tentation communautaire à l'université », *Le Point,* 12 avril 2002.

house, Neuhof, Mantes-la-Jolie ou la Cité des 4000 à La Courneuve, le Tabligh français est resté fidèle aux enseignements de son fondateur, ne rechignant pas, comme les Témoins de Jéhovah, à investir les lieux de travail, les cafés, les prisons, les hôpitaux, les foyers de travailleurs immigrés, mais surtout les îlots sensibles que sont les banlieues. Le Tabligh ne néglige pas pour autant l'action prosélytique vers les non-musulmans. C'est d'ailleurs au contact de ses membres que s'est converti Daniel Youssouf Leclerc. En France, le Tabligh, qui dispose de nombreux centres dont ceux de Saint-Sabel en Auvergne, Meyzieu à Vaulx-en-Velin (où fut « formé » Khaled Kelkal), Lyon et Saint Denis, se décline en deux structures rivales avec l'association Foi et Pratique et la Jama'a at-Tabligh wa Da'wa, désormais majoritaire et nettement plus intégriste que la première. Foi et Pratique rayonne essentiellement à partir de la mosquée Omar de la rue Jean-Pierre-Timbaud à Paris, dans le XIXe arrondissement, également nommée « mosquée de Belleville », financée en grande partie par l'Arabie Saoudite et le Pakistan. Autour de la mosquée Omar, un quartier homogène a fini par se reconstituer sur la base des valeurs de l'islam radical, les *tablighi* exhortant les commerçants « infidèles » à céder leur bail. Son recteur, Mohamed Hammani, s'est fixé pour objectif l'établissement en France d'un « lobby musulman », comme en Angleterre ou aux États-Unis. Hammani, qui représente le courant des « anciens », donc plus modéré, a été emprisonné pendant quatre ans en Tunisie pour « activisme islamiste ». Il avait été remplacé à l'époque par le jeune imam Younès Ben Mohamed Tlili, alias Mohamed Younès, qui représente une tendance plus radicale du mouvement. Ce dernier dirige aujourd'hui celle du Tabligh al-Da'wa, basée à la mosquée Abderrahmane de Saint-Denis. Tlili a su insuffler aux jeunes *tablighi* un nouvel élan plus activiste et politique, en saluant par exemple pendant ses prêches les moudjahidines islamistes volontaires à Sarajevo, « tombés en martyrs » face aux « infidèles serbes », d'où la dérive constatée ces derniers temps du Tabligh vers l'activisme islamiste violent.

À la suite des attentats de Manhattan, le public français et occidental a pu découvrir avec effroi que cette organisation, qui se présente comme « piétiste », fonctionne bien souvent comme un vivier de recrutement pour les organisations salafistes terroristes avec lesquelles de nombreuses passerelles existent, principalement au sein des structures du Tabligh au Pakistan et en Afghanistan, ainsi que dans le Londonistan salafiste. En effet, même si l'origine théologique est différente, la mouvance des *tablighi* et les réseaux salafistes (cheikhistes aussi bien que djihadistes) en Occident sont bien souvent complémentaires, lorsqu'ils ne sont pas purement et simplement imbriqués. Comme nous allons le voir, l'action de cette organisation, pourtant reconnue officiellement par les pouvoirs publics et membre du Conseil français du culte musulman, ce que déplorent les musulmans modérés comme Soheib Bencheich ou Dalil Boubakeur, a toujours été ambiguë. Ses liens avec les mouvances de l'islamo-terrorisme international ont été désoccultés ces dernières années à la suite de multiples enquêtes antiterroristes qui, si elles n'incriminent jamais directement le Tabligh, dont l'action est cantonnée à la pratique religieuse rigoriste, aboutissent presque toutes à l'organisation indo-pakistanaise, qu'il s'agisse d'un premier passage ou d'une première phase de réislamisation au sein du Tabligh, ou encore d'embrigadement à l'occasion de « sorties » et autres « stages de formation théologique » au Pakistan organisés par le Tabligh via des organisations « caritatives ». En France comme en Asie centrale ou à Londres, ses cellules et ramifications ont systématiquement servi de passerelles pour l'exfiltration ou l'acheminement de moudjahidines. Le Tabligh sert en quelque sorte de courroie de transmission entre l'immigration réislamisée par les prédicateurs fondamentalistes et le salafisme radical. D'après les études des spécialistes de la DST, au moins 80 % des recrues européennes de la nébuleuse salafiste seraient passées par le Tabligh.

## « Piétisme » ou djihad ? Le double jeu du Tabligh

Le rôle ambigu du Tabligh a été dévoilé au grand jour à l'occasion des enquêtes antiterroristes menées en France et dans le monde entre juin 1995 et septembre 2001, les cas de terroristes beurs ou « Français de souche » embrigadés dans la mouvance d'Al-Qaida ou du GIA après une formation au Pakistan ou en Afghanistan dans le cadre de « voyages » organisés par le Tabligh étant légion. Parmi les anciens *tablighi,* on retrouve aussi bien le « célèbre » terroriste Khaled Kelkal que le converti Djamel Loiseau, ou même Zacarias Moussaoui, le premier inculpé du commando du 11 septembre. Né à Saint-Jean-de-Luz dans les Pyrénées-Atlantiques le 31 mai 1968, ce Franco-Algérien a été arrêté le 17 août 2001 par la police américaine, en possession de faux papiers alors qu'il prenait des cours de pilotage à l'Airman Flight School dans l'Oklahoma, quelques semaines donc avant les terribles attentats de Manhattan et du Pentagone. Moussaoui avait fréquenté les milieux du Tabligh en

France, puis à Londres où il fit de brillantes études d'économie avant de partir s'entraîner à la frontière afghano-pakistanaise. Il aurait en fait été le « pivot » entre les pirates de l'air et le réseau européen de Ben Laden. La DST française l'avait inscrit dès 1999 au fichier des personnes recherchées comme susceptibles de passer à l'action terroriste, les services de renseignements français surveillant en effet près d'un demi-millier de militants islamistes qui correspondent au même profil. Le 28 juillet 2001, c'est un autre Franco-Algérien, Djamel Beghal, qui était arrêté à Dubaï alors qu'il venait à peine de quitter l'Afghanistan. Originaire de Corbeil-Essonnes, où il a fréquenté la mosquée du quartier de Montconseil, il avait été repéré une première fois par les services de police en 1997, lors du démantèlement d'un réseau de soutien au maquis du GIA dirigé par Abbas Benbellil. Né en 1963, Beghal a suivi lui aussi le parcours désormais classique de « l'islamiste européen ». Il revient à l'islam au contact du Tabligh, est embrigadé dans les mouvances du GIA, puis du Takfir wa'l-Hijra lors de séjours à Londres où il a deux parrains, Abou Qotada, qui prêche au Four Feathers Youth Club, et Abou Abdallah, imam de Leicester arrêté en septembre par Scotland Yard. Il est également pris en main par Abou Walid, bras droit d'Abou Qotada chargé d'acheminer des fonds aux moudjahidines tchétchènes. On l'envoie ainsi s'entraîner en Afghanistan dès la fin de l'année 2000 sous les ordres d'un des lieutenants de Ben Laden, Abou Zoubeida, responsable des moudjahidines franco-algériens d'Al-Qaida, qui lui donnera l'ordre d'organiser un attentat contre l'ambassade américaine à Paris à l'automne 2001.

Ainsi, des centaines de jeunes Français comme Beghal, « réislamisés » par le Tabligh puis embrigadés par Al-Qaida, ont été identifiés ces dernières années, tel le jeune beur Abdessalam Boulanouar, recruté au sein du groupe philippin Front moro islamique de libération (FMIL), lié à Ben Laden et recherché depuis juin 2000 par la police française, ou encore le Franco-Tunisien Nizar Ben Mohammed Nawar, kamikaze responsable de l'attentat-suicide contre la synagogue de la Ghriba à Djerba (Tunisie) le 11 avril 2002, revendiqué par Al-Qaida. Nawar avait été recruté par le Djihad islamique égyptien après avoir été en contact avec les milieux salafistes de Lyon où sa famille était installée.

## La France et l'Europe, bases arrière du terrorisme

Depuis une dizaine d'années, les militants islamistes recrutés dans les banlieues françaises, londoniennes ou belges sont fortement prisés par les syndicats de l'islamo-terrorisme international, la détention d'un passeport européen permettant de se déplacer dans le monde plus facilement qu'avec un passeport algérien ou pakistanais. Ainsi, lors de l'assassinat du commandant Massoud le 9 septembre 2001, c'est un commando de dix Maghrébins ayant vécu et étudié en France, et munis de passeports belges et français, qui parviendra à approcher puis tuer le Lion du Panchir en se faisant passer pour des journalistes européens travaillant pour *Arabic News International*. On a pu également identifier près d'une dizaine de Français parmi les prisonniers pro-talibans et membres d'Al-Qaida détenus à Guantanamo, tandis que sept moudjahidines algériens expulsés de la Bosnie vers les États-Unis avaient séjourné dans certaines banlieues françaises dont Vénissieux et Saint-Denis.

Concernant le Maroc, où les citoyens algériens restent suspects en raison des différends algéro-marocains et de la guérilla islamiste voisine, ce sont les jeunes délinquants islamistes franco-maghrébins Stéphane Aït Idir et Redouane Hammadi, tous deux d'origine marocaine, ainsi que Kamel Marzoug et Tarek Falah, qui avaient été recrutés pour perpétrer, en août 1994, une vague d'attentats au Maroc. Là aussi, tout commence sous le signe du Tabligh au printemps 1994, lorsque Stéphane Aït Idir et Redouane Hammadi, délinquants vaguement réislamisés originaires de la Cité des 4000 de La Courneuve, fréquentent l'imam *tablighi* de la mosquée locale. Ils entrent alors en contact avec un vendeur de fripes du marché de Saint-Denis, lui-même ancien d'Afghanistan, en fait l'émir d'une organisation groupusculaire liée au Mouvement de la jeunesse islamique marocaine (MJIM). Rapidement embrigadés, ils suivent un stage de formation en Afghanistan. Bientôt, l'émir les conduit à organiser des braquages dans la région parisienne. C'est encore la MJIM qui envoit le troisième beur du futur commando de Marrakech, Marzoug, s'entraîner au djihad à Sarajevo contre les Serbes. Quant à Tarek Falah, le « cerveau » du groupe qui rencontre l'« émir » du MJIM à Orléans, il passe avec son frère Rachid, par le Tabligh puis par des « stages » de djihad en Afghanistan, ainsi qu'à Montdoré, en France. D'autres camps d'entraînement aux « techniques de survie et de tir » sont organisés sur le mont Ventoux ainsi qu'au mont Gerbier-de-Jonc. L'organisation islamiste envoit finalement le commando de terroristes frapper le cœur du royaume marocain, le 24 août 1994. Mêlés à des militants islamistes locaux, les terroristes français ont pour mission de s'en prendre aux juifs du Maroc. Mais l'opération, fort mal conçue, tourne à la débandade. Lors du braquage de l'hôtel Atlas Asni, à Marrakech, les apprentis terroristes tuent deux touristes espagnols qu'ils ont pris pour des juifs sépharades, avant de se faire arrêter par la police marocaine. Marzoug sera quant à lui capturé après avoir vidé le chargeur de son Uzi sur le mur du cimetière juif de Casablanca.

L'affaire Khaled Kelkal est elle aussi fort révélatrice. Quatrième enfant d'une famille originaire de Mostaganem et arrivée en France en 1971, à Vaulx-en-Velin, le futur terroriste beur est également passé par le Tabligh avant d'opter pour le terrorisme aveugle du GIA. C'est après avoir été arrêté en mai 1991 pour braquages à la « voiture bélier » et condamné à quatre ans de prison ferme, qu'il est repéré pour la première fois par le GIA alors qu'il est en contact avec des aumôniers du Tabligh. À sa sortie de prison, Kelkal fréquente assidûment la mosquée intégriste de Bilal à Vaulx-en-Velin, qui est dirigée par l'imam malien Mohamed Minta, un proche de la branche Foi et Pratique du Tabligh. En 1993, lors d'un séjour en Algérie, il est recruté par la branche la plus radicale du GIA, animée par Djamel Zitouni, lequel souhaite alors « punir la France ». Le 11 juillet 1995, Khaled Kelkal participe à l'assassinat de l'imam Sahraoui, exécuté dans sa mosquée de la rue Myrha à Paris. Quatre jours plus tard, avec son compagnon Karim Koussa, Kelkal tire sur des policiers pour échapper à un barrage à Bron, dans la banlieue lyonnaise. Les deux hommes poursuivent leur mission terroriste durant leur cavale : principalement, l'attentat à la bonbonne de gaz du RER Saint-Michel et celui à la voiture piégée contre l'école juive de Villeurbanne. La suite est connue, Kelkal est abattu le 29 septembre par les gendarmes du GIGN. La revue du GIA, *Al-Ansar,* qualifiera le terroriste beur de « martyr » *(chahid)* tombé pour Allah et promis au paradis des moudjahidines. Nombre de « jeunes » gagnés par la haine islamiste et le rejet de toute forme d'ordre et de la France le considèrent aujourd'hui comme un « héros » tombé sous les balles « des flics ». Dès l'annonce de « l'assassinat » de Kelkal, des troubles éclatent un peu partout dans les banlieues de Paris et de Lyon. Les jeunes émeutiers – indifféremment réislamisés ou non – brûlent des voitures, brisent des vitres, pillent des magasins et s'attaquent même aux forces de l'ordre, symboles du « racisme anti-islamique ». « Kelkal est perçu comme une espèce de Robin des Bois qui a défié l'État », explique dans la revue *Jeune Afrique* Areski Dahmani, le président de l'association France Plus, engagée dans la lutte contre l'intégrisme. « Il est le produit de vingt ans d'échecs dans la politique d'intégration [...]. Le pouvoir fait face aujourd'hui à un véritable mouvement de jeunes en révolte et pense calmer le jeu en distribuant quelques cacahuètes. [...] Faute de changement spectaculaire, on pourrait se trouver plongé dans la guerre civile d'ici quelques années. » Ce diagnostic vaut également pour l'un des plus importants réseaux islamistes franco-algériens pro-GIA, qui n'avait jamais été démantelé avant les attentats meurtriers de 1995, le « réseau Chalabi ».

Les frères Chalabi, délinquants de la région parisienne et à l'origine de ce réseau, illustrent à merveille la synergie qui existe désormais entre les milieux islamistes et ceux de la haute délinquance de type mafieux. Ce sont eux qui ont mis en place dans les années 1990 l'un des plus importants réseaux de trafic de drogue entre les Pays-Bas et la France, ainsi qu'une chaîne de machines à sous. Issus d'une famille d'immigrés algériens du Val-de-Marne, les frères Chalabi se convertissent à l'islam radical lors d'un séjour en prison, là aussi au contact d'aumôniers du Tabligh. Choisis par les émirs du GIA algérien pour recruter des militants terroristes susceptibles de frapper la France au cœur, ils se rapprochent tout d'abord de la Fraternité algérienne de France (FAF), relais des islamistes algériens dans l'Hexagone. Puis, comprenant tout l'intérêt qu'il peut tirer à former lui-même les jeunes, Mohamed, l'un des deux frères, se lance dans « l'associatif » en fondant à Orly l'Association éducative des musulmans de France (AEMF). Parallèlement, il met sur pied un trafic d'héroïne entre Orly et les Pays-Bas. Généreux, les Chalabi mettent une partie de leur argent à la disposition de jeunes et de familles en détresse : dons en espèces, financement de fournitures scolaires, cours d'arabe et de Coran, voyages offerts à la montagne ou en Espagne, etc. Ils imposent peu à peu leur loi et parviennent à fidéliser leurs troupes, composées de jeunes beurs, mais aussi de Français de souche qui inquiètent d'ailleurs leurs proches par leur radicalisme. Les adolescents insultent régulièrement leurs professeurs « impies », accusent même leurs propres parents d'être des « mécréants ». Une première fois, un scandale éclate lorsque les frères Chalabi menacent les responsables de la MJC locale sous le prétexte que la viande offerte lors d'un barbecue n'est pas *hallal*. Un soir, une détonation survenue dans les locaux de l'AEMF alerte l'attention des habitants du quartier du centre-ville d'Orly. Les jeunes raconteront aux pompiers qu'ils ont allumé des pétards et des « feux d'artifice ». Il s'agissait en fait de leurres destinés à couvrir le bruit provoqué par les essais d'explosifs dans le cadre de véritables cours du djihad « d'initiation aux techniques de combat et de tir ». Parmi les cadres et les instructeurs du réseau, la police identifiera un ancien membre des Brigades rouges italiennes, Rémy Pouthon, alias « Youssef ». Converti à l'islam radical depuis 1983 et séduit par le terrorisme antifrançais du GIA, Pouthon sert de collecteur d'armes des Chalabi. En région parisienne, les différentes branches du réseau Chalabi ont pour point de ralliement un restaurant *hallal* de la rue des Poissonniers dans le XIII^e^ arrondissement de Paris, en contact avec l'association Convergence Émergence, présidée par Ibrahim Chalabi, et le converti Alain Lamotte. On apprendra lors du procès que l'association avait hébergé Quamrradine Kherbanne et Boudjema Bounoua en 1990, les deux principaux organisateurs des filières de recrutement de volontaires algériens d'Europe pour le Djihad en Afghanistan. Après plusieurs alertes lancées par la sécurité militaire algérienne dès 1993, une opération coup de poing permettra, le 8 novembre 1994, de démanteler de justesse le réseau et d'arrêter cent sept de ses cent trente-huit membres. Certains seront condamnés à la détention en 1999, les autres, pratiquement tous en situation irrégulière, parviendront pourtant à éviter l'expulsion vers l'Algérie, la France refusant d'extrader quiconque risquerait la peine de mort dans son pays d'origine... Français ou irréguliers, ils sont aujourd'hui libres comme l'air, et c'est le président de la Ligue des droits de l'homme, Michel Tubiana, qui, aujourd'hui, se bat aux côtés de l'avocate des Chalabi, Isabelle Coutant-Peyre, contre l'expulsion de Mohamed Chalabi qui pourrait être « incarcéré en Algérie dans des prisons où se pratique la torture »... Rappelons que, trois semaines seulement avant le procès Chalabi, l'islamiste algérien Nacer Hamani, membre du fameux réseau de Chasse-sur-Rhône, vit sa mesure d'expulsion annulée le 16 octobre 2001 par le tribunal administratif de Lyon, qui estima que « son appartenance notoire dans le passé à la mouvance islamiste du GIA l'exposait, en cas de retour au pays, à des traitements inhumains prohibés par la législation européenne[30] ». Un autre membre du réseau, lui aussi expulsé mais refusant d'embarquer vers l'Algérie, est remis en liberté le 21 septembre 2002 pour un vice de procédure.

Le fameux « kamikaze de Béziers », Safir Bghioua, un Franco-Algérien né en 1976, fait également parler de lui quelques jours à peine avant l'attentat du Pentagone et de Manhattan. Le dimanche

30. *Libération,* 11 novembre 2002.

1er août 2001, les hommes du GIPN tuent sur un parking de Béziers, après une nuit de course-poursuite, Safir Bghioua, subitement improvisé guerrier d'Allah, qui avait abattu d'une rafale de mitraillette le chef de cabinet de la ville, Jean Farret, aux cris d'« *Allah ou Akbar*, je vais les niquer [...], nos frères crèvent sous les balles en Palestine et personne ne fait rien », après avoir assassiné un policier au lance-roquette. Cet admirateur des kamikazes palestiniens du Hamas, animé d'une haine des juifs, des flics et des croisés, a préalablement averti son entourage de ses intentions « d'en finir » avec les forces de l'ordre et les « judéo-croisés ». En se déclarant « fils d'Allah », Bghioua illustre un phénomène proche de ceux décrits précédemment, mais bien plus imprévisible encore et donc plus difficile à combattre. Il s'agit ici, en effet, d'un individu incontrôlable, qui s'identifie spontanément aux kamikazes et à la cause palestinienne dans le contexte du « fanatisme islamiste mimétique », largement favorisé par la surmédiatisation du conflit israélo-palestinien et de la « répression » policière » israélienne, qui est assimilée à la police française. Le tout sur fond de haute délinquance et de sentiment d'autopersécution délirante entretenu par des années de propagande victimiste. On peut dire que Bghioua a fait converger en lui l'ensemble des maux et phénomènes sociopsychologiques qui font le lit du communautarisme, de la dérive des banlieues et du totalitarisme islamiste. Et plutôt que de s'inquiéter des répercussions, dans les quartiers sensibles, des appels à la haine des islamistes et de l'insécurité dans les banlieues désormais surarmées, donc en mesure de provoquer des phénomènes de guerre urbaine, la presse et la classe politique françaises se sont répandues en professions de foi victimistes et complaisantes, cherchant à minimiser le phénomène récent de mimétisme islamiste – « Safir n'était ni un islamiste, ni un musulman pratiquant » –, ou trouvant à l'assassin excuses et circonstances atténuantes. Le journal *Le Monde* du 7 septembre 2001 expliquait entre autres qu'il avait « échoué scolairement et professionnellement » ; depuis que « son père avait abandonné sa mère » et que « les policiers l'avaient humilié », notamment en pratiquant sur lui des « fouilles intimes » lors de contrôles aux douanes alors qu'il transportait du hachisch, il avait fini par « dérailler » et « péter les plombs ». Certes, Safir était peu pratiquant et néophyte, mais il était tout de même entré en contact avec des filières islamistes et mafieuses des Balkans, notamment avec des militants islamistes de l'UCK, lors de séjours au Kosovo, qui l'avaient approvisionné en armes de guerre. Comme Bghioua, de nombreux beurs et même de jeunes Français de souche sont passés du Tabligh aux Balkans avant d'échouer dans la délinquance puis le terrorisme.

## De Lionel Dumont à Djamel Loiseau : les « Gaulois d'Allah »

Prenant acte du démantèlement des réseaux Chalabi et Kelkal, le GIA algérien va jeter un temps son dévolu sur un groupe de jeunes beurs, le « réseau de Chasse-sur-Rhône », basé dans un village situé dans l'Isère, au sud de Lyon. Composé de deux Français fraîchement convertis, David Vallat et Joseph Jaime, et d'un Algérien propriétaire d'une boucherie *hallal*, le groupe sera arrêté alors qu'il préparait un attentat contre un dépôt d'essence « pour faire cramer l'Occident ». Comme Khaled Kelkal ou Lionel Dumont, Jaime était déjà connu des services de police pour avoir participé à un braquage huit années auparavant. Quant à Vallat, il avait été nommé en 1992 vice-président de l'Association musulmane de Villefontaine dans l'Isère. Liés aux réseaux lyonnais de Khaled Kelkal, les jeunes islamistes français avaient précédemment été interpellés dans le cadre de l'instruction menée après la tentative d'attentat manqué contre le TGV Lyon-Paris, le 26 août 1995.

L'affaire du gang des « islamo-braqueurs » de Roubaix, dont le procès s'est ouvert en octobre 2001 devant les assises de Douai, est de loin la plus représentative de la mutation du virus islamo-terroriste en Europe et de ses ramifications transnationales. Au milieu des années 1990, ce gang du nord de la France s'était spécialisé dans les braquages et hold-up destinés à financer les maquis du GIA et le djihad en Bosnie. À la suite du braquage, le 28 mars 1996, d'un fourgon de la Brink's, où les tueurs avaient froidement abattu un automobiliste avant de s'emparer de sa voiture, les éléments d'élite du Raid avaient dû donner l'assaut au domicile de l'un des islamistes recherchés, Omar Zemmiri, quatre des huit hommes barricadés ayant préféré périr dans les flammes plutôt que de se rendre, ce qui donne une idée du degré de conviction des jeunes recrues. Parmi ceux qui parviendront à prendre la fuite, on identifiera le Français Christophe Caze, alias Bilal, le leader converti du groupe, qui sera abattu par la gendarmerie belge lors de sa fuite. Issu d'une famille catholique sans histoire, Caze n'avait au départ rien à voir, ni socialement, ni culturellement, avec les milieux islamistes algériens. En cinquième année de médecine, il avait découvert la Bosnie musulmane en tant que médecin volontaire dans le cadre de missions « humanitaires » organisées par l'ONG Aide directe, simple paravent de l'organisation terroriste algérienne Takfir wa'l-Hijra, dont les membres prêteront main-forte aux moudjahidines. Épris de la cause bosniaque, il découvre l'islam à son retour à Roubaix où il fréquente la mosquée Archimède. Devenu Bilal, Caze repart pour Zenica, en Bosnie, où il s'engage dans les légions de moudjahidines pour soigner ses frères musulmans blessés par les « infidèles » serbes. C'est là qu'il fraternise avec de nombreux volontaires beurs ou français de souche, futurs membres du même groupe dit « de Roubaix », embrigadés eux aussi par Aide directe : Rachid Mezzou, qu'il soigne en Bosnie, Fabrice (Farid) Pinson, un autre Français converti, et surtout son compagnon d'armes préféré, le « célèbre » Lionel Dumont.

Né en janvier 1971, issu d'une famille modeste de huit enfants, cet ancien étudiant en histoire n'était pas non plus destiné à sombrer dans l'islamo-terrorisme. Comme d'autres jeunes de sa région, Lionel Dumont s'est converti à l'islam en 1991 au contact d'amis maghrébins de Roubaix gravitant autour de la mosquée intégriste Al-Da'waa. À l'âge de vingt ans, alors qu'il n'a pas terminé ses études, il fait son service militaire puis, incorporé au 4e régiment d'infanterie de marine de Fréjus, prolonge l'appel pour servir dans les troupes françaises des Nations unies en Somalie et à Djibouti, dans le cadre de l'opération humanitaire *Restore Hope*. Là, il est embrigadé par des « ONG d'Allah » et entre en contact avec les milieux islamistes soudanais et même la nébuleuse de Ben Laden. Il rentre à Roubaix plein de rêves héroïques et décide de poursuivre son action en allant prêter main-forte aux « frères » bosno-musulmans. Devenu Abou Hamza, il rentre lui aussi en contact avec Aide directe et part pour Zenica en 1994. Il y rejoint un groupe d'amis franco-maghrébins de Roubaix venus faire le djihad aux côtés des moudjahidines iraniens et afghans, puis s'engage dans des bataillons islamiques. Dans la même période, il se marie, selon le rite musulman, avec une jeune Bosniaque de seize ans, Azhra. De retour dans le nord de la France en mars 1995, il se rapproche du GIA et du Takfir, fortement implantés à Roubaix et en Belgique, puis tente alors d'acheter des armes aux trafiquants algériens pour les livrer aux moudjahidines bosniaques. Il rejoint ensuite le « gang de Roubaix » et participe à une série d'attaques à main armée dans la région de Lille-Tourcoing en 1996, jusqu'à ce que les troupes d'élites du Raid donnent l'assaut contre le domicile de Zemmiri où il logeait occasionnellement. Alerté de justesse la veille de l'attaque, il fuit pour la Bosnie. Recherché cette fois-ci par Interpol, il commet une série de braquages dans la ville de Zenica, notamment l'attaque d'une station-service qui se soldera par un mort, et est mêlé à une fusillade contre les forces de police bosniaques au cours de laquelle il tuera un policier. Il est arrêté en février 1997 par la police bosniaque et condamné à vingt ans de réclusion. En 1999, il s'évade de sa prison et les polices européennes perdent sa trace. Dans les mosquées de Roubaix aujourd'hui, on parle de lui comme d'un héros, « un grand soldat de l'islam » comme Khaled Kelkal.

D'autres cas de convertis français recrutés par les organisations islamo-terroristes apparaissent régulièrement. À Aubervilliers, une association regroupe des Français de souche convertis à l'islam et des jeunes beurs proches de la nébuleuse du GIA et du Takfir, bien que leur mouvement soit ouvertement pro-iranien et chiite-khomeyniste. L'un de ses membres les plus dynamiques, Roger-Didier Guyan, a été emprisonné à vie en Algérie le 31 décembre 1992 par le tribunal de Thiaret pour « complot ayant en vue de propager le massacre et la dévastation et détention illégale d'armes à feu ». Recruté par le FIS en 1990 lors d'un séjour en Algérie, Guyan avait été chargé par Ali Belhadj, alors idéologue et numéro deux du FIS, de recruter des moudjahidines en France.

Interpellés par la DST en janvier et en mars 1999, les frères Jérome et David Courtailler, fils d'un boucher sans histoire de Haute-Savoie, sont également des « Gaulois d'Allah » convertis au contact de prédicateurs du Tabligh. David Courtailler est gagné à la cause du terrorisme islamiste lors de séjours à Londres auprès de militants salafistes. En 1997, il est repéré dans un des camps de formation d'Al-Qaida pour Européens dirigé par l'un des lieutenants de Ben Laden pour l'Europe, Mohamed Badache, arrêté en 1998 en Belgique. Interpellé le 13 septembre 2001 à Rotterdam, son frère Jérome était lui aussi passé par les réseaux *tablighi* et les cellules salafistes du nord de Londres et de Brighton avant de rejoindre les camps de Bosnie.

Quant au fraîchement converti Johan Bonté, jeune Français de mère bretonne et de père antillais, originaire de Corbeilles, il illustre parfaitement un double phénomène, celui du recrutement des Français de souche et l'augmentation des conversions enregistrée au sein des milieux afro-antillais, dans le droit fil de la Nation of Islam et du modèle de Malcom X. À Londres, où il est embrigadé par les salafistes d'Abou Qotada, Bonté retrouve un compagnon de conversion, Jean-Marc Grandvisir, également d'origine antillaise, sportif confirmé qui venait d'être employé comme médiateur à la mairie de Corbeilles-Essonnes. Le choix du nouveau nom musulman de Grandvisir était jusqu'alors encore original : Oussama...

Comme eux, Djamel Hervé Loiseau, que l'on retrouvera congelé dans les montagnes de Tora Bora après avoir combattu les Américains et l'Alliance du Nord aux côtés des talibans, est formé par le Tabligh dans les mosquées à Paris, à Colmar lors de son service militaire, puis au contact de salafistes à la mosquée de Belleville. Djamel Loiseau apparaît pour la première fois dans le paysage islamiste entre 1997 et 1998, lorsque la police le repère dans l'entourage d'un certain Omar Saïki, l'un des lieutenants du leader du Groupe salafiste pour la prédication et le combat (GSPC), dissidence du GIA créée par l'un de ses anciens chefs, Hassan Hattab, dont le nom est aussi celui du réseau démantelé lors de la Coupe du monde de football en 1998. En avril 1998, un séjour à La Mecque au sein de groupes salafistes radicalise Loiseau encore un peu plus. C'est également le Tabligh qui lui ouvre les portes du Londonistan, début 2000. Il y fréquente les salafistes de la mosquée de Baker Street où le prédicateur palestinien Abou Qotada dispense la bonne parole. Là, définitivement enrôlé par la nébuleuse d'Al-Qaida, il s'envole pour Lahore le 11 mars. Il ne reviendra pas.

## Les prisons, lieux privilégiés du prosélytisme islamiste

Entre les vagues d'attentats parisiens de 1995 et le drame du World Trade Center en septembre 2001, des milliers de militants et de terroristes islamistes ont été arrêtés par les polices occidentales pour complicité avec des organisations terroristes ou association de malfaiteurs. En France, depuis la guerre d'Algérie, c'est la première fois qu'une telle concentration de détenus (plus de cinq cents) appartenant à une même mouvance politique « révolutionnaire » et subversive est constatée. Dans la seule région parisienne, ce sont près de deux cents détenus islamistes classés « dangereux » et liés aux groupes islamistes algériens du GIA ou proches de la mouvance salafiste d'Al-Qaida qui sont prêts à agir dès leur libération, leurs peines de prison étant souvent de courte durée. Les islamistes enregistrent des résultats considérables dans la plupart des prisons des grandes métropoles où la concentration de la population d'origine musulmane est élevée. Dans différents rapports internes, l'administration pénitentiaire française dresse un tableau assez alarmiste de la situation.

Formés aux techniques de subversion et de propagande et

connaissant bien les milieux carcéraux et la violence, puisqu'ils viennent en général de pays où leurs mouvements sont violemment réprimés, « les islamistes savent qu'ils peuvent trouver dans les prisons des proies d'autant plus intéressantes qu'elles sont destinées à "prendre le relais" au sein de la société une foi qu'elles sont libérées », note un haut fonctionnaire des Renseignements généraux[31]. Ces jeunes délinquants constituent en effet une cible favorite et correspondent exactement aux attentes des recruteurs islamo-terroristes qui recherchent des hommes sans scrupules, capables de devenir rapidement des moudjahidines et de tuer des innocents tout en ne rechignant pas à se procurer de manière illicite de l'argent et des armes. Le terroriste franco-algérien Khaled Kelkal sera par exemple recruté par les commandos du GIA durant sa détention à la prison Saint-Paul entre juillet 1990 et juillet 1992. Là, il dira avoir « rencontré Allah », au contact d'un codétenu, Khelif B., proche du GIA.

En dehors des prisonniers islamistes, les protagonistes de la « réislamisation radicale » dans les prisons sont souvent les aumôniers musulmans officiellement chargés d'apporter un « réconfort moral » aux jeunes mahométans, mais en réalité mandatés pour recruter de nouvelles proies et organiser de futurs réseaux islamo-terroristes. Les signes ne trompent pas : lors des fouilles, les gardiens retrouvent régulièrement des photos de Khaled Kelkal ainsi que des coupures de presse d'Afghanistan. Dans nombre de prisons, les traditionnelles photos de femmes nues collées sur les murs des cellules sont arrachées et remplacées par celles de terroristes célèbres comme Fouad Ali Saleh ou Ben Laden. Les appels à la prière sont en augmentation partout. Les militants islamistes parviennent parfois si bien à imposer leurs lois que certains détenus se convertissent aux seules fins d'être « protégés ». D'autres agissent sous la terreur ou dans l'espoir d'échapper au racket. Plusieurs indicateurs permettent de prendre la mesure du phénomène des conversions en milieu carcéral : contacts de plus en plus intenses entre jeunes délinquants et islamistes, recrudescence du port de la barbe, écoute des radios arabo-musulmanes, préférence pour les livres religieux et demandes en ce sens – diverses ambassades arabes (Koweït, Émirats, Arabie Saoudie, Pakistan, Iran, etc.) font livrer des corans par centaines dans les prisons –, demandes de nourritures *hallal,* exigences de la présence d'imams à temps complet dans les prisons.

31. Entretien avec l'auteur, avril 2001.

Quant à la participation aux cultes, l'administration pénitentiaire a constaté une augmentation considérable de la pratique du jeûne du ramadan. Au centre de détention de Salon-de-Provence, où la population carcérale est majoritairement maghrébine, près de deux cent cinquante détenus, sur un total de six cents, ont demandé à suivre le ramadan pour l'année 2000. Même si ces chiffres doivent être maniés avec précaution, la direction des prisons de Fresnes ayant en effet été surprise de constater la baisse du nombre de détenus voulant observer le jeûne (quarante-deux cette année contre cent cinquante en 2000), on s'est rapidement rendu compte qu'un grand nombre de détenus islamistes, en l'occurrence ceux incarcérés à Fresnes dans le cadre du démantèlement de réseaux de soutien au GIA, souhaitaient en fait ne pas attirer l'attention sur eux et procédaient eux-mêmes au « tri » des aliments qui leur étaient servis. Dans les établissements du Nord-Pas-de-Calais, de Picardie et de Normandie – les plus touchés par le prosélytisme islamiste –, de véritables mutineries accompagnent parfois ces revendications. Une association de prisonniers du centre de détention de Bapaume, qui adressera au directeur de la prison une « charte du culte musulman » censée « l'éclairer sur la vraie religion », sollicitera même le recteur de la mosquée de Paris, Dalil Boubakeur. Dans certaines prisons, comme celle de Loos-lès-Lille, il arrive que les détenus non musulmans soient chassés de la cour de promenade pendant qu'un groupe de prisonniers maghrébins ayant investi les lieux y accomplit sa prière ! Un autre phénomène encore moins connu du public est la sensibilisation du personnel d'encadrement aux discours des islamistes. Le 3 décembre 1996, un rapport rédigé par l'Unité de coordination de la lutte antiterroriste (UCLAT) révélait deux affaires de cet ordre, l'une à Saint-Maur et l'autre à Montmédy. Depuis, le phénomène s'est accentué. Aussi les Renseignements généraux et les instances pénitencières suivent-ils en permanence les faits et gestes des deux ou trois gardiens de prison actuellement en service et connus pour appartenir à la mouvance islamiste. C'est le cas, par exemple, d'Omar D., surveillant d'une prison de la Meuse. Marié à une Française convertie à l'islam, Omar est un militant de longue date du Tabligh, dont il représente la tendance la plus dure. En fait, de nombreux jeunes beurs et même des Français mosellans ont été recrutés ces dernières années par le Tabligh sous l'impulsion de l'imam Si Abdallah, l'une des figures de l'islamisme radical en Moselle. Les services de renseignements savent qu'Omar D. séjourne régulièrement au Pakistan pendant plusieurs mois en prenant des congés sans solde... Mieux, on a remarqué qu'il « perd » ses papiers à intervalle régulier, parfois même sa carte professionnelle, pour en faire bénéficier des moudjahidines partis s'entraîner au Pakistan ou faire le djihad sur le front en Bosnie ou au Kosovo. Un autre surveillant, Ahmed A., opérant à la maison d'arrêt de Saint-Maur, a lui aussi été enrôlé par la mouvance *tablighi*. Fait étonnant, même lorsqu'ils sont connus pour appartenir à de tels réseaux, les surveillants islamistes ne peuvent pas être renvoyés, quand bien même on constate les fruits de leur prosélytisme au sein de la population carcérale. Souvent, ils sont irréprochables sur le plan professionnel, même si les voyages de « formation » qu'ils effectuent en Bosnie ou au Pakistan ne laissent planer aucun doute sur la nature de leur militantisme... Parallèlement, les Frères musulmans, mais également la Fédération nationale des musulmans de France et la mosquée de Paris, ont essayé de pénétrer les milieux carcéraux et celui des surveillants en tentant, par l'intermédiaire des aumôniers agréés, de récupérer le profond malaise des musulmans incarcérés pour les réislamiser, alors même qu'ils sont le plus souvent très peu pratiquants voire ignorants de la religion de leurs parents. Le manque d'aumôniers musulmans dans les prisons fait d'ailleurs partie des principales doléances exprimées par les organisations islamistes en Europe dans leur programmes de revendications, tant l'enjeu de la réislamisation en milieu carcéral est majeur, comme on le voit aux États-Unis au sein de la nébuleuse *black muslim*.

Le pouvoir de séduction des islamistes en prison ou des imams-aumôniers, notamment ceux du Tabligh, est si redoutable que c'est désormais le phénomène de conversion des détenus européens et français de souche qui inquiète le plus les autorités pénitentiaires et le ministère de l'Intérieur. Là aussi, les indicateurs classiques ne trompent pas. Ainsi, à la prison de Nantes, sur soixante-quinze détenus observant le ramadan, plus d'une vingtaine sont des Français de souche. Les directions pénitentiaires avouent leur impuissance totale à endiguer le phénomène, les islamistes avérés n'étant pas isolés de leurs compagnons de cellule et les prisons, surpeuplées, manquant de surveillants. C'est ainsi qu'à la prison de Villepinte, on a vu ces dernières années se constituer des groupes de prosélytes ultraradicaux composés de convertis européens, tel le jeune Franco-Portugais Joseph Jaime, alias Youssef, membre du réseau des « islamo-braqueurs », écroué le 31 août 1995 pour braquage à main armée. C'est en prison, au contact de militants du Tabligh et du GIA algérien, qu'il s'est converti à l'islam et qu'il a commencé à étudier l'arabe et le Coran. Ou encore David Vallat, membre du réseau de Chasse-sur-Rhône de Khaled Kelkal, qui a été formé au djihad urbain en Bosnie. Parfois, ce sont des détenus non islamistes mais désireux de surfer sur la vague verte, particulièrement mobilisatrice en milieu majoritairement maghrébin, qui épousent les revendications islamistes dans une logique déstabilisatrice, ainsi qu'on l'a vu avec Jean-Marc Rouillan, ancien membre d'Action directe, qui avait été détenu à la centrale de Saint-Maur et que l'on retrouva en janvier 2001 à la tête d'un mouvement de prisonniers musulmans condamnés à de longues peines à la prison de Lannemezan où il était alors incarcéré. Certains cas de conversions sont proprement surprenants, notamment celui de Jean-Paul Hann. Condamné en 1992 pour viol, il se fera convertir en prison par le célèbre terroriste pro-iranien Fouad Ali Saleh, responsable de la vague d'attentats de 1986, alors que les deux détenus ne se rencontreront jamais et seront isolés dans des cellules respectives. Parfois aussi, les nouvelles recrues européennes des islamistes représentent un enjeu stratégique de haut niveau, tel le jeune Philippe V., bachelier et diplômé de chimie...

## L'ALLEMAGNE : UN CADRE JURIDIQUE ET ADMINISTRATIF PARTICULIÈREMENT FAVORABLE

En Allemagne, l'éducation religieuse est assurée par les Länder et non par l'État fédéral. Aussi la loi fondamentale de mai 1949 accorde-t-elle aux religions une place considérable, à la différence de la Constitution française, qui est républicaine et laïque. Les communautés religieuses disposent d'un statut de « corporation de droit public » en vertu duquel le pouvoir étatique donne une liberté totale dans la gestion du sacré et du profane, ainsi qu'un certain nombre d'avantages, y compris le fait de lever un impôt ecclésiastique sur les membres des communautés. L'article 7, paragraphe 3 de cette loi fondamentale relative à l'enseignement religieux obligatoire dans les écoles publiques s'applique désormais en Allemagne aux musulmans, qu'ils soient citoyens allemands ou non. Les premiers Länder, régions ou municipalités qui expérimentèrent l'enseignement islamique pour les enfants musulmans dans les écoles furent ceux de Bavière, de Rhénanie-Westphalie, fief de la gauche allemande où vit une importante communauté islamique, de la Basse-Saxe, de Hambourg, ainsi que du gouvernement régional de Düsseldorf. Aujourd'hui, l'enseignement islamique dans les écoles primaires et secondaires tend à se généraliser, souvent en langue turque, dans le cadre des cours obligatoires de la langue maternelle, comme c'est la cas en Basse-Saxe, dans le Bad-Würtemberg, à Berlin, à Brême, dans la Sarre, ou même dans le Schleswig-Holstein, ou encore à Berlin (Kreuzberg, Wedding).

L'islam en Allemagne est principalement destiné aux extra-communautaires turcs (90 % des musulmans d'Allemagne). L'État allemand n'a pas hésité à accorder à la Turquie un large pouvoir concernant la gestion de l'islam, notamment à travers la Diyanet Isleri Turk-islam Birligi (DITIB), une filiale du bureau des Affaires religieuses d'Ankara dont les différentes cellules en Europe sont directement rattachées aux consulats de Turquie. Fondé en 1924 après la chute du califat ottoman, le bureau est chargé, d'après ses textes officiels, de « tout ce qui est lié à la foi, au culte et à la morale de la religion islamique ; il éclaire la population sur la question de la religion et de l'administration des lieux de culte ». En Turquie, il contrôle plus de soixante-trois mille mosquées et construit chaque année mille cinq cents nouveaux lieux de culte. Il emploie environ quatre-vingt mille personnes, dont quarante mille sont des imams ayant été instruits au sein des Imam Hatip Schule turques.

En Allemagne, la DITIB est la plus importante organisation d'immigrés turcs. Elle contrôle trois cents salles de prière, finance et encadre près de quatre cents imams directement envoyés de Turquie (soit plus d'un tiers des mille imams recensés en Allemagne). Elle détient un quasi-monopole dans l'élaboration des programmes d'éducation religieuse islamique que tous les musulmans scolarisés en Allemagne suivent. Aussi l'État allemand trouve-t-il dans la DITIB un interlocuteur musulman analogue aux représentants des Églises catholique ou protestante, et censé incarner l'islam « laïque » et « moderniste » opposable aux islamistes. En fait, et contrairement à une idée reçue selon laquelle l'organisation liée à l'État turc réputé laïque ne pourrait dispenser qu'une conception progressiste et modérée de la religion de Mahomet, se différenciant ainsi des autres structures ouvertement fondamentalistes, les imams du bureau enseignent un islam classique, orthodoxe, puisant aux mêmes sources doctrinales de base que certaines associations islamistes. Le bureau des Affaires religieuses turques bénéficie en outre de l'aide économique de la Ligue islamique mondiale contrôlée par l'Arabie Saoudite, haut lieu, comme nous l'avons montré, de la préservation de l'islam salafiste-wahhabite. D'après l'islamologue allemand Udo Steinbach, directeur du Deutsche Oriental Institut, la DITIB, dont l'imam ne parle même pas la langue allemande, s'occuperait essentiellement à « veiller sur l'orthodoxie de la communauté[32] ». La véritable différence entre l'islam de la DITIB et celui inculqué par les imams des autres organisations islamiques non contrôlées par la Turquie résiderait plutôt dans le fait que la DITIB, qui s'occupe essentiellement des problèmes religieux et culturels, enseigne une loyauté sans faille envers l'État turc, loyauté qui constitue en soi une pierre d'achoppement avec les mouvements panislamistes nostalgiques du califat interdits par Ankara, donc qui reportent leur ressentiment vis-à-vis de l'État turc sur la DITIB. Il faut rappeler, par ailleurs, que nombre d'imams envoyés par les autorités turques de tutelle, une fois à leurs postes dans les mosquées ou les écoles primaires allemandes, se retrouvent d'autant plus facilement embrigadés par le Milli Görüs, le plus national et démocratique des mouvements islamistes turcs, que l'orthodoxie islamique dont ils sont dépositaires les prépare à être réceptifs à un discours qui cherche justement à réhabiliter la place de la religion.

## La prédominance d'organisations fondamentalistes et islamistes

Parce que « l'islam officiel » strictement turc représenté par la Diyanet est largement discrédité par les grandes organisations islamistes turques ou autres opérant sur le sol allemand, où elles se livrent, comme ailleurs en Europe, à une véritable guerre de concurrence pour le leadership islamique et le contrôle des communautés, et parce que près d'un tiers des musulmans originaires de Turquie installés en Allemagne sont kurdes, l'institution officielle contrôlée par Ankara est supplantée par une kyrielle d'organisations plus ou moins puissantes et parfois fortement enracinées dans l'histoire du monde ottoman, comme c'est le cas des confréries soufies fondamentalistes telle que la Naqshbandiyya, la plus importante du pays, ou encore les associations liées aux Frères musulmans, à l'Arabie Saoudite, aux organisations islamistes proprement locales. Les précurseurs en la matière ont été les milieux islamistes soufis des Süleymancli, qui se sont constitués dans l'Union des centres culturels islamiques en Europe (UCCI), laquelle dispose d'un réseau structuré de plus de deux cents mosquées. Le centre du mouvement pour l'Allemagne – et pour les autres pays de l'Union européenne –,

32. Cité par Pedro B. Bey, *in* « Allemagne, le malaise des jeunes Turcs », *Europ Magazine,* printemps 1998.

qui s'est doté d'une hiérarchie très stricte, se trouve à Cologne. « Il propage un renouveau musulman à tendance islamiste », explique l'islamologue Hans Vöcking, chercheur au Centre de documentation sur les relations islamo-chrétiennes de Francfort (CIBEDO). Structurellement liée au parti islamiste turc Fasilet Partisi de Necmettin Erbakan, la plus puissante des organisations islamistes turques d'Allemagne est l'Avrupa Milli Görüs Teskilati (AMGT – Organisation de la vision nationale en Europe), dont le centre se trouve à Cologne. Fondé en 1976, le Milli Görüs, fort de ses trente mille membres dans la seule Allemagne, proclame ouvertement l'idéal de l'islam classique – « l'islam est la charia et la charia est l'islam » – et contrôle près de deux cent vingt mosquées dans le pays. Au niveau communal et local, le Milli Görüs a créé un nombre significatif d'associations sous des dénominations fort différentes. C'est ainsi que, sur l'ensemble de l'Allemagne, seule une trentaine d'entre elles portent le nom de l'organisation mère. Comme le Hamas dans les Territoires occupés ou le Hezbollah dans le Sud-Liban, le Milli Görüs tire sa légitimité de sa forte dimension sociale en proposant par exemple des cours de langue ou d'informatique, se substituant même parfois à l'État en matière d'aide aux défavorisés ou de formation. Comme le Hamas, l'idéologie du Milli Görüs est marquée par un fort antisémitisme, fustigeant régulièrement le « lobby juif » ou « l'alignement de l'Allemagne » sur la politique pro-israélienne des États-Unis. Assimilant la société « infidèle » à la pédophilie et à la pornographie, le Milli Görüs, qui publie également un journal, le *Milli Gazete*, prône le repli communautaire et condamne tout processus d'intégration dans la société allemande « impie », tout en voulant apparaître auprès des autorités allemandes comme étant un pôle islamique « modéré ».

En 1985, une scission est survenue à l'intérieur du mouvement, à l'instigation de Ceamleddin Kaplan, lequel a créé l'Union des associations et communautés islamiques. Contrairement au Milli Görüs, Kaplan a opté pour le modèle iranien khomeyniste afin d'« islamiser » la Turquie et « réislamiser » les communautés turques d'Europe. D'après l'hebdomadaire du mouvement publié en Allemagne, *Teblig*, daté du 1er mars 1987, il a choisi délibérément de calquer l'organisation géographique du mouvement sur celui qu'il venait de quitter. L'organisation de Kaplan, bien que minoritaire, est également très active en Belgique, en France et aux Pays-Bas. Kaplan étant aujourd'hui décédé, c'est son fils qui a repris le flambeau.

La troisième organisation islamiste turque d'importance est le mouvement d'origine kurde Nourdjou (de l'arabe *nour*, lumière). À l'instar des Süleymanci, tout en étant moins politisé que ces derniers, le Nourdjou a été fondé dans les années 1930 par cheikh Saïd Nursi (1873-1960), en opposition aux réformes laïques d'Atatürk et à son nationalisme antikurde. Il se propose de rénover moralement et politiquement l'islam, tant en Turquie qu'à l'intérieur des communautés turques d'Europe. À l'instar du Milli Görüs, il est d'obédience islamiste radicale et entretient des rapports avec le parti Fasilet et le Parti de la Juste Voie, tout en étant appuyé par l'Arabie Saoudite et le Pakistan. Le Nourdjou dispose de centres dans une trentaine de villes en Allemagne.

Parallèlement à ces différentes mouvances, deux autres organisations turques spécifiques doivent être mentionnées. Tout d'abord l'Association des amis de l'islam, affiliée à la confrérie soufie des Alawiyya, qui accueille un certain nombre de convertis allemands, et surtout la très radicale et puissante Avrupa Demokratik Ulkücu Türk Dernekleri Federasyonu (Fédération européenne des foyers turcs idéalistes), plus connue sous le nom des Loups gris ou Foyers de l'idéal, d'où leur surnom de *ulkücu* (idéalistes). Cette fédération est en fait l'organisation du parti ultranationaliste turc MPH (Milliyetci Hereket Partisi) qui regroupe les Turcs vivant dans les pays de l'Europe occidentale. Le fondateur des Loups gris est le colonel et vice-président de la République turque Alparslan Türkes, connu pour avoir propagé une vision nationaliste et fascisante de l'identité turque. Les Loups gris ont leur siège à Francfort et ont créé des filiales dans une centaine de villes en Allemagne.

Outre les deux principales formes d'islamité turque, l'officielle, réputée « modérée », et l'oppositionnelle, de type islamiste et panturquiste, l'Allemagne est également le champ d'action d'autres formes d'islamisme, qu'il s'agisse de la mouvance chiite iranienne des Frères musulmans ou, bien sûr, du wahhabisme saoudien. Concernant les Frères musulmans, la première association s'en réclamant fut fondée par les immigrés originaires de pays arabes, essentiellement syriens, égyptiens et maghrébins. Les adeptes se regroupent en général dans les différents centres islamiques qu'ils ont fondés. Les plus importants se trouvent dans les villes d'Aix-la-Chapelle, de Berlin, de Francfort et de Munich. Il est intéressant de constater que c'est à Aix-la-Chapelle – haut lieu historique de la catholicité et ancienne capitale de l'empire de Charlemagne – que les Frères musulmans syriens qui ont dû fuir la Syrie baassiste ont établi leur centre d'études et leur association autour de la mosquée de Bilal qui rayonne dans toute l'Europe. Le centre Bilal est d'ailleurs à l'origine de nombreuses conversions parmi les Allemands de souche, grâce à ses séminaires mensuels, depuis qu'il est dirigé par l'ancien chef des Frères musulmans de Syrie, Issam el-Attar. Les Frères ont également une grande influence sur les organisations d'étudiants (Association des étudiants musulmans, Union des organisations estudiantines musulmanes, etc.) ainsi que sur le Milli Görüs et les Kaplanci. La coordination des différents centres s'effectue à partir de la maison de l'Islam, située au sud de Francfort, qui dépend du Centre européen des frères musulmans de Genève. Issu d'une scission des Frères musulmans, le parti islamiste ultraradical Hizb ut-Tahrir, dirigé par Omar Bakri Mohammed, a installé son siège pour l'Allemagne à Francfort, où il se développe particulièrement dans les milieux étudiants. Concernant la mouvance chiite, son centre de gravité se situe autour de la mosquée et du centre islamique de Hambourg qui sont directement reliés à Téhéran, et de l'Union des associations d'étudiants islamiques en Europe. Par ailleurs, une radio et une télévision en langue persane émettent à partir de Bonn. L'islam wahhabite saoudien, quant à lui, s'exprime essentiellement au niveau financier et idéologique à travers les centres islamiques, les grandes mosquées et les publications où sont diffusées les thèses ultrarigoristes du salafisme wahhabite. C'est ainsi que la famille royale saoudienne a fait construire à Bonn, en 1994, une Académie islamique, qui regroupe à la fois un centre culturel et un lycée accueillant cinq cents élèves arabophones.

Après ce tour d'horizon, si l'on admet que l'organisation turque officielle (DITIB) représente le principal pôle modéré du paysage islamique allemand – ce qui est discutable –, force est de constater que les pôles islamo-fondamentalistes contrôlent la majorité des mille cinq cents lieux de culte musulmans estimés en Allemagne ; en bref, ils ont la mainmise religieuse et idéologique sur les communautés musulmanes du pays. En effet, parmi les sept cent vingt principales mosquées reconnues comme telles et affiliées à des structures islamiques connues, trois cents sont contrôlées par la DITIB, deux cent vingt par le Milli Görüs et deux cents autres par les Süleymanci. Les autres lieux de culte, parfois de simples salles de prière aménagées dans des caves ou des hangars, sont essentiellement contrôlés, d'après le ministère de l'Intérieur allemand, par des associations islamistes radicales agissant de façon clandestine, comme par exemple les cellules du Hizb ut-Tahrir, celles du GSPC ou du Takfir algériens, et, marginalement, par des associations soufis groupusculaires.

## ALLEMAGNE, TERRE D'ASILE POLITIQUE

L'immigration de populations musulmanes, essentiellement originaires de Turquie, vers l'Allemagne, est devenue significative à partir du début des années 1980, d'abord caractérisée par des flux de travailleurs célibataires. Aujourd'hui, cette immigration se caractérise essentiellement par les voies du regroupement familial, ralenti depuis 1990 mais toujours significatif, par des demandes de statut de réfugié politique, ainsi que par l'immigration clandestine, très forte, en provenance de l'ex-Yougoslavie, d'Albanie et de la Turquie. Celle turco-musulmane s'apparente de plus en plus à une immigration d'opposition : Kurdes, Alevis ou islamistes turcs persécutés dans leur propre pays trouvent au sein de la diaspora turque d'Allemagne une base de repli sûre et un terrain de propagande fécond, concurrençant ainsi les autorités turques officiellement chargées de gérer l'islam en Allemagne. Concernant les islamistes turcs encadrés par le Milli Görüs, on sait qu'ils organisent sur leurs coreligionnaires un véritable racket en exigeant un impôt révolutionnaire destiné à financer les campagnes du mouvement islamiste en Turquie pour l'abolition du régime laïque mis en place par Atatürk. C'est à l'occasion de la victoire du Refah Partisi aux élections législatives turques en 1995, financé en grande partie par la diaspora turque d'Europe de l'Ouest, que l'on prit conscience du rôle international stratégique joué par la communauté turco-musulmane d'Allemagne, de plus en plus réceptive à l'islamisme radical. Une fois encore, et comme ne cessent de le déplorer les chefs d'État musulmans en guerre avec le totalitarisme islamiste, tels le président tunisien Ben Ali ou bien le président égyptien Hosni Moubarak, la responsabilité de l'Occident dans la montée des mouvements antioccidentaux islamistes à travers le monde est centrale.

De fait, l'Allemagne abrite près de trois cents réfugiés politiques, pour la plupart recherchés dans leurs propres pays et souvent condamnés à mort pour terrorisme. L'ex-chef de l'instance exécutive du FIS pour l'étranger, Rabah Kebir, a ainsi trouvé refuge en Allemagne alors qu'il était indésirable en France. Présumé coupable de l'attentat de l'aéroport d'Alger en août 1992, cet ancien professeur de physique enseigne aujourd'hui la théologie islamique à l'Union islamique européenne de Cologne. Salim et Ikbal, les deux fils d'Abassi Madani, un ancien dirigeant du FIS aujourd'hui rallié au régime de Bouteflika, ont également obtenu l'asile politique en Allemagne lorsque leur père était emprisonné en Algérie et son parti déclaré hors-la-loi.

L'Allemagne est considérée, d'après les spécialistes de l'antiterrorisme français, comme un centre logistique de première importance. Tout en souhaitant plus de coopération avec les pays voisins de l'Union européenne, Bonn a eu tendance, jusqu'au drame du 11 septembre, à rester relativement passif devant le défi islamiste. Pourtant, la présence dans ce pays de représentants de première importance des mouvances salafistes algériennes comme de toute la palette du paysage islamiste turc contribue à faire de la République fédérale allemande l'une des plaques tournantes de l'islamisme radical en Europe, d'autant qu'en matière d'approvisionnement en armes, la réunification des deux Allemagnes offre aux terroristes des conditions d'acquisition exceptionnelles. Ainsi, la plupart des filières d'armement convergent vers les banlieues de Francfort, de Berlin et d'Aix-la-Chapelle, avant de repartir vers la France, l'Italie et le Maghreb. Le matériel est acheté dans les pays de l'ancien pacte de Varsovie et en ex-Allemagne de l'Est, où de nombreux stocks ont pu être conservés et écoulés depuis la réunification allemande. C'est d'ailleurs la multiplication des affaires découvertes par la police allemande qui conduisit les deux juges français Jean-Louis Bruguière et Jean-François Ricard à se rendre à plusieurs reprises sur place pour essayer de nouer une collaboration plus étroite entre Paris, Berlin et Bruxelles, en attendant l'abolition prévue des frontières judiciaires. Toutefois, la collaboration bilatérale est souvent mise à mal par les susceptibilités nationales.

Le 21 janvier 1997, une opération coup de poing du BKA allemand, menée conjointement avec la police française dans l'est de la France, avait permis le démantèlement d'un réseau baptisé « Ouadah ». Dix-sept personnes avaient été interpellées à Francfort, Wiesbaden et Offenbach. L'enquête permit de mettre en évidence le caractère transnational des réseaux islamistes à travers l'Europe et le monde, le réseau Ouadah étant étroitement lié à celui d'Ali Touchent, alias Tarek, responsable de l'attentat en 1995 à la station de métro de Port-Royal à Paris, ainsi qu'avec des activistes du réseau Chasse-sur Rhône de Khaled Kelkal. Le 26 décembre 2000, c'est un autre commando terroriste lié à Al-Qaida, le « réseau de Francfort », dirigé par trois islamistes algériens, Lamine Maroni, Aeurobi Beandali et Salim Boukhari, et le Franco-Algérien Fouhad Sabour, qui était démantelé de justesse alors qu'il s'apprêtait à perpétrer des attentats à Strasbourg contre la grande synagogue et la cathédrale. Plus récemment, dans le cadre des enquêtes menées par le BKA, le FBI et Interpol afin d'identifier les réseaux de soutiens logistiques allemands d'Al-Qaida, le rôle de l'Allemagne comme base arrière de l'islamo-terrorisme a été confirmé, car c'est bien depuis ce pays que le commando de kamikazes de Ben Laden prépara l'attaque terroriste sans précédent sur les États-Unis, comme le reconnaîtra le moniteur de pilotage de l'aéroclub de Hangelar, près de Bonn, où Mohamed Atta et deux de ses compagnons de mort, Ziad Jarrah et Marwan as-Shehhi, étaient venus s'entraîner. Leur point de chute était Hambourg, place forte de l'islamisme salafiste en Allemagne et lieu de résidence de Mohamed Atta, qui étudia à l'école polytechnique de Hambourg avant de se rendre aux États-Unis en juin 2000. Toutes les pistes de l'enquête sur l'attentat du 11 septembre 2001 mènent en Allemagne : on sait notamment que l'un des piliers d'Al-Qaida en Afrique, Wadih al-Hage, chrétien libanais converti à l'islam, condamné en mai 2001 pour les attentats contre les ambassades américaines de Dar es-Salaom et de Naïrobi, avait débroussaillé le terrain du commando du 11 septembre en nouant des liens avec les milieux salafistes de Hambourg. On sait également que c'est un commerçant syrien proche de Marwan as-Shehhi et de Mohamed Atta, Mamoun Darkazanli – d'ailleurs témoin au mariage du Marocain Saïd Bahaj, responsable de la logistique du groupe –, qui avait viré, en août 2001, à partir des guichets bancaires des gares de Hambourg et de Düsseldorf, les trente mille marks destinés à payer les cours de pilotage des kamikazes à la Pan Am Flying Academy. D'après la commission des « organisations de base USA » du BKA de Wiesbaden, la police judiciaire allemande, des centaines de militants islamistes agissant au sein des réseaux dormants du Takfir et du GSPC algériens, mais également de la Gamaa égyptienne, seraient toujours opérationnels en Allemagne, notamment à Düsseldorf, à Hambourg et à Bonn, ainsi qu'on a pu s'en apercevoir lors de l'attentat du 4 avril 2001 contre la synagogue de Djerba où dix ressortissants allemands ont trouvé la mort, un attentat organisé par des réseaux allemands et français du Djihad islamique égyptien. Le ministre fédéral de l'Intérieur, Otto Schily, a lancé le chiffre d'une centaine de moudjahidines qui auraient été entraînés en Afghanistan et seraient actuellement en activité en Allemagne, ce qui semble être confirmé par les conclusions de l'enquête consécutive au démantèlement du commando islamiste arrêté en décembre 2000 à Francfort et qui préparait des attentats à Strasbourg.

## L'Italie et le Vatican : cœur symbolique et spirituel de « l'Occident croisé » et terrain de conquête privilégié des islamistes

Le nombre de musulmans installés en Italie se chiffre à environ six cent cinquante mille, la plupart d'entre eux étant issus de l'immigration récente. L'Italie possède à ce jour près de trois cents mosquées et lieux de culte, dont trois importantes à Milan, à Catane et à Rome. La majeure partie des communautés musulmanes d'Italie est concentrée en Lombardie avec plus de cent cinquante mille fidèles, dans le Latium où l'on en recense cent soixante mille, en Émilie-Romagne avec soixante mille et dans le Piémont avec cinq cent mille. Dans le sud de l'Italie, la région de Naples constitue le principal centre de l'islam et constitue, avec les îles siciliennes de Lampedusa et de Pantelleria, un carrefour stratégique pour les migrations de populations musulmanes à travers les deux rives de la Méditerranée. La plus importante organisation musulmane du pays est le Centre islamique culturel d'Italie, initiateur de la construction de la grande mosquée du Monte Antenne à Rome. Composée de représentants officiels des ambassades islamiques en Italie et financée par l'Arabie Saoudite via la Ligue du monde islamique (Rabitat al-alam al-islami) qu'elle contrôle, le Centre islamique et culturel d'Italie est l'unique association musulmane officiellement reconnue par le ministère de l'Intérieur depuis 1974.

## Rome, future capitale de l'islam européen ?

C'est la capitale de la catholicité et de l'Italie qui a été choisie par l'Arabie Saoudite et par le Centre islamique culturel d'Italie pour inaugurer la plus grande mosquée d'Europe, événement autant fondateur que hautement symbolique. Le coût de cette mosquée s'élève à cinquante millions de dollars. Tout commença lorsque le roi saoudien Fayçal, en visite à Rome en juin 1973, rencontra le président du Conseil Giulio Andreotti[33] et le président de la République Giovanni Leone. À cette occasion, le monarque saoudien demanda aux hommes politiques italiens la permission de construire une grande mosquée à Rome. La réponse fut immédiatement positive et le Vatican n'y fit, quant à lui, aucune objection. À peine un an plus

33. Consulter à ce propos le numéro 6 (été 1995) de la revue mensuelle *Trenta Giorni*, dirigée par l'ancien président du Conseil Andreotti.

tard, la mairie de Rome donnait au Centre culturel islamique d'Italie trois hectares de terrain à cet effet. C'est ce même centre, dont font partie les représentations diplomatiques des différents pays musulmans accrédités auprès du gouvernement italien et du Saint-Siège, qui est chargé de rassembler les fonds. La première pierre fut posée le 11 décembre 1984. Selon le projet initial, le minaret devait atteindre quatre-vingts mètres de hauteur afin de dominer tous les édifices du Vatican et ainsi « manifester la supériorité de l'islam ». Mais la municipalité de Rome refusa une telle exigence et la hauteur fut finalement fixée à trente-neuf mètres vingt, la même que celle de la basilique Saint-Pierre de Rome... Parmi les vingt-trois pays qui financèrent l'entreprise, l'Arabie Saoudite, le Koweït, la Libye, les Émirats arabes unis, le Yémen, le Bahreïn, le sultanat d'Oman, le Maroc, le Soudan, l'Irak, l'Égypte, la Jordanie, la Malaisie, la Mauritanie, le Sénégal, le Bangladesh, le sultanat de Brunei, l'Indonésie et la Turquie, l'Arabie Saoudite couvrit à elle seule 70 % des frais (trente-cinq millions de dollars). « La mosquée et le Centre culturel islamique, explique Turki el-Madi, premier secrétaire de l'ambassade d'Arabie Saoudite à Rome, seront un lieu de rencontre à l'enseigne de la tolérance, où il sera possible de présenter le véritable visage de l'islam [...]. Notre but est de servir l'islam grâce à l'aménagement d'un espace pour le dialogue entre les religions, les échanges culturels, un approfondissement de la connaissance de la civilisation arabe et islamique, loin de tout intérêt politique[34]. » De la part d'un pays qui pratique l'islam le plus intolérant de la planète, pareille profession de foi fut perçue par l'opposition catholique et certains mouvements de droite ou écologistes, opposés au projet, comme une opération de séduction et une preuve du double discours des responsables wahhabites, le sort dramatique réservé aux autres religions en Arabie Saoudite et dans d'autres parties du monde islamique constituant un démenti formel à ces professions de foi de tolérance. Mais il faut dire que l'enjeu est de taille pour les islamistes qui veulent instaurer une visibilité de la « vraie religion » en plein cœur de la chrétienté et de la civilisation européenne. Dans un hadith, Mahomet aurait déclaré que « la cité d'Héraclès, c'est-à-dire Constantinople, sera conquise la première ». Pour nombre de musulmans, ces mots signifient non seulement que Rome sera tôt ou tard islamisée après Constantinople, mais que l'installation de nombreuses communautés musulmanes en Italie et

34. *Trenta Giorni, idem.*

la construction d'une grande mosquée à Rome constituent les signes et le point de départ de la « troisième grande phase d'expansion de l'islam », celle de la conquête de l'Occident au XXI$^{e}$ siècle décrite par l'islamologue américain Bernard Lewis, les deux premières étant celle des Arabes au VII$^{e}$ siècle, le Fatah (conquête), puis celle des Turcs avec la chute de Constantinople en 1453. L'intervalle est à chaque fois le même : sept siècles, chiffre biblique et islamique parfait, notent les Nostradamus islamistes... Ainsi, l'éditorialiste du quotidien communiste *Il Manifesto*, Lorenzo Declich, a souligné la fonction essentiellement symbolique de la mosquée romaine qui constitue pour beaucoup un véritable défi face à la basilique Saint-Pierre : « Plutôt que pour sa réelle utilité, elle a été construite pour des raisons symboliques. En effet, la signification d'une si grande mosquée au centre de la chrétienté ne peut échapper à personne[35]. » Utilisant la stratégie victimiste qui consiste à accuser implicitement « d'islamophobie » ceux qui font obstacle aux appétits de conquête islamistes en rappelant la violence et l'intolérance de l'islam, le docteur Ahmed Ali, secrétaire de la Ligue islamique mondiale et plus haute autorité islamique présente le 21 juin lors de l'inauguration de la mosquée, a précisé : « Notre tâche principale consistera à corriger l'image négative de l'islam, image devenue majoritaire dans tout le monde occidental. Car l'islam n'approuve pas que son message soit imposé par la force[36]. » Flagrante manifestation de double discours lorsque l'on examine la réalité de l'islam saoudien, faite de lapidations, de châtiments corporels, d'amputations, de pendaisons, sans parler du rôle de Riyad dans le financement du djihad et de la quasi-totalité des guérillas islamistes dans le monde. Toujours est-il que, même lorsqu'il est grossièrement faux et manifestement subversif, le discours victimaire agissant par la culpabilisation de l'Autre et les professions de foi « progressistes » demeure incroyablement efficace. Mais, en dépit du fait que Riyad dispose de moyens financiers considérables, l'hégémonisme saoudien est de plus en plus contesté par d'autres pôles islamistes d'Italie qui refusent aujourd'hui d'être contrôlés par l'Arabie Saoudite, notamment les Frères musulmans, qui ont réussi ces dix dernières années leur mutation autochtone, à la différence du pôle saoudien, et qui contrôlent les deux plus puissantes organisations islamiques d'Italie, l'Union des étudiants musulmans d'Italie (UFMI), fondée en 1970 et à l'origine d'un important réseau de

35. Lorenzo Declich, *Il Manifesto*, 20 juin 1995.
36. *Trenta Giorni, idem.*

mosquées à travers la péninsule, ainsi que l'Union des communautés et organisations islamiques d'Italie (UCOII), qui regroupe un grand nombre de centres et d'associations islamiques, UFMI comprise.

## Le projet « d'entente » avec l'État italien et le dynamisme inégalé des Frères musulmans

En Italie, les Frères musulmans ont toujours été tiraillés entre deux grandes tendances, la branche jordano-palestinienne et la branche syrienne. La première est représentée par le cheikh Abou Shwaimah, cofondateur de l'UFMI et de l'UCOII, puis créateur du très dynamique Centre islamique de Milan et de Lombardie (CIML). L'action de Shwaimah sera en son temps novatrice puisqu'il sera l'un des premiers dignitaires des Frères musulmans, avec Saïd Ramadan à Genève, qui ouvrira l'organisation au monde extérieur en épousant une Italienne, ce qui est rare chez les Frères, et s'adressera directement aux journalistes et aux politiciens locaux avant de réclamer et d'obtenir de la commune de Milan un édifice où sera créée la première école élémentaire islamique du pays avec quarante-cinq élèves.

C'est dans ce cadre qu'il montera en 1977 le Centre islamique de Milan et de Lombardie (CIML), basé à Segrate, aujourd'hui l'un des plus actifs d'Italie. Celui-ci est le siège de la mosquée de Milan, El-Rahmane, d'ailleurs saluée comme l'un des premiers exemples d'architecture islamique en Italie septentrionale. Outre l'enseignement coranique, les activités sportives et culturelles et la gestion d'une coopérative ayant vocation à contrôler les centres de premier accueil de la mairie, le Centre islamique de Milan développe une intense activité de relations publiques tous azimuts : participation à des conférences et réunions, visites guidées de la mosquée, contacts avec la presse et les milieux catholiques œcuméniques, etc. Il publie un mensuel en italien, *Il Messaggero dell'Islam*, avec son équivalent en arabe, *Risalah al-Islam*, et possède une maison d'édition, Il Calam, dirigée par l'une des figures des convertis de l'islam d'Italie, le très radical Rosario Pasquini, alias Abdul Rahmane, secrétaire général du CIML et bras droit du cheikh Shwaimah depuis plus de vingt ans. Comme beaucoup de convertis, Pasquini est issu de la gauche communiste italienne avec laquelle il a gardé des contacts puisqu'il a été candidat aux élections législatives de mai 2001 pour les *democratici della sinistra*.

La seconde grande tendance est la branche syrienne, la plus radicale, car violemment persécutée en Syrie par le pouvoir alaouite et le parti laïque Baas. Elle est représentée par l'UCOII, la plus puissante des organisations islamiques d'Italie au regard du nombre de fidèles. L'UCOII est dirigée par l'islamiste syrien Nour Mohamed Dachan, condamné dans son propre pays pour activisme islamiste et soutien au terrorisme, arrivé en Italie comme réfugié politique avant d'obtenir la nationalité italienne avec l'appui officiel du consulat du Koweït, ce pays étant le principal soutien des Frères musulmans en Italie et même en Europe. Bien que notoirement intégriste, l'UCOII est l'un des deux interlocuteurs privilégiés des autorités italiennes avec le pôle saoudien. Agissant comme un véritable lobby, son objectif prioritaire est d'être reconnue et institutionnalisée par les pouvoirs publics italiens. C'est elle qui est à l'origine, avec la mosquée de Rome, d'un projet de concordat avec l'État italien. Mais deux obstacles ont, jusqu'à présent, empêché la signature du texte. Les communautés musulmanes, profondément divisées, ne sont d'abord pas parvenues, comme les autres Églises, à élire une structure de représentation unique. Enfin, la grande majorité des musulmans demeure composée de ressortissants étrangers, voire même de nombreux clandestins.

Pour le moment, quatre organisations ont présenté leur projet « d'entente » : l'UCOII, qui fut la première à présenter sa proposition d'accord officiel au gouvernement dès 1991 et qui se prévaut du fait qu'elle est le pôle le plus puissant du pays, bien qu'étant islamiste, le projet saoudien, incarné par la mosquée de Rome mais assez peu représentatif, l'association du cheikh soufi guénonien Pallavicini, le Coreis (Communità Religione Islamica), qui représente à peine une centaine de membres actifs, majoritairement des convertis italiens, enfin, l'Association des musulmans italiens (AMI), dont le secrétaire général est le médiatique imam romain Abdul Palazzi. Ce dernier affirme constituer le seul pôle à la fois modéré et représentatif de l'islam italien et condamne violemment, comme Soheib Bencheikh en France, la compromission des autorités avec les mouvances fondamentalistes saoudo-wahhabites ou des Frères musulmans. En fait, l'AMI a été fondée en 1982 par des Italiens convertis et quelques Somaliens naturalisés italiens. Le cheikh attitré de la confrérie soufie Qadiriyya en Italie est Ali Moallim Hussein, qui revêt la particularité d'être à la fois un cadi somalien, mais également un citoyen italien assermenté en tant que colonel de la garde des Finances italienne. Ces différents pôles se livrent une concurrence acharnée pour le contrôle de l'islam en Italie et aucun d'entre eux n'a pour le moment réussi à supplanter les autres. Détail significatif : le plus marginalisé des quatre par les autorités italiennes est le pôle le plus anti-islamiste et le plus italien, l'AMI d'Abdul Palazzi et du cheikh Hussein ! Il est vrai que les Frères musulmans et les Saoudiens, interlocuteurs privilégiés de l'État italien, se sont employés à discréditer auprès des autorités italiennes son brillant représentant, l'imam Palazzi, qui ose dire : « L'islam contemporain vit une tragédie. Il a été kidnappé par une hérésie née voici trois siècles dans le désert du Nejd, le wahhabisme [...], et par ses nombreuses variantes des Frères musulmans *(al-Ikhwan al-Muslimin)* aux confréries islamistes. Les clones modernes du wahhabisme comme les talibans ou autres néo-wahhabites de Ben Laden ne se différencient du wahhabisme proprement dit qu'en formulant un projet politique de domination mondiale analogue en bien des points au fascisme et au communisme, et en mettant en place, comme leurs modèles totalitaires européens, des réseaux hiérarchisés de militants professionnels. Ils se sont imposés par la terreur[37]. »

En matière d'enseignement scolaire et universitaire, les principales organisations musulmanes d'Italie sont parvenues, en octobre 1998, à se regrouper en une « plate-forme revendicative[38] » présentant cinq grandes revendications, afin de permettre aux étudiants musulmans fréquentant les écoles et les universités publiques de « préserver leur identité et de ne pas subir ainsi de discrimination » : droit de porter le tchador dans les lieux scolaires et universitaires, exigence de nourriture *hallal* dans les cantines, séparation entre hommes et femmes pendant les cours d'éducation physique, possibilité d'étudier le Coran et, enfin, cours et perfectionnement de la langue arabe. En fait, depuis une dizaine d'années, les principales organisations musulmanes italiennes, particulièrement les branches du nord de l'Italie qui sont les plus dynamiques, ont surtout servi aux Frères musulmans à obtenir une visibilité et une reconnaissance institutionnelles. Ils sont ainsi parvenus à légitimer leurs revendications et leur positionnement fondamentaliste, fondant l'essentiel de leur stratégie sur la récupération du discours sur la discrimination et la revendication active, multipliant les manifestations publiques en faveur du port du voile ou contre la laïcité.

37. Interview à *Valeurs actuelles,* 21 décembre 2001.
38. Cité par G. Damiano, *in* « L'Argomento », *Margini,* octobre 1998.

## Le rôle majeur des convertis

Aussi surprenant que cela puisse paraître pour un pays fortement marqué par la culture catholique, c'est en Italie que l'on trouve le plus grand nombre de convertis au sein des instances représentatives nationales de l'islam. Ainsi, le responsable de la section italienne de la Ligue islamique mondiale siégeant avec le Centre islamique et la grande mosquée de Rome n'est autre que l'ancien ambassadeur d'Italie en Arabie Saoudite, Mario Scialoja, qui embrassa l'islam en 1988 alors qu'il était encore en poste à New York, dix ans avant de prendre ses fonctions d'ambassadeur en Arabie Saoudite. Outre Scialoja, c'est un ambassadeur d'Italie à Riyad, Torquato Cardilli, s'est lui aussi converti officiellement à l'islam le 16 novembre 2001 lors d'une visite, en théorie interdite aux non-musulmans, qu'il a faite à La Mecque. Diplômé de l'université de Naples en langues orientales, Cardilli a suivi presque toute sa carrière dans le monde musulman : Khartoum, Damas, Tripoli, Tirana, Dar es-Salaam et Riyad. Le vice-président de la section italienne de la Ligue islamique mondiale, Omar Camiletti, est également un néomusulman. C'est encore un converti italien, « Ammar » De Martino, qui est le représentant de la principale organisation islamique chiite Ahl al-Bayt, basée entre Turin et Naples, et étroitement liée à l'ambassade d'Iran auprès du Saint-Siège. C'est d'ailleurs au contact de Khomeyni et lors de voyages en Iran, où vit son propre fils, que De Martino s'est converti à l'islam chiite, comme d'ailleurs toute une partie de sa famille. Précisons que De Martino, en tant qu'ex-dirigeant du parti néofasciste italien, MSI, et ancien élu de ce parti en Campanie, était l'un des chefs de la mouvance de la « nouvelle droite » en Italie. De Martino ne sera pas le seul ex-nostalgique de l'Axe à se convertir à l'islam et à saluer l'aventure khomeyniste. L'ancien professeur de latin et de grec, Claudio Mutti, rebaptisé Omar Amine à l'instar du vétéran nazi Johannes Van Leers, avait franchi le Rubicond vert avant lui, en 1977, au contact du chef du mouvement ultraradical des Mourabitoun, Ian Dallas, et après avoir séjourné au Maroc et en Libye. Mutti, en tant qu'ancien du groupe d'extrême droite Terza Posizione, dont la particularité était d'allier tiers-mondisme prolibyen et néofascisme, avait été enthousiasmé par les révolutions national-islamiques et socialistes de Kadhafi et de l'ayatollah Khomeyni, ennemis comme lui du sionisme et des États-Unis. Omar Amine Mutti est aujourd'hui très proche de l'Union des musulmans italiens d'Adel Smith tout en demeurant l'une des références intellectuelles du groupe d'extrême droite révisionniste et néopaïen Orion. Dans un tout autre registre, on peut également citer Abd al-Waliyy Vincenzo, l'un des responsables du Coreis, l'une des cinq organisations islamiques les plus significatives d'Italie, d'inspiration soufie, basée à Milan et composée presque exclusivement de convertis, dont le grand cheikh Felice (Wahid) Pallavicini est un adepte de la *tariqa* soufie Ahmadiyya Idrissiyya. Comme Pallavicini, le chanteur italien Franco Battiato a embrassé l'islam à travers le soufisme, via la Tariqa dirigée par cheikh Gabriele Mandel Khan, branche italienne de la confrérie turque des Jerrahi-Halveti[39]. À la différence de nombreux autres convertis et adeptes d'une version fondamentaliste de l'islam impliquant souvent une rupture culturelle et affective avec la société occidentale d'origine, Battiato prône depuis des années un islam tolérant et dénonce avec virulence le fanatisme islamique.

Les convertis italiens comptent parmi les plus dynamiques d'Europe. Nombre d'entre eux dirigent des centres islamiques et des revues, mais également des maisons d'édition. Hamza Piccardo, secrétaire général de l'UCOII, a fondé celle d'Al-Hikma, A. P. Urizzi, la Société italienne de textes islamiques, Claudio Mutti (Omar Amine), les Éditions Veltro, et le comte Giovanni Oggero, lui aussi converti au contact de l'ayatollah Khomeyni, les éditions Arktos. De Martino, Piccardo, Pasquini et l'imam anti-intégriste de Rome, cheikh Abdul Palazzi, président de l'Unione musulmani italiani, ont chacun fondé et dirigé une revue islamique en italien. Nombre d'entre eux ont traduit des livres. Figure centrale du fondamentalisme islamique en Italie, Roberto (Hamza) Piccardo, a créé la revue *Il Musulmano* qui n'existe plus aujourd'hui. Cette revue se voulait l'organe d'expression de l'UCOII et revêtait la particularité d'être l'un des points de rencontre des mouvances antisionistes d'extrême gauche comme d'extrême droite. Ce sont les éditions néofascistes Barbarossa, proches du groupe de Claudio Mutti et d'Orion, qui ont édité pendant plusieurs années *Il Musulmano*.

Les contacts entre la mouvance de Mutti et celle d'Hamza Piccardo sont essentiellement motivés par l'antichristianisme et l'antijudaïsme, puissants vecteurs d'islamophilie. Piccardo vient de l'extrême gauche (Autonomie ouvrière), comme bon nombre de convertis italiens d'ailleurs. Massimo Zucchi, le secrétaire général

39. Voir dossier de *La Repubblica* réalisé par Magdi Allam, « L'Islam en Italie, n° 5 : Les convertis », 30 novembre 1999.

de l'Union musulmane d'Italie d'Adel Smith, vient de la même structure, Ali Federico Shultz a été formé à Lutte continue, et Adel Smith a gardé de sa formation idéologique initiale d'extrême gauche une haine viscérale pour les religions chrétienne et juive, et a radicalisé ses positions au contact d'Al-Morabitoun[40]. Interrogé par le *Corriere della Sera* à propos des différentes affaires du voile, l'ancien militant d'extrême gauche Hamza Piccardo ne cache pas ses conceptions ultrarigoristes et son dogmatisme : « Pour les musulmanes pubères, porter le voile est un ordre de Dieu, comme cela est écrit dans le Coran, [...] parce que l'exhibitionnisme est typique des femmes. Le voile est une manière de mettre fin à une dégénérescence qui est arrivée aujourd'hui à son comble[41]. » En fait, depuis sa conversion, Piccardo est surtout l'un des hommes-clés des Frères musulmans, lesquels ne font en général jamais entrer de non-natifs dans leurs structures fermées mais n'hésitent pas à utiliser des éléments autochtones. Il est, depuis des années, le bras droit d'un des pilliers des Frères musulmans syriens à Milan, le cheikh Ghrwati Baha.

Proche de la mouvance soudanaise des Frères, l'Italo-Suisse Federico (Ali) Schultz, devenu l'un des responsables de l'UCOII et marié à une somalienne sunnite, a quant à lui fondé en 1990 à Milan, avec le représentant de l'aile soudanaise des Frères en Italie, Mohammed Tahir, un centre communautaire islamique, Il Fondaco dei Mori, dont l'objectif est de « faire connaître l'islam » en Italie et « d'apporter une aide aux immigrés musulmans par solidarité islamique ». Le Fondaco dei Mori comprend, outre une librairie et un magasin de produits alimentaires et d'habillement, une bibliothèque islamique et un restaurant oriental. Cette fondation est essentiellement fréquentée par une clientèle d'Européens attirés par l'islam, des écologistes, des tiers-mondistes d'extrême gauche et autres antisionistes milanais. D'après Schultz, la radicalisation des associations islamiques italiennes serait justifiée par le fait que « les musulmans, dans cette société, sont les plus pauvres des pauvres, beaucoup ne sont pas régularisés [...]. Ils n'ont ni droits, ni papiers, ni maison, ni travail, ni respect, pas même de famille, rien. Il est donc probable que ce groupe devienne bientôt plus radical, y

40. Voir *L'Islam castiga Oriana Fallaci,* Alethes, 2002, p. 36, où Adel Smith y qualifie l'Église catholique de « criminelle », « polythéiste » et « idolâtre », et accuse les juifs talmudiques de vouloir « faire prisonniers tous les non-juifs nés du sperme d'un âne, obligés de se prosterner devant le peuple hébraïque ».

41. Roberto Hamza Piccardo, *Corriere della Sera,* 6 février 1998.

compris sur le plan politique[42] ». Lui-même proche de certains milieux d'extrême droite de Padanie par antisionisme et antichristianisme radical, et en dépit de la rhétorique antiraciste et victimiste « de gauche » qu'il affectionne, Schultz explique aux militants antijuifs et antiaméricains des deux extrêmes de l'échiquier que l'immigration musulmane et l'islamisation sont « moins graves pour l'identité des Européens que l'"américanisation culturelle" et le "sionisme", et qu'elles pourraient au contraire être utilisées pour contrebalancer l'américanisation de l'Europe et le lobby juif[43] ».

Les services de renseignements et de contre-espionnage italiens, le Cesis et le Sisde, ont récemment lancé des alertes quant à la menace islamiste en Italie et les relais locaux précieux que constituent pour l'islamo-terrorisme international les convertis italiens, en s'inquiètant du « phénomène des extrémismes convertis à la religion islamique en contact, y compris à l'étranger, avec des cercles fondamentalistes, dans le cadre d'une lutte commune contre l'Amérique et Israël[44] ». Derrière sa façade respectable, Schultz est devenu ces dernières années l'un des représentants quasi institutionnels de l'islam italien et l'un des instigateurs du projet d'entente avec l'État italien, parvenant à être perçu comme un « modéré » par les autorités. Les récentes enquêtes de la Digos et de la Gico lancées contre les réseaux d'Al-Qaida en Italie ont pourtant permis de montrer que les trois dirigeants du Fondaco dei Mori, Ali Federico Schultz et son épouse Aisha Shams, issus du clan somalien pro-Ben Laden des Habar-Khadir, ainsi que l'homme d'affaires soudanais Mohamed Tahir, représentant important du Parti d'unité populaire arabo-islamique du leader islamiste Hassan al-Tourabbi, sont étroitement liés aux Frères musulmans soudanais gravitant autour de la coopérative Al-Barakat basée à Dubaï. Or, cette banque du Golfe fut identifiée par le FBI et la Digos comme l'une des structures de financement des cellules d'Al-Qaida dans le monde. Avec d'autres convertis italiens dont Ahmad Ferrario et Abdul Jalil Umberto Randellini, Ali Schultz est l'un des intermédiaires d'Al-Barakat pour le financement d'opérations de propagande des Frères musulmans en Italie, les trois hommes agissant notamment à travers l'organisation caritative Human Appeal International, une ONG financée par les

42. Cité par Kati Juurus, « After Constantinople – Rome », *Europ Magazine*, n° 89, printemps 1998.

43. Colloque organisé par Orion et Synergies européennes à Chiavenna, juillet 1996.

44. « Tutti i soldati italiani di Allah », *Panorama*, 9 novembre 2000.

émirs du Golfe, depuis peu hors la loi en Grande-Bretagne pour le rôle qu'elle a joué dans le financement de cellules terroristes antibritanniques au Yémen[45].

Mais on ne peut nier qu'au sein de l'islamisme des convertis italiens, la palme de l'outrance et du fanatisme revient aux animateurs de l'Union des musulmans d'Italie, Adel Smith et Massimo Zucchi, lesquels n'ont pas hésité à organiser au Parco del Castello, à Milan, le 14 octobre 2001, peu après les premières frappes anglo-américaines en Afghanistan, une manifestation de protestation contre l'opération Liberté immuable, ponctuée d'invectives contre l'Occident infidèle et les chrétiens-croisés. Parmi les slogans, on retiendra notamment « *Allah ou Akbar*, il n'y a pas d'autre dieu que Dieu », ou « vive Oussama Ben Laden innocent » [46]. Plus récemment, l'organisation d'Adel Smith a orchestré une campagne de dénigrement associée à des menaces de mort contre la journaliste italienne Oriana Fallaci. Mais l'extrémisme n'est pas le monopole des convertis en Italie. C'est ainsi que l'imam de la mosquée de Porta Palazzo à Turin, Bouriq Bouchta, défendit ouvertement Ben Laden et sa guerre sainte contre les « judéo-croisés » infidèles. S'adressant à la presse, le chef de la mystérieuse organisation islamiste OIR (Organisations islamiques radicales), qui regroupe nombre d'associations radicales dans la péninsule dont La Guerre sainte de l'Islam, l'Association islamique ou le Parti de la Libération islamique, organisa à Turin, en octobre et en novembre 2001, en réaction à l'opération Liberté immuable, une série de violentes manifestations publiques de soutien aux talibans et à Ben Laden, expliquant dans son micro que « tous les musulmans sont frères, des islamistes les plus radicaux aux plus modérés et aux immigrés opprimés, tous appelés au djihad ». Commentant le double jeu de Shultz et les déclarations de l'imam Bouchta, l'imam Abdul Palazzi, l'un des rares leaders musulmans italiens modérés qui dirige par ailleurs le Centre islamique de Rome, s'indigne du fait que « l'État italien, comme les États occidentaux en général, ne reconnaît au niveau officiel que les structures de l'islam radical et antioccidental, comme si les pôles musulmans modérés engagés dans l'intégration réelle des musulmans en pleine harmonie avec les valeurs et les lois des sociétés occidentales étaient jugés indésirables[47] ».

45. Dimitri Buffa, *L'Opinione,* 5 décembre 2001,
46. Cité *in Oggi,* 31 octobre 2001.
47. Entretien avec l'auteur, Rome, avril 2002.

## Le retour du terrorisme en Italie

Phénomène relativement nouveau dans un pays qui avait eu surtout maille à partir avec le terrorisme d'extrême gauche des Brigades rouges et les mafias du Sud, des réseaux terroristes islamistes sont désormais implantés dans la plupart des grandes villes italiennes industrielles ou abritant de grandes universités. C'est d'ailleurs dans les milieux étudiants que les islamistes radicaux recrutent le plus de fidèles, un constat qu'a émis la police italienne suite aux perquisitions et arrestations survenues entre l'été 1995 et l'hiver 1996, à la faveur de plusieurs opérations antiterroristes franco-italiennes (Louinici et Chapka), et italiennes (Sfinge). C'est ainsi que les villes de Bari, Turin, Brescia, Piacenza, Bologne, Florence et surtout Pérouse, avec son université, sont devenues des foyers d'intégrisme islamique où opèrent principalement les militants algériens du GIA ou du Takfir, les Égyptiens du Gamaa al-islamiyya et les Tunisiens liés aux Frères musulmans. Dans le cadre de l'opération Sfinge, les services de police de la Digos de Milan (Divisione investigazione generali operativi speciali) démantelèrent ainsi, le 27 juin 1995, en collaboration avec l'Ucigos romaine, la cellule secrète du Gamaa al-islamiyya égyptien, Milan étant devenue, tout comme Londres, Bonn, Cologne ou Paris, une base de repli et même de recrutement pour les mouvements islamistes interdits en Égypte. C'est en effet sous la couverture du centre culturel du boulevard Jenner, à Milan, fondé par l'imam égyptien Anwar al-Saiyyed Shaabane, qu'arrivèrent d'Égypte et d'autres pays arabes quelques-uns parmi les plus importants protagonistes du djihad en Bosnie. Derrière la couverture sociale du centre culturel islamique milanais et d'un centre d'accueil d'immigration situé rue Pitteri, le cheikh Shaabane, proche de l'émir Adel Rahmane, chef du mouvement terroriste égyptien Gamaa al-islamiyya et commanditaire du premier attentat du World Trade Center en 1993, devenait, à l'occasion de ses fréquents séjours dans les Balkans, « l'émir de la brigade des moudjahidines en Bosnie ». Il sera d'ailleurs abattu pour cette raison le 15 décembre 1995 par l'armée croate, le gouvernement de Zagreb ayant décidé de mettre fin à l'activisme arabe probosniaque en Croatie où transitaient les moudjahidines.

Le centre culturel islamique du boulevard Jenner est, d'après les rapports de police, particulièrement bien organisé et autosuffisant financièrement, officiellement grâce à la coopérative Il Paradiso spécialisée dans le commerce des viandes *hallal*. Ce centre proposa à la commune de Milan plus de trois milliards de lires pour acheter un terrain de trois mille six cents mètres carrés destiné à accueillir une mosquée. Le financement du terrain et de la construction était censé venir de la coopérative. Il fut en fait assuré par des princes du Golfe et des « ONG d'Allah » contrôlées par l'Arabie Saoudite et le Koweït, via la banque islamique Al-Taqwa, basée notamment aux Bahamas, au Lichtenstein et à Lugano, ce que révélerait l'opération antiterroriste lancée contre les réseaux Al-Qaida en Italie à la suite du drame du 11 septembre. Al-Taqwa a été cofondée et est toujours présidée par le milliardaire égyptien naturalisé italien Youssef Mustapha Nada, l'une des figures des Frères musulmans au niveau mondial et proche de la famille Ben Laden. Il réside à Campione d'Italia, dans le nord de l'Italie, tout comme son numéro deux, le Syrien Ghaleb Himmat.

En fait, la principale activité d'Al-Taqwa – qui est devenue en février 2001 la Nada Management Organization – et de ses nombreuses filiales basées à Malte, aux Bahamas ou à Nassau, consistait à gérer des fonds en provenance du Koweït et des Émirats arabes, et destinés aux cellules terroristes et aux ONG islamistes. Les services spéciaux italiens de la Gico et de la Digos apporteront la preuve qu'Al-Taqwa était, aux côtés de la banque Al-Barakat, la principale structure de financement d'Al-Qaida dans la péninsule et en Europe occidentale. Détail qui a son importance, parmi les trois cents actionnaires de la holding d'Al-Taqwa, on dénombre plusieurs convertis issus de milieux idéologiques ultraradicaux, dont Sante Cicarello, l'un des hauts cadres de l'Union des communautés islamiques d'Italie, le professeur Alessandro (Karim Abdul) Ghé, ancien militant néofasciste d'Ordine nuovo, ou encore le néonazi suisse Ahmad Huber... L'enquête révèlera aussi que le financement du centre Jenner par Al-Taqwa passait par l'un des trois dirigeants d'Al-Taqwa, l'homme d'affaires Ahmed Idris Nasreddin, considéré par le FBI comme l'un des lieutenants de Ben Laden en Italie, d'où la conviction du ministre du Trésor américain selon laquelle le centre du boulevard Jenner était l'une des « bases européennes du réseau d'Oussama Ben Laden ». Naturalisé italien comme Youssef Nada et résidant à Milan depuis 1954, Nasreddin fut d'ailleurs soudainement révoqué de son poste de consul du Koweït le lendemain même des attentats de Manhattan, lorsque Georges Bush annonça qu'il allait s'en prendre aux structures d'Al-Qaida en Europe.

En fait, le centre du boulevard Jenner se retrouve régulièrement visé par de multiples accusations. Tout commence en 1993, à l'époque des premiers attentats contre les Twin Towers commandités par Ben Laden et Omar Abdelrahmane. À cette occasion, le centre est perquisitionné. Le principal suspect arrêté par la police américaine, l'Iraquien Ramzi Youssef installé à New York pour préparer le premier attentat contre les tours jumelles, a été signalé dans les locaux peu avant sa mission terroriste. En 1995, dans le cadre de l'opération Sfinge, la mosquée du centre est à nouveau perquisitionnée. On y trouve cette fois-ci de nombreux faux passeports. Le centre est impliqué directement dans un vaste trafic de faux papiers et d'exfiltration de terroristes. Treize suspects sont incarcérés. Parmi eux, l'imam d'alors, Anwar Shaabane, qui s'avère diriger un véritable réseau transnational de trafic d'armes entre l'Italie et les Balkans. En 1998, d'autres enquêtes et arrestations pour trafic d'armes et faux documents éclaboussent le centre. On arrête cette fois une vingtaine de membres du GIA algérien. En décembre 1999, à Seattle, pendant les journées du G8, l'islamiste algérien Ahmed Ressam, bras droit de l'un des proches collaborateurs de Ben Laden en Occident, Fateh Kamel, est arrêté à la frontière américano-canadienne en possession de soixante kilos d'explosifs alors qu'il s'apprêtait à perpétrer un attentat contre l'aéroport de Los Angeles. En échange d'une considérable réduction de peine, Ressam devient le premier repenti d'Al-Qaida. Il avouera avoir lui aussi séjourné à Milan sous la protection des responsables du centre du boulevard Jenner. Au même moment est arrêtée l'Italienne Lucia Garofalo, mariée au chef de la Légion islamique armée basé à Naples, Yamin Rachek, coupable d'avoir servi d'appui logistique pour l'exfiltration d'islamistes algériens proches de Ressam du sud de l'Italie vers le Canada. Apparaît alors un autre repenti, le Marocain Houssaine Kherchtou, ex-affilié d'Al-Qaida, qui déclare lui aussi avoir longtemps fréquenté l'ex-imam du centre, Anwar Shaabane, lequel l'aurait même poussé à s'engager dans les camps d'entraînement de Ben Laden en Afghanistan. On reparlera encore du centre Jenner lorsque son secrétaire, l'Algérien Abdelhalim Hafed Ramadna, suspecté d'être l'un des chefs des réseaux terroristes algériens en Europe et l'ambassadeur pour les contacts avec les hommes de Ben Laden en Afghanistan, sera jugé puis incarcéré à la prison de San Vittore en 1999 pour trafic de faux papiers au profit de cellules dormantes d'Al-Qaida en Italie et en Europe. L'homme a été identifié par ses nombreux contacts téléphoniques avec des islamistes algériens proches de l'organisation de Ben Laden, notamment les cheikh*s* Abou Doha, Abou Jaafar et Abou Zubeïda. Quant au bibliothécaire du centre, il sera lui aussi arrêté par la Digos en raison de ses liens avec Al-Qaida. Enfin, on apprendra que le groupe du boulevard Jenner était directement lié à un haut fonctionnaire chargé de la sécurité politique pour le gouvernement du Yémen, Abdul Salam Ali Abdulrahmane, qui sera interpellé en septembre 2001 pour ses liens avec Al-Qaida. Lors de l'arrestation en Italie d'un réseau de sept Tunisiens et d'un Libyen en mai 2001, accusés de préparer des attentats à Rome, la police révélera qu'ils avaient eux aussi « fréquenté assidûment » l'institut milanais. Le président du centre niera systématiquement toute implication de son institut dans les activités d'Al-Qaida. Pourtant, alors qu'il comparaissait comme témoin dans le cadre du procès contre un réseau islamiste tunisien lié au centre, il reconnaissait devant les tribunaux italiens avoir « rencontré à Peshawar Ayman al-Zawahiri », numéro deux de Ben Laden et chef du Djihad islamique égyptien, et même avoir séjourné à l'étranger plusieurs années après son arrivée à Milan en 1993 « aux côtés des combattants islamistes en Afghanistan et en Croatie ». Mieux, Abou Imad avouera avoir été proche d'un certain Es-Sayed Abdelkader, chef de file de la mouvance égyptienne du Djihad islamique de Zawahiri en Italie, à qui il « prêta l'ordinateur du centre afin qu'il puisse communiquer avec l'un des cadres du Djihad, Rifai Taha Moussa ». Il précisera aussi qu'il avait, « par pure hospitalité islamique et sans le connaître, prêté un logement gratuit à Es-Sayed », lequel fondera la mosquée salafiste de la rue Quaranta quelques semaines plus tard. Cette mosquée deviendra vite l'un des points de référence de la composante égyptienne d'Al-Qaida en Europe. Mieux, début juin 2002, les premiers résultats de l'enquête contre Al-Qaida ont révélé qu'Es-Sayed fut l'homme qui livra les passeports à plusieurs des membres du commando du 11 septembre. « Nous nous devons d'aider tous ceux qui en ont besoin », précisera Imad...

En février 2002, au moment où une vague d'attentats était perpétrée sur le sol italien par des mouvances terroristes « néobrigadistes » (notamment l'attentat contre le ministère de l'Intérieur et l'assassinat en mars 2002 d'un collaborateur de Silvio Berlusconi, Marco Biaggi), une nouvelle cellule d'Al-Qaida, qui préparait des attentats dans la ville symbole du christianisme contre les ambassades des États-Unis ou de Grande-Bretagne, fut démantelée de justesse à Rome par les services du Sisde avec l'arrestation de neuf islamistes marocains. Cette fois-ci, l'arme était chimique, les terroristes étant en possession de quatre kilos et demi de cyanure de potassium et de dix kilos de poudre explosive ; une des armes favorites d'Al-Qaida et particulièrement étudiée dans les camps afghans, selon Ahmed Ressam. D'après les services italiens, l'un des islamistes marocains, un certain Aziz Jmile, qui travaillait dans une pizzeria, avait effectué un tour d'Italie des mosquées, de Reggio de Calabre à Naples, Gênes, Pérouse et Ancône, révélant ainsi l'existence d'une connexion « salafiste-djihadiste » dans tout le pays. L'un des chefs du réseau, Saïd Ikbal, aurait été l'un des principaux piliers des « réseaux dormants » d'Al-Qaida en Italie, essentiellement représentés par le Groupe salafiste pour la prédication et le combat, fortement implanté dans le nord de l'Italie, ainsi que la mouvance du Takfir wa'l-Hijra. Le 3 avril 2001, un réseau de six Maghrébins issus de cette nébuleuse avait déjà été démantelé à Milan. Son leader, le Tunisien Essid Sami Ben Khemais, alias Saber, le premier inculpé d'Al-Qaida en Europe, avait été en contact en Espagne avec Mohamed Atta, principal protagoniste des attentats du World Trade Center. Depuis, les arrestations et les nouvelles enquêtes se poursuivent. En juillet 2002, c'est une cellule de huit islamistes basée en Sicile qui était démantelée de justesse. C'est ainsi que fut arrêté, le 18 juillet, un Sicilien converti à l'islam, Domenico Quaranba, alias Omar, lequel préparait une série d'attentats en relation avec un groupe d'Algériens installé à Milan. Omar avait déjà fait exploser à Agrigente une bonbonne de gaz au pied du temple de la Concorde.

Les cellules terroristes algériennes du Takfir et du GSPC se sont considérablement développées en Italie ces trois dernières années, comme l'ont révélé les premières conclusions de l'opération antiterroriste Croisade, lancée en octobre 2000 par les services antiterroristes italiens en riposte au djihad proclamé par Al-Qaida en Europe. On démantèlera alors un vaste réseau du Takfir disposant d'antennes un peu partout en Europe, en Grande-Bretagne, Pays-Bas, Suisse et Allemagne, ainsi qu'en France à Paris et Marseille, à Zurich en Suisse, et enfin en Italie à Milan, Bergame et Bassano del Grappa. Takfir avait ainsi fermement décidé de « créer des États islamiques en Europe » ! Enfin, les aveux d'Ahmed Ressam ont révélé l'existence d'un « réseau dormant » d'une soixantaine de Tunisiens prêts à accomplir des attentats. « Ils sont au moins deux cents dans toute l'Europe les guerriers d'Oussama Ben Laden, capables d'agir où et quand ils veulent, à Milan comme à Rome », confesse Ressam[48] à l'assistant *attorney* de New York, Joseph F. Bianco.

La nature extrêmement cloisonnée du Takfir et du GSPC compromet malheureusement toute chance d'éradication totale de la

48. *Panorama,* 28 février 2002.

menace islamo-terroriste en Italie, un pays si proche des Balkans et de l'Afrique du Nord, donc passage quasi obligé entre les foyers islamistes nord-africains et balkaniques et l'Europe de l'Ouest. Interrogé dans les colonnes de *Panorama*, Franco Frattini, responsable du Comité pour les services secrets italiens, lance une conclusion lapidaire : « La politique arabophile de l'Italie sur l'échiquier moyen-oriental nous a mis à l'abri d'attentats, mais elle a fait de notre pays une base logistique pour le trafic d'armes et le support aux actions terroristes islamiques dans les pays voisins [...]. Le terrorisme fondamentaliste assoit ses bases internationales. Or, l'Italie ne peut pas se permettre d'être accusée d'arabophilie par ses partenaires européens. [...] Ces dernières années, les mosquées et les centres culturels islamiques ont servi de base au terrorisme. Ceci en vertu du sacro-saint principe de liberté religieuse. Il faut responsabiliser ces communautés et exiger d'elles une collaboration pour isoler les éléments dangereux[49]. »

## Les connexions terroristes « rouge-vert »

La vulnérabilité de l'Italie face au terrorisme islamiste est double pour deux raisons essentielles : les islamistes disposent, avec la proximité des bases islamistes de Bosnie et celles en zone albanaise, puis grâce aux contacts qu'ils ont su nouer avec les mafias italiennes qui leur permettent d'acheminer armes, clandestins et autres trafics, d'une base arrière de transit unique en Occident, à égalité peut-être avec le sud de l'Espagne et la zone de la Triple Frontière en Argentine. Ensuite, les ennemis communs qui unissent les islamistes aux mouvements terroristes et activistes d'extrême gauche en Italie peuvent pousser les représentants de ces deux mouvances à collaborer un jour. Lors de l'arrestation, le 10 mai 1995 à Pavie, du terroriste Djamal Louinici, alias Zoubir, l'un des cadres du GIA en Europe occidentale qui avait trouvé refuge en Italie en 1994 et était parvenu à obtenir un permis de séjour italien, les polices italiennes s'étaient aperçues avec effroi de l'existence de liens entre les terroristes islamistes et les groupes d'action « néobrigadistes », partageant tous deux les mêmes haines antiaméricaines et antisionistes. Spécialisé dans le rachat de matériel militaire détenu par l'Armée rouge italienne ou d'autres groupes terroristes d'extrême gauche (Baader

49. « Attento, alzeranno il tiro », *Panorama, ibid.*

et Action directe), Louinici avait été l'un des pionniers de ce rapprochement. Depuis, les contacts sont de plus en plus étroits entre les milieux « antimondialisation » ou « néobrigadistes » et les islamistes. Nous avons vu précédemment que nombreux sont les convertis à l'islamisme comme Hamza Piccardo, Rosario Pasquini, Ali Shultz, ou encore Adel Smith qui viennent de l'extrême gauche activiste. Mais on peut également rappeler que le bras droit de ce dernier, Massimo Zucchi, ancien membre d'Autonomie ouvrière, avait été accusé de complicité avec les terroristes des Brigades rouges il y a une vingtaine d'années, alors que l'idéologue d'Autonomie ouvrière, Toni Negri, aujourd'hui encore l'un des leaders des violentes manifestations « antimondialisation », en était déjà la figure emblématique, ses thèses ultraradicales servant de caution idéologique aux terroristes brigadistes.

Les différentes déclarations antioccidentales d'islamistes comme Adel Smith ou Zucchi appelant à la conquête de l'Europe, tout comme les provocations verbales des adeptes des Mourabitoun, qui prônent eux aussi la révolution islamique en Occident et viennent en général de l'ultragauche, ne peuvent pas être sous-estimés dans la mesure où des extrémistes susceptibles de passer à l'acte terroriste ou ambitionnant de faire coopérer entre eux islamistes et néobrigadistes peuvent y trouver des sources de justification. Ainsi, dans leur « Rapport stratégique de la Défense » présenté le 12 avril 2001 à l'ex-ministre de l'Intérieur Sergio Mattarella, les services de sécurité intérieure italiens constatent une réapparition des « menaces non conventionnelles » incarnées par des mouvements d'extrême gauche, en particulier les « Faisceaux territoriaux anti-impérialistes », groupe actif depuis 1995, ainsi que les « Noyaux d'initiative prolétarienne révolutionnaire » ou les Brigades rouges du Parti communiste combattant (BRPCC), qui ont revendiqué les tentatives d'attentats survenus à Rome en mars-avril 2001, puis en mars 2002.

En Italie comme ailleurs en Europe, le front « vert-rouge » protaliban, philopalestinien, ou plus simplement antiaméricain, est désormais une réalité « en mouvement ». Outre la recrudescence de la mode des keffiehs palestiniens, la connexion vert-rouge a notamment été attestée dans une déclaration écrite des Nuclei Territoriali Anti-imperialisti (NTA) du 17 novembre, qui saluaient « l'action héroïque d'Al-Qaida contre l'impérialisme américain » et rendaient « honneur aux martyrs kamykazes tombés dans la guerre contre l'impérialisme américain ». Ainsi, dans leur rapport de mars 2002 sur « la politique d'information et la sécurité », les services de sécurité italiens alertent les autorités sur les dangers des connexions entre le terrorisme néobrigadiste et l'islamisme, tous deux motivés par l'antioccidentalisme et l'antiatlantisme. Dans leur message de revendication après l'assassinat de Marco Biaggi, les Brigades rouges du Parti communiste combattant (BRPCC) n'hésiteront pas en effet à saluer « la résistance palestinienne à l'entité sioniste », puis la « résistance afghane aux pressions américaines », l'attentat du 11 septembre étant qualifié « d'action concrète de déstabilisation de la stratégie impérialiste... »

## LA BELGIQUE ET LES PAYS-BAS : CONTEXTE INSTITUTIONNEL UNIQUE ET MAINMISE QUASI TOTALE DES ISLAMISTES

Outre le fait que les populations musulmanes de Belgique et des Pays-Bas sont comparables en nombre (cinq cent mille âmes d'un côté et environ six cent mille de l'autre), elles bénéficient d'une tradition communautariste commune aux deux pays néerlandophones : la tradition des « piliers », ceux-ci pouvant être définis comme des communautés ethnoconfessionnelles et des groupes sociaux particuliers, reconnus comme composantes de l'État et disposant d'une autonomie et de droits propres (catholiques, protestants, juifs, musulmans, laïques). C'est en vertu de cette politique des piliers que le culte musulman est placé en Belgique sur le même pied d'égalité que les autres religions depuis l'élection, le 15 décembre 1998, d'un pouvoir représentatif islamique, sur les bases des lois de 1974 et de 1978. Aussi l'État belge finance-t-il le culte islamique et permet-il l'enseignement de l'islam dans les établissements publics scolaires. Depuis juin 1986, les examens du certificat d'études primaires sanctionnent les cours d'arabe et de civilisation islamique, dont le taux de réussite atteint 60 %[50]. Concernant l'enseignement privé confessionnel, le « Pacte scolaire » de 1959 est également en charge de l'aide gouvernementale aux écoles privées confessionnelles, qui se voient attribuer des subventions publiques pour la rémunération des enseignants.

En 1968, le gouvernement belge avait fait don du pavillon oriental du parc des Centenaires de Bruxelles au roi Fayçal d'Arabie Saoudite, lequel allait rapidement transformer l'édifice en un centre culturel islamique, directement contrôlé par la Ligue islamique

50. Christian Lochon, *L'Islam en Europe*, CHEAM, 1996, p. 15.

mondiale. Marquant là une réelle volonté de contrôler l'islam de Belgique, par deux fois, en 1969 avec Fayçal, puis en mai 1978 avec Khaled, le roi d'Arabie Saoudite viendra personnellement appuyer l'action du centre auprès des autorités belges. À partir de 1970, le centre connut une expansion d'autant plus rapide qu'il demeura pendant près de dix ans la seule organisation islamique structurée à la disposition des musulmans de Belgique. En 1989, les dirigeants saoudiens, décidés à rester les leaders incontestés de l'islam belge, inaugurèrent un institut de formation continue où l'on enseignait les matières religieuses classiques : exégèse coranique, langue arabe, fiqhs et hadiths. Fort de sa puissance économique et déployant d'intenses efforts diplomatiques pour faire pencher la balance en sa faveur, Riyad obtint de Bruxelles que l'imam directeur du centre fût habilité par le ministère belge de l'Éducation nationale à désigner les enseignants destinés à dispenser les cours de religion islamique et d'arabe dans les écoles publiques de Belgique. Précisons que, dans le cadre du pacte scolaire, le centre saoudien bénéficie, depuis 1978, de subventions qui lui permettent de rémunérer six cents enseignants religieux dans le primaire et le secondaire. Les organisations wahhabites saoudiennes ont finalement réussi à obtenir un véritable monopole sur le plan représentatif, éclipsant *de facto* le rôle de dizaines d'autres associations islamiques existantes.

Malgré ses moyens et les atouts énormes dont il dispose, le pôle saoudien semble avoir échoué dans sa prétention hégémonique à représenter les différentes communautés musulmanes de Belgique, de plus en plus réfractaires à son monopole pour des raisons à la fois idéologiques et structurelles liées à la concurrence entre différentes organisations pour le leadership islamique. Les principaux rivaux de Riyad sont le Tabligh, à la tête d'une douzaine de mosquées dans tout le pays et de plusieurs écoles islamistes, et le pôle turc, lui-même divisé en deux tendances, avec l'ambassade de Turquie qui dispose à travers la Diyanet de ses propres professeurs de religion et imams – certes nommés par le pôle saoudien – et contrôle une soixantaine de mosquées en Belgique, et surtout la mouvance islamiste du Milli Görüs, représentée à travers la Türkiye Diyanet Vakfi (TDV), une fondation religieuse turque qui revendique aujourd'hui huit mille membres. Décidée à prendre le contrepied du centre islamique saoudien, la TDV dispose d'un important fonds d'assistance mutuelle et intervient dans l'organisation des activités et cérémonies religieuses ainsi que dans la résolution de problèmes tels que les frais d'enterrement. Fortement implantée en Belgique germanophone et néerlandophone, la mouvance islamiste turque contrôle au total plus de cent cinquante mosquées et lieux de culte à travers le pays, c'est-à-dire plus que l'organisation turque officielle chargée des cultes. En mai 1989, la radicalisation et les luttes d'influence entre les différents pôles non saoudiens et le centre islamique se solderont par l'assassinat du directeur, Abdullah al-Ahdal, et de la bibliothécaire, tous deux saoudiens, les assassins ayant apparemment été motivés par la volonté de « punir » l'imam du centre pour avoir condamné la fatwa de Khomeyni contre Salman Rushdie et critiqué violemment l'Iran. Les règlements de compte entre chiites iraniens et wahhabites allaient d'ailleurs se poursuivre et donner lieu à d'autres séries d'homicides. Mais l'imam directeur du centre saoudien, également recteur de la mosquée du Cinquantenaire, n'en était pas moins lui-même un islamiste extrémiste. Lors du prêche *(khotba)* du vendredi donné dans la mosquée du centre et enregistré par un agent du renseignement belge en 1988, Abdullah al-Ahdal avait publiquement présenté sa vision du régime islamique idéal, réalisable un jour en Europe, dans lequel « les autochtones non musulmans seraient soumis à un impôt spécial et le problème du voile islamique dans les écoles peut-être résolu par son port obligatoire pour les "vraies" croyantes[51] ».

Au début des années 1990, après l'échec d'un éphémère Conseil des sages formé par le gouvernement en 1990 et qui avait pour tâche d'organiser la communauté, un Conseil supérieur des musulmans de Belgique a finalement été élu par la communauté, une organisation multiethnique qui, au départ, n'avait pas de reconnaissance officielle. Le 13 décembre 1998, une autre étape a été franchie, lorsque quarante-huit mille électeurs musulmans présélectionnés, représentant au sein du Conseil supérieur les différentes communautés musulmanes de Belgique, ont élu leurs représentants à une assemblée constituante destinée à former un Grand Conseil islamique qui, sur la base des accords souscrits avec le gouvernement, est devenu « l'interlocuteur officiel de l'État ». L'organe représentatif agira sur un plan d'égalité avec les religions déjà reconnues, les imams seront rémunérés par l'État, cependant que les collectivités locales devront contribuer aux dépenses du culte. À peine élu, le Grand Conseil islamique sera cependant vite contesté, tant en son sein, en raison des divisions entre les différentes mouvances musulmanes, que de la part des autorités, des partis politiques et de l'opinion belge, scandalisée de voir de nombreux

51. Cité *in* A. M., *L'expansion musulmane en Belgique*, n° 2, février 1997, p. 6.

islamistes élus au sein du conseil et, par conséquent, reconnus par l'État lui-même comme « représentants officiels » des communautés musulmanes. Parmi ces courants islamistes, déjà présents au sein de l'ancien Conseil supérieur des musulmans de Belgique, siègent des islamistes turcs du Milli Görüs ainsi que des Marocains proches des Frères musulmans. En fait, depuis plusieurs années, les Frères, notamment à travers Yacine Beyens, l'ancien président du Conseil supérieur des musulmans de Belgique, ou d'autres structures plus « discrètes », et grâce à un dynamisme particulièrement efficace et une image soigneusement travaillée, tentent d'être reconnus par les pouvoirs publics en tant que piliers institutionnels de l'islam belge. « Ces Frères musulmans [...] pratiquent volontiers le double langage, commente Roland Planchar. Ils se disent autorisés à le faire en vertu de la *taqiya,* c'est-à-dire la faculté, pour un musulman en danger ou qui croit sa foi en danger, de mentir quant à ses convictions[52]. » Aussi les Frères musulmans ont-ils incontestablement imprimé leur marque au sein du tissu associatif islamique de Belgique, influence qui transparaît dans les revendications formulées par l'ensemble des organisations islamiques belges, dont l'abattage rituel de la viande, des congés spécifiques pendant le ramadan et les vendredis, des carrés musulmans dans les cimetières, et la possibilité de présenter des candidats musulmans ou un parti islamique au Conseil supérieur afin de défendre les intérêts de la communauté.

En fait, l'orientation fondamentaliste d'une grande partie des membres du conseil est de plus en plus critiquée par certaines associations musulmanes laïques ou modérées, ainsi que par nombre de citoyens et d'élus belges sensibilisés par ces questions. C'est ainsi que le 25 février 1999, peu après la constitution du nouvel exécutif, le ministre de la Justice belge Tony Van Parys, en rendant publique la liste des seize dirigeants élus par les soixante-huit membres de l'assemblée musulmane, s'inquiétait de la présence parmi ceux qui s'étaient proposés pour faire partie des responsables de culte d'au moins vingt-cinq membres « liés entre autres à des associations, à des partis, mouvements islamistes, violents ou non[53] », ceci en dépit d'une présélection censée avoir été « rigoureuse ». Officieusement, on parle plutôt d'une cinquantaine de membres issus des mouvances islamistes et fondamentalistes, c'est-à-dire incluant la tendance saoudienne, cette dernière étant en général épargnée de toute critique, car représentant « l'islam officiel » d'un pays « ami de

52. Roland Planchar, *Le Courrier* (journal catholique belge), 15 décembre 1998.
53. *Le Vif/L'Express,* 5 mars 1999.

l'Occident ». Par ailleurs, certaines structures islamistes, notamment les Frères musulmans, conscientes des réactions de méfiance qu'évoquent leurs seuls noms, ont préféré apparaître sous un visage plus discret et « respectable ». Fort sévère vis-à-vis des autorités belges, le politologue italo-belge Felice Dassetto affirme que « les pouvoirs publics ont voulu façonner et mettre en scène un islam gérable pour rassurer l'opinion. C'était une double erreur, l'État belge est sorti de son principe de neutralité, et on se donne l'illusion qu'il est possible d'encadrer l'islamisme par un organe administratif[54] ».

## QUAND DES ISLAMOLOGUES ET DES CONVERTIS BELGES JUSTIFIENT LES ACTIONS TERRORISTES DU GIA

En Belgique, les terroristes islamistes ont parfois comme relais et meilleurs alliés les convertis belges salafistes. Le scandale qui entoura « l'affaire Nasreddine Lebatelier », de son vrai nom Jean Michot, arabisant érudit converti à l'islam et ancien président du Conseil supérieur des musulmans de Belgique, est proprement stupéfiant. Tout commença le 26 mars 1996, lorsque sept moines français de Tibéhirine en Algérie furent enlevés par un commando du GIA, un rapt revendiqué par les communiqués 43 et 44 des 18 avril et 21 mai 1996 du GIA, qui annonçaient l'exécution prochaine des religieux. Quelques mois plus tard, après l'assassinat effectif des moines, Lebatelier publiait sous le manteau un opuscule intitulé *Ibn Taymiyya, Le Statut des moines*[55], qui justifiait théologiquement l'assassinat. Ce texte avait servi à rédiger le communiqué qui revendiquait la tuerie par le GIA. Cette caution apportée à des barbares du GIA par un responsable musulman converti de haut niveau allait déclencher un scandale sans précédent en Belgique.

L'Affaire éclate le 5 septembre 1997 dans le journal *Le Vif/L'Express* qui révèle que Nasreddine Lebatelier, l'auteur du communiqué du GIA, n'est autre que Jean Yaya-Michot, professeur à l'université catholique de Louvain et président du très réputé centre de philosophie arabe à l'UCL, orientaliste de renom unanimement salué par ses pairs pour ses travaux sur Avicenne et sa connaissance encyclopédique de l'islam. En fait, après l'assassinat, le 29 mars 1989, de

---

54. *L'Express*, 18 février 1999.

55. Nasreddine Lebatelier, *Ibn Taymiyya, Le Statut des moines,* El-Safina Éditions, Beyrouth, 1997. L'opuscule a été en réalité publié en Belgique sous couvert d'une maison d'édition inventée de toutes pièces pour l'occasion.

l'imam saoudien de la grande mosquée de Bruxelles Abdullah al-Ahdal dont il était un ami proche, Jean Yaya-Michot prend de plus en plus d'importance au sein de la communauté islamique de Belgique. À Bruxelles et ailleurs, Michot milite activement aux côtés de Beyens en faveur du port du voile. Au niveau national, il contribue largement à organiser la communauté musulmane et à bâtir un « pilier » islamique dans la société belge, la dotant d'une revue de haute tenue, *Le Conseil*. Il tente même de faire accréditer le culte musulman auprès des institutions européennes. Puisant dans les sources canoniques les plus doctrinaires de l'école sunnite hanbalite de Ibn Taymiyya, référence privilégiée des islamistes sunnites, Michot/Lebatelier rappelle que l'islam classique distingue deux types de monachismes *(rahbaniyya)* : le monachisme des « reclus » ou des ermites, qui n'entrent pas en contact avec les musulmans et ne font pas de prosélytisme, et le monachisme de « ceux qui s'associent aux gens dans la plupart des affaires du monde d'ici bas », violemment condamné par la plupart des juristes sunnites, en particulier Taymiyya. D'après une fatwa extrêmement précise d'Ibn Taymiyya sur cette question, explique Michot, il est donc parfaitement licite de tuer les moines « non reclus », en vertu d'une recommandation du premier calife bien guidé *(rachid)*, Abu Bakr le Véridique, qui aurait dit, lors de la conquête de la Syrie : « Vous trouverez des gens qui se sont reclus *(habasa anfasa hum)* dans les ermitages *(sawami)*. Laissez-les, ainsi que ce pourquoi ils se sont reclus. Vous trouverez aussi des gens qui se sont fait comme un nid au milieu de la tête [tonsure, signe des moines non reclus pour les conquérants arabes]. Frappez de l'épée ce nid qu'ils ont fait[56]. » Dans son traité, Taymiyya ajoute : « Vous rencontrerez aussi des gens qui se sont fait comme un nid au milieu de la tête et ont laissé autour d'eux comme un turban. Donnez-leur un coup d'épée[57]. » Explicitant encore plus sa pensée et répondant à Felice Dassetto qui l'avait interpellé dans un article de presse, Nasreddine Lebatelier écrit, après avoir relu le communiqué du GIA qui justifiait l'assassinat : « À se référer à la monachologie classique de l'islam, on voit difficilement comment il serait possible de dénoncer beaucoup d'irrégularité, déviance ou innovation *(bida'a)* canonique dans le communiqué 43 du GIA. Force est cependant de dire que l'observateur croyant ne peut manquer d'être troublé par sa teneur canonique. Le couvent de Tibéhirine a été fondé en pleine époque

56. Cité *in* Nasreddine Lebatelier, *op. cit.*, p. 13.
57. Nasreddine Lebatelier, *ibid.*

coloniale, en 1934, par des religieux venus d'outremer dans les fourgons de l'armée française « croisée » [...]. Leur présence en milieu strictement non chrétien n'est pas aussi dénuée d'intention évangélisatrice qu'ils veulent bien le dire [...]. Pourquoi cette persistance à entretenir les relations qui serviraient finalement de motif à la condamnation[58] ? » Celui qui écrit ces lignes de justification de la barbarie islamiste a été le président de l'exécutif des musulmans de Belgique... Démasqué à la suite d'une enquête de police révélant qu'il rédigea lui-même certains communiqués du GIA, Yaya-Michot a été démis de ses fonctions et s'est expatrié en Grande-Bretagne, où il enseigne désormais à la prestigieuse université d'Oxford.

## Du communautarisme dévoyé aux bases arrière du GIA

Depuis le début des années 1990, les islamistes algériens ont profité de la présence en Belgique de fortes structures islamistes institutionnalisées, comme le pôle saoudien et le Tabligh, ainsi que de l'absence de législation antiterroriste jusqu'à une date récente, pour y installer une de leurs bases arrière et leur logistique. Ces réseaux « sont représentés par de nombreuses associations créées sous la tutelle de la Ligue islamique mondiale saoudienne qui a financé le centre culturel islamique de Bruxelles, déplore la journaliste algérienne Salima Tlemçani. Les adeptes du parti dissous [ex-FIS] ont réussi à contrôler ce centre et à implanter un réseau de soutien logistique à leurs activités terroristes en Algérie. Considérée au début comme un pays de repli et d'accueil, la Belgique est devenue, après la pression des services français sur les GIA, une zone de transit et de ralliement des différents réseaux de l'organisation et de ses trafiquants d'armes et de drogue[59] ».

Selon les services de police spécialisés, la porosité de la frontière française et la proximité des villes du nord de la France qui abritent de nombreux groupes islamistes ne sont pas non plus sans rapport avec l'intérêt suscité depuis le début des années 1990 par la Belgique auprès des militants les plus radicaux, les filières d'armement et d'envoi de volontaires moudjahidines européens vers la Bosnie puis vers le Kosovo passant le plus souvent par la Wallonie. D'après

58. Nasreddine Lebatelier, *ibid.*

59. Salima Tlemçani, « L'Europe sans frontières des réseaux du GIA », *Al-Watan,* 28 janvier 2000.

certains observateurs et professionnels de l'antiterrorisme, les autorités belges fermeraient les yeux sur les trafics d'armes en provenance des pays de l'Est dans la mesure où elles ne feraient que transiter. Certes, la gendarmerie nationale belge a multiplié les différentes opérations coups de poing depuis 1996, mais les tribunaux ont souvent fait preuve d'une clémence étonnante. C'est ainsi que les membres du groupe de Zaoui – l'un des responsables du GIA en Europe –, arrêtés en mars 1995 pour association terroriste, furent libérés au début de l'année 1997 après un bref passage en détention administrative et des condamnations relativement légères assorties de sursis. En coopération avec leurs homologues français, les Brigades de sécurité et de recherche belges (BSR) avaient découvert, lors de l'arrestation de l'islamiste algérien Zaoui, ancien professeur de droit coranique qui s'était replié sur la Belgique en 1994, d'importantes caches d'armes à Bruxelles, Wavre et Liège, ainsi que des faux papiers et du matériel de propagande du FIS et du GIA. Une fois libre, Zaoui parvient à gagner la Suisse avec sa famille. Bien qu'entré illégalement sur le territoire helvétique, Berne ne l'expulse pas mais l'assigne à résidence à Sion, près du lac Léman.

Considéré comme l'un des repaires du GIA en Europe, la Belgique est, avec la Suisse et le Royaume-Uni, l'un des « ventres mous » de la lutte contre l'islamisme. En juin 1999, après une vague d'arrestations sans précédent en Belgique, un communiqué du GIA avait dénoncé la violation d'un pacte secret de non-agression conclu durant l'été 1996 avec les services secrets belges. Le gouvernement de Bruxelles avait farouchement nié. Depuis, les réseaux GIA de Zaoui ont été relayés par ceux du GSPC et du Takfir algériens, partie intégrante de la nébuleuse d'Al-Qaida. Peu après le 11 septembre, la police belge arrêtait ainsi des dizaines de membres du Takfir et du GSPC. On découvrait alors que la Belgique avait une fois de plus servi de base arrière logistique pour le terrorisme international, les kamikazes assassins d'Ahmed Shah Massoud ayant déjoué les méfiances des gardes du Lion du Panchir grâce à leurs passeports et à leurs cartes de presse belges volés en 1999 dans des représentations diplomatiques des Pays-Bas et de la Belgique par des filières de trafiquants islamistes algériens du Benelux. C'est également depuis Bruxelles que l'un des lieutenants d'Oussama Ben Laden, Mohamed Badache, dit Abou Qassim, initialement chargé d'accueillir dans les camps du Pakistan les volontaires du djihad recrutés en Europe – il y accueillera entre 1994 et 1997 plus d'un millier « d'Afghans » –, mettra sur pied un nouveau réseau européen d'Al-Qaida. Plus d'une centaine de jeunes Belges seront ainsi recrutés et iront suivre une formation théologique au Pakistan après avoir été repérés dans les prisons ou dans les mosquées du Tabligh ou du pôle saoudien. Badache sera arrêté en 1998 avec un certain Farid Melouk, proche d'Ali Touchent, coordinateur des attentats de 1995 en France. Peu après le 11 septembre, les polices belge et néerlandaise démantèleront une filière islamo-terroriste liée à Al-Qaida en possession d'une centaine de kilos de soufre et de soixante litres d'acétone cachés dans un snack égyptien de Bruxelles. La Belgique fera également parler d'elle avec l'arrestation, le 13 septembre à Bruxelles, du Tunisien Nisar Trabelsi, ancien footballeur professionnel, alias « le Noir », membre du GSPC algérien, qui était en train de monter, entre la Belgique, l'Espagne et les Pays-Bas, à partir de la ville belge d'Uccle, en coopération avec le Français Jérôme Courtaillier, alias Salman, arrêté le même jour à Amsterdam, une cellule terroriste destinée à frapper les intérêts américains en Europe. Trabelsi devait notamment s'immoler dans l'explosion de l'ambassade des États-Unis à Paris. Pourtant, Nordin Maloujahmoun, président de l'exécutif des Musulmans de Belgique, refuse toujours d'admettre que l'une des trois cents mosquées du pays ait pu servir de « relais » à des terroristes.

## Les Pays-Bas et la politique communautariste des « piliers »

En 1983, le gouvernement néerlandais introduisit officiellement une politique des « minorités ethniques », inspirée à la fois de la tradition des « piliers » et du *communalism* anglais. L'objectif de cette politique, dont l'ambition déclarée est de favoriser la « société pluriethnique », consiste non pas à assimiler les populations allogènes, ni même à les intégrer, mais avant tout à « préserver » l'identité ethnoconfessionnelle séparée de chacun des « piliers ». Ceux-ci disposent d'écoles, d'hôpitaux, de logements, de syndicats et associations de travail, de clubs de sport, de radios ou encore de locaux communautaires. Aux antipodes du système d'intégration français traditionnellement individualiste et assimilationniste, l'accent est mis ici sur le groupe plutôt que sur l'individu. Aujourd'hui, les principaux bénéficiaires de la politique de « pilierisation » sont les anciens colonisés moluquois, antillais, surinamiens et arubans, les musulmans tunisiens, turcs, marocains et de l'ex-Yougoslavie, les Capverdiens, les Latino-Européens italiens, espagnols et portugais, les Grecs, les Tziganes, les réfugiés politiques et même les « habitants des caravanes ». C'est, par exemple, en vertu de ce système que les imams formés et dirigés par les autorités turques ou marocaines reconnues comme piliers officiels sont assimilés à de véritables chefs religieux et communautaires, à des dirigeants d'un des piliers fondamentaux de l'État. Aussi, le décret du 30 mai 1986 de la Cour suprême des Pays-Bas confère-t-il aux imams le même statut légal que celui accordé aux prêtres et aux rabbins, ce qui leur permet de briguer des fonctions dans l'armée, les hôpitaux et les prisons.

C'est dans ce cadre communautariste que les pouvoirs publics néerlandais facilitent et soutiennent financièrement la constitution d'associations d'immigrés musulmans au niveau national et régional, notamment dans le domaine des sports, de l'assistance sociale, des cours de langues, y compris l'enseignement de l'arabe qui est dispensé dans les mosquées, ou même des programmes confessionnels et culturels, y compris les émissions de sensibilisation à l'islam, les organismes religieux ayant systématiquement un droit d'accès à la radio et à la télévision. Ainsi, la Fédération turque des associations culturelles islamiques a confié la production de programmes sur l'islam à la Fondation islamique de radiodiffusion qui dispose d'un temps d'antenne de deux heures hebdomadaires à la radio et d'une demi-heure sur les écrans. En ce qui concerne la liberté d'enseignement, la loi néerlandaise et la Constitution autorisent, depuis 1987, les communautés religieuses à fonder leurs propres écoles privées, qui bénéficient de subventions de la part du gouvernement. Ainsi, plus d'une vingtaine d'écoles islamiques ont pu être créées grâce à ces subventions, une vingtaine d'autres établissements de ce type sont actuellement en fonctionnement, dont trois sous l'égide de la direction des Affaires religieuses de la Turquie (DITIB). Les autres sont contrôlées par les Frères musulmans, le pôle saoudo-wahhabite, les mouvances islamistes marocaines, fort présentes, et surtout les islamistes turcs du Milli Görüs. Des cours d'éducation islamique sont dispensés par ailleurs dans les écoles publiques.

Il faut savoir que les Pays-Bas se sont ouverts à l'islam à partir des années 1970, et surtout à partir de 1976, date à laquelle fut édité un règlement provisoire, modifié en 1981, visant à favoriser le financement de mosquées, considérées non pas seulement comme des lieux de prière mais également d'épanouissement social pour la communauté. Plus d'une centaine de mosquées furent ainsi construites dans les années 1980 avec la participation financière de l'État. En 1984, le Parlement transféra aux collectivités locales la compétence et l'obligation de procéder à de tels financements. Mais le gouvernement central continua à accorder des subsides à des associations islamiques au titre de leurs activités socioculturelles, lesquelles comprennent parfois la construction de mosquées.

Cette politique des minorités ethniques a par ailleurs des conséquences préjudiciables à l'unité nationale et à l'intégration. Les immigrés et les minorités « pilierisées » en général ayant surtout été considérées comme les objets de la protection sociale et non pas comme une main-d'œuvre productive, « on ne s'est pas rendu compte qu'une attitude aussi paternaliste encourageait un processus de marginalisation. Nombreux sont les immigrés qui ne parlent toujours pas le néerlandais, même après vingt ans de séjour, qui n'ont presque jamais rencontré un Néerlandais, qui se retirent dans leur groupe et qui, échappant au rythme collectif qu'impose le travail, n'ont pas eu l'occasion d'organiser leur vie. Parfois, ils sont attirés par le fondamentalisme ou par la délinquance, et ils n'ont pas la possibilité de se familiariser avec la société d'accueil », déplore le politologue Han Entzinger[60]. C'est dans le cadre de cette dynamique de repli communautaire que nombre de musulmanes vivant aux Pays-Bas, persuadées que la société occidentale est immorale et « vit dans le péché », font venir chaque année leurs futurs époux : trente à quarante mille personnes émigreraient ainsi annuellement vers les Pays Bas, ainsi que nous l'indiquent les études réalisées par plusieurs spécialistes néerlandais[61]. Aussi, constate Entzinger, les immigrés de confession musulmane des deuxième ou troisième générations se définissent de plus en plus en fonction de la religion, celle-ci tendant peu à peu à « remplacer l'origine ethnique ou nationale comme critère de classification ou et comme fondement d'organisation sociale[62] ». On est ainsi passé d'un système des « piliers », au départ essentiellement ethniciste, à un communautarisme confessionnel susceptible de faire le lit du fondamentalisme. Car, aux Pays-Bas comme ailleurs en Europe, les structures intégristes musulmanes ont le quasi-monopole de la représentation institutionnelle et tentent d'instrumentaliser les minorités au moyen de la même stratégie victimaire axée sur les revendications exorbitantes que l'État d'accueil ne saurait point rejeter au nom d'un droit à la liberté religieuse et d'une discrimination positive censés « réparer les

60. Han Entzinger, *in* Dominique Schnapper, *op. cit.*, p. 47.

61. W. A. R. Shadid et P. S. Van Koningsveld, *Moslims in Nederland, Alphen aan de Rijn,* 1990, p. 83.

62. Han Entzinger, *op cit.*, p. 53.

préjudices subis » par les musulmans, victimes de « l'islamophobie » et de l'intolérance ambiantes.

Durant l'affaire Rushdie, les musulmans des Pays-Bas profitèrent ainsi du cadre de liberté d'expression exceptionnel qu'offre ce pays pour manifester par milliers à La Haye et à Rotterdam contre l'œuvre « blasphématrice » de Salman Rushdie, réclamant la peine de mort pour l'auteur « apostat ». Ces manifestations déclenchèrent un vif débat dans l'opinion publique néerlandaise, fortement attachée aux valeurs de tolérance, ainsi que dans la presse et jusqu'au Parlement qui inscrivit spécialement cette question à l'ordre du jour lors de l'assemblée du 7 mars 1989. Malgré leur ouverture d'esprit, les Néerlandais accueillirent assez mal le soutien des nombreux musulmans des Pays-Bas, embrigadés par les organisations musulmanes fondamentalistes, à la fatwa de l'ayatollah Khomeyni qui avait condamné Salman Rushdie. Comme dans les autres sociétés démocratiques occidentales, les manifestations anti-Rushdie furent de véritables démonstrations de force aux termes desquelles les organisations islamiques formulèrent une série de revendications particulières ainsi que des droits d'exception en matière de droit pénal et de statut personnel. En matière de polygamie, par exemple, la stratégie victimaire adoptée par les fondamentalistes visa à faire intérioriser dans les consciences musulmanes l'idée selon laquelle le « droit des familles de vivre ensemble » serait « bafoué » par le système néerlandais qui n'accorde le droit de résidence qu'à une seule épouse, bien que la loi néerlandaise reconnaisse le mariage islamique polygame. Dans les procédures de divorce, les maris musulmans demandent régulièrement que le droit islamique, opposé en général au droit européen qui est plus favorable aux femmes, soit appliqué, notamment en ce qui concerne le problème de la garde parentale.

## La Suède et le Danemark : terres d'asile et de liberté sans limites

Le Danemark possède la législation la plus libérale d'Europe en ce qui concerne la liberté d'enseignement religieux. Ainsi, bien qu'il n'y ait guère plus de cent cinquante mille musulmans, six écoles islamiques ont déjà été ouvertes, avec là aussi une forte influence de la doctrine salafiste, dans ses versions saoudiennes-wahhabites autant que dans ses déclinaisons plus européanisées pilotées par la branche anglaise des Frères musulmans. Bien qu'il existe depuis les années 1980 un mouvement de conversion d'autochtones attirés par le soufisme, ainsi qu'une implantation durable du mouvement soufi ultraradical Al-Mourabitoun essentiellement composé de convertis, les musulmans installés au Danemark sont en majorité des travailleurs étrangers et surtout des réfugiés politiques dont beaucoup de militants islamistes radicaux recherchés dans leurs propres pays. La plupart d'entre eux bénéficient d'un niveau de formation relativement élevé. Les musulmans du Danemark sont ainsi parvenus à diffuser un enseignement islamique poussé au sein des différentes écoles islamiques privées, et ils ont mis sur pied une kyrielle de revues de haute tenue intellectelle, au contenu souvent radical, qui seraient probablement interdites dans la plupart des autres pays européens, mis à part l'Angleterre et la Suède.

Concernant les milieux islamistes violents et la nébuleuse d'Al-Qaida, c'est l'organisation égyptienne Gamaa al-islamiyya qui est la mieux implantée au Danemark. Dirigée localement par Fouad Talat Mohamed, un membre influent de l'organisation internationale qui séjourne souvent en Australie et au Royaume-Uni, la cellule danoise de la Gamaa regroupe également des ressortissants algériens, soudanais, pakistanais et tunisiens, et collabore assez étroitement avec d'autres groupes affiliés au spectre d'Al-Qaida, comme le GSPC et le Takfir algériens.

La communauté musulmane de Suède, bien qu'étant numériquement faible, est probablement, avec la Grande-Bretagne, celle qui peut s'exprimer le plus librement, y compris dans ses franges les plus extrémistes. La Suède est connue pour accueillir de nombreux réfugiés islamistes. Stockholm sert ainsi de base arrière à la mouvance ultraradicale de l'islamisme salafiste. C'est là d'ailleurs qu'est implantée Human Concern International, une ONG créée à Londres en 1992 par deux militants islamistes algériens, Bounoua Boudjema et Kamreddine Kherbane. Cette « ONG d'Allah » servit de paravent aux activités des militants du GIA et à assurer le retour vers l'Europe ou l'Algérie des vétérans algériens de la guerre d'Afghanistan. L'antenne du HCI en Suède est dirigée par Hacène Mokhtari. Elle travaille en étroite relation avec la « maison mère » londonienne. La collecte des fonds a lieu le vendredi après la prière dans les mosquées fréquentées par des Algériens et autres Maghrébins islamistes, quand il ne s'agit pas de racket par ailleurs. « Une partie de l'argent est virée sur un compte bancaire à Londres au profit du GIA, et l'autre sert à prendre en charge les jeunes Algériens vivant clandestinement en Suède », explique Salima

Tlemçani[63]. Ainsi que l'ont révélé les différentes enquêtes sur les réseaux d'Al-Qaida en Europe, Human Concern International a parrainé tout au long des années 1990 des stages d'entraînement au djihad en Bosnie, en Afghanistan, en Tchétchénie et au Pakistan à partir de sa base arrière suédoise. C'est également en Suède qu'est imprimé le fameux journal *Al-Ansar*, lequel revendique régulièrement les attentats des groupes terroristes armés, sans parler de l'affaire Dénèche, un islamiste algérien impliqué dans le financement d'attentats perpétrés en France et en Algérie par des groupes islamistes armés. Ancien responsable d'*Al-Ansar*, Abdelkrim Dénèche s'est réfugié en Suède en 1990, où il a pu faire venir également sa famille, profitant des législations libérales en vigueur dans ce pays en matière d'immigration et d'asile politique.

Grâce à la liberté d'expression quasiment sans limites qui y existe, liberté que les islamistes et autres sectes ou groupuscules néonazis ont su détourner à leur profit, c'est également depuis la Suède que sévit, en coopération avec les milieux révisionnistes néonazis du nord de l'Europe – principalement le fameux Groupe de Malmö, mouvement créé par les vétérans de la Seconde Guerre mondiale qui tient périodiquement des congrès à Malmö –, la Société islamo-suédoise (SIA). Cette organisation islamiste ultraradicale, dirigée par Ahmed Rami, possède l'un des plus importants sites Internet révisionnistes d'Europe, *radioislam*[64], qui diffuse ses programmes dans plus de dix langues, dont les émissions de la radio du même nom. Opposant islamiste marocain proche du général Oufkir mêlé à la tentative de coup d'État de Skhirat en 1971, Ahmed Rami est arrivé en Suède en 1973 avec le statut de réfugié politique. Après avoir appris le suédois et pris la nationalité de cet État, il est désormais inexpulsable et échappe ainsi à la justice du Maroc qui l'a condamné à une peine maximale. Depuis la Suède, Rami poursuit la révolution islamique mondiale. Il axe l'essentiel de son discours sur la dénonciation du « sionisme international », selon lui à la tête de l'Occident et surtout à l'origine des malheurs du tiers-monde, envoyant à l'occasion des menaces à des personnalités juives, dont le célèbre cancérologue Jerzy Einhorn, survivant d'un camp de

63. Salima Tlemçani, « L'Europe sans frontières des réseaux du GIA », *Al-Watan,* Alger, 28 janvier 2000.

64. *Http://abbc.com/islam,* ou, pour la version française : *http://www.radioislam.net/islamj.* Voir les études de Marc Knobel, « Les réseaux néonazis européens », *Le Droit de vivre,* mai-juin 1994 ; communiqué du centre Simon Wiesenthal, « Radio-Islam accusé d'antisémitisme », 27 février 1989.

concentration[65]. Étroitement lié à l'Institute for Historical Review (IHR) de Californie, organisation pronazie fondée en 1979 par Willis Carto qui fut notamment à l'origine du projet avorté de grand colloque révisionniste mondial à Beyrouth prévu durant l'été 2000, le mouvement d'Ahmed Rami est copiloté par David Izon, membre de Sveriges Nationell Förbund (SNF), un groupuscule nazi suédois fort de deux cents membres. Violemment judéophobe, Rami, qui est très apprécié au sein des milieux néonazis et révisionnistes, a élaboré une rhétorique et un discours de prosélytisme particulièrement orienté vers ces milieux, suscitant maintes conversions à l'islam. C'est ainsi qu'après sa première condamnation pour racisme par la justice suédoise, Rami reçut le soutien officiel des groupes néonazis suédois Vitt Ariskt Motstand (VAM – Résistance aryenne blanche) et Sverigede-mokraterna (S), ainsi que du FIS algérien (via le journal *Al-Monkid*), du Hamas, du Hezbollah avec qui il est en étroite relation, puis de Téhéran où il séjourne régulièrement à l'occasion de conférences sur la Palestine ou de réunions avec le Hezbollah. Ahmed Rami a pour collaborateurs les principales figures du révisionnisme occidental : de Robert Faurisson dont il fait l'éloge et qu'il invite en Suède, à Ernst Zündel, en passant par David Ivring ou Serge Thion, qui fait l'apologie du Djihad islamique sur Radio-Islam, sans oublier Fred Leuchter ou encore Roger Raja Garaudy, constamment cité sur son site. Plusieurs tentatives ont été entreprises par les autorités judiciaires suédoises, les milieux israéliens et le centre Simon Wiesenthal pour faire interdire le site Internet *radioislam*. Celles-ci ont jusqu'à présent toutes échoué, car le site est en fait géré collectivement par une vingtaine de personnes dans le monde. Ahmed Rami est également très lié à l'organisation islamiste noire américaine raciste et antisémite de Louis Farrakhan, The Nation of Islam, ainsi qu'à l'organisation antisémite russe Pamiat et la mouvance française d'extrême droite d'Emmanuel Ratier (Faits et Documents). D'après l'imam romain Abdul Palazzi, *radioislam* serait « l'une des plus importantes manifestations de la convergence entre islamisme et nazisme », témoignant conjointement de « l'expression par excellence de la volonté des néonazis de s'ouvrir vers le monde islamique » et du « rêve de Ben Laden et des islamistes radicaux de prendre le contrôle des mouvances révisionnistes au niveau mondial[66] ». Rappelons, tout de même, que l'Institut d'études historiques de Californie a d'ores et

65. *Actualité juive*, 25 décembre 1997.
66. Entretien avec l'auteur, avril 2002.

déjà reçu des fonds de l'organisation de Ben Laden, de l'Arabie Saoudite et de l'Iran. Dans sa préface à la réédition en Suède des *Protocoles des Sages de Sion*, Rami écrit : « *Les Protocoles* sont-ils faux ou authentiques ? Si ce document est "un faux", comme la propagande juive le prétend, la réalité dépasse alors la fiction ! Le judaïsme est la stratégie des juifs pour dominer les non-juifs ! *Les Protocoles* résument bien, sous forme de "manuel" pratique moderne d'application du judaïsme – sans camouflage ni "phraséologie" – tout le "machiavélisme" juif. » En dépit de son contenu ultraradical et ouvertement judéophobe, *radioislam* se présente en faveur d'un « islam résistant, éclairé, tolérant, de justice et de liberté », ainsi que l'écrit Ahmed Rami[67], lequel pose en photo en page de couverture aux côtés de l'ex-leader spirituel et politique du Hezbollah libanais, l'ayatollah Muhammad Hussein Fadlallah, d'ailleurs présenté comme le « leader spirituel du mouvement islamique de résistance à l'occupation juive du Sud-Liban ». Aussi, dans sa volonté de convertir à l'islam les milieux antisémites européens tentés par sa violente judéophobie, Rami explique : « Le besoin du message islamique est rendu aujourd'hui plus évident par la faillite spirituelle de l'Occident engendrée par la judaïsation polluante de sa société et de ses valeurs. Des milliers d'hommes et de femmes dans le monde, quelle que soit leur foi, s'ils aiment l'avenir, prennent conscience que la civilisation occidentale judaïsée, telle qu'elle est gérée aujourd'hui par le mercantilisme juif, a fait faillite, et que si nous l'abandonnions à ses dérives, elle conduirait à un suicide planétaire. » Comme les adeptes de René Guénon ou des Mourabitoun, la solution proposée par Ahmed Rami pour lutter contre la « judaïsation » et le « matérialisme » n'est autre que le ressourcement de « l'Occident décadent » dans l'Orient spirituel qu'incarne le mieux l'islam.

## ESPAGNE : LE RETOUR DE L'ISLAM ?

De 711 à 1614, l'islam a été présent dans une grande partie de l'Espagne, spécialement en Andalousie, en Murcie, en Castille, dans la Manche, le Levant et la Catalogne. Pour beaucoup de musulmans et de penseurs islamophiles, la progression de l'islam en Espagne serait, par conséquent, un juste « retour », une de ces

67. *Http://www.radioislam.net/islamj/french/islam.htm.*

« ruses de l'histoire » qui vengerait la mémoire des musulmans jadis chassés par les *reconquistas* des *Reyes Catolicos* qui avaient régné près de huit siècles sur Al-Andalus, l'antique pays des Vandales (Vandalusia). Aujourd'hui, les musulmans d'Espagne, excepté les Maures originaires des enclaves ibériques du nord de l'Afrique, Ceuta et Melilla, sont majoritairement étrangers, pour la plupart marocains. Récemment, les associations islamiques représentant les quatre cent à cinq cent mille musulmans d'Espagne se sont regroupées afin de négocier avec l'État un statut officiel qui augmenterait leur pouvoir de pression sur les autorités et leur permettrait de faire instaurer des situations légales spécifiques à cette communauté.

Les deux principales organisations nationales sont la Fédération espagnole d'entités religieuses islamiques (FEERI), proche des Frères musulmans, et l'Union des communautés islamiques d'Espagne (UCIDE). Ces deux structures sont représentées, au niveau national pour les relations avec l'État, par une association unique, la Commission islamique d'Espagne (CIE), seul interlocuteur officiellement reconnu par l'administration espagnole dans le cadre du concordat signé en 1992 avec l'Arabie Saoudite. L'accord entre dans le cadre de la loi du 2 mai de la même année, qui consacre la pratique du culte musulman dans les écoles, les hôpitaux, les prisons, les armées, définit le statut des imams, traite de la question des mosquées et des fêtes islamiques et, cas presque unique en Europe, reconnaît des effets civils au mariage musulman.

## Le rôle institutionnel prééminent de l'Arabie Saoudite

Dès le début de l'immigration islamique, au milieu des années 1970, l'Arabie Saoudite est devenue l'interlocuteur officiel privilégié des autorités espagnoles, plus encore que le Maroc voisin, pourtant désireux de contrôler les musulmans d'Espagne majoritairement sujets du royaume alaouite. À travers l'aide financière apportée par la Ligue islamique mondiale, Riyad soutient les principales associations islamiques d'Espagne, notamment la Commission islamique et la grande mosquée Abou Baki de Madrid qui peut accueillir mille fidèles. Parallèlement à la mosquée, l'Arabie Saoudite, représentée par le gouverneur de Riyad, le prince Salman Ibn Abdulaziz, a inauguré en 1991 le plus grand centre islamique d'Europe, le Centre culturel musulman européen de Madrid. Pour sa construction, treize millions de dollars ont été donnés par le roi Fahd au responsable du projet, l'Association musulmane d'Espagne, également propriétaire de la mosquée Tétouan à Madrid. Construit sur un terrain de vingt mille mètres carrés, cédé par la mairie de Madrid pour la somme symbolique d'une peseta, le centre comprend deux salles d'exposition, dont une permanente, un théâtre-auditorium de quatre cents places, un gymnase, deux cafétérias, une crèche, une librairie et une grande bibliothèque.

Faisant un point d'honneur de promouvoir le « retour » de la civilisation arabo-islamique en terre hispanique, forte de son poids diplomatique et financier, l'Arabie Saoudite est parvenue, au terme de l'accord signé avec le gouvernement espagnol, à prendre le contrôle de l'enseignement religieux islamique. Celui-ci est principalement assuré par trois grandes structures : le centre culturel saoudien de Madrid, l'Association des musulmans d'Espagne, également contrôlée par l'Arabie Saoudite, et la faculté de théologie à l'université de Cordoue, les cours de religion destinés aux plus jeunes étant presque exclusivement assurés par le pôle wahhabite. Parallèlement, s'appuyant sur le fait que des cours d'enseignement religieux islamique sont déjà dispensés dans les écoles publiques à Ceuta et à Melilla, les différents pôles islamo-fondamentalistes (FEERI et UCIDE) ont axé l'une de leurs revendications principales sur le thème de la généralisation des enseignements religieux dans tous les établissements scolaires publics des autres villes espagnoles où les élèves sont suffisamment nombreux. L'Espagne abrite déjà plus de trois cents mosquées, et certains quartiers des grandes villes, notamment celui de Lavapiés à Madrid, comptent des proportions d'écoliers musulmans oscillant entre 20 et 40 %, ce qui justifierait l'implantation d'écoles musulmanes.

## Le rôle mythique et symbolique d'Al-Andalus et les « convertis » islamistes

L'Arabie Saoudite est également très présente en Andalousie, particulièrement à Marbella, site touristique privilégié de la famille royale saoudienne, ainsi que dans le reste de l'ancienne Al-Andalus. Riyad n'a jamais caché son désir, à l'instar des islamistes et des musulmans du monde entier traumatisés par la perte de l'Espagne arabo-islamique, de récupérer ce joyau perdu de la *oumma*. Même si la présence à Marbella d'une partie de la famille royale et de nombreux riches musulmans du Golfe est essentiellement de nature touristique, cette implantation s'accompagne au fil du temps de constructions de mosquées et permet à l'Arabie Saoudite de mieux s'ancrer en terre espagnole où, phénomène nouveau mais de plus en plus significatif, sont apparus ces dernières années des mouvements islamistes radicaux très actifs, composés d'autochtones et d'Européens convertis désireux de « faire revenir l'Andalousie à l'islam ». Bien que cette région du Sud demeure l'une des plus chrétiennes et traditionnelles d'Espagne, et que l'islam y soit une réalité marginale et même suspecte pour les autochtones, dont l'identité est en partie forgée sur l'épopée des *reconquistas,* près de la moitié des trente et une principales associations islamiques d'Espagne est implantée en Andalousie. Parmi ces quatorze associations, on relèvera le rôle particulièrement dynamique de plusieurs d'entre elles qui, bien qu'issues du soufisme, se singularisent par leur extrémisme et leur fanatisme : l'Association pour le retour de l'Andalousie à l'Islam, la Communauté islamique en Espagne ou Al-Morabitoun, la Société islamique de Séville, ou encore Al-Andalus-Ligue morisque.

### L'Association pour le retour de l'Andalousie à l'islam ou l'antichristianisme « islamo-gauchiste »

En 1975, année de la mort de Franco, soit cinq siècles après la reprise de Grenade par les Rois Catholiques (1492), une quarantaine d'anciens militants d'extrême gauche espagnols tiers-mondistes à la recherche d'une alternative sociale et révolutionnaire furent initiés au soufisme puis embrassèrent par ce biais l'islam, pensant avoir découvert soudainement dans la religion de Mahomet les réponses à toutes leurs aspirations spirituelles et idéologiques. Ils fondèrent quelque temps plus tard à Cordoue, haut lieu de l'islam andalou avec Grenade, une communauté musulmane, l'Association pour le retour de l'Andalousie à l'islam, avec à sa tête un converti italo-espagnol rebaptisé Muhammad Al-Andalousi (del Pozo). Violemment fondamentaliste bien qu'étant d'origine soufie, le mouvement prêche l'observance littérale et ultrarigoriste des normes coraniques et de la charia.

Une scission survenue au sein de l'organisation de del Pozo donne naissance à la Société islamique de Séville, association chiite principalement composée d'Espagnols convertis. Suscitant immédiatement l'attention de nombreux États musulmans, les néomusulmans partis à la « reconquête » d'Al-Andalus reçoivent des visites de musulmans de tous les pays qui leur offrent leur sympathie et leur soutien, y compris financier. Dans leur communauté de Cordoba, les néomusulmans accueillent, jusqu'en 1978, un nombre toujours croissant de convertis du monde entier, principalement d'Europe du Nord, d'Allemagne et du Royaume-Uni. Les pionniers de la communauté sollicitent de l'évêque Infantès Florido l'autorisation d'utiliser l'ancienne mosquée, devenue cathédrale, pour célébrer l'Aïd al-Adha, la fête du sacrifice. Conformément à l'esprit d'ouverture du concile Vatican II, l'évêque accepte et la prière a lieu en présence d'étudiants et de travailleurs musulmans originaires du Pakistan et du Maghreb, trois cents personnes environ. L'année suivante, en 1980, l'évêque refuse de renouveler son autorisation, inquiet du contenu très prosélyte des cérémonies islamiques. Devant ce refus, qui est accompagné d'une campagne de presse locale et nationale plutôt hostile à leur communauté, les adeptes de la Société pour le retour de l'Andalousie à l'islam décident de transférer leur organisation à Séville. Mais, à peine installés, un nouveau scandale éclate. Les membres de la jeune organisation, dont le zèle est accentué par un violent anticléricalisme inhérent au passé gauchiste et libertaire des jeunes convertis, jugent opportun d'aller troubler la procession de la *Semana santa* en venant distribuer aux fidèles catholiques des tracts intitulés « Halte à l'Inquisition » destinés à remettre les infidèles *nazarenos* sur le bon chemin. Les quelques extraits qui suivent donnent une idée du degré d'extrémisme du mouvement : « Ces vêtements sont ceux de l'Inquisition. Vous êtes en train de célébrer des assassinats de masse et de rendre hommage à des criminels masqués. L'Andalousie musulmane était une Andalousie libre. Puis vinrent les tueurs aux chapeaux pointus [...]. La victoire appartient à Allah [...]. Les Inquisiteurs qui, hier, brûlaient hommes et livres (pour avoir affirmé l'Unicité du Créateur ou simplement la rotondité de la Terre), continuent à agir avec la même impunité. L'Église catholique prétend séparer les "affaires mondaines" des affaires strictement religieuses alors qu'il s'agit là du programme politique d'un parti qui fonde son pouvoir sur un schéma trinitaire et esclavagiste, le parti impérial romain [...], allant jusqu'à utiliser la terreur pour maintenir ses privilèges[68]. » L'affaire suscitera de vives réactions de la part de la population locale andalouse, très attachée aux processions de la Semaine sainte. Paradoxalement, l'arrestation temporaire de deux membres de l'organisation fondamentaliste, l'Andalou Coca Dominguez, alias Abdelnour et l'Indien américain Benny Lee Jackson, également converti à l'islam, attirera beaucoup de nouvelles recrues.

68. Cité *in* Fatima Cherqaoui et Lisbeth Rocher, *D'une foi l'autre,* Seuil, 1986, p. 177.

La communauté changera une nouvelle fois de destination pour s'installer cette fois-ci définitivement à Grenade, *calle* San Gregorio, dans le quartier traditionnel d'Albaicin, non loin de la célèbre Alhambra, l'un des plus précieux symboles de l'âge d'or arabo-musulman d'Andalousie.

## Un État islamiste fermé en plein cœur de l'Andalousie ?

Méfiants, les habitants du quartier n'accueilleront pas d'un très bon œil ces étranges « Andalous » majoritairement étrangers et musulmans, de surcroît dotés de considérables moyens financiers grâce à l'appui extérieur d'États islamiques, donc capables d'acheter comptant terrains et propriétés. Ces investissements leur permettront d'ailleurs de constituer progressivement une sorte d'enclave, un ghetto islamique au milieu d'Albaicin, ouvrant des échoppes, des écoles de langue arabe pour y étudier le Coran dans le texte, des maisons d'édition, des ateliers d'artisanat (dont les produits sont depuis plusieurs années exportés aux États-Unis), des boucheries *hallal,* des cimetières, et même une clinique et un journal, *La Hora del Islam.* Plus étonnant, ils frapperont leurs propres pièces de monnaie, faites d'or et d'argent, sur le modèle de celles qui avaient cours à l'époque d'Al-Andalus, et édifieront un cimetière clandestin pour pouvoir enterrer séparément leurs morts selon le rite islamique... Non loin de là, la mosquée de la Crainte de Dieu est dirigée aujourd'hui par un imam mauritanien. Elle est installée dans un immeuble restauré par la Mauritanie et accueille chaque jour de plus en plus de fidèles. De trois cent cinquante membres au début des années 1980, la communauté islamique de Grenade compte actuellement, selon les estimations, au moins sept cents âmes. Sur les deux mille musulmans installés à Grenade, les autorités espagnoles estiment à au moins mille les seuls néoconvertis espagnols, soit la plus importante communauté de convertis en Espagne. Très rarement Andalous de souche, les néomusulmans viennent surtout de Ciudad Real, Valladolid, Guadalajara, Léon et Barcelone. Souvent méfiants, voire hostiles envers cette « reconquête » islamique de leur région, les Andalous voient d'un mauvais œil cette « stratégie de conquête "à couvert" ». « Les musulmans occupent déjà d'innombrables maisons d'Albaicin. Ils sont en train de s'emparer de tout le quartier », se plaignent les riverains du célèbre quartier de Grenade où se mêlent désormais les chants flamencos de Camaron de la Isla à ceux d'Oum Kalsoum[69]. Dans leur projet de conquête de l'Andalousie, les néomusulmans d'Albaicin et d'ailleurs bénéficient de l'aide des pétromonarchies du Golfe qui offrent aux mères musulmanes un million de pesetas par enfant ainsi que des primes au profit des filles portant le foulard. Phénomène qui inquiète de plus en plus les autorités espagnoles, les néomusulmans membres des organisations islamistes se comportent comme des citoyens à part, organisant leur vie au sein de communautés repliées sur elles-mêmes et qui finissent par former un véritable État dans l'État en opérant une sécession symbolique.

D'un point de vue géopolitique, l'action de propagande et de prosélytisme des mouvements islamistes radicaux européens composés de « convertis » constitue un phénomène inédit qui comporte des risques spécifiques, un éventuel réseau islamiste radical composé de nationaux ne pouvant pas être mis hors d'état de nuire par des classiques mesures d'expulsion. De plus, les liens étroits que ces convertis entretiennent avec des mouvements ou certains États islamistes étrangers peuvent permettre à ces derniers, qui leur procurent une aide financière considérable, de pratiquer une forme d'ingérence sous couvert de gestion du culte. C'est grâce à ces aides extérieures qu'une autre organisation islamiste essentiellement composée de convertis, Al-Mourabitoun, entretient à Grenade une école privée qui dispense un enseignement scolaire islamique totalement différent du système éducatif espagnol, voire même opposé dans certains domaines. Ce sont également les néo-convertis de Grenade qui ont financé la première traduction espagnole moderne du Coran.

## AL-MOURABITOUN OU L'ISLAMISME « BRUN-ROUGE »

Officiellement appelée Communauté islamique, l'organisation soufie Al-Mourabitoun est implantée dans toute l'Espagne, notamment dans les villes de Bilbao, Barcelone, Madrid, Valence, Séville et Grenade. Elle est surtout présente à Séville et à Grenade, où ont été implantés ses deux sièges successifs. Se définissant elle-même comme une « organisation islamiste européenne », Al-Mourabitoun fut créée dans les années 1970 autour de l'Écossais Peter Van Leyck, alias Ian Dallas ou cheikh Sidi Abdelkader Almurabit, ex-graphiste

69. « Espagne : Grenade renaît à l'Islam », *La Vanguardia*, Barcelone, 23 novembre 1997.

des Beatles et collaborateur de Pasolini, par un groupe d'étudiants anglo-écossais, révolutionnaires tiers-mondistes et d'extrême gauche, gagnés aux thèses du fondamentalisme islamique, l'islam étant pour eux la doctrine « anti-impérialiste » par excellence. À la recherche de l'âge d'or islamique d'Al-Andalus, le noyau dur s'installa en Andalousie. Depuis, leurs enfants, accompagnés de convertis espagnols, italiens, américains et autres, essaiment dans toute l'Europe, de Londres à Barcelone en passant par Stockholm, Milan et Gênes, où des conférences sont données au profit de jeunes Européens invités à venir faire des « pèlerinages de conversion en Andalousie » afin de retrouver « l'âge d'or de la civilisation islamique européenne »... L'âge d'or islamique sicilo-andalous y est systématiquement invoqué comme référence et justification suprêmes du projet d'islamisation de l'Europe, dont ils ne cessent de fustiger la « décadence » et « l'inféodation à l'impérialisme américano-sioniste ». Aussi a-t-on constaté que le radicalisme et la judéophobie extrêmes d'Al-Mourabitoun a attiré, en dépit de l'origine gauchiste des fondateurs, nombre d'anciens néonazis convertis à l'islam par haine de l'Occident judéo-maçonnique et judéo-chrétien, ainsi que nous l'avons vu en Italie avec Claudio Mutti ou en Grande-Bretagne avec Tahir de la Nive. Dans un rapport des services de renseignements espagnols, Al-Mourabitoun est définie en ces termes inquiétants : « Ce mouvement cherche à prendre la tête d'un nouveau courant islamique de caractère islamo-occidental, préconisant une "troisième voie islamique", antisioniste et teintée d'une vague inspiration néonazie ou "national-révolutionnaire" sous la direction de son leader [...]. Les liens entretenus avec des mouvements de type sunnite radical, d'une part, et des organisations d'extrême droite, d'autre part, font l'objet d'enquêtes de la part des différents services de renseignements européens[70]. » Une fois de plus, on constate ce que nous avons appelé la « convergence des totalitarismes », le rouge des fondateurs, le brun des adeptes néonazis et le vert unificateur...

Les liens tissés par l'organisation avec la nébuleuse salafiste internationale – Frères musulmans koweïtiens et égyptiens, mouvements islamistes libyens, GIA algérien, Tabligh, Arabie Saoudite – constituent un soutien extérieur précieux et témoigne de l'évolution du mouvement soufi vers le néo-wahhabisme, virage amorcé depuis plusieurs années déjà. Grâce à cette évolution vers l'orthodoxie fon-

70. *Le Mouvement associatif islamique en Espagne,* dossier des services de renseignements intérieurs espagnols, janvier 1999.

damentaliste sunnite, conférences internationales, écoles ou maisons d'édition sont financées par des dons en provenance des pays musulmans où la doctrine salafiste est influente, comme en Arabie Saoudite, dans les Émirats arabes unis, Bahreïn, en Malaisie, au Koweït, où les cadres de l'organisation islamique espagnole se rendent régulièrement pour diffuser leur projet et solliciter de nouvelles aides financières. Enfin, pour redorer son blason à la suite d'un certain nombre d'interpellations et d'affaires qui furent très médiatisées en Espagne, notamment entre 1992 et 1994, Al-Mourabitoun mène, depuis 1994, une campagne de marketing visant à effacer aux yeux de l'opinion publique et d'autres associations islamiques d'Espagne plus modérées son image négative de secte islamiste extrémiste et violente. En réalité, cette volonté de soigner son image de marque a été également provoquée par le refus de l'État espagnol de financer son projet de grande mosquée dans le quartier d'Albaicin, projet régulièrement relancé lors de la tenue annuelle des « Rencontres andalouses », organisées avec la collaboration de représentants du ministre des Affaires islamiques du royaume marocain, pays qui ambitionne depuis longtemps de contrôler l'islam d'Espagne. Particulièrement actif au sein de la nébuleuse islamiste d'Andalousie, notamment auprès des Mourabitoun qu'elle finance et de l'Association pour le retour de l'islam et Al-Andalus-Ligue morisque, le Maroc est resté sentimentalement et politiquement nostalgique de l'Andalousie musulmane « perdue », revendiquée comme « marocaine » dans les manuels scolaires du royaume chérifien. Ainsi, Abdessalam Gutierrez, le directeur du projet de construction de la mosquée d'Albaicin, en cours d'étude malgré le refus de la ville, atteste que Rabat assurera l'essentiel du financement de l'édifice religieux qui devrait coûter la bagatelle de trois millions d'euros.

Une dizaine d'autres organisations du même type existent. Plus sérieuse que la précédente, l'une des plus actives est l'Al-Andalus-Ligue morisque, également appelée Jama'a islamiyya. Dirigée par le Marocain Ali Kettani, elle dispose d'antennes à Almeria, Cordoue, Cadix, Malaga, Séville, Jaen ou Murcie. Ses membres sont essentiellement des Espagnols et des Européens de souche convertis à l'islam. En 1994, Al-Andalus-Ligue morisque a inauguré à Cordoue l'université islamique internationale Averroès d'Al-Andalus, ambitieux projet qu'elle est parvenue à mener à bien avec le concours de pays islamiques, principalement l'Arabie Saoudite, mais également le Pakistan, le Maroc, Brunei, la Jordanie, la Turquie, l'Iran et le Qatar. En fait, c'est l'université islamique d'Islamabad au Pakistan, connue pour son rôle central dans l'expansion de l'islamisme radical dans le monde, qui a été choisie pour avaliser les titres académiques délivrés par le centre de Cordoue. Parmi les activités menées au sein de l'université, l'une des plus remarquées, de par les répercussions qu'elle a eues tant au niveau politique qu'au niveau du contre-espionnage et de la sécurité espagnols, fut l'organisation, en mars 1995, d'un séminaire intitulé « l'Islam face à la Modernité ». Comme à Tirana en 1992 ou à Khartoum les années suivantes, toute la palette des mouvances de l'islamisme radical y était représentée à travers des personnalités comme Anwar Haddam, alors porte-parole du FIS algérien, Rachid Ghannouchi, représentant du mouvement tunisien Ennahdha, Hassan Al-Tourabbi, dirigeant du Front national islamique soudanais, ou encore Muhammad Hussein Fadlallah, leader du Hezbollah libanais... Depuis, les enquêtes n'ont cessé de confirmer le rapprochement entre l'islamisme des convertis andalous et les structures internationales de l'islamo-terrorisme, notamment le GIA, Gamaa et Takfir.

## L'Espagne, plaque tournante et point d'entrée des réseaux terroristes en Europe

Pour des raisons géographiques évidentes, la péninsule Ibérique constitue une zone stratégique pour les groupes islamistes maghrébins et joue en la matière un rôle identique à celui de Marseille en France ou les îles siciliennes, les Pouilles et Naples en Italie, pour le passage des clandestins et les trafics d'armes et transits d'islamistes nord-africains. D'Algesiras à Barcelone, en passant par Alicante, la Méditerranée ibérique constitue l'une des filières privilégiées pour le *trabendo*, principalement les cellules de contrefaçon à destination de la France, l'une des sources de financement des réseaux islamistes algériens. C'est ainsi que, depuis le coup de filet du 9 avril 1997 à Valence au terme duquel la police espagnole arrêta onze membres du GIA chargés de faciliter le passage de ses commandos de l'Algérie vers différentes bases arrière européennes, les activités des islamistes algériens ne cessent de croître en Espagne, parallèlement à l'augmentation de l'immigration algérienne relativement récente dans ce pays. Les enclaves espagnoles de Ceuta et de Melilla revendiquées par le Maroc et peuplées en majorité de musulmans maures constituent par ailleurs des zones passoires quasiment impossibles à contrôler, tandis que les côtes espagnoles ne parviennent à intercepter qu'un centième des clandestins franchissant la frontière maritime. C'est en outre à Valence, Barcelone, Gibraltar et Alicante que sont implantées nombre de sociétés d'import-export du GIA, du GSPC et du Takfir wa'l-Hijra algériens par lesquelles transitent ces différents trafics. Plus récemment, deux semaines après les attentats du World Trade Center et du Pentagone, une cellule de quinze islamistes algériens membres du GSPC de Hassan Hatab était démantelée entre Murcie, Almeria, Pampelune, Valence et Huelva. Les islamistes arrêtés étaient munis de nombreuses cassettes vidéo d'entraînement au djihad filmées en Afghanistan, qui enseignait les techniques de fabrication d'explosifs destinés aux futures recrues européennes. Le groupe, qui était en relation avec des cellules terroristes d'Al-Qaida aux États-Unis et à Milan, dont celle du Tunisien Essid Samir Ben Khemais, avait par ailleurs fait parvenir du matériel électronique en Algérie ainsi que du matériel de campagne à des groupes islamistes tchétchènes, ce qui montre la dimension transnationale des cellules du GSPC. Déjà, en juin 2001, l'un des présumés lieutenants en Europe d'Oussama Ben Laden, Mohamed Bensakhria, avait été arrêté à Alicante. C'est également à Grenade et à Madrid que seront arrêtés d'autres membres de cellules d'Al-Qaida, directement impliqués dans la préparation des attentats du 11 septembre. Le juge Baltazar Garzon révélera l'implication du chef présumé d'Al-Qaida en Espagne, le Syrien naturalisé espagnol Abou Dahdah, dans la mise en œuvre des attentats antiaméricains ainsi que dans la formation du réseau en Espagne en 1994. Les membres de la cellule, Syriens, Algériens et Tunisiens, avaient tous la nationalité espagnole. Les islamistes du réseau Dahdah recrutaient dans les mosquées ibériques les futurs moudjahidines envoyés dans les camps d'Afghanistan, en particulier la grande mosquée saoudienne Abou Bakr de Madrid où fut formé un groupe connu sous le nom de « soldats d'Allah ». En liens étroits avec Abou Ilyas en Allemagne et Abou Qotada à Londres, Dahdah avait rencontré deux fois Ben Laden et séjournait régulièrement en Malaisie, au Yémen et au Royaume-Uni. Depuis, les enquêtes et différentes opérations coups de poing menées en Espagne en coopération avec les polices italienne, allemande et belge, révéleront que le principal protagoniste des attentats de Manhattan, Mohamed Atta, s'était lui-même rendu en Espagne en juillet 2001 afin d'y rencontrer les réseaux logistiques du GSPC implantés dans la péninsule ibérique avant de partir pour Miami. Mohamed Atta avait même rendu visite à un détenu algérien à la prison de Taragone le 17 juillet 2001. Le 15 avril 2002, l'un des cerveaux d'Al-Qaida en Espagne, l'Algérien Ahmed Brahim, trésorier du réseau, ainsi que quatre jeunes de nationalité française étaient arrêtés à Barcelone. On sait aujourd'hui qu'Ahmed Brahim avait hébergé en septembre 2001 Mamdouh Mahmud Salim, alias Abou Hajer al-Iraqi, l'un des responsables des attentats du 7 août 1998 contre les ambassades américaines du Kenya et de Tanzanie, ceci confirmant bien que l'Espagne constitue l'une des bases arrière d'Al-Qaida en Europe. Plus récemment, le 19 juillet 2002, quatre Syriens, membres d'Al-Qaida gravitant autour des « soldats d'Allah », étaient arrêtés à Madrid en possession de cassettes vidéo montrant des images du World Trade Center, des aéroports de New York, des studios d'Hollywood, des Sears Towers de Chicago, ainsi que du Golden Gate Bridge de San Francisco. Le groupe préparait de nouveaux attentats de grande ampleur pour l'été 2002.

## L'ISLAM BALKANIQUE : NAISSANCE D'ÉTATS MUSULMANS EUROPÉENS OU ABCÈS DE FIXATION ISLAMO-TERRORISTE ?

Dans son livre *Djihad, Le déclin de l'islamisme,* Gilles Képel explique à juste titre que la société bosniaque est l'une des moins islamisées du « monde islamique » et que « la greffe du djihad » n'a pas pris après la guerre civile yougoslave. Les bataillons de moudjahidines afghans et arabes venus prêter main-forte aux armées régulières contre les Serbes et les Croates ont été en grande partie dissous, et l'ex-président Alija Izetbegovic, lui-même adepte du courant fondamentaliste, n'est pas parvenu à instaurer un État islamique ainsi qu'il l'avait pourtant annoncé en 1970, puis en 1990 dans sa *Déclaration islamique* qui se voulait un « manifeste islamiste ». Il n'empêche que, si la société bosniaque musulmane demeure largement sécularisée, les générations post-yougoslaves, fruits de la guerre civile, qui formeront la Bosnie-Herzégovine de demain, ont été marquées par de nouvelles représentations identitaires essentiellement fondées sur l'appartenance à l'islam. Qu'on le veuille ou non, les musulmans de Bosnie, même s'ils ne sont pas pratiquants, sont reconnaissants envers leurs frères des pays islamiques qui se sont massivement portés à leur secours et ont fait pression sur l'Occident pour vaincre les Serbes.

Ne serait-ce que pour des raisons militaires et stratégiques, géopolitiques et économiques, la guerre en Yougoslavie a contribué à rapprocher la Bosnie musulmane et le monde islamique qui, lui, était devenu, ou redevenu au fil des années pratiquement étranger.

« Le ralliement de civilisation le plus large et le plus effectif, écrit Samuel Huntington, fut celui du monde musulman autour des musulmans de Bosnie. Leur cause devint universellement populaire dans les pays musulmans, l'aide vint d'une variété de sources publiques et privées. Les gouvernements d'Iran et d'Arabie Saoudite rivalisèrent dans leur soutien pour tenter de gagner l'influence que celui-ci générait[71]. » Laïques ou fondamentalistes, sunnites ou chiites, les musulmans du monde entier, de l'Indonésie au Maroc, s'identifièrent à cette cause, avec une intensité particulière pour les Turcs, historiquement liés aux Bosniaques et aux musulmans des Balkans, la Bosnie ayant fait partie de l'Empire ottoman jusqu'en 1908. Les États musulmans les plus puissants, Turquie et Arabie Saoudite en tête, ainsi que l'Organisation de la conférence islamique, pesèrent alors de tout leur poids, pétrole et OTAN, pour acculer l'Occident à défendre inconditionnellement les Bosniaques et à réduire les Serbes, puis pour pousser à la levée de l'embargo sur les armes auprès des instances mêmes de l'ONU, de l'OTAN et des États-Unis. L'embargo fut de toute façon systématiquement violé par les États islamiques au vu et au su de tous, principalement par l'Iran. Entre 1993 et 1995, les musulmans de Bosnie reçurent trois cents millions de dollars en armes saoudiennes et cinq cents millions supplémentaires d'aide « humanitaire »[72]. Lorsque la guerre éclata en ex-Yougoslavie, la première action de la Communauté religieuse islamique (CRI), autorité islamique suprême de l'ex-Yougoslavie dirigée par Yacoub Sélimovsky, le dernier *raïs al-ouléma* de la Fédération yougoslave, fut de promulguer une fatwa invitant tous les musulmans à se battre dans le cadre d'une « guerre de religion » contre les infidèles serbes et croates : « Tout individu célibataire, homme ou femme, doit partir à la défense de la foi islamique en fonction de ses compétences et de ses possibilités. S'il n'obéit pas à cette obligation, cela signifiera qu'il n'est plus en accord avec sa foi et qu'il trahit sa mission dans ce monde. Commencez à combattre pleinement et dans la confiance d'Allah. Si vous survivez, vous serez un *ghazi* (ou *razi*, héros du djihad), et si vous périssez, vous serez *chahid* (sacrifié pour l'amour de l'islam). Pendant vos offensives et combats avec l'ennemi, dites *"Allah ou Akbar"* (Dieu est le plus grand) et, si cela est possible, ayez une copie du Coran sur vous[73]. »

71. Samuel Huntington, *Le Choc des civilisations,* Odile Jacob, 1997, p. 317.
72. Alexandre Del Valle, *Islamisme-États-Unis, une alliance contre l'Europe,* L'Âge d'Homme, 1997, et *Guerres contre l'Europe,* Éditions des Syrtes, 2000.
73. *The Revival (Preporod),* revue islamique publiée par le CRI, 15 avril 1992.

Dès 1991, bien avant que la Bosnie-Herzégovine ne soit dirigée par un président islamiste, le CRI avait déclaré qu'après avoir établi un État islamique en Bosnie, la priorité consisterait à « faire de cet État musulman un centre pour l'expansion islamique dans le reste du monde ». Lors de la première conférence des musulmans de l'Europe de l'Est, le professeur Es-Sammari, spécialement venu d'Arabie Saoudite, annonça : « L'islam est toujours fermement enraciné en Europe de l'Est et, avec l'aide d'Allah, a toutes les prédispositions pour devenir non seulement un centre de pouvoir politique, mais aussi un épicentre de la diffusion de l'islam vers le reste de l'Europe et de l'Union soviétique[74]. »

Malgré le faible degré de pratique des musulmans de Bosnie, après une décennie de guerre, la société bosno-musulmane se sent globalement plus proche du monde islamique qu'auparavant, tandis que la conscience d'appartenir au monde islamique s'est accrue. C'est sur ce terreau favorable que s'est développée l'idéologie islamiste en Bosnie-Herzégovine, non seulement à travers des groupuscules activistes ou des partis d'opposition islamistes minoritaires, mais aussi à travers l'action du Parti d'Action démocratique (Stranka Demoktatske Akcije, SDA), formation nationaliste-islamiste au pouvoir jusque 2001 et dont le but n'est autre que l'islamisation des Balkans. L'ex-président de Bosnie-Herzégovine Alija Izetbegovic, fondateur de ce parti, militant islamiste de longue date, fut d'ailleurs le seul leader ultranationaliste des trois camps à n'avoir jamais été communiste, ce qui l'a rendu « sympathique » aux yeux de nombreux Occidentaux. Au début des années 1980, après avoir été emprisonné pour « activisme islamiste et hostilité envers l'État yougoslave », Izetbegovic a visité plusieurs pays islamistes, dont l'Iran, l'Arabie et le Pakistan. Revenu en Bosnie, il fonda le SDA puis fit paraître à Sarajevo, en 1990, une nouvelle édition de son manifeste, *Déclaration islamique,* publié une première fois en 1970. Son objectif : créer un État islamique dans une optique à la fois proturque et panislamiste. Citons quelques extraits significatifs de cette *Déclaration* : « Il n'y a pas de paix, ni de coexistence entre la religion islamique et les institutions sociales non islamiques... Il n'y a donc pas de principe de gouvernement laïque et l'État doit être l'expression et le soutien de concepts moraux de la religion. Le mouvement islamique doit et peut prendre le pouvoir dès qu'il est normalement et numériquement fort, à tel point qu'il puisse non

74. *The Revival,* 1er octobre 1991, p. 22.

seulement détruire le pouvoir non islamique, mais qu'il soit en mesure de construire le nouveau pouvoir islamique [...]. Dans les conditions actuelles, la fonction naturelle de l'ordre islamique étant le rapprochement de tous les musulmans et de toutes les communautés musulmanes dans le monde, cette tendance implique la lutte pour la grande Fédération islamique, du Maroc à l'Indonésie, et de l'Afrique tropicale à l'Asie centrale[75]. » L'ex-président Izetbegovic avait d'ailleurs confirmé ses orientations islamistes en 1984 dans un ouvrage intitulé *L'Islam entre l'Est et l'Ouest*, publié la même année aux États-Unis, puis en serbo-croate en 1988. Il y affirmait que « l'islam ne peut en aucun cas coexister avec d'autres religions dans le même État, sauf comme un expédient à court terme. Sur le long terme, par contre, après être devenus plus forts, dans un pays quel qu'il soit, les musulmans ont le devoir de s'emparer du pouvoir et de créer un État authentiquement islamique ». En 1993, Alija Izetbegovic reçut solennellement, sous le haut patronage du roi Fayçal, le « Prix islamique » doté de quatre-vingt-treize mille trois cent trente-trois dollars « en récompense de son engagement en faveur du djihad ». En fait, d'après certains spécialistes qui dénoncent l'engouement occidental pour celui que l'on présentera un temps comme « le démocrate des Balkans » ou le « héros de la nouvelle guerre d'Espagne », Alija Izetbegovic était passé maître dans l'art du double langage. Dans un article du *Los Angeles Times* du 6 février 1994, George Kenney, responsable aux Affaires étrangères des États-Unis jusqu'à sa démission en août 1992, juge sans complaisance le régime bosniaque : « Ne nous faisons pas d'illusions [...], c'est seulement à l'attention du monde extérieur que le gouvernement bosniaque maintient la fiction de son caractère "multiethnique", pour la raison évidente qu'un État multiethnique permet mieux d'obtenir une aide internationale. »

Aussi, le premier acte géopolitique hautement symbolique de la Bosnie indépendante sera son adhésion à l'Organisation de la conférence islamique (OCI), dominée par l'Arabie Saoudite et l'Iran, alors que la Bosnie est majoritairement chrétienne (37 % de Serbes et 19 % de Croates). Officiellement multiconfessionnelle, l'armée bosniaque sera elle aussi rapidement « purifiée », le général serbo-bosniaque Divjak, prétendu numéro deux, ayant été « arrêté » par des miliciens musulmans en décembre 1992. Ainsi n'est-il pas si étonnant que cette même armée ait baptisé l'une de ses brigades

75. Alija Izetbegovic, *Islamska Deklaracija*, texte original, trad. Nicolas Dostoyanne, Dzumadel-ula, 1990.

*Handchar,* du nom d'une des divisions SS musulmanes qui s'illustrèrent cinquante ans plus tôt par leur fanatisme islamique et leurs atrocités à l'encontre des juifs, des Serbes et des Tziganes. Divisions créées sous le patronage du célèbre grand mufti de Jérusalem, Al-Husseini, interlocuteur privilégié d'Hitler et référence de la plupart des islamistes. Le passé d'Alija Izetbegovic, qui fut embrigadé dès la fin des années 1930 dans les rangs d'un mouvement fondamentaliste antioccidental, les « Jeunes musulmans » puis, au printemps 1943, au sein des « Jeunesses musulmanes » pronazies de Sarajevo qui accueillerait personnellement le grand mufti de Jérusalem en Bosnie, aurait pourtant dû aider les Occidentaux à identifier la vraie nature idéologique de l'engagement du « démocrate » bosniaque...

C'est dans ce contexte de continuité historique que plusieurs légions de moudjahidines seront reconstituées dès le début des années 1990 sur le modèle des légions *Handchar,* à partir du recrutement de plusieurs milliers de volontaires islamistes en provenance du monde entier, en particulier du monde arabe, le gros des troupes islamistes ayant déjà guerroyé en Afghanistan contre d'autres « infidèles » slaves dans les années 1980. Évalués à cinq mille, les « Afghans arabes » combattront surtout dans la zone de Tuzla et de Zenica (ainsi qu'à Travnik et dans la zone industrielle de Podbrijezje), au sein de la septième brigade du troisième corps d'armée bosniaque. Près de quatre cents gardes républicains iraniens prêteront par ailleurs main-forte aux nationalistes bosno-musulmans. Comme nous le verrons plus loin, la présence en Bosnie de ces moudjahidines ainsi que des différentes structures islamistes internationales et autres « ONG d'Allah », qui organiseront leur acheminement et leur soutien logistique, contribuera de façon significative à la réislamisation de la Bosnie, devenue l'un des hauts lieux du djihad international et du prosélytisme wahhabite en Europe, d'où la présence de nombreux militants d'Al-Qaida dans les Balkans, dévoilée au grand jour depuis les attentats du 11 septembre 2001. Après la guerre, Zenica et Tuzla vont rester des centres actifs de l'islamisme radical dans les Balkans. On pense que plus de trois cents moudjahidines étrangers, principalement arabes, demeureront définitivement sur place après avoir épousé des jeunes femmes du pays. Naturalisés bosniaques, la plupart d'entre eux prendront possession de maisons jadis occupées par les Serbes chassés ou tués durant le conflit. D'autres choisiront plutôt de s'installer en Europe de l'Ouest, la plupart servant de vivier de recrutement pour les réseaux d'Al-Qaida en Occident. Toujours est-il que les anciens bataillons de moudjahidines continueront de faire la loi dans plusieurs villes de Bosnie, molestant les « mauvais musulmans » et les femmes refusant de s'habiller selon les règles islamiques. Citons cet imam de la ville de Bacjna Dojna, rebaptisée « patrie des moudjahidines », Abou Hamza, qui créa dans son secteur un groupe d'autodéfense et même une nouvelle commune ! C'est aussi à Zenica et à Tuzla qu'une université salafiste contrôlée par les Frères musulmans et un centre islamique et culturel wahhabite financé par de riches donateurs saoudiens éliront domicile. Le seul fait de pénétrer dans Tuzla est d'ailleurs en soi un problème pour les autorités bosniaques et les soldats de l'OTAN eux-mêmes. Impossible à maîtriser, ce fief des moudjahidines, qui s'oppose à toute présence occidentale, sera dans un premier temps placé sous la responsabilité des bataillons turcs, puis de la police de l'ONU, laquelle devra faire des gestes conciliants en nommant un commandant pakistanais. Depuis le 11 septembre, la situation s'est certes compliquée pour les moudjahidines de Bosnie, surtout après les nombreuses arrestations effectuées par les forces de l'OTAN et la police bosniaque, sous la pression des Américains, de militants d'Al-Qaida. Il n'en demeure pas moins que les camps d'entraînement existent toujours en Bosnie, notamment dans les zones de Tuzla, Zenica et Jablanica, entre Sarajevo et Mostar. Au bord du fleuve Neretva, on a récemment découvert un camp ainsi qu'un centre de sélection de moudjahidines où de jeunes islamistes bosniaques et étrangers sont choisis pour faire partie des commandos d'Allah. À quelques kilomètres de l'Italie... Le gouvernement de Sarajevo a certes tenté de retirer la nationalité bosniaque à une centaine de moudjahidines suspectés d'êtres liés à Al-Qaida, mais la plupart sont parvenus à disparaître ou à se fondre dans la masse. Mettant à profit les réseaux qu'elle avait mis sur pied pendant les guerres yougoslaves parmi les anciens d'Afghanistan, l'organisation de Ben Laden choisit pendant un temps la zone de Zenica pour parrainer l'installation de camps d'entraînement – qui seront opérationnels jusqu'en septembre 2001 et équipés notamment en matériel biologique –, camps jumelés à ceux de Kandahar en Afghanistan. L'implication personnelle de Ben Laden dans la cause bosniaque apparut au grand jour lors de l'arrestation en octobre 2001, dans le cadre de la guerre lancée par les États-Unis contre Al-Qaida, de plusieurs partisans du milliardaire saoudien ayant choisi comme couverture des associations saoudiennes et ayant acquis la nationalité bosniaque par mariage. Fournissant maints détails sur l'engagement en Bosnie d'un militant islamiste tunisien proche d'Oussama Ben Laden, Mehrez Amdoumi, qui avait été arrêté en octobre

1999, les journaux de Sarajevo *Dani* et *Slobodna,* datés des 24 et 25 septembre 1999, ont révélé que le leader d'Al-Qaida obtint lui aussi un passeport bosniaque en remerciement de son soutien à la cause islamique en Bosnie. Le passeport fut remis au terroriste saoudien en 1993 par l'ambassade de Bosnie-Herzégovine à Vienne, la capitale autrichienne ayant été, sous le gouvernement social-démocrate du chancelier Vranitsky, « la plaque tournante de l'action menée par les autorités de Sarajevo pour accueillir à l'extérieur une aide en tous genres (militaire, financière, humaine) pour leur combat en Bosnie[76] ».

En réalité, après dix années de guerre et de prosélytisme islamiste, la société bosniaque s'est peu à peu réislamisée, même si les nouvelles autorités de Sarajevo ont rompu avec la politique islamiste d'Izetbegovic. Ainsi, on constate la réintroduction partielle de la loi coranique dans les tribunaux ; l'islamisation de l'armée et de la police (90 %), la réapparition du voile (les femmes étant souvent payées par les organisations islamistes saoudiennes pour le porter en permanence et ainsi montrer l'exemple), l'exaltation de la civilisation turco-ottomane et islamique dans les manuels scolaires, la condamnation des mariages mixtes, la « préférence musulmane » pour les embauches et les promotions, l'introduction de termes arabes et turcs dans la nouvelle « langue bosniaque » qui a vu la publication d'un dictionnaire de vingt mille expressions « turques », les cours d'arabe et de Coran dans les écoles, les noms des rues rebaptisées (la rue du Maréchal-Tito, à Sarajevo, devenue Mula Mustapha Baseskija, du nom d'un théologien musulman du XVIII^e siècle), la destruction de centaines d'églises orthodoxes et catholiques, et l'expulsion de milliers de Croates et de Serbes de Bosnie. À Sarajevo, une véritable épuration confessionnelle sévit depuis 1995. Croates et Serbes ont été expulsés des quartiers musulmans et de leurs anciennes zones de résidence. Auparavant, la capitale bosniaque comptait 50 % de Serbes, aujourd'hui, il y en a à peine 10 %. Les Croates eux-mêmes, qui s'étaient pourtant alliés aux musulmans contre les Serbes, se plaignent d'être victimes de l'intolérance islamique, alors que la capitale croate, Zagreb, abrite le plus important centre islamique d'ex-Yougoslavie et offre une grande liberté de passage pour les musulmans. Mostar, ville située dans la fédération croato-musulmane, elle-même composante de la

76. K. Kristich, *Balkans Infos,* n° 38, novembre 1999.

Bosnie, demeure pourtant coupée en deux, les musulmans ne voulant pas cohabiter avec les Croates catholiques.

## LE WAHHABISME SAOUDIEN ET LES « ONG D'ALLAH » AU SERVICE DU DJIHAD

Depuis le début des guerres yougoslaves, l'Arabie Saoudite, qui est le premier donateur pour la Bosnie avec cinq cent soixante millions de dollars par an, a décidé de faire des Balkans en général, et de la Bosnie en particulier, le cœur stratégique de son programme d'islamisation en Europe. La diplomatie fondamentaliste du royaume saoudien passe par d'innombrables organisations « caritatives » ou de « bienfaisance » comme l'Agence islamique d'aide, ou encore la Haute Commission saoudienne d'aide et de coopération – officiellement destinée à la « reconstruction, l'aide éducative, religieuse et scolaire » –, présidée par le prince sultan, gouverneur de Riyad. Depuis les accords de Dayton, près de cent cinquante mosquées ont été reconstruites ou édifiées avec le soutien de la Haute Commission, donc *de facto* prises en main par le wahhabisme. En septembre 2000, la Haute Commission a notamment inauguré, à Sarajevo, la plus grande mosquée des Balkans, dédiée au roi Fahd Ibn Abdul Aziz. Située dans le quartier populaire d'Ali Pasino Polje, l'immense mosquée, qui comprend deux minarets, une bibliothèque, des restaurants et structures d'accueil ainsi qu'un centre culturel ultramoderne, est devenue l'un des principaux centres de propagation de l'islamisme salafiste dans les Balkans, comme le montrent les programmes des sites web qu'elle finance, appelant les femmes à porter partout le voile islamique, proposant aux enfants des bandes dessinées antisémites, ou encore appelant au recrutement de moudjahidines pour combattre les « pouvoirs infidèles » dans le monde.

Meilleure preuve du double jeu de l'Arabie Saoudite, d'un côté « ami de l'Occident » et de l'autre épicentre de l'islamisme dans le monde, de nombreux militants islamistes radicaux proches de la nébuleuse Ben Laden ont été interpellés ces derniers mois par Interpol et la police bosniaque au sein de la mosquée saoudienne et de la Haute Commission, laquelle a dépensé pour eux des sommes colossales. Après les attentats du 11 septembre en effet, la Haute Commission fit l'objet d'une enquête de la part du nouveau gouvernement bosniaque, nettement moins favorable aux islamistes que le parti d'Alija Izetbegovic. Au terme de cette investigation, on arrêta, le 25 septembre 2001, des membres d'Al-Qaida et d'anciens « Afghans arabes » naturalisés bosniaques, employés au bureau de la Haute Commission à Illidja. La Stabilization Force (SFor) parvint quant à elle à neutraliser plusieurs d'entre eux, dont l'un des lieutenants de Ben Laden dans les Balkans, le Yéménite Bensayah Belkacem, interpellé en octobre 2001. Mais la Haute Commission saoudienne bénéficie d'un statut quasi diplomatique en vertu d'une convention antérieure signée par l'ex-président Izetbegovic. De ce fait, le prosélytisme islamiste saoudo-wahhabite peut difficilement être réprimé ou interdit par la cellule antiterroriste du ministère bosniaque des Affaires étrangères créée au lendemain des attentats du 11 septembre sur la pression des Américains, dans la mesure où il est couvert par des accords diplomatiques et passe essentiellement par des structures officielles ou « caritatives ». Ainsi qu'on a pu s'en apercevoir lors de l'opération antiterroriste du 14 décembre 2001, la plupart des membres d'Al-Qaida arrêtés dans les Balkans ont été soutenus par des structures saoudiennes ou autres « ONG d'Allah » financées par les pétromonarchies, qu'il s'agisse du Croissant-Rouge des Émirats arabes unis ou de Taiba International, qui a abrité l'un des responsables d'Al-Qaida en Bosnie, Mustapha al-Qadir, arrêté en décembre dernier. Plus globalement, ceux qu'on a appelés les « Afghans » ont presque systématiquement transité, via Zagreb ou Sarajevo, par les associations et la centaine d'ONG que financent les pétromonarchies du Golfe : Al-Muwafaq, Islamic Resurrection Foundation, Global Relief, International Islamic Relief Organization (IIRO), qui siège à Birmingham et est également connue sous le nom de Muslim Aid en Italie, de Help à Berlin, de Mowafaq Foundation à Zagreb, ou encore de la Third World Relief Agency (TWRA).

Fondée en 1987 par un ancien diplomate soudanais, Elfatih Hassanein, et son frère Sukarno, basée en Autriche, cette dernière disposait, fin 1992, de bureaux en Bosnie, en Hongrie, en Russie et en Turquie. Hassanein était accrédité auprès de la First Austrian Bank de Vienne comme représentant du gouvernement bosniaque. Disposant depuis mars 1992 d'un passeport diplomatique en qualité d'attaché culturel, il pouvait transférer sans risque des grandes quantités d'argent d'un pays à un autre. Membre du Front national islamique d'Hassan al-Tourabbi au Soudan et en relation constante avec Ben Laden et Omar Adel Rahmane, Hassanein était un ami de longue date d'Izetbegovic qu'il avait rencontré à Belgrade. Entre 1992 et 1995, le compte de la TWRA à la First Austrian Bank fut crédité de plus de trois cent cinquante millions de dollars. L'argent souvent blanchi au Liechtenstein et à Monaco provenait de riches donateurs saoudiens, iraniens, soudanais, pakistanais, turcs, ainsi que du Brunei et de Malaisie. Plus de la moitié était affectée aux achats d'armement. Cent vingt tonnes de fusils d'assaut, mortiers, mines et munitions furent ainsi acheminées par avion puis transférées à Tuzla ou à Zenica en Bosnie grâce au concours de la TWRA, également impliquée dans l'envoi de mercenaires musulmans.

On peut aussi mentionner, parmi une cinquantaine d'autres organisations, la très active Al-Haramain Islamic Foundation, dirigée par le cheikh Nasser Ai-Saeed, Mehremet Red Crescent, implantée à Zagreb en Croatie, l'IGASE Islamic World, Human Relief Agency, Al-Hedemat Office ou Human Concern International (Al-Kifah Refugee Center). Installée à Sarajevo, cette dernière a été créée par l'un des cadres du GIA et aurait employé Abdelkrim Dénèche, accusé de complicité lors des attentats de 1995 à Paris. Mentionnons, enfin, les milieux islamistes chiito-iraniens, fort présents également dans les Balkans, notamment à travers des structures comme Humanitarian Aid Staff of Iranian People, dirigée par un officier de renseignements iranien, Ahmed Bashiri, ou encore Tahebo Recreation Centre. Parmi les donateurs de certaines ONG islamistes, on trouve entre autres l'Abu Dhabi Welfare Organization, une organisation « humanitaire » proche de la Gamaa al-islamiyya égyptienne siégeant à Abou Dhabi et qui est dirigée par l'Égyptien Mahmoud Youssouf. Mais d'autres « ONG d'Allah » sont pleinement occidentales, telle la Taibah International Aid Association, siégeant à Washington, proche de la Gamaa, qui dispose de délégations à Sarajevo, Zenica et Zagreb, ou même la Dar El-Berr, basée à Zagreb. Derrière la couverture caritative, ces différentes ONG ont constitué les principales voies de financement et les vecteurs d'acheminement de fonds et de volontaires pour le djihad en ex-Yougoslavie. Souvent basées en Occident, notamment aux États-Unis, en Grande-Bretagne et en France, ces associations ont indéniablement bénéficié de l'engouement humanitaire et de la liberté d'action que leur accordent les démocraties qui les hébergent.

## Mobilisation européenne pour le djihad en Bosnie : nouvelle guerre d'Espagne ou Afghanistan des années 1990 ?

Outre les bataillons de moudjahidines arabes, pakistanais ou iraniens venus prêter main-forte aux Bosniaques, plus d'un millier d'Européens – Français, Belges ou Anglais d'origine maghrébine ou pakistanaise ou autres Européens « de souche » convertis – rejoindront les combattants bosno-muslmans. Dans les mosquées de France, d'Italie, d'Allemagne et de Grande-Bretagne, la mobilisation sera très forte. Un journal imprimé en Bosnie mais diffusé en français et en anglais, *L'Appel du djihad,* annoncera même dans les mosquées la naissance des bataillons musulmans antiserbes. En France, une association « humanitaire » islamiste liée au GIA algérien, Aide directe, particulièrement implantée dans le Nord (Lille-Roubaix-Tourcoing), organise l'envoi de volontaires européens sur le front bosniaque. Les islamistes français convertis Christophe Caze et Lionel Dumont en font partie. Non loin de Roubaix, en Belgique, c'est l'Association sans frontières de la jeunesse bruxelloise, liée à Aide directe, qui organise, pendant le conflit, des filières vers la Bosnie. Au cours de leurs périples, Caze et Dumont, ainsi que nombre de volontaires belges et français d'origine maghrébine ou même venus de la région parisienne et de toute la France, transiteront par elle. Son leader spirituel, l'imam Bachir, a d'ailleurs longtemps séjourné en France, tissant des liens étroits avec des militants du GIA tout en entretenant d'excellentes relations avec d'autres organisations islamistes plus « respectables », dont l'Union des organisations islamiques de France (UOIF) et le Secours islamique (Islamic Relief). Ces derniers joueront un rôle humanitaire non négligeable en faveur de la cause bosniaque, envoyant fonds, volontaires et aides matérielles diverses. Ainsi l'UOIF aurait-elle collecté au moins trois cent mille euros auprès de la communauté musulmane de France. Le 3 septembre 1992, c'est le recteur de la mosquée de Paris, Dalil Boubakeur, qui invite les musulmans à « concrétiser leur solidarité avec les populations de Bosnie-Herzégovine[77] », Boubakeur donnant, certes, des consignes pour que les imams se cantonnent dans des prêches aux mobiles humanitaires, entendant ainsi faire savoir qu'il désapprouve l'action en faveur du djihad bosniaque de nombreuses mosquées françaises. Plusieurs branches nationales du Secours islamique seront par ailleurs impliquées dans un gigantesque trafic d'armes vers la Bosnie, tandis que l'organisation islamiste turque Milli Görüs collectera encore plus de fonds auprès de la puissante diaspora bosniaque d'Europe du Nord et de la communauté turque, unies par des liens historiques et affectifs. On sait aujourd'hui que les filières européennes de la

77. Roland Jacquard, *Fatwa sur l'Occident,* Plon, 1996, p. 139.

Gamaa égyptienne ou du GIA algérien passèrent pendant la guerre serbo-bosniaque par Varsovie – où *Al-Ansar* possédait sa boîte postale –, l'Allemagne et Zagreb, à travers des ONG financées par des milliardaires du Golfe. Il est bon de rappeler que les principaux auteurs des vagues d'attentats qui terrorisèrent Paris en 1995, notamment Khaled Kelkal, Ali Touchent et Ben Saïd, sont issus de la « filière bosniaque ».

En Italie, c'est l'Institut culturel islamique de Milan, *viale* Jenner, qui organisera, dès 1993, en liaison étroite avec la Gamaa, l'acheminement des moudjahidines italiens sélectionnés pour rejoindre le front bosniaque, et qui sera chargée de procurer des faux papiers aux combattants. Les récentes enquêtes du FBI et de la Digos italienne montrent que ce réseau italo-bosniaque œuvrait en étroite coopération avec celui de l'Algéro-Canadien Fateh Kamel, alias El-Fateh, chargé de coordonner un vaste trafic triangulaire de faux documents entre la Turquie, pour les photos d'identité, le Canada, pour les passeports vierges, et Bruxelles, où les opérations étaient centralisées. Là aussi, c'est à travers une organisation humanitaire islamiste, l'Organisation humanitaire internationale (OHH), très présente en Bosnie mais basée à Istanbul, que transiteront les fonds destinés à financer l'opération, alloués par les donateurs saoudiens d'Al-Qaida, ainsi que le confirmera le verdict du procès Fateh Kamel en mars 2001.

## Le nationalisme « grand-albanais » et l'islamisme international

Les mêmes circuits saoudiens de réislamisation et les mêmes réseaux islamistes internationaux de soutien aux moudjahidines furent réactivés durant la guerre du Kosovo en faveur de la guérilla albanaise et des sections islamistes créées au sein de l'UCK. Outre l'aide humanitaire considérable apportée aux réfugiés albanais (le Croissant-Rouge saoudien envoya par avion à Tirana quantité de produits alimentaires, vêtements, tentes et autres équipements plus stratégiques), l'Arabie Saoudite déploya une intense activité auprès des États-Unis et des organisations internationales, exigeant des « sanctions » vigoureuses contre Milosevic et critiquant fortement la Russie, accusée d'être « anti-islamique » et proserbe. Au cours de la rencontre du 12 avril 1999 à Téhéran avec le ministre de la Défense iranien Ali Shamkhani, le prince Saoud appelait le monde musulman et les différentes organisations islamiques à « créer une force militaire islamique collective afin de défendre les musulmans "menacés" de par le monde et d'apporter la paix et la sécurité aux pays islamiques[78] », menace à peine voilée d'utilisation unilatérale de la force au cas où les « alliés occidentaux », qui dépendent du pétrole saoudien, sous-estimeraient la capacité de nuisance de Riyad et hésiteraient à soutenir les rebelles musulmans de l'UCK. Dans un entretien accordé au magazine *Nida'ul Islam* en avril 1998, le cheikh Mohammed Stubla, président de la Société albanaise islamique de Londres, avait clairement expliqué ce qu'était pour lui l'UCK et quels objectifs réels l'Armée de libération du Kosovo poursuivait : « L'UCK est une organisation albanaise et islamique ayant pour objectif de défendre son peuple, sa patrie et sa religion par tous les moyens [...], libérer le sol national de la présence de l'ennemi serbe, accéder à l'indépendance. » Il avertissait : « Tout ce que déploiera l'ennemi contre l'UCK pour annuler l'influence de l'islam et des musulmans dans les Balkans ne servira à rien, car la puissance de l'islam est telle qu'ils obtiendront le contraire de ce qu'ils voudront imposer. » C'est dans ce contexte que l'Armée de libération du Kosovo, pourtant inspirée au départ par une idéologie marxiste-nationaliste aux antipodes de l'islamisme, renforça à partir de 1997 ses liens avec les structures du terrorisme islamique international, du parti islamiste turc Fasilet (ex-Refah Partisi de Necmettin Erbakan) aux réseaux Ben Laden, en passant par les Frères musulmans, la Gamaa égyptienne, les islamistes algériens, sans oublier les pasdaran iraniens et surtout les voisins croato-bosniaques dont certains généraux, notamment Agim Ceku, seront les pionniers de l'UCK. C'est ainsi que, dès juin 1997, l'UCK fut armée en grande partie grâce au soutien de l'Armée de Bosnie-Herzégovine et de centres d'entraînement islamistes liés à la nébuleuse d'Al-Qaida implantés dans le nord de l'Albanie (Bajram Surri, Tropoja, Krum, Kudes, Peskopée). Parmi les instructeurs de l'UCK, on recense de nombreux Bosniaques musulmans d'origine albanaise ainsi que des terroristes originaires du Moyen-Orient (Afghans, Yéménites, Égyptiens, Jordaniens, Saoudiens, Tchétchènes, etc.). Quant aux connexions avec les rebelles fondamentalistes tchétchènes, la branche islamique de l'UCK bénéficie, dès le début de l'année 1998, d'un appui en formation, équipements et envois de mercenaires de la part du gouvernement tchétchène et du chef de guerre Al-Khattab. Après la Bosnie, le Kosovo devint alors, à la faveur des

78. « L'Arabie Saoudite et les événements du Kosovo », *France-Arabie Saoudite*, juin 1999.

guerres balkaniques, l'une des nouvelles bases de repli de l'internationale islamo-terroriste. Là aussi, les organisations islamiques « humanitaires » constituent la couverture idéale pour les réseaux islamistes. Qu'il s'agisse d'Al-Haramain, de Global Relief, d'Al-Muwafaq ou de l'Islamic Resurrection Foundation, les « ONG d'Allah » basées dans le Golfe versent des millions de dollars à l'UCK.

Comme en Bosnie, le prosélytisme islamiste, essentiellement wahhabite, en provenance des pétromonarchies, est particulièrement visible au Kosovo et en Albanie où la pauvreté constitue son meilleur allié. L'Arabie Saoudite poursuit son objectif de réislamisation des Balkans, pierre angulaire de la nouvelle stratégie d'islamisation de l'Europe. Pour elle, l'Albanie, ou plutôt la future « Grande Albanie » incluant le Kosovo, une partie de la Macédoine, de la Grèce et du Monténégro, est une *terre islamique* et doit réintégrer le *dar-al-islam*. Outre le considérable soutien financier à l'UCK elle aurait, notamment à travers l'agence de « bienfaisance » islamique d'Aide, versé des fonds pour la construction et la reconstruction d'une centaine de mosquées au Kosovo et en Albanie, et pour l'introduction de l'enseignement du Coran comme matière obligatoire dans les écoles primaires. Armés de leurs pétrodollars, les fondamentalistes saoudiens proposent même à des Albanais chrétiens des sommes de plusieurs milliers de dollars s'ils se font circoncire et embrassent l'islam, et offrent aux femmes disposées à porter le voile islamique deux cent cinquante euros par mois, sachant qu'un employé des hôpitaux de Pristina en gagne à peine cent cinquante... De fait, plus de deux ans après l'opération Force alliée, l'islamisation ou la réislamisation de la société kosovare – pourtant marquée par le sécularisme communiste – est en cours, tant à travers la présence et le soutien extérieur de structures de l'islamisme radical international que via des voies officielles et « occidentales ». C'est ainsi qu'à Godbuje, ce sont les contingents des Émirats arabes unis, placés sous le commandement de la Kosovo Force (KFor) française, qui ont construit durant l'hiver 2000 une mosquée pour les Albano-Kosovars et que, dans le reste du Kosovo, ce sont les instances mêmes de l'Union européenne et de la Mission des Nations unies au Kosovo (MINUK) qui se sont engagées à réparer ou à édifier, d'ici cinq ans, plus d'une centaine de mosquées dans la région, ceci au moment même où des centaines de lieux de culte orthodoxes sont détruits par les nationalistes albanais dans le cadre d'un « ratissage » culturel total de la province...

## Albanie, Kosovo, Macédoine : irrédentisme albanophone, mafia albanaise et islamo-terrorisme

L'Albanie, qui compte trois millions cinq cent mille habitants (70 % sont musulmans, 30 % chrétiens), commença à s'ouvrir à la pénétration islamiste, principalement saoudienne et iranienne, dès 1992. Le Koweït et l'Arabie ayant décidé de financer un vaste programme de construction de mosquées, le président albanais d'alors, Sali Berisha, acquis à la cause islamiste, reçut en échange de sa coopération d'importants subsides en provenance du Golfe. Suite à l'adhésion de Tirana à l'OCI en 1992, premier acte géopolitique de l'Albanie tout juste sortie du communisme, c'est dans la capitale albanaise que se déroula, en novembre de la même année, la première conférence internationale réunissant la quasi-totalité des mouvances islamistes radicales implantées en Europe. On y vit se côtoyer, d'une part, les islamistes « modérés », dont les représentants du FIS tels Anouar Haddam, ou Rabah Kébir, qui devint représentant du FIS en Allemagne, l'imam Sahraoui, assassiné à Paris en 1995 par Khaled Kelkal sur ordre du GIA et, d'autre part, les islamistes « durs » impliqués dans des opérations terroristes, Moussa Kraouche, Djaffar el-Houari, dirigeants de la Fraternité algérienne de France (FAF), les « Afghans » Kamardine Kherbane, instructeur militaire dans les maquis, Boudjema Bounouna, Ahmed Zaoui, arrêté en mars 1995, ou encore Ali Besam. « Les GIA ont trouvé un bon marché pour l'achat des armes les plus diverses. La capitale Tirana est devenue une zone de transit pour les Afghans de Bosnie vers d'autres pays qui connaissent des situations de conflit », relève le quotidien algérien *Al-Watan*[79]. En parfaite relation avec le lieu de la conférence, le sujet de discussion de ces islamistes était le partage de la zone Europe et les stratégies d'islamisation du Vieux Continent. L'Albanie devint ainsi l'une des bases de l'islamo-terrorisme en Europe, ceci en dépit des efforts déployés plus tard par l'équipe au pouvoir à Tirana entre 1997 et 1998 pour démanteler certains réseaux islamistes étrangers ayant trouvé refuge en Albanie sous Sali Berisha.

Dès 1993, des groupes islamistes albanais apparaissent au Kosovo et dans le nord de l'Albanie. Citons par exemple le groupe Abou Bakr al-Sadiq, lié aux réseaux de Ben Laden, dirigé par l'imam sala-

79. Salima Tlemçani, *Al-Watan,* cité par *Courrier international,* 2 février 2000.

fiste albanais Ekrem Aldija formé à Médine. Après s'être illustrée en Bosnie, l'unité Abou Bakr al-Sadiq rejoint la guérilla albanophone du Kosovo, formant les premiers bataillons de moudjahidines de l'UCK, principalement à l'œuvre dans la Drenica. Mentionnons aussi le Bureau pour l'appel de l'islam d'Abdullah Duchaïn (ou Da'wa), mouvement wahhabite œuvrant à la création d'un grand État panislamiste englobant tous les Albano-Musulmans des Balkans, et qui fit du nord de l'Albanie sa base arrière. Ou encore la mystérieuse Armée islamique albanaise, forte de trois cents guérilleros, mise sur pied par les réseaux londoniens de Ben Laden. Cette armée est spécialement alimentée par les volontaires du djihad qui ont été recrutés dans les banlieues musulmanes d'Occident par les prédicateurs salafistes liés à la mosquée de Finsbury Park. La police albanaise y arrêtera, le 20 novembre 1998, Claude (Ben Adel) Kader, un citoyen français natif de Saint-Denis et qui sera condamné à vingt ans de prison pour l'assassinat de l'interprète albanais Léonard Vangjeli, lequel lui avait servi d'intermédiaire pour les trafics d'armes. Un autre moudjahid occidental, l'Australien converti David Hicks, arrêté le 9 décembre 2001 par les forces américaines alors qu'il figurait parmi les combattants talibans d'Afghanistan, a fait sa première expérience de moudjahid au sein des unités islamistes de l'Armée de libération du Kosovo appuyées par Al-Qaida. Des centaines d'autres Occidentaux suivront un parcours identique.

À l'époque, l'objectif conjoint des néo-wahhabites d'Al-Qaida et des puissances islamiques plus respectables comme l'Arabie était d'édifier, grâce au djihad et au prosélytisme, un État islamique au Kosovo, étape préalable à l'édification d'un grand État panislamiste qui engloberait tous les musulmans des Balkans autour des noyaux durs de la Bosnie, du Kosovo et de l'Albanie (projet de « transversale verte »). Le 18 mars 1998, Fatos Nano, Premier ministre albanais de confession orthodoxe, déclarait au quotidien serbe *Nasha Borba* être inquiet du fait que « certains cercles politiques albanais avaient contracté une alliance avec des organisations terroristes islamistes dans le but de pousser les Albanais du Kosovo à déclencher, par des actes terroristes, un conflit ethnoreligieux contre les Serbes ». On sait, par exemple, que Ben Laden visita l'Albanie pour la première fois en 1995, sur invitation des services secrets albanais, le SHIK – dirigés à l'époque par Baskim Gazidede durant le mandat du président pro-islamiste Berisha –, pour y tisser des liens avec des imams intégristes et des nationalistes albanais musulmans décidés à employer la manière forte au Kosovo. Dans le cadre de leur coopération avec Al-Qaida, Gazidede et Sali Berisha permettront à près de trois cents moudjahidines et terroristes arabes, des anciens d'Afghanistan ou de Bosnie, d'obtenir des passeports albanais. Le successeur de Gazidede à la tête des services albanais, Fatos Clossi, qui sera le représentant de la ligne la plus anti-islamiste du gouvernement de Fatos Nano constitué après la démission de Sali Berisha, avouera quelque temps plus tard qu'il existait déjà à cette date plusieurs centres de recrutement et d'entraînement dans le nord de l'Albanie, et signalera la présence d'instructeurs tchétchènes et arabes. Ainsi, des dizaines de moudjahidines tchétchènes ou autres « afghans » trouveront la mort au Kosovo entre mars 1998 et juin 1999. La police albanaise arrêtera en Albanie, en juin 1998, sept membres du mouvement néo-wahhabite Da'wa, le Bureau pour l'appel de l'islam. D'autres groupuscules furent repérés depuis, notamment ceux financés directement par Oussama Ben Laden et qui recevaient également un appui de la part des légions wahhabites tchétchènes d'Al-Khattab. Début juin 1998, trois islamistes égyptiens de la Gamaa al-islamiyya entraînant des terroristes à destination du Kosovo furent arrêtés par le SHIK, sur pression de la CIA qui ne voulait pas que des islamistes liés à leur ennemi suprême et ex-collaborateur, Ben Laden, ne rendent trop visible leur stratégie antiserbe et proalbanaise au Kosovo. Parmi eux, le fameux Al-Nadjar, qui sera extradé dans le cadre d'une opération secrète de la CIA vers l'Égypte, où il est passible de la peine de mort. On sait maintenant que cette extradition d'un proche collaborateur de Ben Laden contribuera à déclencher les sanglants attentats antiaméricains d'août 1998 en Afrique.

L'année suivante, plus que jamais adepte de l'option « zéro mort », l'administration américaine, désireuse d'en découdre avec les Serbes et de mettre sur pied une armée au sol de substitution avec l'UCK, laisse la mouvance Ben Laden agir avec un peu plus de liberté, ce qui explique la nomination à la tête des opérations spéciales de l'UCK de Muhammad al-Zawahiri, propre frère d'Ayman al-Zawahiri, le célèbre bras droit d'Oussama Ben Laden, co-auteur des attentats du 11 septembre. Mais Ayman al-Zawahiri s'investira lui aussi personnellement dans la cause du Kosovo, travaillant en étroite coopération avec Mohammed Hassan Mahmoud, responsable à Tirana de la mystérieuse Islamic Resurrection Foundation dont le siège est au Koweït, qui s'occupait entre autres des moudjahidines de l'UCK recrutés auprès du Djihad islamique égyptien. L'engagement des deux frères aux côtés de l'UCK n'est probablement pas une coïncidence. Comme Hassan Mahmoud, Muhammad al-Zawahiri saura trouver lui aussi une couverture humanitaire, puisqu'il sera officiellement employé à Tirana au siège d'une autre organisation humanitaire, plus connue celle-là, l'Islamic Relief, directement financée par le gouvernement saoudien. On sait aujourd'hui que l'une des tâches du proche de Ben Laden était d'organiser le transfert des moudjahidines de l'Albanie vers le Kosovo. Ainsi que l'a révélé le FBI en décembre 2001, Islamic Relief a été utilisée par Al-Qaida pour financer ses opérations. Mais ceci ne semble cependant point avoir conduit les services américains à la faire figurer directement dans la liste des organisations coupables de soutenir le terrorisme. L'IIRO continue d'ailleurs de faire sa propre publicité sur les panneaux d'affichage de l'aéroport de Pristina, pourtant réouvert par les soldats britanniques et géré par les Nations unies.

Une autre organisation humanitaire islamiste d'origine saoudienne, Al-Haramain, qui emploie de nombreux Soudanais, fera l'objet de perquisitions à Gjakova. On sait que l'un de ses employés, Moget Mustapha (de son vrai nom Shawki Salama Attiya), arrêté à Tirana en 1998, était le chef d'un réseau terroriste islamiste albanais lié au groupe d'Al-Nadjar. L'UCK loua par ailleurs les services d'un autre membre de la direction d'Al-Qaida, le Soudanais Fatah Ali Hasanain, responsable de l'Agence pour l'aide au tiers-monde (TWRA) soutenue par Riyad, et dont nous avons étudié les activités de soutien aux moudjahidines en Bosnie. Le rôle de l'Arabie Saoudite sera à nouveau mis en lumière à l'occasion de la saisie à la mi-février 2001 par les autorités macédoniennes de centaines d'uniformes militaires livrés à l'UCK par Riyad à travers les ONG islamistes, notamment El-Hillal, active en Macédoine dans la propagation de littérature fondamentaliste.

Dans ce contexte, les révélations faite par l'ex-Premier ministre albanais Illir Meta peu avant sa démission, en février 2001, qui annonçait l'arrestation en Albanie d'une vingtaine d'islamistes liés à Al-Qaida et opérant en Macédoine et au Monténégro, qui alertait également l'opinion sur le danger de prolifération de l'islamisme en Macédoine, méritent d'être prise au sérieux dans la mesure où elles confirment le fait que les Balkans demeurent l'une des bases arrière privilégiées d'Al-Qaida aux portes de l'Union européenne. Comme ceux agissant au Kosovo, la plupart des groupes sévissant en Macédoine seraient basés et entraînés dans le nord de l'Albanie et en Bosnie. Entre janvier et avril 2001, les autorités macédoniennes ont arrêté plusieurs dizaines d'autres moudjahidines étrangers (irakiens, saoudiens, égyptiens, pakistanais, algériens et même talibans) munis de passeports suédois ou bosniaques et enrôlés dans les rangs de l'UCK. Ainsi, dans la même période, une quinzaine de talibans venus prêter main-forte à l'armée indépendantiste albanaise ont trouvé la mort lors de combats avec les forces macédoniennes, et d'autres seront régulièrement arrêtés. Dans le cadre d'une opération antiterroriste internationale lancée par le FBI à la suite d'un rapport de la CIA identifiant les bases de Ben Laden au Kosovo, les carabiniers italiens ont quant à eux arrêté, le 14 décembre 2001, plusieurs membres du réseau albano-balkanique d'Al-Qaida. Détenus dans la base américaine de Bondsteel, au sud-est du Kosovo, la plupart des islamistes interpellés par les polices balkaniques et les forces de l'OTAN (KFOR) sont de nationalité irakienne ou sont munis de faux passeports européens, tout comme d'ailleurs certains membres de Global Relief, eux aussi arrêtés le 15 décembre en Albanie à Tirana. Depuis novembre 2001, ce sont près de cinq cents islamistes majoritairement issus du monde arabe et de la Bosnie voisine qui ont été interpellés dans les Balkans ou expulsés vers leurs pays d'origine après avoir été protégés par différentes ONG islamistes. Actuellement, les moudjahidines, étrangers et autochtones confondus, seraient capables d'aligner dans l'ensemble des Balkans entre deux mille et cinq mille combattants, selon les sources des services de renseignements occidentaux et macédoniens, sachant que de nombreux combattants étrangers y auraient été repliés entre octobre et fin novembre 2001, après avoir fui l'Afghanistan.

Quant à l'Iran des *pasdaran*, son action durant la guerre de Bosnie (soutien financier, militaire, envoi de moudjahidines, aides à la violation de l'embargo sur les armes) est désormais notoire. Moins connues sont les ramifications iraniennes dans le reste des Balkans, en particulier en milieu albanophone. Dans un rapport de *Defense and Foreign Affairs Strategic Studies* publié en mai 1998, l'analyste américain Youssef Bodanski révèle que « dès 1997, Téhéran sponsorisa l'entraînement et les préparations des combattants de l'UCK en Albanie, ainsi que le transfert d'armes et d'experts via l'Albanie [...]. Début décembre 1997, les services secrets iraniens avaient déjà livré les premiers équipements en grenades, pistolets-mitrailleurs, fusils d'assauts, équipements de vision nocturne et systèmes permettant de communiquer de Tirana vers le Kosovo. Des officiers d'Albanie et de l'UCK auraient même été envoyés dans les bases d'entraînement al-Quds et les camps des gardiens de la révolution iranienne en Iran ». En fait, les centaines de *pasdaran* ayant servi en Bosnie dès le début des années 1990 ont entraîné les combattants de l'UCK. À l'instar des moudjahidines arabes, bon nombre d'entre eux ont épousé des femmes bosniaques et acquis la nationalité bosniaque, tandis que des chargés d'affaires iraniens auraient créé des filiales bancaires destinées spécialement à financer l'UCK. Une banque islamique a ainsi été fondée à Tirana, cependant qu'à Skadar, en Albanie, une société Ayatollah Khomeyni a été mise en place.

En fait, les Iraniens ont implanté dans les Balkans plusieurs fondations « humanitaires » et « caritatives ». La plus importante d'entre elles est la Construction Jihad, directement alimentée par les services de renseignements iraniens à travers des fonds semi-officiels. En Albanie, cette fondation s'emploie à promouvoir la petite entreprise, aide à l'installation d'usines et crée nombre d'emplois dans les sites urbains. Grâce aux moyens financiers apportés à tant de foyers pauvres, Construction Jihad est rapidement parvenue à conquérir le cœur de nombreux Albanais, mais permet surtout aux services iraniens de recruter plus facilement des correspondants et de former des futurs moudjahidines, perfectionnant ainsi les méthodes efficaces déjà utilisées au Liban et en Bosnie. Enfin, on sait que, en collaboration avec des groupes islamistes sunnites, Téhéran est parvenu à transférer en Albanie plusieurs camps d'entraînement de Bosnie.

## La poussée wahhabite dans l'espace ex-soviétique

Paradoxalement, les premiers contacts de la Russie de Kiev avec le monde islamique date d'avant sa christianisation, commencée en 988 par la conversion à l'orthodoxie du prince Vladimir. Pendant plus de deux cents ans, les principautés russes durent résister au rouleau compresseur islamique de la Horde d'Or qui menaça sérieusement l'existence même d'un État russe en Europe de l'Est. D'une certaine manière, ce fut grâce à la résistance russe aux hordes turco-islamiques que l'Europe évita une deuxième bataille de Poitiers et un troisième siège de Vienne qui auraient pu être fatals pour la civilisation européenne. Avec Ivan le Terrible, la donne changea radicalement. Les États islamiques, qui composaient autrefois l'étau serrant la jeune Moscovie, tombèrent les uns après les autres : les khanats de Kazan, d'Astrakhan, des Nogaïs, de Sibérie et enfin, au XVIIIe siècle sous le règne de l'impératrice Catherine II, celui de Crimée. À l'intérieur de l'Empire russe, les musulmans opposèrent une résistance acharnée à toute tentative d'assimilation, préservant jalousement leur foi et leurs traditions. Au cours des XVIIIe et

XIXe siècles, Moscou fit face à plusieurs djihad lancés contre elle par les musulmans du Nord-Caucase et d'Asie centrale. Bref, l'histoire de la formation de l'État russe coïncide avec celle d'une guerre acharnée contre le monde islamique, conduite avec plus ou moins de succès par les Russes tout au long de la période tsariste. Depuis, deux mondes, islamique et orthodoxe, coexistent en Russie sans se croiser.

En 1917, les bolcheviks réussirent à mobiliser une partie des musulmans qui combattirent à leurs côtés l'Armée blanche. Cette collaboration se traduisit par une certaine libéralisation des minorités musulmanes qui parvinrent à préserver leurs mosquées dans les années 1920. Pendant cette période, la tolérance des bolcheviks alla jusqu'à autoriser l'introduction de la charia dans plusieurs républiques autonomes, notamment dans le Nord-Caucase, en Daguestan et en Tchétchénie. Toutefois, dès le début des années 1930, le pouvoir soviétique changea d'attitude. La majeure partie des mosquées fut fermée et le clergé islamique sévèrement réprimé. En 1965, l'URSS ne comptait plus que trois cent cinq mosquées, à comparer avec les vingt-cinq mille qui fonctionnaient en 1917. Mais les traditions islamiques n'étaient pas mortes. L'enseignement religieux était assuré clandestinement par des mollahs « officieux » qui réussirent à maintenir les traditions tout au cours de la période soviétique malgré la forte propagande anti-islamique orchestrée par l'État. Ceci permet d'expliquer pourquoi, dix années après la chute du mur de Berlin, près de cinquante mille mosquées sont aujourd'hui actives dans l'ex-URSS, dont plus de trois mille dans la seule Fédération de Russie où le nombre est soudainement passé de mille deux cent seize en 1992 à trois mille soixante-douze en 1999[80], 75 % des lieux de culte se trouvant au Tatarstan et au Daguestan. Le Daguestan, voisin de la Tchétchénie, est ainsi devenu le principal foyer d'islamisation à l'intérieur de la Russie et dans le Caucase.

Ce renouveau général de l'islamisme en Eurasie est principalement le fait du zèle missionnaire wahhabite, ainsi qu'on a pu s'en apercevoir depuis que des néomusulmans russes wahhabites ont fondé, dans le village de Belidji au Daguestan puis dans la ville de Petrosavodsk en Carélie, des communautés wahhabites essentiellement composées de convertis, après avoir créé l'Union des convertis de Russie, d'orientation clairement wahhabite. On retrouve également de nombreux convertis russes derrière l'Union des musulmans

80. L. Kolesnikov, « La nouvelle situation religieuse en Russie », *État, religion, Église en Russie et à l'étranger*, Moscou, 2000, p. 84-97.

et le parti islamique Nour, certes de sensibilité plus modérée que les mouvements précités.

Comme leurs frères du Cachemire ou du Kosovo, les musulmans de l'ex-Union soviétique sont encouragés, dans leurs entreprises de « réindigénisation », par deux facteurs-clés : la démographie, bien supérieure à celles des « infidèles », et l'aide financière des « frères » de l'extérieur, notamment de l'Arabie Saoudite, du Pakistan et de l'Afghanistan. Ici, le facteur démographique agit comme un « multiplicateur d'agressivité », un intensificateur de crises géopolitiques à moyen et long termes. En fait, le taux de croissance des sociétés musulmanes est presque partout supérieur à 2 %, souvent même à 2,5 ou 3 %. En Asie centrale, entre 1970 et 1993, la population a augmenté de 2,9 % au Tadjikistan, pays le plus secoué par le fanatisme islamiste, 2,6 % en Ouzbékistan, 2,5 % au Turkménistan, 1,9 % au Kirghizistan, et 1,1 % au Kazakhstan, chiffre plus bas en raison du fait que plus de la moitié de la population de cet État est d'origine russo-orthodoxe. Depuis les années 1990, la réislamisation radicale des républiques et régions musulmanes de l'ex-URSS doit beaucoup à l'État saoudien wahhabite qui a considérablement investi en faveur des musulmans du Caucase et de Russie en offrant des milliers de Coran et en construisant des mosquées et des écoles religieuses.

Les premiers groupes wahhabites sont apparus simultanément au Tadjikistan et au Daguestan à la fin des années 1980, sous la double influence de la révolution islamique iranienne et du djihad anticommuniste lancé sous la guerre froide par l'*oumma* contre l'armée soviétique en Afghanistan, avec le précieux concours extérieur des services secrets américains, pakistanais et saoudiens. Mais la poussée islamiste-wahhabite ne s'arrêta pas après la chute du mur de Berlin, elle s'intensifia même plutôt à la faveur de la réunion des peuples musulmans d'ex-URSS et du Moyen-Orient jadis séparés par les frontières de l'Empire soviétique, puis de l'ouverture de l'ambassade d'Arabie Saoudite à Moscou. Les premiers militants wahhabites commencèrent à pénétrer en Russie au début des années 1990 avec l'organisation Dar Al-Barr, puis à travers le Congrès du monde Musulman, la Ligue du monde islamique et des associations plus ou moins humanitaires comme Taiba International ou Islamic Relief International. L'une d'entre elles, Al-Igas (Le Salut), est directement financée par le deuxième bureau saoudien. L'action locale des wahhabites en Tchétchénie et au Daguestan a conduit au renforcement de leurs positions et à un conflit violent entre les soufis et les wahhabites dans le Nord-Caucase. En août 1999, les combattants wahhabites tchétchènes, conduits par Chamil Bassaev et par l'un des lieutenenants de Ben Laden, Amir Khattab, envahirent le nord du Daguestan et proclamèrent un « État islamique ». Ils furent repoussés par l'armée fédérale et les Daguestanais. Depuis lors, les activités wahhabites sont interdites dans toutes les républiques du Nord-Caucase. Mais les confréries qui contrôlent l'islam « officiel » dans le Caucase ou en Russie sont parfois presque aussi fondamentalistes que les wahhabites. Les ordres soufis, comme la Naqshbandiyya, ont pour ambition déclarée de transformer le Daguestan et tout le Nord-Caucase en un État islamique et prônent l'islamisation intégrale des républiques musulmanes, voire même de la Russie, renforçant pour se faire les contacts avec l'*oumma*, qu'il s'agisse de la Turquie, de l'Iran, de l'Irak ou même des milieux islamistes palestiniens.

C'est dans ce contexte qu'en 1990 les islamistes daguestanais, tadjiks et tatars inaugurèrent, au cours d'un congrès à Astrakhan, la première organisation islamiste d'URSS, le Parti de la renaissance islamique, disposant dès l'origine de deux grands centres de rayonnement, le premier, basé à Moscou, dirigé par le très charismatique philosophe « eurasien » Gueïdar Djemal, le second, siègeant au Daguestan, animé par Akhmadkadi Akhtaëv, instigateur d'une « communauté wahhabite » au Daguestan essentiellement composée de convertis russes, puis d'autres structures sectaires néo-wahhabites du même type installées à Bagaouddin (Kebedov) et dans l'enclave darguine de Kadar où fut proclamé un « État islamique indépendant » en 1997.

## Islamisme et « national-bolchevisme », ou les connexions rouge-brun-vert en Russie

Dès le départ, la faction moscovite du PRI dirigé par Djemal Gueïdar se rapproche des milieux antisémites et ultranationalistes russes, notamment la mouvance d'Édouard Limonov, chef de file du Parti national-bolchevik, auteur d'un ouvrage développant les conceptions eurasiennes, *La Géopolitique*, et du général Sterligov, représentant du Front du salut russe (Sobor), bloc « national-communiste » réunissant des ultranationalistes et des nostalgiques de l'ère soviétique unis par une même lutte contre l'« ennemi commun américano-sioniste » et « occidental ».

Face au prosélytisme et à la renaissance islamiste en Russie et en ex-Union soviétique, deux écoles s'affrontent sur le terrain. La première, dite « école eurasienne », antioccidentale et minoritaire, considère l'islam radical russe comme un allié précieux contre l'Occident. La seconde voit au contraire dans l'islam la civilisation antirusse par excellence. L'école eurasienne, dont se réclament Djemal Gueïdar et ses interlocuteurs russes-orthodoxes comme le géopolitologue ultranationaliste anti-occidental Alexandre Douguine, partisan de la « géographie métaphysique », considère les Russes comme un peuple distinct des Européens et des Asiatiques, résultat d'un mélange de peuples sédentaires des forêts et de peuples nomades des steppes. « Les Eurasiens considèrent que l'islam fondamentaliste, avec son antimatérialisme, son refus du système bancaire, de l'usure internationale, du système de l'économie libérale, est leur allié. Les seuls ennemis géopolitiques des Russes et des musulmans, ce sont les États-Unis et leur système libéral, cosmopolite, antireligieux, antitraditionnel », écrit Alexandre Douguine[81]. Dans le cadre de leur posture eurasienne radicalement antioccidentale, judéophobe et islamophile, Alexandre Douguine et Édouard Limonov ont donc contracté depuis une dizaine d'années une véritable alliance avec les milieux islamistes radicaux dont la principale figure intellectuelle est Djemal Gueïdar, lequel dispose d'une tribune régulière dans les colonnes du journal ultranationaliste russe *Zavtra*, lui-même influencé par les thèses eurasiennes et national-bolcheviks. Grâce à ses contacts avec les milieux d'extrême droite et nationaux-bolcheviks de Russie, Gueïdar est parvenu à sensibiliser les milieux d'extrême droite antisionistes et antiaméricains européens, en particulier la mouvance dite de la nouvelle droite néopaïenne (GRECE en France, Orion en Italie, ECID en Grande-Bretagne, Al-Mourabitoun en Espagne, etc.), puis les milieux révisionnistes occidentaux en général (Ahmed Rami en Suède, Institut californien d'études historiques, groupe de Malmö, etc.). Il est vrai que l'Association d'études géopolitiques d'Alexandre Douguine a noué depuis des années des liens étroits avec l'organisation d'Alain de Benoist, le Groupe de recherche et d'études sur la civilisation européenne en France, ainsi qu'avec sa revue *Éléments*, dont une branche russe a été créée sous le nom voisin d'*Elementi*. Dans sa stratégie de mobilisation transversale et de prosélytisme – car l'idée sous-jacente à cette alliance paradoxale rouge-brun-vert est, côté islamiste, d'amener les Russes et l'Europe à l'islam afin de conquérir un jour la Russie infidèle – Djemal Gueïdar ne manque pas de

81. *Les Cahiers de l'Orient,* n° 41, 1er trimestre 1996, p. 33.

jouer sur la fibre antiaméricaine et eurasienne qui a encore la faveur de tant de Russes frustrés par la perte de puissance de leur pays et l'effondrement de l'ex-URSS face au triomphe américain de l'après-guerre froide : « La Russie doit reconsidérer sa mission civilisatrice et admettre qu'il existe une civilisation russe différente de l'Ouest. Il lui faut intégrer l'Eurasie pour former un bloc indépendant non soumis aux Américains. Une Russie forte doit nécessairement composer avec un islam renforcé [...]. La seule force qui peut aujourd'hui s'opposer à l'universalisme américain, à la conception d'un nouvel ordre mondial, est l'islam. Ceci a une signification particulière pour la Russie dans la mesure où elle prétend suivre sa propre voie. En dehors de l'islam, cette voie n'existe pas [...]. Le seul moyen pour la Russie d'échapper à la disparition géopolitique est de devenir un État islamique[82]. »

Après la disparition du PRI en 1995, Djemal Gueïdar, étroitement lié au régime militaro-islamiste du Soudan et à la nébuleuse de Ben Laden alors installée à Khartoum, est élu dans la capitale soudanaise, au plus fort de la conférence arabe et populaire d'Hassan al-Tourabbi, président du Congrès islamique mondial. Siégeant à Moscou, cette structure, abondamment financée par les néo-wahhabites du Golfe, a vocation à servir de relais entre l'islam radical de Russie et l'islamisme arabo-africain et du tiers-monde. Parmi les invités •xtérieurst, on note la présence à Khartoum d'Ahmed Kassem, leader de la communauté islamique d'Afrique du Sud ou encore celle de Roger Raja Garaudy. D'emblée, le ton est donné, l'objectif du comité mondial est de « réunir les efforts de la Russie et de l'islam contre le Nouvel Ordre mondial et contre l'impérialisme, l'OTAN et Israël ». Gueïdar, qui s'est rendu pour la dixième fois en Iran en février 2002 afin de soutenir les conservateurs iraniens, assigne à son comité islamique mondial la mission de « créer une véritable internationale islamiste qui dictera sa conduite aux États et aux empires », l'apogée de la révolution islamique mondiale étant pour lui « la lutte héroïque des kamikazes palestiniens et du mouvement salafiste d'Al-Qaida contre les juifs et les croisés occidentaux[83] ». Le propalestinisme conduit d'ailleurs Gueïdar à saluer régulièrement le Hezbollah, le Hamas, l'Armée rouge japonaise, l'IRA, Action directe et Carlos, « aucun compromis » n'étant selon lui possible avec l'État terroriste d'Israël dont « l'holocauste n'est qu'une arme de l'Ordre Mondial servant à écraser la seule opposi-

82. Djemal Gueïdar, *Nezavisimaya Gazeta*, 31 janvier 1992.
83. *Zavtra,* 10 juillet 2001.

tion réelle au sionisme qu'est l'islam[84] ». C'est dans cette même optique à la fois propalestinienne, islamiste et national-communiste que fut organisée la manifestation « russo-islamique vert-rouge » du 2 novembre 2001 à Moscou sur la place Pouchkine contre les bombardements de l'Afghanistan par les États-Unis. Parmi les forces politiques présentes : le mouvement de la gauche russe, celui des « antimondialisation » dirigé par Boris Kagarlitsky, les nationaux-bolcheviks et le comité islamique de Gueïdar. Scandant des « bas les mains devant l'islam », les manifestants salueront la présence du mufti Nagigoula Achirov, chef de la Direction spirituelle (DSM) de la Russie asiatique, du mufti des musulmans d'Orembourg, Islamïl Shangarïev. Dans son allocution, Djemal Gueïdar rappellera que Khomeyni renversa le chah d'Iran grâce à l'alliance entre les islamistes chiites et les communistes, que le Hezbollah fut l'allié du FDLP face « aux métastases israéliennes », et que nombre de dirigeants talibans avaient été jadis d'anciens cadres marxistes...

Considéré par les nationalistes russes comme une « cinquième colonne » au service de « l'impérialisme islamique », le courant eurasien promusulman est largement discrédité dans les cercles géostratégiques russes influents et circonscrit à une minorité ultra-radicale d'extrême droite ou d'extrême gauche dont l'influence certaine au sein de la puissante nébuleuse rouge-brune russe n'a cessé de décliner depuis l'accession au pouvoir du président Vladimir Poutine, lequel a assis l'essentiel de sa légitimité sur la désignation et la répression de « l'ennemi islamiste » tchétchène, néo-wahhabite et taliban – le « fascisme islamique » ou « la peste verte » sont d'ailleurs des expressions qui lui sont chères –, ce qui a provoqué une vague générale d'hostilité anti-islamique dans toute la Russie.

À partir de l'invasion de l'Afghanistan en 1979, les Russes ont été engagés dans trois principales guerres islamo-orthodoxes, la guerre d'Afghanistan, la guerre du Tadjikistan, conséquence de la première, puis celle du Caucase-Nord (Tchétchénie-Daguestan, commencée en 1992 et réactivée depuis août 1999). D'après Samuel Huntington, la guerre d'Afghanistan, qui opposa pendant près de dix années les rebelles afghans – appuyés par les services secrets saoudiens, américains et pakistanais – aux « infidèles » russo-communistes, fut la première grande guerre civilisationnelle islamo-européenne du XXe siècle. Après le retrait des Soviétiques, l'Afghanistan connut une recrudescence du fanatisme islamiste avec

84. *Zavtra,* 16 février 1999.

l'arrivée au pouvoir des talibans et devint la plaque tournante, l'épicentre de l'islamo-terrorisme sunnite dans le monde, ce qui explique pourquoi le réseau terroriste de Ben Laden fut accueilli, en échange d'un important soutien financier, par l'Afghanistan. Le milliardaire saoudien y disposera, jusqu'en novembre 2001, de nombreux camps d'entraînement terroristes.

Dès le début des années 1990, l'Afghanistan commença à exporter son modèle islamo-révolutionnaire au Tadjikistan. En septembre 1992, en effet, les islamistes afghans et leurs protecteurs des services secrets militaires pakistanais (ISI) avaient largement armé l'opposition islamiste, laquelle était parvenue à chasser de Douchanbe le gouvernement prorusse en place. Afin d'enrayer la progression du « néo-wahhabisme » alimenté par l'Afghanistan, et pour prévenir une contamination progressive, les gouvernements russe et ouzbek parvinrent, au terme d'une guerre civile particulièrement violente, à remettre en place le gouvernement prorusse déchu, les troupes d'opposition ayant été contraintes de se réfugier en Afghanistan. L'intervention russe suscitera les vives protestations du Pakistan et de l'Afghanistan, qui avaient envoyé de l'argent, des armes ainsi que des milliers de moudjahidines aux côtés des islamistes tadjiks. Ce sera ensuite le tour de la plupart des républiques musulmanes d'Asie centrale et du Caucase d'être contaminées progressivement par le syndrome « néo-wahhabite ». Animé par l'islamisme le plus violent et le plus prosélytique qui soit, le régime des talibans du mollah Omar enverra des légions islamistes combattre partout dans le monde : Bosnie, Kosovo, Cachemire, Tchétchénie, Daguestan, ou encore dans le nord de la Chine, le Xinjiang musulman, afin de « chasser les infidèles » et de rétablir la charia. Entraînés et galvanisés par les talibans et leurs séides tchétchènes, les moudjahidines wahhabites ou protalibans possèdent aujourd'hui des camps d'entraînement en Ouzbékistan, au Kirghizistan et au Tadjikistan, spécialement dans les régions montagneuses comme Karategin, situé à cent cinquante kilomètres de Douchanbe, ancien fief de l'opposition islamiste tadjike. Capitale de l'Ouzbékistan, Tachkent fut également secouée, entre février et mars 1999, par des vagues d'attentats islamistes. C'est d'ailleurs au Kazakhstan qu'ont été arrêtés, le 15 mars 1999, grâce à une collaboration des services spéciaux kazakhstanais et ouzbeks, les auteurs de ces attentats, membres du mouvement wahhabite Uzbekistan Islam Karati.

## L'AXE MOSCOU-WASHINGTON-PARIS-BERLIN : LE GRAND OCCIDENT RÉUNIFIÉ OU LA FIN DE LA GUERRE FROIDE

Avant l'intervention américaine contre le régime des talibans et les bases d'Al-Qaida en Afghanistan durant l'automne 2001, cette « talibanisation » générale des républiques d'ex-URSS menaçait sérieusement le Kirghizistan, où l'état d'urgence avait été déclenché à la suite d'une vague de prise d'otages et d'attentats meurtriers, conséquence directe des événements du Tadjikistan. Suite à l'accord de réconciliation nationale tadjike signé en 1999 sous la pression de Moscou, les rebelles islamistes du Tadjikistan, d'ethnie ouzbek, furent contraints de trouver refuge ailleurs, notamment au Kirghizistan, et d'essayer de s'implanter dans la vallée de Ferghana, aux portes de l'Ouzbékistan. Conscients de la grave menace islamiste « wahhabito-talibane » pesant sur leurs pays, les différents chefs d'États russe, chinois, kirghize, kazakh et tadjik se rencontrèrent le 27 août 1999 à Bichkek, capitale du Kirghizistan, afin de prendre des mesures pour faire face à la « poussée wahhabite » en Asie et dans le Caucase, et pour « lutter ensemble contre le terrorisme international, le séparatisme et l'extrémisme religieux ». Cette coopération se renforça avec le déclenchement de l'opération Liberté immuable.

Après les attentats du 11 septembre aux États-Unis, Vladimir Poutine fut en effet le premier chef d'État européen qui appela Georges Bush afin de l'assurer de sa « totale solidarité » dans la lutte contre le « fascisme islamiste international ». Le 3 octobre, en voyage officiel en Belgique, Poutine effectua la première visite d'un chef d'État russe au siège de l'OTAN. Dans leur guerre contre Al-Qaida, les États-Unis allaient pouvoir compter sur la coopération de Moscou. De fait, dès le déclenchement de l'opération Liberté immuable, les troupes américaines s'installèrent en Ouzbékistan et au Tadjikistan, avec le plein aval des Russes, et même en Géorgie, « l'étranger proche », les Américains comprenant désormais mieux la position de Moscou en Tchétchénie, où la même internationale islamiste néo-wahhabite avait poussé cette république vers le chaos. Soutenus par Moscou, les cinq républiques d'Asie centrale – l'Ouzbékistan, le Kazakhstan, le Tadjikistan, le Turkménistan, le Khirghizistan – l'Iran et la Chine concernés par le péril islamiste et voisins de l'Afghanistan, offrirent des corridors aériens à l'aviation américaine. Quelques jours plus tard, un sommet historique eut lieu à Shangaï entre les « trois grands », États-Unis, Chine, Russie, dans le cadre du sommet Asie-Pacifique de l'APEC, qui signèrent une déclaration commune contre la menace islamo-terroriste.

Certains géopolitologues ont annoncé la naissance d'une nouvelle ère géostratégique : celle de la coopération russo-américaine contre la menace islamiste commune, donc la réelle fin de la guerre froide, celle-ci ayant été en quelque sorte « prolongée » pendant les guerres yougoslaves, ou même en Asie centrale et dans le Caucase, sur fond de rivalités pétrolières russo-américaines, jusqu'au cataclysme du 11 septembre. Sans rancune, les Russes feignent d'oublier qu'il y a quelques années encore, Washington soutenait cette même internationale islamiste en Afghanistan, dans les Balkans et dans le Caucase pour affaiblir l'URSS et le « bloc orthodoxe ». De leur côté, les États-Unis ont modifié quelques peu la doctrine stratégique élaborée après la guerre froide sous l'ère Clinton, et surtout durant la première phase de l'administration Bush Jr, qui est marquée par un violent relent antirusse, en redéfinissant l'ennemi, cette fois-ci baptisé nouvel « Axe du Mal ». Mais cet axe, qui était encore en partie rouge avec notamment la Corée du Nord, excluait désormais la Russie – même si la doctrine nucléaire américaine continue de considérer l'espace russe comme cible éventuelle – au profit de l'ennemi islamo-terroriste, ancien allié des Américains contre Moscou, cette fois-ci mis au même niveau que les traditionnels « États voyous » *(rogue States)*. Commentant cette mutation géopolitique, le stratège Edouard Luttwak explique : « On peut désormais parler d'une grande alliance et d'une union sacrée entre les États-Unis, la Russie et l'Inde, destinée à lutter contre le terrorisme islamiste [...]. La Chine ne veut pas en être exclue [...]. Dès lors, il me semble évident que, si demain nous mettons en place un système de défense antimissile, il sera développé en coopération avec la Russie[85]. » Cette « vraie fin de guerre froide » sera entérinée à Rome le 28 mai 2002 avec la création du Nouveau Conseil OTAN-Russie où la Russie siège désormais à égalité avec les autres, même si elle n'a toujours pas de droit de veto. S'ajoute à cette évolution l'accord énergétique sans précédent conclu entre les États-Unis et la Russie, au terme duquel les Occidentaux escomptent valoriser les ressources pétrolières et gazières de Russie et d'Asie centrale afin de ne plus trop dépendre des hydrocarbures des États islamiques du Golfe... Depuis, l'idée d'une alliance anti-islamiste réunissant dans le même camp « infidèle » la Chine, l'Inde, Israël, la Russie et les États-Unis,

85. Entretien, *Le Vif/L'Express*, 12 octobre 2001.

ne manque pas de convaincre les islamistes qu'ils ne se trompaient point lorsqu'ils dénonçaient un « complot mondial » des infidèles judéo-croisés, athées et polythéistes contre la religion d'Allah.

## Les États-Unis : Grand Satan ou terrain d'action privilégié du prosélytisme islamiste ?

Comme nous l'avons vu avec Bernard Lewis, pour les islamistes et les fondamentalistes en général, la seule façon de justifier la présence en terre « impie » de musulmans en situation de minorité consiste à s'employer à répandre la foi islamique, à accomplir le devoir de prosélytisme. Fondateur de l'Institut international de la pensée islamique (IIPI) à l'université de Philadelphie, l'islamiste américano-palestinien Ismaïl al-Faruqi a été l'un des premiers à théoriser l'islamisation des États-Unis, le jour où « ce jeune et vigoureux continent deviendra islamique, rompant définitivement avec son passé diabolique et avançant sous la bannière d'Allah ou Akbar[86] ». L'objectif des dirigeants des deux grands lobbies islamiques américains n'est pas très éloigné. Ainsi, Ibrahim Hooper, l'un des leaders du Council of American Islamic Relations (CAIR), proche des Frères musulmans, souhaite que « les États-Unis deviennent un pays musulman[87] », tandis qu'Abdulrahman Alamoudi, qui est à la tête de l'American Muslim Council (AMC), déclarait, lors d'une conférence de l'Association islamique pour la Palestine tenue à Chicago en décembre 1996 : « Les États-Unis deviendront un pays musulman, même si cela doit prendre une centaine d'années[88]. » De son côté, la puissante Muslim Student Association, proche des Frères musulmans, a fait de l'islamisation des États-Unis l'un de ses objectifs privilégiés. Deux raisons principales poussent nombre d'islamistes à faire de la conquête spirituelle des États-Unis une priorité stratégique : premièrement, le rôle de Washington comme « ennemi n° 1 de l'islam » rend urgent sa conversion de l'intérieur, plus encore que le djihad, les rapports de forces étant pour l'heure totalement disproportionnés, comme ont pu le constater les talibans. Ensuite, il faut garder à l'esprit que l'islam est la

86. Cité *in* Daniel Pipes, « The Danger within Militant Islam in America », *Commentary*, novembre 2001, p. 19.
87. Cité *in* Steven Emerson, « Get ready for twenty World Trade Center Bombings », *Middle East Quarterly*, juin 1997, p. 75.
88. Steven Emerson, *idem*.

religion qui progresse le plus vite aux États-Unis. Aussi, l'objectif de cette islamisation apparaît, à terme, non seulement réalisable, mais constitue même l'une des conditions principales pour un triomphe définitif de la « vraie religion » sur toute la Terre, l'hyperpuissance américaine ayant à elle seule les moyens d'une hégémonie planétaire, puissance qui fait déjà rêver les prosélytes d'Allah.

La progression constante de l'islam aux États-Unis, seconde religion du pays aujourd'hui, apparaît comme un signe avant-coureur de son triomphe définitif proche. Cette incroyable confiance en l'avenir n'a paradoxalement aucunement été ébranlée, bien au contraire, par la réaction américaine consécutive au 11 septembre. Tout d'abord, les plus durs des islamistes comme les masses musulmanes les plus révoltées par l'impérialisme « américano-sioniste » n'ont pas pu s'empêcher de tirer fierté de l'apocalyptique démonstration de force et de courage islamique à échelle planétaire que fut l'attaque perpétrée par le David Ben Laden contre le Goliath américain. Deuxièmement, face aux « méchants terroristes », ceux que l'on appelle les « islamistes modérés », c'est-à-dire qui ont condamné sans ambiguïté la violence tout en étant eux-mêmes fondamentalistes, n'ont jamais été autant considérés comme les « bons », leur prosélytisme étant corrélativement perçu comme « pacifique » et « amical » alors qu'il vise en réalité les mêmes buts que Ben Laden, mais privilégie le « djihad de la parole » comme instrument de conquête plutôt que le djihad des armes. Parallèlement, les islamistes sont parvenus, au terme d'une habile campagne de sensibilisation à l'islam visant officiellement à lutter contre les réactions islamophobes et antiarabes consécutives au 11 septembre, à susciter la curiosité et l'intérêt de nombreux Américains scandalisés par le « racisme antimusulman » et « l'amalgame » trop souvent opéré entre terrorisme et islamisme. « Le résultat, c'est qu'aujourd'hui nous avons quatre fois plus de conversions qu'avant le 11 septembre », se félicite le docteur Ramzi, professeur à l'université islamique de Southfield[89]. D'après l'un des spécialistes des questions islamiques aux États-Unis, Daniel Pipes, la stratégie islamiste non violente et subversive est donc celle qui « a le plus bel avenir et c'est cette approche qui a été en fin de compte retenue par la plupart des islamistes radicaux », dont le premier but à court terme est « d'étendre l'islam et, dans le long terme, d'établir une société islamique, étape par étape[90] ».

89. *Le Figaro*, 21 novembre 2001.
90. Daniel Pipes, *ibid.*

L'islam est en forte croissance aux États-Unis, puisque l'on estime à plus de cent mille le nombre d'Américains, majoritairement noirs-américains, qui se convertissent chaque année[91]. 80 % des mille deux cents mosquées américaines ont d'ailleurs été construites ces dernières années. Les États-Unis comptent aujourd'hui au moins six millions de musulmans dont 56 % sont issus de l'immigration et 42 % proviennent de la communauté noire-américaine. Au total, avec près de trois millions de fidèles, les néomusulmans constituent, et de loin, la plus grande communauté de convertis du monde occidental. Parmi eux, non seulement des Noirs, mais également de plus en plus de Latinos, et surtout plus de cent mille Américains-Européens. Ces chiffres constituent un motif d'encouragement pour les islamistes, comme par exemple Ahmad Nawfal, leader du Jordanian Muslim Brethen, qui estime que les « États-Unis n'ont ni idéal, ni valeurs, ni pensée, ainsi, si les militants musulmans se réveillent, avec l'idéologie que nous détenons, ce sera très facile de prendre en main cet univers ». Outre les traditionnels convertis *blacks* très médiatisés (Malcom X, Mohammed Ali, Louis Farrakhan ou Myke Tyson), certains nouveaux musulmans appartiennent à la haute société américaine, comme par exemple Anthony De Lorenzo, alias Yusuf Talal, surnommé le « cheikh de Wall Street », dirigeant de la Shari'a Advisory Board du Dow Jones Islamic Market (Djim), l'indice de la Bourse spécialisé dans les sociétés qui observent le rite islamique.

Conformément à nos analyses précédentes sur le rôle du puissant mythe de l'âge d'or islamo-andalou, cet ancien consultant pour le Pakistan et traducteur d'une nouvelle édition du Coran a été fasciné, comme de nombreux convertis occidentaux, par l'histoire de l'Espagne arabo-musulmane, avant d'étudier l'arabe à Beyrouth puis d'embrasser l'islam. D'autres sont attirés depuis quelques années par l'islam pour des raisons plus sulfureuses, comme c'est le cas des sympathisants de groupuscules racistes ultra-antisémites (National Alliance, Ku Klux Klan, Aryan Nation, etc.), lesquels voient dans les attentats islamikazes antijuifs de Palestine ou même du World Trade Center, temple de la « finance juive », les plus belles manifestations « d'héroïsme antisioniste », d'où la décision de certains de ces groupes de perpétrer des « attentats » à l'antrax dans

91. D'après Steven Barboza, auteur de *American Jihad : Islam after Malcom X,* cent trente-cinq mille personnes se convertiraient chaque année aux États-Unis, dont 80 à 90 % de Noirs. Cf. Yvonne Haddad, *The Muslims of America,* Oxford University Press, New York, 1991.

la foulée de celui de Manhattan, et de coopérer de plus en plus avec la nébuleuse d'Al-Qaida, « l'ennemi arabo-musulman étant momentanément devenu notre allié », déclare l'Alliance nationale. Dans son essai *La Nécessité de convertir les Américains* publié en 1989, l'influent penseur islamiste américain Shamin Saddiqui, encouragé par la masse de conversions, est allé jusqu'à exposer un véritable plan de « conquête intérieure » des États-Unis, invitant les militants musulmans à y établir progressivement un « pouvoir islamique » *(Iqamat ad-din)*. Quant au converti *black* Siraj Wahaj, figure emblématique du Council on American Islamic Relations et de l'Islamic Society of North America, le premier responsable musulman américain qui fut reçu à la Chambre des représentants, en juin 1991, où il avait développé ses conceptions d'un « islam américain patriote et modéré », il n'hésita pas à déclarer au cercle New Jersey Muslim, en décembre 1995, que les « six à huit millions de musulmans américains pourraient remplacer les institutions constitutionnelles par un califat s'ils étaient plus intelligents politiquement et plus unis, ainsi le pays serait à nous... » Il est vrai que ses orientations réelles avaient éclaté au grand jour lorsque Wahaj avait témoigné en faveur du terroriste égyptien Omar Adel Rahmane, allant jusqu'à accuser la justice américaine, qui avait condamné le cheikh aveugle, de « conspirer contre l'islam ». Toujours est-il que, d'après Wajah, la mise en application de la charia aux États-Unis, loin d'être un mythe, « est pour une date proche ». Certes, ce type de déclaration à l'emporte-pièce semble de prime abord le fait d'une minorité d'islamistes radicaux. Tel n'est pourtant pas l'avis d'Hisham Kabbani, directeur de l'Islamic Supreme Council of America, pôle musulman opposé au fondamentalisme, pour qui près de 80 % des mosquées, centres, instituts, écoles, seraient détenus par les islamistes radicaux aux États-Unis, principalement le pôle indo-pakistanais de la Jamiat-i-islami et les Frères musulmans. Il y a trois formes majeures d'islam aux États-Unis : l'islam des immigrés, influencé par celui des pays d'origine, l'islam « africain-américain » et l'islam des « confraternités » soufies qui attire le plus grand nombre d'Américains-Européens.

### L'islam « africain-américain », de l'hérésie racialiste de la Nation of Islam au retour à l'orthodoxie islamique

En Amérique du Nord, la plupart des musulmans non immigrés sont des Noirs-Américains convertis à l'islam. Pour beaucoup d'entre eux, la religion de Mahomet a été un moyen de s'autodéfinir à partir d'un système de références culturelles qui ne soit pas celui, chrétien, qui avait été à l'origine d'une société esclavagiste et de discriminations raciales. D'évidence, la progression de l'islam à l'intérieur des communautés africaines-américaines, de même que l'injection de thèmes islamiques dans la culture populaire afro-américaine, principalement dans le rap[92], résulte du fait que l'islam met en relief leur identité disctincte.

Les racines du mouvement *black muslim* remontent à Timothy Drew (Noble Drew Ali) et à la fondation du Moorish American Science Temple à Newark en 1913, ainsi qu'à l'émergence dans les années 1930 d'Elijah Muhammad et de la Nation of Islam. Au début du processus d'islamisation des Noirs-Américains, la plupart des néoconvertis étaient encadrés par la Nation of Islam. On retrouve dans cette organisation certains thèmes classiques chers aux fondamentalistes musulmans : soumission à Allah, rejet des vices comme l'alcool, le sexe hors mariage, la consommation de porc et le jeu, l'antijudaïsme. On notera d'ailleurs que les différentes organisations « antiracistes », ou les démocrates américains, d'habitude si vigilants pour combattre l'intolérance de certains leaders fondamentalistes protestants ultraconservateurs proches du parti républicain, sont étonnamment silencieux ou indulgents vis-à-vis des délires racistes anti-Blancs, homophobes et violemment antijuifs de Louis Farrakhan. En revanche, certains enseignements dogmatiques dépeignant l'homme occidental comme le « diable blanc » ou encore la théorie à prétention scientifique selon laquelle l'humanité devrait tous les progrès de l'histoire au « peuple de l'islam », dont le noyau central serait noir-africain, sont déjà nettement plus hétérodoxes et ne tarderont pas à susciter une scission au sein du mouvement *black muslim*, au nom d'un retour au vrai islam sunnite orthodoxe et universel.

C'est ainsi qu'avec la mort d'Elijah Muhammad, la majorité des néomusulmans noirs-américains quittèrent la Nation of Islam, perçue de plus en plus comme une secte, pour rejoindre la voie de l'orthodoxie défendue par le fils d'Elijah Muhammad, Warith Deen Muhammad. Celui-ci rejeta catégoriquement les conceptions afrocentristes de « l'homme blanc diabolique » ou de la nature « prophétique » d'Elijah Muhammad, et changea le nom de l'organisation en celui d'American Bilalian Community, puis World

---

92. Voir Prince-a-Cuba, « Black Gods of the Inner City », *Gnosis Magazine,* n° 25, automne 1992, p. 56-63.

Community of Islam in the West, et, finalement, American Muslim Mission. En 1985, Warith Deen Muhammad décentralisa l'organisation en déléguant les pouvoirs locaux aux imams. Il encouragea les Américains musulmans à s'universaliser et à défendre les causes islamiques de par le monde. De retour de La Mecque, Malcom X, devenu El-Hajj Malik el-Shabazz, contribua lui aussi à orienter les Noirs musulmans vers l'islam orthodoxe. *L'Autobiographie de Malcom X*, publiée en 1964 et adaptée de nombreuses fois au cinéma, eut un impact considérable sur les Américains convertis à l'islam. C'est d'ailleurs après avoir rencontré Malcom X que le célèbre boxeur Cassius Clay se convertit en 1965. Dès 1977, Louis Farrakhan se dressait contre Deen Muhammad et reconstituait la Nation of Islam, désormais minoritaire puisque seulement trois cent mille musulmans noirs sur près de trois millions en font aujourd'hui partie. Toujours est-il que Farrakhan, qui a maintenu les dogmes hétérodoxes et la structure centralisée du mouvement, saura susciter l'attention des médias bien plus efficacement que l'American Muslim Mission, donnant même le ton en organisant des « marches d'un million de Noirs musulmans », réunissant à son appel les plus volumineuses foules de Blacks mahométans. Détail étonnant : malgré son « hérésie » afro-centriste, la Nation of Islam continue d'être soutenue financièrement non seulement par l'Iran chiite et la Libye révolutionnaire, mais aussi par l'Arabie Saoudite qui cherche ainsi à étendre son influence sur tous les courants.

Comme l'ont montré les cas emblématiques de Malcom X ou de Mike Tyson (alias Mikail Abdul Aziz) qui se convertiront tous deux en prison, The Nation of Islam et l'islam *black* en général recrutent massivement dans les geôles américaines, spécialement au sein de la communauté noire-américaine. De plus, à l'intérieur même des systèmes carcéraux, les adeptes de la Nation of Islam sont à la tête des mouvements de revendication, dont les requêtes d'espaces de prières ou les demandes de repas *hallal*[93]. Grâce aux grandes manifestations et même aux scandales provoqués de manière récurrente par Louis Farrakhan sur « l'infériorité des Blancs », le « complot des juifs contre le peuple noir » ou encore les « mérites d'Hitler » – ce qui vaut à Farrakhan le sobriquet « d'Hitler noir des États-Unis » –, les médias américains ont donné ces dernières années une visibilité surdimensionnée à la mouvance *black muslims* par rapport à l'islam arabe ou pakistanais, à travers maints reportages réalisés sur l'islam

93. Kathleen Moore, « Muslims in Prisons : Claims to Constitutional Protection of Religious Liberty », *The Muslims of America*, p. 150-151.

noir-américain en général : mosquées construites dans les villes américaines, conversions dans les prisons, système national scolaire de la Mission américaine musulmane, etc. Ainsi, les écoles « Clara Muhammad », dont une soixantaine ont été certifiées, sont saluées pour la qualité de leur organisation et de leur enseignement. Conformément à l'orientation moins racialiste imprimée par Warith Deen Muhammad, les immigrés musulmans envoient de plus en plus leurs enfants dans ces institutions au départ exclusivement afro-américaines. Beaucoup de professeurs de ces écoles sont eux-mêmes aujourd'hui des immigrants musulmans blancs bénéficiant généralement d'un haut degré de qualification. Les enseignements islamiques sont accompagnés de cours d'anglais, d'histoire, de sciences et bien sûr d'arabe, dispensés à partir de l'école maternelle. Faisant émerger progressivement un communautarisme islamique américain spécifique, les écoles Clara Muhammad sont l'illustration même du renforcement des liens entre l'islam noir local et l'islam de l'immigration. On constate même une augmentation des mariages musulmans interethniques[94]. Une chose est sûre, la distinction entre l'islam noir « indigène » et l'islam des immigrés devient plus floue à mesure que les descendants d'immigrés qui naissent aux États-Unis épousent des musulmans noirs-américains et fréquentent les mêmes institutions islamiques et les mêmes mosquées.

## Les musulmans des communautés immigrées

Les deux tiers des musulmans américains sont, pour la plupart, des immigrés originaires du Proche-Orient et du monde indo-pakistanais. Les premiers groupes sont arrivés vers 1800 de Syrie, du Liban, de Jordanie et de Palestine. Des communautés commencèrent à se former dans les centres industriels de Midwest-Toledo, Cedar Rapids, Detroit, Michigan City et Chicago. Leurs familles érigèrent les premières mosquées d'Amérique du Nord. Une autre vague d'immigrants arriva entre 1947 et 1960, incluant un certain nombre de musulmans du Moyen-Orient, d'Inde, du Pakistan, de l'est de l'Europe et de l'Union soviétique. Nombre d'entre eux, spécialement les Arabes et les Pakistanais, sont issus de milieux culturels élevés et appartiennent à la classe moyenne. Une forte propor-

94. Ari Goldman, « Reading, Writing, Arithmetic, and Arabic », *New York Times*, 3 octobre 1992.

tion d'Iraniens chiites s'est également installée aux États-Unis pour fuir la révolution islamique. Les derniers arrivés sont les immigrants en provenance du Soudan, de l'Ouganda, de Bermuda et de l'ex-Yougoslavie.

Au départ, les musulmans immigrés assimilaient les mosquées et les imams comme étant des facteurs de structuration sociale et culturelle cantonnés à la vie privée. Les derniers arrivés, moins occidentalisés et désireux de conserver leurs traditions et les liens avec les pays d'origine, apportèrent aux musulmans américains une nouvelle conscience religieuse et identitaire, dont la réappropriation doit beaucoup à des thèmes comme la lutte contre « l'islamophobie » ou l'« occupation de la Palestine ». Ces immigrés, bien plus conservateurs et souvent influencés par l'islamisme, entreprirent d'emblée de réislamiser et désoccidentaliser leurs coreligionnaires qu'ils jugeaient trop « américanisés », ce qui ne manqua pas de provoquer des tensions entre les mosquées d'origine et celles créées plus récemment par les fondamentalistes. L'habitude de consommer de l'alcool et la permissivité sexuelle aux États-Unis, tout comme les modes vestimentaires contraires à la « pudeur islamique » et banalisées par les premiers immigrés, furent combattues au titre d'influences négatives sur la communauté islamique[95]. Aussi la charia continue-t-elle pour beaucoup à être considérée comme la vraie loi de référence. Poussés par les grandes organisations islamistes, de plus en plus de musulmans américains « réislamisés » se plaignent aujourd'hui du fait que les conditions de travail aux États-Unis ne « permettent pas une pleine pratique de l'islam » : les horaires de travail n'accordent pas facilement des moments de prière pour les cinq prières journalières et même pour le vendredi. Les lieux de restauration publics (écoles, prisons, armée) ne sont pas non plus très bien adaptés aux interdits alimentaires musulmans.

Le besoin d'unifier les différents pôles de réislamisation de l'islam en Amérique, fort dispersés dans le continent, motiva la création dans les années 1950, par la seconde génération d'immigrants, d'une Fédération des associations islamiques des États-Unis et du Canada (FAIEUC), dont le siège est à Détroit. En 1963, l'Association des étudiants musulmans (AEM) fut également mise sur pied dans les collèges et campus universitaires, avec pour objectif de coordonner les activités des structures étudiantes, ceci dans une optique déjà nettement plus idéologique et activiste : édifier une

95. John Voll, « Islamic Issues for Muslims in the United States », *The Muslims of America,* Yvonne Haddad, Oxford University Press, 1991.

communauté musulmane idéale au service de l'islam. L'AEM est toujours l'une des plus importantes et des mieux organisées des organisations islamistes américaines. Elle a incité à la création de nombreuses autres : la Muslim Community Association, l'American Muslim Social Scientists, la Muslim Youth of North America, l'American Muslim Scientists and Engineers, l'Islamic Teaching Center, l'Islamic Medical Association et l'American Muslim Mission. Ces structures, à la fois proches des Frères musulmans et de la Jamiat-i-islami pakistanaise, sont coiffées par l'un des principaux lobbies islamiques américains, l'Islamic Society of North America (ISNA). Elles ont leurs propres comités et bureaux, mais leurs affaires administratives, juridiques et financières sont liées au bureau central de l'ISNA, nommé Majlis al-Shura, ou organisme législatif musulman. À côté de ces structures, on retrouve aux États-Unis des organisations de prédication *(da'wa)* comme la branche américaine de la Ligue islamique mondiale, la Société islamique de Georgie et de Virginie, les *think thanks* islamiques comme l'International Institute of Islamic Thought créé en 1982 pour promouvoir l'enseignement islamique dans les écoles, ou encore le National Committee on Islamic Affairs (NCIA), qui a été l'une des premières organisations à utiliser les médias pour susciter un débat concernant les affaires du Moyen Orient, notamment la question palestinienne. Toujours est-il que nombre de groupes musulmans ont émergé depuis 1985, comme les United Muslims of America et l'Islamic Society of Greater Houston, qui ont encouragé les musulmans américains à s'engager dans la politique, en soutenant notamment des candidats proches des valeurs islamiques et du monde islamique.

## Les deux priorités du lobby islamique américain : lutter contre « l'islamophobie » et contrebalancer le « lobby juif »

Conscients de leur pouvoir électoral et communautaire grandissant (plus de six millions d'Américains musulmans contre environ cinq millions de confession israélite), les leaders islamistes ont décidé ces dernières années de lancer une vaste offensive fondée sur deux principaux axes : contrer dans un premier temps le « lobby sioniste », c'est-à-dire tenter de contrecarrer, notamment en ce qui concerne les relations politiques avec le monde arabo-islamique et Israël, l'influence de la communauté juive américaine ; être ensuite en mesure d'obtenir satisfaction dans les grandes revendications communautaires. Formulées par les principaux lobbies islamiques et calquées sur la plate-forme de revendications des Frères musulmans en Europe, ces demandes sont les suivantes : promouvoir la pratique du culte musulman dans la sphère publique en permettant notamment aux étudiants de réciter le *bismallah* pendant les cours et de prier cinq fois par jour à l'école comme au travail ; obtenir des dérogations spéciales pour le financement public d'écoles islamiques, mosquées et associations musulmanes, ainsi que des quotas particuliers pour les immigrés musulmans ; intégrer ces derniers parmi les minorités bénéficiaires des mesures de discrimination positive ; restreindre certaines libertés contraires à la charia en faisant pression pour que soient votées des lois contre les jeux et l'alcool qui offensent l'islam ; pénaliser le manque de respect envers la religion, spécialement envers Mahomet, en interdisant le blasphème, l'islamophobie, voire l'anti-islamisme et, à terme, pénaliser toute abjuration de l'islam.

Comme nous l'avons vu dans les autres pays occidentaux, toute la force de la stratégie islamiste réside dans l'utilisation d'une rhétorique victimaire apparemment progressiste visant à désarmer l'autre en le culpabilisant vis-à-vis des musulmans qui, même lorsqu'ils sont fondamentalistes, ne peuvent être que « bons », donc créditeurs, puisque victimes essentielles de l'autochtone « intolérant » par nature. Les islamistes américains n'ont pas dérogé à la règle. C'est dans ce contexte que les lobbies et organisations ayant vocation de lutter en faveur de la « défense des droits civils et politiques » des musulmans américains, « opprimés » ou victimes de « l'islamophobie ambiante », ont été mis en place ces dix dernières années : l'American Muslim Alliance (AMA), le Muslim Public Affairs Council (MPAC) et surtout l'influent Council for American Islamic Relations, (CAIR).

Fondé en 1994 par Nihad Awad, un Palestinien naturalisé américain, le CAIR, qui siège à Washington, dispose de publications ainsi que d'un site Internet particulièrement dynamique[96]. Il s'emploie à lutter contre « toute menace à la liberté religieuse des musulmans en Amérique » – en elle-même improbable étant donné la très forte tradition de liberté et de respect des religions aux États-Unis – et incite les organisations fondamentalistes à présenter le plus possible leur islam de façon positive. Son directeur national de la communication, Ibrahim Hooper, voyage à travers tout le pays pour expli-

96. Http://www.cair-net.org.

quer aux musulmans « comment se faire entendre dans la presse américaine » et comment « constituer un lobby efficace ». En fait, le CAIR a opéré depuis quelques années une réelle percée médiatique et est devenu l'un des éléments incontournables de l'islam aux États-Unis, notamment depuis l'attentat qui a ravagé l'immeuble fédéral d'Oklahoma City en 1995, tuant cent soixante-huit personnes, et qui avait été attribué rapidement aux islamistes alors qu'il n'y avait encore aucune preuve tangible. Profitant de ce cas flagrant de désinformation sur fond d'Audimat, le CAIR rédigea un rapport accablant intitulé *Un jugement prématuré*. Ce rapport, fondé sur des faits vérifiables, démontrait en détail ce que la justice allait établir deux jours après l'attentat : l'innocence des musulmans préalablement incriminés. Depuis le succès de ce rapport, qui sera remis et faxé à tous les médias, hommes politiques importants et sociétés de pensée, Nihad Awad apparaît régulièrement sur tous les écrans et est devenu un interlocuteur privilégié de la Maison-Blanche. La crédibilité du CAIR est en réalité le résultat d'intenses campagnes menées par l'organisation contre des studios d'Hollywood, des éditeurs de cartes de vœux, le géant Nike, contre lequel le CAIR obtint gain de cause, des personnalités de la radio et de la télévision américaines, des agences de publicité, des sénateurs et même le vice-président des États-Unis. « Pour l'instant, toutes nos campagnes ont été un succès », se félicite Awad. « Le CAIR est devenu un instrument de diffusion d'information des plus efficaces et le groupe de pression musulman le plus puissant des États-Unis, explique Afshin Molaui, politologue spécialiste de l'islam américain. Il apprend à une nouvelle génération d'activistes l'art et la manière d'exercer en douceur leur influence sur le processus politique américain[97]. » Bien qu'il se présente comme le promoteur d'un islam « modéré », le CAIR, qui a des antennes dans tous les États, a en fait été créé par l'Association islamique pour la Palestine, un groupe activiste qui avait été qualifié par l'officier fédéral du FBI Oliver Revell[98] comme le « paravent du Hamas aux États-Unis », la tendance la plus dure des Frères musulmans. Bref, une authentique organisation islamiste ayant pignon sur rue. Aussi, en toute cohérence, le CAIR poursuit en justice et apostrophe systématiquement ceux qui dénoncent l'islamisme radical dans les médias, assimilés à des « diffamateurs de l'islam ». Autre grande victoire médiatique dans le cadre de la stra-

97. Afshin Molavi, « Lobbies arabes-américains – Arabes-Américains : une génération d'activistes », *Arabies,* juillet-août 1999.

98. *The New Republic,* 12 juin 1995.

tégie victimaire, le CAIR a mené une nouvelle campagne médiatique de sensibilisation à l'islam après le drame du 11 septembre, cette fois-ci réellement imputable aux islamistes, lorsqu'une vague de xénophobie antiarabe et antimusulmane s'est emparée des États-Unis : cinq cent trente incidents violents jugés racistes, dont six meurtres et quatre-vingt-dix agressions, d'après l'Arab Anti-Discrimination Committee et le Conseil musulman pour les affaires publiques, cependant qu'étaient arrêtés plus de quatre cents musulmans soupçonnés d'être proches d'Al-Qaida. Ces événements, ainsi que les conditions de détention jugées « inhumaines » des prisonniers d'Al-Qaida et des talibans de Guantanamo, ont permis aux principales organisations islamistes américaines de transformer le drame du 11 septembre, au départ susceptible de nuire à leur propre image et d'enrayer le processus des conversions en cours, en une immense opération de publicité en faveur de cette religion « tolérante et d'amour » et des mouvances fondamentalistes « modérées » ayant condamné verbalement le terrorisme. En termes clairs, sous prétexte d'informer les Américains de ce qu'est réellement l'islam et de « combattre l'amalgame entre terrorisme et islamisme », buts au départ louables, les grandes organisations islamistes américaines ont en fait réussi à promouvoir à grande échelle leur idéologie fondamentaliste et à criminaliser les opinions anti-islamistes jusque dans les arcanes du pouvoir républicain, désireux de ne pas perdre son électorat musulman grandissant, en grande partie acquis grâce à l'action de plusieurs organisations fondamentalistes qui ont appelé à voter pour le parti républicain. C'est ainsi que, acculé à réagir face aux protestations des grands groupes de pression islamiques dénonçant la « diabolisation de l'islam », le président Bush Jr fit une visite spéciale le 17 septembre à la mosquée de Washington, déclarant que les « musulmans américains adorent l'Amérique autant que je l'aime ». Aussi, le CAIR et les autres grands lobbies islamiques des États-Unis, qui étaient proches des mouvances fondamentalistes, furent invités à s'exprimer à la Maison-Blanche, exigeant à cette occasion de « ne plus offenser et diaboliser l'islam » en collant « l'étiquette islamique à Oussama Ben Laden ». De son côté, l'American Muslim Council, dirigé par Abd al-Rahman Alamoudi, déclara travailler au « renforcement du pouvoir des musulmans américains ». Après les attentats de Dar as-Salam de 1998, le président Bill Clinton avait déjà été pressé par les différents lobbies islamo-américains, notamment le CAIR, de ne plus adjoindre le qualificatif de musulman à côté du nom de Ben Laden, ce qui poussa Clinton à qualifier le réseau terroriste du milliardaire saoudien, lors de son message à la nation du 20 août 1998, de « Ben Laden Network », la notion d'islamisme ayant totalement disparu pour calmer l'indignation des groupes de pression du CAIR.

Ne pas vouloir diffamer l'islam part d'une intention certes louable. Mais deux problèmes se posent face à ce type de restriction du vocabulaire : premièrement, en vertu de quoi y aurait-il une « exception islamique » pénalisant et autocensurant l'emploi de certains termes alors que l'équivalent n'existe pas pour les autres religions ? Ensuite, lorsque l'on étudie de plus près les liens étroits existants entre les mêmes organisations lobbyistes qui dénoncent l'islamophobie et les pôles de l'islamisme radical, on est en droit de se demander s'il ne s'agit pas tout simplement d'une stratégie subversive visant à faire abaisser les gardes des autorités et médias américains face à l'offensive islamiste menée sur le territoire américain via le communautarisme. À la question : « Quelles organisations considérez-vous les plus menaçantes ? », Steven Emerson, politologue spécialiste des questions de sécurité et du terrorisme islamiste, répond : « Celles qui sont parvenues le plus efficacement à faire plier la Maison-Blanche, le Congrès et les médias. Ces groupes avancent politiquement en force en créant de fausses organisations et un front qui leur permettent d'apparaître comme des modérés qui rejettent la violence et se soumettent aux droits civils et au pluralisme. Ils me rappellent David Duke, l'un des anciens leader du KKK, qui a constitué une organisation des droits de l'homme, ou encore la mafia, qui a créé le Groupe italian-american des droits civils pour tenter de déjouer les critiques à son encontre, ou encore les vieux fronts communistes[99]. » D'après Emerson, l'American Muslim Council et le CAIR, qui se présentent comme modérés, ouverts au dialogue et à un islam tolérant et favorable aux droits civiques, sont de véritables lobbies islamistes animés par « une idéologie de violence, de suppression de la vraie liberté d'expression et de discrimination entre hommes et femmes. Ces groupes défendent par ailleurs les réseaux et les militants islamistes, parfois même les terroristes aux États-Unis et dans le monde[100] ». C'est ainsi que l'American Muslim Council aide régulièrement à la collecte de fonds destinée aux activistes islamistes du Hamas, dont l'un des leaders, Moussa Abou Marzuk, lorsqu'il fut arrêté à l'aéroport JFK en juin 1995, fut ardemment défendu par le CAIR et l'AMC, puis

99. Steven Emerson, *ibid.*
100. Steven Emerson, *ibid.*

relâché peu après. Le CAIR défendit avec autant d'ardeur et en employant une rhétorique victimaire le leader spirituel des terroristes du Gamaa égyptien, Adel Adel Rahmanee, qui commandita puis justifia publiquement le premier attentat du World Trade Center. C'est également dans le cadre de très efficaces campagnes de sensibilisation et de culpabilisation face à une supposée « islamophobie » que ces deux institutions assurent régulièrement que l'Iran et le Soudan sont des États islamiques modérés, défenseurs des droits de l'homme, injustement présentés comme des États terroristes ou « États voyous » par la presse et par le gouvernement américains. Ces mêmes mouvements ont longtemps défendu l'islamiste algérien Anwar Haddam, un moment reçu au plus haut niveau à Washington, lequel, recherché par la police algérienne, avait pourtant été responsable de l'assassinat de plusieurs femmes qui refusaient de porter le voile en Algérie et était en relation avec les terroristes algériens. Quant au Cercle islamique d'Afrique du Nord (CIAN), ses écrits, notamment dans sa revue *The Message,* appellent sans ambiguïté et publiquement au djihad contre « les ennemis de l'islam ». Structure quasi officielle de l'organisation islamiste radicale Jamiat-i-islami, le CIAN organise régulièrement des conférences et publie des revues où est exprimée, par exemple, la nécessité pour les musulmans de soutenir le régime militaro-islamiste du Soudan, « injustement combattu par Washington »... Comme le révèlent des études récentes[101], le message, qui est diffusé par les trois cents lettres d'information, les onze hebdomadaires, les huit magazines mensuels, les dix-sept programmes radio, sans oublier les cinq programmes télévisés qui constituent la force de frappe médiatique du lobby islamique, oscille entre une critique des coutumes et des valeurs philosophiques des États-Unis et de l'Occident, appelés à se régénérer au contact de l'islam, et une condamnation plus ou moins violente de la politique étrangère américaine au Proche-Orient, qui est accompagnée d'une déclaration de loyauté envers la nation américaine dans le meilleur des cas et, dans le pire, d'une hostilité pure et simple envers les États-Unis supposés intrinsèquement pervers et ennemis irréductibles de l'islam.

Toujours est-il que ces organisations islamistes, en essayant de contrebalancer la politique pro-israélienne suggérée par les « lobbies sionistes », ont attiré ces dernières années nombre de structures et

101. « Les médias musulmans américains », « L'Islam aux USA », *La Médina,* juin 2001 ; Daniel Pipes, « The Danger within Militant Islam in America », *Commentary,* novembre 2001.

de personnalités radicalement judéophobes et antioccidentales. C'est d'ailleurs en grande partie pour contrebalancer le lobby juif que beaucoup de mouvements ont émergé depuis 1985, comme les United Muslims of America et l'Islamic Society of Greater Houston, et ont lancé de vastes campagnes visant à encourager les musulmans américains à s'engager dans la politique, à soutenir les candidats les moins « sionistes », etc. La question israélo-palestinienne est centrale et constitue une véritable pierre d'achoppement entre les musulmans américains, majoritairement encadrés par les organisations issues des grands pôles fondamentalistes, et les milieux pro-israéliens, prépondérants aux États-Unis, qu'il s'agisse de groupes de pression juifs ou de milieux protestants pro-israéliens situés à l'aile droite du parti républicain.

Au pays des *wasp* et de leurs complices « sionistes », la menace islamiste prend une proportion d'autant plus préoccupante pour les autorités que les groupes islamistes radicaux considèrent les États-Unis, avec Israël, comme le centre vital de l'impérialisme infidèle-occidental. Le mouvement islamiste égyptien Djihad islamique est, par exemple, bien implanté aux États-Unis. Ainsi, avant d'en devenir le chef à Damas en octobre 1995, Ramadan Abdallah Shallah avait été professeur à l'université de Floride du Sud à Tampa. Quant au Hamas, il est surtout présent aux États-Unis à travers l'Association pour la Palestine. En décembre 1996, une conférence à Chicago rassembla beaucoup d'islamistes en provenance du Moyen-Orient, et l'on y traita de la façon de « tuer les juifs et autres ennemis des Palestiniens ». Kawal Hilbawi, l'un des leaders des Frères musulmans en Amérique, expliquait quant à lui devant des milliers de militants fondamentalistes réunis à Oklahoma City en décembre 1992 que le conflit palestinien était « un combat entre la vérité et le mensonge, entre deux inclinations, l'une satanique, représentée par les juifs et leurs coconspirateurs chrétiens – l'autre religieuse, incarnée par le Hamas, le peuple musulman en général et le mouvement islamiste en particulier[102] ». Concernant les structures islamistes radicales, Steven Emerson explique dans son ouvrage Djihad *in America* comment la plupart des groupes fondamentalistes ont mis sur pied aux États-Unis des cellules fort bien organisées : Hamas, Djihad islamique, Hezbollah, Al-Qaida, GIA et Takfir. « Ils utilisent les États-Unis comme un sanctuaire dans lequel ils peuvent lever des fonds, recruter des membres, contrôler des opérations vers

102. Colloque de l'association MAYA, Oklahoma City, 23-28 décembre 1992.

le Moyen-Orient et commanditer des attaques terroristes. Ils utilisent aussi leurs structures pour répandre la prédication islamique, la *da'wa,* et propager l'islam aux États-Unis[103]. »

## Les États-Unis, le plus grand bastion de l'islam radical en Occident !

En toute logique, les islamistes sont parvenus, aux États-Unis, à diffuser depuis plusieurs années, au nom de la liberté d'expression et du pluralisme démocratique, tantôt clairement, tantôt de façon plus subtile des thèses extrêmes, liberticides, antidémocratiques, antiaméricaines. Fondées sur la haine viscérale des infidèles, en particulier des « juifs et des croisés », désignés une fois pour toutes par Oussama Ben Laden, ces thèses ont débouché sur un résultat prévisible : l'enseignement de la haine de l'Autre n'est que l'étape préalable à la mise en action violente de cette même haine. Le mélange hautement explosif de l'idéologie salafiste-djihadiste avec la culture du ressentiment anti-wasp des descendants d'esclaves noirs, entretenue depuis des années par Elijah Muhammad, Malcom X ou Louis Farrakhan, a donné naissance, sur le sol même des États-Unis, à la plus importante communauté d'insoumis plus ou moins déclarés qui ont décidé de conditionner leur loyauté, voire même, dans les cas les plus extrêmes, de déclarer la guerre à leur propre pays.

Différentes anecdotes permettent de prendre la mesure de ce nouveau péril intérieur, à la fois idéologique et géopolitique, qui menace la démocratie américaine à des degrés fort différents, certes, allant du simple rejet du drapeau à l'acte terroriste pur et simple. En 1996, le célèbre basketteur Mahmoud Abdul-Rauf, Africain-Américain converti, refusa de chanter l'hymne américain, comme le prescrit le règlement de la NBA, et d'honorer son drapeau en expliquant que « l'Amérique des sionistes contredit les valeurs de l'islam ». Il fut suspendu par la Fédération nationale. Avant lui, un autre basketteur célèbre, Lew Alcindor, alias Kareem Abdul Jabbar, avait embrassé l'islam au début des années 1970 dans le sillage de Malcom X et de Cassius Clay. Ce dernier, qui s'était converti en 1965 en devenant Mohammed Ali, avait lui aussi dénoncé les États-Unis, sa politique et son armée, s'engageant à ce titre contre la

103. Steve Emerson, « Get ready for twenty World Trade Center Bombings », *Middle East Quartely,* juin 1997.

guerre du Vietnam. Il ne faisait là que suivre l'enseignement d'Elijah Muhammad qui proclamait : « Vous n'êtes pas des citoyens américains. » Ainsi, Malcolm X, le plus célèbre disciple d'Elijah Muhammad, expliquait qu'un passeport américain signifiait « l'exact opposé de l'islam ». Dans la même logique, Louis Farrakhan annonçait une « marche de l'armée noire-américaine sur la Maison-Blanche » en vue de négocier avec les autorités fédérales un « État islamique séparé pour les Noirs ». En 1996, « l'Hitler noir » s'était d'ailleurs rendu en Iran, déclarant devant les mollahs iraniens : « Dieu détruira les États-Unis par les mains de l'islam. » Quant à l'imam Siraj Wahhaj, l'un des leaders les plus respectés de l'islam américain et vice-président de l'Islamic Society of North America, il ne se contenta pas de déclarer désirer à terme « remplacer le gouvernement américain par un califat », mais commença à prendre des mesures dans ce sens, en servant notamment de témoin pour la défense du terroriste Adel Rahmane lors de son procès après l'attentat de World Trade Center en 1993, accusant le procureur général de New York d'être « une personne indigne méritant d'être jugé pour conspiration par une cour islamique[104] ». Certains convertis sont allés encore plus loin : Muhammad al-Asi, leader de la mosquée de Washington, appela explicitement à « punir les États-Unis » lors de la guerre du Golfe en 1990. Quelques mois plus tôt, l'organisation Muslim Arab Youth Association (MAYA), une structure qui sponsorise de grands meetings islamistes depuis les années 1970, déclarait en toute liberté, lors d'une conférence organisée en décembre 1989 à Kansas City : « La solution islamique est la seule ; la lutte est la solution militaire, l'Amérique est l'ennemi absolu et c'est à partir d'ici que les juifs attaquent et se fournissent en armes et en soldats[105]. » Solidement implantée aux États-Unis, cette organisation, réputée modérée et dirigée par le très médiatique James Zogby, diffuse à grande échelle de la littérature antijuive et antiaméricaine par la presse et les vidéos, tout en présentant son action comme essentiellement axée sur « la lutte contre le racisme antiarabe et l'islamophobie », autre exemple de racisme au nom de « l'antiracisme »...

Animés par une haine antioccidentale et antiaméricaine quasiment sans limites, les plus extrêmes parmi les convertis, indifférem-

104. Joanna Dion and Grayson Levy, « Muslim America : A Presence and a Challenge », *National Review,* 21 février 2000.

105. Colloque annuel de l'association MAYA, Kansas City, Missouri, 19 décembre 1989.

ment noirs ou *white americans*, apparaîtront tout naturellement en première ligne parmi les cellules islamo-terroristes liées à la nébuleuse d'Al-Qaida ou des talibans. Ainsi en est-il de Clement Rodney Hampton-el, technicien dans un hôpital du New Jersey, vétéran de la guerre d'Afghanistan contre les Russes, qui participa à l'attentat de février 1993 contre le World Trade Center. Au milieu des années 1990, on retrouve également, au Soudan aux côtés de Ben Laden, l'Américain d'origine libanaise Wadi alHage, converti à l'islam wahhabite après un séjour au Koweït, puis naturalisé américain par mariage. Chargé par Ben Laden en personne d'être l'un de ses lieutenants en Afrique et notamment de coordonner les attentats contre les ambassades américaines à Nairobi et à Dar es-Salaam, al-Hage sera arrêté en 1998 par la police américaine, puis condamné en mai 2001 aux États-Unis. On sait que cet ancien moudjahid d'Afghanistan, devenu en 1991 le directeur du Al-Kifah Refugee Center de Brooklyn, une association humanitaire islamiste, joua un rôle déterminant dans la prépartion des réseaux de soutien logistique en Allemagne qui permettront au commando de Mohamed Atta de préparer les attentats du 11 septembre. En novembre 2001 également, les forces américaines ont capturé, dans le nord de l'Afghanistan, un jeune Californien de vingt ans qui avait rejoint Al-Qaida et les talibans, John Walker Lindh, alias Suleyman, sorte de nouveau John Reed fasciné par les ennemis de son pays, à l'instar du célèbre journaliste qui sympathisa avec Lénine et les bolcheviks. Fortement influencé par les idées pacifistes et gauchistes qui avaient violemment dénoncé la guerre du Vietnam, ce fils d'Américains de la *middle class* s'était intéressé à l'islam dès l'âge de quinze ans, passant des journées entières à lire des biographies de Mahomet et de Malcom X, et à surfer sur les sites Internet islamistes. Son père s'était d'ailleurs querellé avec lui lorsque le « néo-*taleb* wasp » avait donné raison aux islamistes d'Al-Qaida à l'occasion de l'attaque mortelle contre le croiseur USS Cole dans le port d'Aden en 2000. « Je ne comprends pas pourquoi vous êtes si attachés à l'Amérique, j'éprouve de la pitié pour votre société, je suis content que ce soit votre pays et non le mien », avait-il dit à ses parents après l'élection de Bush Jr en décembre 2000[106]. Un an plus tôt, au lieu d'intégrer l'université, John avait préféré partir pour le Yémen afin d'« apprendre l'arabe classique et d'étudier le Coran ». C'est là qu'il fut enrôlé par des militants islamistes proches d'Al-Qaida et

106. *Corriere della Sera,* 8 janvier 2002.

que grandit son désir de « vivre dans un État islamique pur », l'émirat islamique des talibans... Plus récemment, le 8 mai 2002, la police américaine arrêtait un certain Abdoullah al-Moudjahir, un membre d'Al-Qaida chargé de faire exploser une « bombe sale (radioactive) » sur le sol américain. Il s'agissait de même d'un converti américain, d'origine portoricaine, José Padilla, petit délinquant de Brooklyn qui avait lu, lui aussi, Malcom X et qui fut recruté par les islamistes lors de séjours en prison. Ce « taliban américain » passa par le Pakistan après avoir séjourné en Égypte et en Afghanistan afin de parfaire sa connaissance de la religion « anti-américaine par excellence » et de se former au djihad.

Depuis que Ben Laden a appelé à la guerre totale contre le Grand Satan américain, coupable d'avoir « souillé » le sol sacré du Prophète, près d'un millier d'islamo-terroristes potentiels ayant subi formation et entraînement aux États-Unis ou à l'étranger, indifféremment américains de souche ou immigrés, ont été fanatisés et recrutés la plupart du temps sur le sol même des États-Unis par les mouvances islamistes radicales agissant et embrigadant leurs nouvelles recrues en toute liberté. Dès que le climat sécuritaire et la pression exercée sur les organisations islamistes radicales se relâcheront, ces cellules de la mort seront capables de reconduire des actions terroristes de grande ampleur sur le territoire américain ou contre les intérêts des États-Unis dans le monde. Malgré l'identification des principaux membres du commando d'islamikazes, presque tous saoudiens, mais aussi résidents américains ou détenteurs d'un permis de séjour en règle, qui firent voler en éclats les Twin Towers le 11 septembre, et en dépit de l'arrestation de centaines de suspects et de complices aux quatre coins de la planète, les réseaux implantés sur le sol américain, fortement cloisonnés et « dormants », sont pour la plupart encore opérationnels et n'ont pas tous été démantelés. Car plus qu'une organisation structurée, Al-Qaida et l'islamo-terrorisme en général sont avant tout une idéologie totalitaire, un état d'esprit fanatique et haineux et une pulsion destructrice contagieux susceptibles de pousser à l'action tout individu vulnérable psychologiquement, donc sensible aux appels des centaines de Ben Laden et capable d'agir, car préparé au fanatisme et à la haine. Bref, parce que les démocraties accordent une totale liberté d'expression et d'action « aux ennemis de la liberté », les organisations islamistes radicales verbalement opposées au « terrorisme », donc réputées « pacifiques », sont aujourd'hui en train de fanatiser idéologiquement des centaines de nouveaux John Walker, de Djamel Loiseau, de Zacarias Moussaoui ou de José Padilla, ne serait-ce qu'en enseignant le rejet des sociétés « impies » et la supériorité de la *oumma* sur toute autre entité.

On ne le répètera jamais assez : c'est bien aux États-Unis et en Europe qu'ont été formés et qu'ont pu se mouvoir en toute liberté la plupart des protagonistes du totalitarisme islamiste décidés à anéantir les sociétés démocratiques : Ramzi Youssef, l'un des organisateurs du premier attentat du World Trade Center et des attentats manqués contre douze avions de ligne survolant le Pacifique à partir de Manille, est devenu ingénieur en électronique et expert en explosifs téléguidés grâce aux diplômes qu'il a obtenus au Swansea Institute à South Wales. Ses deux principaux complices avaient le même profil : Nidal Ayyad est devenu ingénieur chimique à l'Allied Signal et Eyad Ismail a étudié l'informatique et l'engineering à la Wichita State University. Plus étonnant encore, ce dernier, avant de commettre son forfait et d'être arrêté, déclarait « apprécier énormément la société américaine », ce que tint à confirmer son entourage à l'occasion de différentes enquêtes et interviews. Car aussi surprenant que cela puisse paraître, les leaders islamistes du monde musulman, tout comme la plupart des islamo-terroristes, sont en général fortement occidentalisés ou ont longtemps séjourné en Europe ou aux États-Unis : le Soudanais Hassan al-Tourabbi est diplômé de la Sorbonne et de l'université de Londres puis a séjourné un été aux États-Unis en 1961. Anouar Haddam, un temps représentant du FIS algérien aux États-Unis, fut accueilli dans ce pays en 1993, officiellement pour obtenir l'asile politique. Il fut longtemps un invité du Parlement américain et considéré comme un « démocrate » luttant contre le « régime dictatorial du FLN algérien »... Condamné le 20 septembre 2001 à Los Angeles pour « complot terroriste contre les États-Unis », Ahmed Ressam, le premier grand « repenti d'Al-Qaida », était un paisible « citoyen canadien » d'origine algérienne installé à Montréal depuis 1994 et vivant d'ailleurs de l'aide sociale, jusqu'à ce qu'il soit interpellé le 14 décembre 1999 par les douanes américaines à Port Angeles en possession d'explosifs, alors qu'il s'apprêtait à perpétrer des attentats aux États-Unis au moment des festivités du passage à l'an 2000. Étroitement lié aux réseaux salafistes européens, Ressam avait subi un entraînement intensif en Afghanistan en 1998 avant de revenir s'installer à Vancouver. La police fédérale était au courant de son engagement islamiste et de ses déplacements... Quant au commanditaire du premier attentat du World Trade Center, l'Égyptien Abdel Rahmane, il put obtenir une *green card* sur le sol américain et prêcher en toute liberté sa haine pathologique de « l'Occident infidèle » et des démocraties dans les mosquées américaines. Les autorités n'ignoraient pas qui était ce sinistre personnage : il avait été utilisé par la CIA durant la guerre d'Afghanistan et les services secrets égyptiens avaient lancé plusieurs mandats d'arrêt contre lui pour incitation au meurtre et au terrorisme jusqu'à ce que... l'ambassade américaine au Soudan lui permette d'échapper aux polices de son pays ! Moussa Mohamed Abu Marzuk, le chef du comité politique du Hamas palestinien, titulaire d'un doctorat de l'université de Louisiane, était résident en Virginie depuis 1990 avec sa femme et ses six enfants avant d'être arrêté en 1995 à New York, alors qu'il s'apprêtait à inscrire son fils à l'American School. Référence suprême des islamistes sunnites du monde entier, l'Égyptien Sayyed Qutb s'était déjà rendu aux États-Unis en 1948 et avait même prétendu avoir effectué son « retour à l'islam » pendant son séjour, tout à la fois fasciné par l'Amérique et incité à la combattre encore plus après avoir découvert sur place ses vulnérabilités démocratiques et son libéralisme provocateur.

CHAPITRE 8

# « L'islamiquement correct » ou le suicide philosophique des démocraties occidentales

*On résiste à l'invasion des armées, on ne résiste pas à l'invasion des idées.*

Victor Hugo

*Aucun tabou n'est admissible, [...] tous ceux qui ont considéré d'assez près l'univers stalinien ont reconnu des configurations familières. Il importe donc de ne pas céder au chantage permanent qui vise à décourager l'étude et éventuellement la critique de quelque catégorie, de quelque groupement humain que ce soit, quels que soient leurs mérites, leurs malheurs ou les attaques injustifiées qu'ils subissent. C'est valable pour le monde de l'islam comme pour toute autre formation.*

Maxime Rodinson[1]

## DE LA « CRISE DE LA CONSCIENCE EUROPÉENNE » À LA NOUVELLE TRAHISON DES CLERCS ?

Comme les précédents totalitarismes, l'islamisme est parvenu, aux termes d'une habile stratégie subversive utilisant une rhétorique essentiellement victimaire et culpabilisante, à susciter de nombreux « compagnons de route » et autres « idiots utiles » chers à Lénine. Parce qu'il est hybride et qu'il emprunte à la vulgate légitimatoire progressiste du tiers-mondisme, le nouveau totalitarisme vert est globalement sous-estimé en Occident et bénéficie même de la bienveillance objective ou consciente de certaines mouvances radicales

1. *La Fascination de l'islam,* La Découverte, 1980, p. 24.

antiaméricaines, antisionistes proarabes, d'extrême gauche ou d'extrême droite, antimondialistes ou tiers mondistes, et surtout de la pensée politiquement correcte dont le postulat central est que toute forme de choc culturel ou civilisationnel est impossible puisque l'humanité est unifiée par la mondialisation marchande et libérale. Qu'ils agissent dans une logique collaborationniste, par naïveté ou en fonction d'un sentiment de culpabilité vis-à-vis de la civilisation arabo-musulmane et du tiers-monde anciennement colonisés et « humiliés », les intellectuels occidentaux minimisent la portée du troisième totalitarisme ou relaient d'une manière ou d'une autre ses mobiles. Ils contribuent par là à abaisser les gardes d'un Occident en quelque sorte rendu impuissant puisque incapable de dresser un diagnostic lucide du nouveau péril et de ses avancées subversives au sein des démocraties pluralistes dont l'islamisme a pourtant ouvertement réclamé la perte puis la conquête. Le totalitarisme islamiste a pour meilleures alliées les fragiles sociétés démocratiques prises dans leurs propres contradictions internes.

La genèse de l'inclination qui pousse parfois d'illustres intellectuels à relayer les mobiles du totalitarisme vert est d'abord à rechercher dans la fascination naturelle de l'homme pour la force, que l'islamisme manifeste par son terrorisme, mais également par les certitudes absolues qu'il propose dans un monde « désenchanté », en proie au syndrome de « l'absurdité » décrite par Camus ou de la « nausée » et du « néant » exprimés par Sartre. Mais l'islamisme avance le plus souvent caché derrière le voile innocent de la religion musulmane et au nom d'un légitime droit à la différence et à des libertés religieuses. Et, par voie de conséquence, c'est la pensée islamophile elle-même qui fonctionne comme une prédisposition, un pont intellectuel et affectif conduisant vers le philo-islamisme. D'où la nécessité d'étudier maintenant la genèse de l'islamophilie, qui remonte déjà à plusieurs siècles mais se décline en de multiples postures, des plus scientifiques aux plus passionnelles, ces dernières procédant le plus souvent d'un esprit de révolte contre la civilisation judéo-chrétienne, l'Occident, l'Église catholique, la Bible ou même l'Ancien Régime et les erreurs passées de l'Europe. Pour paraphraser Paul Hazard, la généalogie de l'islamophile et de sa mutation récente pro-islamiste est à rechercher dans la « crise de la conscience européenne », dans ce que nous avons appelé les « dommages collatéraux intellectuels » de la modernité occidentale, provoqués accidentellement lors du douloureux accouchement de la modernité sécularisatrice, édifiée en grande partie contre l'identité judéo-chrétienne et le passé même de l'Europe. Cette victoire de la modernité sur la tradition fut le plus souvent pour le meilleur : acquis de la démocratie libérale, pluralisme, droits et autonomie de l'individu, mais parfois aussi pour le pire : la tentation de la haine de soi est l'ultime dommage collatéral du vaste mouvement de rejet d'un passé que l'impossibilité d'effacer complètement pousse à tuer perpétuellement, rituellement même, au moyen d'une suicidaire repentance et d'un continuel « sanglot de l'homme blanc » décrit par Pascal Bruckner. Un long sanglot qui conduit souvent les Occidentaux culpabilisés à préférer corrélativement les Autres à eux-mêmes, en particulier ceux qui, parmi les Autres, sont le plus hostiles au « Nous »... Or, l'altérité absolue de l'Europe est sans conteste l'islam, historiquement et idéologiquement. Absolue, parce que c'est contre les « Sarrasins » et les assauts des Turcs ottomans que l'Europe chrétienne et obscurantiste, rejetée par les Lumières, s'unifia et exista en tant qu'Europe pour la première fois après l'Empire romain. N'oublions pas que l'Islam et l'Occident furent presque sans interruption en guerre depuis le VII^e^ siècle jusqu'à la parenthèse coloniale que les islamistes veulent justement venger. Par-delà cette réalité, il s'agit d'une tentation non parce que l'islam serait consubstantiellement « ennemi » ou « mauvais », mais parce que, dans les représentations islamophiles radicales, l'islam et le monde islamique fonctionnent comme des miroirs et des réceptacles de toutes les haines de soi des Occidentaux, emportés dans leur élan de rupture avec leur propre passé judéo-chrétien dont ils voudraient faire table rase. Bref, l'Europe est passée d'un coup, avec les dommages collatéraux islamophiles et autodévalorisants de la modernité, des délires anti-islamiques des apologistes chrétiens du Moyen Âge à d'autres délires inversés, mais tout aussi passionnels et excessifs. Ces derniers consistent à prêter à l'islam toutes les qualités possibles et imaginables, toutes les vertus de tolérance – mythe de « l'Andalouise pacifique des trois religions sœurs » –, d'intelligence – « dette occidentale » à l'égard de la science arabo-musulmane –, et de spiritualité dépouillée – l'islam est la « religion sans clergé », et le soufisme le summum du mysticisme.

Dans l'imaginaire occidental moderne, l'islam, étranger aux querelles internes à la civilisation européenne, à la Réforme, à la Renaissance et à la Révolution française, n'est pas entaché des stéréotypes négatifs qui ont fortement contribué à déprécier une Église catholique « réactionnaire » et « despotique », d'autant plus vilipendée que ses interdits et tabous devenaient de plus en plus incompatibles avec l'évolution des mœurs des sociétés sécularisées. Ayant été au contraire chassé d'Europe ou persécuté par des rois catholiques, notamment en Espagne, puis combattu par des seigneurs européens et la papauté lors des croisades, le monde islamique bénéficia tout naturellement, à partir du XVIII^e siècle, moment par excellence de la « crise de la conscience européenne » et de la modernité, d'une image de « bons », de victimes de cet Ancien Régime honni et finalement vaincu. D'une certaine manière, pour nombre d'intellectuels se réclamant de l'athéisme, de l'agnosticisme, de la mémoire des templiers persécutés, de l'arianisme ou même des cathares – tous plus ou moins tyrannisés ou brimés par la monarchie catholique –, comme pour nombre de protestants ou même de juifs nouvellement émancipés et reconnaissants envers ceux qui renversèrent l'Ancien Régime, les musulmans apparaîtront comme des « victimes » communes de l'obscurantisme catholique. « La lutte contre l'obscurantisme médiéval poursuivie depuis la Renaissance prend maintenant l'aspect d'une lutte contre le christianisme lui-même, explique Maxime Rodinson [...]. De nombreux auteurs, au cours du XVIII^e siècle, ont défendu l'islam contre les préjugés médiévaux, les dénigrements polémiques, ont montré la valeur et la sincérité de la piété musulmane[2]. » Dénonçant ce qu'il nomme une nouvelle « trahison des clercs », paraphrasant ainsi Julien Benda[3] qui avait en son temps dénoncé le partipris idéologique et la pusillanimité de nombreux intellectuels occidentaux face à la montée des idéologies nationalistes, Ibn Warraq fustige cette propension à décrire l'islam de manière apologétique : « En remisant leurs facultés critiques dès qu'il s'agit de l'islam, les intellectuels occidentaux proarabes ont totalement failli à leurs obligations. Ils trahissent leur vocation [...]. Le droit de critiquer est d'ailleurs un droit dont les musulmans font amplement usage dans leurs fréquentes dénonciations de la culture occidentale et en des termes qui seraient jugés racistes, néocolonialistes ou impérialistes s'ils avaient été dirigés contre l'islam par un Européen[4]. » Pourtant familiarisés à une approche critique des sources employées dans l'étude du judaïsme et du christianisme, les orientalistes occidentaux, à partir d'une intention sincère de ne plus accabler comme jadis les non-chrétiens, troquèrent les bulles condamnant les musulmans et les non-chrétiens contre le mythe d'une supériorité supposée de l'islam, sa plus grande tolérance, son plus grand rationalisme, sa plus grande spiritualité. « Car le désir et le besoin de voir une culture étrangère comme supérieure est

2. Maxime Rodinson, *op. cit.,* p. 71.
3. Julien Benda, *La Trahison des clercs,* Grasset, 1990.
4. Ibn Warraq, *op. cit.,* p. 37.

aussi grand que le besoin de la juger comme inférieure, poursuit Warraq [...]. Un individu aura toujours tendance à détourner ses yeux des aspects embarrassants de la culture qu'il admire. » Critique implacable des phénomènes totalitaires, Bertrand Russell avait déjà étudié la puissante inclination consistant à « croire que certains groupes de la race humaine sont moralement meilleurs ou pires que d'autres ». Allant jusqu'au bout de leur démarche islamophile passionnelle et de leur rejet de la culture occidentale judéo-chrétienne, nombre d'intellectuels ou d'orientalistes européens de renom sont allés jusqu'à se convertir à l'islam : René Guénon, Éva de Vitray Meyerovitch, Vincent Monteil ou Michel Chodkiewicz, certains à partir de l'expérience ésotériste et soufie, comme Chodkiewicz, Guénon, Michel Valsan, d'autres par anticléricalisme et antioccidentalisme, voire anti-impérialisme et antisionisme radical, tels Roger Garaudy, Vincent Monteil, René Guénon ou Claudio Mutti. Plus acerbe encore que Warraq, Jean-Pierre Péroncel-Hugoz accuse ces intellectuels islamophiles d'être les nouveaux « Turcs de profession », en référence aux chrétiens qui, alors que la Méditerranée était encore une « mer interdite » aux infidèles et menacée par les pirateries barbaresques et l'Empire ottoman, embrassaient l'islam afin de s'acquérir les grâces des mahométans et de circuler librement en terre d'islam, au prix d'un reniement de leur propre civilisation.

Nous verrons que la pression intellectuelle et psychologique de ce long processus islamophile initié avec les Lumières et qui a conduit à l'actuel « islamiquement correct », véritable « terrorisme intellectuel » qui consiste à disqualifier puis censurer *de facto* toute démarche non apologétique relative à l'étude de l'islam, s'est considérablement intensifiée avec le mouvement de décolonisation et le tiers-mondisme, qui ont ajouté à la fascination de l'islam un sentiment de culpabilité quasi éternel vis-à-vis du monde islamique. Sentiment que l'on retrouve dans les campagnes de repentance faisant inlassablement les procès des croisades, de la colonisation, de l'impérialisme occidental ou « américano-sioniste », de la guerre d'Algérie et même d'une Shoah instrumentalisée et cyniquement détournée par ceux-là mêmes qui fustigent en permanence l'« État fasciste » d'Israël et qui, en stigmatisant le « racisme sioniste » dont seraient solidaires tous les juifs du monde, retournent en fin de compte ce légitime sentiment de culpabilité vis-à-vis de l'Holocauste contre le peuple qui en fut la principale victime et contre l'Occident en général.

Maîtres en ruses de guerre, déterminés à conquérir puis à

détruire le monde occidental « judéo-croisé » de l'intérieur, les islamistes puisent à l'envi dans ce vaste réservoir composite de repentances et de haines de soi occidentales. Nous avons vu précédemment que le ressort subversif essentiel de la stratégie de conquête du totalitarisme vert consiste en fin de compte à faire avaler aux sociétés occidentales démocratiques la couleuvre des revendications du totalitarisme islamiste – sous couvert de communautarisme et de « droit à la différence » – avec la pilule légitimatoire du victimisme culpabilisateur, de l'anticolonialisme, de « l'antiracisme » et de la lutte contre « l'islamophobie ». Là se trouve la genèse lointaine de ce que nous avons appelé « l'islamiquement correct », que d'autres avaient nommé avant nous l'islamophilie, et que Maxime Rodinson, l'un des rares orientalistes qui a toujours gardé du recul vis-à-vis de son objet d'étude, a appelé quant à lui la « fascination de l'islam », et dont il explique les ressorts : « L'idéologie anticolonialiste de gauche reporte sur le tiers-monde sa vision d'une force élémentaire, exploitée, opprimée et brutale, qui fera s'écrouler définitivement le vieux monde de la misère et de la domination. Dès lors, les valeurs propres à ces peuples recevront un tribut admiratif. [...]. L'islam apparaît en lui-même comme une force par nature progressive. On note même des conversions à l'islam [...]. Les anticolonialistes, de gauche ou non, chrétiens ou non, passent souvent ainsi à une sacralisation de l'islam et à des idéologies contemporaines du monde musulman, tombant d'un extrémisme dans un autre [...]. On passe de la compréhension à l'apologétique pure et simple[5]. »

## Le mythe de la tolérance de l'islam andalou

Du point de vue de la genèse de l'islamophilie occidentale et de « l'islamiquement correct », la mise en valeur des seules visions idéales de la civilisation musulmane, dont l'âge d'or de l'Andalousie arabe est le meilleur exemple, conduit à occulter corrélativement les aspects moins conformes aux visions idylliques, et donc à créer un climat général d'autocensure diffuse marginalisant toute démarche critique vis-à-vis de l'islam au profit d'une vision romancée et mythifiée d'un « islam à l'eau de rose », pour reprendre l'expression du penseur maghrébin Ali Mérad. Dans son ouvrage sur *La Nouvelle Judéophobie* et la dimension arabo-musulmane de celle-ci, Pierre-André Taguieff a dénoncé la vision « islamiquement cor-

5. Maxime Rodinson, *op. cit.*, p. 95-96.

recte » dépeignant un islam « paisible », largement idéalisé, certes défendu courageusement par de nombreux intellectuels musulmans, mais un islam, hélas, marginal, « débarrassé de ses aspects gênants ». L'islam réel offre selon lui une image bien moins sympathique et apaisante que celui transfiguré « de ceux qui trouvent intérêt à le faire[6] ». Quoi qu'on en dise, les « zones d'équivocité et de basculement », les passerelles entre l'islam officiel, réputé modéré, et l'islamisme sont fort nombreuses, comme l'expliquent nombre de musulmans eux-mêmes. Historiquement, le lieu commun hautement mythologisé de l'âge d'or de l'Espagne mauresque fut propagé, à partir du XVIIIe siècle, principalement par les intellectuels et les écrivains de l'*Encyclopédie,* souvent de confession protestante, déistes ou agnostiques, et par leurs successeurs jacobins et anticléricaux du XIXe siècle. « La nostalgie des écrivains maghrébins était accentuée par la vision romantique du XIXe siècle. Ceci pouvait être encore agrémenté d'un soupçon de préjugé protestant apporté par le monde anglo-saxon. [...] Dans la seconde moitié du XXe siècle une nouvelle cause d'erreurs fit son apparition : la culpabilité de la conscience libérale, qui percevait les maux du colonialisme annoncés par les conquêtes chrétiennes d'Al-Andalus et dans la persécution des Morisques (mais bizarrement pas dans la conquête et la colonisation des Maures). [...] Mais l'Espagne musulmane n'était pas une société tolérante et éclairée, même dans sa période la plus civilisée », précise Richard Fletcher[7]. Le mythe de l'Andalousie, tout comme d'ailleurs d'autres « dossiers apaisants », fonctionne comme un mythe positif, un âge d'or inégalé de l'esprit humain destiné à occulter une réalité peu agréable et à dévaloriser une civilisation judéo-chrétienne quant à elle inférieure par simple contraste, puisque n'ayant pas produit l'équivalent d'Al-Andalus et l'ayant même combattu. Dans son livre *Retour de l'islam,* Bernard Lewis explique que l'âge d'or andalou est un « mythe inventé par les juifs d'Europe au XIXe siècle comme un reproche adressé aux chrétiens et repris par les musulmans de notre temps comme un reproche adressé aux juifs ». D'après la grille de lecture de l'âge d'or islamo-espagnol, qui pose le postulat d'un islam par nature tolérant et bon, le monde islamique n'aurait connu des phases d'intolérance qu'en réaction aux humiliations qu'engendrèrent la *reconquista* de l'Espagne par les chrétiens puis ses dérivés que furent la colonisation et le sionisme. Le mythe de l'Andalousie permet ainsi de déresponsa-

6. Pierre-André Taguieff, *op. cit.*, p. 68.
7. Fletcher, *in* Ibn Warraq, *op. cit.*, p. 173.

biliser et de disculper l'islam classique, à l'origine du totalitarisme islamiste, en vertu de la formule d'autorité : « Puisque le vrai islam est tolérant par essence, les islamistes ne peuvent être que de mauvais musulmans, donc l'islam n'est en rien responsable de l'islamisme et toute affirmation contraire procède de l'islamophobie. » Ensuite, l'âge d'or andalou revêt une utilité cruciale pour les islamistes en Europe et les néoconvertis musulmans, parce qu'il permet de citer en exemple un islam « européen autochtone » accréditant l'idée selon laquelle le projet de conquête politico-spirituelle de l'Occident poursuivi par les grands pôles mondiaux de l'islamisme (Arabie Saoudite, Frères musulmans, Pakistan, Tabligh, etc.) ne serait qu'un simple « retour au passé islamique de l'Europe », bref, le contraire d'un projet de conquête étrangère ou d'une acculturation.

Face au mythe de la tolérance d'Al-Andalus, les faits historiques apportent un démenti cinglant. Y compris concernant la prétendue tolérance dont auraient jouie chrétiens et juifs. Ainsi que l'ont montré nombre d'historiens, de Lévy-Provençal ou Charles-Emmanuel Dufourq à Bernard Lewis, les juifs, dont on affirme qu'ils auraient toujours bien été traités sous l'Espagne musulmane, alors qu'ils ne furent jamais affranchis de leur condition dévalorisante et humiliante de *dhimmis*, furent régulièrement massacrés par les musulmans : en 1013 à Cordoue, en 1066 et 1070 à Grenade, en 1135 à Lucena, une ancienne principauté juive qui fut entièrement détruite par les Almoravides. Les juifs furent contraints à l'exil sous les dynasties berbères fondamentalistes almoravides et almohades au XIIe siècle. À cette époque, ce fut dans les bourgades ou villes chrétiennes reconquises par les chrétiens dans le nord de l'Espagne, principalement dans la région de Burgos, que s'installèrent de nombreux juifs chassés d'Al-Andalus. Quant aux chrétiens, leur sort oscilla régulièrement du statut de *dhimmis* payant tribut, et laissés au bon vouloir de l'occupant arabo-musulman, aux persécutions, brimades, massacres et même déportations, notamment sous les Almoravides du Maroc en 1126. C'est ainsi que les chrétiens de Grenade, à l'époque d'Elvire, las des persécutions, furent contraints à l'exode à travers toute l'Espagne, suivant les troupes d'Alphonse d'Aragon. Ils imitèrent en cela ceux de Valence qui fuirent massivement vers l'Espagne chrétienne du Nord en 1102, tout comme ceux de Séville en 1146. C'est à cette époque qu'eut lieu l'une des plus terribles persécutions de chrétiens, sous la dynastie des Almohades, lesquels détruisirent entièrement la ville chrétienne et le diocèse d'Elvire. Les survivants furent contraints à la conversion.

« Beaucoup de chrétiens avaient persisté dans leur foi pendant quatre siècles, jusqu'à l'arrivée des Almohades en 1156. Se leva alors sur l'Andalousie une grande persécution qui y effaça pratiquement tout vestige de christianisme[8] », notamment avec le concours de tribus musulmanes étrangères comme les Ghazi, qui donnèrent leur nom à Alcala de Los Gazules.

En réalité, Arabes et Berbères d'Espagne sont loin de correspondre à l'image tolérante et paisible que nombre d'orientalistes, et surtout de conteurs plus romantiques qu'historiens, ont forgée. En effet, avant même qu'apparaissent les fanatiques dynasties almohades et almoravides du nord de l'Afrique, l'obscurantisme islamique était déjà une réalité en dépit même de l'incontestable rayonnement de la civilisation d'Al-Andalus. Ainsi, lorsque le califat de Cordoue était à son zénith, en 976, le calife Almanzor, voulant donner satisfaction aux théologiens musulmans, organisa une véritable inquisition officielle en expurgeant toutes les bibliothèques de l'empire, y compris la bibliothèque royale d'Al-Hakam II[9]. Les ouvrages furent livrés en quasi-totalité aux flammes dans un immense autodafé qu'une certaine historiographie prête habituellement aux seuls chrétiens. En réalité, comme l'explique l'historien espagnol Miguel Asin Palacios, « en Islam, l'inquisition est une institution populaire qui exerce constamment des fonctions de poursuite et de délation[10] ». En outre, la civilisation nasride, qui édifia la richesse de Grenade et la splendeur de l'Alhambra et fut systématiquement montrée en exemple, était fondée sur une réalité en général passée sous silence lorsqu'il s'agit du monde arabo-islamique : l'esclavage massif des Noirs pour l'extraction et le premier transport de l'or du Soudan qui alimenta l'Espagne islamique, puis l'esclavage de nombreux chrétiens captifs pour le transport du métal précieux à partir d'une Afrique du Nord alors dominée par les pirateries musulmanes dites « barbaresques ». Étonnamment, l'Europe, si prompte à dénoncer son propre colonialisme et son esclavagisme passés, ne dénonce pratiquement jamais l'esclavagisme et le colonialisme imputables à l'impérialisme arabo-musulman, non seulement dans le passé mais également aujourd'hui. Pourtant, de nombreuses

---

8. Antonio Morillo Crespo, *Vejer de la Frontera, contribucion a su historia,* Cadix, 1974, p. 77.

9. Miguel Asin Palacios, *Abenmasarra,* Madrid, 1914, p. 24 et 91. Voir aussi la *Grande enciclopedia de Andalusia,* Séville, 1979-1981 ; Fernand Braudel, *La Méditerranée et le monde méditerranéen,* Armand Colin, 1990.

10. Miguel Asin Palacios, *ibid.*

organisations humanitaires comme Africa Watch (bureau régional de l'ONG Human Rights Watch) dénoncent régulièrement la recrudescence de l'esclavage dans des pays comme le Soudan contre les populations noires animistes et chrétiennes, phénomène qu'Asia Watch constate également en Birmanie, où la junte au pouvoir recourt aux mêmes pratiques dans sa politique d'éradication des minorités « non birmanes ». Dans le monde islamique et « non blanc » en général, la liste des États où perdure l'esclavage est longue. Quant à l'esclavage du passé, on oublie trop souvent que celui des Occidentaux dura bien moins longtemps que celui du monde islamique : au Maghreb, par exemple, l'essentiel des armées tunisiennes était encore composé, peu avant la colonisation, d'esclaves nubiens et soudanais ; le sultan du Maroc disposait alors d'une armée de vingt-cinq mille esclaves, tandis qu'en 1850, alors qu'il était aboli en Occident, le trafic d'esclaves en terre d'islam, qui avait déjà mille ans d'âge, soit trois fois plus que son équivalent européen, continuait de prospérer sur les pourtours de la Méditerranée orientale – la colonisation de l'Algérie ayant mis fin à celui des pirateries barbaresques –, de l'océan Indien et de la mer Rouge. Condamné par une convention spéciale de la Société des Nations en 1920, l'esclavage continua jusqu'à aujourd'hui de prospérer en Arabie Saoudite ou au Yémen, en dépit de la législation antiesclavage adoptée en 1962 et signée par ces pays...

### Le mythe parallèle de la dette occidentale vis-à-vis de la philosophie arabo-musulmane

Parmi les lieux communs aboutissant à accentuer le sentiment de culpabilité et d'infériorité des Occidentaux vis-à-vis de la civilisation islamique, donc contribuant à renforcer le processus d'islamophilie, le mythe de la « dette » occidentale envers la science arabo-musulmane, profondément ancré dans les consciences contemporaines, joue un rôle central. Ainsi enseigne-t-on que, en conquérant l'Espagne, les Arabes et les musulmans auraient apporté à l'Occident, alors arriéré, les sciences, le progrès et les arts, de la médecine à l'algèbre, en passant par les systèmes d'irrigation, les mathématiques et la philosophie grecque, qu'ils auraient transmis à une Europe coupée de ses propres racines helléniques orientales conservées un moment par l'Empire byzantin. Élève de Martin Heidegger, la philosophe allemande Sigrid Hunke, auteur de nombreux ouvrages à la gloire de la civilisation arabo-musulmane, notamment *Le soleil d'Allah brille sur l'Occident*[11], est l'une des figures intellectuelles européennes qui a joué le rôle le plus important dans le renforcement du lieu commun d'un islam et d'un monde arabo-islamique auxquels la civilisation occidentale devrait l'essentiel de son apport philosophique et scientifique moderne. Dans *Le soleil d'Allah*, qui vaudra à Hunke une renommée internationale immédiate, l'auteur tente de démontrer que la civilisation européenne doit presque tout à la culture arabe – Sigrid Hunke assimilant à tort les civilisations islamique et arabe – dans le domaine des sciences et de la philosophie. Partant d'un postulat de départ anti-judéo-chrétien – le monothéisme chrétien, étranger à l'Europe antique, serait pour elle une greffe extérieure incompatible avec la « vraie *forma mentis* indo-européenne » – et ambitionnant de démontrer que l'Europe, païenne dans son essence originelle et dans son âme, a plutôt connu une régression avec sa « judéo-christianisation », Hunke affirme que c'est essentiellement la « science arabe » qui, au XIIe siècle, en affranchissant l'esprit européen de la mentalité théologique chrétienne, rendit possible une véritable Renaissance scientifique. On remarquera que, chez Sigrid Hunke, comme chez la plupart des intellectuels islamophiles, le rejet de la civilisation judéo-chrétienne, forme particulière de haine de soi, joue un rôle fondamental dans l'attrait pour l'islam. C'est ainsi que, poursuivant sa démarche islamophile, Sigrid Hunke publia en 1969 *La Vraie Religion de l'Europe. La foi des « hérétiques »*[12]. Dans cet essai, Hunke s'élève violemment contre le « dualisme chrétien » qui aurait toujours animé l'Église catholique, de Pélage à Herder, en passant par saint François d'Assise, Maître Eckhart, Giordano Bruno ou Pic de la Mirandole. Dénonçant avec autant de véhémence la doctrine chrétienne du péché originel et augustinienne de la prédestination, ainsi que le « dualisme néoplatonicien » en général, Sigrid Hunke explique que les fondements de la « vraie religion de l'Europe » sont les mêmes que ceux de l'islam, système « unitaire » par excellence ! « Les Arabes et les Européens [...], écrit-elle, partagent une conception du monde et de Dieu identique ; une pensée unitaire propre qui réconcilie le profane et le religieux [...], pensée unitaire qui, tout en laissant intervenir la raison, ne tombe ni dans le rationalisme, ni dans le matérialisme[13]. » Dans son article

11. Paru chez Albin Michel, 1963, 3e éd., 1997.
12. Paru au Livre-Club du Labyrinthe, 1985.
13. « Esprit arabe et esprit européen. Psychologie d'une histoire des sciences », *Najah al-Attar,* Science and Activities for Man, Damas, 1984.

« Je suis musulman » publié dans *Le Monde,* le 18 janvier 2002, Michel del Castillo illustre parfaitement la façon dont le thème de la dette occidentale et de la « supériorité » passé de l'islam, bref l'islamophilie, peuvent servir à trouver des circonstances atténuantes aux dérives totalitaires de l'islamisme : « Je suis un Européen du Sud, pour moitié andalou, autant dire à demi musulman. Je sais trop ce que notre vieux continent doit à l'islam espagnol, et d'abord le retour à la raison grecque [...]. Durant près de cinq siècles, les califes et les émirs ont tenu école de tolérance, défendant les juifs, accueillant les chrétiens, cohabitant sans exemple en ces temps de fanatisme. Cet héritage, je fais plus que l'accepter. J'en tire fierté... »

S'il contient une part incontestable de vérité scientifique et historique, le lieu commun de la « dette occidentale » vis-à-vis de l'islam et des Arabes est pourtant schématique, voire même partiellement faux. Tout d'abord, lorsque les intellectuels occidentaux désireux de redorer le blason de la civilisation islamique et de relativiser la suprématie de leur propre civilisation occidentale remercient les Arabo-Musulmans d'avoir transmis les œuvres philosophiques grecques à l'Europe, ils oublient que les savants musulmans ne transmirent à l'Occident que ce que les conquérants n'avaient pas détruit, brûlé ou censuré comme étant impie, notamment lors des premières conquêtes de l'Empire byzantin, de l'Espagne et de l'Italie, et lorsqu'ils pillèrent au nom du djihad les grandes villes d'Orient et de Méditerranée : le saccage d'Alexandrie (642), la dévastation de Rhodes (654), la destruction totale de Cyzique et de Paros en 670, le pillage de Bari (842), Messine (843) et Modica (844), le siège de Rome en 846, la mise à sac des villes de Catane, Syracuse (incendie de la bibliothèque hellénique), Noto et Raguse entre 853 et 878, ou le pillage de la Crète par les Arabes entre 815 et 830. Les savants et les théologiens musulmans exercèrent par ailleurs une censure philosophique considérable qui réduisit rapidement le champ d'action des philosophes dits « arabes », progressivement mis à l'index, voire persécutés au fur et à mesure que se mettaient en place les quatre écoles juridiques orthodoxes de l'islam et leur scolastique, sclérosée depuis la fermeture des portes de l'*Ijtihad* au IXe siècle. Parmi les censeurs et les garants de l'orthodoxie, face au paganisme de la philosophie grecque, la plus grande figure fut Al-Ghazali (mort en 1111), l'un des grands savants de l'islam sunnite, qui maîtrisa l'enseignement des philosophes Al-Farabi, Avicenne ou Ibn Sina en employant dans sa théologie leurs méthodes logiques, tout en mettant en place une véritable censure en écartant de la philosophie et du droit islamiques tout ce qui contredisait, dans la pensée grecque, le monothéisme musulman. Dans *La Réfutation des philosophes,* Ghazali condamne sans appel Aristote et tous ceux qui se réclament d'une démarche critique pour comprendre le Coran, et dont les doctrines sont incompatibles avec l'islam. Mettant un terme à plusieurs siècles d'effervescence intellectuelle permise par la philosophie grecque, il cantonnera les musulmans à une foi aveugle et à une interprétation littérale du Coran, ramenant par ailleurs le soufisme dans le giron de l'orthodoxie. En vertu de cette censure, avalisée par les autorités religieuses et temporelles du moment, seuls le néoplatonisme moniste ainsi qu'une partie de l'aristotélisme *(Logique, Organon)* devaient être conservés et étudiés par les savants musulmans pour justifier philosophiquement l'ultramonothéisme islamique, au détriment de nombreuses autres œuvres jugées « impies » et contraires à la foi musulmane.

En fait, le mythe de la « supériorité de la civilisation arabo-musulmane » et de la « dette occidentale » à l'égard de celle-ci est largement dû à une confusion sémantique et historique concourant à attribuer à l'islam et aux Arabes les apports des peuples autochtones non arabes et non musulmans conquis avec l'arrivée des cavaliers d'Allah à partir du VIIe siècle : l'islam s'étant répandu *par* et *avec* la langue arabe, celle-ci rayonna d'autant plus rapidement au Proche-Orient, en Mésopotamie, en Égypte et en Afrique du Nord que les élites dépositaires du patrimoine gréco-romain et hellénistique d'alors étaient des Sémites chrétiens syriaques, araméens ou juifs, pour qui la langue arabe était particulièrement facile d'accès et allait vite devenir la *lingua franca* et la langue des sciences et du pouvoir. Ceux que l'on nomme les « Arabo-Musulmans » étaient donc plus arabophones qu'arabes. Quant à l'Espagne « arabo-musulmane, laquelle était restée en fait ibérique et celte, elle fut en réalité envahie par des Berbères et des Wisigoths islamisés et non par des masses d'Arabo-Musulmans[14]. Si l'Empire islamique cosmopolite issu des premières conquêtes créa, entre le VIIIe et le XIVe siècle, un réel climat d'effervescence intellectuelle, ce dynamisme fut essentiellement le fait de juifs (Maïmonide), d'Espagnols (Ibn Rushd, Averroès), d'autochtones berbères (Ibn Tofail, Ibn Badjda, Ibn Khaldoun) ou d'innombrables savants perses (Al-Farabi, Avicenne, Al-Razi, Al-Ghazali, Al-Kindi), parfois convertis à l'islam ou au service du nouvel envahisseur arabo-musulman. Aristote et ses commentateurs, Themistios, Simplicius, Platon (en particulier dans

14. Voir Ignatio Olagüe, *Les Arabes n'ont jamais envahi l'Espagne,* Ibezo, 1988.

*Timée, La République* et *Les Lois*), les néoplatoniciens tels que Proclus, Porphyre, et les présocratiques Galien, Hippocrate, Archimède, Euclide et Ptolémée sont quelques-uns des grands philosophes de l'Antiquité grecque qui furent traduits par cette minorité de chrétiens, juifs ou perses, parfois même païens (Thabit Qurra). « La contribution des chrétiens et des juifs était si active que le *Fons vitae* d'Ibn Gabirol (Avicebron) fut attribué à un musulman jusqu'au XIX^e^ siècle, quand S. Munk découvrit alors que son auteur était un juif. Les traités de médecine d'Isaac Israeli et de Maïmonide ne sont en aucune façon différents des œuvres d'auteurs musulmans. La même chose est valable pour les écrits scientifiques de l'évêque Bar Hebraeus [Gregorius Abu al-Faradj]. Le fait même que les livres d'auteurs musulmans puissent être traduits en hébreu ou en latin sans nécessiter de modifications notables démontre l'interreligiosité tout autant que l'internationalité des sciences islamiques. La science était peut-être le seul domaine qui n'était pas accessible à l'islamisation[15] », jusqu'à ce que Al-Ghazali mette à l'index la pensée philosophique grecque non conforme au monothéisme islamique.

Les villes de Syrie et d'Égypte, profondément hellénisées, perpétuaient la culture antique grecque. C'est d'ailleurs à Harran en Syrie, au sud d'Édesse, qu'une grande école de traduction avait été établie par des autochtones sémites sabéens, proches du christianisme hétérodoxe. « Les Sabéens avaient inondé le monde musulman de multitudes d'ouvrages dits "pseudépigraphes", des pseudo-Platon, pseudo-Plutarque, pseudo-Ptolémée, pseudo-Pythagore, qui furent source d'une vaste littérature néo-platonicienne en Asie[16]. » C'est ainsi que, parmi les traductions transmises à l'Occident par les Arabes, on retrouve aussi un certain nombre de faux ou d'œuvres mal traduites, par exemple une *Théologie* dite d'Aristote traduite en arabe à partir d'une version syriaque du VI^e^ siècle. Il s'agit en réalité d'une paraphrase des trois dernières *Ennéades* de Plotin cherchant à démontrer qu'il existe un accord entre Aristote et Platon. Cette conception est à la base du néoplatonisme en Islam, lequel puise une partie de ses sources dans l'école hellénique d'Alexandrie. De là vient la croyance erronée du Moyen Âge chrétien occidental qu'Aristote était platonicien et moniste. Prenons le cas d'Averroès, dont on prétend que, sans la traduction arabe de son

15. Martin Plessner, « The Natural Sciences of Medecine », *in The Legacy of Islam*, Schacht and Bosworth, p. 425-460.
16. Étienne Couvert, *La Gnose universelle,* tome III, Chiré, 1996, p 74.

œuvre incluant les traductions d'Aristote, le Moyen Âge européen n'aurait pu accéder à une œuvre majeure ouvrant la pensée philosophique européenne au rationalisme et à la logique grecs, vecteurs de modernité. On sait que saint Thomas d'Aquin refusa d'utiliser la traduction arabe d'Aristote effectuée par Averroès, jugée peu fidèle à l'originale et imprégnée d'hétérodoxie gnostique. Ainsi, saint Thomas, qui ne connaissait pas le grec mais seulement le latin et l'arabe, fit retraduire en latin l'œuvre d'Aristote à partir de sources helléniques directes, en l'occurrence à travers le travail de traduction de Guillaume de Moerbeke.

Loin d'avoir permis à l'Occident chrétien de « retrouver » le patrimoine philosophique grec de l'Europe, l'expansion arabo-islamique autour du bassin méditerranéen provoqua, sur le plan économique, politique et culturel, une coupure, une fracture civilisationnelle entre les deux poumons de la chrétienté et de l'Empire romain d'alors, non encore séparés par le grand schisme entre orthodoxes et catholiques, qui ne surviendrait que trois siècles après la prédication de Mahomet (1054). Dans plusieurs de ses œuvres, l'historien Henri Pirenne a mis en évidence l'ampleur et les conséquences, rarement évoquées, de la coupure opérée par la conquête arabo-islamique entre le monde chrétien d'Europe et l'Orient, où s'était installé l'Empire romain et avec lequel Rome entretenait, jusqu'aux premières invasions arabes, d'importants contacts, comme elle en entretenait aussi avec les autres grands foyers de culture chrétienne et hellénique : Alexandrie, Édesse, Antioche, Afrique du Nord. Avant l'apparition de l'islam, tous les peuples installés autour de la Méditerranée, fédérés par l'empire, étaient liés entre eux par une même culture gréco-latine. Ils formaient une civilisation judéo-chrétienne et méditerranéenne relativement cohérente, en dépit des disputes théologiques et des querelles de succession sur le trône impérial. Les deux mondes chrétiens d'Occident et d'Orient n'avaient jamais cessé d'être en relation. La navigation y était encore aisée et sans risque, la flotte byzantine assurant la sécurité sur l'ensemble de cette mer intérieure. Avec la conquête arabo-musulmane, la terreur des razzias puis des pirateries barbaresques s'installa sur les mers et sur l'ensemble du pourtour méditerranéen désormais coupé en deux.

Le seul fait d'utiliser communément, y compris dans des manuels scolaires ou universitaires, l'expression si révélatrice d'un *a priori* islamophile de « science musulmane » ou « philosophie arabe », participe d'une reconstruction de l'histoire visant à réduire les origines chrétienne, perse, juive, berbère et greco-hellénique de toute une partie de la science et de la philosophie modernes, l'expression « science arabo-musulmane » opérant une sorte de révisionnisme historique et conférant une connotation favorable, subjectivement positive, à ce qui fut, indépendamment du jugement que l'on peut porter sur elle, une invasion pure et simple, une conquête *(fath)* de la Méditerranée par les moudjahidines arabes islamisés aux VII$^{e}$ et VIII$^{e}$ siècles. À titre de comparaison, on peut faire remarquer qu'une connotation cette fois-ci fortement péjorative et négative accompagne en Occident tout discours sur l'époque coloniale européenne. Pourtant, si l'on appliquait au colonialisme européen un raisonnement calqué sur celui de l'âge d'or andalou et de la « dette occidentale » envers la science arabe, on serait fondé de parler de « dette du tiers-monde et de l'islam » vis-à-vis de la colonisation occidentale qui apporta la science moderne, la technique, l'hygiène, l'instruction, la baisse de la mortalité infantile ou les hôpitaux. Nul n'y songerait bien sûr. Selon de nombreux observateurs, pareille asymétrie trouve ses origines à la fois dans l'influence de la pensée islamophile européenne et dans le sentiment de culpabilité et de mauvaise conscience de l'homme occidental, surtout européen, qui intériorise inconsciemment la dévalorisation de sa propre civilisation en surévaluant subjectivement celles envers lesquelles il se sent redevable ou fautif. Et pourtant, si faute il y a, celle-ci mériterait d'être partagée, l'impérialisme arabo-islamique n'étant d'aucune manière plus excusable que l'impérialisme occidental.

## DU MYTHE DU « BON SAUVAGE » À L'ORIENTAL RAFFINÉ DE L'*ENCYCLOPÉDIE*

Comme l'a expliqué Paul Hazard, la modernité occidentale, si elle doit beaucoup à la Renaissance puis à la Réforme, elle-même aux origines de l'*Encyclopédie,* est historiquement déclenchée par l'événement majeur des grandes découvertes, lesquelles remettront en question l'identité même et la conscience des Européens, tout à coup confrontés à une altérité radicale et au relativisme culturel. Depuis le XV$^{e}$ siècle en effet, la rencontre avec l'Autre (Indien, Oriental, Chinois, musulman), mythifiée à travers l'image du bon sauvage, a déclenché la prise de conscience de la relativité des mœurs et des institutions. Ce relativisme et cette critique d'une société par elle-même, magistralement inaugurés avec Montaigne et Voltaire, sont les ancêtres directs de l'ethnologie moderne qui pose l'égalité complète des cultures. À l'aventure des Indes orientales succède l'attrait de l'Orient. Aussi la genèse du mythe de la « tolérance islamique » apparaît-elle dès le XVI^e^ siècle, quand Montaigne, puis les Encyclopédistes développent la théorie du bon sauvage. Influencé par Peter Martyr Anglerius (1459-1525), Montaigne réalise dans *Des Cannibales*[17] le premier portrait détaillé du bon sauvage et donne ainsi naissance à la théorie du relativisme culturel. Peter Martyr avait déjà critiqué, dans son *De Rebus Oceanicis et Orbo Nove* de 1516, la cupidité des *conquistadores* espagnols, fanatiquement cruels, intolérants, et héritiers directs de l'Espagne antimusulmane et antijuive d'Isabelle la Catholique, leur préférant la simplicité des Indiens, « plus heureux puisque libérés de l'argent, des lois, des juges corrompus, des livres trompeurs et de l'anxiété d'un futur incertain ».

Parallèlement aux écrits des Encyclopédistes et auteurs protestants français, les *Letters Written by a Turkish Spy,* publiées à la fin du XVII^e^ siècle, inaugurèrent la mode des pseudo-lettres étrangères, comme les *Lettres persanes* de Montesquieu (1721) ou *L'Asiatique* dans le *Dictionnaire philosophique* de Voltaire (1752). En fait, au XVIII^e^ siècle, le thème récurrent du bon sauvage était devenu un alibi pour commenter et critiquer les errements de ses semblables. Loin d'être un primitif simplet sorti de sa tribu, le bon sauvage était en réalité un observateur subtil des sociétés européennes de son temps. C'est dans le cadre de cette mode que le XVIII^e^ siècle adopta d'aussi bonne grâce le mythe d'un Mahomet « éclairé », « législateur sage et tolérant », tel qu'il est présenté par le comte Henri de Bougainvilliers dans sa biographie apologétique du prophète, publiée à Londres après sa mort, en 1730. Le livre eut une influence non négligeable sur la vision européenne de l'islam, et plus particulièrement sur celles de Voltaire et de Gibbon. Parallèlement, le déclin du christianisme auprès des élites et des Encyclopédistes laissa un vide spirituel propice à un accueil positif de l'islam. Avec le mythe du bon sauvage, qui ancre l'exotisme et la xénophilie dans les consciences occidentales, le siècle des Lumières développe parallèlement celui de l'Oriental sage et raffiné. C'est ainsi qu'au Chinois, élevé en modèle de vertu morale par les jésuites et de tolérance laïque par les philosophes, succède le Perse ingénieux ou l'islam d'un Mahomet législateur. Le double mythe du bon sauvage et du sage oriental, au moment où Gibbon commence à écrire, seront

17. Montaigne, *Les Essais, in* Ibn Warraq, *ibid.*

réinvestis par nombre d'intellectuels islamophiles comme par les courants anticléricaux désireux de réduire l'influence de l'Église, toujours considérable, en réhabilitant d'autres traditions religieuses, fussent-elles historiquement les adversaires par excellence du christianisme. « [Nous] les surpassons en toutes sortes de barbaries », se plaisait à répéter Montaigne, tandis que le protestant Jurieu, animé par un ressentiment envers le catholicisme, qui l'avait persécuté, écrivait dans ses *Lettres pastorales :* « Il n'y a point du tout de comparaison entre la cruauté des Sarrasins contre les Chrétiens et celle du Papisme contre les vrais fidèles. En peu d'années de guerre contre les Vaudois, ou même dans les seuls massacres de la Saint-Berthélémy, on a répandu plus de sang pour cause de religion que les Sarrasins n'en ont répandu dans toutes leurs persécutions contre les Chrétiens. Il est bon qu'on soit désabusé de ce prejugé que le Mahométisme est une secte cruelle établie en donnant le choix de la mort ou de l'abjuration du Christianisme : cela n'est point, et la conduite des Sarrazins a été une débonnaireté évangélique en comparaison de celle du papisme qui a surpassé la cruauté des cannibales[18]. » Commentant l'engagement personnel de Jurieu qui avait quitté la France pour la Hollande après la révocation de l'Édit de Nantes, Ibn Warraq explique que la tolérance apparente des musulmans fournit à l'auteur un prétexte pour régler ses comptes avec le catholicisme. « La douceur évangélique des Sarrasins est un moyen de mettre en relief la barbarie des catholiques, comme ce fut le cas lors de la Saint-Barthélemy[19]. » De son côté, Pierre Bayle, influencé par Jurieu, perpétua le mythe de la « tolérance islamique » dans divers écrits où il opposait la « tolérance des Turcs » aux persécutions des brahmanes par les Portugais en Inde, et aux cruautés commises par les Espagnols aux Amériques. « [Les musulmans] ont toujours fait preuve de plus d'humanité vis-à-vis des autres religions que les chrétiens », écrit Bayle[20] dont on comprend la subjectivité et l'animosité anticatholique lorsque l'on sait qu'il avait été lui-même une victime de l'intolérance catholique et qu'il avait été contraint de s'enfuir en Hollande. Aussi doit-on préciser que pour Bayle et Jurieu, comme pour la plupart des Occidentaux de l'époque, le terme « turc » était synonyme de musulman puisque l'Empire ottoman s'étendait sur la plus grande partie du monde islamique connu. Cette association, ainsi que la politique de relative tolérance

18. Pierre Bayle, *Mahomet and Nestorius, in* Ibn Warraq, *ibid.*
19. Ibn Warraq, *op. cit.*, p. 41.
20. *In* Ibn Warraq, *ibid.*

poursuivie par les Ottomans envers les minorités chrétiennes et juives à la suite des Capitulations, expliquent en grande partie pourquoi la « tolérance » des Turcs se transforma en « tolérance de l'islam » en général. Concentrant leur attention sur le seul cas ottoman qui leur était contemporain, les deux écrivains passent sous silence les atrocités commises par les conquérants musulmans à partir du VII^e^ siècle, qu'il s'agisse des premières persécutions des chrétiens et des juifs en Arabie ou au Proche-Orient, des massacres des peuples hindous et bouddhistes lors de la conquête de la province indienne de Sind, de l'intolérance des Almohavides en Espagne, de la persécution des zoroastriens dans la province de Khurasan, où encore des juifs persécutés puis expulsés de Djedda, en Arabie, entre 1770 et 1786, au moment même où l'on vantait la « tolérance » islamique. Décidés à montrer l'image la plus favorable de l'islam turc, les deux auteurs français feignent même d'ignorer le massacre des chrétiens lors de la chute de Constantinople en 1453, pourtant connu de tous les historiens et relaté par nombre de chroniqueurs. Ils ne font pas non plus allusion au système impitoyable du *devshirme* (janissaires formés parmi les esclaves chrétiens enlevés à leurs familles dans les Balkans) qui demeura en vigueur jusque quelques années avant la chute de l'Empire ottoman. Certes, de nombreuses minorités religieuses trouvèrent refuge en Turquie : les marranes, des réfugiés juifs d'Espagne après les expulsions de 1492 et de 1496, les calvinistes de Hongrie, de Russie et de Silésie. Mais ceux-ci n'étaient tolérés que comme des citoyens de deuxième classe en tant que *dhimmis* et continuaient d'être traités avec mépris, comme le rappelle le voyageur Carsten Neibuhr. Dans son ouvrage sur le statut des juifs et des chrétiens en terre d'islam, l'orientaliste anglo-égyptienne Bat Ye'Or décrit la situation dans l'Empire turc réputé tolérant en ces termes : « Pour des raisons stratégiques, les Turcs obligèrent les populations des régions frontalières de la Macédoine et du nord de la Bulgarie à se convertir, en particulier aux XVI^e^ et XVII^e^ siècles. Ceux qui refusaient furent exécutés ou brûlés vifs[21]. » En 1770, à Constantinople, une loi avait été promulguée selon laquelle tout Grec chrétien orthodoxe, Arménien ou juif surpris hors de chez lui après la tombée de la nuit devait être pendu. En 1785, un ambassadeur décrivait comment toutes les églises qui avaient été secrètement restaurées par les chrétiens furent démante-

21. Bat Ye'Or, *Les Chrétiens d'Orient, entre djihad et dhimmitude, VII^e^-XX^e^ siècles,* Le Cerf, 1991, p. 96.

lées par l'autorité turque sous la pression des foules de musulmans en colère.

Tout comme Bayle ou Jurieu, Bougainvilliers ne parlait pas l'arabe et n'était point un spécialiste du monde islamique ou de la théologie musulmane. Ses écrits sur Mahomet et l'islam contiennent d'ailleurs de nombreuses erreurs. D'après Warraq, Bougainvilliers « utilisa Mahomet et les origines de l'islam pour véhiculer ses propres préjugés théologiques et comme une arme contre le christianisme en général et le clergé en particulier[22] ». Commentant les écrits de Bougainvilliers, Jeffery qualifia son travail « d'éloge ampoulée du Prophète dans le but de déprécier le christianisme », tandis qu'Hurgronje parla d'une « romance anticléricale dont le matériau est tiré d'une connaissance superficielle de l'islam fondée sur des témoignages indirects ». Quant à Voltaire, il regretta d'avoir offensé Mahomet dans sa pièce *Mahomet ou le fanatisme* (1742), qui dépeignait le Prophète comme un imposteur asservissant les âmes. Aussi, dans son *Essai sur les mœurs* de 1756 et dans divers articles du *Dictionnaire philosophique,* il revint à de meilleurs sentiments envers Mahomet et l'islam, au détriment du christianisme, et plus particulièrement du catholicisme qu'il décidait de privilégier comme cible religieuse principale. Comme Bougainvilliers et Sale qu'il avait lus, Voltaire préféra utiliser l'islam comme un subterfuge pour attaquer le christianisme, qu'il considérait comme « la plus ridicule, la plus absurde et la plus sanglante religion qui ait jamais infecté le monde ». Par contraste, il vanta la doctrine musulmane pour sa grande simplicité : « Il n'y a qu'un seul Dieu, et Mahomet est son prophète. » Comme beaucoup d'autres déistes, Voltaire était attiré par la rationalité apparente de l'islam, religion sans clergé, sans miracles et sans mystères. Edward Gibbon, également influencé par Bougainvilliers, fera à de nombreuses reprises l'apologie de l'islam, ainsi que cela transparaît dans son ouvrage *Histoire de la décadence et de la chute de l'Empire romain.* Comme nombre d'intellectuels anticléricaux, encyclopédistes ou héritiers de cette période, décidés à prendre une revanche contre une Église catholique qui avait trop longtemps abusé de son pouvoir social et temporel, Gibbon décrivit l'islam de manière apologétique, démontrant sa « supériorité » sur le christianisme. Il vanta les bienfaits de la progression de l'islam pour l'humanité – passant d'ailleurs sous silence les souffrances de nombreux peuples conquis par le *fath* et le djihad –

22. Ibn Warraq, *op. cit.,* p. 43-44.

et souligna « l'apport fondamental du Coran à la culture et au peuple de La Mecque et de Médine ». Peu de temps plus tard, en France, dans le cadre du climat révolutionnaire violemment anticlérical, un général jacobin parti à la conquête de l'Égypte avec toute une équipe scientifique joua lui aussi la carte islamophile et antichrétienne auprès des habitants et des autorités musulmanes locales afin de rallier leurs suffrages, en se présentant « unitaire » musulman allié contre le même ennemi chrétien : « Dès son retour au Caire, Napoléon s'adresse aux musulmans (gouverneurs, notables, oulémas et membres du diwan). Bonaparte leur répète : "Je suis moi, musulman unitaire, et je glorifie le Prophète Mahomet" », peut-on lire dans un document d'archives relatant la conquête de l'Égypte par Napoléon. « " Certes, je hais les chrétiens, j'ai détruit leur religion, renversé leurs autels, tué leurs prêtres, mis en pièce leur croix, renié leur foi et, cependant, je les vois se réjouir de ma joie et s'affliger de mon chagrin. Comment voulez-vous que j'embrasse de nouveau la foi chrétienne ?" Après ce discours, les Oulémas se retinrent, troublés et stupéfaits de ce qu'ils venaient d'entendre, pas un seul d'entre eux ne put répondre[23]. » Notons que l'islam a toujours fasciné au sein des milieux militaires ou chez ceux qui admirent les vertus de force et de courage, indéniablement présentes dans l'islam. On peut mentionner à ce titre la conversion à l'islam du célèbre général Menou, successeur du général Kléber à la tête de l'armée française restée en Égypte après l'expédition de Bonaparte, ou encore Lawrence d'Arabie, sans oublier les nombreux cas de conversion au sein des milieux d'extrême droite souvent motivés par un culte de la force et attirés par la théologie guerrière du djihad.

Enfin, à la même époque et dans le même contexte d'émancipation occidentale vis-à-vis de l'Ancien Régime, « le rôle des savants de confession israélite a été immense dans l'enrichissement de la vision par l'Occident de la religion, de la littérature et aussi de l'histoire orientales, où ils ont substitué la connaissance et la compréhension au préjugé et à l'ignorance », ajoute Bernard Lewis[24]. Animés d'une gratitude fort compréhensible envers leurs anciens protecteurs turcs qui les accueillirent lorsqu'ils furent chassés d'Espagne et du Portugal en 1492, un certain nombre de savants et

23. Quartier général, El Rahmanyeh, 3 thermidor an VII, 21 juillet 1799, *in Bonaparte et l'Islam,* documents XVI, n° 4296. Christian Cherfils, Éditions Pedone, 1914.

24. Ibn Warraq, *op. cit.*, p. 43-44.

hommes d'État juifs comptèrent parmi les artisans de la réconciliation entre la Turquie et l'Europe, laquelle avait du mal à oublier cinq siècles d'agressions et d'occupation ottomane. Ils se singularisèrent en amenant les réussites du « génie islamique » en Occident et en s'efforçant de rendre l'islam plus sympathique aux yeux des Occidentaux. Citons, par exemple, Gustave Weil, qui publia en 1843 la première biographie de Mahomet dépourvue de tout préjugé négatif, Salomon Munk et Moritz Steinscheider, spécialistes au XIXe siècle de littérature judéo-arabe, Paul Caspari, converti au luthérianisme, qui écrivit un traité fondamental sur la grammaire arabe, ou encore Ignaz Goldzihler, juif hongrois qui, par ses études sur la théologie, la culture et le droit musulmans, est considéré comme l'un des précurseurs de l'islamologie moderne. Dans son *Discours préliminaire,* l'Anglais Arthur Lumley Davids, l'un des tout premiers orientalistes turcologues du XIXe siècle, « se proposa d'apporter au lecteur occidental un exposé équilibré des Turcs, et de corriger des erreurs et des préjugés vulgaires », tandis que l'historien Léon Cahun, de par l'influence qu'il exerça partout en Europe auprès des hommes politiques à la même époque, fit l'éloge de la grandeur des peuples turcs dans son célèbre ouvrage *Introduction générale à l'histoire de l'Asie* paru en 1896, hymne à leur « immense rôle créateur dans l'histoire de l'Asie et du monde ». Benjamin Disraeli, pour sa part, Premier ministre du Royaume-Uni de 1874 à 1880, faisait bien ressortir dans ses romans et ses lettres, ainsi que dans sa politique étrangère, sa profonde sympathie pour les Turcs, les Arabes, les Perses et l'islam en général. Mais l'islamophilie de grands érudits juifs ne sombra jamais dans les délires apologétiques de certains encyclopédistes agnostiques ou protestants, et même d'autres chrétiens, fascinés par leur ancien adversaire sarrasin, cherchant une alliance « intermonothéiste » face au « matérialisme athée » et au désenchantement du monde, ou surtout désireux de se faire pardonner leur haine anti-islamique passée et les croisades. De là naquirent à la fois les postures islamophiles catholiques, les représentations idylliques de « l'union des trois monothéismes », ainsi que le vaste mouvement de conversion à l'islam soufi.

## Islamologues et islamophiles chrétiens

Au contraire de la majorité des apologistes européens de l'islam des XVIIe et XVIIIe siècles, qui utilisaient l'islam comme une arme contre l'intolérance et le dogmatisme catholiques, leurs successeurs des XIXe et XXe siècles pensaient que elle était une religion sœur, monothéiste, et que le christianisme et elle étaient destinés à mourir ou à survivre ensemble face au défi agnostique et scientiste. Sir Hamilton Gibb s'intéressa par exemple à l'islam en tant que chrétien « engagé dans une entreprise spirituelle commune », tandis que Norman Daniel écrivit : « Le christianisme et l'islam souffrent avec patience sous la pression du monde, et des attaques des athées, des scientifiques et de leurs pareils[25]. » La description de Mahomet dans *Heroes and Hero Worship* (1841) de Carlyle est souvent considérée comme le premier portrait véritablement favorable au Prophète qui ait été dressé par un intellectuel occidental. D'après Carlyle, qui évalue alors le nombre total de musulmans aux alentours de cent quatre-vingts millions, Mahomet n'aurait pas pu convaincre un si grand nombre de personnes si sa religion avait été fausse. Tout comme Sale, Voltaire, Bougainvilliers ou Gibbon, Carlyle n'avait qu'une connaissance superficielle de l'islam. Son portrait de Mahomet est une reformulation spiritualisée de l'idée du bon sauvage. À la différence de ses prédécesseurs, Carlyle parle d'un point de vue non agnostique, son but étant de contrecarrer le matérialisme athée en encensant la spiritualité islamique, d'après lui forme orientale de christianisme susceptible de « revivifier » l'Occident. Quant au grand islamologue Montgomery Watt, chrétien fervent et un moment prêtre à l'église Saint Mary Boltons à Londres puis à Old Saint Paul's à Édimbourg, il considérait le scepticisme, l'athéisme et le communisme comme des ennemis communs aux trois religions monothéistes. Avec Carlyle, puis ensuite avec le néomusulman soufi René Guénon, il soutenait l'idée selon laquelle seul l'Orient pourrait apporter un renouveau de spiritualité à l'Occident décadent. Dans *Religion and Anti-Religion,* Montgomery Watt note avec satisfaction que, grâce au renouveau islamiste, « la vague de sécularisme et de matérialisme régresse. Tous les Arabes sensés sont conscients de la gravité des problèmes actuels et ressentent le besoin d'une religion qui permettrait de les résoudre, pour éviter qu'ils n'empiètent sur leur vie privée[26] ». Dans un autre registre, l'islamologue et chrétien fervent Norman Daniel offre un autre exemple de relativisme : « Il est capital que les chrétiens voient Mohamet comme un homme saint, c'est-à-dire comme les musulmans le voient. S'ils ne le font pas, ils doivent abandonner tout espoir de comprendre l'islam [...].

25. Norman Daniel, *op. cit.*, p. 306-307.

26. Montgomery Watt, *Religion in The Middle East : Three Religions in Conflict and Concord,* p. 625-627.

Si un tel emprunt mental et spirituel n'a pas lieu, aucun progrès n'est possible[27]. » Sévère à l'endroit de Daniel, Maxime Rodinson lui reproche d'avoir « cédé la compréhension à l'apologétique pure et simple », notamment lorsque l'auteur range « dans les conceptions imprégnées d'esprit médiéval ou impérialiste toute critique de l'attitude morale du Prophète[28] ». Daniel et Watt, tout comme en France le grand orientaliste et chrétien fervent Louis Massignon (1883-1962), insistent tous deux sur la lutte spirituelle commune dans laquelle toutes les croyances monothéistes sont engagées, en l'occurrence face à l'athéisme et à l'inégalité. C'est ainsi que Massignon, représentant français le plus brillant de ce courant islamophile « catholique de gauche », imbu d'une vision mystique de l'histoire et animé par un dévouement pour les « humiliés » et les pauvres, propose un « ressourcement » de l'Occident en voie de déchristianisation à partir des valeurs spirituelles incarnées par l'Orient et sa religion phare qu'est l'islam, allié privilégié. « Ce tournant idéologique rend délicat le jugement chrétien à porter sur Mahomet », précise Massignon, de sorte que l'Église catholique postconciliaire, éprise d'œcuménisme, connaîtra elle aussi en son sein un fort courant islamophile, tout aussi passionné et radical que son envers islamophobique passé.

C'est dans ce contexte général qu'il convient de replacer l'étonnante action conjointe des responsables religieux chrétiens, musulmans et israélites qui exprimèrent vivement leur réprobation du blasphème et leur indignation face aux « offenses faites aux musulmans du monde entier » durant la campagne islamique mondiale lancée contre Salman Rushdie qui fut, d'un point de vue médiatique, une véritable victoire de l'obscurantisme sur la liberté de conscience et d'expression, sans émettre la moindre réprobation contre un appel au meurtre si peu chrétien. C'est ainsi que l'*Osservatore romano,* l'un des organes de presse du Vatican, critiqua Rushdie presque aussi ouvertement que le fit l'ayatollah Khomeyni. Quant au très médiatique cardinal John O'Connor de New York, il exhorta les catholiques à ne pas lire ce livre, cependant que le cardinal Albert Decourtray de Lyon qualifiait *Les Versets sataniques* « d'insultes à la religion ». Au même moment, en Israël, le rabbin ashkénaze, Avraham Shapria voulait bannir le livre : « Tel jour,

27. Norman Daniel, *op. cit.,* p. 305.
28. Maxime Rodinson, *op. cit.,* p. 96.

disait-il, cette religion est attaquée, et le jour suivant ce sera cette autre[29]. »

C'est également dans ce même contexte « d'alliance intermonothéiste » contre le matérialisme et l'athéisme qu'il faut comprendre la démarche parfois étonnante et extrême d'orientalistes catholiques comme le père Michel Lelong, fondateur du Groupe d'amitié islamo-chrétienne qui, face à « l'intolérance laïcarde » fustigée également par les défenseurs du communautarisme musulman et les organisations islamistes, propose dans la pure tradition de Montgomery Watt une sorte « d'alliance sacrée » islamo-chrétienne et monothéiste face au matérialisme et au laïcisme triomphant. S'exprimant dans une revue catholique, le père Lelong, que son antisionisme et son antimodernisme ont rendu à la fois proche des milieux tiers-mondistes de gauche et des mouvances traditionalistes d'extrême droite, n'hésitera pas à soutenir les mouvements terroristes du Hezbollah et du Hamas, justifiant de la sorte son attitude tout autant pro-islamiste que simplement islamophile : « On utilise parfois les mots "islamisme" et "intégrisme" pour désigner les convictions et comportements de croyants fort pacifiques, soucieux de conserver des valeurs religieuses, culturelles et éthiques aujourd'hui contestées par le matérialisme et le laxisme moral des sociétés modernes en Occident. À cet égard, les catholiques attachés à leur foi et à la tradition de l'Église sont plus proches qu'on le croit des musulmans dits "intégristes". Car, même s'il existe des divergences doctrinales fondamentales entre foi chrétienne et foi musulmane, les fidèles de l'une et de l'autre communauté sont attachés à des valeurs spirituelles aujourd'hui menacées[30]. »

## Le « dialogue islamo-chrétien » en question, du concile Vatican II à Jean-Paul II

Il faut en fait replacer les postures islamophiles et parfois pro-islamistes de certains pères et catholiques dans son contexte de départ. Le « dialogue islamo-chrétien » qui, à partir d'une position initiale œcuménique teintée de tiers-mondisme chrétien, généralement animé des meilleures intentions, n'a évolué que progressivement vers des positions parfois nettement pro-islamistes bien diffé-

29. Daniel Pipes, *op. cit.*, p. 165.
30. Père Michel Lelong, « L'Église et l'islamisme », *La Nef*, n° 92, mars 2000.

rentes, souvent par réaction antisioniste. Les prêtres engagés dans le « dialogue islamo-chrétien » s'expriment régulièrement au cours de colloques œcuméniques où l'accent est mis sur les points d'entente plus que sur les différences, dans un souci théologiquement pragmatique de convivialité optimale. Ainsi, au cours du colloque islamo-chrétien de Tunis, en mai 1979, le père dominicain Claude Geffré proclama : « La révélation dont Mahomet est le messager est une Parole de Dieu qui m'interpelle dans ma foi[31]. » Lors d'une conférence au secrétariat pour les relations avec l'islam (SRI), qui dépend de l'épiscopat de France, un autre père, Michel Serain, n'hésita point à reconnaître « des qualités prophétiques » chez Mahomet l'apparentant aux prophètes de l'Ancien Testament. Quant au père Gilles Couvreur, responsable du SRI, il estime qu'il faut « reconnaître la parité des Révélations ; la Parole divine étant essentiellement une, elle revêt des formes différentes dans le christianisme avec Jésus-Christ, Verbe divin, et dans l'islam avec le Coran, Parole divine ». Ou encore : « L'islam est une Révélation originale qui continue la Révélation primordiale de Dieu à l'Humanité, sous une forme parfaitement adaptée aux conditions cycliques présentes[32]. »

Concernant le changement à bien des égards radical de la position officielle du Vatican sur les autres religions, notamment l'islam, il a été officialisé à l'occasion du concile œcuménique Vatican II, plus précisément lors de la déclaration conciliaire *Nostra Aetate* promulguée le 28 octobre 1965, et dont le principal bénéficiaire fut, plus encore que le judaïsme, l'islam. Innovation révolutionnaire à l'époque, *Nostra Aetate* affirmait que les doctrines religieuses non chrétiennes étaient également « porteuses de valeurs salvifiques » et d'un « rayon de Vérité », même si le document sous-entend qu'elles ne sont pas pour autant des voies de Salut. D'emblée, l'islam y fait l'objet d'une considération spécifique, bien plus que le bouddhisme ou l'hindouisme qui ne sont pas issus de la « tradition abrahamique ». Le texte énumère tout ce qui pourrait lui conférer une parenté commune avec le christianisme : l'adoration du « Dieu Un, vivant et subsistant, miséricordieux et tout-puissant, créateur du ciel et de la terre, qui a parlé aux hommes » ; l'attente du « jour du jugement où Dieu rétribuera tous les hommes ressus-

31. Cité in J.-P. Péroncel-Hugoz, *Le Radeau de Mahomet,* Flammarion, 1984, p. 20 ; voir aussi l'ouvrage d'Annie Laurent, *Vivre avec l'islam,* Saint-Paul, 1996.

32. Cité *in* Jean-Marie Aubert, Gilles Couvreur, *Mission et dialogue interreligieux,* faculté de théologie de Lyon, 1991.

cités ». Enfin, *Nostra Aetate* rend hommage au fait que les musulmans estiment « la vie morale », « le culte rendu à Dieu, [...] surtout par la prière, l'aumône et le jeûne ». En fait, le terme de « dialogue » islamo-chrétien apparaît dans les années 1960 au sein du vocabulaire ecclésial, notamment dans l'encyclique *Ecclesiam suam* d'août 1964 de Paul VI. Mais les premiers contacts de l'Église de France avec l'islam datent du début de l'immigration nord-africaine en Europe dans les années 1950. Ils étaient alors surtout le fait de prêtres-ouvriers qui allaient à la rencontre des ouvriers dans les usines et les chantiers. Des relais Maghreb-Méditerranée se constituaient à l'initiative de chrétiens afin d'apporter une aide sociale aux travailleurs maghrébins. Les pères blancs d'Afrique ont été les premiers à s'intéresser à la question de l'islam en Europe. À partir des centres d'aide aux travailleurs immigrés, un bulletin mensuel de dialogue avec les musulmans, *Se Comprendre,* parut pour la première fois en 1956. Des revues similaires furent ensuite créées à Madrid, notamment *Darek Nyumba* en 1969, *Encuentro* à partir de 1972, à Frankfurt avec la publication de *CIBEDO* dès 1978, aux Pays Bas avec le bulletin *Begrip* dès 1974, et à Bruxelles avec le centre El-Kalima en 1973.

Quant au Saint-Siège lui-même, l'institutionnalisation du dialogue islamo-chrétien se concrétisa également dans les années 1960 avec la création d'un secrétariat pour les religions non chrétiennes devenu, en 1989, le Conseil pontifical pour le dialogue interreligieux. Chaque année, le cardinal qui préside le conseil adresse un message de vœux aux musulmans du monde entier à l'occasion de la rupture du jeûne du ramadan. À côté de cette institution directement gérée par la curie romaine, on peut signaler l'existence de maintes associations, sociétés ou secrétariats œuvrant officiellement au dialogue islamo-chrétien, qu'ils soient rattachés au Vatican, aux épiscopats nationaux, aux diocèses, organisant régulièrement des colloques « islamo-chrétiens ». Citons entre autres le Groupe de recherches islamo-chrétiennes (GRIC), fondé par les pères blancs en 1977, ou encore le Comité Islam-Europe, conjointement créé en 1987 par le Conseil des conférences épiscopales des Églises d'Europe (CCEE) et le Conseil des Églises d'Europe luthériennes, anglicanes et réformées, également dirigé par un père blanc, l'Autrichien Hans Vöcking. Concrètement, chaque conférence épiscopale comporte un secrétariat spécialisé pour le « dialogue interreligieux », qui est parfois confondu avec un secrétariat pour « l'œcuménisme ». C'est ainsi qu'en France est créé, en 1973, le secrétariat pour les relations avec l'islam (SRI), grâce aux efforts de Mgr Huyghe. On peut citer également en Italie l'Institut pontifical d'études arabes et islamiques (IPEAI) de Rome, présidé par le père Maurice Borrmans, où chrétiens de toutes nationalités peuvent apprendre l'arabe et l'islamologie. Le père Borrmans publie parallèlement la revue *Islamocristiana*. Signalons enfin la communauté Sant'Egidio, qui siège également à Rome, et qui célèbre solennellement chaque année l'anniversaire de l'événement d'Assises lorsque Jean Paul II invite des représentants de toutes les religions du monde à prier pour la paix, suivant leur propre tradition. Le cas de cette communauté est en lui-même fort significatif puisque c'est dans le cadre des prestigieuses rencontres de Sant'Egidio, à Rome, que les représentants du FIS algérien et d'autres fractions dissidentes purent trouver, en novembre 1994 et en janvier 1995, un certain écho médiatique et une forme de reconnaissance internationale.

Enfin, notons l'engagement personnel tout particulier du pape Jean-Paul II dans le dialogue islamo-chrétien. Le Saint-Siège entretient des relations diplomatiques avec quarante-deux États musulmans, y compris ceux où les chrétiens sont persécutés, comme le Soudan ou l'Arabie Saoudite. Parallèlement, le Vatican reçoit régulièrement les dirigeants musulmans et participe à des rencontres bilatérales et multilatérales avec la Ligue islamique mondiale ou l'Organisation de la conférence islamique qui n'ont de cesse de fustiger « l'Ouest croisé »... Le pape s'est déplacé dans beaucoup de ces États, à commencer par le Maroc, la Syrie ou le Soudan. À Casablanca, en août 1985, le Saint-Père avait déclaré devant une foule de quatre-vingt-dix mille jeunes Marocains : « Chrétiens et musulmans, nous avons beaucoup de choses en commun, comme croyants et comme hommes. [...] Abraham est pour nous un même modèle de foi en Dieu, de soumission à sa volonté, et de confiance en sa bonté. Nous croyons au même Dieu, le Dieu unique, le Dieu vivant, le Dieu qui a créé les mondes et porte ses créatures à leur perfection[33]. » Concrètement, les nombreux gestes du Saint-Père envers les États musulmans n'ont certes pas supprimé les persécutions contre les chrétiens. Ils n'ont même pas conduit ces pays à revoir le statut juridique des chrétiens qui, comme au Maroc par exemple, ne sont pas des sujets marocains, la loi ne reconnaissant que les nationaux musulmans et juifs. Malgré les faibles résultats de l'œcuménisme conciliaire et les demandes de pardon publiquement adressées aux musulmans du monde entier par le pape en souvenir

33. Cité *in La Documentation catholique,* 6 octobre 1985.

des drames du passé, démarches restées sans réciproque, le Saint-Père a toujours maintenu le cap et persisté dans le dialogue islamo-chrétien, ainsi que le rappellera solennellement le cardinal Arinze dans son allocution du 2 juin 1996 à la basilique Notre-Dame-d'Afrique à Alger, à l'occasion des funérailles du cardinal Léon-Étienne Duval et des sept moines de Tibéhirine sauvagement égorgés huit jours auparavant par des commandos du GIA. Événement significatif, le 14 mai 1999, le pape Jean-Paul II reçut une importante délégation composée de l'imam chiite de la mosquée de Khadum, Hussein Ismaël Hayder, et du président sunnite du conseil d'administration de la Iraqi Ilamique Bank, Abdul Latif Hemin Mohammed, qu'accompagnait Sa Béatitude Raphaël Ier Bidawid, le patriarche de la plus grande partie des catholiques irakiens. Un représentant du ministère irakien du Culte était également présent. À la fin de l'audience, le Saint-Père fit un geste qui marqua à jamais les consciences chrétiennes et musulmanes et qui suscita des commentaires contrastés : il s'inclina sur le Coran que lui présentait un des membres musulmans de la délégation et le baisa en signe de respect. La photo du baiser fut retransmise de nombreuses fois à la télévision irakienne et dans le monde islamique. Déjà, en 1998, Jean-Paul II avait effectué un voyage controversé au Soudan, dont le régime islamiste-militaire a entrepris un génocide des populations chrétiennes-animistes noires depuis plusieurs années. Parmi les manifestations « œcuméniques » les plus récentes, la visite du Saint-Père en Syrie, les 5, 6 et 7 mai 2001, un événement sans précédent dans l'histoire des relations islamo-chrétiennes depuis les croisades, fut également très controversée. En effet, en visitant la mosquée des Ommeyades vénérée par les musulmans, laquelle abrite le tombeau de Saladin, vainqueur des croisés, et celui de Jean-Baptiste, considéré comme un prophète pour les musulmans, Jean-Paul II fut le premier pape à se rendre dans une mosquée. Le Saint-Père est donc allé beaucoup plus loin que tous ses prédécesseurs pour tenter de faire dialoguer christianisme et islam, jusqu'à demander pardon pour les méfaits des croisades chrétiennes et autres fautes occidentales. Demandes de pardon demeurées jusqu'à aujourd'hui sans réciprocité. « La paix véritable ne peut être atteinte sans une attitude nouvelle de compréhension entre les peuples de cette région, entre les fidèles des trois religions liées à Abraham », déclara le Saint-Père[34]. Dès son arrivée à Damas le

34. Cité *in Libération,* 7 mai 2001.

5 mai, le pape avait appelé à la réconciliation entre chrétiens, musulmans et juifs, reprenant le même appel pendant la messe célébrée dans le grand stade de Damas où s'étaient assemblés plusieurs dizaines de milliers de fidèles. Mais la visite du pape ne fit pas l'unanimité au sein des trois religions abrahamiques et parmi les pays voisins de la Syrie. Le patriarche maronite Nasrallah Sfeir, rattaché à Rome, refusa pour sa part de se rendre à Damas afin de ne pas avaliser, par sa seule présence, l'occupation syrienne du Liban où les chrétiens maronites sont les premières victimes. De la même manière, plusieurs voix s'élevèrent en Europe et au sein de l'Église pour déplorer l'absence de réciprocité qui caractérisa cette rencontre islamo-chrétienne : en demandant pardon aux musulmans pour l'intolérance chrétienne, le Saint-Père ne manifesta point son inquiétude concernant le sort des communautés chrétiennes d'Orient, qui ont vu leur situation décliner durant tout le XXe siècle, à la faveur du regain d'intolérance islamique et des sentiments antioccidentaux en général. Aussi, bien que le Saint-Père ait vivement souhaité organiser une prière commune avec les musulmans, comme cela fut réalisé à Assises en 1986, le grand mufti syrien Ahmed Kuftaro s'opposa vivement à cette cérémonie œcuménique, répondant ainsi aux attentes des musulmans conservateurs opposés à toute forme de cérémonie commune islamo-chrétienne... Enfin, côté juif et israélien, les propos du jeune président Bachar al-Assad prononcés lors de l'arrivée de Jean-Paul II à l'aéroport de Damas, le 5 mai, choquèrent par leur violence et leur références judéophobes : « Ils disent que Dieu a créé un peuple meilleur que les autres. Nous les voyons agresser les Lieux saints de l'islam et ceux de la chrétienté en Palestine. Ils violent les lieux sacrés : la mosquée Al-Aqsa, l'église du Saint-Sépulcre à Jérusalem et l'église de la Nativité à Bethléem. Ils tentent de tuer tous les principes des religions célestes avec la même mentalité par laquelle fut trahi puis torturé le Christ. Par la même méthode, ils ont essayé d'attaquer traîtreusement le prophète Mahomet[35]. » D'évidence, si les intentions fort louables affichées du pape étaient d'œuvrer au rapprochement entre les trois religions monothéistes et tenter, à travers des gestes envers les musulmans, d'améliorer le sort souvent douloureux des chrétiens d'Orient perçus comme une « cinquième colonne » occidentale et comme des « infidèles », la présence du Saint-Père en terre syrienne en compagnie du président Al-Assad fut ressentie, en Israël, au Liban et dans

35. Cité *in Libération*, 7 mai 2001.

d'autres pays occidentaux, comme une reconnaissance internationale du pouvoir autoritaire de Bachar al-Assad, lequel escomptait par cette visite sortir de l'isolement de son pays depuis que les États-Unis l'ont inscrit sur la liste noire des États terroristes. C'est dire combien le dialogue islamo-chrétien est, dans le cadre de la diplomatie vaticane, parsemé d'embûches. Quinze années plus tôt, à Assises, le pape Jean-Paul II avait déjà surpris en organisant une journée de prières pour la Paix, le 27 octobre 1986, aux côtés de musulmans et des représentants d'autres religions. Suivit celle du 10 janvier 1993 en Bosnie. Plus récemment, pour condamner à sa façon le terrorisme islamiste et conjurer le choc des civilisations entre Islam et Occident, le successeur de Pierre a reproduit en 2002 l'événement d'Assises.

## QUAND L'ÉGLISE CATHOLIQUE VOLE AU SECOURS DE L'ISLAM...

Depuis le concile Vatican II, l'Église catholique s'est engagée à coopérer partout avec les fidèles musulmans, les diocèses locaux ayant très souvent été, dans les pays européens à forte immigration musulmane, les premiers à venir en aide aux associations islamiques désireuses de faire construire des mosquées ou demandant qu'un lieu leur soit octroyé pour le culte musulman. Ainsi, à travers la France, des dizaines de cryptes ou de sanctuaires furent cédés ou donnés à des organisations islamiques. Des évêques appuyèrent directement les demandes de construction de mosquées dans leurs diocèses auprès des pouvoirs publics, tel le cardinal Decourtray[36] qui avait activement soutenu le projet de grande mosquée de Lyon piloté par l'Arabie Saoudite. À Asnières-sur-Seine, une congrégation religieuse qui voyait ses vocations diminuer vendit ses bâtiments qui furent peu après transformés en mosquée et en école coranique. Dès 1977, Mgr Dardel, évêque de Clermont-Ferrand, prêta une grande chapelle, propriété des sœurs de Saint-Joseph, aux musulmans de la ville qui la transformèrent en grande mosquée. Connus pour leurs positions islamophiles, les pères Gilles Couvreur et Christian Delorme, prêtre lyonnais responsable du pôle Maghreb-Islam, appuyèrent ces dernières années le projet de centre socioculturel islamique Al-Da'wa de la rue de Tanger à Paris, soutenu par

36. Le cardinal Decourtray, primat des Gaules, déclarait, lors des affaires du voile : « Je préfère le foulard au dévergondage qui s'étale sur les murs de Lyon », *in* Annie Laurent, *op. cit.*, p. 191.

l'intégriste algérien Larbi Kéchat. Ainsi, lorsque l'imam sera frappé d'une mesure d'assignation à résidence entre 1994 et 1996 à la suite d'une enquête sur les réseaux islamistes et les attentats terroristes en France, les deux prêtres feront partie du comité constitué pour lever la sanction pesant sur lui. Très souvent, par la suite, on retrouve des pères et des prélats catholiques dans des comités de défense d'autres imams ou intellectuels islamistes frappés de mesures similaires, voire d'interdiction de séjour, notamment en faveur de Tariq Ramadan, figure intellectuelle de référence des Frères musulmans en Europe, frappé d'une mesure d'interdiction en France en novembre 1995, qui recevra le soutien d'un comité composé des pères Lelong, Couvreur et Delorme, Mgr Gaillot, puis d'Albert Jacquart, ou encore Léon Schwartzenberg. Cette générosité de l'Église autorisera Mohammed Fourati, Tunisien dirigeant une association islamique à Clermont-Ferrand, à reconnaître que « les portes de l'Église s'ouvrent à nous plus aisément que celles de l'administration[37] ». On comprend mieux, dans ce contexte conciliaire post-Vatican II, pourquoi les clercs catholiques les plus désireux de redorer le blason de leur Église se font parfois les ambassadeurs de l'islam en France et dans le monde, le but étant de faire voler en éclats l'image intolérante de l'Église catholique et la caution donnée jadis par Rome aux croisades. Mais il ne faudrait pas retenir de ce bref aperçu la seule image d'une Église catholique islamophile ou dupée par un dialogue islamo-chrétien à sens unique. Le débat existe bien, et nombreux sont les prélats ou intellectuels catholiques (les cardinaux Lustiger et Biffi, les intellectuels Alain Besançon ou Annie Laurent, les pères libanais Joseph Azzi ou Antoine Moussali) qui préconisent une approche moins idéaliste. Écoutons plutôt l'archevêque de Bologne, Giacomo Biffi, d'ailleurs sujet à d'intenses polémiques en Italie en raison de ses propos pour le moins iconoclastes : « Les musulmans, dans leur écrasante majorité, veulent rester étrangers à notre type d' "humanité", individuelle et sociale, dans ce qu'il a de plus essentiel, de plus précieux ; étrangers à ce à quoi il nous est le plus impossible de renoncer "laïquement". Plus ou moins ouvertement, ils viennent chez nous bien décidés à rester substantiellement "différents" en attendant de nous faire devenir comme eux [...]. Ils ont un droit de la famille incompatible avec le nôtre, une conception de la femme très éloignée de la nôtre, jusqu'à pratiquer la polygamie. Ils ont surtout une vision intégriste de la vie publique, si

37. Cité *in* Annie Laurent, *idem*.

bien que l'identification absolue entre religion et politique fait indubitablement partie de la foi à laquelle ils ne peuvent renoncer, même s'ils attendent prudemment, pour la faire valoir, d'être en situation de prépondérance. Ce n'est donc pas aux hommes d'Église, mais aux États occidentaux modernes qu'il importe de bien peser toutes les conséquences pour eux de cet état des choses [...]. Dans une perspective réaliste, on préférera les populations dont l'insertion est infiniment plus aisée (Latino-Américains, Philippins, Érythréens, habitants de nombreux pays de l'Est, puis les Asiatiques), qui ont montré leur capacité à s'intégrer avec une bonne facilité, tout en conservant les traits distinctifs de leur culture[38]. »

## Le lieu commun du soufisme comme islam tolérant et œcuménique, et son rôle central dans le processus de conversion à l'islam en Occident

Après le mythe de l'Andalousie arabo-musulmane tolérante et de la dette occidentale vis-à-vis de la science arabe et du monde islamique en général, le troisième grand lieu commun sur lequel la pensée islamiquement correcte et islamophile a pu prospérer en Occident depuis plus d'un siècle est celui du soufisme comme « véritable islam », à la fois spiritualiste, « tolérant » et œcuménique, consubstantiellement opposé à l'islamisme politique. Bref, l'incarnation même de la « sagesse orientale » tant vantée par les Encyclopédistes. Sagesse de l'Orient qui, à travers le soufisme, est perçue par maints islamophiles comme l'une des marques de la « supériorité » spirituelle de ce même Orient sur l'Occident. Aussi doit-on remarquer en passant que ce n'est pas tant le fait de décréter qu'une civilisation est supérieure à une autre qui provoqua les foudres des intellectuels européens face aux déclarations du président du Conseil italien Silvio Berlusconi qui décréta, en octobre 2001, peu après le drame du 11 septembre, que les valeurs universelles et libérales de l'Occident étaient « supérieures » à l'obscurantisme « d'une partie du monde islamique », mais plutôt le fait que le Cavaliere ait osé s'attaquer à un tabou majeur en renversant le lieu commun de la supériorité philosophique de l'Orient sur l'Occident, mythe qui doit beaucoup à l'idéalisation de la voie soufie. Véritable mode spi-

38. « Sur l'immigration », intervention au séminaire de la Fondation des migrants, 30 septembre 2000.

rituelle depuis des décennies, objet de publications innombrables, le soufisme, visage de l'islam qui recueille le plus de sympathie en dehors du monde islamique, bénéficie d'une aura au moins aussi positive que celle du bouddhisme, en particulier chez les adeptes des milieux de pensée ésotériques, spiritualistes ou paramaçonniques, le thème de la nécessité de se « ressourcer spirituellement » par l'Orient via le soufisme y étant central.

Pour accréditer l'image du soufisme spiritualiste et philosophe, certains orientalistes ont expliqué que le terme soufi viendrait du grec *sofos* (sage), que l'on retrouve en arabe dans l'expression *faylasuf* (philosophe), les soufis ayant été parfois influencés par la sagesse grecque des populations hellénisées habitant les zones conquises par les musulmans. En réalité, le vocable soufisme *(tasawwuf)* est dérivé de l'arabe *suf*, qui signifie « laine », les premiers mystiques musulmans portant des habits de laine comme les ermites chrétiens. Mais les ordres soufis sont en général plutôt désignés par leurs structures, les confréries, ou *tourouq* (pluriel de l'arabe *tariqa*, la voie mystique). En persan comme en ourdou, soufi se dit *pïr* (le sage) ou encore *irfan* (littéralement gnose), les soufis iraniens ayant la particularité d'être fort spéculatifs. Dans le monde turcophone ou en Afghanistan, l'expression consacrée est *dervich*, empreinté au terme arabe *darwich* qui signifie « pauvre homme », en référence à l'extrême dépouillement des premiers mystiques. Dans l'imaginaire occidental, la réalité soufie est d'ailleurs souvent associée aux célèbres « derviches tourneurs » de Turquie. Il est vrai que les derviches adhèrent à un islam autant hétérodoxe que tolérant, ce qui en fait d'ailleurs des cibles pour les pouvoirs en place et les islamistes. Mais tout se passe comme si leur cote, en Occident, avait pour but d'occulter la face ultrafondamentaliste cachée du soufisme turque, notamment la très puissante confrérie des Naqshbandi, bien plus populaire dans le monde turcophone que les pacifiques derviches tourneurs, ou encore l'ordre des Suleymanci. Fortement implantée dans tout le monde turcophone et dans le Caucase, la Naqshbandiyya, qui doit son nom à Bacha ud-Dinn Naqshband, est apparue en Ouzbékistan, près de Boukhara, à la fin du XIIIe siècle. Elle a essaimé très tôt dans tout le monde turcophone, notamment à Takshent, Samarcande, dans les grands centres de l'islam touranien, ainsi qu'en Tchétchénie et dans tout le Caucase où elle joua périodiquement un rôle considérable du XIXe siècle à nos jours dans les soulèvements tchétchènes et caucasiens contre l'envahisseur slave « infidèle », déclenchant des djihads en Tchétchénie et au Daguestan.

La Naqshbandiyya a d'ailleurs eu une influence cruciale dans la naissance du premier grand parti islamiste turc moderne, l'ex-Refah Partisi de Necmettin Erbakan.

Quant à la Suleymanciyya, la plus intégriste des confréries turques, elle fut fondée dans les années 1930 du siècle dernier par un ancien Naqshbandi, Suleyman Hilmi Tunahan, violemment opposé aux réformes entreprises par Mustapha Kemal et décidé, depuis 1924, à tout faire pour rétablir le califat aboli. Hostiles à la civilisation occidentale et opposés à tout modernisme, les Suleymanci et les Naqshbandi ont leurs entrées au sein des partis islamistes turcs et surtout du parti panturciste de l'ancien Premier ministre Turgut Ozal. Ces exemples permettent de battre en brèche l'image d'Épinal du soufisme intrinsèquement spiritualiste, pacifiste ou même « progressiste ».

En Afrique comme dans certaines parties du Maghreb, au soufisme se rattache le terme de marabout (de l'arabe *mourabit*) qui signifiait à l'origine « les gens habitant un ribat », petite forteresse à la lisière des déserts – de *ribat* vient d'ailleurs le nom de la ville marocaine de Rabat –, car les pieux musulmans des premiers siècles avaient l'habitude d'y effectuer des séjours aux côtés des soldats. Les *mourabitoun* (pluriel de *mourabit*) fondèrent très tôt des ordres de moines guerriers : de là viennent également les racines des noms Almoravides (*Al-Mourabbitoun*) ou Almohades (*Al-Mouwahhidoun*), empruntés par les dynasties nord-africaines de guerriers musulmans fondamentalistes qui reconquirent et terrifièrent la péninsule Ibérique après la décadence des Ommeyades. Aussi faut-il rappeler que l'une des plus puissantes organisations islamistes d'Occident composée de convertis, dont nous avons évoqué le fanatisme inégalé, également nommée Al-Mourabitoun, est une conférie soufie issue de l'ordre des Darqawi *(darqawiyya)* du Maroc.

En Afrique, le soufisme s'exprime également à travers les confréries : la Tidjaniyya et la Mouridiyya au Sénégal (*mourid* signifiant « apprenti mystique »), la Sennoussiyya en Libye, ou la Qadiriyya, qui compte aussi des adeptes dans le Caucase et en Malaisie, et qui frise parfois, elle aussi, le fondamentalisme. D'autres exemples abondent qui montrent que la frontière entre traditionalisme soufi et fondamentalisme islamiste n'est pas toujours étanche. Citons le mouvement des Habache qui a été créé au début des années 1980 au Liban par Abdallah al-Harari, dit Al-Habachi « l'Éthiopien », pour contrer les Frères musulmans au moyen d'un fondamentalisme soufi coucurrent antisalafiste, ou encore le courant panislamiste-salafiste d'Al-Afghani, Mohammed Abdou et Rachid Rida, qui inspira le créateur des Frères musulmans égyptiens, Hassan al-Banna, lui même initié au soufisme.

Certes, nombre de *chouyoukh* (pluriel de *cheikh,* maître en arabe) soufis furent persécutés depuis les origines de l'islam classique, et il est aussi vrai que de nombreuses confréries soufies associent à la foi islamique des éléments païens, zoroastriens, bouddhistes, hindouistes et même chrétiens, ce qui fonde la relative ouverture de certaines *tourouq* et leur caractère parfois hétérodoxe. Mais cela ne signifie pas que toutes les confréries soufies correspondent automatiquement à ces caractéristiques hétérodoxes. Le soufisme recouvre en fait des réalités multiples, des tendances les plus tolérantes ou hétérodoxes aux plus fondamentalistes et orthodoxes. Ainsi, contrairement à une idée fort répandue, le soufisme est pour nombre de musulmans et pour la plupart des confréries reconnues, non pas une dissidence de l'islam orthodoxe, mais l'expression mystique de celui-ci. D'ailleurs, les soufis emploient tous leurs efforts à faire concorder un à un leurs principes avec les dogmes mahométans de manière à en établir l'orthodoxie aux yeux des autorités musulmanes.

Par ailleurs, une distinction doit être opérée entre les grands penseurs soufis Muhyi ad-Din Ibn al-Arabi (mort en 638) et Abd al-Karim al-Djili (mort en 805), souvent isolés et même persécutés par les pouvoirs en place et les autorités religieuses instituées, à commencer par le célèbre Al-Hallaj[39], et les confréries soufies, telles qu'elles existent aujourd'hui. En effet, l'apparition du confrérisme, qui est contemporaine de la fermeture des portes de l'*ijtihad*, figera la mystique dans un cadre organisationnel et conduira au nivellement de sa pensée et de sa pratique, voire même parfois à une dérive conformiste visant à s'attirer les grâces des autorités religieuses. Cela explique pourquoi quelques-uns des plus grands penseurs que l'on rattache au mysticisme musulman sont demeurés isolés. Se présentant tantôt comme de pieux philosophes, tantôt comme des mystiques contemplatifs, les soufis ne nient jamais leur appartenance à l'islam, et même souvent à l'orthodoxie islamique. Les écoles mystiques soufies posent comme postulat premier qu'il faut rechercher le sens caché du Coran : Allah n'a pas voulu seulement établir un culte, des lois et confiner l'être humain dans l'observation de rites, même si ceux-ci sont nécessaires, mais il a

39. Le plus célèbre mystique soufi, Al-Hallaj (Abou Mansour Ibn Hussayn), né en Iran en 858, attira l'hostilité de l'orthodoxie sunnite comme des chiites qui lui reprochèrent son mysticisme. Il sera condamné à mort, flagellé, pendu et brûlé.

également ouvert une voie à la recherche de la Vérité, à l'élan spirituel, à la fusion de l'âme dans l'Être divin. Comme les ésotéristes d'autres traditions spirituelles, les soufis différencient plus qu'ils n'opposent la dimension « exotérique » (extérieure, *zahr*), ouverte et sociale, qui recoupe la religion musulmane officielle, de celle « ésotérique » (intérieure, *batin*), spirituelle, plus personnelle. Cette dichotomie est d'ailleurs également propre aux maçonneries et paramaçonneries occidentales, lesquelles noueront très tôt des liens avec les soufis que certains considèrent même comme leurs équivalents musulmans. Aussi, la perception occidentale du soufisme à travers ses voies les moins orthodoxes correspond-elle aux représentations forgées par les milieux islamophiles et/ou convertis à l'islam via le soufisme, désireux non seulement de justifier ainsi leur propre parcours de néomusulmans, mais aussi de susciter d'autres conversions à travers l'islam soufi, souvent plus attrayant. Parmi les convertis soufis les plus célèbres, on peut citer Michel Valsan, disciple de René Guénon, Charles-André Gillis, Guilani Adel Kadir, l'érudit Michel Chodkiewicz, sa fille Claude Addas, Martin Lings, Éva de Vitray Meyerovitch (auteur de *L'Anthologie du soufisme* et à qui l'on doit notamment la traduction des cinquante mille vers du soufi Djalal ad-Din Rumi), le chanteur sicilien Franco Battiato, Gabriele Mandel Khan et cheikh Pallavicini en Italie, Fritjorf Schuon, en Suisse, sans oublier le penseur ésotériste français René Guénon, maître ou inspirateur de la plupart de ces convertis, figure majeure du courant islamophile antimatérialiste et antimoderniste proposant une « regénérescence » de l'Occident par le « ressourcement oriental ».

## L'influence centrale de la pensée de René Guénon et du soufisme guénonien

Parmi les adeptes occidentaux du soufisme, René Guénon (1886-1951) est celui qui a joué le plus grand rôle dans la promotion d'une image attrayante de l'islam et du soufisme en particulier. Bien qu'issu d'un milieu catholique, Guénon sera très tôt attiré par les religions orientales à travers son initiation à la franc-maçonnerie et à l'ésotérisme (Églises martiniste et gnostique, ordre des Templiers, etc.) qui lui donnera l'occasion d'entrer en contact avec un initié au soufisme proche des cercles maçonniques, le converti Léon Champrenaud alias Abdul-Haqq, secrétaire-adjoint de l'ordre martiniste. Séduit par l'islam ésotérique soufi, Guénon embrasse la religion de Mahomet en 1912 puis, alors qu'il est envoyé comme enseignant de philosophie en Algérie, est initié au sein de l'ordre shadhilite, confrérie soufie algérienne dont il deviendra l'un des cheikh*s*. De retour en France et à la suite de plusieurs échecs académiques, René Guénon décide d'écrire. Il publie successivement plusieurs livres : *Orient et Occident* en 1924, *L'Ésotérisme de Dante* en 1925, *Le Roi du monde* et *La Crise du monde moderne* en 1927. Jouissant déjà d'une influence considérable au-delà des seuls cercles ésotéristes, Guénon se sent incompris en Europe et manifeste le désir de s'abreuver directement à « la source » orientale. Il s'installe en Égypte en 1930 à la mort de sa première épouse, réside d'abord non loin de la pyramide de Gizeh, puis au Caire où il vit en bon musulman, parlant bientôt l'arabe sans accent et se faisant appeler cheikh Abd al-Wahid Yahya (serviteur de l'Unique). Il est introduit dans la branche égyptienne de l'ordre shadhilite dirigée par le cheikh Salama Radi[40], et fréquente l'université islamique d'Al-Azhar. En 1934, il épouse une jeune musulmane égyptienne, la fille du cheikh soufi Mohammed Ibrahim. Naturalisé égyptien en 1947, il entretient des relations étroites avec certaines des plus imminentes autorités soufies et islamiques d'Égypte, comme le cheikh d'Al-Azhar El-Halim Mahmud. Guénon fréquente parallèlement la confrérie des Frères musulmans qui l'intéresse pour son opposition radicale à la modernité occidentale et l'affiliation soufie de son fondateur, Hassan al-Banna, ascendance confrérique d'ailleurs souvent occultée afin de ne pas invalider l'image « modérée » du soufisme. Parallèlement, Guénon continue d'écrire dans la revue ésotérique *Le Voile d'Isis*, devenue en 1936 *Études traditionnelles,* au côté du diplomate roumain et grand initié soufi Michel Valsan. Il échangera par ailleurs une correspondance pendant près de quinze ans avec la plupart des figures du soufisme occidental : Fritjorf Schuon, Titus Buckhardt, traducteur des mystiques soufis Ibn Arabi et Abd al-Karim al-Djili et très attaché à l'idée selon laquelle les conversions à l'islam en Occident sont légitimes au nom de la réappropriation du sacré par l'Orient, J.A. Cuttat, le célèbre conservateur de musée britannique Martin Lings, alias cheikh Abou Bakr, ou encore avec des francs-maçons de renom comme Marius Lepage ou Denys Romam. En 1947, la loge La Grande Triade, de tendance « guénonienne », est fondée, dans le rite écossais ancien, et intègre la Grande Loge de

40. « René Guénon, numéro spécial », *Soufisme d'Orient et d'Occident,* n° 6, 2001, p. 16.

France. En 1951, René Guénon meurt au Caire et est enterré selon les rites islamiques.

## L'ISLAM COMME SOLUTION À LA DÉCADENCE DE L'OCCIDENT OU LE MESSAGE POSTHUME DE GUÉNON

Toute sa vie, René Guénon a écrit sur la « supériorité » spirituelle et philosophique de l'Orient et la « décadence » quasi inéluctable de l'Occident. Guénon estimait que les Occidentaux devaient opérer un « retour » vers l'Orient qui a conservé la chaîne et l'authenticité de la « Tradition primordiale », thème central de l'ésotérisme. Aussi, l'auteur envisage-t-il plusieurs hypothèses de ce retour inéluctable. La première : l'Occident s'effondre par excès de matérialisme, la « barbarie » s'installe en Occident. C'est le scénario le plus pessimiste, et la disparition pure et simple de la civilisation occidentale. La deuxième : les Orientaux envahissent l'Occident « pour le sauver de la décadence ». L'idée d'une salvation de l'Occident par l'Orient est primordiale pour l'objet de notre étude, car c'est au nom de l'idée de la « décadence » de l'Occident et de la « pureté traditionnelle » de l'Orient, notamment islamique, que maints islamophiles radicaux influencés par les thèses guénoniennes se font aujourd'hui les défenseurs des projets de conquête du totalitarisme islamiste en Occident. C'est certainement dans *La Crise du monde moderne* que Guénon exprime le plus nettement sa haine radicale et mystique de tout ce qui se rapporte à la modernité occidentale, notamment le processus de sécularisation qu'il oppose à la théocratie islamique, garante d'harmonie et de la sacralité de la société humaine. Cet ouvrage essentiel inspirera non seulement maints penseurs islamistes, qui y verront une justification de leur haine antioccidentale, mais également les milieux idéologiques extrémistes européens allant de l'extrême gauche antioccidentale et tiers-mondiste à l'extrême droite la plus antiaméricaine et antimoderniste, de Roger Raja Garaudy, l'ex-communiste converti à l'islam, au penseur ésotériste italien pronazi Julius Evola et ses nombreux disciples.

Prenant acte de la disparition des assises spirituelles de l'Occident et de ses conséquences dans les domaines politique et culturel, Guénon rejette radicalement la démocratie, l'égalitarisme, l'individualisme, le collectivisme, et même le progrès scientifique dans la mesure où celui-ci s'est déconnecté de la philosophie et de la spiritualité depuis la Renaissance. En termes similaires, l'un de ses plus brillants disciples, Martin Lings affiche dans *The Eleventh Hour :*

*the Spiritual Crisis of the Modern World in The Light of Tradition and Prophecy (*1987) son mépris total pour la démocratie et plaide pour une sorte de théocratie islamique. En définitive, si Guénon s'est converti à l'islam, tout comme la plupart de ses émules, c'est essentiellement parce qu'il tenait l'Occident ex-judéo-chrétien pour définitivement perdu et l'Orient musulman pour supérieur. La conséquence logique d'un tel constat n'était autre que de se désolidariser radicalement de sa propre civilisation et d'embrasser l'islam. En dépit du fait qu'il a toujours soutenu dans ses écrits l'éventualité du maintien d'une forme de tradition dans le christianisme traditionnel, Guénon estimait que l'islam était en fin de compte la seule voie réellement viable de « retraditionalisation », ainsi qu'il l'a confirmé : « La restauration initiatique en mode occidental me paraît bien improbable [...], au fond, je n'y ai jamais beaucoup compté mais, naturellement, je ne pouvais pas trop le montrer dans mes livres [...]. Pour y suppléer, il n'y a pas d'autre moyen que de recourir à une autre forme traditionnelle, et la forme islamique est la seule qui se prête à faire quelque chose en Europe même, ce qui réduit les difficultés au minimum[41]. » Aussi, cette restauration par l'islam doit-elle être préparée d'après lui dès la « phase de déclin », tâche qui sera l'une des raisons d'être des confréries soufies guénoniennes en Europe, même si le maître estimait que cette phase de préparation devait demeurer dans un premier temps discrète, les Européens n'étant pas encore « prêts » à accepter l'idée d'une conversion générale à l'islam...

Tout particulièrement apprécié dans certains milieux ésotéristes de l'extrême droite antichrétienne, l'un des principaux continuateurs de Guénon en Occident est Fritjorf Schuon[42], lequel développera les thèmes de « l'unité transcendentale des religions » et de l'initiation soufie. Venu lui aussi à l'islam au terme d'une longue quête initiatique, empruntant autant à la maçonnerie, à la Gnose, à Averroès, à Eckhart et au soufisme, qu'aux doctrines extrêmes-orientales, Schuon était convaincu que les religions possèdaient toutes deux niveaux : *exotérique* (message et rites établis adressé aux masses) et *ésotérique* (sens caché du message transcendant les différences entre les religions et révélant l'unité primordiale de celles-ci, accessible aux seules élites). Après avoir décidé d'abjurer son chris-

41. R. Guénon, Lettre à L. C., Le Caire, 27 juin 1936, numéro spécial René Guénon, *op. cit.*, p. 37.

42. *De l'unité transcendante des religions,* Seuil, Paris, 1979 ; *Christianisme/Islam : Visions d'œcuménisme ésotérique,* Arché, Paris, 1981.

tianisme et d'embrasser la foi mahométane, Schuon se rendit en Algérie, à Mostaganem, où il séjourna auprès des grands maîtres soufis maghrébins, notamment le cheikh Ahmed Benalioua, ou Al-Alaoui[43], chef d'une *tariqa* issue de l'ordre shadhilite où Guénon fut initié. Après avoir reçu tout spécialement la *baraka* (bénédiction, chance, initiation) du cheikh Al-Alaoui ainsi que le pouvoir de la transmettre en Europe, sous la condition que les recrues acceptent l'islam et en accomplissent les devoirs religieux, Schuon commença son « apostolat » à son retour en Europe en 1933. C'est ainsi qu'avec l'aval de Guénon il fonda en Suisse, en France, en Grande-Bretagne et aux États-Unis, une branche nouvelle de la *tariqa alaouiyya,* plus personnalisée – certains diront plutôt une secte – réunissant en une communauté fermée ses proches adeptes. Fritjorf Schuon termina sa vie avec ceux-ci dans une réserve d'Indiens d'Amérique du Nord convertis au soufisme, qu'il initia d'ailleurs à des pratiques condamnées par l'islam, comme la « nudité primordiale » et les « danses extatiques »... Il demeure aujourd'hui l'une des références majeures des milieux « traditionalistes néopaïens » antisémites issus de la « nouvelle droite ».

## L'UNITÉ DES RELIGIONS, THÈME CENTRAL DU PROSÉLYTISME ISLAMIQUE : DU SOUFISME GUÉNONIEN À L'ISLAMISME RADICAL

Comme Guénon ou Schuon, la plupart des grandes figures du soufisme occidental, des plus modérées aux fondamentalistes, développent le thème central de « l'unité des révélations » et de leur « intégration harmonieuse » dans le message mahométan. Nous mentionnerons Titus Buckhardt, Michel Valsan, Éva de Vitray Meyerovitch (1909-1999), ancienne vice-présidente de la section française de l'association Islam et Occident, dont les nombreux écrits et conférences demeurent une source d'inspiration pour toute une génération de convertis en France et ailleurs. Devenue musulmane en 1950, Éva de Vitray – qui affirme s'être convertie à la lecture du livre de l'Indien Muhammad Iqbal, *Reconstruire la pensée religieuse de l'Islam* publié en 1932, qu'elle traduisit de l'anglais, et qui demeure l'une des références de l'islamisme dit « réformiste » et du sécessionnisme pakistanais – a toujours défendu l'idée d'une

---

43. L'actuel chef de la confrérie *alaouiyya* de Mostaganem, qui rassemble des milliers de fidèles dans le monde, est Khaled Bentounès, l'un des grands maîtres soufis contemporains, créateur des Scouts musulmans en France.

« unité primordiale des révélations », spécialement abrahamiques, réunies et couronnées par le message unitaire qu'est l'islam, « sceau de la prophétie » : « Le Coran est la dernière Révélation. Mahomet est le sceau des prophètes. La valeur totalisante de l'islam fait que l'individu est relié à une communauté universelle [...]. L'islam oblige à reconnaître toutes les communautés spirituelles, tous les prophètes antérieurs. L'islam est le dénominateur commun à toutes les religions. On ne se convertit pas à l'islam. On embrasse une religion qui contient toutes les autres[44]. » Principal adepte de René Guénon, le néomusulman italien Felice Pallavicini (Abd al-Wahid), chef de la confrérie Ahmadiyya Idrissiyya, fonde également l'essentiel de son discours prosélytique en faveur de l'islam sur le thème de « l'unité transcendante des religions » et de la « Tradition primordiale » : « Je suis devenu musulman parce que j'ai voulu adorer l'ultime révélation de Dieu, explique-t-il. Dieu voit d'en haut les fidèles des différentes religions monter les différents versants mais nous sommes tous orientés vers Lui [...]. La notion islamique d'unicité constitue le pivot de la multiplicité des formes, la base d'où se trouvent inscrites diverses formes géométriques parfaites renvoyant toutes à un même centre [...]. Mais une telle perspective devient toujours plus difficile à comprendre pour la mentalité occidentale moderne, [...] antimétaphysique[45]. » Notons que, s'il bénéficie en Italie, et même en Europe, d'une image de « musulman tolérant » en raison de son affiliation soufie, comme si l'un impliquait forcément l'autre, cette image est pour le moins trompeuse lorsque l'on sait que Pallavicini est venu au soufisme guénonien sous les conseils du grand penseur ésotériste pronazi italien, Julius Evola, dont il a été le disciple puis l'ami personnel, et avec qui il a partagé le violent antisémitisme... Le fait que l'organisation dirigée par Pallavicini, le Coreis, est en partie financée par les Saoudiens en dépit de son « hérésie » soufie, dément aussi l'idée reçue selon laquelle les soufis seraient obligatoirement non orthodoxes et/ou ennemis de ceux-ci et vice versa. Le cheikh Abd al-Wahid Pallavicini est par ailleurs chargé des relations entre le Centre culturel islamique d'Italie et le secrétariat du Vatican pour le dialogue entre les religions, l'homme rappelant sans cesse l'unité des trois « révélations abrahamiques ».

44. Citée *in* Fatima Cherqaoui et Lisbeth Rocher, *D'une foi à l'autre, les conversions à l'islam en Occident,* Seuil, 1986, p. 20.

45. Cité *in* « Gli Italiani folgorati da Allah », *La Repubblica,* 30 novembre 1998. Felice Pallavicini, *L'Islam intérieur : la spiritualité universelle dans la religion islamique,* Christian de Bartillat, 1995, p. 228.

L'influence de la pensée unitariste soufie de matrice guénonienne sur les convertis européens transparaît aussi chez le philosophe révisionniste converti à l'islam, Roger Garaudy. Répondant à la question d'André Chelain : « Comment s'est faite votre évolution vers l'islam ? », Roger Garaudy précise : « L'islam, dans le Coran, n'est pas une religion nouvelle mais le rappel de la religion fondamentale et première depuis que Dieu a insufflé son esprit dans le premier homme. Cette religion des origines a été interprétée différemment selon les lieux et selon les cultures [...]. Les grands soufis musulmans affirment qu'un chrétien qui devient musulman ne change pas de religion. Pour Ibn Arabi, Jésus est le sceau de la sainteté [soufie] ; ce qui est commun aux deux religions est plus important que ce qui les sépare. L'islam n'est pas plus la propriété des Arabes que le christianisme n'est l'apanage des Européens[46]. » C'est également sur le thème de l'« unité des religions » qu'incarnerait dans sa perfection et son plein achèvement l'islam, que les mouvements islamistes du monde entier, particulièrement en terre européenne, fondent leur argumentaire de propagande et de prosélytisme à l'endroit des non-musulmans à convertir. Citons par exemple cette déclaration du leader de l'organisation islamiste russe le Parti de la renaissance islamique (PRI), Djemal Gueïdar : « L'islam part de la conception d'une civilisation mondiale, fondée sur la tradition abrahamique d'un monothéisme pur. La civilisation au sens large inclut aussi bien les chrétiens que les juifs, [...] c'est la nation d'Abraham monothéiste, tous les gens qui la professent. La lutte en cours n'oppose pas tant l'ethnoparticularisme à l'universalisme musulman que deux types antinomiques de mondialisme : le mondialisme américain, horizontal, et le mondialisme islamique, sacral, vertical, avec lequel doit s'allier la Russie si elle veut survivre à l'hégémonisme américano-sioniste et matérialiste[47]. » Qu'il s'agisse des Frères musulmans, du Tabligh, des ordres soufis, de l'islamisme chiite iranien, on retrouve toujours le thème mobilisateur et rassembleur de « l'unité des trois religions abrahamiques », thème qui a parfois permis d'endormir la méfiance de prêtres catholiques sincèrement engagés dans le « dialogue islamo-chrétien », et qui ont été manipulés par des islamistes. La symétrie est troublante entre le discours du PRI ou d'autres mouvances islamiques cherchant à séduire un public européen avec le thème de l'unité des « trois messages monothéistes » et les options islamophiles, voire parfois

46. Entretien d'André Chelain avec Roger Garaudy, *L'Autre histoire,* mars 1996.
47. Cité *in Vouloir, op. cit.*

pro-islamistes, de protagonistes européens du « dialogue interreligieux », comme le père Michel Lelong en France : « Pour les uns, c'est en Jésus-Christ, pour les autres, dans le Coran, que Dieu s'est fait connaître en plénitude. Mais tous croient – avec leurs frères en judaïsme – qu'Il a parlé par les prophètes [...]. Une autre forme d'islamisme, celui qui se réfère au Coran pour mener un combat politique contre des pouvoirs considérés comme injustes, peut conduire les croyants à un engagement pour la justice, attitude que nous, catholiques, ne pouvons qu'approuver et soutenir. Un tel "islamisme" n'est pas un obstacle au dialogue islamo-chrétien, comme le montre [...] la participation de responsables du FIS aux rencontres organisées à Rome par [...] Sant'Egidio, ou encore les liens qui unissent des chrétiens libanais et palestiniens à des musulmans appartenant au Hezbollah chiite et au Hamas face à l'occupation israélienne[48]. »

Au niveau européen, l'organisation islamiste d'inspiration soufie qui a le plus d'écho et qui a poussé le plus loin la logique d'instrumentalisation du soufisme et de son image rassurante, pour ensuite fanatiser puis conduire les adeptes à l'islamisme le plus radical, est sans conteste l'organisation Al-Mourabitoun, fondée par un autre grand lecteur de René Guénon, l'Écossais Peter Van Leyck, alias Dallas, ou encore Abdelkader al-Morabit. Après avoir été initié au soufisme, au début des années 1970 au contact des confréries *alawiyya* d'Algérie et *darqawiyya* du Maroc, Dallas constitua un petit groupe de fidèles qui le reconnut comme cheikh de l'ordre *darqawiyya*. Installé jusqu'au début des années 1980 à Norwich près de Londres, puis à Finckley, où il compte encore des milliers d'adeptes, son mouvement n'a cessé de s'étendre dans toute l'Europe et même aux États-Unis, jusqu'à devenir l'un des plus importants d'Occident. Des cellules existent en Andalousie, au Danemark, en Suède, en Finlande, aux Bermudes, et même aujourd'hui au Nigéria. Depuis une vingtaine d'années, la nouvelle terre d'élection de l'organisation se trouve à Grenade, où nombre de fidèles écossais et anglo-saxons sont venus s'installer, mêlant leur sang à celui d'Espagnols convertis. On retrouve d'ailleurs au sein de la mouvance *mourabitoun* une véritable convergence des trois grands mythes fondateurs de l'islamophilie occidentale : sentiment de culpabilité d'essence tiers-mondiste qui incite à affirmer la « supériorité » de l'islam sur l'Occident, débiteur de la « science arabe » ; mythe de

48. Michel Lelong, « L'Église et l'islamisme », *La Nef*, n° 92, mars 1999.

l'Andalousie islamique comme référence occidentale pour une conversion générale de l'Europe à l'islam ; matrice ésotérique soufie comme principal levier de séduction et de prosélytisme. Mais les *mourabitoun* ajouteront au soufisme guénonien, auquel ils se réfèrent, une radicalité et un extrémisme qui les conduiront dans les bras des mouvances islamistes les plus radicales, des Frères musulmans aux réseaux londoniens du GIA en passant par l'organisation Hizb ut-Tahrir d'Omar Bakri Mohammed, l'un des représentants de Ben Laden à Londres. Désireux de préparer ses troupes au djihad, le cheikh Abdelkader al-Morabit propose ainsi des entraînements au combat et au tir au sein des communautés d'Angleterre, des États-Unis et d'Espagne.

Au début des années 1980, après avoir flirté un temps avec les *black muslims* américains, le leader d'Al-Mourabitoun s'est rapproché d'un soufi libyen, cheikh Muftah Abdellati, qui est élu en 1983 lors d'une conférence au sommet des oulémas malikites à Norwich, « émir » des « Nouveaux Émirats européens islamiques », sorte d'État dans l'État calqué sur le modèle des sociétés hiérarchiques anciennes. Le but de la structure européo-libyenne, aussi fanatique qu'extravagante, est de « conquérir l'Occident » en multipliant les communautés de convertis à l'islam en Europe et dans le monde entier. Ancien comédien, Abdelkader al-Morabit est l'homme des revirements spectaculaires, changeant d'orientation idéologique au gré des sources de financement et des circonstances. Ainsi, en échange de l'argent saoudien, le cheikh a récemment prétendu rompre avec le mysticisme soufi au profit d'une orientation sunnite malikite imprégnée de wahhabisme, tout en conservant les structures soufies de l'organisation.

Comme on le voit dans le cas d'Al-Mourabitoun et d'autres mouvements de soufis néoconvertis, l'adhésion au soufisme est souvent une voie de transition vers l'islam orthodoxe, en quelque sorte la première étape, « douce », au départ œcuménique, vers une islamisation plus radicale, l'étape intermédiaire permettant de franchir plus harmonieusement, mais également plus discrètement, le Rubicond de l'abjuration, étant donné la structure fermée du soufisme. En raison de sa forte influence sur la plupart des mouvements de convertis soufis fondamentalistes, la réorientation néo-wahhabite et islamiste de Dallas conduisit nombre de ses initiés d'Europe et des États-Unis à embrasser ses nouvelles thèses ultrafondamentalistes et violemment antioccidentales. En Italie, Al-Mourabitoun possède de nombreux adeptes, recrutés tant au sein des milieux d'extrême gauche radicalement antisionistes et anticléricaux (Adel Smith,

Massimo Zucchi, Ali Schultz) que parmi les milieux néonazis ou issus de la « nouvelle droite » néopaïenne qu'un anticatholicisme et une judéophobie non moins violents et convergents ont conduits à l'islamisme – mouvance Orion-Claudio Mutti, dans le nord de l'Italie, revue fasciste et antisioniste *Avanguardia* dans le Sud. L'autre émule néonazie d'Al-Mourabitoun est représenté en Grande-Bretagne par le chef du groupuscule Islamic Council of Defence of Europe (ICDE), le Franco-Anglais soufi Tahir de la Nive.

## Soufisme, islamisme et néonazisme

À la suite et sous la double influence de René Guénon et d'Al-Mourabitoun, l'ICDE prône une islamisation générale de l'Europe comme remède à la décadence et à l'impérialisme « américano-sioniste ». Très respecté dans certains milieux nationaux-révolutionnaires, skinheads et « nouvelle droite » européenne, cité en référence dans les revues du GRECE *Krisis* ou *Cartouche,* Tahir de la Nive, ancien moudjahid parti combattre les « infidèles » soviétiques dans les années 1980, préconise aujourd'hui une sorte de « nationalisme islamique européen » au sein duquel l'islam, dans sa version révolutionnaire et « virile », servirait de moteur à la renaissance d'une Europe unie, forte et indépendante vis-à-vis du tuteur américain et des lobbies sionistes. De la Nive publie une revue d'extrême droite ultraradicale en langue française intitulée *Centurio,* laquelle « traite essentiellement des problèmes militaires dans le cadre de la philosophie islamique de la guerre ». En parfaite conformité avec la stratégie de « phase de préparation » décrite par René Guénon, Tahir de la Nive explique : « Nous pensons qu'il était trop tôt pour créer un parti islamique dans un pays européen [même si] des amis ont créé le Parti islamique britannique. Cela ne pouvait se faire qu'après un travail de préparation, d'élaboration à l'échelle nationale ou même européenne [...]. L'islam est bien plus qu'une religion. C'est un système métapolitique global qui s'oppose radicalement à l'idéologie occidentale, dont est né le mondialisme, et présente une voie de salut pour tous les peuples et civilisations, y compris pour l'Europe. Ceux qui tentent d'écarter l'islam de l'Europe, ou l'Europe de l'islam, n'affectent en rien l'islam mais les individus, les nations d'Europe qui ne peuvent en profiter [...]. Une Europe islamique serait un facteur d'équilibre mondial universellement bénéfique[49]. » Parallèlement, Manuel Negri, leader intellectuel du groupe néofasciste italien Avanguardia, autre adepte des *mourabitoun* abreuvé des lectures de René Guénon et de son héritier le pronazi Julius Evola, écrit : « Pour nous, autres héritiers du fascisme antiploutocratique qui a combattu les États-Unis à l'intérieur des forces de l'Axe [...], la guerre contre l'impérialisme judaïco-américain sert des postulats métaphysiques et spirituels qui conduisent au martyr. Dans les territoires occupés, la force duDjihad peut être comparée au mythe de la Sparte antique. L'alliance militaire occidentale, aujourd'hui, ne sert qu'à réprimer les nations islamiques [...] dans le vain but d'étouffer la révolution khomeyniste, antijudaïque et antiaméricaine[50]. » Comme on le constate, les voies d'Allah, tout comme celles du soufisme guénonien, « islam modéré » puisque soufi dont l'unique objectif « spirituel » serait de combattre le « matérialisme occidental » moderne, sont impénétrables...

49. Tahir de la Nive, entretien accordé à *Vouloir,* juillet 1992.
50. Manuel Negri, « L'hypocrisie de l'Occident », *Avanguardia,* février 1998.

## CHAPITRE 9

# La crise des démocraties ou la nouvelle tentation totalitaire

> *Quand je pense, un État régi démocratiquement, étant assoiffé de liberté, se trouve avoir, pour le diriger, de mauvais échansons et qu'il s'enivre de liberté sans mélange, bien au-delà de ce qu'il faut [...] quant à ceux qui obéissent aux gouvernants, [...] ce sont, dit-on, des esclaves volontaires et des hommes de rien [...]. N'est-il pas fatal que tout, dans un tel État, soit atteint de l'action de la liberté ? [...] elle fasse prendre racine jusque chez les bêtes, au refus de se laisser commander [...]. Le père prend l'habitude de se rendre semblable à l'enfant et à avoir peur de ses fils, le fils de son côté, de se rendre semblable au père et à ne respecter ni craindre ses parents et cela pour être libre ; l'étranger domicilié de se mettre à égalité avec le bourgeois et le bourgeois avec l'étranger et pareillement l'étranger proprement dit. [...]. Dans un pareil État, le maître a peur de l'écolier et il l'adule, l'écolier a le mépris du maître. D'une façon générale, les jeunes donnent l'air d'être des vieux et ils leur tiennent tête en parole comme en acte tandis que les vieillards [...] se gorgent de badinage pour les farces de la jeunesse afin de ne pas passer pour des gens moroses et des despotes [...] Voilà donc, mon cher, le point de départ, tellement beau et fier, de la naissance d'une tyrannie.*
>
> Platon[1]

Depuis que des centaines de membres d'Al-Qaida ont été arrêtés, jugés et emprisonnés et que le régime des talibans a été défait, l'Occident a l'impression qu'il aura désormais la paix. Il s'agit, hélas, d'une dangereuse illusion. Car le totalitarisme islamiste progresse partout. Il continue de tuer, menacer, déstabiliser en tous les points

1. *La République,* Œuvres complètes, La Pléiade, Gallimard, 1950.

du globe, à commencer par les pays musulmans, premières victimes de la barbarie islamiste. Le drame algérien se poursuit dans l'indifférence générale de l'Occident : cent mille civils ont déjà péri depuis les années 1990, certains intellectuels et « orientalistes » européens s'efforçant même de disculper les barbares islamistes en semant la confusion et en faisant mine d'ignorer « qui tue qui ». Les coptes d'Égypte, les Berbères, comme les minorités non arabo-musulmanes et les musulmans libéraux du *dar-al-islam* continuent d'être victimes de l'intolérance croissante, désormais non plus exclusivement exprimée par les oppositions islamistes et autres guérillas assassines du type GIA ou Gamaa, mais à travers les tribunaux, les ministères et les imams officiels. De l'Indonésie aux Philippines ou au Nigéria, en passant par le Soudan ou Israël, ce sont toujours les corps de civils innocents que l'on retrouve déchiquetés par les sabres et les bombes humaines, conséquence d'années de fanatisation islamiste. Chaque jour qui passe et qui laisse croire à certains que le péril vert est derrière nous, le totalitarisme islamiste défoule ses pulsions barbares, poursuit sa course effrénée vers le chaos cathartique et progresse, tantôt par la violence du terrorisme, tantôt par les tribunaux ou l'introduction de lois religieuses liberticides. Ses deux faces de Janus, « légale-orthodoxe » et « djihadiste-barbare », sont bien plus complémentaires qu'antinomiques. Elles expriment toutes les deux son inexorable essor mondial. Il serait autant naïf que suicidaire de baisser la garde alors que le deuil des morts de Manhattan n'est même pas terminé. L'hydre renaissant du totalitarisme vert n'a pas dit son dernier mot face à l'Occident judéo-croisé et aux « satans démocratiques ». Car son meilleur atout est la liberté d'action et d'expression que lui offrent les sociétés démocratiques occidentales, liberté dont les islamistes ne jouissent pas dans la plupart de leurs pays musulmans d'origine, paradoxalement bien plus durs à leur égard que les États-Unis ou l'Europe !

Ainsi qu'on a pu le constater tout au long de cet essai, et la chose n'est pas si paradoxale que cela puisqu'elle est la conséquence même de la vulnérabilité des sociétés pluralistes, les meilleures ramifications et « cinquièmes colonnes » de la nébuleuse islamo-totalitaire dans le monde ne se trouvent pas dans les sociétés non occidentales comme la Chine ou la Corée du Nord, ni même en Irak ou dans la plupart des nations musulmanes, premières victimes de la barbarie islamiste, mais en Occident ! Cela ne signifie pas que l'islamisme a renoncé à conquérir l'humanité tout entière, les civilisations comme l'Afrique noire animiste, la Chine confucéenne ou encore l'Inde majoritairement polythéiste, réfractaires au monisme islamique, devant être impérativement combattues puis soumises tôt ou tard à l'ultime religion du Dieu unique. Mais simplement les sociétés démocratiques occidentales, que Raymond Aron a nommées « pluralistes-constitutionnelles », des États-Unis à l'Australie, en passant par le Japon, l'Europe, la Russie et Israël, sont considérées comme des entités vulnérables plus faciles à conquérir par la subversion que les géants géocivilisationnels holistes chinois et indien. Car elles sont « ouvertes », libres et pluralistes, à des degrés différents, donc pénétrables, infiltrables, par définition accessibles. Indépendamment des dérives sécuritaires israéliennes ou des terribles répressions de l'armée russe en Tchétchénie, la Russie et Israël sont elles aussi des sociétés ouvertes et pluralistes, ne serait-ce qu'en comparaison avec les nations islamiques antidémocratiques qui les entourent. Quoi que l'on puisse penser de ces deux pays régulièrement mis au ban de l'Occident, Israël est un État qui soigne les terroristes islamistes dans ses hôpitaux, permet l'élection de candidats arabomusulmans anti-israéliens ou même islamistes à la Kneset, et n'est devenu violent qu'en réaction à une violence terroriste originelle fomentée depuis les années 1930 par les mouvances islamo-terroristes avant même sa création en 1948. De sorte que ce sont les islamistes palestiniens qui sont les véritables « électeurs » des gouvernements israéliens répressifs de droite ou d'extrême droite tant fustigés en Occident mais qui puisent toute leur légitimité dans la demande désespérée de sécurité des citoyens israéliens traumatisés par les attentats islamistes. Précisons également que, si Israël ne persistait pas contre vents et marées – et les voix s'élèvent déjà qui réclament deux États séparés et ethniquement « homogènes » – à être une démocratie pluraliste composée entre autres de citoyens israéliens arabes, les kamikazes ne pourraient plus si facilement faire exploser les discothèques de Tel-Aviv ou les restaurants de Netanya. Quant à la Russie, si les islamistes peuvent exprimer ouvertement leur haine antislave et orthodoxe dans les journaux russes, et les Tchétchènes perpétrer des attentats à Moscou, c'est avant tout parce que la Russie est plus ouverte que ses voisins musulmans du Caucase ou d'Asie centrale où les minorités russes, les fameux « pieds-rouges », non seulement n'ont pas le droit à la parole mais fuient massivement des brimades et des pogroms dont on ne parle jamais à l'Ouest. Bref, le pluralisme existe sous une forme ou une autre en Israël, en Amérique du Nord et latine, en Nouvelle-Zélande, en Australie, en Europe, au Japon – où grandit un fort courant islamo-terroriste en partie issu de la très antisioniste Armée rouge japonaise –, et même en Yougoslavie, où les musulmans sont toujours présents alors que les Serbes ont disparu de la Bosnie musulmane ou du Kosovo, et en Inde, pays qui s'est toujours réclamé de la démocratie pluraliste et de la laïcité, d'où ses cent trente millions de musulmans. À titre de comparaison, le Pakistan islamique a éliminé toute présence hindoue. Le pluralisme est en revanche totalement absent et rejeté dans la totalité des pays musulmans de la planète, à commencer par les États « amis de l'Occident » comme l'Arabie Saoudite, le Koweït, la Turquie, le Pakistan, l'Indonésie, ou le Maroc. Inversement, on notera que c'est depuis qu'ils ont entamé leur processus de démocratisation et d'ouverture au pluralisme que des pays comme l'Argentine, qui abrite l'une des plus importantes communautés juives du monde, victime à deux reprises d'attentats particulièrement meurtriers depuis le début des années 1990, le Venezuela, principale base du prosélytisme islamiste en Amérique latine, l'Afrique du Sud, où le terrorisme islamiste réapparaît, ou même les Philippines, où sévissent, dans le sud de l'archipel, le Front moro et le groupe Abou Sayyaf liés à la mouvance Ben Laden, observent avec inquiétude la progression du totalitarisme vert sur leur sol. Même le Mexique, qui a entamé très récemment un processus de démocratisation, connaît actuellement un phénomène d'islamisation radicale au sein de certains milieux séparatistes indiens du Chiapas marqués par l'antisionisme radical d'extrême gauche. Partout, les islamistes profitent du pluralisme, inexistant en Chine ou en Arabie Saoudite, mais notable dans tous les pays précités, pour avancer plus ou moins masqués et utiliser, comme dans les arts martiaux, l'énergie et la force de l'Autre pour lui asséner des coups ou le faire chuter. Ils « usent et abusent de la démocratie pour mieux l'abolir », selon le mot d'Hannah Arendt. Car la démocratie pluraliste est bel est bien une force, un élan vital, comme le principe de liberté qui la fonde. Aussi, on ne saurait trouver, dans la description de ses vulnérabilités, une justification pour la rejeter. Mais il est clair qu'à l'instar de cet Occident, qui est son espace d'expression privilégié, la démocratie est une immense force utilisable contre elle-même, donc en quelque sorte faible de sa propre force, un colosse aux pieds d'argile. Le « moins mauvais des systèmes », ou même le meilleur, si tant est seulement que nous sachions le défendre, préserver ses précieuses fondations, consolider d'urgence ses charpentes fragilisées avec le temps. Plus que jamais, les démocraties occidentales sont menacées dans leur existence même. Elles sont vulnérables à plusieurs niveaux : géopolitique, intellectuel, philosophique et spirituel.

## La vulnérabilité géopolitique

Du point de vue géopolitique, nous avons montré comment l'Occident, pour affaiblir l'Empire communiste (« stratégie de la ceinture verte ») et pour contenter ses alliés pétroliers fondamentalistes, a joué à fond la carte islamiste pendant toute la guerre froide, puis partiellement pendant les guerres yougoslaves ou dans d'autres points du monde, ceci jusqu'au choc du 11 septembre, que d'aucuns ont identifié comme une rupture géopolitique radicale. En vertu d'une diplomatie cynique fondée sur le court terme et la compromission (dépendance pétrolière, délégation de la gestion de l'islam aux puissances étrangères et pôles mondiaux de l'islamisme, alliance avec l'islamisme contre la Russie et la Yougoslavie démantelée au profit de foyers islamistes et contre les régimes nationalistes arabes opposés aux islamistes, comme la Syrie, l'Irak ou l'Algérie), les capitales occidentales ont armé, financé, puis encouragé les mouvements islamo-terroristes antioccidentaux qui ont fini par se retourner contre elles. Elles n'ont cessé d'accueillir au cours des trente dernières années, y compris après les attentats de Manhattan et du Pentagone, au titre de l'asile politique et au nom des droits de l'homme, la plupart des leaders islamistes condamnés et recherchés dans leurs propres pays par des régimes paradoxalement plus anti-islamistes que les États occidentaux. On peut même dire sans exagérer que cet appui occidental, conscient ou objectif, aux forces de l'islamisme mondial constitue l'un des leviers d'action majeurs des activistes islamistes qui organisent en fin de compte leur révolution verte antioccidentale à partir des bases arrière du monde Libre. La guerre déclarée contre les démocraties à partir du sol de ces mêmes démocraties... D'où les compréhensibles indignations récurrentes des chefs d'État tunisien, égyptien, algérien ou turc, qui voient leurs opposants échapper à leur justice et trouver refuge et droit d'expression à Londres, Stockholm, Milan, Chicago ou Ciudad del Este. « Les pays européens continuent à offrir l'hospitalité aux terroristes qui, depuis que l'URSS a été dissoute, ont trouvé refuge chez vous. Ces terroristes [...] reçoivent de nombreux fonds, vivent en paix et en liberté dans ces pays. Je vous fais une prévision : dans un futur proche, vous, les Européens, aurez de nombreux problèmes à cause de cette hospitalité que vous avez accordée à ces terroristes », avertissait le président égyptien Moubarak[2]. D'autres World Trade

2. « Moubarak avertit l'Europe : attention à la menace islamique », entretien accordé à *La Repubblica,* 18 février 2001.

Center sont-ils vraiment nécessaires pour que les suppliques de Ben Ali et des intellectuels musulmans libéraux soient écoutées ?

Il est vrai que, si l'on dresse un bilan retrospectif, disons depuis la création de la monarchie wahhabite d'Arabie Saoudite en 1932 jusqu'au 11 septembre, les islamistes ont de quoi être reconnaissants envers les Occidentaux qui, tantôt par lâcheté, tantôt par mauvaise conscience et souvent par manque de vision géopolitique à long terme, ont continuellement ouvert les portes des sociétés pluralistes aux pires ennemis islamistes des démocraties. L'Europe de l'Ouest comme les États-Unis ont ainsi préféré, avant la guerre froide, l'ayatollah Khomeyni au chah d'Iran, Ben Laden et les talibans, et avant eux leurs prédécesseurs dont Hekmatyar, aux Russes ou à Massoud, la Syrie et le Hezbollah au Liban chrétien, les « islamo-progressistes » aux maronites « phalangistes », le Pakistan militaro-islamiste à l'Inde pluraliste ; plus tard, l'Arabie Saoudite et l'Iran à l'Irak, l'Indonésie et la Turquie à la Yougoslavie ; et, aujourd'hui, les Frères musulmans, les réfugiés politiques et les associations islamistes en général aux démocrates arabes anti-islamistes. Et la liste est fort longue... Résultat, après un demi-siècle de stratégie pro-islamiste suicidaire et de libre prosélytisme islamiste en Occident, la nouvelle génération de terroristes arabo-musulmans est désormais recrutée non plus en Iran, au Liban, dans les camps palestiniens ou en Égypte comme jadis, mais au sein même des démocraties occidentales, parmi les communautés immigrées et les jeunes Occidentaux littéralement donnés en pâture aux sinistres barbus autorisés à venir semer la haine de la liberté au nom de la liberté de semer la haine ! Il est vrai que, depuis 1968, il est « interdit d'interdire », surtout lorsque les furieux s'en prennent à « l'Occident impérialiste », Sartre, Fanon, Foucault et Simone de Beauvoir obligent. On oublie trop souvent combien convergent les haines antioccidentales des révolutionnaires verts et des révolutionnaires rouges, comment la notion de « déshérités » *(mustadhafin)* chère à Ali Shariati et à l'ayatollah Khomeyni emprunta directement à la notion marxiste « d'opprimés » et aux *Damnés de la terre* de Frantz Fanon dont le préfacier, Jean-Paul Sartre, qui enseignait que « tous les anticommunistes sont des chiens », n'hésitait pas à écrire : « Dans un premier temps de la révolte, il faut tuer : abattre un Européen, c'est faire d'une pierre deux coups, supprimer en même temps un oppresseur et un opprimé[3]. » Et comment, au nom de cette haine

3. Frantz Fanon, *Les Damnés de la terre*, Maspero, 1961.

de soi insidieusement entretenue par les idéologies totalitaires gauchistes, on a cautionné, justifié, préparé l'éclosion vindicative et apocalyptique du totalitarisme islamiste.

Il faut désormais se rendre à l'évidence, le ver de l'islamisme est entré en profondeur dans le fruit des démocraties gâtées. L'islamo-terrorisme n'est plus une réalité extérieure autant étrange qu'étrangère. Elle nous est désormais pathétiquement familière et elle s'est en quelque sorte autochtonisée, nationalisée, voire même « occidentalisée ». C'est ainsi que, de la France aux États-Unis, une nouvelle génération de « terroristes saints » est apparue. Ni vraiment autochtones comme Action directe ou les Brigades rouges, ni vraiment étrangers comme le FPLP, le Hezbollah ou le Djihad, ces nouveaux terroristes « xéno-indigènes » sont les deux à la fois, puisqu'ils ne connaissent que la patrie sans frontières de la *oumma* tout en détenant formellement une nationalité locale qu'ils vomissent. Ils sont en passe de révolutionner les lois classiques de la guerre puisque, désormais, « l'ennemi extérieur », en l'occurrence le totalitarisme islamiste, dispose de courroies de transmission, d'accès de fixation et de cellules opérationnelles « à l'intérieur » même du territoire ennemi occidentalo-démocratique. Ennemi civilisationnel du troisième type, le totalitarisme islamiste n'a plus à franchir l'obstacle que constituait le « limes civilisationnel » et les frontières nationales qui séparaient jadis l'Occident des cavaliers du djihad. Il est à craindre que, si les irresponsables dirigeants du monde libre continuent de laisser les islamistes prêcher librement leur haine et recruter au sein des démocraties occidentales, un nouveau rideau de fer culturel et idéologique tendra à couper en deux les sociétés ouvertes, une frontière de haine s'édifiera petit à petit sur les ruines des démocraties fragilisées et fragmentées à l'intérieur même du monde libre avec le ciment du communautarisme, un insurmontable « limes intérieur » traversera les grands centres urbains livrés aux ghettos communautaires, voire aux insurrections, et même un jour à la guerre civile. Celles du Liban ou de l'ex-Yougoslavie n'ont pas commencé autrement.

Depuis le 11 septembre, on nous assure que l'époque de l'alliance entre l'Occident démocratique et l'obscurantisme islamo-totalitaire est définitivement révolue. La réalité est nettement plus nuancée, hélas. Car, si l'on constate une remise en cause radicale de cette suicidaire stratégie dans certains domaines – destructions des camps d'Al-Qaida et du régime des talibans, opérations contre les réseaux terroristes en Somalie, en Indonésie, au Pakistan ou aux Philippines, interdiction de certaines organisations islamo-terroristes en Europe ou aux États-Unis, pressions exercées sur le Pakistan et l'Arabie Saoudite –, la dépendance islamo-pétrolière qui lie les nations européennes et les États-Unis aux pétromonarchies islamistes et antidémocratiques du Golfe, véritables « dictatures protégées », est toujours un fait, un « impondérable », une grossière épine imbibée d'huile noire plantée dans le flanc délicat du système capitaliste occidental. Épine islamo-pétrolière qui compromet en elle-même toute lutte efficace contre les véritables « coupables idéologiques » du 11 septembre que sont ces mêmes dictatures obscurantistes. En dépit du « plan de paix » (le plan Abdallah) pour le Proche-Orient proposé subitement par la monarchie saoudienne dans la foulée du 11 septembre, essentiellement sur pressions américaines, et pour tenter de faire oublier que c'est elle qui mit le feu aux poudres de l'Intifada Al-Aqsa un an auparavant, le double jeu de « nos amis » fondamentalistes du Golfe n'est pas prêt de cesser. Peut-on, d'ailleurs, reprocher à un État comme l'Arabie Saoudite – lequel mériterait plutôt d'être défini comme une idéologie islamo-totalitaire mise sur orbite pétrolière par des guerriers bédouins enrichis et désireux de se faire pardonner leur déchéance en finançant l'islamisme mondial – d'être plus ou moins fidèle à sa raison d'être qui est de répandre le wahhabisme dans le monde entier grâce à la manne des pétrodollars jusqu'à soumission du genre humain à la « vraie religion » ? Par contre, et c'est là un tout autre débat, on a le droit de se poser la question suivante : étant donné qu'il y a du pétrole partout dans le monde, à commencer par la Russie, l'Afrique, l'Amérique latine, l'Alaska, l'Asie centrale et le Caucase, les gouvernements des démocraties occidentales ne pourraient-ils pas exiger des compagnies pétrolières qu'elles s'approvisionnent ailleurs que chez ceux qui réinvestissent les dollars de l'Ouest dans l'obscurantisme et la haine islamistes ? On nous répondra que cela risque de coûter plus cher et que les compagnies pétrolières n'obéissent pas réellement aux gouvernements, le contraire étant même plus vrai, puisque ce sont elles qui élisent les chefs d'État les plus puissants au monde... Ce à quoi il est permis de répondre que, premièrement, les compagnies pétrolières ont toujours eu intérêt à maintenir un prix élevé du baril et que, deuxièmement, la dépendance de l'Occident, et à long terme sa survie même, vaut peut-être la peine de payer momentanément un peu plus cher le pétrole et d'investir massivement dans les recherches, prospections et forages, sachant que la hausse des prix peut être ensuite compensée par la baisse des taxes sur l'essence et que la Russie, l'Amérique latine et l'Afrique noire non musulmane peuvent parfaitement devenir des sources d'approvisionnement tout aussi fiables et faciles d'accès. Seule lueur d'espoir, le récent rapprochement russo-américain, qui marquera la vraie fin de la guerre froide, a débouché récemment sur un accord énergétique allant dans le sens de notre proposition. Mais sa mise en pratique concrète prendra des années, peut-être des décennies. Enfin, il serait temps que les démocraties occidentales redeviennent démocratiques au sens où l'entendaient Hannah Arendt, Raymond Aron ou Julien Freund, c'est-à-dire que *le primat du politique,* donc de l'intérêt collectif, soit réaffirmé, que les pouvoirs politiques reprennent le dessus sur les seules logiques financières et marchandes, condition *sine qua non* pour qu'ils puissent développer des visions géostratégiques à long terme, et être à même d'accomplir leur mission première : servir l'intérêt collectif, puis assurer la pérennité et l'intégrité de la nation. Il ne s'agit pas là d'une profession de foi utopiste et anticapitaliste. Car le capitalisme libéral et la prospérité occidentale ne sont pas nés à l'ombre du chaos communautariste et obscurantiste, mais au contraire dans le contexte de l'apparition d'États-nations sécularisés défendant des valeurs fondamentales, garantissant la propriété, grâce à la force de la loi, puis assumant l'intérêt national et la sécurité intérieure autant qu'extérieure. Adam Smith, le père du libéralisme anglo-saxon, n'a pas dit autre chose, et c'est au nom même du libéralisme que l'on doit exiger des dirigeants qu'ils assurent *d'abord* la sécurité et l'intérêt du peuple, lesquels ont été élus afin qu'ils remplissent essentiellement cette mission régalienne. En l'absence d'une réhabilitation du politique et du bien commun, il est fort à craindre que le fragile château de carte des sociétés démocratiques fatiguées et touchées par le syndrome du communautarisme et de la déliquescence démagogique, si bien décrit par Platon dans *La République,* s'écroulera sous les assauts à la fois externes et internes du troisième totalitarisme.

## LA VULNÉRABILITÉ INTELLECTUELLE ET PHILOSOPHIQUE DES DÉMOCRATIES OCCIDENTALES

Observateurs exigeants des démocraties et analystes impitoyables des totalitarismes, Raymond Aron, Karl Popper ou Hannah Arendt ont chacun à leur façon relevé les faiblesses et les dérives possibles des démocraties pluralistes. Raymond Aron avait alerté quant au danger de voir décliner le sens collectif et le bien commun lorsque la démocratie est pervertie par la lente dérive, toujours tentante, vers l'oligarchie et la démagogie, dérive annoncée par Platon, Montesquieu ou Tocqueville. Paralysée par les logiques corporatistes, dominée par les seuls intérêts économiques et faussée par l'électoralisme, « l'impératif catégorique de la réélection immédiate » allant de pair avec la démogagie et la toute-puissance sans contrepoids des médias, la démocratie trahit peu à peu sa vocation et sa finalité première qui consiste à permettre au peuple de gouverner à travers ses représentants, investis de l'impérieuse mission de présider aux destinées de la cité, mais en théorie susceptibles de rendre des comptes s'ils desservent le *bonus comuni*. Les démocraties occidentales cessent de la sorte d'être en mesure de se défendre face aux attaques de leurs ennemis déclarés. Oubliant les leçons de Karl Popper, qui a pourtant montré que les « sociétés ouvertes » démocratiques n'ont pas que des amis et qu'elles doivent être prêtes à se défendre face à des périls intérieurs – discordes, séditions, remises en question des valeurs fondatrices, communautarisme, logiques d'apartheid – ou extérieurs – menaces pour les valeurs, le territoire, la sécurité physique, les biens –, les démocraties « perverties » entament l'inexorable descente de la pente oligarchique mortelle sur laquelle les totalitarismes ont toujours su glisser et prendre leur envol, d'abord sous le masque démocratique puis, une fois capables de frapper, sous leur forme prédatrice monstrueuse. Comme l'avait expliqué Platon dans son étude sur le cycle terminal des démocraties corrompues, les masses démobilisées par la corruption des classes dirigeantes qui trahissent leur mission, perdent peu à peu tout intérêt pour la chose publique, assimilée à tort au triste spectable de la dérive démagogico-affairiste, même si l'intérêt collectif les concerne au premier chef. La conjonction de la désaffection générale pour la *res publica* et de la spirale revendicative de l'assistanat, inhérent au fonctionnement de la démocratie démagogisée et de l'État-providence, entraîne une diminution de l'intérêt pour l'histoire et la civilisation à laquelle appartient la collectivité, puis une disparition progressive de tout esprit national et de défense. Dans son ouvrage magistral *De la démocratie en Amérique,* Alexis de Tocqueville avait tiré la sonnette d'alarme en expliquant que l'individualisme moderne et la passion de l'égalité, propre aux démocraties, poussaient perpétuellement aux logiques de revendication concourant à l'abandon de « la grande société » à elle-même et au déclin du sens politique. On peut dès lors, et l'on doit même, sacrifier les nécessaires dépenses militaires tout comme l'on se doit de ne plus parler de défense nationale, de « menaces », « d'ennemis », notions devenues ringardes et sans intérêt en tant qu'inhérentes à la chose publique, voire « fascisantes », puisque l'État-nation européen serait « mauvais en soi » et de même nature que le fascisme. Afin de conserver leur pouvoir oligarchique et désormais antidémocratique, les élites dirigeantes déresponsabilisées tentent d'étouffer les sentiments de révolte des citoyens en axant les programmes politiques sur l'assistanat généralisé et en les innondant de distractions consuméristes *(panem et circences),* phénomènes que Platon a d'autant plus le mérite d'avoir anticipés qu'il ne pouvait pas prévoir le Welfare State moderne et la toute-puissance sans contre-pouvoir des médias audiovisuels, facteurs multiplicateurs des classiques dérives démagogiques et clientélistes des démocraties vieillissantes. Les rares voix discordantes osant rappeler que les sociétés ouvertes sont menacées par leurs ennemis, en l'occurrence les nouveaux cavaliers totalitaires d'Allah, sont soumises à la *reductio ad hitlerum* du seul fait qu'elles appellent à défendre la Nation et la République en danger, les thèmes de la sécurité, de la souveraineté, du civisme et des valeurs républicaines en général ayant été définitivement disqualifiés depuis que les idéologies internationalistes et gauchistes donnent le ton dans les universités et dans les débats politico-médiatiques, spécialement depuis Sartre, Foucault et Marcuse. Il serait temps de changer de registre...

Raymond Aron montre qu'à ce stade deux voies sont possibles : la désertion générale de la vie politique ou son envers violemment cathartique qu'est le triomphe des solutions extrêmes, non moins démagogiques que les premières mais séduisantes parce qu'elles canalisent un compréhensible dégoût pour la classe politique. Par ce biais-là, également, peut s'enfoncer le coin mortel du totalitarisme. Parallèlement à la baisse générale du niveau d'instruction, au déclin des valeurs républicaines, civiques, familiales et patriotiques, considérées comme ringardes pour toute une partie de la jeunesse abreuvée de sous-culture télévisuelle et d'utopies internationalistes radicales, le processus, neutre au départ, de mondialisation, a été lui aussi dévoyé et utilisé pour justifier le démantèlement des États-nations. Nous avons vu précédemment, avec Samuel Huntington et Benjamin Barber, que la mondialisation marchande et télématique, couplée avec la *world culture* cybaritique vaguement anglo-saxonne, a fait croire à beaucoup que les frontières, donc les ennemis et les amis, n'existaient plus, de sorte que la mondialisation – le système WcWorld –, bien qu'étant intrinsèquement moderne et occidentale, est l'un des meilleurs alliés paradoxaux du totalitarisme islamiste, lequel prolifère sur le démantèlement des frontières, le déclin de l'esprit de défense et de la conscience d'appartenance nationale et civilisationnelle, le vide spirituel. « La vérité paradoxale est que les tendances tant de Djihad que de McWorld se développent en même temps et qu'on peut les voir toutes deux à l'œuvre au même endroit et au même moment, écrit Barber, car Djihad se révolte contre McWorld mais en est également le complice [...]. Djihad et McWorld ont un point commun : ils sont tous deux en guerre contre l'État-nation souverain et minent ses institutions démocratiques[4]. » Car, outre le rôle majeur joué par les idéologies antinationales subversives dans le déclin des valeurs républicaines et nationales, c'est également au nom d'une prétendue appartenance planétaire et d'une utopique « citoyenneté universelle » que les sociétés ouvertes ont peu à peu évolué vers le multiculturalisme et le piège du communautarisme, à tort assimilé au pluralisme, oubliant que ce dernier est conditionné par l'adhésion à des valeurs fondamentales à la fois philosophiques et civilisationnelles qui ne sont pas, qu'on le veuille ou non, partagées par toutes les cultures.

## COMMUNAUTARISME ET MULTICULTURALISME *VERSUS* PLURALISME DÉMOCRATIQUE

Dans son ouvrage retentissant, *Essai sur les sociétés multiculturelles,* Giovanni Sartori a expliqué que le piège du communautarisme repose sur une double confusion philosophique et idéologique au terme de laquelle le principe fondamental des sociétés « ouvertes », le pluralisme, a fini par être confondu avec celui, apparemment voisin mais parfois diamétralement opposé, du multiculturalisme et de sa déclinaison communautariste. Sartori explique que, si une société pluraliste peut être multiculturelle, comme c'est le cas dans de nombreuses nations démocratiques occidentales historiquement composées de plusieurs nations ou cultures, une société multiculturelle et/ou communautariste n'est en revanche pas automatiquement pluraliste ou démocratico-libérale. Aussi, le pluralisme démocratique et libéral, que les islamistes invoquent continuellement dans leur stratégie de pénétration subversive, alors même qu'ils rejettent catégoriquement ses postulats philosophico-politiques de base, est loin d'être un simple équivalent des notions d'internationalisme ou de relativisme culturel. Le pluralisme est d'abord un concept philosophique fondé sur la liberté d'expression

4. Benjamin R. Barber, *Djihad versus McWorld, mondialisation et intégrisme contre démocratie,* Desclée de Brouwer, 1995, p. 22-25.

et d'opinion, la sécularisation et les droits des individus comme des groupes. Il repose sur un ensemble de règles et de valeurs fondamentales qui ne peuvent en aucun cas être remises en question, sauf à risquer de voir les sociétés pluralistes s'autodétruire en s'ouvrant inconsidérément aux systèmes philosophiques, religieux et civilisationnels, antagonistes, voire hostiles, comme cela est le cas en particulier de l'islam radical ou des totalitarismes et des holismes en général. Nous avons vu au cours des chapitres précédents qu'invoquer le « droit à la différence », le « relativisme culturel » ou la liberté de culte pour justifier l'ouverture des sociétés démocratiques à ses « ennemis » au nom du pluralisme, constitue un non-sens total puisque cela signifie purement et simplement la mort annoncée de ces mêmes sociétés pluralistes. Aussi est-il nécessaire de rappeler que le pluralisme lui-même est limité et circonscrit à l'intérieur de règles du jeu et de « lignes rouges » républicaines et démocratiques à ne pas franchir, sous peine de désintégration. Viendrait-il en effet à l'idée des intellectuels progressistes qui font l'apologie du multiculturalisme et du communautarisme de réclamer le droit à la libre expression au profit des négationnistes, des néonazis, des antisémites ou autres nostalgiques de l'Axe, au nom du « droit à la différence » ou de la « liberté d'expression » ? Nous savons que des lois existent en Europe qui condamnent à juste titre ces idées et donc limitent la liberté d'expression et d'opinion au nom des valeurs suprêmes, libérales et pluralistes, des sociétés ouvertes. Ces mêmes lois devraient selon nous être appliquées à toutes les idéologies qui enseignent la haine de l'Autre et l'intolérance, qu'il s'agisse du racisme « à rebours » anti-Blanc, désormais courant dans certaines métropoles occidentales, ou des formes plus pernicieuses de racisme à base religieuse, principalement la haine envers les « infidèles » judéo-chrétiens que l'on remarque également dans les « banlieues de l'islam » du monde libre où prospère le totalitarisme islamiste. Sans oublier les revendications de même essence totalitaire et fascisante relatives à l'introduction progressive de la charia en matière de statut personnel, à la pénalisation du « blasphème », à l'abaissement des femmes et au retour de la censure religieuse, revendications que les islamistes ne cessent de présenter au nom du « droit à la différence » et escomptent mettre un jour en application au terme d'une stratégie communautariste « des étapes ».

Certains rétorquent que l'islam étant une religion, il est irrecevable de comparer les idéologies fascistes et racistes européennes à l'islamisme, l'interdiction de coutumes islamiques prévues par le Coran et la charia contrevenant au principe de libre exercice du culte. L'argument ne tient pas une seconde. Le fait que des mesures barbares comme la lapidation, la torture, l'ablation des mains et des têtes, la pendaison, ou l'assassinat des apostats et des adultères sont prévus par la charia ne retire ni n'atténue, d'aucune manière, la nature totalitaire et inhumaine de ce type de coutumes. Si l'on raisonne par l'absurde, le postulat du relativisme culturel, poussé dans ses logiques extrêmes, conduirait également à accepter le cannibalisme au nom du même « droit à la différence », puisque certaines tribus des sociétés « premières » ont considéré cette pratique barbare comme étant un rite hautement sacré[5]. On peut donc se demander pourquoi le principe salutaire de rejet de coutumes inhumaines et opposées aux valeurs des sociétés ouvertes, parfaitement accepté à propos du cannibalisme ou du nazisme, ne s'appliquerait pas à l'islamisme, pourquoi il y aurait une « exception religieuse » au profit du totalitarisme vert. Le fait qu'il y ait un milliard de musulmans sur terre, ainsi que les pro-islamistes le rappellent constamment, ne justifie aucunement que le monde libre accueille les revendications philosophiquement et moralement inacceptables défendues par les islamistes sous prétexte qu'elles s'appuient sur le Coran et la scolastique musulmane. Dans *La Défaite de la pensée,* Alain Finkielkraut a magistralement démontré que toutes les cultures ne se valent pas forcément et que le relativisme culturel et religieux a lui aussi ses limites. Nombre de pays occidentaux sont pourtant allés jusqu'à tolérer des pratiques barbares et obscurantistes comme l'excision, la polygamie, la répudiation ou le port du foulard, au nom du multiculturalisme. On a vu comment la Grande-Bretagne est allée jusqu'à laisser les lieutenants de Ben Laden prêcher le djihad en plein cœur de Londres, et comment la Suède permet à des organisations négationnistes comme *radioislam,* sous prétexte qu'elles sont islamistes, d'appeler les masses à tuer les juifs et les sionistes partout dans le monde... Certains disent qu'il s'agit là de la marque suprême de la liberté d'expression, fondement des démocraties libérales, et même de la preuve de la « supériorité » de ce système, celui qui refuse l'antique « loi du talion » et « ne se rabaisse point au niveau des autres » qui, eux, sont incapables d'offrir ce type de liberté à leurs ennemis déclarés. Le fait que les démocraties permettent à leurs pires ennemis de préparer de l'intérieur la destruction des sociétés ouvertes est au contraire un signe de grave pathologie sociale, la marque d'un dysfonctionnement et d'une perversion majeurs des sociétés ouvertes, le symptôme d'une « tentation » mortifère et suicidaire qui pourrait être un jour fatale.

5. Léo Strauss, *Droit naturel et histoire,* Flammarion, 1986.

Accorder des droits collectifs séparés, de véritables « immunités » territoriales, des régimes juridiques d'exception à des communautés – donc à des groupes – au nom de la liberté de conscience, au départ individuelle, aboutit non seulement à détruire le consensus philosophico-politique et juridique de base qui pousse les membres d'une même société ouverte à vouloir « vivre ensemble », mais revient également à nier le droit spécifique, en principe premier, des individus au profit d'immunités communautaires. En fait, en reconnaissant les mouvances fondamentalistes, qui sont majoritaires dans tous les pays occidentaux, comme interlocuteurs officiels, autorisées *de facto* à encadrer les communautés musulmanes et à parler en leur nom, en accordant à ces structures islamistes, en réalité fort peu représentatives des masses qu'elles escomptent instrumentaliser, des concessions exorbitantes du droit commun, les sociétés ouvertes occidentales mettent gravement en péril leurs propres valeurs fondamentales et le fondement philosophique de tout leur édifice que sont la tolérance, la liberté de conscience et religieuse, l'égalité des sexes, le rationalisme critique et la laïcité. Réfléchissant depuis plusieurs années sur les questions d'intégration et d'immigration, Dominique Schnapper, sociologue et directeur d'études à l'École des hautes études en sciences sociales, explique : « Quand on se met à revendiquer des particularismes, on ne peut plus s'arrêter, il n'y a plus de limites [...]. Le rôle des pouvoirs publics et de la loi, c'est d'aller vers l'unité et non vers le particularisme, car le particularisme est naturel, et l'effort de la société doit tendre vers l'unité [...]. Faut-il accorder des droits à ces groupes, ou même à chacun de leurs membres des droits individuels culturels ? J'avoue mal comprendre comment on peut accorder des droits individuels à des identités collectives [...]. La nécessaire défense de la diversité n'implique pas qu'on la reconnaisse et qu'on la consacre par la législation. [...]. Reconnaître des droits à des communautés est contraire à l'égalité des individus [...]. Accorder des droits aux groupes conduirait à assigner l'individu à un groupe particulier [...]. Une telle assignation de l'individu serait contraire à l'évolution des sociétés modernes [...]. Les droits des groupes sont contraires à ceux des individus », poursuit Dominique Schnapper, qui déplore que « bon nombre de chercheurs sont de sensibilité tiers-mondiste, multiculturaliste, antirépublicaine et antinationale, et qu'il n'y a donc toujours pas de véritable débat[6] », ce qui explique en partie

---

6. Dominique Schnapper, « Les revendications des particularismes sont sans limites », *Le Figaro,* 4 février 2001.

l'actuelle dérive des démocraties vers le communautarisme et le multiculturalisme dévoyé. Constatant ces graves contradictions, et rejoignant les thèses de Giovanni Sartori, Pierre-André Taguieff estime quant à lui qu'il « faut organiser le pluralisme, de telle sorte qu'il ne se transforme pas en dispositif antipolitique, en facteur d'anomie [...]. Le moins mauvais des modèles d'organisation de la diversité potentiellement conflictuelle est à mon sens représenté par la laïcité à la française, qui constitue le seul terrain d'entente possible, non seulement entre toutes les religions, mais entre ceux qui croyaient au ciel et ceux qui n'y croyaient pas[7] ».

Pris dans la spirale déresponsabilisante du communautarisme et de l'abdication du politique et de la République, les dirigeants occidentaux cèdent au communautarisme islamiste lorsqu'ils défendent le « droit à la différence » des islamistes et des adeptes de systèmes philosophico-politiques et religieux opposés aux lois et valeurs des démocraties. Ils agissent dans le meilleur des cas en fonction de ce que Max Weber nommait « l'éthique de conviction pure », qui pousse l'idéaliste à agir selon ses seuls sentiments ou idéaux, sans référence aux conséquences politiques et sociales, Weber donnant l'exemple du « pacifiste absolu » qui préfère laisser voir son ennemi vaincre plutôt que d'employer comme lui des méthodes violentes pour lui résister – le syndrome du « tendre l'autre joue », selon l'expression de Max Weber. Le sociologue allemand opposait à cette première attitude, peut-être louable à l'échelle individuelle, mais hautement périlleuse et suicidaire au niveau collectif, « l'éthique de responsabilité », laquelle pousse au contraire l'homme politique à envisager les conséquences de ses décisions en vue de la grandeur de la cité et du bien commun.

Face au totalitarisme islamiste comme jadis face au communisme ou au nazisme, l'Occident démocratique a le choix entre ces deux attitudes : *l'éthique de conviction* qui pousse les internationalistes et les immigrationnistes radicaux à crier « plutôt islamiste que sécuritaire ou national », ou *l'éthique de responsabilité* qui incite en revanche à déclarer la guerre au terrorisme et à stopper net la spirale du communautarisme et du néo-obscurantisme islamistes.

---

7. Pierre-André Taguieff, *Résister au bougisme,* Mille et Une Nuits, 2001, p. 190.

## La nouvelle crise de la conscience européenne et la tentation totalitaire

Nous avons montré tout au long de cet essai comment les islamistes sont parvenus à remporter de nombreuses victoires en matière de communautarisme et à faire reculer les valeurs de laïcité et de liberté de conscience au terme d'une stratégie du « faible au fort », principalement axée sur la subversion des valeurs pluralistes et l'instrumentalisation de la mauvaise conscience européenne, d'où le fait que leurs meilleurs alliés sont les adeptes des utopies totalitaires tiers-mondistes et internationalistes d'extrême gauche. Nous avons également vu comment les nouveaux envoyés totalitaires d'Allah sont parvenus à jeter le discrédit sur les alertes légitimes des défenseurs des sociétés ouvertes qui dénoncent, depuis Alfred Sauvy, les velléités conquérantes et liberticides des islamistes en frappant systématiquement de « fascisme » ou de « racisme » toute voie opposée au multiculturalisme et au communautarisme islamiste. Profitant du concours précieux des disciples de Trotski, Fanon, Foucault ou Sartre, qui ont établi la disqualification définitive de l'État-nation occidental en introduisant une relation consubstantielle entre nationalisme et nazisme et dont la haine de soi occidentale n'a d'égale que l'antioccidentalisme islamiste, les nouveaux cavaliers du djihad ont réussi, jusqu'à une période récente, à constituer un véritable front antidémocratique et subversif vert-rouge, prétendument progressiste et antiraciste, essentiellement destiné à empêcher toute réaction de défense de la part des tenants de l'Occident démocratique. Ils ont donc réussi à favoriser l'islamisation du monde libre, les « fascistes rouges » voyant dans l'islamisme la seule « voie de rédemption expiatoire » possible pour cet Occident tant honni, coupable des croisades, de la colonisation, de l'impérialisme, du nazisme et du sionisme. « Nous affirmons que le crime d'État majeur commis par l'État nazi, la manière dont il a été organisé par l'armée, la police, les fonctionnaires d'autorité, son luxe de froide cruauté, ont bouleversé l'inconscient collectif européen, son appréhension de l'État et de ses prérogatives. Une large catégorie de la population européenne rejette d'emblée tout ce qui peut symboliser l'appareil d'État, l'autorité d'État, la violence d'État [...] ; tout porteur d'uniforme est vu par beaucoup comme un nazi virtuel, tout policier comme un gestapiste, tout gardien de l'ordre usant de sa matraque comme un SS en puissance. Dans ce rôle psychodramatique, l'individu en opposition avec l'appareil d'État devient un résistant et l'étranger clandestin refoulé par les gendarmes français, le Juif persécuté [...]. L'opinion publique prendra majoritairement fait et cause pour les émeutiers contre les représentants d'un ordre forcément liberticide et agressif [...]. La violence légale de l'État disqualifié est considérée comme moins légitime que celle, illégale, utilisée par un individu ou des groupes dont la colère est admise, voire sanctifiée », explique William Goldnadel[8] à propos de la façon dont les mouvances radicales d'extrême gauche et les islamistes instrumentalisent les douleurs de la Seconde Guerre mondiale et la compréhensible culpabilité occidentale pour justifier leur projet d'anéantissement des sociétés démocratiques et des État-nations européens. Ainsi seulement s'explique le fait qu'il est devenu pratiquement impossible, en Europe, d'avoir des opinions non conformes à la *doxa* totalitaire et antinationale rouge-verte en matière de communautarisme, de politique d'immigration – nous avons vu précédemment que les mesures d'expulsion légalement prononcées par les tribunaux de la République en application des lois démocratiques ne peuvent même plus être exécutées – ou d'islam, sans être soumis à la *reductio ad hitlerum* et être accusé de « racisme », « d'islamophobie » ou « d'intolérance » religieuse. Nous avons montré qu'il s'agissait là d'une véritable « guerre des représentations », d'une stratégie subversive visant à démoraliser, désorienter l'Autre, détruire ses forces immunitaires par la manipulation psychologique et l'intimidation. De même que le fait de qualifier quiconque de « nazi » ou de « collabo » et de passer toutes les douleurs, y compris les plus minimes, au prisme du « tout-Shoah » fustigé par Goldnadel a contribué dramatiquement à banaliser l'Holocauste ces dernières années, l'anthropologue Claude Lévi-Strauss a montré que l'accusation de « racisme », à force d'être employée tous azimuts et démagogiquement par les moralisateurs-manipulateurs verts-rouges contre ceux qui résistent à leurs projets totalitaires, a peu à peu perdu sa signification et a fini par banaliser le racisme : « Rien ne peut autoriser une culture à détruire ni même à opprimer une autre, explique-t-il. [...] Mais que des cultures, tout en se respectant, puissent se sentir plus ou moins d'affinités les unes pour les autres, c'est une situation de fait qui a existé de tout temps. Elle est dans la normale des conduites humaines. En la dénonçant comme raciste, on risque de faire le jeu de l'ennemi, car beaucoup de naïfs se diront : si c'est cela le racisme, alors je suis raciste[9]. » Parallèle-

8. *Le Nouveau Bréviaire de la haine,* Ramsay, 2002.

9. Claude Lévi-Strauss, *De près et de loin, entretiens avec Claude Lévi-Strauss,* Seuil, 1996, p. 209.

ment, la délégitimation de l'État et de toute forme d'autorité agit comme une formidable incitation à prospérer pour les adeptes des totalitarismes et les nouveaux barbares. « Les passions humaines ne s'arrêtent que devant une puissance morale qu'elles respectent. Si toute autorité de ce genre fait défaut, c'est la loi du plus fort qui règne et, latent ou aigu, l'état de guerre est nécessairement chronique », avertissait déjà le sociologue Émile Durkheim dans *De la division du travail social*[10].

C'est autant afin d'éviter que ne soit banalisé le racisme que dans le but vital de combattre lucidement et sans entrave le nouveau totalitarisme vert qu'il convient de toute urgence de sortir du manichéisme et de mettre fin aux différentes formes de terrorisme intellectuel : politiquement correct, *reductio ad hitlerum,* antiracisme subversif, antifascisme dévoyé. Ces terribles armes de guerre psychologiques ont réduit depuis quelques années le débat sur l'islamisme et l'immigration à un pauvre interface passionnel et démagogiquement médiatisé entre les « racistes », défenseurs de l'Occident démocratique, des frontières et de la laïcité, et les « authentiques antiracistes », défenseurs inconditionnels des « opprimés du tiers-monde », révoltés contre cet Occident, donc légitimement fondés à refuser ses valeurs « néocoloniales » et « impérialistes » sur son propre sol. Simultanément, c'est l'État-nation républicain et laïque qu'il faut d'urgence réhabiliter. Afin d'éviter le retour tribal ou totalitaire du « refoulé identitaire », qu'il soit religieux ou ultranationaliste, les Occidentaux, qui ont pris l'habitude de détester l'État et la Nation, doivent d'urgence réhabiliter ces entités fondatrices et vitales.

S'il veut survivre à la convergence des totalitarismes et au séisme de la revanche du tiers-monde que l'islamisme escompte lancer à l'assaut des démocraties occidentales, le monde libre a grand besoin de se réconcilier avec lui-même, de réapprendre à s'aimer et à assumer son passé, c'est-à-dire à ne plus confondre un nécessaire travail de mémoire et de vigilance face au retour des vieux démons avec une repentance dévoyée perpétuant à jamais la destructrice et suicidaire nouvelle « crise de la conscience européenne ». Bien que précurseur et défenseur de la démocratie, Alexis de Tocqueville avait en son temps déjà relevé l'une des faiblesses internes fondamentales de ce système qui « donne aux hommes une sorte de dégoût instinctif pour ce qui est ancien ». Plus récemment, le psychanalyste Daniel

10. Préface de la 2e édition, p. III-IV.

Sibony rappelait que « l'origine de la haine, c'est la haine de l'origine ».

Mais revenons à la grille de lecture proposée par Gilles-William Goldnadel : « Non, l'État démocratique occidental n'est pas haïssable... Il faut au contraire réapprendre d'urgence à l'aimer. À enseigner cela à nos enfants qui le détestent depuis le grand séisme. À le conserver, à le défendre [...]. Il faut des flics dans les banlieues. Pour éviter cette barbarie à visage humain qui se profile. Il faut aussi une armée. Donc, je le dis, je l'écris, je refuse d'être intimidé par les descendants de ces pacifistes qui ont fait le lit au carré d'Adolf Hitler, par ces faux esthètes qui ont bordé Joseph Staline [...]. Non, l'État démocratique n'est pas ce Léviathan qui a accouché d'une fabrique de confection en gros de malheurs cogérée par un Germain mégalomane, un Géorgien paranoïaque et un Cambodgien sado-maso. C'est tout le contraire », poursuit Goldnadel[11], conscient que la *reductio ad hitlerum* et l'instrumentalisation des douleurs de la Seconde Guerre mondiale par les islamistes et leurs alliés rouges fonctionnent comme de véritables armes de guerre psychologiques.

Mais la mauvaise conscience européenne, et donc le levier autojustificatoire du totalitarisme islamiste, remonte encore plus loin que le « grand séisme ». Nous avons vu précédemment comment l'âme torturée et culpabilisée de l'Européen moderne n'a pas trouvé d'autres solutions – certes inconscientes – pour expier un passé honni contre lequel s'est construite la modernité occidentale, que de se détester et de préférer à lui-même cette altérité radicale et ennemie que constitue la déferlante islamiste. L'Occident ne s'est en effet jamais remis de l'accouchement douloureux de sa modernité mise au monde dans un violent cri de rejet de son passé judéo-chrétien. Depuis les premières expéditions et la découverte du Nouveau Monde, cette extraordinaire civilisation prométhéenne n'a cessé de pousser toujours plus loin les prouesses de la science et des découvertes en même temps que l'affranchissement des hommes vis-à-vis de l'obscurantisme. Mais les plaies provoquées par la coupure radicale avec le passé, coupure certes nécessaire mais à l'origine du syndrome de la haine de soi et du « désenchantement du monde » si bien analysé par Max Weber, n'ont jamais été pansées. L'Occident sécularisé, affranchi du Trône et de l'Autel, ne s'est toujours pas remis de la « mort de Dieu » et du meurtre du Père. Hannah Arendt et Léo Strauss ont parfaitement mis en évidence le lien de

11. Gilles-William Goldnadel, *op. cit.*, p. 145.

causalité existant entre la « fin du politique » et cette « crise de la culture » provoquée par la périlleuse substitution d'un avenir encore incertain et restant à construire à un passé relativement proche, car « la crise de l'Occident consiste dans le fait que l'Occident a perdu confiance dans son dessein[12] ». Affaibli culturellement et philosophiquement, l'homme occidental est, comme l'a remarquablement expliqué René Char, héritier d'une culture qui n'a plus aucun sens pour lui et dont il ne connaît pas ou plus le mode d'emploi, car « son héritage n'est précédé d'aucun testament ». Le lien avec le péril totalitaire islamiste est bien réel. Car toute la force du totalitarisme vert consiste justement à « proposer des certitudes » et des « valeurs » à une société qui dispose de tout sur le plan matériel mais demeure déprimée par « la nausée » et le « néant » décrits par Sartre, autodétruite par le « nihilisme » moderne dépeint par Dostoïevski ou Léo Strauss, démoralisée par le sentiment de « l'infinie absurdité de l'être », plongée dans l'angoisse suicidaire et l'anomie, pour paraphraser Émile Durkheim. Grand analyste des causes de suicide dans les sociétés modernes, Durkheim attribuait principalement ceux-ci à la décomposition du « consensus », du lien social et politique, qu'il nommait « anomie », menace majeure qui pèse sur les sociétés modernes, selon lui.

On a trop souvent tendance, en Occident, à oublier les leçons d'Émile Durkheim : l'homme étant un être de foi et le lien social étant de nature religieuse *(re-ligare)*, les sociétés modernes ont pour principale vulnérabilité le fait que la transcendance religieuse qu'elles ont supprimée n'a pas été remplacée par une nouvelle hiérarchie de valeurs supérieures capable de fonder et souder le lien social, de créer un nouveau « consensus ». Cornélius Castoriadis a lui aussi mis en évidence la vulnérabilité philosophique et sociologique des sociétés modernes « auto-instituées », des démocraties « autoréférencielles », depuis que celles-ci ont été coupées de toute transcendance. Depuis lors, n'ayant plus de principe légitimateur extérieur et supérieur, les sociétés modernes sont comme frappées par le syndrome de l'autodestruction. « L'homme contemporain se comporte comme si l'existence en société était une odieuse corvée que seule une malencontreuse fatalité l'empêche d'éviter [...], explique Castoriadis. Le cri de guerre du libéralisme du XIX$^e$ siècle, “l'État, c'est le mal”, est devenu aujourd'hui “la société, c'est le mal” [...]. La question centrale se pose de savoir dans quelle mesure les socié-

12. Léo Strauss, « La crise de notre temps », *in Nihilisme et politique,* Rivages, 2001, p. 80.

tés occidentales restent capables de fabriquer le type d'individus nécessaires à leur fonctionnement continué[13]. » Certes, des sociologues comme Émile Durkheim ou Marcel Mauss ont tenté de remplacer les religions de Dieu, dont ils n'ont pu nier l'extrême utilité sociale, morale et psychologique, par des « religiosités séculières ». En attendant que les sociétés occidentales soient en mesure de remplir leur profond vide spirituel et moral, les islamistes ont compris, comme les gourous des innombrables sectes qui sévissent en Occident, que leur heure était venue et qu'ils seraient bien inspirés de combler eux-mêmes ce vide, fort provocateur. C'est ainsi qu'après la défaite des totalitarismes national-socialiste et marxiste, dont le succès fut dû en partie à ce besoin de compenser le « désenchantement du monde », c'est une nouvelle « pureté dangereuse » qui risque de séduire les âmes et les consciences individualistes de plus en plus vulnérables des Occidentaux en quête de certitudes englobantes et d'holismes rassurants. Claude Lévi-Strauss avait pourtant prévenu : « Si les sociétés occidentales ne sont pas capables de conserver ou de susciter des valeurs intellectuelles et morales assez puissantes pour attirer des gens venus du dehors et pour qu'ils souhaitent les adopter, alors, sans doute, il y a sujet de l'alarmer[14]. » Nier cette réalité, tout comme le fait que les conversions massives à l'islamisme sont désormais plus importantes que les adhésions aux sectes, serait non seulement irresponsable mais empêcherait de prendre la mesure de *la nouvelle tentation totalitaire.*

Si l'on applique l'analyse de Durkheim sur le suicide, qui y voyait fondamentalement des phénomènes individuels dont les causes sont essentiellement sociales, on est finalement mieux à même de comprendre la crise des sociétés modernes dont les causes sont également à rechercher dans les phénomènes destructeurs et nihilistes consécutifs au « désenchantement du monde » que sont la désintégration sociale et la faiblesse des liens rattachant l'individu au groupe. Car l'argent du pétrole arabe, les compromissions électorales ou la perversion démagogique et oligarchique des démocraties ne suffisent pas à expliquer la *fascination* et l'absence quasi totale de réaction de défense de l'Occident démocratique face aux assauts communautaristes ou violents du totalitarisme islamiste sur son propre sol. La véritable raison profonde d'une telle attitude autodestructrice réside d'après nous dans la « pulsion de mort », *le suicide anomique collectif* du monde libre qui non seulement ne

13. Cornelius Castoriadis, *La Montée de l'insignifiance,* Seuil, 1996, p. 18-22.
14. Claude Lévi-Strauss, *op. cit.,* p. 212-213.

croit plus en lui-même, mais se déteste inconsciemment et désire mourir collectivement dans un élan autopurificateur et réparateur, à l'instar du suicidé qui veut en finir avec lui-même à force de se détester et de se dévaloriser. Le masochisme collectif des démocraties pluralistes occidentales, vécu comme rédempteur et expiatoire, fruit direct de leur propension à douter d'elles-mêmes et de leur civilisation, à s'autoflageller continuellement, ne constituerait-il pas finalement une irrésistible incitation au défoulement des pulsions agressives et sadiques du totalitarisme islamiste ?

# Index

# Table des matières

Cet ouvrage composé
en Garamond c. 11,5 a été
réalisé par Graphic Hainaut
à Condé-sur-L'Escaut (Nord)
et achevé d'imprimer en septembre 2002
sur les presses de l'Imprimerie Campin 2000
à Tournai (Belgique)
Dépôt légal : septembre 2002
N° d'édition : 0058

ISBN : 2-84545-058-3